公路工程标准规范摘录汇编

Gonglu Gongcheng Biaozhun Guifan Zhailu Huibian

交通运输部职业资格中心

人民交通出版社股份有限公司

图书在版编目(CIP)数据

公路工程标准规范摘录汇编 / 交通运输部职业资格中心编. — 北京 : 人民交通出版社股份有限公司, 2016.4

ISBN 978-7-114-12899-8

Ⅰ. ①公… Ⅱ. ①交… Ⅲ. ①道路工程—标准—汇编—中国 Ⅳ. ①U41-65

中国版本图书馆 CIP 数据核字(2016)第 061564 号

书　　名: 公路工程标准规范摘录汇编
著 作 者: 交通运输部职业资格中心
责任编辑: 曲　乐　黎小东
出版发行: 人民交通出版社股份有限公司
地　　址: (100011)北京市朝阳区安定门外外馆斜街 3 号
网　　址: http://www.ccpress.com.cn
销售电话: (010)59757973
总 经 销: 人民交通出版社股份有限公司发行部
经　　销: 各地新华书店
印　　刷: 北京市密东印刷有限公司
开　　本: 880×1230　1/16
印　　张: 35.25
字　　数: 765 千
版　　次: 2016 年 4 月　第 1 版
印　　次: 2019 年 8 月　第 4 次印刷
书　　号: ISBN 978-7-114-12899-8
定　　价: 128.00 元

目 录

一、公路工程技术标准
(JTG B01—2014)

1 总则

1.0.1 为规范公路工程建设,制定本标准。

1.0.2 本标准适用于新建和改扩建公路。

1.0.3 公路建设应按地区特点、交通特性、路网结构综合分析确定公路的功能,根据功能结合交通量、地形条件等选用技术等级和主要技术指标。

1.0.4 公路建设项目应做好总体设计,使主体工程与交通工程及沿线设施相互协调配套,充分发挥各自功能和项目的整体功能。

1.0.5 公路建设应贯彻保护耕地、节约用地的原则,在确定公路用地范围时应符合下列规定:

1 公路用地范围为公路路堤两侧排水沟外边缘(无排水沟时为路堤或护坡道坡脚)以外,或路堑坡顶截水沟外边缘(无截水沟为坡顶)以外不小于1m范围内的土地;在有条件的地段,高速公路、一级公路不小于3m,二级公路不小于2m范围内的土地为公路用地范围。

2 在风沙、雪害、滑坡、泥石流等不良地质地带设置防护、整治设施时,以及在膨胀土、盐渍土等特殊土地带采取处治措施时,应根据实际需要确定用地范围。

3 桥梁、隧道、互通式立体交叉、分离式立体交叉、平面交叉、安全设施、服务设施、管理设施、绿化以及其他线外工程等用地,应根据实际需要确定用地范围。

1.0.6 公路建设必须执行国家环境保护和资源节约的法律法规,并应符合下列规定:

1 公路环境保护应贯彻“保护优先、以防为主、以治为辅、综合治理”的原则。

2 公路建设应根据自然条件进行绿化、美化路容、保护环境。

3 高速公路, 、二级公路和有特殊要求的公路建设项目应作环境影响评价和水土保持方案评价。

4 生态环境脆弱地区,或因公路建设可能造成环境近期难以恢复的地带,应作环境保护设计。

5 公路改扩建项目应充分利用公路废旧材料,节约工程建设资源。

1.0.7 公路分期修建必须遵照统筹规划、分期实施的原则进行总体设计，并应符合下列规定：

1 前期工程应在后期仍能充分利用。

2 高速公路整体式断面路段不得横向分幅分期修建。

3 高速公路分离式断面路段可采用分幅分期修建，先期建成的一幅按双向交通通车时，应按二级公路通车条件进行管理。

1.0.8 公路改扩建时，应对改扩建方案和新建方案进行论证比选。采用改扩建方案时，应符合下列规定：

1 公路改扩建时机应根据实际服务水平论证确定，高速公路、一级公路服务水平宜在降低到三级服务水平下限之前，二、三级公路服务水平宜在降低到四级服务水平下限之前，四级公路可根据具体情况确定。

2 利用现有公路局部路段因地形地物限制，提高设计速度将诱发工程地质病害、大幅增加工程造价或对保护环境、文物有较大影响时，该局部路段的设计可维持原设计速度，但其长度高速公路不宜大于15km，一、二级公路不宜大于10km。

3 高速公路改扩建应在进行交通组织设计、交通安全评价等基础上做出具体实施方案设计。在工程实施中，应减少对既有公路的干扰，并应有保证通行安全措施。维持通车路段的服务水平可降低一级，设计速度不宜低于60km/h。

4 一、二、三级公路改扩建时，应作保通设计方案。

5 沙漠、戈壁、草原等小交通量地区的高速公路分离式断面路段利用现有二级公路改建为一幅时，其设计洪水频率可维持原标准不变，设计速度不宜大于80km/h。

1.0.9 非机动车、行人密集路段宜考虑非机动车和行人等的交通需求，可根据交通组成情况设置非机动车道和人行道。

1.0.10 二级及二级以上的干线公路应在设计时进行交通安全评价，其他公路在有条件时也可进行交通安全评价。

1.0.11 有救灾通道功能需求的二级及二级以下公路，可相应提高抗震及设计洪水频率标准。

1.0.12 公路建设项目，应根据设计使用年限综合考虑建设、养护、管理等成本效益和安全、环保、运营等社会效益，选用综合效益最佳方案。

2 术语

2.0.1 公路改扩建 highway reconstruction & extension

在现有公路的基础上,为提高技术等级、通行能力或改善技术指标而进行的公路建设工程,包括公路的改建、扩建等。

2.0.2 公路功能 highway function

公路在路网中为车辆出行提供畅通直达、汇集疏散和出入通达的交通服务能力。主要干线公路和次要干线公路具有畅通直达的功能,主要集散公路和次要集散公路具有汇集疏散的功能,支线公路具有出入通达的功能。

2.0.3 设计速度 design speed

确定公路设计指标并使其相互协调的设计基准速度。

2.0.4 运行速度 operating speed

路面平整、潮湿,自由流状态下,行驶速度累计分布曲线上对应于85%分位值的速度。

2.0.5 限制速度 posted speed limit

对公路上行驶车辆规定的允许行驶速度的限值。

2.0.6 设计车辆 design vehicle

公路几何设计所采用的代表车型,其外廓尺寸、载质量和动力性能是确定公路几何参数的主要依据。

2.0.7 设计通行能力 design traffic capacity

相应设计服务水平下,公路设施通过车辆的最大小时流率。

2.0.8 服务水平 level of service

驾驶员感受公路交通流运行状况的质量指标,通常用平均行驶速度、行驶时间、驾驶自由度和交通延误等指标表征。

2.0.9 避险车道 evacuation/escape lane

在行车道外侧增设的、供制动失效车辆驶离、减速停车、自救的专用车道。

2.0.10 硬路肩 hard shoulder

与行车道相连，具有一定路面强度的带状部分。主要用于：为行车提供侧向余宽，为路面结构提供横向保护，为故障车辆紧急停车提供全部或者部分宽度等。

2.0.11 设计使用年限 design working/service life

在正常设计、正常施工、正常使用和正常养护条件下，路面、桥涵、隧道结构或结构构件不需进行大修或更换，即可按其预定目的使用的年限。

2.0.12 电子不停车收费 electronic toll collection

利用车辆自动识别技术实现不停车收费的全电子收费方式，简称 ETC。

3 基本规定

3.1 公路分级

3.1.1 公路分为高速公路、一级公路、二级公路、三级公路及四级公路等五个技术等级。

1 高速公路为专供汽车分方向、分车道行驶，全部控制出入的多车道公路。高速公路的年平均日设计交通量宜在 15 000 辆小客车以上。

2 一级公路为供汽车分方向、分车道行驶，可根据需要控制出入的多车道公路。一级公路的年平均日设计交通量宜在 15 000 辆小客车以上。

3 二级公路为供汽车行驶的双车道公路。二级公路的年平均日设计交通量宜为 5 000 ~ 15 000 辆小客车。

4 三级公路为供汽车、非汽车交通混合行驶的双车道公路。三级公路的年平均日设计交通量宜为 2 000 ~ 6 000 辆小客车。

5 四级公路为供汽车、非汽车交通混合行驶的双车道或单车道公路。双车道四级公路年平均日设计交通量宜在 2 000 辆小客车以下；单车道四级公路年平均日设计交通量宜在 400 辆小客车以下。

3.1.2 公路技术等级选用应遵循下列原则：

1 公路技术等级选用应根据路网规划、公路功能，并结合交通量论证确定。

2 主要干线公路应选用高速公路。

3 次要干线公路应选用二级及二级以上公路。

4 主要集散公路宜选用一、二级公路。

5 次要集散公路宜选用二、三级公路。

6 支线公路宜选用三、四级公路。

3.2 设计车辆

3.2.1 公路设计所采用的设计车辆外廓尺寸规定如表3.2.1。

表3.2.1 设计车辆外廓尺寸

车辆类型	总长(m)	总宽(m)	总高(m)	前悬(m)	轴距(m)	后悬(m)
小客车	6	1.8	2	0.8	3.8	1.4
大型客车	13.7	2.55	4	2.6	6.5+1.5	3.1
铰接客车	18	2.5	4	1.7	5.8+6.7	3.8
载重汽车	12	2.5	4	1.5	6.5	4
铰接列车	18.1	2.55	4	1.5	3.3+11	2.3

注:铰接列车的轴距(3.3+11)m:3.3m为第一轴至铰接点的距离,11m为铰接点至最后轴的距离。

3.3 交通量

3.3.1 新建和改扩建公路项目的设计交通量预测应符合下列规定:

1 高速公路和一级公路设计交通量预测年限为20年;二、三级公路设计交通量预测年限为15年;四级公路可根据实际情况确定。

2 设计交通量预测年限的起算年为该项目可行性研究报告中的计划通车年。

3.3.2 交通量换算采用小客车为标准车型。各汽车代表车型及车辆折算系数规定如表3.3.2。拖拉机和非机动车等交通量换算应符合下列规定:

表3.3.2 各汽车代表车型及车辆折算系数

汽车代表车型	车辆折算系数	说明
小客车	1.0	座位≤19座的客车和载质量≤2t的货车
中型车	1.5	座位>19座的客车和2t<载质量≤7t的货车
大型车	2.5	7t<载质量≤20t的货车
汽车列车	4.0	载质量>20t的货车

1 畜力车、人力车、自行车等非机动车按路侧干扰因素计。

2 公路上行驶的拖拉机每辆折算为4辆小客车。

3 公路通行能力分析所要求的车辆折算系数应针对路段、交叉口等形式,按不同的地形条件和交通需求,采用相应的折算系数。

3.3.3 公路设计小时交通量宜采用年第30位小时交通量,也可根据项目特点与需求,在当地年第20~40位小时交通量之间取值。

3.4 服务水平

3.4.1 公路服务水平分为六级，见附录 A。

3.4.2 各级公路设计服务水平应不低于表 3.4.2 规定，并应符合下列规定：

表 3.4.2 各级公路设计服务水平

公路等级	高速公路	一级公路	二级公路	三级公路	四级公路
服务水平	三级	三级	四级	四级	—

1 一级公路用作集散公路时，设计服务水平可降低一级。

2 长隧道及特长隧道路段、非机动车及行人密集路段、互通式立体交叉的分合流区段以及交织区段，设计服务水平可降低一级。

3.5 速度

3.5.1 各级公路设计速度应符合表 3.5.1 的规定。设计速度的选用应根据公路的功能与技术等级，结合地形、工程经济、预期的运行速度和沿线土地利用性质等因素综合论证确定，并应符合下列规定：

表 3.5.1 设 计 速 度

公路等级	高速公路			一级公路			二级公路		三级公路		四级公路	
设计速度（km/h）	120	100	80	100	80	60	80	60	40	30	30	20

1 高速公路设计速度不宜低于 100km/h，受地形、地质等条件限制时，可以选用 80km/h。

2 作为干线的一级公路，设计速度宜采用 100km/h；受地形、地质等条件限制，可采用 80km/h。作为集散的一级公路，设计速度宜采用 80km/h；受地形、地质等条件限制，可采用 60km/h。

3 高速公路和作为干线的一级公路的特殊困难局部路段，且因新建工程可能诱发工程地质病害时，经论证，该局部路段的设计速度可采用 60km/h，但长度不宜大于 15km，或仅限于相邻两互通式立体交叉之间的路段。

4 作为干线的二级公路，设计速度宜采用 80km/h；受地形、地质等条件限制，可采用 60km/h。作为集散的二级公路，设计速度宜采用 60km/h；受地形、地质等条件限制，可采用 40km/h。

5 三级公路设计速度宜采用 40km/h；受地形、地质等条件限制，可采用 30km/h。

6 四级公路设计速度宜采用 30km/h；受地形、地质等条件限制，可采用 20km/h。

3.5.2 公路设计应采用运行速度进行检验。相邻路段运行速度之差应小于 20km/h，同一路段运行速度与设计速度之差宜小于 20km/h。

3.5.3 公路限制速度应根据设计速度、运行速度及路侧干扰与环境等因素综合论证确定。

3.6 建筑限界

3.6.1 各级公路的建筑限界应符合图 3.6.1 的规定，并应符合下列规定：

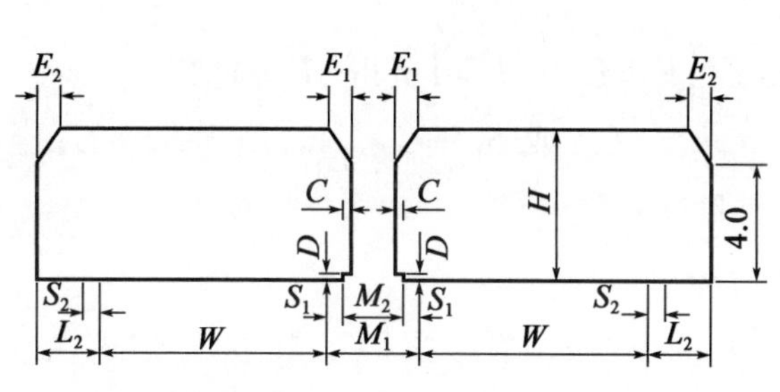

a)高速公路、一级公路(整体式)

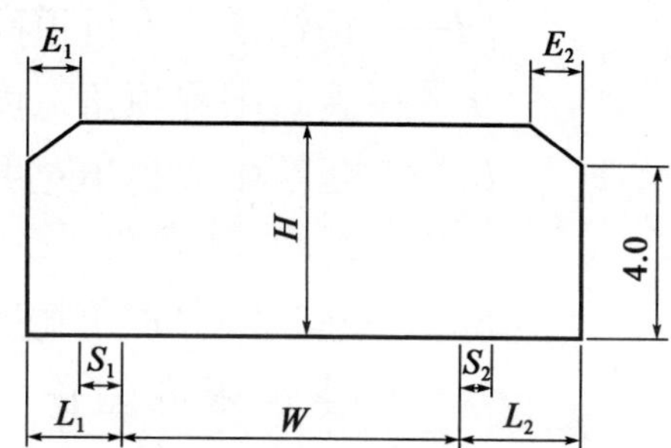

b)高速公路、一级公路(分离式)

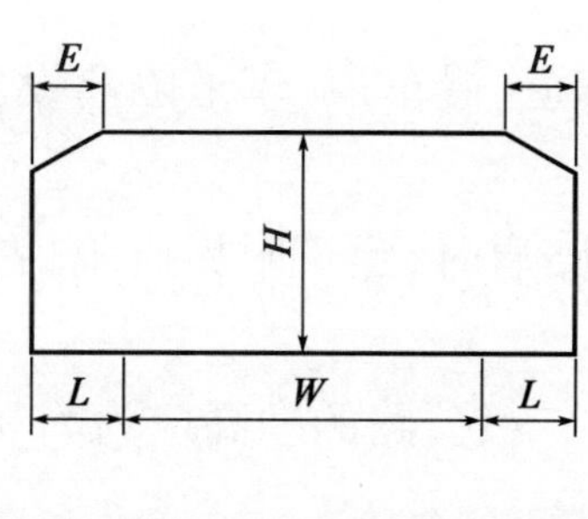

c)二、三、四级公路

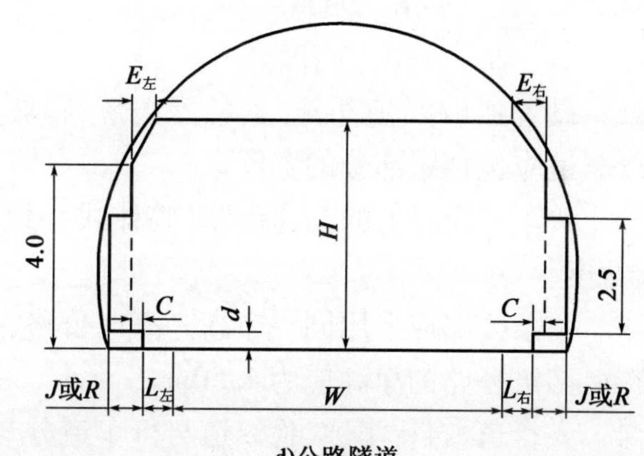

d)公路隧道

图 3.6.1 各级公路的建筑限界(尺寸单位：m)

图中：W——行车道宽度；

L_1——左侧硬路肩宽度；

L_2——右侧硬路肩宽度；

S_1——左侧路缘带宽度；

S_2——右侧路缘带宽度；

L——侧向宽度。二级公路的侧向宽度为硬路肩宽度。三、四级公路的侧向宽度为路肩宽度减去 0.25m。设置护栏时，应根据护栏需要的宽度加宽路基；

$L_{左}$——隧道内左侧侧向宽度；

$L_{右}$——隧道内右侧侧向宽度；

C——当设计速度大于 100km/h 时为 0.5m，小于或等于 100km/h 时为 0.25m；

D——路缘石高度，小于或等于 0.25m。一般情况下，高速公路可不设路缘石；

M_1——中间带宽度；

M_2——中央分隔带宽度；

J——检修道宽度；

R——人行道宽度；

d——检修道或人行道高度；

E——建筑限界顶角宽度，当 $L \leqslant 1m$ 时，$E = L$；当 $L > 1m$ 时，$E = 1m$；

E_1——建筑限界顶角宽度，当 $L_1 < 1m$，$E_1 = L_1$，或 $S_1 + C < 1m$，$E_1 = S_1 + C$；当 $L_1 \geqslant 1m$ 或 $S_1 + C \geqslant 1m$ 时，$E_1 = 1m$；

E_2——建筑限界顶角宽度，$E_2 = 1m$；

$E_{左}$——建筑限界左顶角宽度，当 $L_{左} \leqslant 1m$ 时，$E_{左} = L_{左}$；当 $L_{左} > 1m$ 时，$E_{左} = 1m$；

$E_{右}$——建筑限界右顶角宽度，当 $L_{右} \leqslant 1m$ 时，$E_{右} = L_{右}$；当 $L_{右} > 1m$ 时，$E_{右} = 1m$；

H——净空高度。

1 设置加(减)速车道、紧急停车带、爬坡车道、错车道、慢车道、车道隔离设施等路段，行车道应包括该部分的宽度。

2 八车道及以上的高速公路(整体式)，设置左侧硬路肩时，建筑限界应包括左侧硬路肩宽度。

3 一条公路应采用同一净高。高速公路、一级公路、二级公路的净高应为 5.00m；三级公路、四级公路的净高应为 4.50m。

4 人行道、自行车道、检修道与行车道分开设置时，其净高应为 2.50m。

5 路基、桥梁、隧道相互衔接处，其建筑限界应按过渡段处理。

3.7 抗震

3.7.1 抗震设计应符合下列规定：

1 地震动峰值加速度系数小于或等于 0.05 地区的公路工程，除有特殊要求外，可采用简易设防。

2 地震动峰值加速度系数大于 0.05、小于 0.40 地区的公路工程，应进行抗震设计。

3 地震动峰值加速度系数大于或等于 0.40 地区的公路工程，应进行专门的抗震研究和设计。

4 做过地震小区划地区的公路工程,应按主管部门审批的地震动峰值加速度系数进行抗震设计。

4 路线

4.0.1 一般规定

1 确定路线走廊带应考虑走廊带内各种运输体系及不同层次路网间的分工与配合,据以统筹规划、近远期结合、合理布局,充分发挥和提高公路总体综合效益。

2 公路选线必须由面到带、由带到线,在对地形地貌、地质水文、气候气象、自然保护区等调查与勘察的基础上论证、确定路线方案。

3 路线线位应考虑同农田与水利建设、城市规划的配合,尽可能避让不可移动文物、水源与自然保护区,保护环境且同当地景观相协调。

4 各级公路应做好总体设计,正确处理公路与相关路网、交通节点的关系,合理设置各类出入口、交叉和构造物。各类构造物的选型与布置应合理、实用、经济。

5 路线设计应根据公路功能、技术等级和地形等条件,恰当选取设计速度,合理确定公路断面布置形式,正确运用各类技术指标,注意平纵线形组合、保持线形连续均衡,在确保行驶安全性的前提下,满足舒适、环保与经济等要求。

4.0.2 车道宽度应符合表4.0.2的规定,并应符合下列规定:

表4.0.2 车道宽度

设计速度(km/h)	120	100	80	60	40	30	20
车道宽度(m)	3.75	3.75	3.75	3.50	3.50	3.25	3.00

1 八车道及以上公路在内侧车道(内侧第1、2车道)仅限小客车通行时,其车道宽度可采用3.5m。

2 以通行中、小型客运车辆为主且设计速度为80km/h及以上的公路,经论证车道宽度可采用3.5m。

3 四级公路采用单车道时,车道宽度应采用3.5m。

4 设置慢车道的二级公路,慢车道宽度应采用3.5m。

5 需要设置非机动车道和人行道的公路,非机动车道和人行道等的宽度,宜视实际情况确定。

4.0.3 各级公路车道数应符合表4.0.3的规定。高速公路和一级公路各路段车道数应根据设计交通量、设计通行能力确定，当车道数为双车道以上时应按双数增加。

表4.0.3 各级公路车道数

公路等级	高速、一级公路	二级公路	三级公路	四级公路
车道数	≥4	2	2	2(1)

注：四级公路应采用双车道，交通量小或困难路段可采用单车道。

4.0.4 高速公路和一级公路整体式断面必须设置中间带。中间带由中央分隔带和两条左侧路缘带组成。

1 高速公路和作为干线的一级公路，中央分隔带宽度应根据公路项目中央分隔带功能确定。

2 作为集散的一级公路，中央分隔带宽度应根据中间隔离设施的宽度确定。

3 左侧路缘带宽度不应小于表4.0.4的规定。设计速度为120km/h、100km/h，受地形、地物限制的路段或多车道公路内侧车道仅限小型车辆通行的路段，左侧路缘带可论证采用0.50m。

表4.0.4 左侧路缘带宽度

设计速度(km/h)	120	100	80	60
左侧路缘带宽度(m)	0.75	0.75	0.50	0.50

4.0.5 路肩宽度应符合表4.0.5-1的规定，并应符合下列规定：

表4.0.5-1 路肩宽度

公路等级(功能)		高速公路			一级公路(干线功能)	
设计速度(km/h)		120	100	80	100	80
右侧硬路肩宽度(m)	一般值	3.00 (2.50)	3.00 (2.50)	3.00 (2.50)	3.00 (2.50)	3.00 (2.50)
	最小值	1.50	1.50	1.50	1.50	1.50
土路肩宽度(m)	一般值	0.75	0.75	0.75	0.75	0.75
	最小值	0.75	0.75	0.75	0.75	0.75
公路等级(功能)		一级公路(集散功能)和二级公路		三级公路、四级公路		
设计速度(km/h)		80	60	40	30	20
右侧硬路肩宽度(m)	一般值	1.50	0.75	—	—	—
	最小值	0.75	0.25			

续上表

公路等级(功能)		一级公路(集散功能)和二级公路			三级公路、四级公路	
设计速度(km/h)		80	60	40	30	20
土路肩宽度(m)	一般值	0.75	0.75	0.75	0.50	0.25(双车道) 0.50(单车道)
	最小值	0.50	0.50			

注:1. 正常情况下,应采用“一般值”;在设爬坡车道、变速车道及超车道路段,受地形、地物等条件限制路段及多车道公路特大桥,可论证采用“最小值”。

2. 高速公路和作为干线的一级公路以通行小客车为主时,右侧硬路肩宽度可采用括号内数值。

1 高速公路和一级公路应在右侧硬路肩宽度内设右侧路缘带,其宽度为0.50m。

2 高速公路和一级公路采用分离式断面时,应设置左侧硬路肩,其宽度不应小于表4.0.5-2的规定值。左侧硬路肩宽度包含左侧路缘带宽度。

表4.0.5-2 分离式断面高速公路和一级公路左侧路肩宽度

设计速度(km/h)	120	100	80	60
左侧硬路肩宽度(m)	1.25	1.00	0.75	0.75
左侧土路肩宽度(m)	0.75	0.75	0.75	0.50

3 八车道及以上高速公路宜设置左侧硬路肩,其宽度应不小于2.5m。左侧硬路肩宽度包含左侧路缘带宽度。

4.0.6 高速公路和作为干线的一级公路右侧硬路肩宽度小于2.50m时,应设置紧急停车带。紧急停车带宽度应为3.50m,有效长度不应小于40m,间距不宜大于500m。

4.0.7 互通式立体交叉、服务区、停车区、客运汽车停靠站、管理设施等的出入口处,高速公路、一级公路应设置加(减)速车道,二级公路应设置过渡段。

4.0.8 高速公路、一级公路以及二级公路的连续上坡路段,当通行能力、运行安全受到影响时,应设置爬坡车道。爬坡车道宽度不应小于3.50m。六车道以上的高速公路,可不设置爬坡车道。

4.0.9 连续长、陡下坡路段,应结合交通安全评价论证设置避险车道。

4.0.10 二级公路货车比例较高时,可根据需要局部增设超车道。超车道宽度应按相应路段的车道宽度确定。

4.0.11 二级公路慢行车辆较多时,可根据需要采用加宽硬路肩的方式设置慢车道,并应增加必要的交通安全设施,加强交通组织管理。

4.0.12 四级公路采用单车道时，应设置错车道。设置错车道路段的路基宽度不应小于双车道的路基宽度。

4.0.13 非机动车、行人密集公路和城市出入口的公路，可根据需要设置侧分隔带、非机动车道和人行道。

4.0.14 公路路基宽度为车道宽度与路肩宽度之和，当设有中间带、加(减)速车道、爬坡车道、紧急停车带、超车道、错车道、慢车道、侧分隔带、非机动车道、人行道等时，应计入这些部分的宽度。

4.0.15 视距应符合下列规定：

1 高速公路、一级公路的停车视距应不小于表4.0.15-1的规定。

表4.0.15-1 高速公路、一级公路停车视距

设计速度(km/h)	120	100	80	60
停车视距(m)	210	160	110	75

2 二、三、四级公路的停车视距、会车视距与超车视距应不小于表4.0.15-2的规定。

表4.0.15-2 二、三、四级公路停车、会车与超车视距

设计速度(km/h)	80	60	40	30	20
停车视距(m)	110	75	40	30	20
会车视距(m)	220	150	80	60	40
超车视距(m)	550	350	200	150	100

3 互通式立交、服务区、停车区、客运汽车停靠站等各类出、入口应满足识别视距要求。

4 双车道公路应间隔设置满足超车视距的路段。

5 高速公路、一级公路以及大型车比例较高的二、三级公路，应采用货车停车视距对相关路段进行检验。货车的停车视距、识别视距应符合附录B的规定。

6 积雪冰冻地区的停车视距宜适当增长。

4.0.16 直线的最大与最小长度应有所限制。

4.0.17 圆曲线最小半径应符合表4.0.17的规定。

表 4.0.17 圆曲线最小半径

设计速度(km/h)		120	100	80	60	40	30	20
最大超高	10%	570	360	220	115	—	—	—
	8%	650	400	250	125	60	30	15
	6%	710	440	270	135	60	35	15
	4%	810	500	300	150	65	40	20
不设超高最小半径(m)	路拱≤2.0%	5 500	4 000	2 500	1 500	600	350	150
	路拱>2.0%	7 500	5 250	3 350	1 900	800	450	200

注:"—"为不考虑采用最大超高的情况。

4.0.18 公路圆曲线半径小于表4.0.17"不设超高最小半径"时,应设置圆曲线超高。最大超高应符合下列规定:

1 一般地区,圆曲线最大超高应采用8%。

2 积雪冰冻地区,最大超高值应采取6%。

3 以通行中、小型客车为主的高速公路和一级公路,最大超高可采用10%。

4 城镇区域公路,最大超高值可采取4%。

4.0.19 直线与小于表4.0.17不设超高最小半径的圆曲线相衔接处,应设置缓和曲线。缓和曲线采用回旋线,应符合下列规定:

1 缓和曲线参数及其长度应根据线形设计以及对安全、视觉、景观等的要求,选用较大的数值。

2 四级公路直线与小于不设超高最小半径的圆曲线相衔接处,可不设置缓和曲线,用超高、加宽缓和段径相连接。

4.0.20 最大纵坡应符合表4.0.20的规定,并应符合下列规定:

表4.0.20 最大纵坡

设计速度(km/h)	120	100	80	60	40	30	20
最大纵坡(%)	3	4	5	6	7	8	9

1 设计速度为120km/h、100km/h、80km/h的高速公路受地形条件或其他特殊情况限制时,经技术经济论证,最大纵坡值可增加1%。

2 公路改扩建中,设计速度为40km/h、30km/h、20km/h的利用原有公路的路段,经技术经济论证,最大纵坡值可增加1%。

3 二级及二级以下公路的越岭路线连续上坡(或下坡)路段,相对高差为200~500m时,平均纵坡不应大于5.5%;相对高差大于500m时,平均纵坡不应大于5%。任意连续3km路段的平均纵坡不应大于5.5%。

4 高速公路、一级公路应论证采用合理的平均纵坡。对存在连续长、陡纵坡的路段应进行安全性评价。

4.0.21 不同纵坡的最大坡长应符合表4.0.21的规定。

表4.0.21 不同纵坡的最大坡长(m)

纵坡坡度(%)	设计速度(km/h)						
	120	100	80	60	40	30	20
3	900	1 000	1 100	1 200	—	—	—
4	700	800	900	1 000	1 100	1 100	1 200
5	—	600	700	800	900	900	1 000
6	—	—	500	600	700	700	800
7	—	—	—	—	500	500	600
8	—	—	—	—	300	300	400
9	—	—	—	—	—	200	300
10	—	—	—	—	—	—	200

4.0.22 公路纵坡变更处应设置竖曲线。竖曲线最小半径和最小长度不应小于表4.0.22的规定值。

表4.0.22 竖曲线最小半径和最小长度

设计速度(km/h)	120	100	80	60	40	30	20
凸形竖曲线最小半径(m)	11 000	6 500	3 000	1 400	450	250	100
凹形竖曲线最小半径(m)	4 000	3 000	2 000	1 000	450	250	100
竖曲线最小长度(m)	100	85	70	50	35	25	20

5 路基路面

5.0.1 一般规定

1 路基路面应根据公路功能、技术等级、交通量，结合沿线地形、地质及路用材料、气候等自然条件进行设计，保证其具有足够的强度、稳定性和耐久性。路面面层应满足平整和抗滑的要求。

2 路基应设置排水设施与防护设施，取土、弃土应进行专门设计，防止水土流失、堵塞河道和诱发路基病害；应进行路基表土综合利用方案设计，充分利用资源。

3 应因地制宜、统筹考虑安全、环境、土地、经济等因素，选择合理的路基断面形式。

4 通过特殊地质和水文条件的路段，必须查明其规模及其对公路的危害程度，采取综合治理措施，增强公路防灾、抗灾能力。

5 路基路面结构应遵循整体化设计原则。路基设计应根据可用填料、施工条件和当地成功经验，提出路基结构的设计要求与设计指标；路面结构设计应结合路基结构设计要求与设计指标进行综合设计,以满足路面结构耐久性要求。

6 公路改扩建项目的新建路面和原路面利用均应按现行标准进行设计,并应加强路基、路面的拼接设计;应对路面材料再生循环利用进行论证,充分利用废旧材料。

5.0.2 路基设计洪水频率应符合下列规定:

1 路基设计洪水频率应符合表5.0.2的规定。

表5.0.2 路基设计洪水频率

公路等级	高速公路	一级公路	二级公路	三级公路	四级公路
设计洪水频率	1/100	1/100	1/50	1/25	按具体情况确定

2 城市周边地区的公路路基设计洪水频率应结合城市防洪标准,考虑救灾通道、排洪和泄洪需求综合确定。

5.0.3 路基高度应符合下列规定:

1 路基高度设计应使路肩边缘高出路基两侧地面积水高度,同时考虑地下水、毛细水和冰冻的作用,不使其影响路基的强度和稳定性。

2 沿河及受水浸淹的路基边缘高程,应高出表5.0.2规定设计洪水频率的计算水位加壅水高、波浪侵袭高和0.5m的安全高度。

5.0.4 路基技术要求和原地面处理要求应符合下列规定:

1 路堤基底应清理和压实。基底强度、稳定性不足时,应进行处理,以保证路基稳定,减少工后沉降。

2 路基压实度应根据公路技术等级、填挖深度、交通荷载等级和填料特点等因素确定,并应符合表5.0.4的规定。

表5.0.4 路 基 压 实 度

路基部位		路床顶面以下深度(m)	压实度(%)		
			高速公路、一级公路	二级公路	三级公路、四级公路
上路床		0~0.3	≥96	≥95	≥94
下路床	轻、中及重交通荷载等级	0.3~0.8	≥96	≥95	≥94
	特重、极重交通荷载等级	0.3~1.2	≥96	≥95	—
上路堤	轻、中及重交通荷载等级	0.8~1.5	≥94	≥94	≥93
	特重、极重交通荷载等级	1.2~1.9	≥94	≥94	—

续上表

路基部位		路床顶面以下深度(m)	压实度(%)		
			高速公路、一级公路	二级公路	三级公路、四级公路
下路堤	轻、中及重交通荷载等级	>1.5	≥93	≥92	≥90
	特重、极重交通荷载等级	>1.9			

注:1. 表列压实度数值以重型击实试验法为准。

2. 特殊干旱或特殊潮湿地区的路基压实度,表列数值可适当降低。

3. 三、四级公路修筑沥青混凝土或水泥混凝土路面时,其路基压实度应采用二级公路标准。

3 在满足路基各层压实度的前提下,应根据路基实际采用的填料类型和路面结构设计要求,确定路床顶面回弹模量标准。对于重载交通路基、软弱和特殊土路基,可适当提高路床顶面回弹模量标准。

5.0.5 路基防护应根据公路功能,结合当地气候、水文、地质等情况,采取相应防护措施,保证路基稳定,并应符合下列规定:

1 路基防护应采取工程防护与植物防护相结合的综合防护措施,并与景观相协调。

2 深挖、高填路基边坡路段,必须查明工程地质情况,针对其工程特性进行路基防护设计。对存在稳定性隐患的边坡,应进行稳定性分析,采用加固、防护措施,保证边坡的稳定。

3 沿河路段必须查明河流特性及其演变规律,采取防止冲刷路基的防护措施。凡侵占、改移河道的地段,必须做出专门防护设计。

5.0.6 路面结构设计标准轴载为双轮组单轴 100kN,轮胎压力 0.7MPa。重载交通路段可根据实际调查的轴载谱采用分向、分道方式进行路面结构设计。

5.0.7 路面类型应根据公路功能、技术等级、交通量、环境保护、工程造价等因素进行综合论证后选用;路面结构形式应根据当地气候条件、交通荷载、当地材料,并结合路面结构耐久性、资源循环利用等因素进行全寿命周期经济分析后合理确定。

5.0.8 公路路面结构设计使用年限应不小于表 5.0.8 的规定。

表 5.0.8 公路路面结构设计使用年限

公路等级		高速公路	一级公路	二级公路	三级公路	四级公路
设计使用年限(年)	沥青混凝土路面	15	15	12	10	8
	水泥混凝土路面	30		20	15	10

5.0.9 路面结构层材料应满足强度、稳定性和耐久性的要求。路面垫层宜采用水稳性好的粗粒料类材料或稳定类材料。路基填料采用尾矿、矿渣等材料时,应作环保评价,明

确利用方案及处置措施。

5.0.10 路基路面排水与防水应符合下列规定:

1 路基、路面排水应综合设计、合理布局,并与沿线排灌系统相协调,保护生态环境,防止水土流失和污染水源。

2 根据公路等级,结合沿线气象、地形、地质、水文等自然条件,设置必要的地表排水、路面内部排水、地下排水等设施,并与沿线排水系统相配合,形成完整的排水体系。

3 特殊地质地段的路基、路面排水设计,必须与该特殊工程整治措施相结合,进行综合设计。

4 路基、路面结构设计应进行防水设计,以减少路面结构水损坏。

5.0.11 高速公路路面不应分期修建,位于软土、高填方等工后沉降较大的局部路段,面层可一次设计、分期实施。

5.0.12 沙漠、戈壁、草原等地区小交通量高速公路,其右侧硬路肩部分的面层可分期修建,但在分期修建实施前,应采取技术措施对右侧硬路肩面层进行处理,保证交通安全。

6 桥涵

6.0.1 一般规定

1 桥涵应根据公路功能、技术等级、通行能力及防灾减灾等要求,结合水文、地质、通航和环境等条件进行综合设计。

2 桥涵应按照安全、耐久、适用、环保、经济和美观的原则,考虑因地制宜、就地取材、便于施工和养护等因素,进行全寿命设计。

3 桥涵应与自然环境和景观相协调。特殊大桥宜进行景观设计。

4 桥涵的设置应结合农田基本建设考虑排灌的需要。

5 特大桥、大桥桥位应选择河道顺直稳定、河床地质良好、河槽能通过大部分设计流量的河段,并应避开断层、岩溶、滑坡、泥石流等不良地质地带。在受条件限制而选取不利桥位时,必须采取防控措施并进行严格论证。

6 桥面铺装应有完善的桥面防水、排水系统。

7 桥涵跨径小于或等于50m时,宜采用标准化跨径、装配式结构、机械化和工厂化施工。

8 对于分期修建的桥梁,应选择先期与后期易衔接的结构形式。

9 桥涵应设置维修养护通道,特大桥和大桥应设置必要的养护设施。

6.0.2 桥涵分类规定如表6.0.2。

表6.0.2 桥 涵 分 类

桥 涵 分 类	多孔跨径总长 L(m)	单孔跨径 L_k(m)
特大桥	$L>1\,000$	$L_k>150$
大桥	$100\leqslant L\leqslant 1\,000$	$40\leqslant L_k\leqslant 150$
中桥	$30<L<100$	$20\leqslant L_k<40$
小桥	$8\leqslant L\leqslant 30$	$5\leqslant L_k<20$
涵洞	—	$L_k<5$

注:1.单孔跨径系指标准跨径。
2.梁式桥、板式桥的多孔跨径总长为多孔标准跨径的总长;拱式桥为两端桥台内起拱线间的距离;其他形式桥梁为桥面系车道长度。
3.管涵及箱涵不论管径或跨径大小、孔数多少,均称为涵洞。
4.标准跨径:梁式桥、板式桥以两桥墩中线间距离或桥墩中线与台背前缘间距为准;拱式桥和涵洞以净跨径为准。

6.0.3 有桥台的桥梁,桥梁全长应为两岸桥台侧墙或八字墙尾端间的距离;无桥台的桥梁,桥梁全长应为桥面系的长度。

6.0.4 桥涵标准化跨径规定如下:0.75m、1.0m、1.25m、1.5m、2.0m、2.5m、3.0m、4.0m、5.0m、6.0m、8.0m、10m、13m、16m、20m、25m、30m、35m、40m、45m、50m。

6.0.5 桥涵设计洪水频率应符合表6.0.5的规定,并应符合下列规定:

表6.0.5 桥涵设计洪水频率

公 路 等 级	设计洪水频率				
	特大桥	大桥	中桥	小桥	涵洞及小型排水构造物
高速公路	1/300	1/100	1/100	1/100	1/100
一级公路	1/300	1/100	1/100	1/100	1/100
二级公路	1/100	1/100	1/100	1/50	1/50
三级公路	1/100	1/50	1/50	1/25	1/25
四级公路	1/100	1/50	1/50	1/25	不作规定

1 二级公路的特大桥以及三、四级公路的大桥,在河床比降大、易于冲刷的情况下,宜提高一级设计洪水频率验算基础冲刷深度。

2 沿河纵向高架桥和桥头引道的设计洪水频率应符合本标准第5.0.2条路基设计洪水频率的规定。

3 多孔中小跨径的特大桥可采用大桥的设计洪水频率。

6.0.6 桥面净空应符合本标准第3.6.1条公路建筑限界的规定,并应符合下列规定:

1 多车道公路上的特大桥为整体式上部结构时,中央分隔带宽度应根据所采用的护栏形式确定。

2 特大桥的路肩宽度经论证后可采用表4.0.5-1的最小值。

3 路、桥不同宽度间应顺适过渡。

4 桥上设置的各种管线、安全设施及标志等不得侵入公路建筑限界。

6.0.7 桥下净空应符合下列规定:

1 通航或流放木筏的河流,桥下净空应符合通航标准或流放木筏的要求。

2 跨线桥桥下净空,应符合被交叉公路、铁路、其他道路等建筑限界的规定。

3 桥下净空应考虑排洪、流水、漂流物、冰塞以及河床冲淤等情况。

6.0.8 桥梁及其引道的平、纵、横技术指标应与路线总体布设相协调,并应符合下列规定:

1 桥上纵坡不宜大于4%,桥头引道纵坡不宜大于5%。

2 对于易结冰、积雪的桥梁,桥上纵坡宜适当减小。

3 位于城镇混合交通繁忙处的桥梁,桥上纵坡和桥头引道纵坡均不得大于3%。

4 桥头两端引道的线形应与桥梁的线形相匹配。

6.0.9 渡口码头设计应符合下列规定:

1 渡口位置应选择在河床稳定、水力水文状态适宜、无淤积或少淤积的河段。

2 直线码头的引道纵坡宜采用9%~10%,锯齿式码头宜采用4%~6%。

3 车辆上、下渡船的引道路面,应采取必要的防滑措施。

4 二、三级公路的码头引道宽度不应小于12m,四级公路不应小于10m。

6.0.10 桥涵改扩建应符合下列规定:

1 新建桥涵(含拼接新建部分)应满足现行设计标准的要求。

2 对直接利用的原有桥涵,应进行检测评估并满足原设计荷载标准要求,二、三、四级公路提高等级时其极限承载能力应满足或采取加固措施后满足现行标准的要求。

3 拼接加宽利用的原有桥涵,应进行检测评估并满足原设计荷载标准要求,且其极限承载能力应满足或采取加固措施后满足现行标准的要求。

4 整体拼接桥梁的桥下净空,不应小于原设计标准。

5 对直接利用或拼接加宽的桥涵,应提出有针对性的运营管理和维护措施。

6.0.11 桥涵主体结构和可更换部件的设计使用年限规定如表6.0.11。

<table>
<caption>表 6.0.11 桥涵设计使用年限(年)</caption>
<tr><th rowspan="2">公路等级</th><th colspan="3">主体结构</th><th colspan="2">可更换部件</th></tr>
<tr><th>特大桥
大桥</th><th>中桥</th><th>小桥
涵洞</th><th>斜拉索
吊索
系杆等</th><th>栏杆
伸缩缝
支座等</th></tr>
<tr><td>高速公路
一级公路</td><td>100</td><td>100</td><td>50</td><td rowspan="3">20</td><td rowspan="3">15</td></tr>
<tr><td>二级公路
三级公路</td><td>100</td><td>50</td><td>30</td></tr>
<tr><td>四级公路</td><td>100</td><td>50</td><td>30</td></tr>
</table>

7 汽车及人群荷载

7.0.1 汽车荷载分为公路—Ⅰ级和公路—Ⅱ级两个等级,由车道荷载和车辆荷载组成,并规定如下:

1 车道荷载由均布荷载和集中荷载组成,用于桥梁结构整体分析计算。

2 车辆荷载用于桥梁结构局部分析计算和涵洞、桥台、挡土墙土压力等的分析计算。

3 车道荷载与车辆荷载的作用不得相互叠加。

7.0.2 各级公路桥涵设计的汽车荷载等级应符合表 7.0.2 的规定。

表 7.0.2 汽车荷载等级

公路技术等级	高速公路	一级公路	二级公路	三级公路	四级公路
汽车荷载等级	公路—Ⅰ级	公路—Ⅰ级	公路—Ⅰ级	公路—Ⅱ级	公路—Ⅱ级

注:1. 二级公路作为集散公路且交通量小、重型车辆少时,其桥涵设计可采用公路—Ⅱ级荷载。

2. 对交通组成中重载交通比重较大的公路,宜采用与该公路交通组成相适应的汽车荷载模式进行结构整体和局部验算。

7.0.3 车道荷载的计算图式如图 7.0.3,并应符合下列规定:

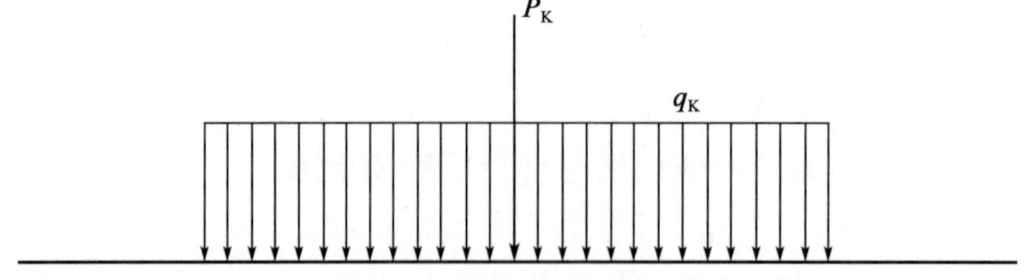

图 7.0.3 车道荷载

注:计算跨径,设支座的为相邻两支座中心间的水平距离;

不设支座的为上、下部结构相交面中心间的水平距离。

1　公路—Ⅰ级车道荷载的均布荷载标准值为 $q_K = 10.5kN/m$。集中荷载标准值 P_K 按下列规定选取：

桥涵计算跨径小于或等于5m时，$P_K = 270kN$；

桥涵计算跨径大于或等于50m时，$P_K = 360kN$；

桥涵计算跨径大于5m、小于50m时，P_K 值采用直线内插求得。

计算剪力效应时，集中荷载标准值应乘以1.2的系数。

公路—Ⅱ级车道荷载的均布荷载标准值 q_K 和集中荷载标准值 P_K，为公路—Ⅰ级车道荷载的0.75倍。

2　车道荷载的均布荷载标准值应满布于使结构产生最不利效应的同号影响线上；集中荷载标准值只作用于相应影响线中的一个影响线峰值处。

7.0.4　车辆荷载布置图如图7.0.4，其主要技术指标规定如表7.0.4。公路—Ⅰ级和公路—Ⅱ级汽车荷载采用相同的车辆荷载标准值。

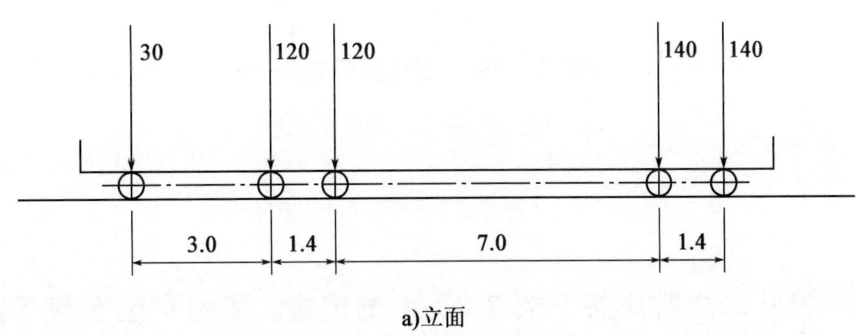

a)立面

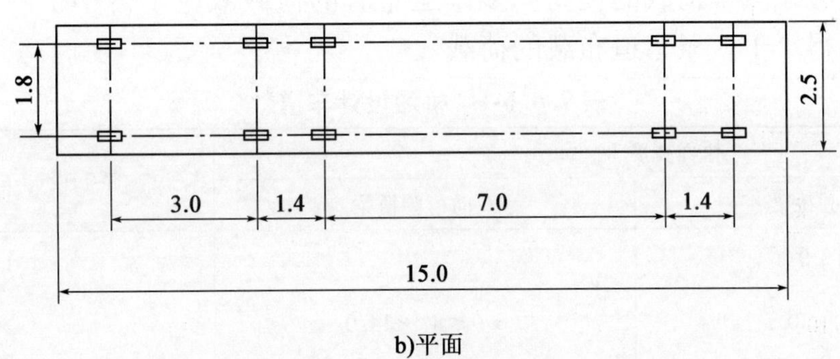

b)平面

图7.0.4　车辆荷载布置图(轴重力单位:kN;尺寸单位:m)

表7.0.4　车辆荷载主要技术指标

项　目	单　位	技术指标
车辆重力标准值	kN	550
前轴重力标准值	kN	30
中轴重力标准值	kN	2×120

续上表

项　　目	单　位	技术指标
后轴重力标准值	kN	2×140
轴距	m	3+1.4+7+1.4
轮距	m	1.8
前轮着地宽度及长度	m	0.3×0.2
中、后轮着地宽度及长度	m	0.6×0.2
车辆外形尺寸(长×宽)	m	15×2.5

7.0.5 车道荷载横向分布系数,应按设计车道数如图7.0.5布置车道荷载进行计算。

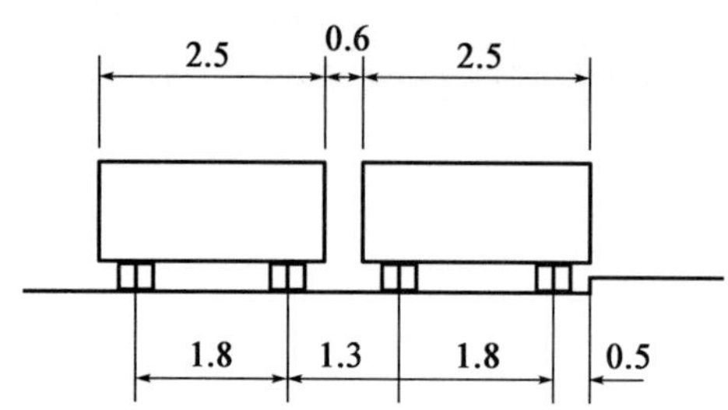

图7.0.5　车辆荷载横向布置(尺寸单位:m)

7.0.6 桥涵设计车道数应符合表7.0.6-1的规定。横向车道布载系数应符合表7.0.6-2的规定。横桥向布置多车道汽车荷载时,应考虑汽车荷载的折减;布置一条车道汽车荷载时,应考虑汽车荷载的提高。多车道布载的荷载效应不得小于两条车道布载的荷载效应,也不得小于一条车道布载的荷载效应。

表7.0.6-1　桥涵设计车道数

桥面宽度 W_0(m)		桥涵设计车道数(条)
单向行驶桥梁	双向行驶桥梁	
$W_0<7.0$		1
$7.0\leqslant W_0<10.5$	$6.0\leqslant W_0<14.0$	2
$10.5\leqslant W_0<14.0$		3
$14.0\leqslant W_0<17.5$	$14.0\leqslant W_0<21.0$	4
$17.5\leqslant W_0<21.0$		5
$21.0\leqslant W_0<24.5$	$21.0\leqslant W_0<28.0$	6
$24.5\leqslant W_0<28.0$		7
$28.0\leqslant W_0<31.5$	$28.0\leqslant W_0<35.0$	8

表 7.0.6-2 横向车道布载系数

横向布载车道数(条)	1	2	3	4	5	6	7	8
横向车道布载系数	1.20	1.00	0.78	0.67	0.60	0.55	0.52	0.50

7.0.7 大跨径桥梁应考虑车道荷载纵向折减,并应符合下列规定:

1 桥梁计算跨径大于150m时,应按表7.0.7规定的纵向折减系数进行折减。

2 桥梁为多跨连续结构时,整个结构应按其最大计算跨径的纵向折减系数进行折减。

表 7.0.7 纵向折减系数

计算跨径 L_0(m)	纵向折减系数
$150 < L_0 < 400$	0.97
$400 \leq L_0 < 600$	0.96
$600 \leq L_0 < 800$	0.95
$800 \leq L_0 < 1\,000$	0.94
$L_0 \geq 1\,000$	0.93

7.0.8 公路桥涵设置人行道时,应同时计入人群载荷,并应符合下列规定:

1 桥梁计算跨径小于或等于50m时,人群荷载标准值为3.0kN/m^2;

桥梁计算跨径大于或等于150m时,人群荷载标准值为2.5kN/m^2;

桥梁计算跨径大于50m、小于150m时,可由线性内插得到人群荷载标准值。

跨径不等的连续结构,采用最大计算跨径的人群荷载标准值。

2 非机动车、行人密集的公路桥梁,人群荷载标准值为上述标准值的1.15倍。

3 专用人行桥梁,人群荷载标准值为3.5kN/m^2。

8 隧道

8.0.1 一般规定

1 隧道应根据路网规划、公路功能需要,遵循安全、耐久、经济、节能、利于保护生态环境的原则,结合隧道所处地区的地形、地质、施工、运营、管理等条件进行设计。

2 隧道选址必须对该区域的自然地理、场地与生态环境、工程地质、水文地质、气象、地震等进行勘察,取得完整勘察基础资料,经技术经济论证后确定。

3 隧道高程和平面位置应根据公路等级、路线总体设计方案确定,选在地层稳定,利于设置洞口、洞口两端接线、防灾救援系统、管理养护等设施的地段。

4 拟定路线总体设计方案应论证采用隧道或深路堑等不同方案给生态环境带来的

影响。对生态环境脆弱的地带或可能因施工造成生态环境难以恢复的地段，应优先选择对环境影响小的方案，并辅以治理措施。

5 隧道路面应具有足够的抗滑性能。洞内、外衔接路段路面设计抗滑性能应一致。

8.0.2 隧道分类规定如表8.0.2。

表8.0.2 隧道分类

隧道分类	特长隧道	长隧道	中隧道	短隧道
隧道长度 L(m)	$L>3\,000$	$3\,000\geq L>1\,000$	$1\,000\geq L>500$	$L\leq500$

8.0.3 隧道净空应符合本标准第3.6.1条公路建筑限界的规定，且横断面各组成部分宽度应满足下列要求：

1 隧道内的最小侧向宽度应符合表8.0.3的规定。

表8.0.3 隧道最小侧向宽度

设计速度(km/h)	高速公路、一级公路				二级公路、三级公路、四级公路				
	120	100	80	60	80	60	40	30	20
左侧侧向宽度 $L_{左}$(m)	0.75	0.75	0.5	0.5	0.75	0.5	0.25	0.25	0.50
右侧侧向宽度 $L_{右}$(m)	1.25	1.00	0.75	0.75	0.75	0.5	0.25	0.25	0.50

2 高速公路、一级公路的隧道应在两侧设置检修道，其宽度应大于或等于0.75m。

二级、三级公路的隧道宜在两侧设置人行道(兼检修道)，二、三级公路隧道的人行道宽度应大于或等于0.75m。

四级公路隧道、连拱隧道左侧可不设置检修道或人行道，但应保留 C 值宽度。

3 单车道四级公路的隧道应按双车道四级公路标准修建。

4 山岭特长、长隧道内不设硬路肩或硬路肩宽度小于2.5m时，单洞两车道隧道应设置紧急停车带，单洞三车道隧道宜设置紧急停车带。

紧急停车带宽度应为3.0m，且与右侧侧向宽度之和应大于或等于3.5m，有效长度应大于或等于40m，单向行车时，间距不宜大于750m，双向行车时，同侧间距不宜大于1 000m。

5 四车道高速公路上的短隧道与城市出入口的中、短隧道，宜与路基同宽。

8.0.4 隧道及其洞口两端路线的平、纵、横技术指标应符合下列规定：

1 隧道路段平、纵线形应均衡、协调。水下隧道平面线形宜采用直线，当设为曲线时宜采用不设超高的平曲线。

2 洞口内外侧各3s设计速度行程长度范围的平、纵线形应一致。特殊困难地段，经技术经济比较论证后，洞口内外平曲线可采用缓和曲线，但应加强线形诱导设施。

3 洞口外相接路段应设置距洞口不小于3s设计速度行程长度，且不小于50m的过渡段，保持横断面过渡的顺适。

4 隧道内纵坡应小于3%，大于0.3%，但短于100m的隧道可不受此限。

5 高速公路、一级公路的中、短隧道，当条件受限制时，经技术经济论证、交通安全评价后，隧道最大纵坡可适当加大，但不宜大于4%。

8.0.5 洞口之间小于6s设计速度行程长度的相邻隧道，应系统考虑通风、照明、安全、管理等设施及防灾、救援等需要进行整体设计。

8.0.6 隧道交通工程及附属设施的配置应符合下列规定：

1 隧道交通工程及附属设施的技术标准与建设规模应根据公路功能、技术等级、交通量、隧道长度等确定，并应符合公路项目交通工程及沿线设施总体设计的要求。

2 隧道内应设置标志、标线、轮廓标等安全设施。高速公路、一级公路隧道洞口两端连接过渡段的标志、标线、轮廓标及护栏等应进行专门设计。

3 特长隧道和高速公路、一级公路长隧道应设置监控设施。二级公路长隧道可根据需要设置监控设施。

4 通风设施应根据隧道长度、交通组成和交通量增长情况等，按统筹规划、一次设计、分期实施的原则设置。

5 长度$L>200$m的高速公路隧道、一级公路隧道应设置照明，长度$100\text{m}<L\leqslant 200$m高速公路光学长隧道、一级公路光学长隧道应设置照明。

二、三、四级公路的隧道可根据具体情况设置照明设施。

设置照明的隧道洞口内外亮度应顺适过渡，不设置照明的隧道应加强设置视线诱导设施。

6 特长隧道和高速公路、一级公路的长隧道，必须配置紧急呼叫设施、火灾报警设施、消防设施与通道等。

二、三级公路的长隧道，应根据需要设置紧急呼叫设施、火灾报警设施、消防设施与通道等。

7 特长隧道和高速公路、一级公路的长隧道，必须保证重要电力负荷供电可靠。

8.0.7 隧道应制定发生交通或火灾事故的应急处理预案。

8.0.8 隧道改扩建应符合下列规定：

1 应根据公路功能、技术等级结合地形、地质、路线总体、运营状况、应急救援、原有隧道现状等，对增建隧道、原址扩建、原有隧道改造及其组合方式等进行多方案比选。

2 原址扩建和新建的隧道应按现行标准执行。利用原有隧道加固改造时，隧道主体结构可维持原标准，交通工程及附属设施应采用现行标准，同时应进行交通安全评价。

3 应根据原有隧道运营状况，做好改扩建交通组织方案设计。

8.0.9 隧道设计使用年限应符合表8.0.9的规定。

表8.0.9 隧道设计使用年限(年)

名称	衬砌、洞门等主体结构				可更换、修复构件
类别	特长隧道	长隧道	中隧道	短隧道	特长、长、中、短隧道
高速公路、一级公路、二级公路	100	100	100	100	30
三级公路	100	100	100	50	
四级公路	100	50	50	50	

注:可更换、修复构件为隧道内边水沟、电缆沟槽、盖板等。

9 路线交叉

9.1 公路与公路平面交叉

9.1.1 平面交叉形式应根据公路网规划、地形和地质条件、相交公路的公路功能、技术等级、交通量、交通管理方式和用地条件等确定。

9.1.2 平面交叉的交通管理方式分为主路优先、无优先交叉和信号交叉三种,应根据相交公路的公路功能、技术等级、交通量等确定所采用的方式。

9.1.3 平面交叉角宜为直角,必须斜交时,交叉角应大于45°。同一位置平面交叉岔数不宜多于5条。

9.1.4 两相交公路的技术等级或交通量相近时,平面交叉范围内的设计速度可适当降低,但不宜低于路段设计速度的70%。

平面交叉右转弯车道的设计速度不宜大于40km/h;左转弯车道的设计速度不宜大于20km/h。

9.1.5 平面交叉的间距应根据其对行车安全、通行能力和交通延误等的影响确定。有条件时应尽量通过支路合并等措施,减少平交口数量,增大平交口间距。一、二级公路平面交叉的最小间距应不小于表9.1.5的规定。

表 9.1.5 平面交叉最小间距

公路等级	一级公路			二级公路	
公路功能	干线公路		集散公路	干线公路	集散公路
	一般值	最小值			
间距(m)	2 000	1 000	500	500	300

9.1.6 三级及三级以上公路的平面交叉均应进行渠化设计。

9.1.7 各级公路平交范围内应进行通视三角区停车视距检验。

9.2 公路与公路立体交叉

9.2.1 符合下列条件时设置立体交叉:

1 高速公路与各级公路交叉必须采用立体交叉。

2 一级公路与交通量大的公路交叉应采用立体交叉。

3 二、三、四级公路间的交叉,直行交通量大时,宜采用立体交叉。

9.2.2 立体交叉分为互通式立体交叉和分离式立体交叉,符合下列条件时应设置互通式立体交叉:

1 高速公路与承担干线和集散功能的公路相交时。

2 高速公路与连接其他重要交通源的连接线公路相交时。

3 作为干线功能的一级公路与其他干线公路和集散公路相交时。

4 一级公路采用平面交叉冲突交通量较大,通过渠化或信号控制仍不能满足通行能力要求时。

9.2.3 符合本标准第 9.2.1 条规定条件,但不符合本标准第 9.2.2 条规定条件时宜设置分离式立体交叉。

9.2.4 互通式立体交叉分为枢纽互通式立交和一般互通式立交,设置应符合下列规定:

1 相邻互通式立体交叉的间距不宜小于 4km。

受地形条件或其他特殊情况限制,经论证相邻互通式立体交叉的间距需适当减小时,其上一互通式立体交叉加速车道终点至下一互通式立体交叉减速车道起点之间的距离不得小于 1 000m,且应进行专项交通工程设计,设置完善、醒目的标志、标线和警示、诱导设施。

相邻互通式立体交叉的间距小于上述规定的 1 000m 最小值,且经论证必须设置时,应将两互通式立体交叉合并设置为复合式互通式立体交叉。

2 相邻互通式立体交叉的最大间距不宜大于30km。在人烟稀少地区,其间距可适当加大,但应在适当位置设置"U形转弯"设施。

3 互通式立体交叉与服务区、停车区、客运汽车停靠站、隧道等其他重要设施之间的距离应能满足设置出口预告标志的需要。

4 互通式立体交叉匝道设计速度应符合表9.2.4的规定。

表9.2.4 互通式立体交叉匝道设计速度

匝道形式		直连式	半直连式	环形匝道
匝道设计速度(km/h)	枢纽互通式立体交叉	50~80	40~80	40
	一般互通式立体交叉	40~60	40~60	30~40

5 互通式立体交叉匝道车道数应根据匝道交通量和匝道长度确定。主线与匝道或匝道与匝道的分、合流连接部,应保持车道数的平衡。

9.2.5 公路与公路立体交叉跨线桥桥下净空应符合本标准第3.6.1条的规定,并应满足桥下公路的视距要求,其结构形式应与周围环境相协调。

9.3 公路与铁路相交叉

9.3.1 高速公路、一级公路与铁路相交叉时,必须设置立体交叉。

9.3.2 高速铁路、准高速铁路和路段旅客列车设计行车速度为140km/h的铁路与公路相交叉时,必须设置立体交叉。

9.3.3 公路、铁路相交叉,符合下列情况之一者应设置立体交叉:

1 铁路与二级公路相交叉时。

2 路段旅客列车设计行车速度为120km/h的铁路与公路相交叉时。

3 由于铁路调车作业对公路上行驶车辆会造成严重延误时。

4 受地形等条件限制,采用平面交叉会危及行车安全时。

9.3.4 铁路跨越公路上方时,其跨线桥下净空及布孔应符合本标准第3.6.1条公路建筑限界、第4.0.15条视距的规定,以及对前方信息识别的要求。

铁路穿越公路下方时,公路跨线桥下净空应符合现行铁路净空限界标准的规定。

9.3.5 公路、铁路平面相交时,宜为正交;必须斜交时,交叉角度应大于45°,且道口应符合侧向瞭望视距的规定。

9.3.6 铁路与公路平行相邻时,铁路用地界与高速公路用地界间距不宜小于30m,与一、二级公路用地界间距不应小于15m,与三、四级公路用地界间距不应小于5m。

9.4 公路与乡村道路相交叉

9.4.1 公路与乡村道路相交叉的位置、形式、间距等的确定,应考虑县、乡(镇)土地利用总体规划中农业耕作机械需求。必要时应结合规划,对农业机耕道作适当调整或归并。

9.4.2 高速公路与乡村道路相交叉必须设置通道或天桥。

一级公路与乡村道路相交叉宜设置通道或天桥。

二、三级公路与乡村道路相交叉应设置平面交叉,四级公路与乡村道路相交宜设置平面交叉,地形条件有利或公路交通量大时宜设置通道或天桥。

二、三、四级公路与乡村道路相交时,应对其交叉范围一定长度的路段进行改造,使其达到四级公路的标准。

二级及二级以上公路位于城镇或人口稠密的村落或学校附近时,宜设置专供行人横向通行的人行地道或人行天桥。

9.4.3 车行通道的净空应符合下列规定:

1 通行拖拉机、畜力车时,通道净高应不小于2.70m;通行农用汽车时,通道净高应不小于3.20m。

2 通道净宽应根据交通量和通行农业机械类型选用,一般应不小于4.00m;通道过长或敷设排水渠时,宜视情况加宽。

9.4.4 人行通道净高应不小于2.20m;净宽应不小于4.00m。

9.4.5 车行天桥桥面净宽按交通量和通行农业机械类型可选用4.50m或7.00m;其汽车荷载应符合本标准第7.0.2条有关四级公路汽车荷载等级的规定。

9.4.6 人行天桥桥面净宽应大于或等于3.00m;其人群荷载应符合本标准第7.0.8条的规定。

9.5 公路与管线等相交叉

9.5.1 电信线、电力线、电缆、管道等均不得侵入公路建筑限界,不得妨害公路交通安全和人员安全,并不得损害公路的构造和设施。

9.5.2 架空送电线路与公路相交叉时,宜为正交;必须斜交时,交叉角度应大于45°。

架空送电线路跨越公路时,送电线路导线与公路交叉处距路面的最小垂直距离必须符合相应送电线路标称电压规定的要求。

9.5.3 原油管道、天然气输送管道与公路相交叉时,宜为正交;必须斜交时,交叉角度应大于30°。

9.5.4 管道与各级公路相交叉且采用下穿方式时,应设置地下通道(涵)或套管。通道或套管应按相应公路等级的汽车荷载等级进行验算。

9.5.5 严禁易燃、易爆、高压等管线设施利用或通过公路桥梁和隧道。

9.6 动物通道

9.6.1 公路应结合沿线放牧及野生动物迁徙需要,选择合理位置设置必要的动物通道。

9.6.2 穿越草原区域的封闭公路,应根据放牧等需要修建沿公路通行的便道(牧道)。

10 交通工程及沿线设施

10.1 一般规定

10.1.1 交通工程及沿线设施的建设规模与标准应根据公路网规划、公路的功能、等级、交通量、运营条件等综合论证确定。

10.1.2 交通工程及沿线设施总体设计应符合公路总体设计的要求,相互匹配,协调统一,充分发挥公路的整体效益。

10.1.3 交通工程及沿线设施应按照"保障安全、提供服务、利于管理"的原则进行设计。

10.1.4 交通工程及沿线设施包括交通安全设施、服务设施和管理设施三种,各项设施应按统筹协调、总体设计的原则设置,并应结合交通量的增长与技术发展状况等逐步补充、完善。

10.1.5 对于改扩建工程,交通工程及沿线设施应配合公路主体工程的改扩建方案,提供配套的交通工程及沿线设施的设计和施工组织方案。

10.2 交通安全设施

10.2.1 交通安全设施包括交通标志、标线、护栏、视线诱导设施、隔离栅、防落网、防眩设施、防风栅、防雪(沙)栅、积雪标杆等。

10.2.2 交通安全设施应根据公路功能、交通组成、公路环境、运营条件等设置,以满足交通安全管理与服务的需求。

10.2.3 公路应设置完善的交通标志和标线,并应符合下列规定:

1 交通标志、标线应总体布局、合理设置,重要信息应重复设置或连续设置。

2 交通标志的位置应保证其视认性,与其他标志或设施不应相互遮挡。

3 交通标志与标线应根据实际需求配合使用,应互为补充、含义一致,并与其他设施相协调。

10.2.4 公路路侧护栏设置应符合下列规定:

1 公路路侧净区的宽度不足时,应按护栏设置原则确定是否设置护栏。

2 桥梁与高路堤路段必须设置路侧护栏。

3 路侧有悬崖、深谷、深沟、江河湖泊等路段应设置路侧护栏。

4 高速公路和作为干线的一级公路,整体式断面中间带宽度小于或等于12m时,必须连续设置中央分隔带护栏。

5 应根据车辆驶出路外可能造成的伤害程度,结合公路设计速度、几何指标、交通量、交通组成等因素合理确定护栏防护等级。

6 不同形式的护栏相接时应进行过渡设计。

10.2.5 轮廓标的设置应符合下列规定:

1 高速公路、一级公路的主线及其互通式立体交叉,服务区、停车区等处的进出匝道、连接道、中央分隔带开口以及避险车道等应连续设置轮廓标。

2 二级及二级以下公路的视距不良路段、车道数或车道宽度有变化的路段及连续急弯陡坡路段宜设置轮廓标,其他路段视需要可设置轮廓标。

3 隧道内应设置轮廓标。

10.2.6 公路隔离栅设置应符合下列规定:

1 高速公路、一级公路需要控制出入的路段两侧宜连续设置,也可利用天然屏障间隔设置。

2 其他公路可根据需要设置。

10.2.7 公路防落网设置应符合下列规定：

1 公路跨越铁路、通航河流、交通量较大的其他公路时。

2 公路路堑边坡可能有落石并影响交通安全的路段。

10.2.8 高速公路和一级公路应根据需要设置防眩设施。

10.2.9 连续长、陡下坡路段设置避险车道时，应设置配套的标志、标线及隔离、防护、缓冲等安全设施。

10.2.10 为集散公路的一级公路，整体式断面中间带应设置隔离设施。

10.2.11 风、雪、沙等危及公路行车安全的路段，应设置防风栅、防雪（沙）栅、积雪标杆等安全设施。

10.3 服务设施

10.3.1 服务设施包括服务区、停车区和客运汽车停靠站。

10.3.2 服务区、停车区的位置应根据区域路网、建设条件、景观和环保要求等规划和布设。客运汽车停靠站的位置宜根据地区公路交通规划、公路沿线城镇分布、出行需求布设。

10.3.3 服务区设置应符合下列规定：

1 高速公路应设置服务区，作为干线的一、二级公路宜设置服务区。服务区平均间距宜为50km；当沿线城镇分布稀疏，水、电等供给困难时，可增大服务区间距。

2 高速公路服务区应设置停车场、加油站、车辆维修站、公共厕所、室内外休息区、餐饮、商品零售点等设施。根据公路环境和需求可设置人员住宿、车辆加水等设施。

3 作为干线的一、二级公路服务区宜设置停车场、加油站、公共厕所、室外休息点等设施，有条件时可设置餐饮、商品零售点、车辆加水等设施。

10.3.4 停车区设置应符合下列规定：

1 高速公路应设置停车区，作为干线的一、二级公路宜设置停车区。停车区可在服务区之间布设一处或多处，停车区与服务区或停车区之间的间距宜为15～25km。

2 停车区应设置停车场、公共厕所、室外休息区等设施。

10.3.5 客运汽车停靠站应设置车辆停靠和乘客候车设施，可与服务区结合设置。

10.3.6 作为集散的一、二级公路和三、四级公路可根据需要设置加油站、公共厕所及客运汽车停靠站等设施。

10.4 管理设施

10.4.1 管理设施包括监控、收费、通信、供配电、照明和管理养护等设施,应符合下列规定:

1 高速公路应设置监控、收费、通信、供配电、照明和管理养护设施。其他等级的公路可根据需求设置。

2 监控、收费、通信、供配电、照明和管理养护等设施应根据交通量进行总体设计、分期实施,并据此实施基础工程、地下管线及预留预埋工程等。

10.4.2 监控设施应符合下列规定:

1 监控设施分为A、B、C、D四个等级。

A级:应全线设置视频监视、动态信息发布及交通诱导设施,结合收费站、特大桥、隧道前、互通式立交、服务区等重点或有特殊需求路段,设置交通事件检测、交通量检测、环境信息检测、匝道控制设施。实现全线的全程监控、动态信息发布和交通诱导。

B级:应在收费站、特大桥、互通式立交、服务区等重点或有特殊需求路段,设置视频监视、交通事件检测、交通量检测、环境信息检测、匝道控制、动态信息发布及交通诱导设施。实现全线的重点监控、动态信息发布和交通诱导。

C级:宜在特大桥、服务区、客运汽车停靠站、公路平面交叉口等重点或有特殊需求路段,设置视频监视、交通事件检测、交通量检测、动态信息发布及交通诱导设施。

D级:可在特大桥、加油站、客运汽车停靠站、主要公路平面交叉口等重点或有特殊需求路段,设置交通量检测、现场交通信息提示及交通诱导设施。

2 各等级监控设施的适用范围可依据表10.4.2确定。

表10.4.2 各等级监控设施的适用范围

监控设施等级	适用范围
A	高速公路(全程监控)
B	高速公路(分段监控)
C	干线一级、二级公路
D	集散公路、支线公路

3 当桥梁、隧道设置结构监测、养护监测等设施时,应与路段的监控设施统一规划设计,协调管理。

10.4.3 收费设施应符合下列规定:

1 收费设施应与公路设计采用的服务水平相协调。收费广场出口和入口的收费车道数均不应小于2条。新建收费设施应同步建设ETC车道。

2 省界主线收费站宜采用合建方式。

3 收费系统机电设备可按开通后的第15年交通量配置;收费岛、收费广场、地下通道、收费大棚等设施宜按开通后第15年的交通量配置;收费广场用地、站房用地、建筑和土方工程用地应按开通后第20年的交通量实施。

4 客车应采用分车型收费方式,货车宜采用计重收费方式。

10.4.4 通信设施应符合下列规定:

1 通信设施应满足监控、收费和管理等业务需求,结合路网统一规划、统一标准、统一体制,提供语音、数据、图像信息服务平台。

2 高速公路的通信管道应按远期规划设计。通信管道敷设容量应综合考虑交通专网需求、社会租赁需求和扩容要求确定。省际之间应保证一条用于干线联网的通信管道。

10.4.5 供配电、照明设施应符合下列规定:

1 应根据公路特点、系统规模、负荷性质、用电量、电源条件、电网发展规划,在满足近期要求的同时,兼顾远期发展需要,合理确定外部电源、自备应急电源的供配电系统方案。

2 高压输电线路工程应结合工程特点、规模和远期发展状况,施工临时用电和运营永久性用电相结合实施。

3 收费广场、服务区广场、避险车道、检测点(站)等应设置照明设施,位于城市出入口路段的互通式立体交叉、特大桥、机场高速公路、环城高速公路可设置照明设施。

10.4.6 管理中心、管理分中心、管理站(所)宜结合公路管理需求设置。

10.4.7 养护设施应根据公路养护业务需求设置养护工区和道班房。高速公路宜设置养护工区,其他等级公路宜设置道班房。

10.4.8 公路管理养护管理设施宜结合地形和业务范围选址合建。

10.4.9 公路管理房屋建筑应布局合理、经济适用、环保节能,与周围环境相协调。房屋建筑规模宜根据设计交通量确定。

附录A 公路服务水平分级

A.0.1 本次修订依据专题研究成果,采用v/C值来衡量拥挤程度,作为评价服务水平的主要指标,同时采用小客车实际行驶速度与自由流速度之差作为次要评价指标,将服务水平分为六级,分别代表一定运行条件下驾驶员的感受。具体的服务水平划分如表A.0.1-1~表A.0.1-3所示。

表 A.0.1-1 高速公路路段服务水平分级

服务水平等级	v/C 值	设计速度(km/h)		
		120	100	80
		最大服务交通量 [pcu/(h·ln)]	最大服务交通量 [pcu/(h·ln)]	最大服务交通量 [pcu/(h·ln)]
一	$v/C \leq 0.35$	750	730	700
二	$0.35 < v/C \leq 0.55$	1 200	1 150	1 100
三	$0.55 < v/C \leq 0.75$	1 650	1 600	1 500
四	$0.75 < v/C \leq 0.90$	1 980	1 850	1 800
五	$0.90 < v/C \leq 1.00$	2 200	2 100	2 000
六	$v/C > 1.00$	0 ~ 2 200	0 ~ 2 100	0 ~ 2 000

注:v/C 是在基准条件下,最大服务交通量与基准通行能力之比。基准通行能力是五级服务水平条件下对应的最大小时交通量。

表 A.0.1-2 一级公路路段服务水平分级

服务水平等级	v/C 值	设计速度(km/h)		
		100	80	60
		最大服务交通量 [pcu/(h·ln)]	最大服务交通量 [pcu/(h·ln)]	最大服务交通量 [pcu/(h·ln)]
一	$v/C \leq 0.3$	600	550	480
二	$0.3 < v/C \leq 0.5$	1 000	900	800
三	$0.5 < v/C \leq 0.7$	1 400	1 250	1 100
四	$0.7 < v/C \leq 0.9$	1 800	1 600	1 450
五	$0.9 < v/C \leq 1.0$	2 000	1 800	1 600
六	$v/C > 1.0$	0 ~ 2 000	0 ~ 1 800	0 ~ 1 600

注:v/C 是在基准条件下,最大服务交通量与基准通行能力之比。基准通行能力是五级服务水平条件下对应的最大小时交通量。

表 A.0.1-3 二、三、四级公路路段服务水平分级

服务水平	延误率(%)	设计速度(km/h)										
		80				60				≤40		
		速度(km/h)	v/C			速度(km/h)	v/C			v/C		
			禁止超车区(%)				禁止超车区(%)			禁止超车区(%)		
			<30	30 ~ 70	≥70		<30	30 ~ 70	≥70	<30	30 ~ 70	≥70
一	≤35	≥76	0.15	0.13	0.12	≥58	0.15	0.13	0.11	0.14	0.12	0.10
二	≤50	≥72	0.27	0.24	0.22	≥56	0.26	0.22	0.20	0.25	0.19	0.15
三	≤65	≥67	0.40	0.34	0.31	≥54	0.38	0.32	0.28	0.37	0.25	0.20
四	≤80	≥58	0.64	0.60	0.57	≥48	0.58	0.48	0.43	0.54	0.42	0.35
五	≤90	≥48	1.00	1.00	1.00	≥40	1.00	1.00	1.00	1.00	1.00	1.00
六	>90	<48	—	—	—	<40	—	—	—	—	—	—

注:1. 设计速度为 80km/h、60km/h 和 40km/h 时,路面宽度为 9m 的双车道公路,其基准通行能力分别为:2 800pcu/h、2 500pcu/h 和 2 400pcu/h。

2. v/C 是在基准条件下,最大服务交通量与基准通行能力之比。基准通行能力是五级服务水平条件下对应的最大小时交通量。

3. 延误率为车头时距小于或等于 5s 的车辆数占总交通量的百分比。

根据交通流状态，各级服务水平分定性描述如下：

1　一级服务水平，交通流处于完全自由流状态。交通量小，速度高，行车密度小，驾驶员能自由地按照自己的意愿选择所需速度，行驶车辆不受或基本不受交通流中其他车辆的影响。在交通流内驾驶的自由度很大，为驾驶员、乘客或行人提供的舒适度和方便性非常优越。较小的交通事故或行车障碍的影响容易消除，在事故路段不会产生停滞排队现象，很快就能恢复到一级服务水平。

2　二级服务水平，交通流状态处于相对自由流的状态，驾驶员基本上可按照自己的意愿选择行驶速度，但是开始要注意到交通流内有其他使用者，驾驶人员身心舒适水平很高，较小交通事故或行车障碍的影响容易消除，在事故路段的运行服务情况比一级差些。

3　三级服务水平，交通流状态处于稳定流的上半段，车辆间的相互影响变大，选择速度受到其他车辆的影响，变换车道时驾驶员要格外小心，较小交通事故仍能消除，但事故发生路段的服务质量大大降低，严重的阻塞后面形成排队车流，驾驶员心情紧张。

4　四级服务水平，交通流处于稳定流范围下限，但是车辆运行明显地受到交通流内其他车辆的相互影响，速度和驾驶的自由度受到明显限制。交通量稍有增加就会导致服务水平的显著降低，驾驶人员身心舒适水平降低，即使较小的交通事故也难以消除，会形成很长的排队车流。

5　五级服务水平，为交通流拥堵流的上半段，其下是达到最大通行能力时的运行状态。对于交通流的任何干扰，例如车流从匝道驶入或车辆变换车道，都会在交通流中产生一个干扰波，交通流不能消除它，任何交通事故都会形成长长的排队车流，车流行驶灵活性极端受限，驾驶人员身心舒适水平很差。

6　六级服务水平，是拥堵流的下半段，是通常意义上的强制流或阻塞流。这一服务水平下，交通设施的交通需求超过其允许的通过量，车流排队行驶，队列中的车辆出现停停走走现象，运行状态极不稳定，可能在不同交通流状态间发生突变。

附录 B　货车停车视距、识别视距

B.0.1　货车停车视距

停车视距和货车停车视距对照如表 B.0.1-1、表 B.0.1-2 所示。

表 B.0.1-1　高速公路、一级公路停车视距和货车停车视距

设计速度(km/h)	120	100	80	60
停车视距(m)	210	160	110	75
货车停车视距(m)	245	180	125	85

表 B.0.1-2　二、三、四级公路停车视距和货车停车视距

设计速度(km/h)	80	60	40	30	20
停车视距(m)	110	75	40	30	20
货车停车视距(m)	125	85	50	35	20

货车停车视距在下坡路段,应随坡度大小进行修正,其值如表 B.0.1-3 所示。

表 B.0.1-3　货车停车视距

纵坡坡度(%)		设计速度(km/h)										
		120	110	100	90	80	70	60	50	40	30	20
下坡方向	0	245	210	180	150	125	100	85	65	50	35	20
	3	265	225	190	160	130	105	89	66	50	35	20
	4	273	230	195	161	132	106	91	67	50	35	20
	5	—	236	200	165	136	108	93	68	50	35	20
	6	—	—	—	169	139	110	95	69	50	35	20
	7	—	—	—	—	—	—	—	70	50	35	20
	8	—	—	—	—	—	—	—	—	—	35	20
	9	—	—	—	—	—	—	—	—	—	—	20

B.0.2　识别视距

识别视距(identifying sight distance)是指车辆以一定速度行驶中,驾驶员自看清前方分流、合流、交叉、渠化、交织等各种行车条件变化时的导流设施、标志、标线,做出制动减速、变换车道等操作,至变化点前使车辆达到必要的行驶状态所需要的最短行驶距离。不同设计速度对应的识别视距如表 B.0.2 所示。

表 B.0.2　不同设计速度对应的识别视距

设计速度 (km/h)	120	100	80	60
识别视距(m)	350(460)	290(380)	230(300)	170(240)

注:括号中为行车环境复杂、路侧出入口提示信息较多时应采取的视距值。

本标准用词说明

本标准执行严格程度的用词,采用下列写法:

1)表示很严格,非这样做不可的用词,正面词采用“必须”,反面词采用“严禁”;

2)表示严格,在正常情况下均应这样做的用词,正面词采用“应”,反面词采用“不应”或“不得”;

3)表示允许稍有选择,在条件许可时首先应这样做的用词,正面词采用“宜”,反面词采用“不宜”;

4)表示有选择,在一定条件下可以这样做的用词,采用“可”。

附件

《公路工程技术标准》

(JTG B01—2014)

条 文 说 明

1 总则

1.0.1 制定本标准的目的是为统一公路工程技术标准、合理控制工程建设规模、规范公路工程建设行为、维护公路权益提供依据。

1.0.3 本条是公路建设要遵循的基本原则。每一条公路在路网中应有其自身的功能。公路建设时首先要根据项目的地区特点、交通特性、路网结构分析拟建项目在路网中的地位和作用,明确公路功能,再按照公路功能结合交通量、地形条件等选用技术等级、设计速度等主要技术指标,本次修订明确将功能作为确定公路技术等级和主要技术指标的依据。一般情况下,公路采用的技术指标应该满足所需要的功能要求,但是由于功能需求的多样化,满足所有功能需求有困难时,应比较各功能的重要性,判断应该重视的功能,确定应该采用的技术标准和指标。

一直以来,公路技术等级主要以交通量为依据选用,对道路所处区域特点及交通网络结构考虑较少。当前,我国公路发展已处于完善路网阶段,以交通量为主导确定公路等级的结果是不同交通功能的公路,由于交通量类似,而按同样的标准修建,不利于构建合理的路网结构,更好地利用有限的资源,也不利于充分发挥公路建设的投资效益。

在国外,美国和日本的道路规划和设计都已经从以交通量为中心向重视公路多功能为基础确定技术标准和指标方向转变。美国早期的公路设计中,几何设计标准和通行能力水平也都是根据交通量范围分类的。但是随着公路网的完善,提出了公路按功能分类的理论和方法。目前美国的《公路与城市道路几何设计》明确提出了公路功能分类及方法,公路标准与服务水平应根据公路的功能确定,交通量则用来使各类标准制定得更精细。设计过程的第一步就是定义公路设施的服务功能。日本以前在公路的规划和设计时也是主要考虑交通量,日本《道路构造令说明与运用》(2003 版)明确规定把交通功能作为道路级别划分的主要依据。

公路功能应根据公路的区域特点、交通特性、路网结构综合分析确定。公路的区域特点考虑要素:土地利用、气象条件、地形地貌、历史文化、灾害、公共交通、通信、城市建设的现状和规划等;交通特性考虑要素:汽车、行人、自行车等各自的交通量以及车辆类型、出行距离、交通量变化特征、速度分布等;路网结构考虑要素:该公路在全国或者区域交通网中的地位和作用。

按公路功能确定公路技术等级和主要技术指标,有利于路网结构的完善、资源的有效利用、公路技术指标的合理选用,有利于公路建设更好地与城市规划建设、抗灾救灾、交通安全等相协调,发挥其功能和作用。

本次标准修订的明显特点就是突出功能的地位,明确在确定公路技术标准,选取公路各部分的技术指标时,以公路及其设施的基本功能为基点,使公路建成后能够满足主要功能的需要。

1.0.4 公路建设项目由主体工程(土建工程)与交通工程及沿线设施构成一个整体,要使这两个部分协调配套,共同发挥作用,总体设计就非常必要。另外,这两个部分又自成体系,各自都有一个协调配套的要求,因此各自都应该进行总体设计,包括两个方面:一是主体工程、交通工程及沿线设施(包括安全设施、服务设施和管理设施)各自都应进行总体设计,以充分发挥各自的功能和作用;二是公路项目应在组合这两部分工程设施的基础上进行项目的总体设计,以充分发挥项目的整体功能和作用。

1.0.5 根据《土地管理法》,国家实行土地用途管理制度。国家编制土地利用总体规划,将土地分为农用地、建设用地和未利用地。公路建设项目必须依法申请使用国有土地。

本次对公路的用地范围根据《公路工程项目建设用地指标》(建标〔2011〕124 号)作了进一步细化,明确了不良地质、特殊土地带设置防护设施及采取工程处治措施,以及桥梁、隧道、互通式立体交叉、平面交叉、各种交通工程设施等,根据实际需要确定用地范围。

1.0.6 为实现公路建设事业的可持续发展,公路建设必须执行国家《环境保护法》和《循环经济促进法》等有关环境保护和资源节约的法律法规,并贯穿于整个工程建设的全过程。根据近年公路建设的经验,应贯彻保护优先的原则,应采取必要的措施优先保护公路沿线的生态环境和生活环境。要求高速公路和一、二级公路建设应进行环境影响评价和水土保持方案评价;另外,对于有特殊要求地区的三、四级公路也应根据需要进行环境影响评价和水土保持方案评价。这里特殊要求地区是指:环境脆弱地区、生态敏感地区和容易造成严重水土流失的地区。

公路新建和改扩建等都需要采取的大量砂石料,将给自然环境带来巨大的压力。因此,公路新建和改扩建都应充分利用公路的废旧材料,以节约资源,保护环境。本标准修订时,自始至终贯彻这一指导思想。

1.0.7 关于四车道整体式高速公路的横向分期修建,多个项目已经证明,四车道整体式高速公路的横向分期修建,并按一幅高速公路双向开放交通时,其教训极为深刻,因此,明确规定高速公路整体式断面路段不得采用横向分幅分期修建。

本次修订根据交通运输部《关于西部沙漠戈壁与草原地区高速公路建设执行技术标准的若干意见》(交公路发〔2011〕400 号),以及近年的工程实践,对于地广人稀、小交通量的戈壁、沙漠、草原以及处于交通末端的地区,明确高速公路分离式断面路段可以实施横向分幅分期修建。但是,为安全计,先期建成的一幅按双向通车时,应按二级公路通车条件管理,行车速度不应超过 80km/h。对于高速公路而言,小交通量是指设计交通量小于 15 000 辆/日(以下同)。

1.0.8 本条是对公路改扩建的原则规定。

公路改扩建是指在现有公路的基础上,为提高公路技术等级、增加公路容量或改善公路技术指标而进行的公路建设工程,包括公路的“改善”、“改建”、“扩建”等多种含义。《标准》03 版中的公路改建也是此意,只是限于当时对高速公路的改扩建研究较少,“改建”工程主要是指二、三、四级公路等级提升或改变功能的公路建设工程,对高速公路改扩建工程的改扩建时机、交通量预测年限、临时安全设施设计采用的设计速度等技术指标没有相应的规定。

近年来,我国已经完成了沈阳至大连、上海至南京等一批高速公路改扩建工程,取得了丰富的工程经验和大量的研究成果。交通运输部也启动了相关公路改扩建项目的研究工作,同时下发了《关于高速公路改扩建工程中有关技术问题处理的若干意见》(交公路发〔2013〕635 号)。本次修订在以上工作基础上,对高速公路改扩建的有关内容进行了补充完善。

本条明确,公路改扩建时首先应对改扩建方案和新建方案进行比选论证。通过对工程规模、建设条件、交通组织、交通安全等技术经济指标进行全面分析比较之后,确定最优方案。当采用改扩建方案时,应符合下列规定:

1 公路的改扩建时机应根据服务水平、经济发展水平、现有公路运营条件、路网结构调整等多种因素确定。本标准仅对服务水平与改扩建时机的相关性做出了规定。经研究,高速公路一般以原高速公路的服务水平降低到二级水平下限(指《标准》03 版的服务水平等级,相当于本标准的三级服务水平)之前实施为宜,其他公路目前尚未作研究,建议参考高速公路的研究成果,即一级公路服务水平降低到二级水平下限(本标准三级)之前,二、三级公路服务水平降低到三级服务水平下限(本标准四级)之前可考虑实施改扩建,四级公路可根据实际情况确定。

2 当为提高公路等级改建公路时,局部路段由于提高设计速度将诱发严重的工程地质病害或者对保护环境、文物影响较大时,该局部路段可维持原设计速度,但其长度应有所限制,一般情况下,高速公路不宜大于 15km,一、二级公路不宜大于 10km,不同设计速度路段间速度差不宜大于 20km/h。

3 高速公路改扩建对施工期间的交通通行与交通安全会产生较大影响,且不同的交通组织会影响具体实施方案的确定,因此,规定高速公路改扩建应在进行交通组织设计和交通安全设计的基础上完成高速公路的改扩建设计。且在工程实施过程中,应减少对既有公路的干扰,采取保证通行安全的措施,维持通车路段的服务水平可在原设计服务水平上降低一级,设计速度不宜低于60km/h,但施工期间的维持通车速度应根据该路段设计速度、交通组成、交通管理水平等确定。

4 对于一、二、三级公路改扩建,为了维持通车并加强安全措施,规定应作保通设计方案。

5 本次修订根据交通运输部《关于西部沙漠戈壁与草原地区高速公路建设执行技术标准的若干意见》(交公路发〔2011〕400号),对于地广人稀、小交通量的戈壁、沙漠、草原以及处于交通末端的地区,明确了高速公路分离式断面路段利用现有二级公路改建为一幅时,其设计洪水频率可维持原标准不变。

1.0.9 近年来,随着我国城镇化步伐加快,以及区域经济的蓬勃发展,城市周边地区、中心城市与卫星城之间以及城市群之间的公路大量涌现。这些公路的功能与一般公路的功能明显不同,除机动车交通量以外,行人和自行车等非机动车交通量也很大。目前各地在公路建设中,都采取预留或设置非机动车道和人行道的方式解决这一需求。根据我国经济发展现状和工程实践,本条明确,在非机动车、行人密集路段,可根据具体情况设置非机动车道和人行道。

1.0.11 近年来,我国发生了多次重大的地震、洪水等自然灾害,公路在抢险救灾中起着关键的作用。特别对山区及边远地区,公路往往成为联系外界的唯一通道,在运送抢险救灾物资和人员中发挥着不可替代的作用,成为抢险救灾的生命线。因此,本次修订提出对于联系城镇或区域间有抗震、救灾等特殊需求的二级及二级以下公路,可提高抗震及设计洪水频率标准,以提高公路抵御自然灾害、应对其他突发事件的能力。

1.0.12 本条是按照"全寿命设计理念"提出的,在公路建设的前期、设计、施工、运营、养护、管理的各个阶段,应进行公路项目成本效益分析。在工程项目的全寿命周期内,根据公路的功能、交通量、服务水平,以及安全、环保、可持续发展等的社会效益进行全过程、全方位的综合论证,使得公路的综合效益最佳。

3 基本规定

3.1 公路分级

3.1.1 本条对技术等级划分的依据和高速公路设计交通量进行了修订。

(1)技术分级

本次修订从汽车运行质量、控制出入、车道数与车道内是否专供汽车行驶等几个方面考虑。

高速公路单向最少设置两个车道,对允许进入的车辆进行限制,设置中央分隔带分隔对向交通,采用立交接入等措施全部控制出入,排除纵横向干扰,为通行效率最高的公路。

一级公路单向至少设置两个车道,根据功能需要采取不同程度的控制出入。具备干线功能的一级公路,为保证其快速、大容量、安全的服务能力,通常采用部分控制出入措施,只对所选定的相交公路或其他道路提供平面出入连接,而在同其他公路、城市道路、铁路、管线、渠道等相交处设置立体交叉,并设置隔离设施以防止行人、低速车辆、非机动车以及牲畜等进入;而当一级公路用作集散公路时,纵横向干扰都较大,通常采取接入管理措施,合理控制公路和周围土地接口的位置、数量、形式,提高安全保障和服务水平。

二级公路是在行车道内供汽车行驶的双车道公路。当慢行车辆交通量较大,街道化程度严重时,可采取加宽硬路肩的方式增设慢行车道,减少纵、横向干扰,保证行车安全。

三、四级公路为供汽车、非汽车交通混合行驶的双车道公路(四级公路在交通量较小时采用单车道),允许拖拉机等慢行车辆和非机动车使用行车道,其混合交通特征明显,抑制干扰能力最弱。

(2)设计交通量

本次修订对高速公路、一级公路适应交通量进行了调整。由于《标准》03 版规定了各级公路的适应交通量,但多车道公路适应交通量受车道数、设计小时交通量系数、方向分布系数及道路条件等多个因素影响,加之本次修订又增加了服务水平分级,公路服务水平由四级调整为六级,即将原二级服务水平细分为二级和三级,原四级服务水平变为五级与六级,以体现依据公路功能和地区差异选取设计服务水平的灵活设计思想。使得原适应交通量范围进一步扩大,重叠范围更多,准确性更差,而且适应交通量在使用中存在歧义。故本次修订将原标准适应交通量更名为设计交通量,并按照公路功能决定技术等级的原则,采用双车道二级公路上限交通量 15 000 辆/日,作为高速公路和一级公路的设计交通量下限值,不再给出上限值。具体的高速公路、一级公路远景年不同服务水平下的年平均日交通量,按式(3-1)计算:

$$AADT = \frac{C_D N}{KD} \tag{3-1}$$

式中:$AADT$——年平均日交通量(pcu/d);

C_D——设计服务水平下单车道服务交通量;

K——设计小时交通量系数,由当地交通量观测数据确定;

D——方向不均匀系数;

N——单方向车道数。

二、三、四级公路设计小时交通量应按整个断面交通量,因此其年平均日设计交通量应按式(3-2)计算:

$$AADT = C_D \times R_D / K \tag{3-2}$$

式中:$AADT$——年平均日设计交通量;

C_D——二、三、四级公路的设计通行能力;

R_D——二、三、四级公路的方向分布修正系数;

K——设计小时交通量系数,根据当地交通量观测数据确定。

二、三、四级公路由于运行质量受双方向流量比、超车视距、管理水平、路侧干扰等多项因素的影响,其设计通行能力与设计交通量的范围较大,并有一定的重叠交叉。设计推荐采用的双车道二、三、四级公路年平均日设计交通量如表3-1。

表3-1 二、三、四级公路的年平均日设计交通量

公路等级	设计速度(km/h)	设计通行能力(pcu/d)	方向分布修正系数	设计小时交通量系数	年平均日设计交通量(pcu/d)
二级公路	40~80	550~1 600	0.88~1.0	0.9~0.19	5 000~15 000
三级公路	30~40	400~700	0.88~1.0	0.1~0.17	2 000~6 000
四级公路	20	<400	0.88~1.0	0.13~0.18	<2 000

单车道的四级公路考虑到当前公路建设的政策、各等级公路年平均日设计交通量范围的连续性等,其年平均日设计交通量为400pcu/d以下。

3.1.2 本条突出以公路功能选取技术等级的理念,同时考虑到不同地区经济发展水平与地形、地貌差异影响,各地公路交通发展不均衡,为了体现差异性,同一功能类别的公路不宜只对应一个技术等级的公路。选用技术等级时,应首先根据公路网规划、地区特点、公路的交通特性等因素确定公路功能,然后根据功能结合交通量论证选用公路等级。

公路按照交通功能分为干线公路、集散公路和支路三类。干线公路细分为主要干线公路和次要干线公路,集散公路细分为主要集散公路与次要集散公路。

(1)主要干线公路:

①连接20万人口以上的大中城市、交通枢纽、重要对外口岸和军事战略要地。

②提供省际间及大中城市间长距离、大容量、高速度的交通服务。

(2)次要干线公路:

①连接10万人口以上的城市和区域性经济中心。

②提供区域内或省域内中长距离、较高容量和较高速度的交通服务。

(3)主要集散公路:

①连接5万人口以上的县(市)、主要工农业生产基地、重要经济开发区、旅游名胜区和商品集散地。

②提供中等距离、中等容量及中等速度的交通服务。

③与干线公路衔接,使所有的县(市)都在干线公路的合适距离之内。

(4)次要集散公路:

①连接1万人口以上的县(市)、大的乡镇和其他交通发生地。

②提供较短距离、较小容量、较低速度的交通服务。

③衔接干线公路、主要集散公路与支线公路,疏散干线公路交通、汇集支线公路交通。

(5)支线公路:

①以服务功能为主,直接与用路者的出行源点相衔接。

②衔接集散公路,为地区出行提供接入与通达服务。

公路功能类别可按下列步骤确定:

(1)依照行政属性、用地性质、交通需求等实施区域划分,并将区域抽象为节点。

(2)确定节点重要度。节点重要度是定量描述区域内各节点间相对重要程度的指标,主要以总人口、工业总产值、人均收入等指标作为定量分析各节点重要度的指标。节点的层次结构见表3-2。当一条公路的主要控制点为A层节点时,该公路为主要干线公路;当主要控制点为B层节点时,该公路应为次要干线公路;当主要控制点为C层节点时,该公路应为主要集散公路;当主要控制节点为D层节点时,该公路为次要集散公路;当主要控制点为E层节点时,该公路为支线公路。

表3-2 节点的层次结构

节点层次	中心节点	主要节点
A	北京	各省会、自治区首府、直辖市、特区
B	省会或自治区首府	各地市政府所在地
C	地市政府所在地	各县(市)政府所在地
D	县市政府所在地	各乡、镇政府所在地
E	乡镇政府所在地	各行政村

(3)当同一区域内存在主要控制点相近的两条或两条以上公路时,应通过路网服务指数确定其功能类别。路网服务指数为公路车公里比率与公路里程比率之比。路网服务指数越大,则公路功能类别越高。其计算方法为:规划区域内有 n 条公路,则第 $i(i=1,\cdots,n)$ 条公路的车公里比率 R_{VMT_i}、里程比率 R_{k_i} 及路网服务指数 R_i 按下列公式计算。

车公里比率:

$$R_{\mathrm{VMT}_i}=\frac{VKT_i}{\sum_i VKT_i}\times 100\% \tag{3-3}$$

里程比率:

$$R_{k_i}=\frac{K_i}{\sum_i K_i}\times 100\% \tag{3-4}$$

路网服务指数:

$$R_i=\frac{R_{\mathrm{VMT}_i}}{R_{k_i}} \tag{3-5}$$

式中:VKT_i——路网中第 i 条公路的车公里(pcu·km),即该公路上通过的车辆数与平均行驶距离的乘积;

$\sum_i VKT_i$——规划区域内路网中所有公路的车公里之和(pcu·km);

K_i——第 i 条公路的里程(km);

$\sum_i K_i$——规划区域内路网中所有公路的总里程(km)。

(4)公路功能分类指标包括区域层次、路网连续性、交通流特性和公路自身特性等定性和定量指标。不同地区经济发展水平与地形、地貌差异直接影响到分类指标的选取。各地区可根据规划区的实际情况自行确定。推荐的公路功能分类量化指标规定列入表3-3。

表3-3 公路功能分类指标

分类指标	功能分类				
	主要干线公路	次要干线公路	主要集散公路	次要集散公路	支线公路
适应地域与路网连续性	人口20万以上的大中城市	人口10万以上重要的市县	人口5万以上的县城或连接干线公路	连接干线公路与支线公路	直接对应于交通发生源
路网服务指数	≥15	10~15	5~10	1~5	<1
期望速度	80km以上	60km以上	40km以上	30km以上	不要求
出入控制	全部控制出入	部分控制出入或接入管理	接入管理	视需要控制横向干扰	不控制

3.2 设计车辆

3.2.1 公路采用的设计车辆其外廓尺寸、载质量和动力性能是确定公路几何参数的主要依据。根据调研显示,当前运营车辆的外廓尺寸有较多车辆长度超过16m,出现了18m、20m甚至到26m的超长车辆。从公路投资与车辆行驶安全考虑,本次修订根据我国《道路车辆外廓尺寸、轴荷及质量限值》(GB 1589—2004)的规定,考虑满足标准运营车辆100%的需求条件,增加了大型客车和铰接客车两种车型,并将原来的鞍式列车调整为18.1m长、2.55m宽的铰接列车。但在实际使用中要根据公路功能、设施类型及交通组成情况综合确定设计车型。设计车辆的外廓尺寸见图3-1。

3.3 交通量

3.3.1 公路远景预测设计年限既要考虑适应一定时期内的交通需求,又要兼顾公路投资和结构物使用年限,而应有所差异。但过长会因诸多因素的不确定性导致预测交通量误差偏大,设施闲置。故依据国内外经验,本次修订将高速公路、一级公路设计交通量预测年限均规定为20年;二、三级公路按15年预测;四级公路交通量较小,设计年限可根据实际情况确定,不排除合理的延长或减少。

3.3.2 用于交通量换算的车辆折算系数是在特定的公路、交通组成条件下,所有非标准车相当于标准车对交通流影响的当量值。考虑到标准的连续性,本条款仍提供了在公路建设前期阶段用于确定公路建设规模与公路等级的车辆折算系数与相关规定。

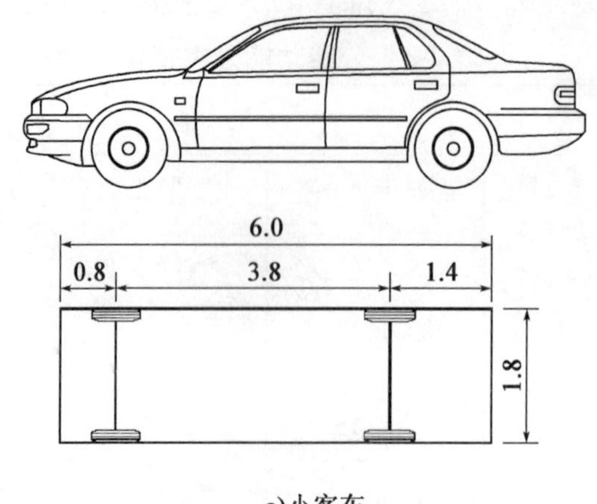

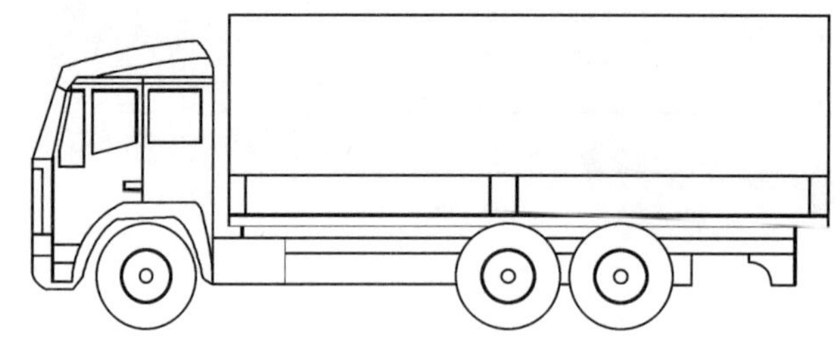

a)小客车

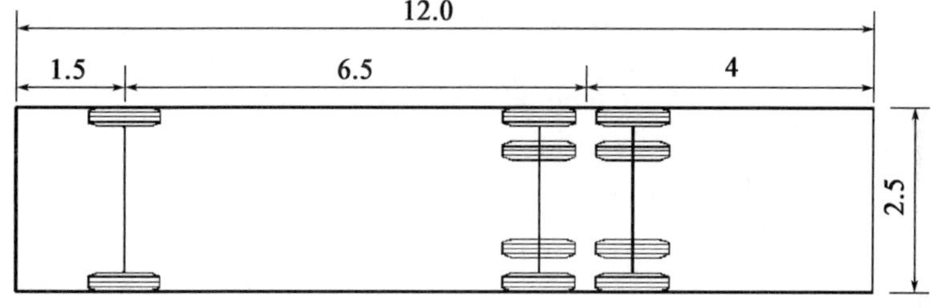

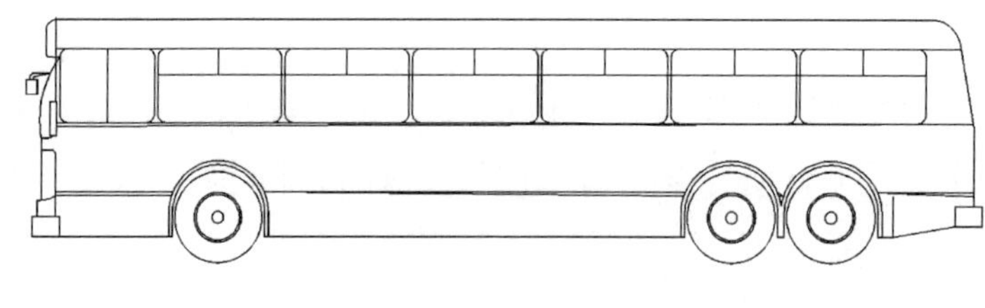

b)载重汽车

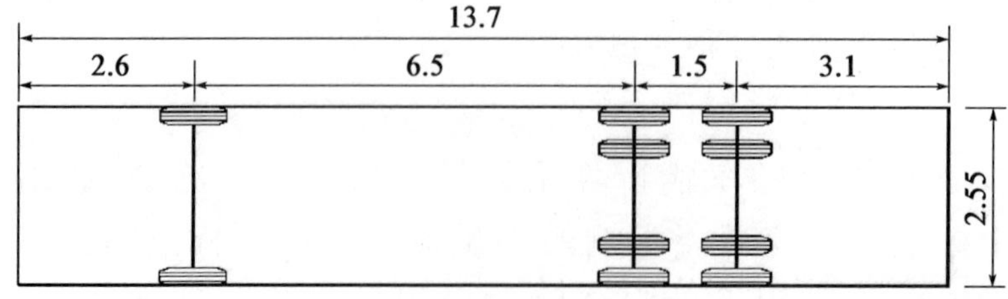

c)大型客车

图 3-1

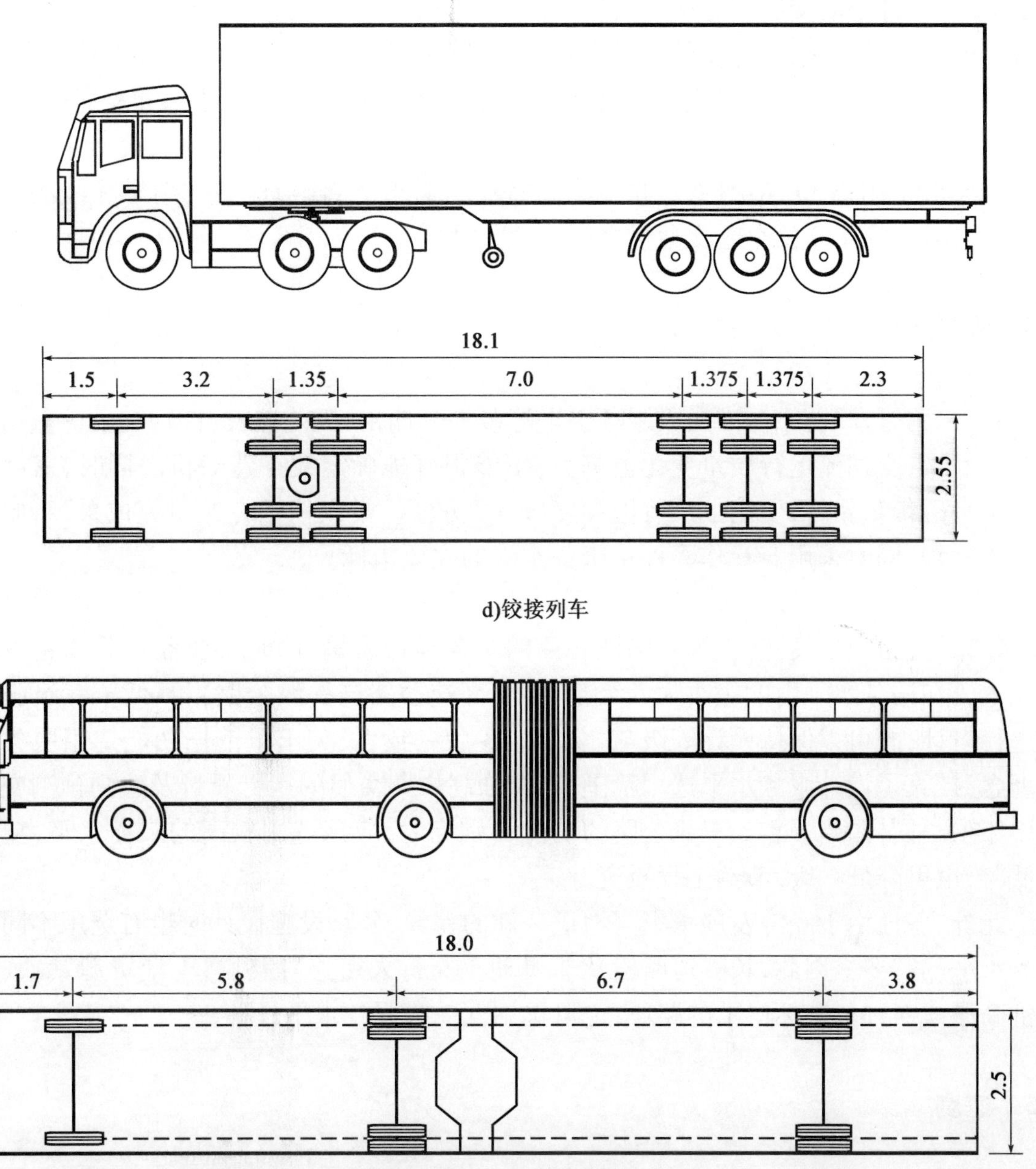

d)铰接列车

e)铰接客车

图 3-1　设计车辆的外廓尺寸(尺寸单位:m)

考虑到当前货运车辆类型多、载质量大,使得货车运行速度与小客车的差异更为明显,原标准的折算系数已不适应当前交通流的现状,故在 4 种车型类型分类并以小客车作为交通量换算标准车型的基础上,本次修订按照货运车辆构成比例进行了调整。

调研发现:载质量 20t 的载重车比例较大,且与原载质量 14t 的载重车动力性能基本一致,故将原来大型车 14t 载质量的划分标准调整为 20t,同时折算系数上调 0.5。而对于拖挂车,公路上实际行驶的拖挂车与小客车差异拉大,故将原折算系数调整到 4.0,同时将该代表车型名称改为汽车列车,与国标内的车型名称一致。调整后的折算系数,将会导致预测交通量的整体水平提高 10% 左右。

3.3.3 设计小时交通量是确定公路等级、评价公路运行状态和服务水平的重要参数,设计小时交通量越小,所选用的车道数越少,公路的建设规模就越小,建设费用也就越低,但是不恰当地降低设计小时交通量会使公路的交通条件恶化、交通阻塞和交通事故增多,公路的综合经济效益降低。因此,将全年小时交通量从大到小按序排列,设计小时交通量的位置一般采用第30位小时,或根据项目特点与需求,结合当地调查结果和经济承受能力,控制在第20~40位小时交通量之间取值。

3.4 服务水平

3.4.1 调研发现:原标准四级服务水平等级划分偏粗、级差偏大,特别是设计采用的二级服务水平,交通流运行质量变化范围大,不能很好地确定改扩建时机。同时,密度作为服务水平的衡量指标,使用上没有饱和度(v/C)方便。本次依据专题研究成果,将服务水平分为六级,同时采用v/C作为评价服务水平的主要指标。

3.4.2 公路规划设计时,既要保证必要的车辆运行质量,同时又要兼顾公路建设的投资成本。在服务水平由四级改为六级基础上,高速公路与一级公路以不低于三级服务水平进行设计,既可以保持设计等级与《标准》03版一致,又突出了依据功能选用服务水平的理念,扩大了设计服务水平选用范围,以保证高峰期交通的运行质量及达到预测交通量使用年限。同样,当一、二、三级公路的功能类别高时,应该选用较高的服务水平,功能类别低时,也可降低一级,节约工程投资。

此外,各地由于经济发展水平与地形条件的差异,公路设施设计时也有选用不同设计服务水平的需要。因此,长隧道路段及非机动车与行人密集等路段,土地资源紧缺、工程造价高昂或对环境破坏严重的路段,也可选用低一级服务水平设计。

3.5 速度

3.5.1 设计速度

设计速度是确定公路几何设计指标并使其相互协调的基本要素。一经选定,公路的所有相关要素如平曲线半径、视距、超高、纵坡、竖曲线半径等指标均与其配合以获得均衡设计。目前,基于设计速度的路线设计方法已被所有设计人员所掌握,因此保持《标准》03版的规定。

1 高速公路的设计速度不宜低于100km/h,目的是保证高速公路的安全与舒适。国内外高速公路的运营实践表明:设计速度低与驾驶员的期望差异较大,运行过程中极易诱发交通事故,而且复杂地形条件下的高速公路大多选在一个区域走廊带内,待经济发展需改造时,提升线形指标很困难,故将80km/h作为高速公路设计速度的最低要求。

3 高速公路和作为干线一级公路的特殊困难局部路段,经论证可以采用60km/h设计速度,其含义是包括技术、经济、安全、环保和社会等方面的综合比选论证;而非传统意义的技术经济论证。论证通过后,才能作为特殊困难的路段考虑,并且要求小于一个设计路段的长度即小于15km;同时考虑到个别越岭路段地形条件受限时,往往可能大于15km,针对这一特定条件将其放宽到相邻两互通式立体交叉之间的路段,但应注意线形衔接和交通工程设施的配合。

本次修订贯穿了功能类别高的公路优先考虑较高的设计速度,公路类别较低的公路宜选用较低设计速度的理念,即一级公路和二、三级公路应按公路在路网中的交通功能选择设计速度,只有当受地形、地质等条件限制时,才可以降低一档即20km/h。

3.5.2 本条对公路设计时采用运行速度检验进行说明。自《标准》03版正式引入运行速度概念和开展安全性评价工作以来,采用运行速度的方法进行检验的理论与方法已基本成熟,而且有了上万公里的工程实践。因此,本次标准修订明确规定公路设计应采用运行速度对线形设计进行检验,保证相邻路段运行速度的协调性和一致性,提高公路运行安全和使用质量。

3.5.3 本条对公路限速进行说明。目前我国公路限速值多采用设计速度,由于限速值确定不合理,影响了公路的运行效率,在社会上也造成了一定负面影响。因此,本次标准修订把限制速度设计作为公路设计的一个重要环节提出,以便在设计阶段科学合理地确定限速值以及限速方式和方法,在保障车辆安全运行的情况下,充分发挥道路的运输效率。

3.6 建筑限界

3.6.1 公路建筑限界仍沿用《标准》03版的规定。但为解决设施侵入限界的问题,细化了一级公路及增设慢车道的二级公路设置分隔设施时计算车道宽度的规定;新增加了隧道入口段设置护栏过渡的建筑限界规定。在我国部分地区,由于受地形、地质或环境因素限制,同一条公路,局部路段降低了技术等级,也就是常说的"不二不三或不三不四",因此规定同一条公路,应采用同一净高,以保证其通过性。

3.7 抗震

3.7.1 根据《中国地震动参数区划图》(GB 18306—2001),不再采用地震基本烈度的概念,取之为地震动峰值加速度系数。地震基本烈度与地震动峰值加速度系数之间的关系如表3-4所示。

表3-4 地震基本烈度与地震动峰值加速度系数的对应关系

地震动峰值加速度系数	<0.05	0.05	0.10	0.15	0.20	0.30	≥0.40
地震基本烈度值	<Ⅵ	Ⅵ	Ⅶ	Ⅶ	Ⅷ	Ⅷ	≥Ⅸ

本标准中规定地震动峰值加速度系数在0.05~0.4范围内地区的公路工程，应进行抗震设计；对地震动峰值加速度系数大于或等于0.40地区的公路工程，应进行专门的抗震研究和设计。这是总结了我国云南、四川、山东、广东、江苏、辽宁等地的部分震害调查资料，并结合国家的抗震防灾的基本要求提出的，与《标准》97版一致。从多年来的应用情况看，一般条件下，公路工程能够经受住地震动峰值加速度系数为0.05的地震的影响。简支梁桥等桥梁结构可通过一些简单的抗震措施（如防止落梁措施等）提高抗震设防能力。

对于地震动峰值加速度系数小于或等于0.05的地区，除有特别规定以外，可不进行专门的抗震设计，而采用简易设防。

4 路线

4.0.1 一般规定

本次修订除对公路路线设计思想、技术方针等做出指导、原则性规定外，主要对影响公路工程技术标准和建设规模的控制性指标进行了规定，其他详细技术指标均移至相关设计规范。其中控制性指标主要是指满足公路基本功能需要和保证公路交通安全的低限指标。

1 当前，我国各层次公路网和综合交通运输体系已具相当规模，本次修订强调在公路项目尤其是高速公路项目建设前期，应加强对项目区域各级路网和综合运输体系的研究，科学分析拟建项目在综合运输体系和规划路网中的功能、作用，并合理处理与其他交通方式的衔接与分工。

2 在公路建设中，经常会遇到滑坡、泥石流、崩坍、溶洞、采空区或软基等不良地质问题，因之必须在勘察设计阶段做好地质灾害评价，加大对不良地质地段的调查与勘察工作的力度，并在此基础上论证路线通过的合理方案以及应采取的工程措施，避免造成地质病害。

3 根据《农业法》及《基本农田保护条例》，国家实行基本农田保护制度。各县级和乡镇土地利用总体规划应当确定基本农田保护区。当国家能源、交通、水利、军事设施等重点建设项目确实无法避开基本农田保护区时，必须依法办理相关征用手续。

根据《城市规划法》，国家规定大、中、小城市是分别以“市区和近郊非农业人口”50万以上、20万~50万和不满20万划定的。规定新建的过境公路应当避开市区；在城市规划区内的建设工程必须符合城市规划。

土地利用是一个非常重要也是个非常敏感的问题，是可持续发展战略的重要方面；早期修建的公路其沿线的街道化情况十分严重，这些路段已变成了交通堵塞的“瓶颈”地段。随着经济的发展和公路运输事业需求的增加，在新建公路工程项目时必须做好这方面的协调工作。因此，本标准中明确规定：在确定公路路线线位时应考虑同农田与水利建设、城市规划的配合。

我国历史悠久,历史文物是我国的宝贵财富,应该认真地进行保护。根据《文物保护法》,古文化遗址、古墓葬、古建筑、石窟寺、石刻、壁画、近代现代重要史迹和代表性建筑等为"不可移动文物",国家根据它们的历史、艺术、科学价值等分别定为全国重点、省级和县级文物保护单位。建设工程应当尽可能避开不可移动文物,因特殊情况不能避开的,对文物保护单位应当尽可能实施原址保护。因而,本标准明确地规定应"尽可能避让不可移动文物"。

4 本次修订强调各级公路均应做好总体设计。总体设计应重点从发挥公路网和本项目功能的角度出发,正确处理好公路与相关路网、交通节点的关系,合理设置各类出入口、交叉和构造物,做到各类构造物选型与布置合理、实用、经济。

5 本次修订提出公路建设技术标准选用的总体原则,即:依据路网规划和公路功能确定公路技术标准和等级;根据公路的功能和地形条件确定设计速度;根据公路功能、交通量和地形条件确定车道数和横断面形式。

4.0.2 车道宽度

车道是指专为纵向排列、安全顺适地通行车辆为目的而设置的公路带状部分。所谓车道宽度是为了保障车辆安全、顺适通行而研究确定的车道几何宽度(值)。

车道宽度是根据设计车辆的最大宽度,加上错车、超车所必需的余宽确定的。车道宽度应该满足设计车辆正常安全行驶的需要。对于双车道公路,车道宽度应满足错车、超车行驶所必需的余宽。对于四车道及以上公路,车道宽度应满足车辆并列行驶所需的宽度。

车道宽度与公路设计速度相关,速度越高则需要的宽度越大(主要是需要的侧向余宽越大)。据调查,世界各国相同设计速度的车道宽度基本是一致的。对于高速公路,日本等少数国家的车道宽度略窄于我国高速公路的宽度(3.75m)。考虑到我国高速公路货运车辆占比高、车型复杂等实际情况,本标准规定我国高速公路车道宽度仍采用3.75m。

1 根据国内目前已建成的八车道高速公路实际通行管理实践,在采用分车道、分车型通行管理方式时,内侧车道(内侧第1和2车道)仅限小型车辆通行,此时内侧车道宽度可采用3.5m。

2 以中、小型客运车辆为主的公路,如机场专用公路等,其车道宽度可论证采用3.5m。

4 二级公路因非汽车交通需求较大而设置慢车道时,慢车道宽度应采用3.5m。

4.0.3 车道数确定

(1)高速公路和一级公路的车道数应依据其交通量和设计通行能力确定。高速公路和一级公路的车道数不应少于四条,增加车道数时,应两侧对称增加。

(2)二、三级公路应采用双向双车道;四级公路应主要采用双向双车道,交通量小或困难路段可采用单车道。

4.0.4 中间带

多车道公路的中间带和中央分隔带，在构造上起到分隔对向交通的作用，对提高高速行车安全性和发挥公路项目的功能具有关键性作用。本标准规定，高速公路、一级公路整体式断面必须设置中间带。中间带由中央分隔带和两条左侧路缘带组成，中央分隔带的两侧设置左侧路缘带。中央分隔带由防护设施和两侧对应的余宽 C 组成。

左侧路缘带和余宽 C 提供了安全行车所必需的侧向余宽，并能引导驾驶员的视线。侧向余宽是公路通行车辆在高速行车时，行车道两侧需要预留的一定的富余宽度，即车道边线到障碍物之间距离。具体如图 4-1 所示。

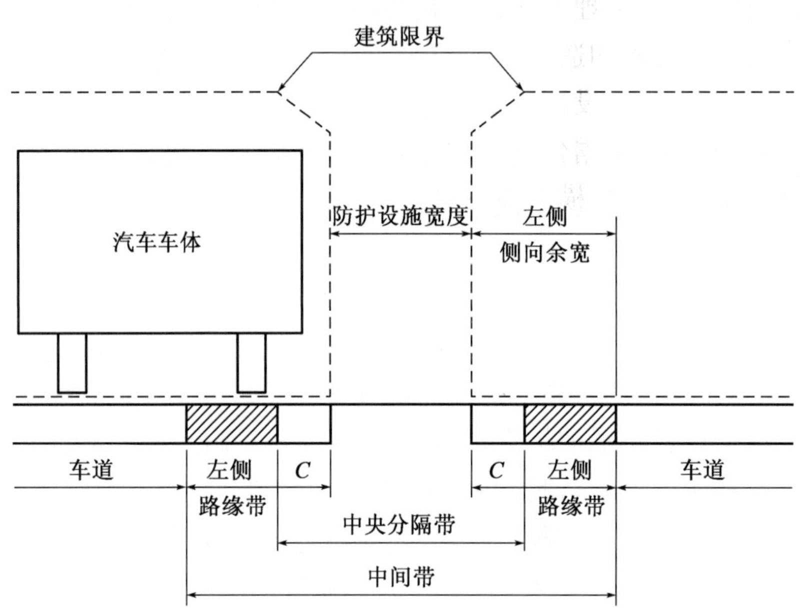

图 4-1　中间带示意图

《标准》03 版对高速公路和一级公路的中央分隔带的宽度做出了具体的规定，包括一般条件下应采用的“一般值”和条件受限路段可采用的“最小值”。本次标准修订全国调研发现，对中央分隔带宽度指标取用存在较大争议，既有反映原“一般值”过宽的，也有反映“最小值”不足的。其根源在于对中央分隔带功能定位的不同和项目区域建设条件的差异。如早期高速公路多在中央分隔带内考虑预埋通信管线、绿化等需要，后期有项目则主要考虑设置护栏和防眩设施等功能需要。另外，随着新型护栏等设施的不断发展，能够满足中央分隔带基本分隔和安全防护功能的最小宽度指标也逐渐缩减。

本次修订不再指定出中央分隔带宽度推荐值，但强调：中央分隔带宽度应从对向隔离、安全防护的主要功能出发，综合考虑中央分隔带护栏的防护形式和防护能力确定。

1　在高速公路、作为干线的一级公路整体式断面的中央分隔带护栏形式选择和宽度确定时，应着重考虑护栏的防护功能需要，选择可有效防止车辆失控冲过中央分隔带的护栏形式及对应的中央分隔带宽度。

2　对于承担集散功能的一级公路，中央分隔带宽度应根据中间物理隔离措施的宽度确定。这里的中间物理隔离措施是指可不具备安全防护功能、仅具有物理隔离功能的护栏等措施。

3 本次修订,规定多车道公路如通过管理措施,内侧车道仅限于小型车辆通行时,左侧路缘带经论证可采用0.50m。

高速公路、一级公路的一般路基路段和中、小型桥梁构造物路段,通常应尽量避免因采用不同的中央分隔带宽度引起公路线形和车辆行驶轨迹的频繁变化。对于路基与整体式结构的桥梁路段,在采用不同的中央分隔带(宽度)前后,均应设置必要的过渡段,以保持行车轨迹的连续性。

4.0.5 公路路肩具有保护和支撑路面结构、提供行车道侧向余宽和侧向通视条件、为故障车辆提供临时停靠空间等功能。公路路肩分为硬路肩和土路肩两部分,其中土路肩还具有为各类护栏、标志牌提供设置空间的作用。

根据调查,我国公路货运车型向大型的5轴和6轴车型集中,而此类车型的基本宽度均为(甚至超过)2.50m。为满足大型货运车型临时故障停靠硬路肩的需要,并减少因其停车对相邻车道通行与安全的影响,本次修订高速公路和作为干线一级公路的右侧硬路肩的"一般值"为3.00m,"最小值"为1.50m,主要通行小客车时右侧硬路肩也可采用2.5m。并规定了承担集散功能的一级公路右侧硬路肩和二级公路右侧硬路肩宽度的"一般值"和"最小值"。总体上,公路路肩宽度主要依据项目功能、设计速度确定,条文中表4.0.5-1中的"最小值"是对应技术等级(项目功能)和设计速度条件下,满足行车安全需要和发挥路肩基本功能的最小宽度值。

对于高速公路和一级公路分离式断面,应设置左侧硬路肩,左侧硬路肩内包含左侧路缘带。表4.0.5-2的规定值为满足行车安全需要和发挥路肩基本功能的最小宽度值。

在双向八车道及以上多车道高速公路中,左侧硬路肩可满足内侧车道上的事故车辆临时停车需要,对于保证公路通行能力和行车安全具有实际作用。考虑到我国八车道以上多车道高速公路实践较少,且已建成的八车道高速公路均未设置左侧硬路肩等情况,本次修订规定:八车道及以上的多车道高速公路,有条件时应设置左侧硬路肩。由于多车道高速公路内侧车道上行驶的车辆以小型车为主,要求左侧硬路肩的宽度不应小于2.50m。

4.0.6 为满足故障车辆临时停靠的需要,本标准要求在高速公路和作为干线的一级公路右侧硬路肩宽度小于2.50m时,应设置紧急停车带。紧急停车带应与车道平行、在车道外侧设置,为方便车辆驶入,且其两端需要设置一定长度的过渡段。紧急停车带宽度内一般包含硬路肩的宽度。

4.0.7 由于加减速车道分别在不同的地点使用,有不同的特点和要求,本标准对加减速车道仅作一般性规定。

二级公路在条文中述及的各类设施出入口处应设置必要的过渡段,以满足车辆提前驶离车道、安全减速进入的需求。

4.0.8 实际应用中,应对路段内大型车的爬坡性能和混入率对通行能力及大、小车型速度差等的影响进行分析,以确定是否设置爬坡车道。爬坡车道宽度内不包含右侧硬路肩的宽度。

六车道及以上的公路一般采用分车道行驶,外侧车道行驶的载重汽车对公路整体的通行能力、服务水平影响较小,可不设置爬坡车道。

4.0.9 避险车道是供制动失效车辆尽快驶离行车道、减速停车、自救的专用车道。

本标准要求在连续长、陡下坡路段,为便于制动失效车辆撤离行车道,应结合交通安全评价,论证是否需要设置避险车道以及避险车道的设置位置。

避险车道的设置位置应与主线保持恰当的驶离角度,并应修建在失控车辆不能安全转弯的主线弯道之前以及修建在坡底人口稠密区之前。

4.0.10 二级公路采用中间不分隔的对向行车方式,车辆需要占用对向车道进行超车。在交通量较大且货车比例较高时,由于货车运行速度较低,其后的车辆会出现大量的超车需求,使得利用对向车道进行超车难度增大、对行车安全不利。本条文规定对于货车比例较高的二级公路,可根据需要设置超车道。鉴于我国二级公路中设置超车道的实践较少,从安全角度,设置超车道的路段,需要对应增设必要的交通安全设施,加强交通组织管理。

4.0.11 二级公路在慢行车辆交通量较大或街道化程度严重时,可论证采取加宽硬路肩的方式增设慢车道,通过划线分快、慢车道进行通行管理,以减少慢行车辆对车道内行驶车辆的纵、横向干扰,但这类公路仍属双车道范畴。考虑到增加慢车道后公路路基宽度增加,可能出现车辆通行速度提升等现象,从行车安全角度,应对应增加必要的交通安全设施,实施速度控制,加强交通组织管理。

4.0.12 四级公路采用单车道路基时,应设置错车道。错车道的间距应根据错车时间、视距、交通量等情况决定。国外有的规定最大错车时间为30s左右,其最大间距应不大于300m。本标准对设置间距未作硬性规定,可结合地形等情况,在适当距离内设置错车道。错车位置至少可以看到相邻两个错车道的情况。

4.0.13 在城市出入口和城乡结合区域,公路两侧出现大量的非汽车交通,出现公路承担类似城市道路功能的实际需求。本条文规定对于城市出入口和城乡结合区域承担集散功能的一级公路和二级公路,可根据非汽车交通需求,参考城市道路设计规范论证设置侧分隔带、非机动车道和人行道。

4.0.14 《标准》03版在规定路基断面各部分宽度的同时,对路基总宽度也做出规定。根据本次修订全国调研,这种“双控”规定容易引起理解和执行上的偏差,故本次修订改路基宽度“双控”为“单控”方式,即取消对路基总宽度的指标规定,只规定公路路基横断面中各部分宽度,包括发挥各部分基本功能和与行车安全性密切关联的“最小值”指标,以鼓励根据公路项目综合建设条件,因地制宜选用横断面布置形式和宽度。

同时强调,公路路基横断面中各组成部分宽度应以满足行车安全要求为前提,根据项目交通功能、各组成部分所具备功能、设计交通量以及沿线地形等建设和通行条件综合确定。在具体项目横断面形式选择时,尤其是在各类构造物与路基宽度变化路段,应首先保持与驾驶员安全行车密切相关的行车道、路缘带,包括侧向余宽的连续性。

由于一般公路项目设计和服务的交通量均为双向、等值的,因此,除局部单一方向设置的辅助车道、加(减)速车道、紧急停车带、避险车道、爬坡车道等外,一般公路路基横断面中各部分宽度上、下行方向应对称设置。

公路横断面布置形式一般分为整体式断面形式和分离式断面形式。图4-2为高速公路和一级公路整体式断面形式的示意图。图中,左侧为六车道断面形式,右侧为四车道断面形式。

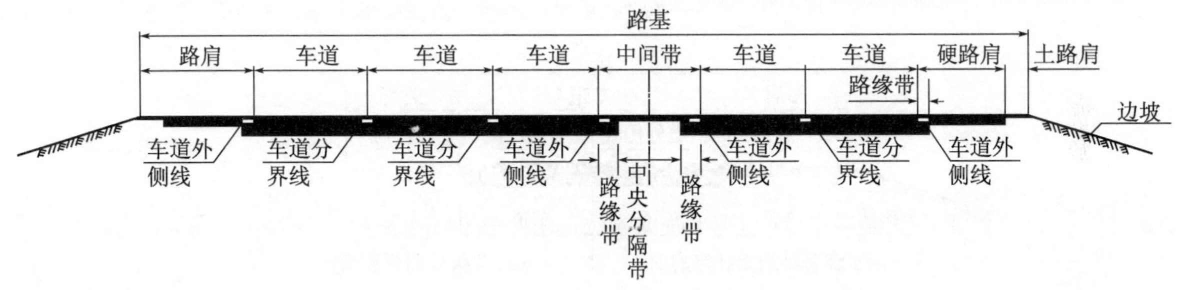

图4-2 高速公路、一级公路整体式断面形式示意图

高速公路和一级公路应根据地形、地貌等实际条件,因地制宜选用(或分段选用)整体式和分离式断面形式。在山岭、丘陵地段或地形受制约地段,采用整体式断面工程量过大时,宜采用分离式断面形式。在沙漠、戈壁和草原等地区,有条件时宜采用分离式断面形式或宽中央分隔带的整体式断面形式。图4-3为高速公路和一级公路分离式断面形式的示意图。

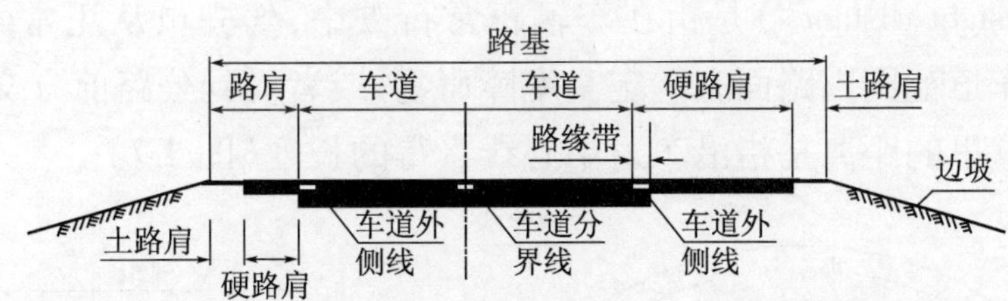

图4-3 高速公路、一级公路分离式断面形式示意图(右幅断面)

根据相关专题研究,多车道公路当双向车道数达到十条及以上时,不宜采用整体式断面,推荐采用内、外幅分离的复合式断面布置形式。图4-4和图4-5为高速公路复合式断面典型形式。

二、三、四级公路为典型的双车道公路(四级公路可能出现单车道的情况),采用无分隔的双向混合交通组织方式,一般应采用整体式断面形式。图4-6为典型的双车道公路横断面形式。

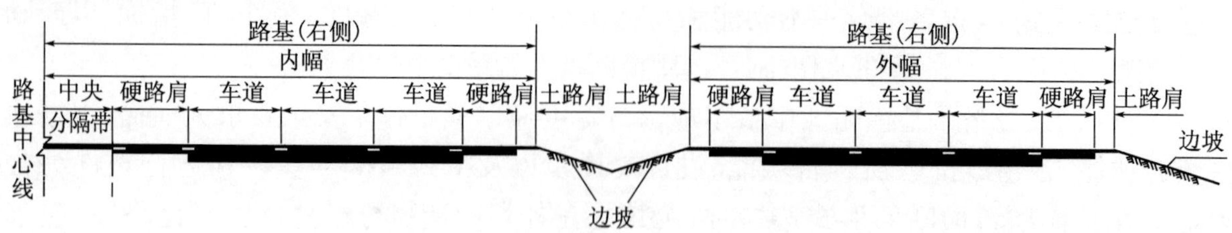

图 4-4 高速公路复合式断面形式示意图(内、外幅路基分离)

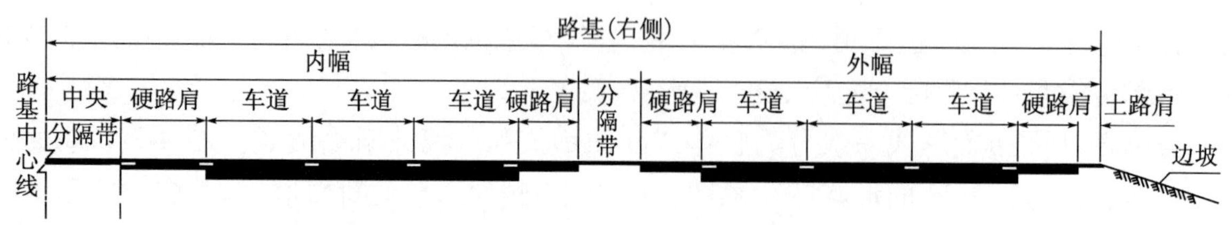

图 4-5 高速公路复合式断面形式示意图(内、外幅整体式)

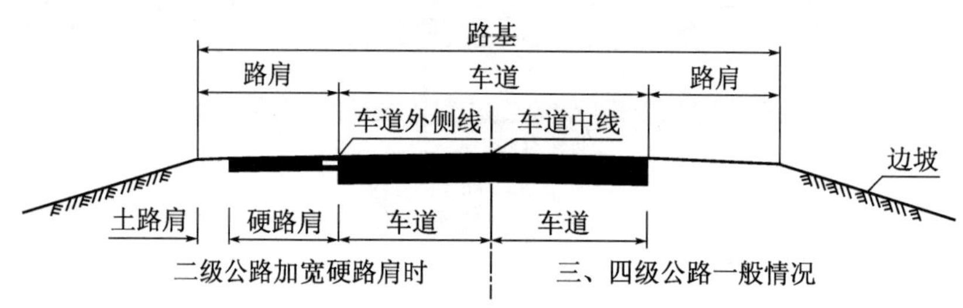

图 4-6 二、三、四级典型断面形式示意图

二级公路作为城乡接合部、混合交通量大的集散公路,可根据实际需要加宽右侧硬路肩设置慢车道。设置有慢车道的二级公路,应严格限制车辆运行速度,禁止车辆随意穿越,以避免车辆占用对向车道超车和车辆随意掉头等影响安全的现象。

4.0.15 视距(sight distance)是指在车辆正常行驶中,驾驶员从正常驾驶位置能连续看到公路前方行车道范围内路面上一定高度障碍物,或者看到公路前方交通设施、路面标线的最远距离。这里的距离是指沿车道中心线量得的长度(图 4-7)。

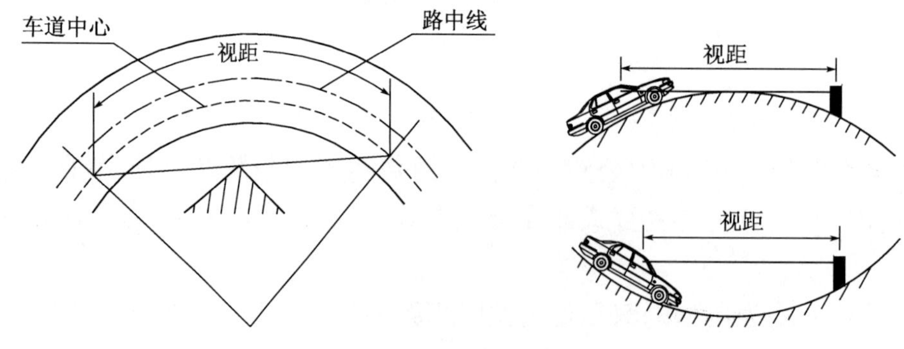

图 4-7 公路平面视距和纵面视距示意图

公路视距主要包括:停车视距、超车视距、会车视距及识别视距等。

停车视距(stopping sight distance)是指车辆以一定速度行驶中,驾驶员自看到前方障碍物时起,至到达障碍物前安全停车止所需要的最短行驶距离。在停车视距检验时,小客车停车视距采用的驾驶员视点高度为1.2m,载重货车停车视距采用的驾驶员视点高度为2.0m,视点前方路面上障碍物顶点高度为0.10m。

由于一些情况下还满足不了货车停车视距的要求,根据"公路货车停车视距专题"研究结果,本标准规定:"高速公路、一级公路以及大型车比例较高的二、三级公路,应采用货车停车视距对相关路段进行检验"。

积雪冰冻路段的停车视距,考虑到在这些路段行驶的车速会有较大幅度的降低,也可不再调增。但对重要干线公路,可根据各地要求的必须保证安全的最低车速适当调增停车视距。

会车视距(intermediate sight distance)是指在同一车道上对向行驶车辆,为避免发生迎面相撞,自车辆在行驶过程中发现对向来车起,至驾驶员采取合理的减速操作后两车安全停止、不发生相撞所需的最短行驶距离。参考国内、外的普遍做法,会车视距一般取停车视距的两倍。

超车视距(passing sight distance)是指在需要临时占用对向车道完成超车的公路上,后车超越前车过程中,自开始驶离原车道起,至可见对向来车并能超车后安全驶回原车道所需的最短行驶距离。在超车视距检验时,小客车采用的驾驶员视点高度为1.2m,载重货车采用的驾驶员视点高度为2.0m,视点前方路面上障碍物顶点高度为0.60m,即对向车辆(小客车)的前灯高度。

由于高速公路和一级公路采用分向分道行驶,不存在会车和对向超车等需求,因此,高速公路和一级公路应满足停车视距要求。对于二、三、四级公路,由于一般采用双向行驶的交通组织方式,其行车特征是超车时经常要占用对向车道,为保证行车安全,本标准中规定:"双车道公路应间隔设置具有超车视距的路段"。

公路是三维的空间实体,公路视距除受到平、纵、横等几何指标、参数和平纵组合等影响外,还可能受到路侧填挖方边坡、护栏等的遮挡影响。通过对我国部分山区高速公路进行视距检验评价发现:在平、纵等主要几何指标满足对应标准、规范指标要求的情况下,仍可能存在视距不良(不足)的情况。本标准规定对于公路平面和纵断面指标较低、平纵线形组合复杂路段,应进行对应的视距检验。对于视距不良路段或区域,应采取相应的技术措施予以改善。

在公路各类出入口区域,由于驾驶员需要及时辨识出(入)口位置、适时选择转换车道、进行加(减)速驶入(驶出)等操作,存在交通流交织和冲突等现象。因此,公路互通式立交、避险车道、爬坡车道、停车区、服务区等各类出入口区域应满足识别视距要求。

4.0.16 直线是公路几何线形的主要组成部分。在公路平面线形中,圆曲线间直线过短,会造成线形组合生硬、视觉上不连续等问题。而直线过长,则会出现公路线形单调,容易诱发驾驶疲劳问题,对行车安全不利。本标准规定:直线的最大与最小长度应有所限制。

根据“西部地区公路运行速度设计方法和安全性评价与检验技术”等相关研究成果，评价公路平曲线中直线段长度的安全性，应主要依据检验直线段与相邻路段的运行速度的协调性。对于不得已采用长直线的路段，应注意采取限速、警示等管理措施。有条件时，视条件增加路侧视线诱导设施。

4.0.17～4.0.18 本条文主要根据“公路横向力系数”专题项目研究成果编制。

(1)确定圆曲线最小半径的原则

本标准中规定的圆曲线最小半径是以汽车在曲线部分能安全而又顺适地行驶所需要的条件而确定的。圆曲线最小半径的实质是汽车行驶在公路曲线部分时，所产生的离心力等横向力不超过轮胎与路面的摩阻力所允许的界限。根据车辆在弯道上行驶时的受力状况及各种力的几何关系，可推导出如下计算公式：

$$R = \frac{v^2}{127(\mu + i)} \tag{4-1}$$

式中：R——曲线半径(m)；

v——车辆速度(km/h)；

μ——横向力系数，极限值为路面与轮胎之间的横向摩阻系数；

i——路面的横向坡度。

本次修订，标准给出了直接影响行车安全性的圆曲线最小半径的两种值：即“最小值”和“不设超高最小半径”。公路线形设计时，应根据沿线地形等情况，合理选用不小于“最小值”圆曲线半径。在不得已情况下，方可使用“最小值”。

选用曲线半径时，既要适应沿线地形地物条件变化，同时应注意前后线形协调，不应突然采用小半径曲线。长直线或大半径圆曲线路段，不能采用最小圆曲线半径。从地形条件好的区段进入地形条件较差区段时，线形技术指标应逐渐过渡，防止突变。

(2)圆曲线最小半径“极限值”的确定

按式(4-1)计算最小圆曲线半径时，式中的 v 采用各级公路相应的设计速度，因此，确定圆曲线最小半径的关键参数是横向力系数和超高横坡。

横向力系数的大小直接影响乘车人的舒适感。根据测试获得的小客车、大客车、大中型货车在43个观测路段上运行时乘车人的舒适度感受数据，运用心理学方法和统计方法分析，整理得出各种车型在不同行驶速度下对应的横向力系数阈值(图4-8)。

车辆在曲线上稳定行驶的必要条件是横向力系数不能超过路面与轮胎之间的横向摩阻系数。所以，为了确定横向力系数的设计值，既要通过实测路面与轮胎之间的摩擦系数范围，还要考虑驾乘人员在行驶中所能忍受的横向力的大小和舒适感，综合平衡二者后才能确定。

经过对43个观测点极限摩阻系数的测试，样本路段的极限横向摩阻系数均在0.3以上，设计用的横向力系数(0.10～0.17)，占极限横向摩阻系数的比例较小，安全度较高，基本上可以避免横向滑移的危险。根据以上分析，本标准在计算最小圆曲线半径时采用了表4-1所列横向力系数及超高值。

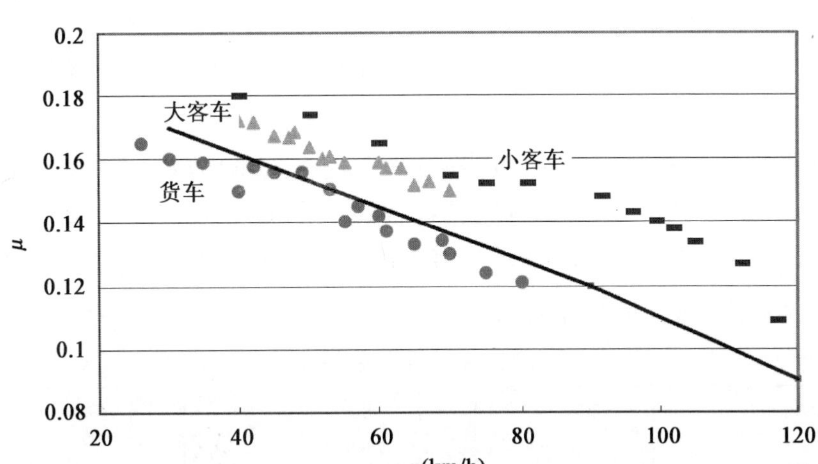

图4-8　横向力系数取值示意图

表4-1　圆曲线最小半径的横向系数及超高值

设计速度(km/h)	120	100	80	60	40	30	20
横向力系数	0.10	0.12	0.13	0.15	0.15	0.16	0.17
超高值(%)	6	6	6	6	6	6	6
	8	8	8	8	8	8	8
	10	10	10	10	10	10	10

本标准规定的超高值变化范围在10%～6%之间。计算圆曲线最小半径时，分别用6%、8%和10%的超高值代入计算，将计算结果取整，即得出本标准规定的圆曲线最小半径"极限值"，如表4-2。

表4-2　圆曲线最小半径极限值(m)

设计速度(km/h)	120	100	80	60	40	30	20
$i=10\%$	570	360	220	115	50	30	15
$i=8\%$	650	400	250	125	55	30	15
$i=6\%$	710	440	270	135	60	35	15

(3)不设超高的圆曲线最小半径的确定

圆曲线半径大于一定数值时，可以不设置超高，而允许设置等于直线路段路拱的反超高。从行驶的舒适性考虑，必须把横向力系数控制到最小值。《标准》97版规定不设超高的圆曲线最小半径，是取用了$\mu=0.035$，$i=-0.015$，按各级公路设计速度代入公式进行计算并整理得出的结果。本次修订，如横向力系数在计算不设超高的圆曲线最小半径时仍采用0.035，则在目前路拱坡度最小采用2%的情况下，会得出较大的一组不设超高的最小半径值。考虑到这一实际情况，拟将横向力系数的采用以一个幅度的值来表示。在本次修订中，将横向力系数按0.035～0.040取用，并规定当路拱横坡为1.5%时，横向力系数采用0.035；当路拱横坡为2%时，横向力系数采用0.040。这样代入公式后进行计算并整理得出的结果，仍为《标准》97 版中的一组不设超高最小半径值。同时还应考虑到现实的路拱横坡在高速公路，一、二、三级公路上还有大于 2.0% 的情况，如仅采用原来的一组不设超高最小半径值，会得出按公式推算的横向力系数过大。本次修订将原先所列 $\mu=0.035$，$i=-0.015$ 代入公式进行计算整理得出的一组不设超高最小半径值作为路拱大于 2.0% 的情况下使用。这样，当路拱横坡为 2.5% 时，横向力系数采用 0.040；当路拱横坡为 3.0% 时，横向力系数采用 0.045；当路拱横坡为 3.5% 时，横向力系数采用 0.050；横向力系数在路拱横坡大于 2.0% 的情况下采用 0.040 ~ 0.050 的幅度来计算不设超高最小半径值。不设超高圆曲线最小半径如表 4-3。

表 4-3　不设超高的圆曲线最小半径(m)

设计速度(km/h)	120	100	80	60	40	30	20
i 路拱 ≤ 2.0% $\mu=0.035\sim0.040$	5 500	4 000	2 500	1 500	600	350	150
i 路拱 > 2.0% $\mu=0.040\sim0.050$	7 550	5 250	3 350	1 900	850	450	200

(4)公路圆曲线最大超高

公路项目采用的最大超高值不同，同一设计速度下，圆曲线最小半径应是不相同的。公路项目拟采用的最大超高(值)主要根据交通量、交通组成和公路行车环境等条件确定。大型货运车辆占比较高的公路，宜采用较小的最大超高(值)。对于存在积雪冰冻情况的地区，公路项目最大超高不应大于 6%。城市区域考虑到非机动车等通行特点，公路项目最大超高不宜大于 4%。

4.0.19　为使公路平曲线中直线与圆曲线之间实现顺适的衔接过渡，本标准规定高速公路，一、二、三级公路的直线与不设置超高的圆曲线(半径)相衔接处，应设置缓和曲线进行连接。由于回旋线的特性接近公路行驶车辆在弯道上的行驶轨迹，本标准规定公路缓和曲线采用回旋线。回旋线的基本公式为：

$$r \times l = A^2 \tag{4-2}$$

式中：r——回旋线上某点的曲线半径(m)；

l——回旋线上某点到原点的曲线长(m)；

A^2——回旋线参数(m)。

缓和段一般包括下列内容：①曲率变化缓和段(从直线向曲线或从大半径曲线向小半径曲线变化)；②横向坡度变化的缓和段(直线段的路拱横坡度渐变至弯道超高横坡度的过渡或曲线部分不同的横坡度的过渡)；③加宽缓和段(直线段的标准宽度向曲线部分加宽宽度之间的渐变)。

条文规定："回旋线参数及其长度应根据线形设计以及对安全、视觉、景观等的要求，选用较大的数值"。回旋线最小长度系曲率变化需要的最小长度。沿双车道中线轴旋转的超高缓和长度基本上可以概括并适用一般情况。但是，有时以行车道边缘线为旋转轴，或者车道数较多或较宽的，则可能超高所需缓和段长度大于曲率变化的缓和段长度，因此应视这两个缓和段长度的计算结果采用其中较大的一个。缓和段长度一经确定,就应在其中同时进行各种需要的渐变。

本条文中的规定是以超高缓和段的需要考虑的,技术等级较高的公路同时需要设置超高缓和段和回旋曲线时,应以较大值包含较小值。所以,条文规定:“直线与小于表 4.0.17 不设超高最小半径的圆曲线相衔接处,应设置缓和曲线。”

4.0.20 本条文主要依据标准修订支撑专题和相关课题的研究成果结论修订。

(1)各级公路纵坡的适应性

高速公路设计速度为 120km/h 的最大纵坡规定为 3%,因为小客车在 3% 的坡道上行驶,同在水平路段上行驶相比较,只是在保持自由速度方面有轻微的影响。在较陡的坡道上,其速度则随着上坡坡度的增大而逐步降低。在下坡道上,小客车的速度略高于水平路段的速度,但也要受各种条件的限制。

3%、4% 的最大纵坡适合于高速公路和一级公路以较高行车速度行驶,当高速公路受地形条件或其他特殊情况限制时,经技术经济论证,最大纵坡可增加 1%;8%、9% 的最大纵坡适合于设计速度为 30km/h 的三级公路以及设计速度为 20km/h 的四级公路上低速行驶;5%、6%、7% 的最大纵坡适合于 80km/h、60km/h、40km/h 的设计速度。

(2)纵坡控制指标

近年来,我国山区高速公路长大纵坡路段交通事故较为集中,受到各方面的高度关注。“国家道路安全行动计划”等项目对大量事故的深入剖析表明:长大下坡事故致因主要在于“人”和“车”的因素(如:违章驾驶、超速、超载、超限等),直接由于道路因素导致的交通事故占比极低(由公路几何线形、路面和维养状况等道路因素直接引发事故的比例低于 1%)。并且相关研究均不能揭示事故与公路纵坡坡度、长度之间的直接关系。显然,在车辆正常配载、行车制动系统工作完好、驾驶员操作正确的情况下,按照现行标准纵坡控制指标设计建设的高速公路是能够保证行车安全的。同时,通过国外高速公路相关调研和国内外公路技术标准的纵坡设计指标对比发现:我国纵坡控制指标(不同设计速度对应的最大纵坡坡度指标)与各国基本一致,甚至总体控制指标小于部分欧洲国家的纵坡控制指标,偏于安全。综合考虑,本期标准修订未对各级公路(不同设计速度对应的)最大纵坡指标进行修订。

本条文第 3 款是指导二级、三级和四级公路越岭线纵坡设计的平均纵坡控制指标。对于一条公路项目,“相对高差指标”的要求和“任意连续 3km 路段”的要求应同时满足。

尽管在全国调研中,高速公路长大纵坡控制指标是大家关注的焦点性问题,且目前部分在建的山区高速公路项目纵坡设计有明显的采用平缓纵坡方案的趋向,但经分析论证,单纯通过修订降低公路纵坡控制指标,采用更趋于平缓的平均纵坡设计方案,不仅会直接导致公路建设里程、用地、建设规模、造价和运营成本等的显著增加,而且目前相关研究尚不能得出“采用平缓纵坡的方案就能有效提高对应长大纵坡路段的行车安全性”的明确结论,因此本次修订仅提出:高速公路、一级公路应采用合理的平均纵坡,以提高纵坡路段的通行能力和运行安全。这是对今后设计的原则性要求。具体项目中,对于可能存在连续纵坡的路段,均应进行安全性评价,基于运行速度等方法对各类指标、速度变化、安全设施等进行检验分析,进而通过优化线形设计、完善安全设施、实施速度管理等综合措施,提升公路的本质安全性。

4.0.21 这里的最大坡长是针对采用同一坡度值的单一坡段而言的。当单一纵坡的长度超过表中规定值,或者路段平均纵坡较大时,应通过通行能力验算,论证设置供大型车辆上坡的爬坡车道。

相关研究表明,在长陡纵坡中间设置缓坡,不利于下坡方向车辆减速,可能会给驾驶员造成进入平坡或反坡的错觉,本次修订取消关于长陡纵坡中间设置缓和坡段的规定。

4.0.22 竖曲线

竖曲线最小半径分为“一般值”和“极限值”。按照本次技术标准修订原则,在本项条文修订保留了对竖曲线最小半径和最小长度“极限值”的规定,把部分影响行车舒适性的指标包括竖曲线半径和最小长度的“一般值”移至相关专业规范中。

竖曲线最小半径的“极限值”是汽车在纵坡变更处行驶时,为了缓和冲击和保证视距所需的最小半径的计算值,该值在受地形等特殊情况约束时方可采用。竖曲线半径“一般值”是竖曲线最小半径“极限值”的1.5~2.0倍。竖曲线最小半径“极限值”的计算及整理如表4-4和表4-5所示。

表4-4 凸形竖曲线最小半径“极限值”的计算

设计速度(km/h)	停车视距 D(m)	缓冲冲击所要求的曲线长度(m) $L_{v1}=\frac{v^2\Delta}{360}$	视距所要求的曲线长度(m) $L_{v2}=\frac{D^2\Delta}{400}$	采用值 L_t (m)	极限最小半径(m) $R=\frac{100L_t}{\Delta}$
120	210	40.0Δ	111.0Δ	110Δ	11 000
100	160	27.8Δ	64.5Δ	65Δ	6 500
80	110	17.8Δ	30.2Δ	30Δ	3 000
60	75	10.0Δ	14.1Δ	14Δ	1 400
40	40	4.4Δ	4.1Δ	4.5Δ	450
30	30	2.5Δ	2.3Δ	2.5Δ	250
20	20	1.1Δ	1.0Δ	1.0Δ	100

注:v——行车速度(计算时采用计算行车速度)(km/h);

D——视距(计算时采用停车视距)(m);

L_t——采用的竖曲线长度(m);

Δ——坡度差(%);

R——极限最小半径(m)。

表 4-5 凹形竖曲线最小半径“极限值”的计算

设计速度(km/h)	停车视距 D(m)	缓冲冲击所要求的曲线长度(m) $L_{v1}=\frac{v^2\Delta}{360}$	前灯光束距离所要求的曲线长度(m) $L_{v2}=\frac{D^2\Delta}{150+5.24D}$	跨线桥下视距所要求的曲线长度(m) $L_{v3}=\frac{D^2\Delta}{2692}$	采用值 L_t(m)	极限最小半径(m) $R=\frac{100L_t}{\Delta}$
120	210	40.0Δ	35.3Δ	16.4Δ	40Δ	4 000
100	160	27.8Δ	25.9Δ	9.5Δ	30Δ	3 000
80	110	17.8Δ	16.7Δ	4.4Δ	20Δ	2 000
60	75	10.0Δ	10.4Δ	2.1Δ	10Δ	1 000
40	40	4.4Δ	4.4Δ	0.6Δ	4.5Δ	450
30	30	2.5Δ	2.9Δ	0.3Δ	2.5Δ	250
20	20	1.1Δ	1.6Δ	0.2Δ	1.0Δ	100

竖曲线长度过短,给驾驶员在纵面上一个很急促折曲的感觉,影响行车的舒适性。条文中规定的最小竖曲线长度按3s设计速度行程长度而确定。

5 路基路面

5.0.1 一般规定

1 路基路面的损坏不仅与其结构形式、路基路面材料、交通量与交通荷载大小有关,而且与路线线位、路基路面排水系统、路基稳定性等因素直接相关。本次修订仍维持《标准》03版的要求,强调路基路面应结合沿线地形、地质及材料等自然条件进行设计,应重视排水设施与边坡防护设施的设计,从而保证路基路面应具有足够的强度、稳定性和耐久性,以及路面面层满足抗滑和平整的要求。但近年来,极端气候现象的频繁出现,对路面的使用性能和耐久性造成了非常严重的不利影响,因此在路面设计和施工中,应加强对气候条件的适应性。本次修订强调了对气候因素的要求。

2 《标准》03版对路基排水、取土和弃土、水土保持、河道保护以及能诱发路基病害的内容提出了要求,这些原则性要求满足了我国公路建设的需求。但在在实际工程建设过程中,在原地面处理时对路基表土的利用重视不够,路基表土有的被弃掉,浪费资源;有的不作处理就又作为路基填料回填,对路基的稳定造成不良后果。因此,本次修订提出了对路基地表土进行综合利用的要求,以充分利用资源。

5 本次修订,在总结我国公路路基路面设计经验与教训的基础上,充分借鉴发达国家经验,针对路基设计与路面设计脱节的突出问题,提出了应重视路基路面一体化综合设计的原则,通过路基路面的综合设计,提高路基路面的耐久性。

6 为了适应我国公路改扩建项目快速发展的需求,本次修订对路基路面改扩建标准选用的原则、路基路面拼接设计要求以及路面材料循环利用等提出了相关要求。根据高速公路改扩建技术政策研究成果以及高速公路改扩建设计细则的相关研究成果，本次修订增加了关于改扩建公路新建工程的路面结构和原路利用工程的路面结构均应按现行标准进行设计的要求，统一了改扩建公路工程路面设计标准。

5.0.2 路基设计洪水频率

路基设计洪水频率标准是参照《防洪标准》(GB 50201)确定的。为了适应我国城镇化发展的需求，确保城市安全，要求对城市周边区域的公路路基设计洪水频率，应与城市防洪标准相协调并考虑救灾通道、排洪和泄洪需求综合确定。

5.0.3 路基高度设计应考虑路基所处地段的地面积水情况、地下水位高度、基底和路基填料的毛细水作用、冰冻作用等。沿河路基应按设计洪水频率合理确定路基高程。

5.0.4 路基原地面处理和技术要求

1 《标准》03 版针对公路设计和施工中，对于非软基路段的原地面的压实和处理缺乏足够重视，从而导致出现较大工后沉降的问题，在修订时强调了应对路基原地面进行清理和压实，并对基底强度、稳定性不足的路段做好处理的要求，应用效果很好，故本次未对原条文进行修订，继续保留。

2 《标准》03 版修订时，为保证路基强度和路基稳定性，及时总结当时许多省区提高路基压实度标准并付诸实施的工程实践经验，将高速公路、一级公路 1.5m 以下的路堤压实度标准从 90% 提高到了 93%，1.5m 以上各层压实度分别提高了一个百分点；二级公路 1.5m 以下路堤压实度从 90% 提高到 92%，0.8 ~ 1.5m 的路堤压实度从 90% 提高到了 94%，0 ~ 0.8m 的路床压实度从 93% 提高到了 95%。在过去的十年中，该标准的修订对提高路基的稳定性和耐久性起到了非常重要的作用。近十年来，随着重载交通的不断发展，重载交通对路基的作用和影响明显加强。为了适应这种变化，需要提高路基更深层位的压实度标准，以确保路基的稳定性和耐久性。在总结国内已有研究成果和工程实践经验的基础上，本次修订针对特重与极重交通荷载等级条件，提高了路基下路床和路堤部分层位的压实度标准。

3 《标准》03 版中，对土方路基的技术要求仅有压实度一个指标。压实度指标实际上是一个施工控制指标，对于路基设计指标来说，技术标准没有做出规定。本次修订增加了控制路床强度的技术要求，即采用路床顶面回弹模量指标确保路基稳定。从国际上发达国家公路工程应用经验看，控制路床强度是确保路基稳定的关键技术措施之一。我国多年来对路床强度的检验评定非常重视，但对路床强度标准的要求却较低，一般要求不低于 30MPa 即可，与公路等级及路面结构设计的关联性不足。本次修订对路床顶面回弹模量标准提出了明确要求[回弹模量标准见《公路路基设计规范》(JTG D30)和《公路沥青路面设计规范》(JTG D50)]。本次修订还对软弱路基不良路段、重载交通路段的路基强度做出了灵活运用的规定。

5.0.5 路基防护

路基防护工程是防治路基病害、保证路基稳定的重要措施。本条强调应根据公路功能,结合当地气候、水文、地质等情况,采取相应的防护措施,保证路基稳定;深挖、高填路基边坡路段往往存在着稳定性隐患,强调必须查明工程地质情况,根据地质勘察成果进行稳定性分析,针对其工程特性进行路基防护设计,保证边坡稳定;考虑到环境保护和美化景观,强调路基防护与公路景观相协调。

5.0.6 路面设计轴载标准

路面设计轴载标准关系到公路建设投资、路网运营养护和路面使用寿命等重大问题,同时也关系到汽车工业发展方面的问题,因此该标准的任何调整和变化都十分敏感。《标准》03 版修订时,路面设计轴载标准维持了《标准》97 版的规定,仍采用 100kN 作为标准轴载,相当于国际中等水平。在 2004 年实施的国标《道路车辆外廓尺寸、轴荷及质量限值》(GB 1589—2004)中,对单轴汽车及挂车单轴的最大允许轴荷做出了规定,明确客车、半挂牵引车及三轴以上(含三轴)货车,每侧双轮胎的最大允许轴荷为:驱动轮 115kN,非驱动轮 100kN,装备空气悬架时为 115kN,实际上小幅度提高了货运汽车制造的轴载标准。从我国目前公路网实际运行情况看,超载车辆虽得到有效控制,但货运汽车仍有一定程度的超载现象无法根除,对公路网的运营和养护造成不利影响,导致公路养护费用提高。

本次修订在综合考虑原有标准的延续性、我国现行汽车轴荷标准、公路路网运营养护以及公路工程建设实际情况的基础上,补充增加了在重载交通条件下可灵活选择路面设计轴载标准的方法,既可有效解决公路工程建设和运营过程中遇到的重载交通的实际问题,又可对合理延长路面使用寿命起到引导作用。修订提出的可采用轴载谱方法进行路面设计的要求对原标准起到了进一步细化和灵活运用的作用。

5.0.7 路面类型与路面结构形式的选择

《标准》03 版中,将路面分为四个等级,即高级、次高级、中级及低级,并将常用路面材料——沥青混凝土、水泥混凝土、沥青贯入、沥青碎石、沥青表处、砂石路面等与公路等级相对应,明确了这些路面材料的适用范围。鉴于这些对应关系已不符合目前我国公路建设的实际,在概念上也不清楚,故本次修订删除了分级的规定。

目前,在我国公路建设过程中,对于路面类型的选择和确定出现了行政化趋势,对路面类型和路面结构形式的选择和确定脱离了本源,绝大多数省区的高速公路路面采用沥青混凝土,水泥混凝土路面比例越来越小。本次修订增加了对路面类型和路面结构形式进行选择和确定的基本原则,即综合考虑交通量、交通荷载、路面结构耐久性、工程造价、环境保护、资源循环利用等多方面因素选择路面类型和路面结构形式的原则性要求,以便更科学合理地选择路面类型和路面结构形式。

5.0.8 路面结构设计使用年限

本次修订增加了路面结构设计使用年限的条文,主要是基于下列三个方面的理由:

(1)随着我国公路网的不断完善,为了确保发挥路网的运营效率,减少路面结构性的频繁维修对路网运输效率和交通安全带来的不利影响,对路面结构设计使用年限做出规定是必要的。

(2)与国际发达国家相比,我国公路路面结构设计使用年限仍然偏低。例如:欧盟中多数国家的路面结构设计使用年限在15~30年间,普遍比我国的规定要高。英国路面结构设计使用年限为40年。法国国家公路网,高速公路和快速路设计使用年限为30年,城镇道路和其他等级公路路面结构设计使用年限为20年,地方上的低交通量道路路面结构初始设计使用年限为12年。德国高速公路、州级公路和低等级公路一般为30年。澳大利亚路面结构设计年为:新建柔性路面为20~40年,罩面为10~20年;刚性路面为30~40年。日本路面结构设计使用年限为:对于主要的干线公路、高速公路为40年,国道20年;隧道内的路面为20~40年,对于大交通量的交叉口(立交)和城市的干线公路为大于20年。

(3)从我国公路建设与工程实践经验看,京津塘高速公路、广深高速公路、济青高速公路路面结构的设计使用年限都已超过15年,并超过或接近了20年,其他等级的公路路面结构的实际使用年限也有很多路段远远超过了初期的设计使用年限。2000年以后,随着针对路面早期损坏开展的相关研究成果的不断应用和公路建设管理技术的不断进步,路面结构的使用年限不断提高,逐步朝耐久性方向发展。通过对过去二十多年路面设计与施工技术进步成功经验的总结看,无论是在原材料控制、混合料设计、施工关键技术方面,还是在路面施工质量控制以及交通运营管理方面,都为路面结构设计使用年限的提高打下了基础。因此,对路面结构设计使用年限做出规定是可行的。

本次修订增加了对路面结构设计使用年限的规定。本标准所规定的路面结构设计使用年限是指路面结构在正常设计、正常施工和正常使用条件下应达到的年限。在路面结构设计使用年限内,可根据实际需要对路面表面功能进行恢复性维修。

5.0.9 路面材料

路面结构一般由面层、基层、底基层与垫层组成。本条修订增加了对尾矿和矿渣等材料在公路工程建设中应用的要求。作为一种资源循环利用的措施,很多尾矿和矿渣近年来大量应用于工程建设,但有些尾矿和矿渣会带来潜在的环保风险,因此本次修订,增加了对尾矿和矿渣进行环保评价并明确利用方案和环保处置措施的要求。

5.0.10 路基路面防排水

做好路基路面排水是减少路面水损害、避免或减轻路基水毁、保护沿线环境的重要技术措施。近年来的公路工程建设与实践表明,路基路面的排水非常重要,但路基路面的防水也同样重要,特别是对于广泛应用的半刚性基层沥青路面,水损坏发生的直接原因就是防水设计不完善,因此路基路面设计和施工需遵循以防为主,防排结合的原则。本次修订增加了关于路基路面设计应进行防水设计的要求,以期减少水损坏发生,提高路基路面结构的耐久性。

5.0.11 路面分期修建

关于路面分期修建问题,《标准》03 版规定,“高速公路、一级公路的路面不宜分期修建,但位于软土地区、高填方路段等可能产生较大工后沉降的路段,可按‘一次设计、分期实施’的原则进行建设”。明确高速公路和一级公路路面不宜分期修建,主要是因为:

(1)高速公路、一级公路的交通量大,且对路面的使用品质有较高的要求,一旦投入运营再中断交通维修养护或边施工边通车,不仅影响行车安全,给交通管理带来困难,而且会降低公路网运营效率及造成不良社会影响。

(2)高速公路、一级公路的桥梁、互通式立体交叉、通道等结构物较多,并均为一次施工完成,若路面分期修建,则会造成纵断面高程的频繁变化,不仅给施工带来麻烦,而且降低了行车的舒适性和安全性。

本次修订过程中,对于高速公路、一级公路路面分期修建问题,认为《标准》03 版当时提出的理由对于今天来说更为适用,因为,任何路段的分期修建都会对路网的通行效率造成极为严重的影响,而且较《标准》03 版修订时期更为突出,因此,本次修订将“不宜”改为“不应”。

5.0.12 针对本标准修订期间各省提出的由于初期建设资金紧张、运营成本高于收益、初期交通量较小以及边远地区出于路网功能需要而必须修建高速公路和一级公路等等诸多方面的问题,修订组在充分尊重各地意见的基础上,新增加了沙漠、戈壁、草原等地区小交通量高速公路右侧硬路肩面层可分期修建的规定,以满足上述地区在公路工程建设过程中的实际需求。但为了保证行车安全,在分期修建实施前,应采取技术措施对右侧硬路肩面层部分进行处理,使右侧硬路肩高程与行车道高程相顺平衔接,不可留有陡坎或台阶。

6 桥涵

6.0.1 一般规定

1 桥涵设计属于系统工程设计范畴。桥涵的设计首先要满足公路功能、技术等级、通行能力及减灾防灾等的要求,还需综合考虑地形地貌、河流水文、河床地质、通航要求、河堤防洪、泄洪排涝和环境影响等因素进行系统设计。

2 在保证安全和耐久的前提下,桥涵设计要优先考虑满足功能需求,即要满足“适用”的要求,再根据具体情况考虑环保、经济和美观的要求。环保问题关系到公路的可持续发展,必须给予高度重视。考虑因地制宜、就地取材、便于施工和养护等因素,进行全寿命设计,符合土木工程设计的发展方向。

3 重视桥涵与自然环境和景观的相协调设计，是落实生态文明建设的具体举措。随着经济社会的发展，人们对桥梁建造艺术的追求，以及作为标志性建筑和旅游景点的需求越来越高。对于位于城市及其周边、旅游景区等的一些大跨径桥梁，或造型特殊的桥梁，宜结合自然环境、结构特点进行适当的景观设计。

4 公路桥涵的建设与农田水利和人民生活有着密切的关系，公路桥涵的设置应兼顾农田灌溉的需要，考虑综合利用。

5 特大桥、大桥的桥位通常选择在顺直的河道段，避免设在河湾处，以防止冲刷河岸。桥位处河槽要稳定，主槽不易变迁，大部分流量能在主河槽内通过；河床地质条件要良好，承载能力高，不易冲刷或冲刷深度小。若受条件所限，只能选择水文或地质不利的河道段布设桥位，必须经严格论证，采取必要的工程防护措施，确保岸坡和桥梁基础的稳定。桥位选择应尽力避开断层、岩溶、滑坡和泥石流等不良地质地带。若桥位无法绕避断层地带，要分析断层的性质，如为非活动断层，宜将墩台设置在同一岩盘上。若桥位避不开岩溶、滑坡和泥石流等不良地质地带，必须经严格论证，采取必要的工程防控措施，确保桥梁结构安全可靠。

6 桥面积水不仅会影响安全行车，而且会导致桥面铺装出现水损坏；桥面泄漏和渗水不仅会影响到桥梁的使用功能，而且会对桥梁主体结构的耐久性造成不利影响。因此，必须高度重视桥面铺装的防水、排水设计。通常，在桥面上设置纵坡和横坡，并设泄水管，以利桥梁的纵向和横向排水；在桥面铺装与桥梁主体结构之间设置防水层，以防止桥面泄漏和渗水。

7 为了加强我国桥梁建设的标准化工作，推动我国桥梁制造业的发展，提高桥梁施工的机械化水平，对于跨径小于或等于 50m 的桥涵，推荐采用标准化跨径、装配式结构、机械化和工厂化施工。

8 鉴于我国公路建设存在“分期修建”的需求，对于桥梁亦可采用“分期修建”的方式建设。但在进行先期建设的桥梁设计时，需要统筹考虑后期拼接加宽的受力与变形协调问题，优先选择便于后期拼接加宽的上、下部结构。

9 我国公路建设已进入“建养并重”的时代，加强桥梁养护管理工作是落实“全寿命设计”理念、保证桥梁在设计使用年限内可靠服役的重要举措。设置桥涵维修养护通道，为特大桥和大桥提供必要的养护设施，便于桥涵检查与养护工作落到实处。

6.0.2 桥涵分类标准与设计洪水频率、抗震设防等级、维修养护标准和设计重要性等级等关键设计参数密切相关，是桥涵设计的重要索引指标。

桥涵分类采用了两个指标：一个是单孔跨径 L_k，用以反映桥涵的技术复杂程度，其在一定程度上可以反映我国的桥梁建设综合水平；另一个是多孔跨径总长 L，即不考虑两岸桥台侧墙长度在内的桥梁标准跨径总长，用以反映桥涵的建设规模。一般情况下，桥梁总长大致相当于河流的宽度，以此作为划分指标，概念较明确，有利于勘测工作中对桥梁总长的估算。

从 10 年来的应用情况和近年来我国公路桥梁的建设水平来看，《标准》03 版的桥涵分类标准总体上是合适的;特大桥的起点跨径定为150m,基本涵盖了所有常规桥梁结构,包括连续梁桥、连续刚构桥、钢筋混凝土拱桥和钢管混凝土拱桥等;将特大桥的多孔跨径总长起点定为大于1 000m,也能够涵盖高速公路和一级公路上的旱地跨线桥或跨越城镇的高架桥。故本次修订对桥涵分类指标及其标准不作调整,仅根据调研中反映出的具体应用问题补充下列解释;

(1)桥涵分类标准可采用多孔跨径总长或单跨跨径任意一种确定,存在差异时,可采取"就高不就低"的原则。

(2)在计算桥梁长度时,曲线桥宜按弧长计,斜桥宜按斜长计。

6.0.3 鉴于桥台是桥梁的重要部件,侧墙或八字墙又是桥台的组成构件,所以,在计算桥梁全长时应该计入两岸桥台侧墙或八字墙的长度;对于无桥台的桥梁,桥梁全长则为桥面系的长度。

6.0.4 为了便于标准设计,增强桥梁构件的互换性,对跨径小于或等于50m的桥涵,本标准采用了标准化跨径的概念,并对具体标准化跨径的数值作了相应的规定。

6.0.5 实践证明,《标准》03版关于桥涵设计洪水频率的规定能够适应我国公路建设的实际情况,与水工、铁路、城市等的防洪标准也是相协调的。

1 桥梁水毁的原因之一是基础薄弱。对于二级公路上的特大桥和三、四级公路上工程艰巨、修复困难的大桥,在水势猛急、河床易于冲刷的情况下,可选用高一公路等级的设计洪水频率,即分别为1/300和1/100,验算基础冲刷深度。

2 沿河纵向高架桥一般不会对河流的过水面积造成明显的影响,其跨径和桥长通常不是由设计洪水频率控制确定的,按照路基设计洪水频率进行设计是适宜的。

3 调研中,多数省份提出"长桥的洪水频率宜按桥梁重要性、复杂性予以确定"。考虑到我国用单孔跨径、多孔跨径总长两个指标来确定桥梁分类标准,虽然能够反映桥梁的重要性,但并不充分、全面,特别是用多孔跨径总长作为界定标准,并不能充分反映桥梁的技术复杂性和重要性。故本次修订在借鉴新西兰、澳大利亚等国规范的基础上,从考虑结构重要性及洪水危害程度出发,增加了按多孔跨径总长确定的多孔中小跨径(单孔跨径小于或等于40m)特大桥,其设计洪水频率可按相同公路等级大桥标准采用的规定。

6.0.6 桥面净空应符合本标准第3.6.1条公路建筑限界的规定,是考虑到一般情况下路桥同宽对工程造价影响相对较小,同时能够避免在路桥结合处出现颈缩现象,以更好地改善公路线形、保障行车安全、提高服务水平。

按"符合本标准第3.6.1条公路建筑限界的规定",要求桥面与桥头引道的行车道(包括:加减速车道、爬坡车道、慢车道、错车道等)、硬路肩或紧急停车带、中央分隔带、路缘带等对应的宽度应保持一致,也就是俗称的"内齐外不齐"。

1 考虑到桥梁上用于中央分隔的护栏大多是结合桥梁结构的特点进行专门设计的,

所以多车道公路上的特大桥为整体式上部结构时,中央分隔带宽度应根据所采用的护栏形式确定。这样做,有利于减小整体式上部结构特大桥的宽度,以节省工程费用。

2 在特大桥的建设条件受到限制时,或出于对提高结构利用效率等方面的考虑,特大桥的右侧路肩宽度经论证可采用本标准表 4. 0. 5-1 规定的"最小值";右侧路肩宽度采用"最小值"后,特大桥与桥头引道的线形应顺适衔接,并具有足够的过渡段长度。

4 在桥上设置的输水管、电信、电缆等不应影响行车,且应将其设置于桥梁的隐蔽处。

6. 0. 7 设计水位根据本标准第 6. 0. 5 条规定的桥涵设计洪水频率求得,并须根据河流的具体情况,分别计入壅水高、浪高、河床淤高及水上漂流物等的影响。

通航河流的桥下净空,如图 6-1 所示,根据航道等级和相应的通航代表船型的吨位及其技术要求确定,应满足相关通航标准的规定。桥下净高应从最高通航水位算起,桥下净宽应根据最低通航水位时墩台间的净距确定。

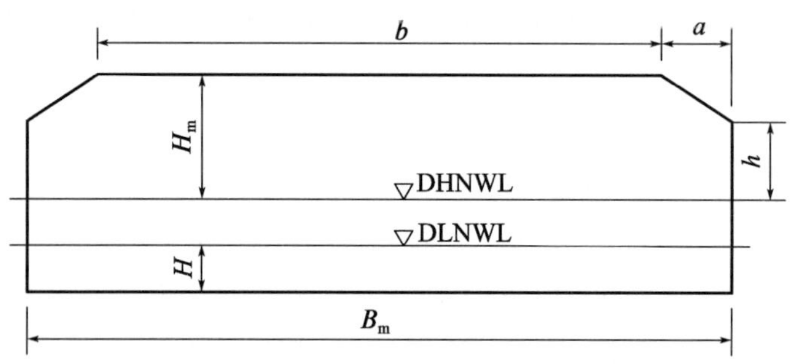

图 6-1 通航河流桥下通航净空示意图

DHNWL-设计最高通航水位;DLNWL-设计最低通航水位;B_m-水上过河建筑物通航净宽;H_m-水上过河建筑物通航净高;H-航道水深;b-上底宽;a-斜边水平距离;h-侧高

对于潮汐影响明显的感潮河段,设计最高通航水位一般多采用年最高潮位累积频率 5% 的潮位,按极值 I 型分布律计算进行确定;设计最低通航水位一般多采用低潮位累积频率为 90% 的潮位。

对于非通航和无流放木筏的河流,其桥下净空高度主要根据设计水位、壅水高、浪高、最高流冰水位等因素确定,并且尽量给予一定的安全储备量。

对于跨越非通航河流的桥梁,其跨径的确定除了应考虑水流平面形态特征、河床演变趋势、河段地形地质条件等因素,还应考虑流冰、流木等从桥孔通过的情况。

6. 0. 8 高速公路和一级公路上的车辆行驶速度快,桥与路的衔接必须顺适,才能满足行车要求。因此,高速公路 、一级公路上的各类桥梁,除宽度有所减小的特大桥外,其布设应满足路线总体布设的要求。当二、三、四级公路上的特大桥、大桥桥位选择余地较小、成为路线控制点时,路线线位应兼顾桥位。

1 有关桥上及其引道纵坡的规定,从多年来的应用情况看,总体上是适宜的。

2 考虑到在冰雪条件下,与公路相比,桥梁更易结冰,冰雪更难消融,从保障行车安全、桥梁结构安全使用等的角度,补充了易结冰、积雪的桥梁桥上纵坡的限制要求,但对桥上纵坡的大小并未作硬性的规定。具体设计时,宜考虑用地、通航、气候、交通量、桥面排水、结构受力合理性等因素,综合论证确定。

3 对于位于城镇混合交通繁忙处的桥梁,为方便非机动车的行驶,规定了桥上纵坡和桥头引道纵坡均不得大于3%。

4 为满足车辆行驶连续、顺适的要求,桥头两端引道的线形应与桥梁的线形相匹配。

6.0.9 目前,我国还有相当数量公路的渡口。因此,本标准中保留了公路渡口码头的规定。

1 在河床稳定、水文水力状态适宜、无淤积或少淤积的河段修建渡口,有利于渡口的运营。考虑到今后路网结构的发展要求,条件可能的情况下,在选择渡口位置时,还应对将来改渡为桥的方案进行比选。

2 公路渡口码头有直线式和锯齿式两种形式。

直线式码头由前墙与设有系船环或将军柱的码头引道组成,一般河流均能适用,目前在山区河流修建的较多,其特点为既是码头又是引道,没有截然划分的界限。前墙的作用是挡土和靠船,可用圬工或混凝土、钢筋混凝土等修建。前墙长度与码头引道宽度相同,高度由渡船船型决定,顶面高程通常要高出最低通航水位0.8~1.2m。直线式码头的引道纵坡一般为9%~10%,主要是为了适应水位的变化,以方便渡船停靠和车辆安全行驶。若纵坡大于10%,则车辆上坡困难、下坡危险;若纵坡小于9%,则争取到的高差太小,吃水深度不够,渡船难以停靠。

锯齿式码头能够适应水位变化大的河流,一般采用高、中、低三种水位的码头,以方便渡船停靠,但其工程费用大。锯齿式码头通常由几个齿相连,每个齿又由前墙、侧墙和靠船设备组成,在前墙和侧墙中间填料夯实并铺设路面。齿数及相应的高程是根据水位并结合码头纵坡决定的,每级高差为0.6~1.2m,两齿间的水位重叠至少0.2m,最低的一级要高出渡口通航水位0.8~1.2m,以利车辆上下渡船。锯齿式码头引道纵坡一般为4%~6%。

3 鉴于车辆上、下渡船的引道纵坡较大,为保障车辆行驶安全,引道路面应采取必要的防滑措施。

4 考虑到客货车辆分类摆渡、货运车辆大型化发展、渡口交通组织管理等的需求,结合目前渡口码头引道的实际使用状况,根据调研情况,本次修订提高了渡口码头引道(二、三、四级公路)的宽度指标。

6.0.10 为满足我国公路改扩建的需要,本次修订增加了桥涵改扩建的规定。

1 公路改扩建的根本目的,在于提高公路通行能力和服务水平。因此,经过改扩建后的公路应符合现行的技术标准。这就要求改扩建工程中的新建桥涵(含拼接新建部分)应按照现行技术标准修建。

2 考虑到节约资源、保护环境和节省投资的需要,对原有桥涵必须加以充分利用。

对经检测评估能满足原设计荷载标准的原有桥涵，高速公路、一级公路可直接利用，二、三、四级公路提高等级时，只要其极限承载能力满足或经加固补强后能够满足现行标准的要求就可以考虑直接利用。

3　对于拼接加宽利用的原有桥涵，检测评估后应满足原设计荷载标准，同时，只要其极限承载能力满足或经加固补强后能够满足现行标准的要求就可以考虑拼接加宽利用。

4　为保证改扩建后的桥梁不发生降低或丧失原有的使用功能，对整体拼接的桥梁，其桥下净空如通航（行）净空、过水面积等仍应满足原设计标准的要求。

5　考虑到直接利用或拼接加宽利用的原有桥涵，在改扩建时对其承载能力极限状态做出了严格的要求，即其极限承载能力满足或经加固补强后要满足现行标准的要求，但没有要求其正常使用极限状态满足现行标准的规定。为保证直接利用或拼接加宽利用的桥涵安全可靠服役，改扩建工程设计时应提出有针对性的运营管理和维护措施。

6.0.11　美国、加拿大、英国、新西兰、澳大利亚和日本等国的桥梁设计规范对桥梁工作寿命（即设计使用年限）均有明确的规定，从 75 ~ 120 年不等。我国《工程结构可靠性设计统一标准》（GB 50153—2008）对桥梁的设计使用年限也提出了明确的要求。所以，本次修订增加桥梁设计使用年限的规定是合适的和必要的。

桥涵设计使用年限指在正常设计、正常施工、正常使用和正常养护条件下，桥涵保持正常承受各种设计荷载作用的能力而不用进行结构性大修的时间期限。

本条主要参照《工程结构可靠性设计统一标准》（GB 50153—2008）的规定，结合考虑公路功能、技术等级和桥涵的重要性等因素，规定了桥涵主体结构和可更换构件设计使用年限的最低值。

表 6.0.11 中所列的特大桥、大桥、中桥、小桥，系按桥梁的单孔跨径进行分类的。

7　汽车及人群荷载

7.0.1　《标准》03 版对汽车荷载分级、组成做出了规定，采用了国外普遍采用的由车道荷载和车辆荷载组成的模式，从十年来的应用情况看，基本上能适应我国公路建设发展的需要。本条修订基本内容维持不变，仅做表述方式的修改。

7.0.2　本条修订涉及两方面的内容：①提高二级和四级公路荷载标准；②增加“对交通组成中重载交通比重较大的公路，宜采用与该公路交通组成相适应的汽车荷载模式进行结构整体和局部验算”。

（1）提高二级和四级公路荷载标准。

全国调研统计数据表明：68% 的单位认为应适当提高汽车荷载标准，63% 的单位在低等级公路建设中已提高了汽车荷载标准。

二级公路:由于我国已经逐步取消了二级公路的收费,部分重载车辆为降低运输成本转向二级公路,应适当提高二级公路的汽车荷载等级,调研成果和标准修订的相关支撑课题研究结论也支持这种观点。本条修订将二级公路桥涵的汽车荷载等级由“公路—Ⅱ级”提高为“公路—Ⅰ级”,但二级公路作为集散公路且交通量小、重型车辆少时,其桥涵设计可采用公路—Ⅱ级荷载。

四级公路:取消了“四级公路重型车辆少时,其桥涵设计可采用公路—Ⅱ级车道荷载效应的0.8倍,车辆荷载效应可采用0.7倍”的规定。主要原因:①由于公路—Ⅱ级汽车荷载标准较低,有些四级公路和乡村道路虽然重型车辆较少,但其往往为进村的唯一通道,由于农村建设和经济发展的需要,也有较重的车辆通行。②四级公路桥涵工程规模小,桥涵比例一般很低,汽车荷载对公路总造价的影响相对较小,在公路—Ⅱ级荷载基础上再降低汽车荷载标准对工程总造价的影响极其有限。③实际应用中四级公路和乡村道路桥涵设计时往往直接套用公路—Ⅱ级的标准图或通用图,很少在公路—Ⅱ级汽车荷载标准的基础上再进行折减。

(2)增加“对交通组成中重载交通比重较大的公路,宜采用与该公路交通组成相适应的汽车荷载模式进行结构整体和局部验算”。

全国调研统计数据表明:考虑到大件运输车辆、交通量日益增大、堵车现状等因素,有69%的单位认为目前的汽车荷载种类偏于单一,有94%的单位提出应增列特殊荷载或验算荷载。

通过对发达国家汽车荷载模式的调研,发现在桥梁结构整体计算时,发达国家至少都采用两种以上的荷载模式进行计算,而我国结构整体验算仅有车道荷载1种模式,偏于单一。

我国幅员辽阔,交通组成复杂,东西南北各地经济发展不平衡,各条道路的功能和作用差异较大,重载交通量大的公路(如集装箱运输公路、煤炭等能源运输公路等)当载重车辆密集布置在桥梁上各个车道(如堵车状况)时,其产生的效应可能大于公路—Ⅰ级的效应。本次修订过程中采用有关部门的限载规定“2轴车20t、3轴车30t、4轴车40t、6轴车55t”等车辆对不同跨径的桥梁进行了对比计算,结果表明当桥梁上布置上述3轴或3轴以上的车辆时,其效应在部分跨径的桥梁上大于公路—Ⅰ级的荷载效应。基于这些原因,本条增加“对交通组成中重载交通比重较大的公路,宜采用与该公路交通组成相适应的汽车荷载模式进行结构整体和局部验算”的条文。

考虑到各条公路的功能不同,交通组成较为复杂,各地区差异较大,具体与公路交通组成相适应的汽车荷载的取值和模式可以根据公路的功能和交通组成的特点由项目或地方自行确定。

7.0.3 汽车荷载标准高低与国家的经济发展水平直接相关。我国从20世纪50年代至改革开放以前汽车荷载标准较低;改革开放以后,经济发展迅速,汽车荷载标准也由汽车—20级提高至汽车—超20级、挂车—120;至2004年调整为公路—Ⅰ级。2004年至今采用公路—Ⅰ级荷载,调研统计数据表明68%的单位认为应适当提高汽车荷载标准。

标准修订的支撑课题“公路桥梁荷载标准研究”、“桥梁设计荷载与安全鉴定荷载的研究”共获取了全国23个省、市、自治区的汽车荷载数据，涉及全国65个路段、2007～2011年共计72个时段的车辆4 277.6万组。为了解实际汽车荷载效应与规范规定的汽车荷载效应的适应程度，利用上述数据分别选取了简支梁、连续梁、拱三种结构类型，共计47种跨径组合的结构，进行了一般运行状态和密集运行状态车队荷载效应的计算。为了便于与《标准》03版汽车荷载效应进行对比，取无量纲参数 $K=S/S_K$ 作为汽车荷载效应的基本统计对象，其中 S 为根据实测车队计算的效应值，S_K 为根据《标准》03版公路—Ⅰ级汽车荷载标准值计算的效应值，效应比的大小即可反映实际汽车荷载效应与规范的适应程度，如图7-1所示。

图7-1显示，桥梁跨径小于10m时，53个测点中有51个测点超过了《标准》03版的效应；桥梁跨径大于50m时，仅4个测点超过了《标准》03版的效应，且这些测点均为超载问题比较严重的地区。这充分说明了当前小跨径桥梁实际运营的汽车荷载超越《标准》03版的汽车荷载标准的问题相对突出，而大跨径桥梁的实际运营汽车荷载与《标准》03版的汽车标准的适应性较好。

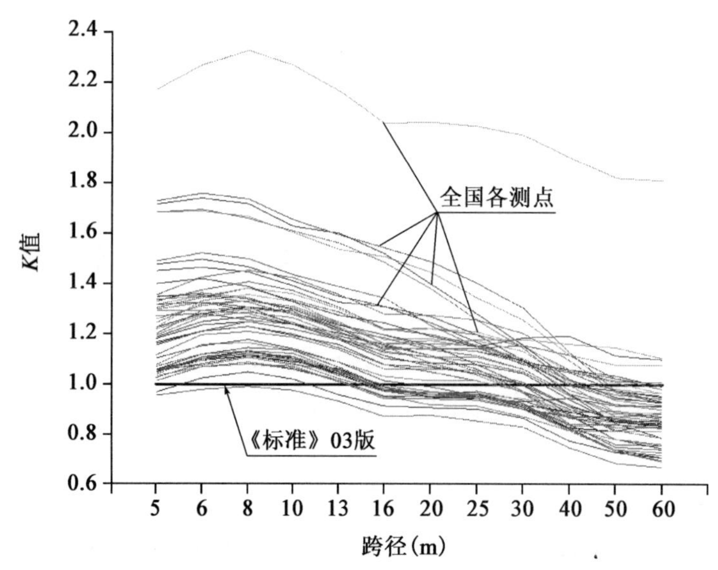

图7-1　2011年全国53个测点 K 值的95%分位值与跨径的关系

图7-2为2011年治超效果良好的7个测点 K 值的95%分位值和跨径的关系，显示即使在治超严格的情况下，小跨径桥梁实际运营的汽车荷载效应依然超过《标准》03版的汽车荷载标准的效应，而大跨径桥梁的适应性较好。

故本次修订对车道荷载中的集中荷载 P_K 值进行调整，由《标准》03版的180～360kN调整至270～360kN。调整后的情况如图7-3所示。

7.0.4　车辆荷载用于桥梁结构局部分析计算和涵洞、桥台、挡土墙土压力等的分析计算，公路—Ⅰ级和公路—Ⅱ级汽车荷载采用相同的车辆荷载标准值。考虑到《标准》03版颁布使用以来，车辆荷载能适应我国公路建设的需要，业内对此较为认可，故本次修订沿用《标准》03版的规定，仍采用总重为550kN的车辆荷载。

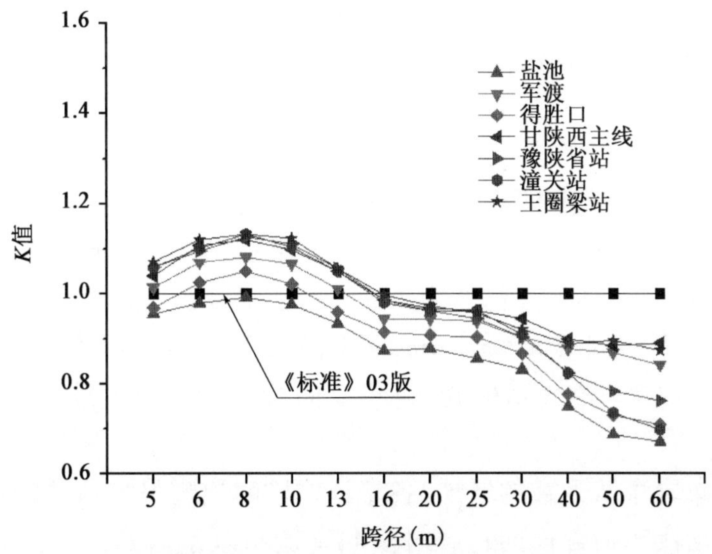

图 7-2　2011 年治超效果良好的 7 个测点 K 值的 95% 分位值与跨径的关系

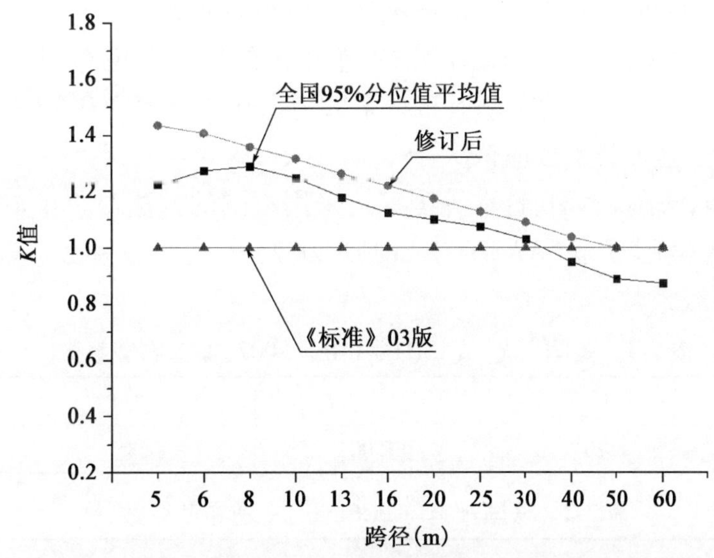

图 7-3　全国 K 值的 95% 分位值平均值与跨径的关系

7.0.5　汽车荷载的横向布置涉及荷载的横向分布系数的计算,由于历史的原因及其计算状况的复杂性,本次修订维持《标准》03 版的布置及其计算方法。

7.0.6　车辆实际行驶时,可能在行车道上,也可能在桥面的其他部位上,因此,要考虑桥面净宽内如何布载,使结构物获得最大荷载效应。

布载宽度是为使桥梁获得最大荷载效应所作的规定,车辆实际行驶仍需要足够的行车道宽度。在确定横向布置车队时,两者均应考虑。在以往的桥梁设计中,常遇到这样的情况:单纯按标准横向布载的规定在桥面上布置车队数,而不考虑能使车辆正常行驶并使之保持一定行车速度所必需的行车道宽度。例如 9.75m 的桥面净宽,按布载宽度 3.10m(车厢宽 2.50m 加相邻车厢净距 0.6m)横向布载可布置 3 个车队,但按行车道宽度

3.50～3.75m的规定，要设置3个布载车道至少需要有10.5m桥面净宽才能保证车辆正常行驶。显然尽管按布载宽度3.10m在9.75m桥面净宽上可布置3行车队，但按行车条件的要求是不合理的。

桥梁横向布置车队数N的规定，是以最小车道宽度3.5m控制的。当为单向行车道时，把3.5N的桥面净宽作为其下限，3.5($N+1$)作为上限，如采用3个布置车队数，则桥面净宽必须大于3.5×3=10.5m而小于3.5×4=14.0m；当为双向行车道时，由于横向布置车队数必然为偶数，所以其下限仍然为3.5N，而上限则为3.5($N+2$)，如采用两个布置车队，其桥面净宽的下限为3.5×2=7.0m，而上限为3.5×4=14.0m。对于四级公路，存在桥面净宽小于7m的双车道公路桥涵，故将双向行驶的两个设计车道数的桥面净宽的下限调整至6m。

随着桥梁横向布置车队列数的增加，各车道内同时出现最大荷载的概率减少。因此，可从概率理论推导出汽车荷载横向布载时横向车道布载系数的计算公式，并结合我国实际情况提出相应的规定值。本标准中两车道及两车道以上的横向车道布载系数仍维持了《标准》03版的规定，同时增列了单车道的横向车道布载系数。

从汽车荷载各车道横向分布的概率分析，单车道的横向车道布载系数应该比两车道大。如表7.0.6-2中两车道的横向车道布载系数为1.0，3车道为0.78，4车道为0.67，那么单车道时的横向车道布载系数应该大于1。

调研发现：英国、法国、美国、日本等国家均采用不同的方法对单车道汽车荷载进行了适当提高，表7-1为美国规范(AASHTO LRFD 2007)车道布载系数，表7-2为法国规范(CPC61-Ⅱ)车道布载系数。

表7-1 美国规范(AASHTO LRFD 2007)车道布载系数

加载车道数	1	2	3	>3
车道布载系数	1.20	1.00	0.85	0.65

表7-2 法国规范(CPC61-Ⅱ)车道布载系数

加载车道数	1	2	3	4	5
车道布载系数	1.20	1.10	0.95	0.8	0.7

日本规范(道路桥示方书—2012)中没有提出明确的多车道布载系数，但由于主荷重是从荷重的2倍，实际上也提高了单车道的荷载效应。

英国规范(BS 5400—2:2006)中没有提出明确的多车道布载系数，但其一个车道可以加载较重的HB荷载的模式实际上也提高了单车道的荷载效应。

经过研究和分析，本次修订单车道的车道布载系数采用1.2。

7.0.7 利用在4条国道干线公路上连续测得的汽车荷载参数，考虑特大跨径桥梁的受荷特点及我国现行标准车辆荷载的状况，将整理得到的车队荷载作为样本，通过计算机程序计算其在各种跨径(侧重于大跨径)的各类桥梁上的效应，并对这些效应进行了统计分析。

根据可靠度理论,可将通过桥梁的汽车荷载作为随机过程来处理,设计基准期取 100 年,以随机过程的截口分布为基础,求得设计基准期内的最大值分布。取最大值概率分布的 95% 分位值,得到随跨径变化的效应曲线,经线形回归得到汽车荷载纵向折减系数的计算公式:

$$\alpha = 0.97913 - 4.7185 \times 10^{-5} L_0 \tag{7-1}$$

式中:α——汽车荷载纵向折减系数;

L_0——桥梁计算跨径。

该曲线随 L_0 的增大递减率较平缓,为方便使用,提出简化规定值。

纵向折减系数从桥梁计算跨径 $L_0 > 150\text{m}$ 起算,也就是特大桥(单孔跨径)才考虑折减。

7.0.8 通过大量的实际调查和对人群荷载随机过程概率模型的数理统计分析,得到了人群荷载随机过程的任意时点的分布和设计基准期内的最大值分布以及人群荷载的代表值。当取设计基准期内最大值分布的 95% 分位值时,人群荷载的标准值为 3.0kN/m^2。

各国规范关于人群荷载的表达,有的以结构跨径作为指标,也有的以加载长度作为指标,实际上两种表达方式各有利弊。本标准以结构跨径作为指标,人群荷载的标准值随结构跨径增大而予以折减,其低限值为 2.5kN/m^2。当桥梁单孔跨径小于 50m,人群荷载标准值不折减时,取 3.0kN/m^2;桥梁单孔跨径大于或等于 150m 的特大桥,人群荷载取其低限值 2.5kN/m^2;桥梁跨径居于 50 ~ 150m 之间的大桥,人群荷载随结构跨径的增加而线性递减。

考虑到与《标准》03 版的衔接,人群密集地区的公路桥梁一般情况下取人群荷载标准值的 1.15 倍;专用人行桥,人群荷载的标准值取 3.5kN/m^2,这相当于设计基准期内最大值分布的 98% 分位值。

8 隧道

8.0.1 一般规定

近十年来,全国各地在隧道建设与运营过程中积累了大量的经验,并取得了显著的技术进步。本次修订借鉴、吸收国内外相关科研成果以及建设与运营经验,增加了隧道耐久、节能、隧道路面抗滑性能以及联络通道设置等规定,保障隧道建设与运营安全。

1 从长期运营来看,若对隧道进行频繁的维修、拆除与重建都会带来巨大的经济损失和社会影响,为此隧道设计需按全寿命周期考虑,满足安全、耐久、经济、节能、环保等要求,既要保证隧道结构与运营安全,使隧道结构与所处地质环境相适应,也要考虑施工方法的选择,方便运营管理与养护需要,满足隧道长期运营需要,同时还需避免因隧道建设导致隧址区生态环境恶化,如当隧道排水可能对附近生态环境产生较大影响时,隧道防排水设计需按照“以堵为主,限量排放”的原则,保护生态环境。

对于临近城市地区的隧道及水下隧道设计还要满足城市总体规划、路网规划、航道规划、岸线规划、交通功能的要求,并妥善处理与市政公用设施和城市轨道交通等的关系。

2 隧道位置的选择,直接影响着隧道的建设规模、结构设计、施工和工程投资,以及竣工后的运营安全和养护管理、运营成本,因此,隧道所在区域的地质勘察工作必须深入和细致,力求全面、准确。对于水下隧道还需掌握水域区段的水文条件、防洪标准、航道航运要求、水下地形、水下障碍物、河势演变分析等资料。

3 隧道高程及轴线的确定对控制建设规模至关重要。山岭隧道,对于越岭段需对不同的高程、纵坡、展线方式进行综合比选,沿沟(溪)线需对长隧道方案和隧道群方案进行比选。水下隧道,当采用盾构法修建时,其顶部覆土厚度、平行或交叉隧道的间距,需根据地质条件、埋置深度、结构安全、盾构性能、施工工艺等综合研究确定;当采用沉管法修建时,一般浅埋在规划航道及水域预测最深冲刷线以下。

4 是否采用隧道方案需结合社会、经济、地质、环保、工程造价等因素进行比选。一般当路基中心线处挖深达到30m时,需进行深挖与隧道方案的比较,比选不仅要考虑建设成本和建设难度,还要考虑建成以后车辆的行驶安全、行驶费用,环境保护以及运营管理和养护维修的费用。

“生态环境脆弱的地带或可能因施工造成生态环境难以恢复的地段”是指自然植被一旦被破坏,恢复困难或几乎不可能恢复的地段。对这些地区,需强调方案选择时环保因素优先的原则。

5 公路隧道交通事故发生频率较高,且集中于洞口段,其中,隧道内路面抗滑性能差、洞内外路面抗滑性能差异是一个重要诱因,为此提出了路面需具备足够抗滑性能的要求。当采用沥青混凝土复合式路面时,高速公路、一级公路交工验收时其表面层抗滑性能技术指标要求如表8-1;当采用水泥混凝土路面时,其表面构造深度要求如表8-2。洞内、外衔接路段是指紧邻洞口的洞外以及洞内相接、具有一定长度的路段。由于洞内外行驶环境的差异以及明暗适应的影响,驾驶员往往会在洞口段采取减速、加速等操作,若洞内、外路面抗滑性能差异大,车辆容易打滑,诱发交通事故,故提出了洞内、外衔接路段路面抗滑性能基本相同的规定。

表8-1 沥青路面面层抗滑技术指标

年平均降雨量(mm)	交工检测指标值	
	横向力系数 *SFC*60	构造深度 *TD*(mm)
>1 000	≥54	≥0.55
500~1 000	≥50	≥0.50
250~500	≥45	≥0.45

注:1. 横向力系数 *SFC*60——横向力系数测试车在60km/h±1km/h车速下测得的横向力系数。
2. 路面宏观构造深度 *TD*(mm)——用铺砂法测定。

表 8-2 水泥混凝土路面面层表面构造深度要求

公路等级	高速公路、一级公路	二、三、四级公路
构造深度(mm)	0.8 ~ 1.2	0.6 ~ 1.1

注 特重交通、重交通及急弯、连续长、陡纵坡段应采用较大值。

8.0.2 《标准》03 版隧道分类标准经过多年使用,已被广大设计、建设和管理人员所接受,仍对隧道建设与运营管理有指导意义,综合考虑公路隧道在勘测、设计、施工、养护和管理中的技术要求,本次修订对隧道分类未作调整。

8.0.3 1 公路隧道横断面由车道、左侧侧向宽度 $L_{左}$、右侧侧向宽度 $L_{右}$、检修道(或人行道或余宽)组成。左(右)侧侧向宽度为行车道左(右)侧标线内缘至左(右)侧最近行车障碍物间的距离,最近行车障碍物是指检修道或人行道或余宽的突起部位。

根据"公路隧道建筑限界指标研究"专题研究,隧道余宽的功能主要如下:一是发挥"护轮带"作用,防止车身凸出物刮擦隧道壁或交通工程设施;二是发挥"安全带"作用,提供富余量,保证行车安全;三是发挥"路缘石"作用,对偏驶车辆进行拦护,防止或减轻偏驶车辆对隧道墙壁及交通工程设施的冲撞和破坏,降低冲撞隧道壁对车辆自身的破坏;四是加宽了建筑限界与限高一致的顶部宽度,可减少车辆对侧壁的擦挂现象。结合余宽功能,当设置检修道或人行道时,余宽包含于检修道或人行道中;当不设置检修道或人行道时,单独设置,并凸出于路面。

本次修订将 100km/h 设计车速时隧道左侧侧向宽度调整为 0.75m,主要是基于车速快车辆偏移量大,有利于洞内外路基衔接,且增加造价有限。

2 高速公路、一级公路隧道由于设计速度高,交通量大,且养护要求高,因此要求在隧道两侧设置检修道。检修道宽度需根据公路等级、隧道长度、洞内管线数量和布置需求等确定。连拱隧道由于结构的特殊性,其左侧可不设检修道或人行道,但需设置余宽。二、三级公路隧道为混合交通,因此建议设置人行道,其宽度视隧道所在地区的行人密度、隧道长度、交通量、洞内管线布设等因素而定,同时兼顾洞内设施的检查需求。四级公路隧道可根据隧道所处位置和功能要求,考虑是否设置人行道,当不设人行道时需设置余宽。

3 考虑单车道隧道的改建和通行能力、交通安全等问题,四级公路一般不修建单车道隧道。

4 紧急停车带主要是用来停放故障车辆、检修车辆、紧急情况下救援车辆和救援人员用以进行紧急救援活动等,故山岭特长、长隧道内不设硬路肩或硬路肩宽度小于 2.5m 时设置紧急停车带是必要的。但考虑到紧急停车带对不同车道数隧道的重要性以及建设难度有所不同,提出单洞两车道隧道应设置紧急停车带,单洞三车道隧道宜设置紧急停车带的规定,但当地质条件差、加宽后施工风险很大、造价增加很高时,经论证后单洞三车道隧道可不设置紧急停车带,但应完善交通工程与救援设施。紧急停车带的设置应以侧向宽度外侧为起始,向外加宽,避免对正常行驶车辆造成干扰。近年来我国长车数量越来越多,为适应长车停车需要,将停车带有效长度由 30m 提高为 40m。

5　四车道高速公路、一级公路上的短隧道以及城市出入口的中、短隧道建筑限界与路基同宽有利于提高车辆通过隧道的通行能力,保障行车安全,利于紧急救援,故本次修订提出了隧道与路基同宽的规定。

8.0.4　1　影响隧道行车安全的重要因素是视距,采用曲线隧道方案时,需对停车视距进行验算,尽量避免采用需加宽的圆曲线半径和长大下坡接小半径平曲线隧道的平面组合方案,保证隧道前后路线线形协调与均衡。水下隧道受施工工法限制,盾构隧道一般采用不设超高的大半径平曲线,沉管隧道一般采用直线。

2　由于光线的剧烈变化以及横断面宽度、路面状况和行车环境的改变,隧道进出口是事故多发地段,因此,洞内一定距离与洞外一定距离保持线形一致是必要的。“3s 行程线形一致”的规定自实施以来,其必要性和作用受到肯定。线形一致的理想线形是直线和圆曲线,但实践证明,在地形条件特别复杂的地段,若过分追求理想线形,往往造成工程规模和造价大幅增加,或为满足 3s 行程将线形指标降低,采用小半径的圆曲线,反而使行车安全性降低。因此,本次修订提出特殊困难地段(采用直线或圆曲线造成工程规模急剧增加或行车安全性降低)经技术经济论证后可在洞口段布设缓和曲线,但需避免急剧的方向改变,注重线形的均衡协调性,同时采取相应的交通工程措施,保障行车安全。

3　通常情况下,隧道与路基建筑限界宽度不同,断面的变化易诱发交通事故,形成通行瓶颈,影响通行能力和服务水平,因此需采取交通工程或土建工程过渡措施,来解决路基和洞内路面宽度的顺适过渡问题,如设置标志、标线、安全护栏、警示牌、信号等,使驾驶员能预知并逐渐适应驾驶环境的变化,避免车辆冲撞洞门墙、电缆槽。

4 ~ 5　参照国外相关标准以及国内科研成果与运营经验,隧道最大纵坡一般不大于 3% ,当受地形、地质条件等限制,高速公路、一级公路的中、短隧道最大纵坡可适当加大,但通常不大于 4% 。隧道拟采用大于 3% 的纵坡时,需根据公路等级、隧道长度,考虑隧道所在地区的气候、海拔、主要车辆类型和交通流组成、隧道运营管理水平、隧道内安全设施配备标准等因素,对纵坡值进行论证与交通安全评价后,再慎重使用。

8.0.5　在山区公路建设中,遇到一些相邻洞口纵向间距很近的隧道,对于这种情况,可视为隧道群。对于隧道群,一般认为包含两类隧道:一类是洞口距离很近,相互有明显影响的隧道;另一类则是洞口距离较远,但呈连续分布的隧道。本次修订主要针对前一类隧道群。

通常认为,确定隧道群的主要因素取决于驾驶员的视觉适应特性。隧道路段驾驶员视觉特性试验结果表明,洞口段驾驶员瞳孔直径快速变化,以适应洞内外环境亮度差异(典型明暗适应过程如图 8-1 所示)。一般暗适应起点位于洞外,即从进洞前一定距离开始驾驶员已进入暗适应阶段(瞳孔直径开始增大),时间为进洞前 2 ~ 4s;明适应在洞外有一定延续(瞳孔直径持续减小),出洞后 1 ~ 3s。为此,可将明暗适应时间作为隧道群界定指标,即上游隧道明适应洞外段(1 ~ 3s) + 下游隧道暗适应洞外段(2 ~ 4s),综合取 6s。

在此长度范围内,驾驶员视觉变化大,容易造成视觉信息不连续,对行车安全产生不利影响。

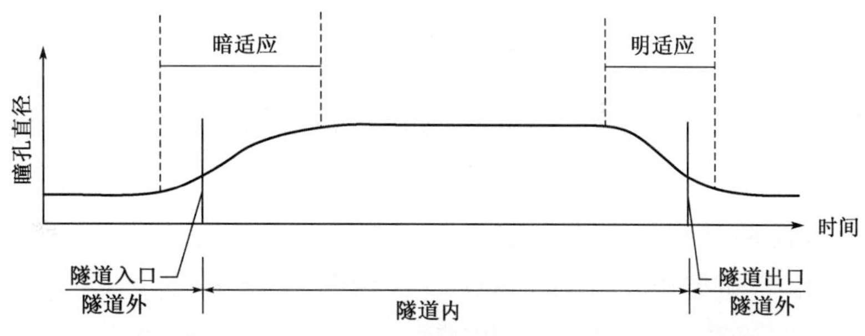

图 8-1 公路隧道明暗适应过程示意图

在隧道群区段行车,较短的时间内频繁进出隧道,视线明暗变化以及行车环境的改变,对驾驶员的心理和生理均造成一定的影响;前一隧道行车出口排出的污染空气可能对后续隧道产生二次污染,并且山区自然环境条件较差,如雨雾多、冬季路面结冰等,造成洞内外环境差异大,存在一定的交通安全隐患;隧道群路段,往往桥隧相接,应急救援难度大。因此隧道群路段各隧道平纵线形、通风、照明、交通安全、运营管理以及防灾救灾等都不再是一个单独的体系,会对彼此产生不同程度的影响。

综上所述,本次修订提出洞口之间间距小于6s 设计速度行程长度的相邻隧道,应系统考虑通风、照明、安全、管理等设施及防灾、救援等进行整体设计。考虑到驾驶员视觉明暗适应过程,根据需要可设置遮阳棚等光过渡措施,以降低明暗快速转换带来的不适感,避免发生交通事故。

8.0.6 1 交通工程及附属设施包括通风、照明、消防、通信与报警、交通监控、供配电、交通安全设施等,是实现隧道安全运营、达到服务水平的直接保障。配置的交通工程及附属设施不仅要满足隧道运营的需要,达到安全可靠、经济实用、节能环保的总体要求,还要与交通量与技术发展相适应,一次规划、设计,根据交通量发展情况分期实施。前期交通量较小时可前期配置、后期完善,以免设施规模偏大,造成设施闲置,同时也要考虑到有利于在发生事故或灾害时通过各类设施的协同联动使受损情况控制在最小范围内。

2 隧道洞口段由于断面突变易引发车辆冲撞洞门墙或电缆槽事故,为提高行车安全性,降低事故损失,提出需做好高速公路、一级公路隧道洞口两端连接过渡段的标志、标线、轮廓标及护栏的衔接过渡,必要时可在隧道入口设置防撞砂桶等防撞设施。

3 取消二级公路收费后,二级公路上的交通量尤其是大型车辆数量呈上升趋势。为保证交通安全,本次修订提出了根据需要在二级公路长隧道可设置监控设施的要求,以提高其运营管理水平。

5 公路隧道设置电光照明的目的是不间断地为驾驶员获得足够的视觉信息提供照明条件,防止因视觉信息不足而出现交通事故。结合目前隧道照明运营情况,本次修订调整了高速公路、一级公路隧道设置照明的起始长度。光学长隧道是指距洞口一个停车视距处,在道路中心线、离地面1.5m高位置不能完全看到出口的曲线隧道。

洞口段事故高发的主要诱因之一就是洞内外亮度显著差异而引起的视觉信息不足,因此,洞口段照明亮度的顺适过渡显得尤为重要。洞内外光线过渡,可采取设置人工强光过渡、设置光过渡建筑、洞外种植长青树木等措施。

6 通道包括人行横通道、车行横通道、平行通道、直接通向地面的横通道、洞外联络通道等,根据隧道土建设计以及救援需要进行配置。

7 隧道电力负荷通常根据供电可靠性和中断供电在社会、经济上所造成的损失或影响程度确定负荷等级。重要电力负荷包括:应急照明、电光标志、交通监控设施、通风及照明控制设施、紧急呼叫设施、火灾检测及报警控制设施、中央控制设施、消防水泵、基本照明、排烟风机等,其供电需可靠,故通常采用一级负荷,由两个独立电源供电。当一级负荷容量不大时,一般优先采用从邻近的电力系统取得第二低压电源,也可采用应急发电机组作为备用电源。对于隧道一级负荷中的关键负荷,如应急照明、电光标志、火灾检测与报警设施、监控系统电源等,除上述双重电源外,还要设置不间断电源装置(UPS)或应急电源装置(EPS)作为应急电源,并严禁将其他负荷接入应急供电系统。

8.0.7 隧道是封闭空间,救援难度大,为此要求遵循"预防为主、防消结合"的原则,制定隧道内发生交通或火灾事故的应急处理预案,包括交通组织、应急疏散、通风排烟、消防救援、监控系统的联动控制等内容,并定期进行应急演练,提高快速、有效处置以及逃生避险、自救互救能力,保证人员、车辆安全。

8.0.8 为满足日益增长的交通需求,保证公路的通行能力与服务水平,公路隧道改扩建问题愈来愈突出,本次修订对隧道改扩建做出了原则性规定。

1 改扩建方案直接影响着隧道施工和工程投资以及运营安全,因此,需结合工程具体条件,进行多方案技术经济比较,合理确定改扩建方案。在满足技术标准的前提下,充分利用既有工程及设施,减少改扩建工程量。

2 改扩建隧道标准通常按现行规范标准执行,但对利用既有隧道加固改造时,其建筑限界宽度一般会低于现行标准,若采用现行标准,必须对既有隧道进行扩挖、改建,工程量大、投资大、施工风险大。为降低施工风险、节省投资,提出隧道主体结构经过全面论证后可维持原技术标准。但隧道交通工程及附属设施需采用现行标准,加强交通安全保障与交通控制设施,并采取限速等措施,保障安全行车条件。

8.0.9 本次修订结合公路功能与重要性,以重视结构的长期耐久为导向,参照《混凝土结构耐久性设计规范》(GB/T 50476)的规定,同时考虑低等级公路隧道建设成本,对公路隧道设计使用年限做出了规定,以满足隧道结构长期稳定与正常运营需要。

9 路线交叉

9.1 公路与公路平面交叉

9.1.1 平面交叉是公路路网中的节点,其位置和形式的选定直接影响路网整体效益的发挥以及交通安全,因此平面交叉的选址和选型必须综合考虑各种相关因素,同时应体现安全第一的原则,保证相交公路的线形指标等平面交叉各组成要素都能满足其安全要求。

9.1.2 从调查研究中了解到,目前国内公路平面交叉的交通管理尚未得到充分重视,除信号交叉以外,许多用路者对其他交通管理方式及其规则尚不熟悉,导致平面交叉的交通状况较为混乱。因此,应对平面交叉的交通管理引起重视并在设计中明确其管理方式。一般来讲,当被交公路等级较低,交通量较小或相交公路中有一条为干线公路时,应考虑采用主路优先交叉;当各相交公路的功能和等级相同,交通量或行人数量很大时,可采用信号交叉;同时,信号交叉设置还应考虑交叉位置区域的电信设施条件;无优先交叉一般仅用于相交公路的等级很低、交通量不大的情况。

9.1.3 平面交叉处相交公路的交叉角度一般应采用正交或接近直角,当受条件限制不得已采用斜交方式时,交叉角度应大于45°。为保证平面交叉范围内的交通秩序和通行效率,同一地点的平面交叉岔数不应超过5条,一般应以三路和四路交叉为主。

9.1.4 从安全角度考虑,相交公路在平面交叉范围内应该有良好的线形和视距,因此其设计速度一般不得任意降低。当相交公路的等级和交通量相近时,其交通管理方式可能采用信号交叉或无优先交叉,此时主线的设计速度可适当降低。当为主路优先交叉时,次路的设计速度也可适当降低。

平面交叉内右转弯车道的设计速度过大,将难以保证相应的超高及其过渡段,同时也会明显增加用地面积;左转弯车道的设计速度过大,将会扩大交叉冲突面积,增加出现事故的概率。因此对右转弯和左转弯车道的设计速度应予控制。

9.1.5 根据各国研究,平交口是各类公路交通事故相对集中的区域。平交口数量越多、间距越小,对主线运行速度和安全的影响越大。本标准要求有条件时,应采取上游支路合并、加设辅道、合并部分平交口和增设立交等方式,减少二级及二级以上公路平交口的数量,加大平交口间距。

一级公路具有两种功能,但都允许设置平面交叉。为了优先保证承担干线功能的一级公路通畅,提高其运行速度和安全,应严格限制其平面交叉数量,严格控制出入,可采取合并、设置辅道等措施尽量加大平面交叉的间距；一级公路作为集散公路时，其平面交叉必须配以齐全、完善的交通安全设施。对于二级公路，可参考以上要求和原则进行设计。

9.1.6～9.1.7 由于我国人口密集地区乡村道路直接接入公路的现象较多，而此类交叉通常不具备平面交叉的安全条件，对公路交通安全产生了很大影响，因此，本次修订明确界定本标准中所述及的“平面交叉”一般系指等级公路间的平面交叉。而等级公路间的平面交叉(口)应进行平面交叉设计，并符合相关安全设计和指标要求。

平面交叉的渠化是提高安全性和通行能力的有效手段之一，对渠化的设置要求主要根据相交公路的功能和交通量而定。随着交通量的增长，非渠化交叉已难以适应，本标准要求三级及三级以上公路平面交叉均应做渠化设计，并实施渠化工程。与原标准要求相比较，扩大了要求实施渠化的对应技术等级范围。而对于三级公路而言，渠化工程主要是通过标线等方式实现，因此一般不会由此对工程建设和维养造成较大的费用影响。

平交口范围内的通视三角区停车视距是保证平交口设计安全性的关键要素。鉴于目前我国公路忽视平交口设计和安全检验的现状，本次修订要求各级公路的平交范围内应进行视线三角区停车视距检验。各类平交口范围内，无论是交通工程、路侧安全设施，还是行道树、乔灌木等绿化工程，均应消除对三角区视线遮挡的现象。

9.2 公路与公路立体交叉

9.2.1 互通式立体交叉和分离式立体交叉同属公路与公路立体交叉的两种不同形式，为便于理解和分类，本次修订把原互通式立体交叉和分离式立体交叉两节合并一节进行说明，并对设置互通式立交以及分离式立交的条件进行了梳理归并，把部分与设计关联紧密的条文移至相关专业规范中。本条重点说明几种设置立体交叉的条件。

1 高速公路是完全控制出入的公路，因其交通组织方式和安全性要求，不允许设置平面交叉，因而高速公路与各级公路交叉，均必须采用立体交叉。

2 尽管一级公路允许设置平面交叉，但当其与交通量大的公路交叉时，为提高一级公路主线和交叉处的通行能力，应采用立体交叉。

3 当二、三、四级公路之间相互交叉时，如交叉处各线的交通量以直行交通量为主，转向交通量很小时，宜视条件选用立体交叉。

9.2.2 本条是在第9.2.1条设置立体交叉条件的基础上，进一步说明设置互通式立体交叉的条件。本条文主要根据“公路与公路交叉技术标准”专题研究成果修订。

选定互通式立体交叉的位置要考虑的主要因素首先是路网分布与路网系统的主要节点，即主线与沿线主要公路的相交点和与主要交通发生源连接线的相交点。其次是主线和被交叉公路条件，要求交叉范围内的主线技术指标，如出入口端部的视距和主线横坡等，能提供安全的分合流条件并能与匝道顺适连接；被交叉公路则应具有与互通式立体交叉出入交通量相适应的通行能力，并能为交通发生源提供近便的连接。此外，还应考虑地质和地形条件,以及用地、文物、规划、景观和环保等社会和环境因素。

高速公路设置互通式立体交叉的条件主要是交通条件和社会需求。一是在其影响区域内有适量的交通发生源;二是其附近有重要的政治、经济中心或交通集散地。专题研究结果表明,交通发生源的大小可以间接用影响区域内人口数、GDP 和客货运量等来衡量,其中人口数是一个最主要的指标。根据国内统计资料,一座互通式立体交叉直接影响区域内的人口在 4.5 万 ~10 万人之间。而当社会因素成为设置互通式立体交叉的主要条件时,交通量的大小可能不是控制因素,但也应有一定的数量,以保证其具有基本的综合效益。本条文提出的互通式立体交叉设置条件,是指在这些情况下首先要考虑的设置地点,最终的设置还要综合考虑沿线交通流的组织和互通式立体交叉的合理间距等。

一级公路设置互通式立体交叉的条件除交通条件和社会需求外,当综合效益与修建平面交叉相当或更好时,亦应考虑设置互通式立体交叉。在设置条件的掌握上,当一级公路作为干线公路时,只要满足规定的条件就应设置互通式立体交叉,以减少横向干扰;当一级公路作为集散公路时,如果交通条件允许且平面交叉的间距满足规定要求,互通式立体交叉的设置亦可适当从严掌握。

9.2.3 本条在第 9.2.1 和 9.2.2 条的前提下,说明设置分离式立体交叉的条件。

高速公路除互通式立体交叉外,其余交叉必须设置分离式立体交叉。

一级公路设置分离式立体交叉的条件主要是交通条件,即主要取决于平面交叉是否能处理来自于各向的交通量。当一级公路作为干线公路时,应优先保证主线直行交通的通行。由于分离式立体交叉不能提供交通转换的条件,因此该交叉的交通转换需求应该是可以忽略的,否则应通过其他措施将转弯交通引至其他平面交叉或互通式立体交叉。

9.2.4 本条对互通式立体交叉形式间距、匝道设计速度和匝道车道数确定等做出规定。

互通式立体交叉按照功能分为枢纽互通式立体交叉和一般互通式立体交叉。枢纽互通式立体交叉主要指高速公路相互交叉的互通式立体交叉。枢纽互通式立体交叉,要求匝道能尽量为自由流提供条件,交叉范围内的各向交通流无交叉冲突。一般互通式立体交叉则主要指高速公路或一级公路与双车道公路相交叉的互通式立体交叉。当高速公路与一级公路、一级公路与一级公路相交叉时,一般亦为枢纽互通式立体交叉。如果因为设置收费站等而采用的是一般互通式立体交叉形式,也应归为一般互通式立体交叉。

在拟定互通式立体交叉的形式时,交叉公路的功能、总出入交通量、收费制式以及是否合并设置收费设施等决定了互通式立体交叉的基本类型。地形、地质、用地规划和施工期间维持临时通车等现场条件、直行和转弯交通量的分布以及是否需分期修建等决定了匝道的具体布局。同时,还要考虑其安全、环境和经济等因素。

1 互通式立交的最小间距

专题研究成果表明,高速公路的安全和运营性能在很大程度上取决于互通式立体交叉的间距。一方面,在高速公路交通事故中,有很大一部分发生在互通式立体交叉范围内，特别是进出口匝道和变速车道范围内。如果互通式立体交叉的间距过小，事故率的增大是显而易见的；另一方面，如果过分强调加大互通式立体交叉的间距，又会使高速公路与当地路网难以有机联结，从而影响高速公路的骨架作用和路网整体效益的发挥。因此，在互通式立体交叉的规划和设计中，间距的控制十分重要。

互通式立体交叉的最小间距是保证交通安全的一项控制性指标。研究结果表明，当相邻互通式立体交叉间的距离超过设置 3 个出口预告标志所要求的距离时，间距的大小对安全几乎没有明显的影响，因此最小间距的确定主要取决于标志设置的需要，即最小间距等于两互通式立体交叉相邻侧的构造长度加上标志设置所需要的距离。在确定枢纽互通式立体交叉和一般互通式立体交叉的平均构造长度时，统计分析了国内 153 座互通式立体交叉的资料，同时对比分析了大量的立交模型，再经综合分析后取值。最后计算得出的互通式立体交叉一般最小间距为 3.9km，标准中取值 4.0km，即规定相邻互通式立体交叉的间距不宜小于 4km。此值与德国、日本等国的规定值相近或相同。且要求对于路网密集地区，有条件时应尽量加大互通式立交间距。

当间距达不到一般最小间距的要求时，即使在相邻互通式立体交叉之间增设辅助车道，也会因频繁的交通合流与分流等导致运营问题和事故率的增加，因此小于一般最小间距的方案不得轻易采用。

若因交通需要和受条件限制必须设置近距离的互通式立体交叉时，应经技术经济论证并有切实可行的安全保证措施时，本标准规定互通式立体交叉的最小间距应以相邻互通式立体交叉之间的净距离（即上一互通式立体交叉加速车道终点至下一互通式立体交叉减速车道起点之间的距离）进行控制。该净距离的确定主要取决于维持相邻互通式立体交叉间交通流稳定的需要。专题研究结果表明，车辆从减速车道起点开始对上游主线直行交通的影响长度约为600m。从加速车道终点开始对下游主线直行交通的影响长度约为500m。再结合最少设置两个出口预告标志所需要的距离等因素考虑，规定两相邻互通式立体交叉之间的净距离最少为 1 000m。对于按照此要求进行间距实际控制的互通式立交区域，本次修订增加要求：应进行交通工程设施专项设计，应设置完善、醒目的标志、标线和警示、诱导设施，最大限度消除互通式立交区域分、合流交通流交织而可能产生的行车安全问题。

在特殊情况下，如果净距离小于 1 000m 的规定值，则应设置成复合式的互通式立体交叉，以辅助车道或集散道路将两互通式立体交叉直接连接，或将两座互通式立体交叉合并为一座进行设计。无论哪种方案，辅助车道、集散道路或交织段均应确保交通交织所需要的最小长度，并应尽可能合并出入口。

2　互通式立交的最大间距

互通式立体交叉的最大间距是为满足管理、维修和错过出口车辆折返的需要。在人烟稀少地区，当在规定的最大距离范围内确无必要设置互通式立体交叉时，应在适当的位置设置专供汽车掉头用的 U 形转弯车道。在设置转弯设施时，应尽量利用主线桥孔和服务设施等。

在规划高速公路互通式立体交叉时，尚应注意互通式立体交叉的合理密度。合理的互通式立体交叉密度,既可以充分发挥高速公路的效益,同时又能保证高速公路的车流保持相对稳定的状态。互通式立体交叉的密度与高速公路影响区域内的交通需求有关,其衡量指标主要是平均间距。专题研究在统计了国内155条段高速公路互通式立体交叉平均间距的基础上,提出了在规划阶段可供参考的范围,即高速公路互通式立体交叉的平均间距在一般地区为15~25km,在大城市周围和主要工业区为5~10km。

3 互通式立交与相关设施间的距离

互通式立体交叉与服务区、停车区、客运汽车停靠站和隧道等其他重要设施相邻时,控制其最小间距时所考虑的因素仍为满足标志设置的需要和维持其间交通流稳定的需要等。

4 互通式立交的匝道设计速度

匝道设计速度是指匝道基本路段的设计速度,应结合主线设计速度、互通式立交功能、类型和匝道的形式论证确定。匝道设计速度确定,概括起来讲一般有两种方法:一种是根据互通式立体交叉的类型和匝道形式取值;另一种是根据主线的设计车速取值。前者是国外最常用的方法。本次修订依据专题研究成果并综合了国内外经验,根据互通式立体交叉类别和匝道形式提供了匝道设计车速的取值范围,在实际使用中尚应结合主线设计速度予以确定。

5 互通式立交匝道的车道数确定

匝道车道数除主要依据交通量来确定外,还应考虑匝道的长度。对于较长的单车道匝道,应考虑为快速车辆提供超车的条件,必要时可增加至两条车道。

9.2.5 在进行分离式立体交叉跨线桥布孔时,往往仅注意到了跨路的需要,当被跨公路位于曲线段时,仅满足桥下公路宽度的要求就有可能造成视距的不足。因此,从安全出发,本标准将视距等要求提到了与建筑限界的要求同等重要的地位。

9.3 公路与铁路相交叉

9.3.1~9.3.2 设置公路与铁路立体交叉是消除平交道口安全隐患的主要途径,因而铁路与公路交叉应优先考虑设置立体交叉。

高速公路为控制出入公路,一级公路为根据需要控制出入的公路,与铁路交叉时必须设置立体交叉。

路段旅客列车设计速度140km/h的地段,列车速度高、密度大,若设平面交叉安全性很差,因此同公路交叉亦必须设置立体交叉。本条修订增加了“高速铁路”的内容。

9.3.5 公路、铁路平面相交时,应以正交或接近正交为宜。当必须斜交时,交叉角应大于45°,以缩短道口的长度与宽度,避免小型机动车和非机动车的车轮陷入铁轨轮缘槽内。

汽车驾驶者侧向最小瞭望视距是指汽车驾驶者在距道口相当于该级公路停车视距并不小于50m处,应能看到两侧铁路上火车的范围。火车司机相对应的最小瞭望视距如表9-1。

表9-1 最小瞭望视距

路段旅客列车设计行车速度（km/h）	火车司机最小瞭望视距（m）	汽车驾驶员侧向最小瞭望视距（m）
140	1 200	470
120	900	400
100	850	340
80	850	270

9.4 公路与乡村道路相交叉

9.4.1 公路与乡村道路交叉，一方面影响公路沿线群众生产和生活的便利性，另一方面也直接关系到公路行车安全和沿线群众的生命财产安全。由于我国部分人口密集地区乡村道路直接随意接入公路的现象较为普遍、对公路交通安全影响大，因此，应限制乡村道路随意接入公路的现象，有条件时应尽量结合规划，对乡村道路和农业机耕道进行适当调整和归并。

9.4.2 各级公路、乡村道路交叉时，选择交叉方式的原则为：高速公路与乡村道路交叉，必须采用分离式立体交叉。一级公路与乡村道路交叉时，若一级公路作为集散公路，一般采用平面交叉，也可利用辅道合并交叉数量，必要时设置分离式立体交叉，其目的是控制平面交叉的数量和间距，尽量减少横向干扰，增强行车安全和提高道路通行能力；若一级公路作为干线公路，应根据需要严格控制出入，设置分离式立体交叉。二、三、四级公路与乡村道路交叉时，一般采用平面交叉。乡村道路与等级公路平面交叉时，应对其前后一定范围进行改造，使其不低于四级公路标准。

9.4.3 本标准规定的各类通道的净高、净宽要求均为适用一般情况下的低限值。具体项目中宜根据通道功能和实际通行交通特征，在调查分析的基础上确定合理的净高和净宽值。

9.5 公路与管线等相交叉

9.5.1～9.5.5 本节条文修订依据2011年7月1日起执行的《公路安全保护条例》（中华人民共和国国务院令，第593号）的规定。同时，修订参考了最新的相关行业标准、规范，如：《1 000kV架空输电线路设计规范》（GB 50665—2011）、《110kV～750kV架空输电线路设计规范》（GB 50545—2010）、《±800kV直流架空输电线路设计规范》（GB 50790—2013）、《油气输送管道穿越工程设计规范》（GB 50423—2007）、《输气管道工程设计规范》（GB 50251—2003）、《输油管道工程设计规范》（GB 50253—2003）等，对原条文规定值进行了核对和补充。

9.6 动物通道

9.6.1～9.6.2 本条从公路沿线生态环境保护的角度,对公路动物通道和放牧便道等做出了要求。公路在可能阻碍野生动物正常迁徙通道时,应考虑设置合理的动物迁徙通道。同时,应考虑沿线群众生产、放牧等需要,设置必要的便道和牧道。

10 交通工程及沿线设施

10.1 一般规定

10.1.1 交通工程及沿线设施是公路的重要组成部分。其建设规模与技术标准对于发挥公路功能、保障行车安全、提高服务水平和通行能力都有非常重要的作用,要求根据公路网规划、公路的功能、等级、交通量、运营条件等综合论证确定。这里的综合论证是指要在考虑技术、经济、环境等条件的同时还要结合我国公路的建设经验进行综合论证,能够准确反映我国公路建设的实践经验,可操作性强,同时适应我国东西部地区不同经济水平的发展需求。

10.1.2 交通工程总体设计是公路工程总体设计的重要组成部分。强调交通工程及沿线设施与公路主体工程总体设计的协调一致,要求各种设施之间应相互匹配、协调统一、互为补充,使其布局和方案合理,并与主体工程有机衔接,发挥公路整体效益。

10.1.3 由于交通工程及沿线设施是保障行车安全、提升服务水平、提高通行能力、强化管理的必要设施,是公路现代化、智能化的重要标志,应在总结我国公路特别是高速公路,在交通安全、服务、管理等设施建设运营维护等方面的经验与教训的基础上,充分吸收国外先进技术,并保持相对的延续性、先进性、前瞻性,按照“保障安全、提供服务、利于管理”的原则进行设计。

10.1.4 公路交通工程及沿线设施由交通安全设施、服务设施和管理设施组成,这些设施应按统筹规划、总体设计的原则配置,其最重要的是做好前期的总体规划设计,确定系统的设置规模,一次性征用土地和实施基础工程、地下管线及预留预埋工程等,依据技术发展和交通量增长情况等分期配置设备,逐步补充完善,最终形成系统规模。

10.2 交通安全设施

10.2.3 理想的公路条件、交通条件、环境条件是保证交通安全出行的三大因素,公路交通标志的设置反映了上述条件的真实信息。公路交通标志是以不熟悉周边路网体系但对行驶路线有一定规划的公路使用者为对象,综合考虑周边路网与公路技术等级、交通量、交通组成、设计速度、气象和环境条件等因素,根据公路的功能、驾驶员的行为特征和交通标志的类型,合理设置。

交通标志的信息内容根据行动点的距离需要逐级转递,通过重复设置或连续设置的方式加强公路使用者对信息的认知。如互通式立交出入口指引系列标志信息通过逐级指引,具备一定的连续性。同一位置的标志信息内容,信息量太大,会影响辨认效果和行车安全,所以内容需要甄选,为正常速度行驶的公路使用者提供容易识别和理解的信息。

调研中,关于平面交叉口的安全问题,各地反映比较强烈,主要是认为平面交叉口的物理渠化和安全设施设置不够完善,无信号设置,路权优先指示(停车让行标志、减速让行标志)不明确或者缺乏等。因此,平面交叉口的标志要结合平面交叉口的交通渠化,考虑相交公路的路权分配和地点名称信息,设置完整的警告、禁令、指示、指路标志和必要信号灯、警示灯等设施。

标志视认性主要是指标志文字及符号的可见性和易读性,就版面内容而言,包括了字体、高宽比、笔画粗细、字频、间隔、行距、符号的轮廓大小等。因此交通标志一般设置在车辆行驶方向驾驶员最容易看到的位置,如设置在行车方向右侧、左侧和行车道上方。不同标志设置时要协调前后标志之间的位置,避免相互遮挡。标志设置路段有监控设施、照明设施时,也要协调相互位置,避免被遮挡。多车道公路标志设置时,还要考虑内侧车道被外侧车道大型车辆遮挡的情况,在行车道内侧或上方采用门架式的支撑结构增设必要的标志。

10.2.4 1~3 公路路侧净区的宽度与公路的交通量、运行速度、平曲线半径和路基边坡坡度有关。公路路侧净区的宽度不满足安全要求,净区范围内有无法移除的障碍物时,应按护栏设置原则确定是否设置护栏。《公路护栏安全性能评价标准》(JTG B05-01—2013)将护栏的防护等级分为八级。各等级公路进行公路护栏的设计时需根据路侧危险程度选择相应的防护等级。当路线采用最小值或低限的技术指标时,完善安全及防护设施。在急弯、陡坡、连续下坡、视距不良、路侧险要、桥梁、高路堤、悬崖、深谷、深沟、江河湖泊等路段,结合路侧安全净区情况设置相应防护等级护栏。

4 为防止车辆穿越中央分隔带闯入对向车道,减少二次事故,需要设置中央分隔带护栏。调研中部分省份对于小于12m的中央带,采取低于主线的路基形式,并采用铺设沙砾、植草树等缓冲设施,使车辆驶入后能陷入、阻挡并停驶。如果这种方式经论证、实验后能够满足阻止车辆越过中央分隔带驶向对向车道时,也可以采用。

6 经调研,中央分隔带开口处的活动护栏、不同等级和形式的护栏过渡段以及护栏的端头部位的事故率较高,主要是因为这些路段的防护等级不能满足一定的防撞要求。

10.2.5 视线诱导设施可分为轮廓标、分合流诱导标、线形诱导标三种。轮廓标以指示公路线形轮廓为主要目标,诱导驾驶员视线,使行车更安全、舒适。轮廓标设置于一般路边。隧道内一般设置在隧道壁和检修道顶部。

10.2.6 高速公路和需要控制出入的一级公路,专供汽车行驶且车速较高,为防止行人、牲畜误入公路,保证行车安全,需要设置隔离栅禁行封闭,禁止行人、牲畜进入这些公路。天然屏障指公路路侧遇到水渠、池塘、湖泊等天然阻隔或桥梁、隧道等。针对不同方式做出专门的端头围封。

10.2.7 防落网包括防落物网和防落石网。防落石网设置时应根据路堑边坡的地质条件和土体、岩石的稳定性,经计算在公路建筑限界内有可能落石并影响安全的路段设置。

10.2.8 防眩设施主要包括防眩板、防眩网和植树防眩三种形式。设有中央分隔带的公路,夜间交通量较大,行车产生眩光影响对向车道行车时,设置防眩设施可对眩光产生遮挡,提高行车安全和舒适性。

一级公路平面交叉口位置设置防眩设施时,容易对转向车辆产生遮挡,导致交叉口的视距不良,因此该处的中央分隔带开口两侧防眩设施的高度可在两侧一定范围内逐步降低,对于设计速度大于或等于 80km/h 时采用 100m 长度,设计速度 60km/h 时采用 60m 长度, 防眩设施由正常高度降至开口处的 0 高度。

10.2.11 防风栅一般设在公路上路侧横风与公路轴线交角大于 30°,且设计速度大于或等于 80km/h 的公路上常年存在风力大于七级路段,或者设计速度小于 80km/h 的公路上常年存在风力大于八级的路段。

防雪栅一般设在风雪量较大且持续时间长、风向变化不大的路段。积雪标杆一般设在降雪量较大且持续时间长,而且积雪覆盖行车道的公路路段。

10.3 服务设施

10.3.1 ~ 10.3.2 服务设施是公路交通运输体系的基本组成部分,是体现公路交通文化的窗口。服务设施应依据路网规划、公路服务水平和交通量的增长情况,全省或区域内总体规划,区分功能和规模大小,有重点、分层次地分期建设。

本次修订延续《标准》03 版的原则,服务设施包括服务区、停车区和客运汽车停靠站。可结合服务区、停车区的地理位置和人文环境在服务区、停车区内设置观景台。

设置客运汽车停靠站时,还要结合公路项目所在地区的公路运输规划和对公共交通客运路线及停靠站点规划。调研公路运输管理部门的实际需求,避免不适应的情况。

10.3.3 ~ 10.3.4 在关于服务区间距的调研中,不同地域和经济发展水平的省份意见不同。从调研问卷的统计分析来看,有的认为 15 ~ 30km 的服务设施设置间距过密,有 59.3% 的人认为服务区的合理间距为 50km,有 56.99% 的人认为服务设施之间的合理间距在 15 ~ 30km。大多数意见基本上与《标准》03 版是一致的。

戈壁、荒漠地区人烟稀少,水、电、气资源缺乏;山区高速公路由于地形复杂,服务设施选址困难,满足 50km 的设置间距非常困难。交通运输部交公路发〔2012〕400 号"关于西部沙漠戈壁与草原地区高速公路建设执行技术标准的若干意见"中,也明确规定了"对于交通量较小,供水、供电困难路段,其服务区间距可适当加大。"

《日本高速公路设计要领》(1991 年版)规定服务设施之间的标准间距为 15km,最大间距为 25km;服务区之间标准间距为 50km,最大间距为 100km;美国的服务设施间距一般为 65 ~ 80km;德国的高速公路服务站平均 52km 一处,加油站平均 30km 一处。

综上所述,规定服务区的基本间距仍为 50km,停车区基本间距 15 ~ 25km,对沿线水、电、气供应困难地区可适当加大。

调研中还有很多省份反映服务区内应提供气象信息、路况信息、互联网接入服务、银行服务等服务。编写组认为宜根据服务区所在的位置节点和沿线服务实际需求由公路建设项目论证确定是否设置这些功能,也鼓励有条件和有需求的公路建设项目设置,以提升公路的服务能力和水平。

10.3.5 ~ 10.3.6 从调研结果看,各地对一、二级公路服务设施的需求明显,特别是运距较长的公路或旅游公路,对服务设施需求更加突出。一些省份根据实际需求已在这些公路上设置了服务设施,如陕西省公路局针对二级公路上没有服务区,陕北、陕南等很多干线公路如厕难的问题,在国道 312、210、316、108 等干线公路上,规划、建设了 50 多个卫生服务区。服务区造型新颖、干净卫生、标志鲜明,大大方便了驾乘人员,丰富了公路内涵。

关于客运汽车停靠站,调研结果表明,浙江、江苏、湖北等经济发达地区,建议结合城乡公交一体化的发展,在等级公路断面中考虑客运汽车停靠站的设置,明确加减速车道及站台长度,并与公路建设同步实施完成。浙江省近几年实施的公路项目均考虑了港湾式客运汽车停靠站,间距不等,位置多靠近村镇附近。调研中普遍认为高速公路主线设置客运汽车停靠站不利于安全、难以管理。目前我国高速公路几乎没有在主线上设置的情况,个别项目虽然有设置,但后期运营中也未使用。因此本次修订不建议在高速公路主线设置客运汽车停靠站。如需设置时,可结合服务区论证设置,也可结合互通式立交和收费站,设置在公路收费站前的连接线上或被交公路上。

10.4 管理设施

10.4.1 ~ 10.4.2 确定监控设施规模和内容的主要因素有;运营管理、交通量、服务水平、通行能力、交通组成、公路条件、建设投资等多个方面,很难定量描述。本次修订,主要基于我国公路通行能力和服务水平的现有理论基础,根据交通运营管理和交通安全的需要,从功能要求、适应范围等各方面,针对所有公路,将监控设施规模分为A、B、C、D四级。A级主要适用于采用全程监控的高速公路;B级主要适用于采用分段监控的高速公路;C级主要适用于作为干线的一、二级公路,采用特殊路段监控或重点区域监控;D级主要适用于集散公路和支线公路,采用点式监控。这种分类方法,不再以交通流密度指标作为分类依据,而是以公路功能为基础,重点体现交通安全、运营管理以及应急救援三大需求,并与公路等级对应,以便设计过程中执行。

10.4.3 1 随着交通智能化的发展,ETC收费是智慧交通发展的需求,也是解决我国收费广场拥堵的最有效手段。ETC收费系统只有规模化才能发挥其效益。目前,京、津、冀、鲁、晋和沪、苏、浙、皖、赣、闽已实现华北、华东两大地区的ETC系统联网,全国除西藏自治区外,所有省份均设置了ETC收费系统。交通运输部要求,到2015年底实现全国ETC系统联网。未来随着技术的发展进步,还会实现多车道自由流的不停车收费系统。因此,本次修订规定新建的收费设施应同步建设ETC车道。

2 收费公路跨省建设时,需要设置主线收费站。综合考虑占地、投资和服务等因素,合建主线收费站的方式优于两省各自单独建设全幅主线收费站。合建方式主要有两种模式:一种为两省合建全幅收费广场模式;另一种为省界双方选择合适地点(可能在某一方境内)各建半幅收费广场模式。

3 本次修订,根据我国公路发展现状和趋势,结合我国目前收费广场建设现状和多数省份的实施经验,将收费机电设施的计算交通量调整为与收费土建计算交通量一致。对应收费机电、收费土建和征地收费车道数计算交通量取值年份规定的用词上分别采用了“可”、“宜”、“应”,选用时各地区可根据自身的建设现状确定合适的计算年份。一级公路收费车道数的计算中,收费机电设施取值年份宜选用5年。

4 从我国对超限超载车辆的治理效果来看,计重收费是限制超载车辆的有效方式。目前,我国除西藏、海南外,其他省份地区均已实现货车计重收费。

10.4.4 2 关于管道租赁情况,根据调研结果,各省情况不完全相同。有些地区容量需求多达18~24孔,有些地区的管道仅使用了用于基本业务的2~3孔,有50%以上的空置。因此本次修订不再规定通信管道的数量,宜根据实际的使用需求确定,并保证省际之间联通。

10.4.5 2 以往在公路建设中,施工用电的变配电设施、高压输电线路工程在项目建设完成后大部分进行了拆除甚至废弃,但随后又要重新建设道路营运时需要的变电所或高压输电线路,两个时期的建设需求没有兼顾,重复建设、资源浪费。对公路交通工程及沿线设施在建设和运营时期的用电负荷进行统筹分析,做到“永临结合”是近年多个省份公路建设中推行的措施,能够较好地减少基础设施的重复建设,避免浪费,体现了节约和可持续科学发展理念。本次修订规定,供配电系统、高压输电线路工程应施工临时用电和运营永久性用电相结合实施。

3 调研问卷结果显示,69%的意见认为:公路收费广场、互通式立交、大桥、隧道、避险车道有必要设置照明设施。有65%的意见认为现有收费广场等道路照明开启和关闭时间合理,但控制方式灵活性较差。

从实际工程建设看,多数公路工程基本按照《标准》03版的规定,在公路收费广场、服务区设置照明设施,位于城市出入口路段的互通立体交叉、特大桥设置照明设施。在非城镇化互通立交和特殊大型桥梁中设置照明的项目日益减少。即使设置照明,规模也在不断减小,因为互通立交区和桥梁照明对夜间行车安全的增强作用不大,但却需要投入大量建设资金和运营管理费用。

随着人们对道路运营安全意识的日益提高,公路沿线出现了检测点(站)、避险车道等重要的管理、安全防护和救护类设施,更多的道路使用者希望在这些路段设置照明设施,满足安全方面的需要。另外,机场高速公路、环城高速公路由于靠近城区,夜间交通量较大,在建成的项目中基本上都设置了照明设施。因此本次修订增加了在检测点(站)、紧急避险车道等重要段落设置照明设施的要求,互通立交区、桥梁、机场高速公路、环城高速公路可按经济条件和路网特征慎重选取指标,合理设置照明设施规模。

二、公路路线设计规范
(JTG D20—2006)

1 总则

1.0.1 为正确运用《公路工程技术标准》(JTG B01—2003),合理确定公路等级、建设规模、主要技术指标,特制定本规范。

1.0.2 本规范根据《公路工程技术标准》(JTG B01—2003)所规定的公路分级、控制要素、路线和路线交叉的基本规定、主要技术指标而编制。

1.0.3 本规范适用于新建和改建公路的路线与路线交叉设计。

1.0.4 公路设计应根据公路的功能、使用任务及其在路网中的作用,并考虑铁路、水路、航空、管道等运输方式,同城镇、农田规划的关系,合理确定公路等级和路线走向、走廊带。

1.0.5 路线方案应在所选定走廊带与主要控制点基础上,进行布局和总体设计,合理运用技术指标,对可行的路线方案进行比选,以确定设计方案。当采用不同的设计速度、技术指标或设计方案对工程造价、自然环境、社会经济效益等有明显差异时,应作同等深度的技术经济论证。

1.0.6 路线选定应根据地形、地物条件,并在对工程地质、水文地质、山地自然灾害、筑路材料、生态环境、自然景观等进行充分调查的基础上,结合沿线小区域气候特征进行方案研究,以选定路线线位、主要平纵技术指标。

1.0.7 路线设计必须贯彻执行加强环境保护和合理利用土地资源的基本国策,在确定路基、路面、桥梁、隧道、交叉、交通工程及沿线设施等人工构造物的结构型式、布设位置、取弃土场、征用土地等设计中,应减少因修建公路给沿线生态环境带来的影响,并结合绿化或采取相应工程措施,协调、改善人工构造物与同沿线自然景观间的配合,提高公路环境质量。

1.0.8 线形设计应综合考虑公路的平面、纵断面、横断面三者间的关系,做到平面顺适、纵面均衡、横面合理。必要时可运用公路透视图进行分析与评价。

1.0.9 各级公路应注重线形设计，使之在视觉上能诱导视线，在心理上感到舒适和安全，并保持线形的连续性，且同沿线环境相协调。速度不同的设计路段相衔接处，或因条件制约线形设计受限制的地段，宜采用运行速度进行检验，以改善平纵技术指标或采用必要的交通安全技术、管理措施。

1.0.10 高速公路、一级公路在设计完成后，或运营后，或改建时，宜进行安全性评价，以提高行车安全性。

1.0.11 采用分期修建方案时，必须在综合分析、论证的基础上作出总体设计和实施计划。分期修建的设计应使前期工程在后期仍能充分利用，并为后期工程的修建留有余地和创造有利条件。

高速公路根据路网规划或交通量等因素，宜采用纵向分段或按工程项目分期修建的方式修建。四车道高速公路整体式路基的路段不得采用横向分幅分期修建。

1.0.12 改建公路应遵照利用与改造相结合的原则，按规定公路等级的技术指标，合理、充分地利用原有工程。

利用原公路的路段，因提高设计速度可能诱发工程地质病害时，经论证该局部路段可维持原设计指标。改线路段，则应按新建公路标准执行。

1.0.13 公路工程勘察设计中，有关公路等级及其主要技术指标、路线设计、路线交叉设计等，除应符合本规范外，尚应符合国家现行的有关强制性标准的规定。

4 总体设计

4.1 一般规定

4.1.1 总体设计应协调公路工程项目外部与内部各专业间的关系，确定本项目及其各分项的技术标准、建设规模、主要技术指标和设计方案，使之成为完整的系统工程，符合安全、环保、可持续发展的总体目标，保障用路者的安全，提高公路交通的服务质量。

4.1.2 各级公路应根据公路功能、公路等级及其在路网中的作用进行总体设计。高速公路、一级公路应综合考虑各种因素做好总体设计；二级公路宜按相关因素进行总体设计；三级公路、四级公路视其重要程度可参照执行。

4.1.3 总体设计应考虑的因素

(1)根据路线在路网中的位置、功能，综合考虑路线走廊带范围的远期社会、经济发展，城市、工矿企业的现状与规划，铁路、水路、航空、管道的布局，自然资源状况等，确定本项目起讫点、主要控制点以及与之相互平行、交叉等项目的衔接关系。

(2)科学确定技术标准，合理运用技术指标，注意地区特性与差异，精心做好路线设计，必要时宜进行安全性评价，以保障行车安全。因条件受限制而采用上限(或下限)技术指标值或对线形组合设计有难度的路段，应采用运行速度进行检验，并采取相应技术对策。

(3)应在查明路线走廊带的自然环境、地形、地质等条件的基础上，认真研究路线方案或工程建设同生态环境、资源利用的关系，采取工程防护与生态防护相结合等技术措施，减少对生态的影响程度，加强恢复力度，最大限度地保护环境。

(4)做好同综合运输体系、农田与水利建设、城市规划等的协调与配合，充分利用线位资源，合理确定建设规模，切实保护耕地，使走廊带的自然资源得以充分利用，公路建设得以可持续发展。

(5)总体协调公路工程各专业间、相邻行业间和社会公众间的关系，其设计界面、接口等应符合相关法规、标准、规范的要求或规定，并注意听取社会公众意见。

(6)路线方案比选应对设计、施工、养护、营运、管理的各阶段，从安全、环保、可持续发展理念，运用全寿命周期成本分析方法进行论证，采用综合效益最佳、服务质量最好的设计方案。

4.2 总体设计要点

4.2.1 路线起、终点应符合路网规划要求。确定起讫点位置时，应为后续项目预留一定长度的接线方案，或拟定具体实施设计方案。

4.2.2 根据公路功能、设计交通量、沿线地形与自然条件等，论证并确定公路等级、设计速度和设计路段。恰当选择不同设计路段的衔接地点，处理好衔接处的过渡及其前后一定长度范围内的线形设计。

4.2.3 高速公路、一级公路应根据设计交通量论证并确定车道数；具集散功能的一级公路、二级公路应根据混合交通量及其交通组成论证设置慢车道的条件，并确定其设置方式、横断面型式与宽度。

4.2.4 高速公路、一级公路一般情况下宜采用整体式路基；位于丘陵、山区时，应结合地形、地质条件以及桥梁、隧道的布设等论证采用分离式路基的可行性。

4.2.5 路线设计应合理确定路堤高度，减小对沿线生态环境的影响，并做好防护、排水、取土、弃土等设计，防止水土流失，保护环境，使公路工程建设融入自然。当出现高填、深挖时，应同架桥、建隧方案进行比选论证。

4.2.6 由面到带（走廊带）、由带到线（沿路线）查明工程地质、水文情况，重大自然灾害、地质病害的分布、范围、状态，及其对工程的影响程度，论证并确定绕越、避让或整治病害的方案与对策。

4.2.7 确定同作为控制点的城市、工矿企业、特大桥、特长隧道等的连接位置、连接方式。

4.2.8 收费公路应在论证收费制式的基础上，确定收费方式、主线收费站位置及其同被交公路的交叉型式等。

4.2.9 综合拟定互通式立体交叉、服务区、停车区、公共汽车停靠站等重要设施的位置、规模和间距，以符合功能、安全、服务所需的最小（或最大）距离。

4.2.10 确定交通工程及沿线设施的建设规模与技术标准。

4.2.11 拟分期修建的工程，必须在按远期规划的技术标准作出总体设计的基础上，制订分期修建方案，并作出相应的设计。

5 选线

5.0.1 选线应包括确定路线基本走向、路线走廊带、路线方案至选定线位的全过程。

5.0.2 路线控制点

（1）路线起、终点，必须连接的城镇、工矿企业，以及特定的特大桥、特长隧道等的位置，应为路线基本走向的控制点。

（2）大桥、长隧道、互通式立体交叉、铁路交叉等的位置，应为路线走向控制点，原则上应服从路线基本走向。

（3）中、小桥涵，中、短隧道，以及一般构造物的位置应服从路线走向。

5.0.3 不同的设计阶段，选线工作内容应各有所侧重，后一阶段是前一阶段的继续与深化，随着勘察、设计工作的深入，应复查并优化前一阶段的路线方案，使路线线位更臻完善。

5.0.4 选线原则

(1)应针对路线所经地域的生态环境、地形、地质的特性与差异,按拟定的各控制点由面到带、由带到线,由浅入深、由轮廓到具体,进行比较、优化与论证。同一起、终点的路段内有多个可行路线方案时,应对各设计方案进行同等深度的比较。

(2)影响选择控制点的因素多且相互关联、又相互制约,应根据公路功能和使用任务,全面权衡、分清主次,处理好全局与局部的关系,并注意由于局部难点的突破而引起的关系转换给全局带来的影响。

(3)应对路线所经区域、走廊带及其沿线的工程地质和水文地质进行深入调查、勘察,查清其对公路工程的影响程度。遇有滑坡、崩塌、岩堆、泥石流、岩溶、软土、泥沼等不良工程地质的地段应慎重对待,视其对路线的影响程度,分别对绕、避、穿等方案进行论证比选。当必须穿过时,应选择合适的位置,缩小穿越范围,并采取切实可行的工程措施。

(4)应充分利用建设用地,严格保护农用耕地。

(5)国家文物是不可再生的文化资源,路线应尽可能避让不可移动文物。

(6)保护生态环境,并同当地自然景观相协调。

(7)高速公路、具干线功能的一级公路同作为路线控制点的城镇相衔接时,以接城市环线或以支线连接为宜,并与城市发展规划相协调。

新建的二级公路、三级公路应结合城镇周边路网布设,避免穿越城镇。

(8)路线设计是立体线形设计,在选线时即应考虑平、纵、横面的相互间组合与合理配合。

5.0.5 选线方法

(1)选线可采用纸上定线或现场定线。

高速公路、一级公路应采用纸上定线并现场核定的方法。

二级公路、三级公路、四级公路可采用现场定线,有条件或地形条件受限制时,可采用纸上定线或纸上移线并现场核定的方法。

(2)选线应在广泛搜集与路线方案有关的规划、计划、统计资料,相关部门的各种地形图、地质、气象等资料的基础上,深入调查、勘察,并运用遥感、航测、GPS、数字技术等新技术,确保其勘察工作的广度、深度和质量,以免遗漏有价值的比较方案。

7 公路平面

7.1 一般规定

7.1.1 高速公路、一级公路、二级公路、三级公路平面线形应由直线、圆曲线、回旋线三种要素组成。

四级公路平面线形应由直线、圆曲线两种要素组成。

7.1.2 平面线形必须与地形、景观、环境等相协调，同时注意线形的连续与均衡性，并同纵断面、横断面相互配合。

7.2 直线

7.2.1 直线的长度不宜过长。受地形条件或其他特殊情况限制而采用长直线时，应结合沿线具体情况采取相应的技术措施。

7.2.2 两圆曲线间以直线径相连接时，直线的长度不宜过短。

(1)设计速度大于或等于60km/h时，同向圆曲线间最小直线长度(以m计)以不小于设计速度(以km/h计)的6倍为宜；反向圆曲线间的最小直线长度(以m计)以不小于设计速度(以km/h计)的2倍为宜。

(2)设计速度小于或等于40km/h时，可参照上述规定执行。

7.3 圆曲线

7.3.1 各级公路平面不论转角大小，均应设置圆曲线。在选用圆曲线半径时，应与设计速度相适应。

7.3.2 圆曲线最小半径按设计速度规定如表7.3.2。

表7.3.2 圆曲线最小半径

设计速度(km/h)		120	100	80	60	40	30	20
圆曲线最小半径(m)	一般值	1 000	700	400	200	100	65	30
	极限值	650	400	250	125	60	30	15

注："一般值"为正常情况下的采用值；"极限值"为条件受限制时可采用的值。

7.3.3 圆曲线最大半径值不宜超过10 000m。

7.4 回旋线

7.4.1 高速公路、一级公路、二级公路、三级公路的直线同小于表7.4.1不设超高的圆曲线最小半径径相连接处，应设置回旋线。

表7.4.1 不设超高的圆曲线最小半径

设计速度(km/h)		120	100	80	60	40	30	20
不设超高圆曲线最小半径(m)	路拱≤2%	5 500	4 000	2 500	1 500	600	350	150
	路拱>2%	7 500	5 250	3 350	1 900	800	450	200

四级公路的直线同小于表 7.4.1 不设超高的圆曲线最小半径径相连接处,应设置超高、加宽过渡段。

7.4.2 半径不同的同向圆曲线径相连接处,应设置回旋线。但符合下述条件时可不设回旋线:

(1)小圆半径大于表 7.4.1 规定时。

(2)小圆半径大于表 7.4.2 规定,且符合下列条件之一者:

①小圆按最小回旋线长度设回旋线时,大圆与小圆的内移值之差小于 0.10m 时;

②设计速度大于或等于 80km/h,大圆半径(R_1)与小圆半径(R_2)之比小于 1.5 时;

③设计速度小于 80km/h,大圆半径(R_1)与小圆半径(R_2)之比小于 2 时。

表 7.4.2 复曲线中小圆临界圆曲线半径

设计速度(km/h)	120	100	80	60	40	30
临界圆曲线半径(m)	2 100	1 500	900	500	250	130

7.4.3 回旋线最小长度规定如表 7.4.3。

表 7.4.3 回旋线最小长度

设计速度(km/h)	120	100	80	60	40	30	20
回旋线最小长度(m)	100	85	70	50	35	25	20

注:四级公路为超高、加宽过渡段长度。

回旋线长度应随圆曲线半径的增大而增长。

圆曲线按规定需设置超高时,回旋线长度还应大于超高过渡段长度。

7.5 圆曲线超高

7.5.1 圆曲线半径小于表 7.4.1 规定的不设超高圆曲线最小半径时,应在曲线上设置超高。超高的横坡度应根据设计速度、圆曲线半径、路面类型、自然条件和车辆组成等情况确定,必要时应按运行速度予以验算。

(1)各级公路圆曲线部分的最大超高值规定如表 7.5.1。

表 7.5.1 各级公路圆曲线最大超高值

公路等级	高速公路、一级公路	二级公路、三级公路、四级公路
一般地区(%)	8 或 10	8
积雪冰冻地区(%)	6	

注:高速公路、一级公路正常情况下采用 8%;交通组成中小客车比例高时可采用 10%。

(2)各级公路圆曲线部分的最小超高值应与该公路直线部分的正常路拱横坡度值一致。

7.5.2 二级公路、三级公路、四级公路接近城镇且混合交通量较大的路段，车速受到限制时，其最大超高值可按表 7.5.2 执行。

表 7.5.2 车速受限制时最大超高值

设计速度(km/h)	80	60	40、30、20
超高值(%)	6	4	2

7.5.3 各圆曲线半径所设置的超高值应根据设计速度、圆曲线半径、公路条件、自然条件等经计算确定。

7.5.4 超高过渡段

由直线段的双向路拱横断面逐渐过渡到圆曲线段的全超高单向横断面，其间必须设置超高过渡段。超高渐变率按旋转轴位置规定如表 7.5.4。

表 7.5.4 超 高 渐 变 率

设计速度(km/h)	超高旋转轴位置	
	中线	边线
120	1/250	1/200
100	1/225	1/175
80	1/200	1/150
60	1/175	1/125
40	1/150	1/100
30	1/125	1/75
20	1/100	1/50

7.5.5 超高过渡方式

(1)无中间带公路

①超高横坡度等于路拱坡度时，将外侧车道绕路中线旋转，直至超高横坡值。

②超高横坡度大于路拱坡度时，分别采用以下三种过渡方式：

a. 绕内侧车道边缘旋转：新建工程宜采用此种方式。

b. 绕路中线旋转：改建工程可采用此种方式。

c. 绕外侧车道边缘旋转：路基外缘标高受限制或路容美观有特殊要求时可采用此种方式。

(2)有中间带公路

①绕中间带的中心线旋转：中间带宽度小于或等于 4.5m 的公路可采用。

②绕中央分隔带边缘旋转：各种宽度中间带的公路均可采用。

③分别绕行车道中线旋转：车道数大于 4 条的公路可采用。

(3)分离式路基公路

分离式路基公路的超高过渡方式，宜按无中间带公路分别予以过渡。

7.5.6 超高的过渡应在回旋线全长范围内进行。当回旋线较长时,其超高的过渡可采用以下方式:

(1)超高过渡段可设在回旋线的某一区段范围内,其超高过渡段的纵向渐变率不得小于1/330,全超高断面宜设在缓圆点或圆缓点处。

(2)六车道及其以上的公路宜增设路拱线。

7.5.7 四级公路超高的过渡应在超高过渡段的全长范围内进行。

7.5.8 对线形设计要求较高的公路,应在超高过渡段的起、终点插入一段二次抛物线,使之连接圆滑、舒顺。

7.5.9 高速公路、一级公路的纵坡较大处,其上、下行车道可采用不同的超高值。

7.5.10 硬路肩超高方式

(1)硬路肩超高值与相邻车道超高值相同时,其超高过渡段应与车道相同,且采用与车道相同的超高渐变率。

(2)硬路肩超高值比相邻车道超高值小时,应先将硬路肩横坡过渡到与车道路拱坡度相同,再与车道一起过渡,直至硬路肩达到其最大超高坡值。

7.6 圆曲线加宽

7.6.1 二级公路、三级公路、四级公路的圆曲线半径小于或等于250m时,应设置加宽。双车道公路路面加宽值规定如表7.6.1。

表7.6.1 双车道路面加宽值

加宽类别	圆曲线半径(m) / 加宽值(m) / 汽车轴距加前悬(m)	250~200	<200~150	<150~100	<100~70	<70~50	<50~30	<30~25	<25~20	<20~15
1	5	0.4	0.6	0.8	1.0	1.2	1.4	1.8	2.2	2.5
2	8	0.6	0.7	0.9	1.2	1.5	2.0	—	—	—
3	5.2+8.8	0.8	1.0	1.5	2.0	2.5	—	—	—	—

注:单车道公路路面加宽值应为表7.6.1规定值的一半。

圆曲线加宽类别应根据该公路的交通组成确定。二级公路以及设计速度为40km/h的三级公路有集装箱半挂车通行时,应采用第3类加宽值;不经常通行集装箱半挂车时,可采用第2类加宽值。

四级公路和设计速度为30km/h的三级公路可采用第1类加宽值。

7.6.2 圆曲线上的路面加宽应设置在圆曲线的内侧。

各级公路的路面加宽后,路基也应相应加宽。

7.6.3 双车道公路当采取强制性措施实行分向行驶的路段,其圆曲线半径较小时,内侧车道的加宽值应大于外侧车道的加宽值,设计时应通过计算确定其差值。

7.6.4 加宽过渡段

(1)设置回旋线或超高过渡段时,加宽过渡段长度应采用与回旋线或超高过渡段长度相同的数值。

(2)不设回旋线或超高过渡段时,加宽过渡段长度应按渐变率为1∶15且长度不小于10m的要求设置。

7.6.5 加宽过渡方式

二级公路、三级公路、四级公路的加宽过渡段的设置,应采用在相应的回旋线或超高、加宽过渡段全长范围内,按其长度成比例增加的方式。

7.7 超高、加宽过渡段

7.7.1 四级公路的直线同小于表7.4.1不设超高的圆曲线最小半径径相连接处,和半径小于或等于250m的圆曲线径相连接处,应设置超高、加宽过渡段。

7.7.2 四级公路的超高、加宽过渡段长度应分别按超高和加宽的有关规定计算,取其较长者,但最短应符合渐变率为1∶15且不小于10m的要求。

7.7.3 四级公路的超高、加宽过渡段应设在紧接圆曲线起点或终点的直线上。受地形条件或其他特殊情况限制时,允许将超高、加宽过渡段的一部分插入曲线,但插入曲线内的长度不得超过超高、加宽过渡段长度的一半。

不同半径的同向圆曲线径相连接构成的复曲线,其超高、加宽过渡段应对称地设在衔接处的两侧。

7.7.4 四级公路设人工构造物处,当因设置超高、加宽过渡段而在圆曲线起、终点内侧边缘产生明显转折时,可采用路面加宽边缘线与圆曲线上路面加宽后的边缘圆弧相切的方法予以消除。

7.8 平曲线长度

7.8.1 平曲线最小长度规定如表7.8.1。

表 7.8.1　平曲线最小长度

设计速度(km/h)		120	100	80	60	40	30	20
平曲线最小长度(m)	一般值	600	500	400	300	200	150	100
	最小值	200	170	140	100	70	50	40

注:"一般值"为正常情况下的采用值;"最小值"为条件受限制时可采用的值。

7.8.2　当路线转角等于或小于7°时,应设置较长的平曲线,其长度规定如表7.8.2。

表 7.8.2　公路转角等于或小于7°时的平曲线长度

设计速度(km/h)	120	100	80	60	40	30	20
平曲线长度(m)	1 400/Δ	1 200/Δ	1 000/Δ	700/Δ	500/Δ	350/Δ	280/Δ

注:表中Δ为路线转角值(°),当Δ<2°时,按Δ=2°计算。

7.9　视距

7.9.1　各级公路每条车道的停车视距规定如表7.9.1。

表 7.9.1　停 车 视 距

设计速度(km/h)	120	100	80	60	40	30	20
停车视距(m)	210	160	110	75	40	30	20

7.9.2　高速公路、一级公路的视距采用停车视距。

二级公路、三级公路、四级公路的视距应满足会车视距要求,其长度应不小于停车视距的2倍。受地形条件或其他特殊情况限制而采取分道行驶措施的地段,可采用停车视距。

7.9.3　高速公路、一级公路以及大型车比例高的二级公路、三级公路的下坡路段,应采用下坡段货车停车视距对相关路段进行检验。下坡段货车停车视距规定如表7.9.3。

表 7.9.3　下坡段货车停车视距(m)

设计速度(km/h)		120	100	80	60	40	30	20
纵坡坡度(%)	0	245	180	125	85	50	35	20
	3	265	190	130	89	50	35	20
	4	273	195	132	91	50	35	20
	5	—	200	136	93	50	35	20
	6	—	—	139	95	50	35	20
	7	—	—	—	97	50	35	20
	8	—	—	—	—	—	35	20
	9	—	—	—	—	—	—	20

7.9.4 二级公路、三级公路、四级公路的超车视距规定如表7.9.4。

表7.9.4 超 车 视 距

设计速度(km/h)		80	60	40	30	20
超车视距(m)	一般值	550	350	200	150	100
	最小值	350	250	150	100	70

注:"一般值"为正常情况下的采用值;"最小值"为条件受限制时可采用的值。

7.9.5 具干线功能的二级公路宜在3min的行驶时间内,提供一次满足超车视距要求的超车路段。其他双车道公路可根据情况间隔设置具有超车视距的路段。

7.9.6 平曲线内侧设置的人工构造物,或平曲线内侧挖方边坡妨碍视线,或中间带设置防眩设施时,应对视距予以检查与验算。不符合规定要求时,可加宽路肩或中间带,或将构造物后移,或设置交通安全设施。

7.10 回头曲线

7.10.1 越岭路线应利用地形自然展线,避免设置回头曲线。三级公路、四级公路在自然展线无法争取需要的距离以克服高差,或因地形、地质条件所限不能采取自然展线时,可采用回头曲线。

7.10.2 两相邻回头曲线之间,应有较长的距离。由一个回头曲线的终点至下一个回头曲线起点的距离,设计速度为40km/h、30km/h、20km/h时,分别应不小于200m、150m、100m。

7.10.3 回头曲线各部分的技术指标规定如表7.10.3。

表7.10.3 回头曲线技术指标

主线设计速度(km/h)	40		30	20
回头曲线设计速度(km/h)	35	30	25	20
圆曲线最小半径(m)	40	30	20	15
回旋线最小长度(m)	35	30	25	20
超高横坡度(%)	6	6	6	6
双车道路面加宽值(m)	2.5	2.5	2.5	3.0
最大纵坡(%)	3.5	3.5	4.0	4.5

设计速度为40km/h的公路根据地形条件可选用35km/h或30km/h的回头曲线设计速度。

7.10.4 回头曲线前后的线形应连续、均匀、通视良好,两端以布设过渡性曲线为宜,且设置限速标志、交通安全设施等。

8 公路纵断面

8.1 一般规定

8.1.1 纵断面上的设计标高,即路基设计标高规定如下:

(1)新建公路的路基设计标高:高速公路和一级公路宜采用中央分隔带的外侧边缘标高;二级公路、三级公路、四级公路宜采用路基边缘标高,在设置超高、加宽路段为设超高、加宽前该处边缘标高。

(2)改建公路的路基设计标高:宜按新建公路的规定执行,也可视具体情况而采用中央分隔带中线或行车道中线标高。

8.1.2 路基设计洪水频率规定如表8.1.2。

表8.1.2 路基设计洪水频率

公路等级	高速公路	一级公路	二级公路	三级公路	四级公路
设计洪水频率	1/100	1/100	1/50	1/25	按具体情况确定

(1)沿河及可能受水浸淹的路段,按设计标高推算的最低侧路基边缘标高,应高出表8.1.2规定洪水频率计算水位加壅水高、波浪侵袭高和0.50m的安全高度。

(2)沿水库上游岸边的路段,按设计标高推算的最低侧路基边缘标高应考虑水库水位升高后地下水位壅升,以及水库淤积后壅水曲线抬高及浪高的影响;在寒冷地区还应考虑冰塞壅水对水位增高的影响。

(3)大、中桥桥头引道(在洪水泛滥范围内)的按设计标高推算的最低侧路基边缘标高,应高于该桥设计洪水位(并包括壅水和浪高)至少0.50m;小桥涵附近的按设计标高推算的最低侧路基边缘标高应高于桥(涵)前壅水水位至少0.50m(不计浪高)。

8.2 纵坡

8.2.1 公路的最大纵坡规定如表8.2.1。

表8.2.1 最人纵坡

设计速度(km/h)	120	100	80	60	40	30	20
最大纵坡(%)	3	4	5	6	7	8	9

(1)设计速度为120km/h、100km/h、80km/h的高速公路,受地形条件或其他特殊情

况限制时,经技术经济论证,最大纵坡可增加1%。

(2)设计速度为40km/h、30km/h、20km/h的公路,改建工程利用原有公路的路段,经技术经济论证,最大纵坡可增加1%。

(3)四级公路位于海拔2 000m以上或积雪冰冻地区的路段,最大纵坡不应大于8%。

8.2.2 设计速度小于或等于80km/h位于海拔3 000m以上高原地区的公路,最大纵坡应按表8.2.2的规定予以折减。最大纵坡折减后若小于4%,则仍采用4%。

表8.2.2 高原纵坡折减值

海拔高度(m)	3 000~4 000	4 000~5 000	5 000以上
纵坡折减(%)	1	2	3

8.2.3 公路的纵坡不宜小于0.3%。横向排水不畅的路段或长路堑路段,采用平坡(0%)或小于0.3%的纵坡时,其边沟应作纵向排水设计。

8.2.4 桥上及桥头路线的纵坡

(1)小桥与涵洞处的纵坡应随路线纵坡设计。

(2)桥梁及其引道的平、纵、横技术指标应与路线总体布设相协调,各项技术指标应符合路线布设的规定。大桥的纵坡不宜大于4%,桥头引道纵坡不宜大于5%,引道紧接桥头部分的线形应与桥上线形相配合。

(3)位于市镇附近非汽车交通量大的路段,桥上及桥头引道纵坡均不应大于3%。

8.2.5 隧道及其洞口两端路线的纵坡

(1)隧道内的纵坡应大于0.3%并小于3%,但短于100m的隧道不受此限。

(2)高速公路、一级公路的中、短隧道,当条件受限制时,经技术经济论证后最大纵坡可适当加大,但不宜大于4%。

(3)隧道的纵坡宜设置成单向坡;地下水发育的隧道及特长、长隧道宜采用人字坡。

8.2.6 位于市镇附近且非汽车交通量较大的路段,其纵坡可根据具体情况适当放缓。

8.2.7 平均纵坡

二级公路、三级公路、四级公路越岭路线连续上坡(或下坡)路段,相对高差为200~500m时平均纵坡不应大于5.5%;相对高差大于500m时平均纵坡不应大于5%,且任意连续3km路段的平均纵坡不应大于5.5%。

8.3 坡长

8.3.1 公路纵坡的最小坡长规定如表8.3.1。

表 8.3.1 最 小 坡 长

设计速度(km/h)	120	100	80	60	40	30	20
最小坡长(m)	300	250	200	150	120	100	60

8.3.2 公路不同纵坡的最大坡长规定如表 8.3.2。

表 8.3.2 不同纵坡最大坡长(m)

设计速度(km/h)		120	100	80	60	40	30	20
纵坡坡度(%)	3	900	1 000	1 100	1 200	—	—	—
	4	700	800	900	1 000	1 100	1 100	1 200
	5	—	600	700	800	900	900	1 000
	6	—	—	500	600	700	700	800
	7	—	—	—	—	500	500	600
	8	—	—	—	—	300	300	400
	9	—	—	—	—	—	200	300
	10	—	—	—	—	—	—	200

8.3.3 公路连续上坡或下坡时,应在不大于表 8.3.2 规定的纵坡长度之间设置缓和坡段。缓和坡段的纵坡应不大于3%,其长度应符合表 8.3.1 最小坡长的规定。

8.4 爬坡车道

8.4.1 四车道高速公路、四车道一级公路以及二级公路连续上坡路段,符合下列情况之一者,宜在上坡方向行车道右侧设置爬坡车道。

(1)沿连续上坡方向载重汽车的运行速度降低到表 8.4.1 的容许最低速度以下时。

表 8.4.1 上坡方向容许最低速度

设计速度(km/h)	120	100	80	60	40
容许最低速度(km/h)	60	55	50	40	25

(2)上坡路段的设计通行能力小于设计小时交通量时。

(3)经设置爬坡车道与改善主线纵坡不设爬坡车道技术经济比较论证,设置爬坡车道的效益费用比、行车安全性较优时。

8.4.2 爬坡车道的超高坡度规定如表 8.4.2。超高横坡的旋转轴为爬坡车道内侧边缘线。

表 8.4.2 爬坡车道的超高值

主线的超高坡度(%)	10	9	8	7	6	5	4	3	2
爬坡车道的超高坡度(%)	5				4			3	2

8.4.3 爬坡车道的曲线加宽按一个车道曲线加宽规定执行。

8.4.4 高速公路、一级公路爬坡车道长度大于500m时，应按规定在其右侧设置紧急停车带。

8.4.5 爬坡车道的起、终点与长度

(1)爬坡车道的起点，应设于陡坡路段上载重汽车运行速度降低至表8.4.1中"容许最低速度"处。

(2)爬坡车道的终点，应设于载重汽车爬经陡坡路段后恢复至"容许最低速度"处，或陡坡路段后延伸的附加长度的端部。该陡坡路段后延伸的附加长度规定如表8.4.5-1。

表8.4.5-1 陡坡路段后延伸的附加长度

附加路段的纵坡(%)	下坡	平坡	上坡			
			0.5	1.0	1.5	2.0
附加长度(m)	100	150	200	250	300	350

(3)相邻两爬坡车道相距较近时，宜将两爬坡车道直接相连。

(4)爬坡车道起点、终点处应按设置分流、汇流渐变段，其长度规定如表8.4.5-2。

表8.4.5-2 爬坡车道分流、汇流渐变段长度

公路等级	分流渐变段长度(m)	汇流渐变段长度(m)
高速公路、一级公路	100	150~200
二级公路	50	90

8.5 合成坡度

8.5.1 公路最大合成坡度值规定如表8.5.1。

表8.5.1 公路最大合成坡度

公路等级	高速公路			一级公路			二级公路		三级公路		四级公路
设计速度(km/h)	120	100	80	100	80	60	80	60	40	30	20
合成坡度值(%)	10.0	10.0	10.5	10.0	10.5	10.5	9.0	9.5	10.0	10.0	10.0

8.5.2 当陡坡与小半径圆曲线相重叠时，宜采用较小的合成坡度。特别是下述情况，其合成坡度必须小于8%。

(1)冬季路面有积雪、结冰的地区；

(2)自然横坡较陡峻的傍山路段；

(3)非汽车交通量较大的路段。

8.5.3 在超高过渡的变化处,合成坡度不应设计为0%。当合成坡度小于0.5%时,应采取综合排水措施,保证路面排水畅通。

8.6 竖曲线

8.6.1 公路纵坡变更处应设置竖曲线,竖曲线宜采用圆曲线,其竖曲线最小半径与竖曲线长度规定如表8.6.1。

表8.6.1 竖曲线最小半径与竖曲线长度

设计速度(km/h)		120	100	80	60	40	30	20
凸形竖曲线最小半径(m)	一般值	17 000	10 000	4 500	2 000	700	400	200
	极限值	11 000	6 500	3 000	1 400	450	250	100
凹形竖曲线最小半径(m)	一般值	6 000	4 500	3 000	1 500	700	400	200
	极限值	4 000	3 000	2 000	1 000	450	250	100
竖曲线长度(m)	一般值	250	210	170	120	90	60	50
	最小值	100	85	70	50	35	25	20

注:“一般值”为正常情况下的采用值;“极限值”和“最小值”为条件受限制时可采用的值。

9 线形设计

9.1 一般规定

9.1.1 公路线形是三维立体线形。线形设计应做好公路平面、纵断面、横断面三者间的组合,并同自然环境相协调。

9.1.2 线形设计除应符合行驶力学要求外,还应考虑用路者的视觉、心理与生理方面的要求,以提高汽车行驶的安全性、舒适性与经济性。

9.1.3 线形设计的要求与内容应随公路功能和设计速度的不同而各有侧重。

(1)高速公路和具干线功能的一、二级公路,应注重立体线形设计,做到线形连续、指标均衡、视觉良好、景观协调、安全舒适。设计速度愈高,线形设计组合所考虑的因素应愈周全,以提供高的服务质量。

(2)具集散功能的一、二级公路,应根据混合交通情况确定公路横断面布置设计,并注重路线交叉等处的线形设计组合，以保障通视良好，行驶通畅、安全。

（3）设计速度等于或小于40km/h的双车道公路，在保证行驶安全的前提下，应正确地运用线形要素的规定值（含最大、最小值），合理地组合各线形要素，或采取设置相应交通工程设施等技术措施，以充分发挥投资效益。

（4）遵循以设计路段确定公路等级、设计速度的原则，其设计路段的长度不宜过短，且线形技术指标应保持相对均衡。

（5）不同设计路段相衔接处前后的平、纵、横技术指标，应随设计速度由高向低（或反之）而逐渐由大向小（或反之）变化，使行驶速度自然过渡。相衔接处附近不宜采用该路段设计速度的最小或最大平、纵技术指标值。

9.1.4 立体交叉前后的线形应选用较高的平、纵技术指标，使之具有较好的通视条件。

9.1.5 路线平、纵线形组合设计，可采用路线透视图进行评价。

9.1.6 各级公路平、纵技术指标变化大的路段，或条件受限制时采用平、纵技术指标最大值（或最小值）的路段，或平、纵线形组合有异议的路段，或实际行驶速度可能超出（或低于）设计速度的路段等，应采用运行速度进行检验。

9.2 平面线形设计

9.2.1 一般规定

（1）平面线形应直捷、连续、均衡，并与地形相适应，与周围环境相协调。

（2）各级公路不论转角大小均应敷设曲线，并宜选用较大的圆曲线半径。转角过小时，应调整平面线形。当不得已而设置小于7°的转角时，则必须按规定设置足够长的曲线。

（3）两同向圆曲线间应设有足够长度的直线，否则应调整线形设置为单曲线或复曲线。

（4）两反向圆曲线间不应设置短直线段，否则应调整线形设置为S形曲线。

（5）六车道及其以上的高速公路，同向或反向圆曲线间插入的直线长度，还应符合路基外侧边缘超高过渡渐变率规定的要求。

（6）设计速度等于或小于40km/h的双车道公路，两相邻反向圆曲线无超高时可径相衔接，无超高有加宽时应设置长度不小于10m的加宽过渡段；两相邻反向圆曲线设有超高时，地形条件特殊困难路段的直线长度不得小于15m。

（7）设计速度等于或小于40km/h的双车道公路，应避免连续急弯的线形。地形条件特殊困难不得已而设置时，应在曲线间插入规定的直线长度或回旋线。

9.2.2 直线的运用

（1）直线的运用应注意同地形、环境的协调与配合。采用直线线形时，其长度不宜过长。

(2)农田、河渠规整的平坦地区、城镇近郊规划等以直线条为主体时,宜采用直线线形。

(3)特长、长隧道或结构特殊的桥梁等构造物所处的路段,以及路线交叉点前后的路段宜采用直线线形。

(4)双车道公路为超车所提供的路段宜采用直线线形。

9.2.3 圆曲线的运用

(1)设置圆曲线时应与地形相适应,以采用超高为2%~4%的圆曲线半径为宜。

(2)条件受限制时,可采用大于或接近于圆曲线最小半径的"一般值";地形条件特殊困难而不得已时,方可采用圆曲线最小半径的"极限值"。

(3)设置圆曲线时,应同相衔接路段的平、纵线形要素相协调,使之构成连续、均衡的曲线线形,并避免小半径圆曲线与陡坡相重合的线形。

9.2.4 回旋线的运用

(1)设计速度大于或等于60km/h时,回旋线应作为线形要素之一加以运用。回旋线-圆曲线-回旋线的长度以大致接近为宜。两个回旋线的参数值亦可以根据地形条件设计成非对称的曲线,但 A_1: A_2 不应大于2.0。

(2)回旋线参数宜依据地形条件及线形要求确定,并与圆曲线半径相协调。

①当 R 小于100m时,A 宜大于或等于 R。

②当 R 接近于100m时,A 宜等于 R。

③当 R 较大或接近于3 000m时,A 宜等于 $R/3$。

④当 R 大于3 000m时,A 宜小于 $R/3$。

(3)两反向圆曲线径相衔接或插入的直线长度不足时,可用回旋线将两反向圆曲线连接组合为S形曲线。

①S形曲线的两回旋线参数 A_1 与 A_2 宜相等。

②当采用不同的回旋线参数时,A_1 与 A_2 之比应小于2.0,有条件时以小于1.5为宜。当 $A_2 \leqslant 200$ 时,A_1 与 A_2 之比应小于1.5。

③两圆曲线半径之比不宜过大,以 $R_1/R_2 \leqslant 2$ 为宜(R_1 为大圆曲线半径;R_2 为小圆曲线半径)。

(4)两同向圆曲线径相衔接或插入的直线长度不足时,可用回旋线将两同向圆曲线连接组合为卵形曲线。

①卵形曲线的回旋线参数宜选 $R_2/2 \leqslant A \leqslant R_2$($R_2$ 为小圆曲线半径)。

②两圆曲线半径之比,以 $R_2/R_1 = 0.2 \sim 0.8$ 为宜。

③两圆曲线的间距,以 $D/R_2 = 0.003 \sim 0.03$ 为宜(D 为两圆曲线间的最小间距)。

(5)受地形条件限制时,可将两同向回旋线在曲率相同处径相衔接而组合为凸形曲线。

凸形曲线只有在路线严格受地形限制，且对接点的曲率半径相当大时方可采用。

①凸形曲线的回旋线参数及其对接点的曲率半径，应分别符合容许最小回旋参数和圆曲线最小半径的规定。

②对接点附近的 0.3v(以 m 计;其中 v 为设计速度，按 km/h 计)长度范围内，应保持以对接点的曲率半径确定的路拱横坡度。

(6)受地形条件限制时，大半径圆曲线与小半径圆曲线相衔接处，可采用两个或两个以上同向回旋线在曲率相同处径相连接而组合为复合曲线。复合曲线的两个回旋线参数之比以小于 1.5 为宜。

复合曲线在受地形条件限制，或互通式立体交叉的匝道设计中可采用。

(7)受地形条件或其他特殊情况限制时，可将两同向圆曲线的回旋线曲率为零处径相衔接而组合为 C 形曲线。

C 形曲线仅限于地形条件特殊困难，路线严格受限制时方可采用。

9.3 纵面线形设计

9.3.1 一般规定

(1)纵面线形应平顺、圆滑、视觉连续，并与地形相适应，与周围环境相协调。

(2)纵坡设计应考虑填挖平衡，并利用挖方就近作为填方，以减轻对自然地面横坡与环境的影响。

(3)相邻纵坡之代数差小时，应采用大的竖曲线半径。

(4)连续上坡路段的纵坡设计，除上坡方向应符合平均纵坡、不同纵坡最大坡长规定的技术指标外，还应考虑下坡方向的行驶安全。凡个别技术指标接近或达到最大值的路段，应结合前后路段各技术指标设置情况，采用运行速度对连续上坡方向的通行能力与下坡方向的行车安全进行检验。

(5)路线交叉处前后的纵坡应平缓。

(6)位于积雪或冰冻地区的公路，应避免采用陡坡。

9.3.2 纵坡值的运用

(1)各级公路应避免采用最大纵坡值和不同纵坡最大坡长值，只有在为争取高度利用有利地形，或避开工程艰巨地段等不得已时，方可采用。

(2)纵坡以平、缓为宜，但最小纵坡不宜小于 0.3%。采用平坡(0%)或小于0.3%的纵坡路段，应作专门的排水设计。

9.3.3 纵坡设计的要求

(1)平原地形的纵坡应均匀、平缓。

(2)丘陵地形的纵坡应避免过分迁就地形而起伏过大。

(3)越岭线的纵坡应力求均匀,不应采用最大值或接近最大值的坡度,更不宜连续采用不同纵坡最大坡长值的陡坡夹短距离缓坡的纵坡线形。

(4)山脊线和山腰线,除结合地形不得已时采用较大的纵坡外,在可能条件下应采用平缓的纵坡。

9.3.4 竖曲线设计的要求

(1)设计速度大于或等于60km/h的公路,竖曲线设计宜采用长的竖曲线和长直线坡段的组合。有条件时宜采用大于或等于表9.3.4所列视觉所需要的竖曲线半径度值。

表9.3.4 视觉所需要的最小竖曲线半径值

设计速度(km/h)	竖曲线半径(m)	
	凸形	凹形
120	20 000	12 000
100	16 000	10 000
80	12 000	8 000
60	9 000	6 000

(2)竖曲线应选用较大的半径。当条件受限制时,宜采用大于或接近于竖曲线最小半径的"一般值";地形条件特殊困难而不得已时,方可采用竖曲线最小半径的"极限值"。

(3)同向竖曲线间,特别是同向凹形竖曲线之间,如直线坡段接近或达到最小坡长时,宜合并设置为单曲线或复曲线。

9.4 横断面设计

9.4.1 公路横断面设计应最大限度地降低路堤高度,减小对沿线生态的影响,保护环境,使公路融入自然。条件受限制不得已而出现高填、深挖时,应同架桥、建隧、分离式路基等方案进行论证比选。

9.4.2 路基断面布设应结合沿线地面横坡、自然条件、工程地质条件等进行设计。自然横坡较缓时,以整体式路基断面为宜。横坡较陡、工程地质复杂时,高速公路宜采用分离式路基断面。

9.4.3 整体式路基的中间带宽度宜保持等值。当中间带的宽度增宽或减窄时,应设置过渡段。过渡段以设在回旋线范围内为宜,长度应与回旋线长度相等。条件受限制时,过渡段的渐变率不应大于1/100。

9.4.4 整体式路基分为分离式路基或分离式路基汇合为整体式路基时,其中间带的宽度增宽或减窄时,应设置过渡段。其过渡段以设置在圆曲线半径较大的路段为宜。

9.4.5 公路横断面设计应注重路侧安全和运用宽容设计理念，作好中间带、加(减)速车道、路肩以及渠化、左(右)转弯车道、交通岛等各组成部分的细节设计，清除有碍行车安全的障碍物，提供足够宽的无阻碍的路侧安全区。

9.4.6 中间带的设计

(1)中央分隔带形式：中央分隔带宽度大于或等于3.0m时宜用凹形；中央分隔带宽度小于3.0m时可采用凸形。

(2)中央分隔带缘石：中央分隔带宽度大于或等于3.0m时宜采用平齐式；中央分隔带宽度小于3.0m时可采用平齐式或斜式。高速公路、一级公路中央分隔带不得采用栏式缘石。

(3)中央分隔带表面处理：中央分隔带宽度大于或等于3.0m时宜植草皮；中央分隔带宽度小于3.0m时可栽灌木或铺面封闭。

9.4.7 公路横断面范围内的排水设计除应自成体系、满足功能要求外，设置在紧靠车道的边沟，其断面宜采用浅碟形或漫流等方式，否则应加盖板。

9.4.8 冬季积雪路段、工程地质病害严重路段等可适当加宽路基，以改善行车条件，保障行车安全。

9.5 线形组合设计

9.5.1 线形组合的基本要求

(1)线形组合设计中，各技术指标除应分别符合平面、纵断面规定值外，还应考虑横断面对线形组合与行驶安全的影响。应避免平面、纵断面、横断面的最不利值的相互组合的设计。

(2)在确定平面、纵断面的各相对独立技术指标时，各自除应相对均衡、连续外，应考虑与之相邻路段的各技术指标值的均衡、连续。

(3)条件受限制时选用平面、纵断面的各接近或最大(最小)值及其组合时，应考虑前后地形、技术指标运用等对实际行驶速度的影响，其运行速度与设计速度之差不应大于20km/h。

(4)线形组合设计除应保持各要素间内部的相对均衡与变化节奏的协调外，还应注意同公路外部沿线自然景观的适应和地质条件等的配合。

(5)路线线形应能自然地诱导驾驶者的视线，并保持视觉的连续性。

9.5.2 线形组合设计原则

(1)平、纵线形组合设计原则为宜相互对应。当平、竖曲线半径均较小时，其相互对应程度应较严格；随着平、竖曲线半径的同时增大，其对应程度可适当放宽；当平、竖曲线半径均大时,可不严格相互对应。

(2)长直线不宜与坡陡或半径小且长度短的竖曲线组合。

(3)长的平曲线内不宜包含多个短的竖曲线;短的平曲线不宜与短的竖曲线组合。

(4)半径小的圆曲线起、讫点,不宜接近或设在凸形竖曲线的顶部或凹形竖曲线的底部。

(5)长的竖曲线内不宜设置半径小的平曲线。

(6)凸形竖曲线的顶部或凹形竖曲线的底部,不宜同反向平曲线的拐点重合。

(7)复曲线、S形曲线中的左转圆曲线不设超高时,应采用运行速度对其安全性予以验算。

9.5.3 设计速度大于或等于60km/h的公路,应注重路线平、纵线形组合设计。设计速度等于或小于40km/h的公路,可参照执行。

9.5.4 六车道及其以上的高速公路,应重视直、曲线(含平、纵面)间的组合与搭配,应在曲线间设置足够长的回旋线或直线,使其衔接过渡顺适,路面排水良好。

9.6 线形与桥、隧的配合

9.6.1 桥头引道与桥梁线形

(1)桥梁及其引道的位置、线形应与路线线形相协调,使之视野开阔,视线诱导良好。各项技术指标应符合路线布设与总体设计的相关规定。

(2)高速公路、一级公路上的桥梁线形应与路线线形相协调,且连续、流畅。

(3)桥梁、涵洞等人工构筑物同路基的衔接,其平、纵线形应符合路线布设的有关规定。

(4)桥梁、涵洞等人工构筑物上设置防撞护栏时,桥(涵)路衔接处的外侧护栏在平面上应为同一直线或曲线。

9.6.2 隧道洞口连接线与隧道线形

(1)隧道的位置与隧道洞口连接线应与路线线形相协调,以利行车的安全与舒适。各项技术指标应符合路线布设与总体设计的相关规定。

(2)隧道洞口外连接线应与隧道洞口内线形相协调,隧道洞口外侧不小于3s设计速度行程长度与洞口内侧不小于3s设计速度行程长度范围内的平面线形不应有急骤的方向改变。

(3)高速公路、一级公路上的隧道分为上、下行分离的双洞时,其洞口连接线的布设应与路线整体线形相协调,并就近在适宜位置设置联络车道。

(4)隧道洞口同路基的衔接应符合路线布设的有关规定;隧道洞口同路基衔接处的

宽度不一致时,在隧道洞口外连接线内应设置过渡段。

9.7 线形与沿线设施的配合

9.7.1 线形设计应考虑到主线收费站、匝道收费站、服务区、停车区等沿线设施布设的要求。

9.7.2 主线收费站范围内路线宜为直线或不设超高的曲线,不应将收费站设置在凹形竖曲线的底部。

9.7.3 服务区、停车区及公共汽车停靠站等区段内,主线的主要技术指标可参照互通式立体交叉的有关设计规定。

9.7.4 路线设计时应考虑标志、标线的设置,并与交通安全设施设计相互配合;标志、标线的设计应准确,充分体现路线设计意图;路侧设计受限制的路段,应合理设置相应防护设施,以策安全。

9.8 线形与环境的协调

9.8.1 线形设计应充分考虑到速度对视觉的影响,设计速度高的公路,线形设计和周围环境配合的要求应更高。

9.8.2 公路线形应充分利用地形、自然风景,尽量少改变周围的地貌、地形、天然森林、建筑物等景观,使公路与自然融为一体,最大限度地保护环境。

9.8.3 公路防护工程应采用工程防护与生态防护相结合的方式,减少对自然景观的影响,加大恢复力度,使公路工程与自然环境相和谐。

9.8.4 宜适当放缓路堑边坡或将边坡的变坡点修整圆滑,使其接近于自然地面,增进路容美观。

9.8.5 公路两侧的绿化应作为诱导视线、点缀风景以及改造环境的一种措施而进行专门设计。

10 公路与公路平面交叉

10.1 一般规定

10.1.2 交通管理方式

平面交叉根据相交公路的功能、等级、交通量等可分别采用主路优先交叉、无优先交叉或信号交叉三种不同的交通管理方式。

(1)公路功能、等级、交通量有明显差别的两条公路相交,或交通量较大的T形交叉,应采用主路优先交叉交通管理方式。

(2)相交两条公路的等级均低且交通量较小时,应采用无优先交叉交通管理方式。

(3)下述交叉应采用信号交通管理方式:

①两条交通量均大,且功能、等级相同的公路相交,难以用"主路优先"的规则管理时;

②两相交公路虽有主次之别,但交通量均较大(主要公路双向交通量大于或等于600辆/h,次要公路单向交通量大于或等于200辆/h),采用"主路优先"交通管理方式会出现较频繁的交通事故和过分的交通延误时;

③主要公路交通量相当大(主要公路双向交通量大于或等于900辆/h),而次要公路尽管交通量不大,但采用"主路优先"交通管理方式,次要公路上的车辆由于难以遇到可供驶入的主流间隙而引起不可接受的交通延误,或出现冒险驶入长度不足的主流间隙而危及安全时;

④两相交公路的交通量虽未达到上述程度,但由于有相当数量的行人和非机动车穿越交叉而引起交通延误,甚至造成阻塞或交通事故时;

⑤环形交叉的入口因交通量大而出现过多的交通延误时,则入口应采用信号管理。

10.1.3 平面交叉设计速度

(1)平面交叉范围内主要公路的设计速度,宜与路段设计速度相同。

(2)两相交公路的功能、等级相同或交通量相近时,平面交叉范围内的直行车道的设计速度可适当降低,但不应低于路段的70%。

(3)次要公路因交角等原因改线,或因条件受限采用较低的线形指标时,可适当降低设计速度。

(4)转弯车道的设计速度应根据路段设计速度、交通量、交叉类型、交通管理方式和用地情况等因素综合确定。

10.2 平面交叉处公路的线形

10.2.1 平面线形

(1)平面交叉范围内两相交公路应正交或接近正交,且平面线形宜为直线或大半径圆曲线,不宜采用需设超高的圆曲线。

(2)新建公路与等级较低的现有公路斜交时,交角不应小于70°。若交角过小,则次要公路在交叉前后一定范围内应作局部改线。

10.2.2 纵面线形

(1)平面交叉范围内,两相交公路的纵面宜平缓。纵面线形应满足停车视距的要求。

(2)主要公路在交叉范围内的纵坡应在0.15% ~3%的范围内;次要公路紧接交叉的引道部分应以0.5% ~2.0%的上坡通往交叉。

(3)主要公路在交叉范围内的圆曲线设置超高时,次要公路的纵坡应服从主要公路的横坡。

三、公路工程抗震规范
(JTG B02—2013)

1 总则

1.0.3 公路工程构筑物应进行抗震设计。不需要进行专门工程场地地震安全性评价的公路工程构筑物,应根据现行《中国地震动参数区划图》(GB 18306)规定的地震动参数进行抗震设防。地震动峰值加速度大于或等于0.40g地区的公路工程构筑物的抗震设计应专门研究。

1.0.4 独立特大型桥梁工程及独立特长隧道工程、地震动峰值加速度大于或等于0.40g地区的高速公路和一级公路的抗震危险地段,应按照有关规定,进行工程场地地震安全性评价。

1.0.5 地震动峰值加速度大于或等于0.20g的地区,可将对抗震救灾以及在经济、国防上具有重要意义的公路工程构筑物,或破坏后修复(抢修)困难的公路工程构筑物确定为生命线工程。生命线工程,可按国家批准权限,报请批准后,适当提高抗震设防标准。

3 基本规定

3.1 桥梁工程抗震设防标准

3.1.1 桥梁抗震设防类别应按表3.1.1确定。

表3.1.1 桥梁抗震设防类别

桥梁抗震设防类别	桥梁特征
A类	单跨跨径超过150m的特大桥
B类	单跨跨径不超过150m的高速公路、一级公路上的桥梁,单跨跨径不超过150m的二级公路上的特大桥、大桥
C类	二级公路上的中桥、小桥,单跨跨径不超过150m的三、四级公路上的特大桥、大桥
D类	三、四级公路上的中桥、小桥

3.1.2 桥梁抗震设防目标应按表3.1.2确定。

表3.1.2 各设防类别桥梁的抗震设防目标

桥梁抗震设防类别	设防目标	
	E1地震作用	E2地震作用
A类	不受损坏或不需修复可继续使用	可发生局部轻微损伤,不需修复或经简单修复可继续使用
B类、C类	不受损坏或不需修复可继续使用	不致倒塌或产生严重结构损伤,经临时加固后可供维持应急交通使用
D类	不受损坏或不需修复可继续使用	—

3.1.4 桥梁抗震措施设防烈度应按表3.1.4确定。

表3.1.4 桥梁抗震措施设防烈度

地震基本烈度		6	7		8		9
对应设计基本地震动峰值加速度		≥0.05g	0.10g	0.15g	0.20g	0.30g	≥0.40g
桥梁类别	A类	7	8	8	9	更高,专门研究	
	B类	7	8	8	9	9	≥9
	C类	6	7	7	8	8	9
	D类	6	7	7	8	8	9

3.1.5 立体交叉的跨线桥梁的抗震设防标准应不低于下线工程对桥梁结构的抗震设防标准。

3.2 其他公路工程构筑物抗震设防标准

3.2.1 其他公路工程构筑物抗震设防目标应为:

1 高速公路、一级公路及二级公路的工程构筑物,在E1地震作用时,位于抗震有利地段的,经一般整修即可正常使用;位于抗震不利地段的,经短期抢修即可恢复使用;位于抗震危险地段的挡土墙、隧道等重要构筑物不发生严重破坏。

2 三级公路、四级公路工程构筑物,在E1地震作用时,位于抗震有利地段的,经短期抢修即可恢复使用;位于抗震不利地段的挡土墙、隧道等重要构筑物不发生严重破坏。

3.2.4 高速公路和一级公路上的台阶式路基和阶梯式挡土墙,其下部构筑物的抗震措施可较其对应的地震基本烈度提高一档采用,但对于地震基本烈度为9度的地区,抗震措施应通过专门研究确定。

3.3 地震作用

3.3.1 公路工程构筑物的地震作用包括水平向地震作用和竖向地震作用,应根据场地设计地震动峰值加速度和地震动反应谱特征周期确定。

3.4 作用效应组合

3.4.1 公路工程构筑物抗震设计时应考虑下列作用:

1 永久作用,包括结构重力(恒载)、预应力、土压力、水压力。

2 地震作用,包括地震动的作用和地震土压力、水压力等。

3 可变作用,桥梁结构需考虑可能同期作用的一定量的可变作用。

3.4.3 作用效应组合应包括永久作用效应与地震作用效应的组合,组合方式应包括各种效应的最不利组合。

3.5 抗震设计

3.5.1 设计基本地震动峰值加速度大于或等于 0.10g 地区的 B 类和 C 类桥梁,应按 E1 地震作用进行弹性抗震设计计算,按 E2 地震作用进行延性抗震设计计算,并应采取相关抗震措施。

3.5.2 设计基本地震动峰值加速度大于或等于 0.10g 地区的 D 类桥梁,应按 E1 地震作用进行弹性抗震设计计算,并宜采取相关抗震措施。

3.5.3 A 类桥梁应在专门研究的基础上,按照本规范的抗震设防规定进行抗震设计。

3.5.4 设计基本地震动峰值加速度大于或等于 0.10g 地区的其他公路工程构筑物,宜按地震基本动峰值加速度进行弹性抗震设计计算,并宜采取相关抗震措施。

3.5.5 设计基本地震动峰值加速度小于 0.10g 地区的 B 类、C 类、D 类桥梁和其他公路工程构筑物,可仅根据抗震措施要求进行抗震设计,不进行抗震设计计算。

3.6 抗震措施

3.6.1 应在工程地质勘察的基础上,对断裂构造的活动性、边坡稳定性和场地的地质条件等进行综合评价,确定抗震有利、不利和危险地段,合理采用相应的综合抗震措施。

路线、桥位和隧址的选择，应充分利用抗震有利地段，宜绕避抗震危险与不利地段。

3.6.2 路线布设应远离发震断裂带。必须穿过时，宜布设在破碎带较窄的部位；必须平行于发震断裂布设时，宜布设在断裂带的下盘，并宜有对应的修复预案和保通预案。

3.6.3 高速公路和一级公路宜避开地震动峰值加速度大于或等于0.20g地区的发震断裂带。当难以避开时，抗震设计应包括震后保通预案和修复预案。

3.6.4 路线设计应避免造成较多的高陡临空面；不宜采用高挡土墙、深长路堑以及在同一山坡上连续回头弯道等对抗震不利的方案。

3.6.5 在软弱黏性土层、液化土层和严重不均匀地层上，不宜修建大跨径超静定桥梁。

3.6.6 隧址宜避开活动断裂和浅薄山嘴。不宜在地形陡峭、岩体风化、裂缝发育的山体中修建大跨度傍山隧道。

3.6.12 构筑物的抗震结构体系应符合下列要求：

1 应有明确、可靠的地震能量耗散部位。

2 应有明确、合理的地震作用传递路线。

3 结构构件的截面刚度不应有突变而形成薄弱区域。

4 应有防止发生连锁式破坏的措施。

5 结构各构件之间连接节点的强度不应低于构件强度。

6 允许发生塑性变形的桥梁结构构件，在发生塑性变形后，不应导致整个体系完全丧失抗震能力或承受结构物自身荷载的能力。

3.6.13 应通过合理选择尺寸、配置钢筋等措施，增加钢筋混凝土构件的延性，防止剪切先于弯曲破坏和钢筋锚固黏结先于构件破坏。

3.6.14 减隔震装置的设置应考虑减隔震装置的可更换性要求，并应进行定期的维护和检查。

4 地基和基础

4.1 一般规定

4.1.1 在抗震不利、危险地段布设路线、桥梁和隧道时，宜对地基采取适当抗震加固措施。

4.1.2 地基为软土、液化土、新近填土或严重不均匀土时,应考虑地震时地基不均匀沉降、地基失效或其他不利影响对公路工程构筑物可能造成的破坏,并应采取相应措施。

4.1.4 进行结构抗震验算时,应根据基础类型、土质条件,对地基承载力进行修正。

4.2 天然地基抗震承载力

4.2.1 地基抗震验算时,应采用地震作用效应与永久作用效应组合。

4.2.2 天然地基抗震承载力可按式(4.2.2)计算:

$$f_{aE} = Kf_a \tag{4.2.2}$$

式中:f_{aE}——调整后的地基抗震承载力容许值;

K——地基抗震容许承载力调整系数,按表4.2.2采用;

f_a——深宽修正后的地基承载力容许值,按现行《公路桥涵地基与基础设计规范》(JTG D63)的规定取值。

表4.2.2 地基抗震容许承载力调整系数 K

岩土名称及性状	K
岩石,密实的碎石土,密实的砾、粗、中砂,f_{a0}≥300kPa 的黏性土和粉土	1.5
中密、稍密的碎石土,中密和稍密的砾、粗、中砂,密实和中密的细、粉砂,150kPa≤f_{a0}<300kPa 的黏性土和粉土,坚硬黄土	1.3
稍密的细砂、粉砂,100kPa≤f_{a0}<150kPa 的黏性土和粉土,可塑黄土	1.1
淤泥,淤泥质土,松散的砂,杂填土,新近堆积黄土及流塑黄土	1.0

注:f_{a0}为由荷载试验等方法得到的地基承载力基本容许值(kPa)。

4.2.3 验算天然地基抗震承载力时,基础底面平均压应力应符合下列各式要求:

$$p \leq f_{aE} \tag{4.2.3-1}$$

$$p_{max} \leq 1.2f_{aE} \tag{4.2.3-2}$$

式中:p——基础底面平均压应力;

p_{max}——基础底面边缘的最大压应力。

4.2.4 液化土层及以上土层的地基承载力不应按4.2.2条规定提高。在计算液化土层以下地基承载力时,应计入液化土层及以上土层重力。

4.3 液化地基

4.3.1 存在饱和砂土或粉土(不含黄土)的地基,应进行液化判别,确定其等级和程度。存在液化土层的地基,应根据公路工程构筑物的重要性和地基液化等级,采取相应措施。

4.4 桩基础

4.4.1 非液化地基的桩基,进行抗震验算时,柱桩的地基抗震容许承载力调整系数可取1.5,摩擦桩的地基抗震容许承载力调整系数可根据地基土类别按表4.2.2取值。采用荷载试验确定单桩竖向承载力时,单桩竖向承载力可提高50%,桩基的单桩水平承载力可提高25%。

5 桥梁

5.1 一般规定

5.1.2 地震作用可用设计加速度反应谱、设计地震动时程或其他可靠方法表征。

5.1.4 采用设计加速度反应谱法表征地震作用,在同时考虑三个正交方向(水平向X、Y和竖向Z)的地震作用时,可分别单独计算X向地震作用在i计算方向上产生的最大效应E_{iX}、Y向地震作用在i计算方向上产生的最大效应E_{iY}与Z向地震作用在i计算方向上产生的最大效应E_{iZ},i计算方向总的设计最大地震作用效应E_i可按式(5.1.4)求取:

$$E_i = \sqrt{E_{iX}^2 + E_{iY}^2 + E_{iZ}^2} \tag{5.1.4}$$

5.4 抗震设计

5.4.1 进行桥梁结构抗震设计时,应建立合理的抗震验算模型。结构形式简单的桥梁结构可简化为单自由度体系的模型进行抗震验算。

5.4.2 桥台台身在地震作用下产生的地震惯性力,在进行抗震验算时可简化为静力参与验算。

5.4.3 需要验算E2地震作用下抗震能力的钢筋混凝土墩柱式梁桥,可将墩柱作为延性构件设计,将基础、盖梁、梁体和结点作为能力保护构件设计。设计弯矩和剪力可按下列要求确定:

1 墩柱的设计剪力值应采用墩柱的极限弯矩所对应的剪力。计算墩柱设计剪力值时,应考虑所有潜在塑性铰位置以确定最大的设计剪力值。

2 盖梁、基础的设计弯矩值和设计剪力值应采用墩柱的极限弯矩(考虑超强系数)所对应的弯矩、剪力值。

5.4.4 桥梁宜采用构造简单、性能可靠的减隔震装置。减隔震装置应在其性能明确的范围内使用。采用减隔震装置后,桥梁的基本周期宜大于不采用减隔震装置时的基本周期的2倍。

5.6 抗震措施

5.6.1 宜采用对抗震有利的桥梁形式。

5.6.2 上部结构连续的桥梁,各桥墩高度宜相近。相邻桥墩高度相差较大时,宜采取采用不同的桥墩断面构造、下挖地面等措施调整桥墩的抗推刚度。

5.6.3 在刚度较大的桥墩处可设置能协调结构在地震作用下变形的设施,保证结构的抗震性能。

5.6.4 应加强结构塑性铰区域、结点区域等薄弱部位的构造措施,保证结构的强度和延性。

5.6.5 相邻上部结构之间宜在桥台、桥墩等处设置适当的间隙,满足地震作用下的需要,并应满足正常使用条件下车辆运行和结构养护的要求。

5.6.6 装配式结构宜采取加强结构横向连接等提高结构整体性的构造措施。在伸缩缝处宜采取加大支撑距离、设置限位装置和连梁装置等防落梁措施。

5.6.7 设计基本地震动峰值加速度大于或等于0.10g的地区,不应采用独柱式结构。双柱式或多柱式桥墩应加强横向连接,保证桥墩的延性。

5.6.8 简支梁桥应合理确定简支梁梁端至墩、台帽或盖梁边缘的距离,并采取必要的措施，防止落梁。

5.6.9 设防烈度为7度的桥梁，还应采取下列措施：

2 桥面不连续的简支梁（板）桥，宜采取设置挡块、螺栓连接和钢夹板连接等防止纵向落梁的措施。

3 连续梁和桥面连续的简支梁（板）桥，应采取防止横向产生较大位移的措施。

5.6.10 设防烈度为8度的桥梁，还应采取下列措施：

1 应采用合理的限制位移装置，控制结构相邻构件之间的相对位移。

2 连续梁桥宜采取措施，使上部构造所产生的水平地震作用能由各个墩、台共同承担。桥台宜采用整体性强的结构形式。

5.6.11 设防烈度为9度的桥梁，还应采取下列措施：

1 应加强梁桥各片梁间的横向连接，保证上部结构的整体性。当采用桁架体系时，应采取结构措施，保证其横向稳定性。

2 梁桥活动支座应采取限制其竖向位移的措施。

6 隧道

6.1 一般规定

6.1.1 隧道宜设置于抗震有利地段。

6.1.2 隧道洞口不应设在岩堆、滑坡体、泥石流沟、崩塌、围岩落石等不良地质及排水困难的沟谷低洼处或不稳定的悬崖陡壁下。

6.1.3 应根据公路等级、地震烈度、地形地质情况，合理选择隧道形式。悬臂式棚洞不宜用于设计基本地震动峰值加速度大于0.20g的地区。

6.3 抗震措施

6.3.1 隧道洞口应采取控制路堑边坡和仰坡的开挖高度等措施防止坍塌震害；位于悬崖陡壁下的洞口，宜采取设置明洞等措施防止落石的危害。

6.3.5 设计基本地震动峰值加速度大于或等于0.20g的地区，隧道洞门端墙与衬砌环框间、端墙与洞口挡土墙或翼墙间的施工接缝处,应采取加设短钢筋或设置榫头等抗震连接措施。

7 挡土墙

7.1 一般规定

7.1.1 设计基本地震动峰值加速度大于或等于 0.20g 的地区不宜采用加筋土挡土墙。

7.1.3 高速公路和一级公路上的挡土墙距离主断裂边缘不宜小于 100m;无法满足时,应采取降低挡土墙高度、采用整体浇筑的重力式混凝土挡土墙、设置合理有效的伸缩缝和沉降缝等措施,并应设置完善的排水系统。

7.2 强度和稳定性验算

7.2.1 挡土墙应按表 7.2.1 规定的范围和要求验算其抗震强度和稳定性。

表 7.2.1 挡土墙抗震强度和稳定性验算范围

地基类型		设计基本地震动峰值加速度				
		高速公路、一级公路、二级公路			三级公路、四级公路	
		0.10g(0.15g)	0.20g(0.30g)	0.40g	<0.40g	0.40g
岩石、非液化土及非软土地基	非浸水	不验算	$H>4$ 验算	验算	不验算	验算
	浸水	不验算	验算	验算	不验算	验算
液化土及软土地基		验算	验算	验算	不验算	验算

注:H 为挡土墙墙趾至墙顶的高度(m)。

7.2.2 公路挡土墙可采用静力法验算挡土墙体抗震强度和稳定性。设计基本地震动峰值加速度大于或等于 0.10g 地区的高速公路、一级公路上的挡土墙,高度超过 20m,且地基处于抗震危险地段的,应作专门研究。

7.2.7 挡土墙的抗震稳定性验算应按现行《公路桥涵地基与基础设计规范》(JTG D63)进行,其抗滑动稳定系数 K_c 不应小于 1.1,抗倾覆稳定系数 K_0 不应小于 1.2。

7.3 抗震措施

7.3.1 设计基本地震动峰值加速度大于或等于 0.20g 时,干砌片(块)石挡土墙的高度不宜超过 5m;大于或等于 0.40g 时,不宜超过 3m。高速公路、一级公路不应使用干砌片石挡土墙。

7.3.2 设计基本地震动峰值加速度大于或等于 0.10g 时,浆砌片(块)石挡土墙的最低砂浆强度等级应按现行《公路圬工桥涵设计规范》(JTG D61)的要求提高一级采用,挡土墙高度不宜大于表 7.3.2 的规定。当挡土墙高度大于表 7.3.2 所列数值时,宜采用混凝土整体浇筑或分级式挡土墙。

表 7.3.2 浆砌片(块)石挡土墙的高度限值

高 度(m)		设计基本地震动峰值加速度	
		0.20g、0.30g	≥0.40g
公路等级	高速公路、一级公路	12	10
	二级公路、三级公路	14	12

7.3.4 挡土墙应分段修筑,每段长度不宜超过 15m;在墙的分段处、地基土及墙高变化处,应设置沉降缝。

8 路基

8.1 一般规定

8.1.1 应根据公路等级、场区设计基本地震动峰值加速度、地形地质条件,合理选择填料,确定路基高度和断面形式,并采取必要的防护措施,保证路基安全。

8.1.2 路线经过规模较大、性质复杂的滑坡、崩塌、岩溶等不良地质地段时,应采用排、挡及改善软弱层带的工程性质等措施进行综合治理,减轻地震诱发的地质灾害对路基的危害。

8.2 抗震稳定性验算

8.2.1 路基应按表 8.2.1 规定的范围和要求验算其抗震稳定性。

表 8.2.1 路基抗震稳定性验算的范围

<table>
<tr><td rowspan="3" colspan="3">项　　目</td><td colspan="4">基本地震动峰值加速度</td></tr>
<tr><td colspan="3">高速公路、一级公路、二级公路</td><td>三级公路、四级公路</td></tr>
<tr><td>0.10g(0.15g)</td><td>0.20g(0.30g)</td><td>≥0.40g</td><td>≥0.40g</td></tr>
<tr><td rowspan="4">岩石、非液化土及非软土地基上的路堤</td><td rowspan="2">非浸水</td><td>用岩块及细粒土(粉性土、有机质土除外)填筑</td><td>不验算</td><td>$H>20$ 验算</td><td>$H>15$ 验算</td><td>$H>20$ 验算</td></tr>
<tr><td>用粗粒土(极细砂、细砂除外)填筑</td><td>不验算</td><td>$H>12$ 验算</td><td>$H>6$ 验算</td><td>$H>12$ 验算</td></tr>
<tr><td>浸水</td><td>用渗水性土填筑</td><td>不验算</td><td>$H_w>3$ 验算</td><td>$H_w>2$ 验算</td><td>水库地区 $H_w>3$ 验算</td></tr>
<tr><td colspan="2">地面横坡度大于 1:3 的路基</td><td>不验算</td><td>验算</td><td>验算</td><td>验算</td></tr>
<tr><td>路堑</td><td colspan="2">黏性土、黄土、碎石类土</td><td>一般不验算</td><td>$H>20$ 验算</td><td>$H>15$ 验算</td><td>$H>20$ 验算</td></tr>
</table>

注:1. H 为路基高度(m)。

2. H_w 为路基浸水常水位的深度(m)。

8.2.2 公路路基可采用静力法进行抗震稳定性验算。设计基本地震动峰值加速度大于或等于 0.20g 地区的高速公路、一级公路,挖方高度超过 20m,填方路堤高度超过 15m,且处于滑坡地段的路基,宜对抗震稳定性进行专门研究。

8.2.5 采用静力法对路基进行抗震稳定性验算时,高速公路和一级、二级公路路基边坡高度大于 20m 的,路基边坡抗震稳定系数不应小于 1.15,路基边坡高度小于或等于 20m 的,不应小于 1.1;三级、四级公路的路基边坡抗震稳定系数不应小于 1.05。

8.2.6 采用静力法对路基进行抗震稳定性验算时,应按下列公式计算路基边坡抗震稳定系数 K_c:

1 作用于各土体条块重心处的地震作用应按下式计算:

水平地震作用 $$E_{hsi} = C_i C_z A_h \psi_j G_{si}/g \tag{8.2.6-1}$$

竖向地震作用 $$E_{vsi} = C_i C_z A_v G_{si}/g \tag{8.2.6-2}$$

式中:E_{hsi}——作用于路基计算土体重心处的水平地震作用(kN);

E_{vsi}——作用于路基计算土体重心处的竖向地震作用(kN);

C_i——抗震重要性修正系数,应按表 3.2.2 采用;

C_z——综合影响系数,取 0.25;

ψ_j——水平地震作用沿路堤边坡高度增大系数,按式(8.2.6-3)取值;

$$\psi_j = \begin{cases} 1.0 & (H \leqslant 20\text{m}) \\ 1.0 + \dfrac{0.6}{H-20}(h_i - 20) & (H > 20\text{m}) \end{cases} \tag{8.2.6-3}$$

A_h——路基所处地区的水平向设计基本地震动峰值加速度；

G_{si}——路基计算第 i 条土体重力(kN)；

A_v——路基所处地区的竖向设计基本地震动峰值加速度，根据表3.3.2确定，作用方向取不利于稳定的方向；计算时向上取负，向下取正；

h_i——路基计算第 i 条土体的高度(m)；

H——路基边坡高度(m)。

2 土质路基抗震稳定系数 K_c 应根据图8.2.6，按式(8.2.6-4)确定，也可采用其他可靠方法计算。

$$K_c = \frac{\sum_{i=1}^{n}\{cB\sec\theta + [(G_{si} + E_{vsi})\cos\theta - E_{hsi}\sin\theta]\tan\varphi\}}{\sum_{i=1}^{m}[(G_{si} + E_{vsi})\sin\theta + M_h/r]} \tag{8.2.6-4}$$

式中：K_c——抗震稳定系数；

r——圆弧半径(m)；

B——滑动体条块宽度(m)；

θ——条块底面中点切线与水平线的夹角(°)；

M_h——F_h 对圆心的力矩(kN·m)；

F_h——作用在条块重心处的水平向地震惯性力代表值(kN/m)，作用方向取不利于稳定的方向；

c——土石填料在地震作用下的黏聚力(kN)；

φ——土石填料在地震作用下的摩擦角(°)。

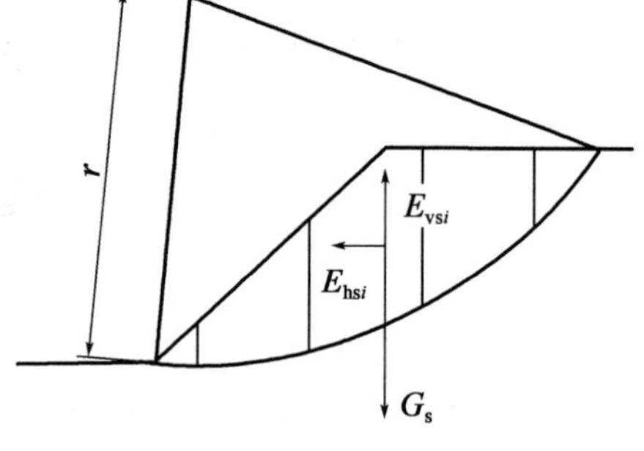

图8.2.6 圆弧滑动法计算示意图

8.3 抗震措施

8.3.1 路堤填料的选择应符合下列规定：

1 路堤填方宜采用抗震稳定性较好的碎石土、黏性土、卵石土和不易风化的石块等材料，当采用砂类土填筑路基时，应对边坡坡面采取适当防护措施。

2 路堤浸水部分的填料，宜选用抗震稳定性较好的渗水性土。

3 位于设计基本地震动峰值加速度大于或等于0.20g地区的高速公路和一级公路，采用粉砂、细砂作填料时，应采取防止液化的措施。

8.3.2 公路路堤或路堑的高度大于表8.3.2规定时，应采取放缓边坡或加固等措施。

表 8.3.2 路基高度限值(m)

<table>
<tr><td rowspan="3">填土类别</td><td colspan="5">设计基本地震动峰值加速度</td></tr>
<tr><td colspan="2">高速公路、一级公路</td><td>二级公路</td><td colspan="2">三级公路、四级公路</td></tr>
<tr><td>0.20g(0.30g)</td><td>0.40g</td><td>0.40g</td><td>0.30g</td><td>0.40g</td></tr>
<tr><td>岩块和细粒土(粉土和有机质土除外)路基</td><td>15</td><td>10</td><td>15</td><td colspan="2">—</td></tr>
<tr><td>粗粒土(细砂、极细砂除外)路基</td><td>6</td><td>3</td><td>6</td><td colspan="2">—</td></tr>
<tr><td>黏性土路堑</td><td>15</td><td>15</td><td>10</td><td>15</td><td>20</td></tr>
</table>

8.3.7 筑于软土地基且高度大于 6m 的路堤,可根据具体情况适当采取下列措施,提高路基的抗震稳定性:

1 降低填土高度,置换软土设置反压护道。

2 取土坑和边沟浅挖、远离路基。

3 保护路基与取土坑之间的地表植被或采取地基加固措施。

8.3.8 软土地基上的高速公路和一级公路,地表设置垫层时,垫层材料应采用碎、卵石或粗砂夹碎石(卵石),不得采用细砂。

8.3.9 边坡高度超过 10m 的岩石路堑,边坡坡度宜参考表 8.3.9 的规定确定。边坡岩体石质破碎或有危石的岩石路堑,上覆层受震易坍塌时,应采取支挡措施;对于高速公路和一级公路,宜采用明洞或隧道方案通过。

表 8.3.9 边坡高度超过 10m 的岩石路堑参考边坡坡度

<table>
<tr><td rowspan="2">岩石种类</td><td colspan="2">设计基本地震动峰值加速度</td></tr>
<tr><td>0.20g(0.30g)</td><td>0.40g</td></tr>
<tr><td>风化岩石</td><td>1:0.6~1:1.5</td><td>1:0.75~1:1.5</td></tr>
<tr><td>一般岩石</td><td>1:0.1~1:0.5</td><td>1:0.2~1:0.6</td></tr>
<tr><td>坚石</td><td>1:0.1~直立</td><td>1:0.1~直立</td></tr>
</table>

四、公路路基设计规范

（JTG D30—2015）

1 总则

1.0.3 路基应具有足够的强度、稳定性和耐久性。

1.0.5 路基设计应根据公路的功能和等级，遵循因地制宜、就地取材、节约土地、保护环境的原则，通过技术经济综合比选，合理确定路基方案，做好综合设计。

2 术语和符号

2.1 术语

2.1.1 路基 subgrade

按照路线位置和一定技术要求修筑的带状构造物，是路面的基础，承受由路面传来的行车荷载。

2.1.2 路床 roadbed

路面结构层以下 0.8m 或 1.20m 范围内的路基部分，分为上路床及下路床两层。上路床厚度 0.3m；下路床厚度在轻、中等及重交通公路为 0.5m，特重、极重交通公路为 0.9m。

2.1.3 路堤 embankment

高于原地面的填方路基。路堤在结构上分为上路堤和下路堤，上路堤是指路床以下 0.7m 厚度范围的填方部分，下路堤是指上路堤以下的填方部分。

2.1.4 路堑 cutting

低于原地面的挖方路基。

2.1.5 路基工作区 subgrade workaround

汽车荷载通过路面传递到路基的应力与路基土自重应力之比大于 0.1 的应力分布深

度范围。

2.1.6 低路堤 low embankment

填土高度小于路基工作区深度的路堤。

2.1.7 高路堤 high embankment

路基填土边坡高度大于20m的路堤。

2.1.8 陡坡路堤 steep slope embankment

地面斜坡陡于1:2.5的路堤。

2.1.9 深路堑 deep cutting

土质挖方边坡高度大于20m或岩石挖方边坡高度大于30m的路堑。

2.1.10 填石路堤 rockfill embankment

用粒径大于40mm、含量超过70%的石料填筑的路堤。

2.1.11 压实度 degree of compaction

筑路材料压实后的干密度与标准最大干密度之比,以百分率表示。

2.1.12 特殊路基 special subgrade

位于特殊土(岩)地段、不良地质地段及受水、气候等自然因素影响强烈,需要进行特殊设计的路基。

3 一般路基

3.1 一般规定

3.1.1 路基设计应收集公路沿线气候、水文、地形地貌、地质、地震、筑路材料等资料,做好沿线地质、路基填料勘察试验工作,查明地层岩土性质、厚度、空间分布特征及有关物理力学参数。

3.1.2 路基设计宜避免高填深挖。不能避免时,当路基中心填方高度超过20m或中心挖方深度超过30m时,宜结合路线方案与桥梁、隧道等构造物或分离式路基进行方案比选。

3.1.3 沿河及受水浸淹的路基边缘高程，应高出表3.1.3规定设计洪水频率的计算水位加壅水高度、波浪侵袭高度及0.5m的安全高度之和。

表3.1.3 路基设计洪水频率

公路等级	高速公路	一级公路	二级公路	三级公路	四级公路
路基设计洪水频率	1/100	1/100	1/50	1/25	按具体情况确定

注：区域内唯一通道的公路路基设计洪水频率可采用高一个等级公路的标准。

3.1.4 路基设计应根据当地自然条件和工程地质条件，选择适当的路基横断面形式和边坡坡度。沿河路基不宜侵占河道，应根据冲刷情况，设置必要的防护支挡工程，并妥善处理路基废方，避免河床堵塞、河流改道或冲毁沿线构造物、农田、房屋等。

3.1.5 路基填料应满足路基强度和回弹模量的要求。土石方调配设计应对移挖作填、集中取（弃）土、填料改良处理等方案进行技术经济比较，充分利用挖方材料，节约土地。

3.1.6 路基设计应控制路基工后沉降量。对软弱地基、路基与桥涵结构物连接处、路基填挖交界处、高路堤、陡坡路堤等，应采取综合措施，防止路基不均匀变形。

3.1.7 路基设计应考虑水和冰冻对路基性能的影响，设置完善的防排水系统或防冻害设施，以及必要的路基防护工程。

3.1.8 高速公路和一级公路的高路堤、陡坡路堤和深路堑等均应采用动态设计。动态设计必须以完整的施工设计图为基础，适用于路基施工阶段。

3.2 路床

3.2.1 路床厚度应根据交通量及其轴载组成确定。对特种轴载的公路，应单独计算路基工作区深度，确定路床厚度。

3.2.2 路床填料应均匀，其最小承载比应符合表3.2.2的规定。

表3.2.2 路床填料最小承载比要求

路基部位		路面底面以下深度（m）	填料最小承载比（*CBR*）（%）		
			高速公路、一级公路	二级公路	三、四级公路
上路床		0～0.3	8	6	5
下路床	轻、中等及重交通	0.3～0.8	5	4	3
	特重、极重交通	0.3～1.2	5	4	—

注：1. 该表*CBR*试验条件应符合现行《公路土工试验规程》（JTG E40）的规定。

2. 年平均降雨量小于400mm地区，路基排水良好的非浸水路基，通过试验论证可采用平衡湿度状态的含水率作为*CBR*试验条件，并应结合当地气候条件和汽车荷载等级，确定路基填料*CBR*控制标准。

3.2.3 路床应分层铺筑,碾压密实,并应符合下列要求:

1 填料最大粒径应小于100mm。

2 压实度应符合表3.2.3的规定。

3 路床顶面横坡应与路拱横坡一致。

表3.2.3 路床压实度要求

路基部位		路面底面以下深度(m)	路床压实度(%)		
			高速公路、一级公路	二级公路	三、四级公路
上路床		0~0.3	≥96	≥95	≥94
下路床	轻、中等及重交通	0.3~0.8	≥96	≥95	≥94
	特重、极重交通	0.3~1.2	≥96	≥95	—

注:1. 表列压实度系按现行《公路土工试验规程》(JTG E40)重型击实试验所得最大干密度求得的压实度。
2. 当三、四级公路铺筑沥青混凝土和水泥混凝土路面时,其压实度应采用二级公路压实度标准。

3.2.4 路基应以路床顶面回弹模量为设计指标,以路床顶面竖向压应变为验算指标,并应符合下列要求:

1 路基在平衡湿度状态下,路床顶面回弹模量不应低于现行《公路沥青路面设计规范》(JTG D50)和《公路水泥混凝土路面设计规范》(JTG D40)的有关规定。

2 沥青路面路床顶面竖向压应变的计算值应满足沥青路面永久变形的控制要求。

3 水泥混凝土路面路床顶面竖向压应变可不作控制。

3.2.5 新建公路路基回弹模量设计值 E_0 应按式(3.2.5-1)确定,并应满足式(3.2.5-2)的要求。

$$E_0 = K_s K_\eta M_R \tag{3.2.5-1}$$

$$E_0 \geqslant [E_0] \tag{3.2.5-2}$$

式中:E_0——平衡湿度状态下路基回弹模量设计值(MPa);

$[E_0]$——路面结构设计的路基回弹模量要求值(MPa),应符合本规范第3.2.4条的有关规定;

M_R——标准状态下路基动态回弹模量值(MPa),按本规范第3.2.6条确定;

K_s——路基回弹模量湿度调整系数,为平衡湿度(含水率)状态下的回弹模量与标准状态下的回弹模量之比,按本规范第3.2.7条确定;

K_η——干湿循环或冻融循环条件下路基土模量折减系数,通过试验确定。初步设计时,非冰冻地区可根据土质类型、失水率确定,季节冻土区可根据冻结温度、含水率确定,折减系数可取0.7~0.95。非冰冻区粉质土、黏质土,失水率大于30%,取小值,反之取较大值;粗粒土取大值。季节冻土地区粉质土、黏质土冻结温度低于-15℃,冻前含水率高,取小值,反之取较大值;粗粒土取大值。

3.2.6 标准状态下路基回弹模量值应按下列方法确定：

1 路基填料的回弹模量应按附录 A 通过试验获得。

2 受试验条件限制时，可按附录 B，根据土组类别及粒料类型由表 B.1、表 B.2 查取回弹模量参考值。

3 初步设计阶段，也可按式（3.2.6-1）、式（3.2.6-2）由填料的 *CBR* 值估算标准状态下填料的回弹模量值：

$$M_R = 17.6CBR^{0.64} \quad (2 < CBR \leqslant 12) \tag{3.2.6-1}$$

$$M_R = 22.1CBR^{0.55} \quad (12 < CBR < 80) \tag{3.2.6-2}$$

3.2.7 新建公路路床应处于干燥或中湿状态。路基设计可按下列方法预估湿度状态，确定回弹模量湿度调整系数：

1 可按附录 C 的有关规定，根据路基相对高度、路基土组类别及其毛细水上升高度，确定路基干湿类型，并预估路基结构的平衡湿度。

2 路基回弹模量湿度调整系数可按附录 D 确定。

3.2.8 当路基湿度状态、路基填料 *CBR*、路床回弹模量和竖向压应变等不能满足要求时，应根据气候、土质、地下水赋存和料源等条件，经技术经济比选后，对路床采取下列处理措施：

1 可采用粗粒土或低剂量无机结合料稳定土等进行换填，并合理确定换填深度。

2 对细粒土可采用砂、砾石、碎石等进行掺和处治，或采用无机结合料进行稳定处治。细粒土处治设计应通过物理力学试验，确定处治材料及其掺量、处治后的路基性能指标等。

3 水文地质条件不良的土质挖方路基或者潮湿状态填方路基，应采取设置排水垫层、毛细水隔离层、地下排水渗沟等措施。

4 季节冻土地区各级公路的中湿、潮湿路段，应结合路面结构进行路基结构的防冻验算。必要时，应设置防冻垫层或保温层。

3.3 填方路基

3.3.1 路堤高度应满足下列要求：

1 满足公路等级所对应的路基设计洪水频率及其设计洪水位。

2 路堤高度不宜小于中湿状态路基临界高度。

3 季节冻土地区，路堤高度不宜小于当地路基冻深。

3.3.2 路堤高度宜按式（3.3.2）计算确定。

$$H_{op} = \mathrm{MAX}\{(h_{sw} - h_0) + h_w + h_{bw} + \Delta h, h_l + h_p, h_{wd} + h_p, h_f + h_p\} \tag{3.3.2}$$

式中：H_{op}——路堤合理高度（m）；

h_{sw}——设计洪水位（m）；

h_0——地面高程(m);

h_w——波浪侵袭高度(m);

h_{bw}——壅水高度(m);

Δh——安全高度(m);

h_l——中湿状态路基临界高度(m);

h_p——路面厚度(m);

h_{wd}——路基工作区深度(m);

h_f——季节冻土地区路基冻深(m)。

3.3.3 路堤填料应符合下列要求:

1 路堤宜选用级配较好的砾类土、砂类土等粗粒土作为填料,填料最大粒径应小于150mm。

2 泥炭、淤泥、冻土、强膨胀土、有机土及易溶盐超过允许含量的土等,不得直接用于填筑路堤。季节冻土地区路床及浸水部分的路堤不应直接采用粉质土填筑。

3 路堤填料最小承载比应符合表3.3.3的规定。

表3.3.3 路堤填料最小承载比要求

路基部位		路面底面以下深度(m)	填料最小承载比 *CBR*(%)		
			高速公路、一级公路	二级公路	三、四级公路
上路堤	轻、中等及重交通	0.8~1.5	4	3	3
	特重、极重交通	1.2~1.9	4	3	—
下路堤	轻、中等及重交通	1.5以下	3	2	2
	特重、极重交通	1.9以下			

注:1. 当路基填料 *CBR* 值达不到表列要求时,可掺石灰或其他稳定材料处理。

2. 当三、四级公路铺筑沥青混凝土和水泥混凝土路面时,应采用二级公路的规定。

4 液限大于50%、塑性指数大于26的细粒土,不得直接作为路堤填料。

5 浸水路堤、桥涵台背和挡土墙墙背宜采用渗水性良好的填料。在渗水材料缺乏的地区,采用细粒土填筑时,可采用无机结合料进行稳定处治。

3.3.4 路堤应分层铺筑,均匀压实,压实度应符合表3.3.4的规定。

表3.3.4 路堤压实度

路基部位		路面底面以下深度(m)	压实度(%)		
			高速公路、一级公路	二级公路	三、四级公路
上路堤	轻、中等及重交通	0.8~1.5	≥94	≥94	≥93
	特重、极重交通	1.2~1.9	≥94	≥94	—
下路堤	轻、中等及重交通	1.5以下	≥93	≥92	≥90
	特重、极重交通	1.9以下			

注:1. 表列压实度系按现行《公路土工试验规程》(JTG E40)重型击实试验所得最大干密度求得的压实度。

2. 当三、四级公路铺筑沥青混凝土和水泥混凝土路面时,应采用二级公路的规定值。

3. 路堤采用粉煤灰、工业废渣等特殊填料,或处于特殊干旱或特殊潮湿地区时,在保证路基强度和回弹模量要求的前提下,通过试验论证,压实度标准可降低1~2个百分点。

3.3.5 路堤边坡形式和坡率应根据填料的物理力学性质、边坡高度和工程地质条件确定，并符合下列要求：

1 当地质条件良好，边坡高度不大于20m时，其边坡坡率不宜陡于表3.3.5规定值。

表3.3.5 路堤边坡坡率

填料类别	边坡坡率	
	上部高度($H \leqslant 8m$)	下部高度($H \leqslant 12m$)
细粒土	1:1.5	1:1.75
粗粒土	1:1.5	1:1.75
巨粒土	1:1.3	1:1.5

2 对边坡高度大于20m的路堤，边坡形式宜采用阶梯型，边坡坡率应按本规范第3.6节的有关规定由稳定性分析计算确定，并应进行工点设计。

3 浸水路堤在设计水位以下的边坡坡率不宜陡于1:1.75。

3.3.6 地基表层处理设计应符合下列要求：

1 稳定的斜坡上，地面横坡缓于1:5时，清除地表草皮、腐殖土后，可直接填筑路堤；地面横坡为1:5～1:2.5时，原地面应挖台阶，台阶宽度不应小于2m。当基岩面上的覆盖层较薄时，宜先清除覆盖层再挖台阶；当覆盖层较厚且稳定时，可予保留。

2 地面横坡陡于1:2.5地段的陡坡路堤，必须检算路堤整体沿基底及基底下软弱层滑动的稳定性，抗滑稳定系数不得小于表3.6.11规定值，否则应采取改善基底条件或设置支挡结构物等防滑措施。

3 当地下水影响路堤稳定时，应采取拦截引排地下水或在路堤底部填筑渗水性好的材料等措施。

4 地基表层应碾压密实。一般土质地段，高速公路、一级公路和二级公路基底的压实度(重型)不应小于90%；三、四级公路不应小于85%。低路堤应对地基表层土进行超挖、分层回填压实，其处理深度不应小于路床深度。

5 稻田、湖塘等地段，应视具体情况采取排水、清淤、晾晒、换填、加筋、外掺无机结合料等处理措施。当为软土地基时，其处理措施应符合本规范第7.7节的有关规定。

3.3.7 二级及二级以上公路路堤与桥台、横向构造物(涵洞、通道)连接处应设置过渡段。过渡段路基压实度不应小于96%，并应做好填料、地基处理、台背防排水系统等综合设计。过渡段长度宜按式(3.3.7)确定。

$$L = (2 \sim 3)H + (3 \sim 5) \tag{3.3.7}$$

式中：L——过渡段长度(m)；

H——路基填土高度(m)。

3.3.8 陡坡上的半填半挖路基，可根据地形、地质条件，采用护肩、砌石或挡土墙；当山坡高陡或稳定性差、不宜多挖时,可采用桥梁、悬出路台等构造物;三、四级公路悬崖陡壁地段,当山体岩石整体性好时,可采用半山洞。

3.3.9 护肩路基的护肩高度不宜超过2m,顶面宽度不应侵占硬路肩或行车道及路缘带的路面范围。

3.3.10 砌石路基可用于三、四级公路,并应符合下列要求:

1 砌石应选用当地不易风化的片、块石砌筑,内侧填石。

2 岩石风化严重或软质岩石路段不宜采用砌石路基。

3 砌石顶宽不应小于0.8m,基底面应向内倾斜,砌石高度不宜超过15m。砌石内、外坡率不宜陡于表3.3.10规定值。

表3.3.10 砌石边坡坡率

序号	砌石高度(m)	内坡坡率	外坡坡率
1	≤5	1:0.3	1:0.5
2	≤10	1:0.5	1:0.67
3	≤15	1:0.6	1:0.75

3.3.11 当填方路基受地形地物限制或路基稳定性不足时,可设置护脚或挡土墙。护脚高度不宜超过5m,受水浸淹的路堤护脚,应予防护或加固。

3.4 挖方路基

3.4.1 土质路堑设计应符合下列要求:

1 土质路堑边坡形式及坡率应根据工程地质与水文地质条件、边坡高度、排水防护措施、施工方法等,并结合自然稳定边坡、人工边坡的调查及力学分析综合确定。边坡高度不大于20m时,边坡坡率不宜陡于表3.4.1规定值。

表3.4.1 土质路堑边坡坡率

土的类别		边坡坡率
黏土、粉质黏土、塑性指数大于3的粉土		1:1
中密以上的中砂、粗砂、砾砂		1:1.5
卵石土、碎石土、圆砾土、角砾土	胶结和密实	1:0.75
	中密	1:1

注:黄土、红黏土、高液限土、膨胀土等特殊土质挖方边坡形式及坡度应按本规范第7章有关规定确定。

2 路堑边坡高度大于20m时,其边坡形式及坡率应按本规范第3.7节确定。

3.4.2 岩质路堑设计应符合下列要求:

1 岩质路堑边坡形式及坡率应根据工程地质与水文地质条件、边坡高度、排水防护措施、施工方法等,结合自然稳定边坡和人工边坡的调查综合确定。必要时可采用稳定分析方法予以验算。边坡高度不大于30m时,无外倾软弱结构面的边坡按附录E确定岩体类型,边坡坡率可按表3.4.2确定。

表3.4.2 岩质路堑边坡坡率

边坡岩体类型	风化程度	边坡坡率	
		$H<15m$	$15m \leq H \leq 30m$
Ⅰ类	未风化、微风化	1:0.1～1:0.3	1:0.1～1:0.3
	弱风化	1:0.1～1:0.3	1:0.3～1:0.5
Ⅱ类	未风化、微风化	1:0.1～1:0.3	1:0.3～1:0.5
	弱风化	1:0.3～1:0.5	1:0.5～1:0.75
Ⅲ类	未风化、微风化	1:0.3～1:0.5	—
	弱风化	1:0.5～1:0.75	—
Ⅳ类	弱风化	1:0.5～1:1	—
	强风化	1:0.75～1:1	—

注:1.有可靠的资料和经验时,可不受本表限制。
2.Ⅳ类强风化包括各类风化程度的极软岩。

2 对有外倾软弱结构面的岩质边坡、坡顶边缘附近有较大荷载的边坡、边坡高度超过表3.4.2范围的边坡等,边坡坡率应按本规范第3.7节有关规定通过稳定性分析计算确定。

3 硬质岩石挖方路基宜采用光面爆破、预裂爆破等毫秒微差爆破技术。

4 边坡高度大于20m的软弱松散岩质路堑,宜采用分层开挖、分层防护和坡脚预加固技术。

3.4.5 当边坡土质潮湿或地下水露头时,应根据实际情况设置渗沟或仰斜式排水孔,或在上游沿垂直地下水流向设置排水隧洞等排导设施。

3.4.6 应根据边坡稳定情况和周围环境确定边坡坡面防护形式,边坡防护应采取工程防护与植物防护相结合的措施。稳定性差的边坡应设置支挡工程。

3.6 高路堤与陡坡路堤

3.6.1 高路堤、陡坡路堤及不良地质、特殊岩土路段的路堤,应作为独立工点进行勘察设计。

3.6.2 高路堤与陡坡路堤设计应在掌握场地水文地质条件、填料来源及其性质的基础上,进行地基处理、结构形式、排水设施、边坡防护等综合设计。施工过程中应根据实际情况变化,及时调整设计,保证路基稳定。

3.6.5 高路堤与陡坡路堤边坡形式和坡率应根据地形与工程地质条件、路基边坡高度、填料性质等,结合经济与环保因素,经稳定分析计算确定。断面形式宜采用台阶式。

3.6.7 高路堤与陡坡路堤设计时,应进行路基稳定性计算分析。分析时,应考虑以下三种工况:

1 正常工况:路基投入运营后经常发生或持续时间长的工况。

2 非正常工况Ⅰ:路基处于暴雨或连续降雨状态下的工况。

3 非正常工况Ⅱ:路基遭遇地震等荷载作用的工况。

3.6.8 高路堤与陡坡路堤稳定性分析的强度参数应根据填料来源、场地情况及分析工况的需要,选择有代表性的土样进行室内试验,并结合现场情况确定。试验方法应符合下列要求:

1 路基填土的强度参数 c、φ 值,可采用直剪快剪或三轴不排水剪试验获得。不同工况下试样制备要求见表3.6.8。当路基填料为粗粒土或填石料时,应采用大型三轴试验仪或大型直剪试验仪进行试验。

2 地基土的强度参数 c、φ 值,宜采用直剪固结快剪或三轴固结不排水剪试验获得。

3 分析高路堤沿斜坡地基或软弱层带滑动的稳定性时,应结合场地条件,选择控制性层面的土层试验获得强度参数 c、φ 值。可采用直剪快剪或三轴不固结不排水剪试验。当存在地下水影响时,应采用饱水试件进行试验。

表3.6.8 路堤填土强度参数试验试样制备要求

分析工况	试样要求	适用范围
正常工况	采用填筑含水率和填筑密度;当难以获得填筑含水率和填筑密度时,或进行初步稳定分析时,密度采用要求达到的密度,含水率采用击实曲线上要求密度对应的较大含水率	用于新建路堤
	取路基原状土	用于已建路堤
非正常工况Ⅰ	同正常工况试样要求,但要预先饱和	用于降雨入渗影响范围内的填土
非正常工况Ⅱ	同正常工况试样要求	—

3.6.9 路堤堤身稳定性、路堤和地基的整体稳定性宜采用简化Bishop法,稳定系数 F_s 按式(3.6.9-1)计算,计算图示见图3.6.9。当地基为软弱或软土地基时,稳定系数计算方法及稳定性应满足本规范第7.7节的要求。

$$F_s = \frac{\sum[c_i b_i + (W_i + Q_i)\tan\varphi_i]/m_{\alpha i}}{\sum(W_i + Q_i)\sin\alpha_i} \tag{3.6.9-1}$$

式中:F_s——路堤稳定系数;

b_i——第 i 个土条宽度(m);

α_i——第 i 个土条底滑面的倾角(°);

c_i 、φ_i ——第 i 个土条滑弧所在土层的黏聚力和内摩擦角，依滑弧所在位置，取对应土层的黏聚力(kPa)和内摩擦角(°)；

$m_{\alpha i}$ ——系数，按式(3.6.9-2)计算，式中各符号的意义同前；

$$m_{\alpha i} = \cos\alpha_i + \frac{\sin\alpha_i \tan\varphi_i}{F_s} \tag{3.6.9-2}$$

W_i——第 i 个土条重力(kN)；

Q_i——第 i 个土条垂直方向外力(kN)。

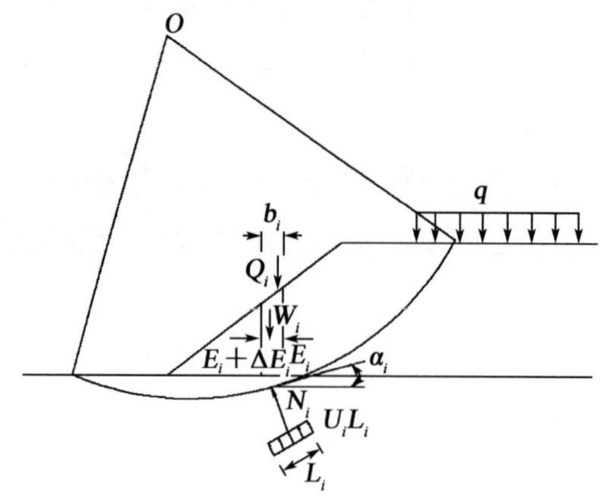

图 3.6.9 路堤堤身稳定性、路堤和地基的整体稳定性计算图示

3.6.10 路堤沿斜坡地基或软弱层带滑动的稳定性分析可采用不平衡推力法，稳定系数 F_s 可按式(3.6.10-1)、式(3.6.10-2)计算，计算图示见图 3.6.10。

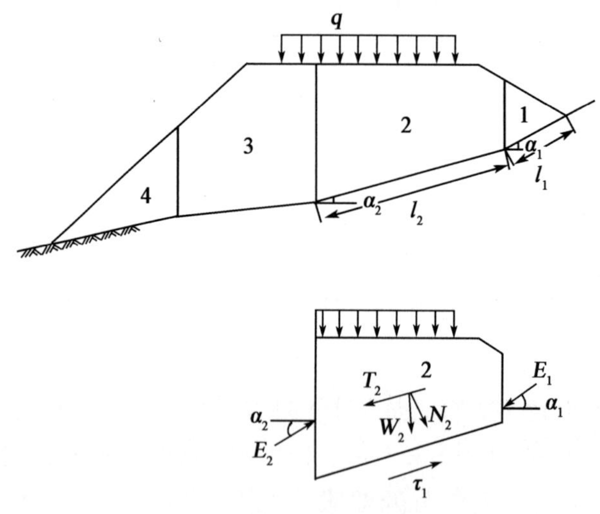

图 3.6.10 路堤沿斜坡地基或软弱层带滑动稳定性计算图示

$$E_i = W_{Qi}\sin\alpha_i - \frac{1}{F_s}[c_i l_i + W_{Qi}\cos\alpha_i\tan\varphi_i] + E_{i-1}\psi_{i-1} \tag{3.6.10-1}$$

$$\psi_{i-1}=\cos(\alpha_{i-1}-\alpha_i)-\frac{\tan\varphi_i}{F_s}\sin(\alpha_{i-1}-\alpha_i) \qquad (3.6.10\text{-}2)$$

式中：W_{Qi}——第 i 个土条的重力与外加竖向荷载之和(kN)；

α_i——第 i 个土条底滑面的倾角(°)；

c_i、φ_i——第 i 个土条底的黏聚力(kPa)和内摩擦角(°)；

l_i——第 i 个土条底滑面的长度(m)；

α_{i-1}——第 $i-1$ 个土条底滑面的倾角(°)；

E_{i-1}——第 $i-1$ 个土条传递给第 i 个土条的下滑力(kN)。

用式(3.6.10-1)和式(3.6.10-2)逐条计算，直到第 n 条的剩余推力为零，由此确定稳定系数 F_s。

3.6.11 各等级公路高路堤与陡坡路堤稳定系数不得小于表 3.6.11 所列稳定安全系数值。对非正常工况Ⅱ，路基稳定性分析方法及稳定安全系数应符合现行《公路工程抗震规范》(JTG B02)的规定。

表 3.6.11 高路堤与陡坡路堤稳定安全系数

分析内容	地基强度指标	分析工况	稳定安全系数	
			二级及二级以上公路	三、四级公路
路堤的堤身稳定性、路堤和地基的整体稳定性	采用直剪的固结快剪或三轴固结不排水剪指标	正常工况	1.45	1.35
		非正常工况Ⅰ	1.35	1.25
	采用快剪指标	正常工况	1.35	1.30
		非正常工况Ⅰ	1.25	1.15
路堤沿斜坡地基或软弱层滑动的稳定性	—	正常工况	1.30	1.25
		非正常工况Ⅰ	1.20	1.15

注：区域内唯一通道的三、四级公路重要路段，高路堤与陡坡路堤稳定安全系数可采用二级公路的标准。

3.7 深路堑

3.7.1 深路堑和不良地质地段挖方边坡，应按独立工点进行勘察设计。

3.7.3 边坡岩土体力学参数可按下列方法确定：

1 岩体和结构面抗剪强度指标宜根据现场原位试验确定。试验应符合现行《工程岩体试验方法标准》(GB/T 50266)的规定。当无条件进行试验时，可采用现行《工程岩体分级标准》(GB 50218)、表 3.7.3-1 和反分析等方法综合确定。

表 3.7.3-1　结构面抗剪强度指标标准值

结构面类型		结构面结合程度	内摩擦角 φ(°)	黏聚力 c(MPa)
硬性结构面	1	结合好	>35	>0.13
	2	结合一般	35~27	0.13~0.09
	3	结合差	27~18	0.09~0.05
软弱结构面	4	结合很差	18~12	0.05~0.02
	5	结合极差(泥化层)	根据地区经验确定	

注:1. 表中数值已考虑结构面的时间效应。
2. 极软岩、软岩取表中低值。
3. 岩体结构面连通性差时,取表中的高值。
4. 岩体结构面浸水时取表中的低值。

2　岩体结构面的结合程度可按表 3.7.3-2 确定。

表 3.7.3-2　结构面的结合程度

结 合 程 度	结 构 面 特 征
结合好	张开度小于 1mm,胶结良好,无充填;张开度 1~3mm,硅质或铁质胶结
结合一般	张开度 1~3mm,钙质胶结;张开度大于 3mm,表面粗糙,钙质胶结
结合差	张开度 1~3mm,表面平直,无胶结;张开度大于 3mm,岩屑充填或岩屑夹泥质充填
结合很差、结合极差(泥化层)	表面平直光滑,无胶结;泥质充填或泥夹岩屑充填,充填物厚度大于起伏差; 分布连续的泥化夹层;未胶结的或强风化的小型断层破碎带

3　边坡岩体性能指标标准值可按地区经验确定。重要边坡应通过试验确定。

4　岩体内摩擦角可由岩块内摩擦角标准值按岩体裂隙发育程度与表 3.7.3-3 所列的折减系数的乘积确定。

表 3.7.3-3　边坡岩体内摩擦角折减系数

边坡岩体特性	内摩擦角的折减系数	边坡岩体特性	内摩擦角的折减系数
裂隙不发育	0.90~0.95	裂隙发育	0.80~0.85
裂隙较发育	0.85~0.90	碎裂结构	0.75~0.80

5　土体力学参数宜采用原位剪切试验、原状土样室内剪切试验及反算分析等方法综合确定。

6　土质边坡按水土合算原则计算时,地下水位以下的土宜采用三轴试验土的自重固结不排水抗剪强度指标;按水土分算原则计算时,地下水位以下的土宜采用土的有效抗剪强度指标。

3.7.4　边坡稳定性评价应遵循“以定性分析为基础、定量计算为手段”的原则。进行边坡稳定性计算时,应根据边坡工程地质条件或已经出现的变形破坏迹象,定性判断边坡可能的破坏形式和边坡稳定性状态。

3.7.5 边坡稳定性计算方法,应根据边坡类型和可能的破坏形式,按下列原则确定:

1 规模较大的碎裂结构岩质边坡和土质边坡宜采用简化 Bishop 法计算。

2 对可能产生直线形破坏的边坡宜采用平面滑动面解析法进行计算。

3 对可能产生折线形破坏的边坡宜采用不平衡推力法计算。

4 对结构复杂的岩质边坡,可配合采用赤平投影法和实体比例投影法分析及楔形滑动面法进行计算。

5 当边坡破坏机制复杂时,宜结合数值分析法进行分析。

3.7.6 边坡稳定性计算应考虑下列三种工况。对季节冻土边坡,尚应考虑冻融的影响。

1 正常工况:边坡处于天然状态下的工况。

2 非正常工况Ⅰ:边坡处于暴雨或连续降雨状态下的工况。

3 非正常工况Ⅱ:边坡处于地震等荷载作用状态下的工况。

3.7.7 各等级公路路堑边坡稳定系数不得小于表 3.7.7 所列稳定安全系数值。对非正常工况Ⅱ,路堑边坡稳定性分析方法及稳定安全系数应符合现行《公路工程抗震规范》(JTG B02)的规定。

表 3.7.7 路堑边坡稳定安全系数

分析工况	路堑边坡稳定安全系数	
	高速公路、一级公路	二级及二级以下公路
正常工况	1.20～1.30	1.15～1.25
非正常工况Ⅰ	1.10～1.20	1.05～1.15

注:1. 路堑边坡地质条件复杂或破坏后危害严重时,稳定安全系数取大值;地质条件简单或破坏后危害较轻时,稳定安全系数可取小值。

2. 路堑边坡破坏后的影响区域内有重要建筑物(桥梁、隧道、高压输电塔、油气管道等)、村庄和学校时,稳定安全系数取大值。

3. 施工边坡的临时稳定安全系数不应小于 1.05。

3.7.8 深路堑边坡宜采用折线式或台阶式边坡。台阶式边坡中部应设置边坡平台,边坡平台的宽度不宜小于 2m。坚硬岩石边坡可不设平台,其边坡坡率可调查附近已建工程的人工边坡及自然边坡情况,根据边坡稳定性分析综合确定。

3.7.9 边坡防护设计应根据边坡地质和环境条件、边坡高度及公路等级,采取工程防护与植物防护的综合措施,稳定性差的边坡应设置综合支挡工程,并采用分层开挖、分层稳定和坡脚预加固技术。

3.7.10 应设置完善的边坡地表和地下排水系统,及时引排地表水和地下水。各种排水设施构造尺寸按本规范第 4.2 节、第 4.3 节确定。季节冻土边坡地下水丰富时,应对地下水排水口采取保温措施。

3.8 填石路堤

3.8.1 填石路堤设计应遵循下列原则：

1 硬质岩石、中硬岩石可用作路床、路堤填料；软质岩石可用作路堤填料，不得用于路床填料；膨胀性岩石、易溶性岩石和盐化岩石等不得用于路堤填筑。

2 填石路堤应做好断面设计、结构设计和排水设计，保证填石路堤有足够的强度和稳定性。

3.8.2 填石料可根据石料饱和抗压强度指标按表 3.8.2 进行分类。

表 3.8.2 岩 石 分 类 表

岩石类型	单轴饱和抗压强度(MPa)	代 表 性 岩 石
硬质岩石	≥60	1. 花岗岩、闪长岩、玄武岩等岩浆岩类； 2. 硅质、铁质胶结的砾岩及砂岩、石灰岩、白云岩等沉积岩类； 3. 片麻岩、石英岩、大理岩、板岩、片岩等变质岩类
中硬岩石	30 ~ 60	
软质岩石	5 ~ 30	1. 凝灰岩等喷出岩类； 2. 泥砾岩、泥质砂岩、泥质页岩、泥岩等沉积岩类； 3. 云母片岩或千枚岩等变质岩类

3.8.3 不同强度的石料，应分别采用不同的填筑层厚和压实控制标准。填石路堤压实质量标准宜用孔隙率作为控制指标，并符合表 3.8.3-1 ~ 表 3.8.3-3 的要求。施工压实质量可采用孔隙率与压实沉降差或施工参数联合控制。

表 3.8.3-1 硬质石料压实质量控制标准

路基部位	路面底面以下深度(m)	摊铺层厚(mm)	最大粒径(mm)	压实干密度(kg/m^3)	孔隙率(%)
上路堤	0.80 ~ 1.50 (1.20 ~ 1.90)	≤400	小于层厚 2/3	由试验确定	≤23
下路堤	>1.50 (>1.90)	≤600	小于层厚 2/3	由试验确定	≤25

注："路面底面以下深度"栏，括号中数值分别为特重、极重交通的上路堤、下路堤的深度范围。

表 3.8.3-2 中硬石料压实质量控制标准

路基部位	路面底面以下深度(m)	摊铺层厚(mm)	最大粒径(mm)	压实干密度(kg/m^3)	孔隙率(%)
上路堤	0.80 ~ 1.50 (1.20 ~ 1.90)	≤400	小于层厚 2/3	由试验确定	≤22
下路堤	>1.50 (>1.90)	≤500	小于层厚 2/3	由试验确定	≤24

注："路面底面以下深度"栏，括号中数值分别为特重、极重交通的上路堤、下路堤的深度范围。

表 3.8.3-3　软质石料压实质量控制标准

路基部位	路面底面以下深度(m)	摊铺层厚(mm)	最大粒径(mm)	压实干密度(kg/m³)	孔隙率(%)
上路堤	0.80 ~1.50 (1.20 ~1.90)	≤300	小于层厚	由试验确定	≤20
下路堤	>1.50 (>1.90)	≤400	小于层厚	由试验确定	≤22

注:"路面底面以下深度"栏,括号中数值分别为特重、极重交通的上路堤、下路堤的深度范围。

3.8.6　风化岩石和软质岩石填筑路堤时,路床应采用硬质岩的碎石或其他符合要求的材料填筑,并应采取路堤边部包边封闭或加筋、底部设置排水垫层、顶部设置防渗层等措施,防止填石路堤产生湿化变形。

3.9　轻质材料路堤

3.9.1　轻质材料可用作需减少路堤重度或土压力的路堤填料,其应用范围包括软土地基上路堤、桥涵与挡土墙构造物台(墙)背路堤、拓宽路堤、修复沉陷或失稳路堤等,但不宜用于洪水淹没地段。

3.9.2　轻质材料路堤设计,应根据使用目的、荷载等级、地形地质条件、环境条件及路基几何参数特点,通过技术经济综合论证,合理选择轻质材料类型、路基结构与断面形式,确定材料设计参数。

3.9.3　用作路堤填料的轻质材料设计应符合下列要求:

1　土工泡沫塑料(EPS 块)材料密度不宜小于 20kg/m³,10% 应变的抗压强度不宜小于 110kPa,抗弯强度不宜小于 150kPa,压缩模量不宜小于 3.5MPa,7d 体积吸水率不宜大于 1.5%。桥头搭板下方等特殊部位土工泡沫塑料块体抗压强度不应小于 250kPa。在有防火要求的建筑物附近,应采用阻燃型的土工泡沫塑料块体。

2　泡沫轻质土的施工最小湿重度不应小于 5.0kN/m³,施工最大湿重度不宜大于 11.0kN/m³,流值宜为 170 ~ 190mm,且无侧限抗压强度应符合表 3.9.3 的规定。因工程需要或环境条件制约,需明确泡沫轻质土的抗冻性指标时,可通过试验确定。

表 3.9.3　用于路基的泡沫轻质土无侧限抗压强度指标

路基部位		无侧限抗压强度(MPa)	
		高速公路、一级公路	二级及二级以下公路
路床	轻、中等及重交通	≥0.8	≥0.6
	特重、极重交通	≥1.0	
上路堤、下路堤		≥0.6	≥0.5
地基土置换		>0.4	

注:1. 无侧限抗压强度为龄期 28d、边长 100mm 的立方体抗压强度。

2. 特重、极重交通高速公路及一级公路路床部位的泡沫轻质土配合比宜采用掺砂配合比,流值宜为 150 ~ 170mm,且砂与水泥的质量比宜控制在 0.5 ~ 2.0。

3　用于高速公路、一级公路路堤的粉煤灰烧失量宜小于20%。烧失量超过标准的粉煤灰应做对比试验，分析论证后采用。

3.9.4　轻质材料路堤设计应符合下列要求：

3　软土地区轻质材料路堤设计应进行路堤稳定性与地基沉降计算。新建路基工后沉降量应符合本规范第7.7节的有关规定，改扩建路基应符合本规范第6.4节的有关规定；路堤稳定性应符合本规范第3.6节、第7.7节的有关规定。

3.9.6　泡沫轻质土路堤设计应符合下列要求：

7　地基沉降计算时，总沉降修正系数宜取1.0～1.1，当地基土承载力大于两倍的路堤荷载时，取小值。

3.10　工业废渣路堤

3.10.1　工业废渣用于路堤填筑时，必须符合国家现行环境保护的有关规定，严禁采用含有有害物质的工业废渣作为路堤填料。

3.10.2　高炉矿渣、钢渣、煤矸石等可用于路堤填筑的工业废渣，应符合下列要求：

1　高炉矿渣、钢渣应分解稳定，粒径符合规定要求，具有足够的强度。浸水膨胀率不应大于2.0%，压蒸粉化率不应大于5.0%，钢渣中金属铁含量不应大于2.0%，游离氧化钙含量应小于3.0%。应采用堆存一年以上的陈渣。

2　未经充分氧化与陈化、塑性指数大于10的煤矸石不宜直接用于填筑高速公路和一级公路路堤。性能较差的煤矸石应通过改良，并经试验论证后方可采用。

3　煤矸石中主要成分SiO_2、Al_2O_3和Fe_2O_3的总含量之和不应低于70%，烧失量不应大于20%。煤矸石中不宜含有杂质。

3.10.3　使用其他工业废渣填筑路堤时，应通过试验论证并经相关主管部门批准，方可使用。

3.10.4　工业废渣不应用于浸水地段，以及洪水浸淹部位。

3.10.5　工业废渣路堤设计应根据路基所处的环境条件、工业废渣性质及填筑部位等，做好工业废渣路堤横断面形式、路堤结构、防排水系统和防护工程的综合设计，保证工业废渣路堤具有足够的强度和稳定性，防止工业废渣对地表水、地下水、土壤等造成污染。

4 路基排水

4.1 一般规定

4.1.1 公路路基防排水设计应根据公路沿线气象、水文、地形、地质以及桥涵和隧道设置情况,遵循总体规划、合理布局、防排疏结合、少占农田、保护环境的原则,设置完善、通畅的防排水系统,做好路基防排水与地基处理、路基防护等综合设计,并与路面、桥梁、涵洞、隧道等防排水系统相协调。

4.1.2 路界地表水不宜流入桥面、隧道及其排水系统。

4.1.3 低填、浅挖路基以及排水困难地段,应采取防、排、截相结合的综合措施,及时拦截有可能进入路界的地表水,排除路基内自由水,隔离地下水,保证路基处于干燥或中湿状态。

4.1.4 沿河路基防排水设计应根据河流水文特性、设计洪水位、流量以及河道地形地质条件,合理布设排水设施,做好排水设施出口处理,并与河道导流设施和调治构造物相协调,防止水流冲刷路基边坡及河岸。

4.1.5 各类排水设施的设计应满足使用功能要求,结构安全可靠,便于施工、检查和养护维修。排水设施所用材料的强度应不低于附录 G 表 G-1 的要求。

4.1.6 路基排水设施设计应与农田排灌系统相协调。

4.1.7 施工场地的临时性排水设施布设,宜与永久性排水设施相结合。

4.2 地表排水

4.2.1 路基地表排水设施设计降雨的重现期:高速公路、一级公路应采用 15 年,其他等级公路应采用 10 年。各类地表排水设施的断面尺寸应满足设计排水流量的要求,沟顶应高出沟内设计水面 0.2m 以上。

4.2.2 路基地表排水设施包括边沟、截水沟、排水沟、跌水与急流槽、蒸发池、油水分离池、排水泵站等,应结合地形和天然水系进行布设,并做好进出口的位置选择和处理,防止产生堵塞、溢流、渗漏、淤积、冲刷和冻结。

4.2.3 位于水环境敏感地段的路基地表排水设计，应采取必要措施，保护水环境。

4.2.4 边沟设计应符合下列要求：

1 边沟断面形式及尺寸应根据降雨强度、汇水面积、地形地质条件以及对路侧安全与环境景观的影响程度等确定。条件许可时，宜采用三角形或浅碟形边沟。

2 边沟沟底纵坡宜与路线纵坡一致，并不宜小于0.3%。困难情况下，可减小至0.1%。

3 当边沟冲刷强度超过表4.2.4所列的明沟最大允许流速时，应采取必要的防护加固措施。

表4.2.4 明沟最大允许流速

明沟类别	最大允许流速(m/s)	明沟类别	最大允许流速(m/s)
细粒土质砂	0.8	片碎石(卵砾石)加固	2.0
低液限粉土、低液限黏土	1.0	干砌片石	2.0
高液限黏土	1.2	浆砌片石	3.0
草皮护面	1.6	水泥混凝土	4.0

4 高速公路、一级公路挖方路段矩形边沟宜增设带泄水孔的钢筋混凝土盖板或增设路侧护栏，钢筋混凝土盖板的强度和厚度应满足承载汽车荷载的要求。

5 季节冻土地区，浅碟形边沟下的暗埋管(沟)应设置在最大路基冻深线之下，暗埋管(沟)出水口应采取保温防冻措施。

4.2.5 截水沟设计应符合下列要求：

1 截水沟应根据地形条件及汇水面积等进行设置。挖方路基的堑顶截水沟应设置在坡口5m以外，并宜结合地形进行布设。填方地段斜坡上方的路堤截水沟距路堤坡脚的距离，应不小于2m。

2 截水沟断面形式及尺寸应结合设置位置、排水量、地形及边坡情况确定，沟底纵坡不宜小于0.3%。

3 截水沟的水流应排至路界之外，不宜引入路堑边沟。

4 截水沟应进行防渗加固。

4.2.6 排水沟设计应符合下列要求：

1 将边沟、截水沟、取(弃)土场和路基附近低洼处汇集的水引向路基以外时，应设置排水沟。

2 排水沟断面形式应结合地形、地质条件确定，沟底纵坡不宜小于0.3%，与其他排水设施的连接应顺畅。易受水流冲刷的排水沟应视实际情况采取防护、加固措施。

4.2.7 水流通过坡度大于10%、水头高差大于1.0m的陡坡地段或特殊陡坎地段时，宜设置跌水或急流槽。跌水与急流槽设计应符合下列要求：

1 跌水和急流槽应采取加固措施。

2 急流槽底的纵坡应与地形相结合，进水口应予防护加固，出水口应采取消能措施，防止冲刷。

3 急流槽底应设置防滑平台或凸榫，防止基底滑动。

4.2.8 气候干旱区且路域范围排水困难地段，可利用沿线的取土坑或专门设置蒸发池汇集地表水。蒸发池设计应符合下列要求：

1 合理确定蒸发池边缘与路基之间的距离，避免影响路基稳定和路侧安全，并应不小于5m，湿陷性黄土地区不得小于湿陷半径。蒸发池设计水位应低于排水沟的沟底。

2 蒸发池的容量应以一个月内汇入池中的雨水能及时完成渗透与蒸发作为设计依据，经水力、水文计算后确定，并防止产生盐渍化或沼泽化。

3 蒸发池应根据具体情况采取适当的安全防护加固措施。

4.2.9 水环境敏感地段路基排水沟出口宜设置油水分离池，排泄的水质应满足现行《污水综合排放标准》(GB 8978)的有关规定。油水分离池设计应符合下列要求：

1 油水分离宜采用沉淀法处理。污水进入油水分离池前，应先通过格栅和沉砂池。

2 油水分离池的大小应根据所在路段排水沟汇入水量确定，并保证流入分离池的油水能有足够的时间分离或过滤净化。

4.2.11 路基汇水无法自流排出时，可设置排水泵站。排水泵站包括集水池和泵房，其设计应符合下列要求：

1 集水池的容积应根据汇水量、水泵能力和水泵工作情况等因素确定。

2 水泵抽出的水应排至路界之外。

3 在下挖段的两端，应设置泄水口、排水沟等排水设施，拦截和引排上游方向的地表水。

4 排水泵站其他设计应符合现行《泵站设计规范》(GB 50265)的相关规定。

4.2.12 互通式立交区路基排水设计应符合下列要求：

1 互通式立交区路基排水设计应设置完善、通畅的排水系统。

2 互通式立交区路基排水方式与结构形式应根据互通式立交形式、汇水面积、地形地质、气候条件和环境景观等确定，并应做好匝道路基排水设施与主线路基排水设施的衔接。

4.2.13 中央分隔带防排水设计应符合下列要求：

1 中央分隔带表面采用铺面封闭时，分隔带铺面应采用两侧外倾的横坡，坡度宜与路面横坡度相同，铺面之下应设置防水层。

2 中央分隔带表面未采用铺面封闭时，中央分隔带内部应设置由防水层、纵向排水渗沟、集水槽和横向排水管等组成的综合防排水系统，渗沟宜设置在通信管构件之下。

3 凹型中央分隔带的表面宜设置成浅碟形，坡度宜为1:4～1:6，并应在中央分隔带设置由纵向边沟、集水井、横向排水管、边坡急流槽、消力池等组成的综合排水系统，其断面尺寸、设置间距应通过水力计算确定。

4 中央分隔带回填土与路面结构层之间应设置防水层。

4.3 地下排水

4.3.1 应进行工程地质和水文地质调查、勘探和测试，查明水文地质条件，获取有关水文地质参数。

4.3.2 地下水影响路基稳定或强度时，应根据地下水类型、含水层埋藏深度、地层的渗透性等条件及对环境的影响，采取拦截、引排、疏干、降低或隔离等措施，地下排水设施应与地表排水设施相协调。地下排水设施形式可按下列原则确定：

1 当地下水埋藏浅或无固定含水层时，可采用隔离层、排水垫层、暗沟、渗沟等。

2 当地下水埋藏较深或存在固定含水层时，可采用仰斜式排水孔、渗井、排水隧洞等。

4.3.3 排水垫层和隔离层设计应符合下列要求：

1 当黏质土地段地下水位埋深小于0.5m或粉质土地段地下水位埋深小于1.0m时，细粒土填筑的低路堤底部宜设置排水垫层和隔离层。

2 排水垫层厚度不应小于0.3m，垫层材料宜选用天然砂砾或中粗砂。采用复合防排水板作为隔离层时，可不设排水垫层。

3 隔离层可选用土工膜、复合土工膜、复合防排水板等土工合成材料，防渗材料的厚度、材质及类型应根据气候、地质条件确定，土工合成材料应符合现行《公路土工合成材料应用技术规范》(JTG/T D32)的规定。

4.3.4 暗沟、暗管设计应符合下列要求：

1 暗沟、暗管可用于排除泉水或集中的地下水流。

2 暗沟、暗管沟底的纵坡不宜小于1.0%，出水口处应加大纵坡，并应高出地表排水沟常水位0.2m以上。

3 暗沟可采用浆砌片石或水泥混凝土预制块砌筑，沟顶应设置混凝土或石盖板，盖板顶面上的填土厚度不应小于0.5m。暗沟断面尺寸应根据排水量及地形、地质条件确定。

4.3.5 渗沟设计应符合下列要求：

1 有地下水出露的挖方路基、斜坡路堤、路基填挖交界结合部以及地下水位埋深小于0.5m的低路堤等路段，应设置排水渗沟。

2 渗沟类型应根据地下水赋存条件、渗流量、使用部位及排水距离等,按表4.3.5确定,渗沟横断面尺寸应按地下水渗流量计算确定。

表4.3.5 各类渗沟适用条件

渗沟类型	适用条件
填石渗沟、无砂混凝土渗沟	可用于地下水流量不大、排水距离较短的地段
管式渗沟	可用于地下水流量较大、地下水位埋藏浅、地下排水距离较长的地段
洞式渗沟	可用于地下水流量大、埋藏深的路段

3 渗沟埋置深度应根据地下水位、需降低的水位高度及含水层介质的渗透系数等确定。截水渗沟的基底埋入隔水层内不宜小于0.5m。边坡渗沟、支撑渗沟的基底,宜设置在含水层以下较坚实的土层上。

4 填石式渗沟、无砂混凝土渗沟最小纵坡不宜小于1.0%,管式及洞式渗沟最小纵坡不宜小于0.5%。渗沟出水口应高出地表排水沟常水位0.2m以上。

5 边坡渗沟、支撑渗沟应垂直嵌入边坡坡体,根据边坡情况可按条带形、分岔形或拱形布设,间距宜为6~10m。

6 渗沟材料应采用洁净的砂砾、粗砂、碎石、片石,其中小于2.36mm细粒料含量不得大于5%。渗沟沟壁应设置透水土工织物或中粗砂反滤层,渗水管可选用带孔的HPPE管、PVC管、PE管、软式透水管、无砂混凝土管等。

4.3.10 在水文地质条件复杂易产生冻害地段,渗沟的排水管应设置在路基冻结深度以下不小于0.25m处。在重冻区的渗沟、渗水隧洞的出口,应采取防冻措施。

5 路基防护与支挡

5.1 一般规定

5.1.1 应根据当地气候、水文、地形、地质条件及筑路材料分布情况,采取工程防护和植物防护相结合的综合措施,防治路基病害,保证路基稳定,并与周围环境景观相协调。

5.1.2 路基坡面防护工程应设置在稳定的边坡上。当土质和气候条件适宜时,宜采用植物防护;当植物防护的坡面有可能产生冲刷时,应设置浆砌片石或水泥混凝土骨架;对完整性较好、稳定的弱、微、未风化硬质岩石边坡,可不作防护。当路基稳定性不足时,应设置必要的支挡加固工程。

5.1.4 路基支挡结构设计应满足各种设计荷载组合下支挡结构的稳定性、坚固性和耐久性要求;结构类型选择及设置位置应满足安全可靠、经济合理、便于施工养护的要求;结构材料应符合耐久、耐腐蚀的要求。

5.1.5 防护支挡结构应与桥台、隧道洞门、既有支挡结构物协调配合,衔接平顺。

5.1.6 地下水较丰富的路段,应做好路基边坡防护与地下排水措施的综合设计。多雨地区砂质土和细粒土路堤,应采取坡面防护与坡面截排水的综合措施。

5.1.8 路基施工过程中应采取边坡临时防护措施,边坡临时防护工程宜与永久防护工程相结合。

5.2 坡面防护

5.2.1 对受自然因素作用易产生破坏的边坡坡面,应根据气候条件、岩土性质、边坡高度、边坡坡率、水文地质条件、施工条件、环境保护、水土保持要求等因素,按表5.2.1经技术经济比较后选择适宜的防护措施。

表5.2.1 坡面防护工程类型及适用条件

防护类型	亚　类	适 用 条 件
植物防护	植草或喷播植草	可用于坡率不陡于1:1的土质边坡防护。当边坡较高时,植草可与土工网、土工网垫结合防护
	铺草皮	可用于坡率不陡于1:1的土质边坡或全风化、强风化的岩石边坡防护
	种植灌木	可用于坡率不陡于1:0.75的土质、软质岩石和全风化岩石边坡防护
	喷混植生	可用于坡率不陡于1:0.75的砂性土、碎石土、粗粒土、巨粒土及风化岩石边坡防护,边坡高度不宜大于10m
骨架植物防护	—	可用于坡率不陡于1:0.75的土质和全风化、强风化的岩石边坡防护
工程防护	喷护	可用于坡率不陡于1:0.5的易风化但未遭强风化的岩石边坡防护,高速公路、一级公路和环境景观要求高的公路不宜采用
	挂网喷护	可用于坡率不陡于1:0.5的易风化、破碎的岩石边坡防护,高速公路、一级公路和环境景观要求高的公路不宜采用
	干砌片石护坡	可用于坡率不陡于1:1.25的土质边坡或岩石边坡防护
	浆砌片石护坡	可用于坡率不陡于1:1的易风化的岩石和土质边坡防护
	护面墙	可用于坡率不陡于1:0.5的土质和易风化剥落的岩石边坡防护

5.3 沿河路基防护

5.3.1 沿河路基受水流冲刷时,应根据河流特性、水流性质、河道地貌、地质等因素,结合路基位置,按表5.3.1经技术经济比较后,选用适宜的防护工程类型或采取导流或改移河道等措施。

表5.3.1 冲刷防护工程类型及适用条件

防护类型		适用条件
植物防护		可用于允许流速为1.2~1.8m/s、水流方向与公路路线近似平行、不受洪水主流冲刷的季节性水流冲刷地段防护。经常浸水或长期浸水的路堤边坡,不宜采用
砌石或混凝土护坡		可用于允许流速为2~8m/s的路堤边坡防护
土工织物软体沉排、土工膜袋		可用于允许流速为2~3m/s的沿河路基冲刷防护
石笼防护		可用于允许流速为4~5m/s的沿河路堤坡脚或河岸防护
浸水挡墙		可用于允许流速为5~8m/s的峡谷急流和水流冲刷严重的河段
护坦防护		可用于沿河路基挡土墙或护坡的局部冲刷深度过大、深基础施工不便的路段
抛石防护		可用于经常浸水且水深较大的路基边坡或坡脚以及挡土墙、护坡的基础防护
排桩防护		可用于局部冲刷深度过大的河湾或宽浅性河流的防护
导流	丁坝	可用于宽浅性河段,保护河岸或路基不受水流直接冲蚀而产生破坏
	顺坝	可用于河床断面较窄、基础地质条件较差的河岸或沿河路基防护,以调整流水曲度和改善流态

5.4 挡土墙

5.4.1 挡土墙设计应根据路基横断面、地形、地质条件和地基承载能力,合理确定挡土墙位置、起讫点、长度和高度,并按表5.4.1进行技术经济比较后,选择适宜的挡土墙类型。

表5.4.1 挡土墙类型及适用条件

挡土墙类型	适用条件
重力式挡土墙	适用于一般地区、浸水地段和高烈度区的路堤和路堑等支挡工程。墙高不宜超过12m,干砌挡土墙的高度不宜超过6m
半重力式挡土墙	适用于不宜采用重力式挡土墙的地下水位较高或较软弱的地基上。墙高不宜超过8m
石笼式挡土墙	可用于地下水较多的土质、风化破碎岩石路段
悬臂式挡土墙	宜在石料缺乏、地基承载力较低的填方路段采用。墙高不宜超过5m
扶壁式挡土墙	宜在石料缺乏、地基承载力较低的填方路段采用。墙高不宜超过15m
锚杆挡土墙	宜用于墙高较大的岩质路堑地段。可用作抗滑挡土墙。可采用肋柱式或板壁式单级墙或多级墙。每级墙高不宜大于8m,多级墙的上、下级墙体之间应设置宽度不小于2m的平台
锚定板挡土墙	宜使用在缺少石料地区的路肩墙或路堤式挡土墙,但不应建筑于滑坡、坍塌、软土及膨胀土地区。可采用肋柱式或板壁式,墙高不宜超过10m。肋柱式锚定板挡土墙可采用单级墙或双级墙,每级墙高不宜大于6m,上、下级墙体之间应设置宽度不小于2m的平台。上下两级墙的肋柱宜交错布置

续上表

挡土墙类型	适 用 条 件
加筋土挡土墙	可分为有面板加筋土挡土墙和无面板土工格栅加筋土挡土墙。有面板加筋土挡土墙可用于一般地区的路肩式挡土墙、路堤式挡土墙,无面板土工格栅加筋土挡土墙可用于一般地区的路堤式挡土墙,但均不应修建在滑坡、水流冲刷、崩塌等不良地质地段;高速公路、一级公路墙高不宜大于12m,二级及二级以下公路不宜大于20m;当采用多级墙时,每级墙高不宜大于10m,上、下级墙体之间应设置宽度不小于2m的平台
桩板式挡土墙	用于表土及强风化层较薄的均质岩石地基,挡土墙高度可较大,也可用于地震区的路堑或路堤支挡或滑坡等特殊地段的治理

5.4.2 挡土墙设计应采用以极限状态设计的分项系数法为主的设计方法,车辆荷载计算应采用附加荷载强度法。挡土墙设计应进行其承载能力极限状态计算和正常使用极限状态验算,以及挡土墙抗滑稳定、抗倾覆稳定和整体稳定性验算,并应符合附录H有关规定。

5.4.3 挡土墙宜采用明挖基础。基础的埋置深度应符合下列要求:

1 基础最小埋置深度不应小于1.0m。风化层不厚的硬质岩石地基,基底应置于基岩未风化层以下。

2 受水流冲刷时,应按路基设计洪水频率计算冲刷深度,基底应置于局部冲刷线以下不小于1.0m。

3 当冻结深度小于或等于1.0m时,基底应在冻结线以下不小于0.25m,且最小埋置深度不小于1.0m。冻结深度大于1.0m时,基础最小埋置深度不应小于1.25m,并应对基底至冻结线以下0.25m深度范围的地基土采取措施,防止冻害。

4 路堑挡土墙基底在路肩以下不应小于1.0m,并低于边沟砌体底面不小于0.2m。

5 基础位于稳定斜坡地面上时,前趾埋入深度和距地表的水平距离应满足表5.4.3的规定。位于纵向斜坡上的挡土墙,当基底纵坡大于5%时,基底应设计为台阶式。

表5.4.3 斜坡地面基础埋置条件

土 层 类 别	墙趾最小埋入深度 h(m)	距地表水平距离 L(m)
硬质岩石	0.60	1.50
软质岩石	1.00	2.00
土层	≥1.00	2.50

5.4.4 挡土墙构造设计应符合下列要求:

1 应做好挡土墙与路基或其他构造物的衔接处理。挡土墙与路堤之间可采用锥坡连接,墙端应伸入路堤内不小于0.75m;路堑挡土墙端部应嵌入路堑坡体内,其嵌入原地层的深度,土质地层不应小于1.5m,风化软质岩层不应小于1.0m,微风化岩层不应小于0.5m。

2 墙身应设置倾向墙外且坡度不小于4%的排水孔,墙背应设置反滤层。排水孔的位置及数量应根据挡土墙墙背渗水情况合理布设,排水孔可采用管型材料,进水口应设置反滤层,并宜采用透水土工布。墙背反滤层宜采用透水性的砂砾、碎石,含泥量应小于5%,厚度不应小于0.50m。

3 具有整体式墙面的挡土墙应设置伸缩缝和沉降缝。沿墙长度方向在墙身断面变化处、与其他构造物相接处应设置伸缩缝,在地形、地基变化处应设置沉降缝。伸缩缝和沉降缝可合并设置。

4 路肩式挡土墙的顶面宽度不应侵占行车道及路缘带或硬路肩的路基宽度范围,其顶面应设置护栏。

5.4.5 重力、半重力式挡土墙设计应符合下列要求:

1 墙顶宽度,当墙身为混凝土浇筑时,不应小于0.40m;浆砌片石时,不应小于0.50m;干砌片石时,不应小于0.60m。

2 应根据墙趾处地形情况及经济比较,合理选择重力式挡土墙墙背坡度。

3 衡重式路肩挡土墙的衡重台与上墙背相交处应采取适当的加强措施,提高该处墙身截面的抗剪能力。

4 半重力式挡土墙应按弯曲抗拉强度和刚度计算要求,确定立壁与底板之间的转折点数。端部厚度不应小于0.40m,底板的前趾扩展长度不宜大于1.5m。

5 墙高小于10m的挡土墙可采用浆砌片石,墙高大于10m的挡土墙和浸水挡土墙宜采用片石混凝土。

5.4.6 石笼式挡土墙设计应符合下列要求:

1 石笼式挡土墙外形可采用外台阶、内台阶、宝塔式等。

2 石笼可采用重镀锌钢丝、镀锌铁丝、普通铁丝编织。永久工程应采用重镀锌钢丝;使用年限8~12年时,可采用镀锌铁丝;使用期限3~5年时,可采用普通铁丝石笼。

3 石笼内填充物应采用质地坚硬、不易崩解和水解的片石或块石,石料粒径宜为100~300mm,小于100mm的粒径不应超过15%,且不得用于石笼网格的外露面,空隙率不得超过30%。

4 石笼式挡土墙背应设置一层透水土工布,以防止淤堵。

5.4.7 悬臂、扶壁式挡土墙设计应符合下列要求:

1 立壁的顶宽不应小于0.20m,底板厚度不应小于0.30m。

2 挡土墙分段长度不宜超过20m。

3 扶壁式挡土墙每一分段宜设3个或3个以上的扶壁。

4 应采用钢筋混凝土浇筑,配置于墙中的主筋,直径不宜小于12mm。

5.4.8 锚杆挡土墙设计应符合下列要求:

1 肋柱式锚杆挡土墙的肋柱间距,宜为2.0~3.0m。肋柱宜垂直布置或向填土一侧仰斜,但仰斜度不应大于1:0.05。

2　多级肋柱式锚杆挡土墙的平台，宜用厚度不小于0.15m的C15混凝土封闭，并设置向墙外倾斜2%的横坡度。

3　每级肋柱上的锚杆层数，可设计为双层或多层。锚杆可按弯矩相等或支点反力相等的原则布置，向下倾斜。每层锚杆与水平面的夹角宜为15°～20°，锚杆层间距不小于2.0m。

4　肋柱受力方向的前后侧面内应配置通长受力钢筋，钢筋直径不应小于12mm。

5　挡土板宜采用等厚度板，板厚不得小于0.30m。预制墙面板应预留锚杆的锚定孔。

5.4.9　锚定板挡土墙设计应符合下列要求：

1　肋柱式锚定板挡土墙的肋柱间距，宜为1.5～2.5m，每级肋柱高度宜采用3～5m。肋柱应采用垂直或向填土侧后仰布置，仰斜度宜为1∶0.05，肋柱不得前倾布置。肋柱应预留圆形或椭圆形拉杆孔道，孔道直径或短轴长度应大于拉杆直径。

2　肋柱下端应设置混凝土基础，基础形式可采用条形、分离式或杯座式基础，基础厚度不宜小于0.50m，襟边宽度不宜小于0.10m。

3　肋柱受力方向的前后侧面内应配置通长受力钢筋，钢筋直径不应小于12mm。

4　多级肋柱式锚定板挡土墙的平台，宜用厚度不小于0.15m的C15混凝土封闭，并设置向墙外倾斜2%的横坡。采用细粒土作填料时，路基顶面也宜设置封闭层。

5　板壁式锚定板挡土墙的每块墙面板至少连接一根拉杆，拉杆直径宜为22～32mm。

6　锚定板宜采用钢筋混凝土板，肋柱式锚定板面积不应小于0.5m^2，无肋柱式锚定板面积不应小于0.2m^2。锚定板需双向配筋。

7　拉杆、拉杆与肋柱及拉杆与锚定板连接处，应做好防锈处理。

5.4.10　有面板加筋土挡土墙设计应符合下列要求：

1　有面板加筋土挡土墙应按附录H的有关规定进行设计计算。

2　加筋土挡土墙墙面宜采用钢筋混凝土预制件，厚度不应小于80mm。墙面的平面线形可采用直线、折线和曲线，相邻墙面间的内夹角不宜小于70°。墙面应设置混凝土基础，其宽度不应小于0.40m，厚度不应小于0.20m，基础埋置深度不应小于0.60m。基底不宜设置纵坡，可做成水平或结合地形做成台阶形。

3　拉筋材料宜采用土工格栅、复合土工带或钢筋混凝土板带。当采用土工格栅作拉筋时，尚应符合现行《公路土工合成材料应用技术规范》(JTG/T D32)的有关规定。

4　在满足抗拔稳定条件下，拉筋长度应符合下列规定：

1)墙高大于3.0m时，拉筋长度不应小于0.8倍墙高，且不小于5m。当采用不等长的拉筋时，同长度拉筋的墙段高度不应小于3.0m。相邻不等长拉筋的长度差不宜小于1.0m；

2)墙高小于3.0m时，拉筋长度不应小于3.0m，且应采用等长拉筋；

3)采用预制钢筋混凝土带时，每节长度不宜大于2.0m。

5　筋带与面板的连接应坚固可靠，并与筋带有相同的耐腐蚀性能。双面加筋土挡土墙的筋带应错开铺设,避免重叠。

6 加筋土挡土墙宜采用渗水性良好的中粗砂、砂砾或碎石填筑,填料与筋材直接接触部分不应含有尖锐棱角的块体,填料最大粒径不应大于100mm。

7 对危害加筋土挡土墙稳定的地表水或地下水,应设置完善的防排水设施。当加筋区填筑细粒土时,墙面板内侧应设置宽度不小于0.30m的反滤层。冰冻地区加筋体应采取防冻胀措施。

8 斜坡上的加筋体应设宽度不小于1.0m的护脚,加筋体面板基础埋置深度应从护脚顶面算起。

9 加筋土挡土墙顶面,宜设置混凝土或钢筋混凝土帽石。

10 多级加筋土挡土墙的平台顶部应设不小于2%的排水横坡,并用厚度不小于0.15m的C15混凝土板防护;当采用细粒填料时,上级墙的面板基础下应设置宽度不小于1.0m、厚度不小于0.50m的砂砾或灰土垫层,见图5.4.10。

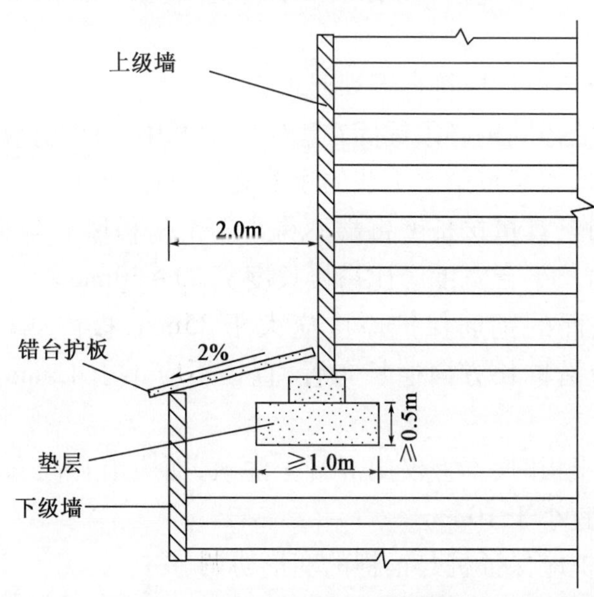

图5.4.10 平台与垫层横断面图

5.4.11 无面板加筋土挡土墙设计应符合下列要求:

1 加筋坡面与水平面夹角大于或等于70°的无面板加筋土挡土墙,应按附录H的有关规定进行设计计算;当加筋坡面与水平面夹角小于70°时,应按照现行《公路土工合成材料应用技术规范》(JTG/T D32)的有关规定进行设计计算。

2 无面板加筋土挡土墙高度大于10m时,应设置多级加筋挡土墙;当挡土墙基础受水流影响可能产生冲刷时,洪水位以下浸水墙体应采用重力式挡土墙。

3 土工格栅宜采用高密度聚乙烯(HDPE)土工格栅、聚酯(PET)焊接土工格栅。

4 土工格栅加筋层间距、筋材长度、加筋坡面坡率等应通过外部稳定性和内部稳定性计算确定。

5 加筋土挡土墙填料和排水设计应符合本规范第5.4.10条的有关规定。

6　当地基软弱、承载能力不足时，应对地基土进行换填处理，并设置砂砾、碎石垫层。

7　反包式土工格栅筋材应采用统一的水平回折反包长度，其长度应大于式(5.4.11)计算值，且不宜小于2m。坡面保护应采用抗老化的筋材。

$$L_0 = \frac{D\sigma_{hi}}{2(c + \gamma h_i \tan\delta)} \tag{5.4.11}$$

式中：L_0——计算拉筋层的水平回折包裹长度(m)；

D——拉筋的上、下层间距(m)；

σ_{hi}——水平土压应力(kPa)；

c——拉筋与填料之间的黏聚力(kPa)；

δ——拉筋与填料之间的内摩擦角(°)，填料为砂类土时取(0.5～0.8)φ；

γ——加筋体的填料重度(kN/m^3)；

h_i——墙顶(路肩挡土墙包括墙顶以上填土高度)距第 i 层墙面板中心的高度(m)。

5.4.12　桩板式挡土墙设计应符合下列要求：

1　桩板式挡土墙的锚固桩必须锚固在稳定的地基中，桩的悬臂长度不宜大于15m。

2　桩的构造可根据本规范第5.7节的相关规定执行。

3　挡土板与桩搭接，其搭接长度每端不得小于1倍板厚。当为圆形桩时，应在桩后设置搭接用的凸形平台。平台宽度应比搭接长度宽20～30mm。

4　挡土板外侧墙面的钢筋保护厚度应大于35mm，板内侧墙面保护厚度应大于50mm；桩的受力钢筋应沿桩长方向通长布置，直径不应小于12mm。桩的钢筋保护层净距不应小于50mm。

5　当采用拱形挡土板时，不宜仅用混凝土灌筑，而应沿径向和环向配置一定数量的构造钢筋，钢筋直径不宜小于10mm。

6　加锚杆的锚固桩应保证桩与锚杆的变形协调。

5.5　边坡锚固

5.5.2　预应力锚杆可用于土质、岩质边坡及地基加固，其锚固段应设置在稳定的岩层中，腐蚀性环境中不宜采用预应力锚杆。对软质岩、风化岩地层，宜采用压力分散型锚杆。

5.5.7　预应力锚杆构造设计应符合下列要求：

1　预应力锚杆由锚固段、自由段和锚头构成，锚头由垫墩、钢垫板和锚具组成。

2　锚固段内的预应力筋每隔1.5～2.0m应设置隔离架。预应力筋的保护层厚度不应小于20mm，临时性锚杆预应力筋的保护层厚度不应小于10mm。

3　锚杆材料可根据锚固工程性质、锚固部位、工程规模选择高强度低松弛的钢绞线、预应力用螺纹钢筋。

5.5.9 非预应力的全长黏结型锚杆设计应符合下列规定:

1 杆体材料宜采用 HRB400 钢筋,杆体钢筋直径宜为 16 ~ 32mm。

2 钻孔直径不宜小于 42mm,且不宜大于 100mm。

3 杆体钢筋保护层厚度,采用水泥砂浆时不应小于 8mm,采用树脂时不应小于 4mm。

4 长度大于 4m 或杆体直径大于 32mm 的锚杆,应采取杆体居中的构造措施。

5.5.10 锚固边坡坡面结构形式应根据边坡工程地质、水文地质条件、岩土性质、边坡高度、施工方法,按表 5.5.10 的规定选用。

表 5.5.10 坡面结构常用类型及适用条件

结构形式	适用条件	备注
框架(格子)梁	风化较严重、地下水丰富、软质岩、土质边坡	多雨地区梁宜做成截流沟式
地梁	软硬岩体相间、土质边坡	—
单锚墩	硬质岩、块状或整体性好的岩体	—

5.6 土钉支护

5.6.1 土钉支护设计应遵循下列原则:

1 土钉支护可用于硬塑或坚硬的黏质土、胶结或弱胶结的粉土、砂土、砾石、软岩和风化破碎岩层等路堑边坡的临时支护和永久支护。在腐蚀性地层、膨胀土、软黏土、土质松散、地下水较发育及存在不利结构面的边坡,不宜采用土钉支护。

2 永久性土钉支护应根据坡体内地下水分布情况设置完善的排水设施。

3 永久性土钉支护的边坡坡面设计应有利于边坡植物生长,并与周围环境相协调。

5.6.2 土钉结构和材料设计应符合下列要求:

1 土质边坡土钉支护总高度不宜大于 10m,岩质边坡土钉支护总高度不宜大于 18m。边坡较高时宜设多级土钉支护,每级坡高不宜大于 10m。多级边坡的上下级之间应设置平台,平台宽度不宜小于 2.0m。

5.7 抗滑桩

5.7.1 抗滑桩设计应遵循下列原则:

1 抗滑桩可用于稳定边坡和滑坡、加固不稳定山体以及加固其他特殊路基。

2 抗滑桩宜选择在滑坡厚度较薄、推力较小、锚固段地基强度较高及有利于抗滑的位置设置,桩的平面布置、桩间距、桩长和截面尺寸等应综合考虑确定,保证滑坡体不越过桩顶或从桩底和桩间滑动,达到安全可靠、经济合理,并与周围景观相协调。

5.7.2 土质滑坡的桩前悬臂段临空时，可在桩间设置挡土板。必要时，抗滑桩之间应用钢筋混凝土联系梁连接。

5.7.3 抗滑桩可与预应力锚索联合组成抗滑支挡结构，锚索的锚固段应置于稳定岩层内。设计时应保证施加预应力锚索的抗滑桩与预应力锚索的变形协调，不应使锚索在受剪状态工作。

5.7.4 抗滑桩构造和材料设计应符合下列要求：

1 抗滑桩截面形状宜采用矩形，桩的截面尺寸应根据滑坡推力大小、桩间距、锚固段地基强度等因素确定。

2 桩身采用水泥混凝土浇筑，宜采用 HRB400 钢筋。

9 预应力锚索抗滑桩的锚索外锚头及其各部分的承载力，应与锚索最大拉应力和张拉工艺相匹配。锚孔距桩顶距离，不应小于 0.5m。锚索构造应符合第 5.5 节的规定。混凝土垫墩应保证传力均匀，与垫板结构相协调。垫墩与桩结合良好。混凝土局部受压承载力，应按现行《公路钢筋混凝土及预应力混凝土桥涵设计规范》（JTG D62）的有关规定进行验算。

6 路基拓宽改建

6.1 一般规定

6.1.1 公路路基拓宽改建设计前，应对既有路基和拓宽场地进行调查、勘探和测试，查明既有路基的填料性质、含水率、密度、压实度、强度，以及路基的稳定情况，分析评价新拼接路基或增建路基对既有路基沉降变形和边坡稳定的影响程度。

6.1.2 公路路基拓宽改建，应根据公路沿线的地形地貌和地质特点、既有路基现状及拓宽后的交通组成，综合比较确定既有路基的利用与拓宽拼接方案，采取合理的工程措施，保证拓宽改建路基的强度和稳定性。

6.1.3 公路路基拓宽改建，应合理利用既有路基强度，并根据既有路基的回弹模量、含水率和密实状态，综合确定既有路基的处理措施。

6.1.4 公路路基拓宽改建设计，应做好路基路面综合设计。拓宽部分的路基应与既有路基之间保持良好的衔接，并采取必要的工程措施减小新老路基之间的差异沉降，防止产生纵向裂缝。

6.3 二级及二级以下公路路基拓宽改建

6.3.1 公路路基的拓宽改建应根据公路等级、技术标准,结合当地地形、地质、水文、填挖情况选择适宜的路基横断面形式。

6.3.4 路堤拓宽改建应符合下列要求:

1 拓宽改建路堤的填料,宜选用与既有路堤相同,且符合要求的填料或较既有路堤渗水性强的填料。当采用细粒土填筑时,应做好新老路基之间排水设计;必要时,可设置排水渗沟,排除路基内部积水。

2 拓宽既有路堤时,应在既有路堤坡面开挖台阶,台阶宽度不应小于1.0m;当加宽拼接宽度小于0.75m时,可采取超宽填筑或翻挖既有路堤等工程措施。

3 拓宽路堤边坡形式和坡度应按本规范第3.3节的规定选用。

6.3.5 挖方路基拓宽时,挖方边坡形式与坡度可按本规范第3.4节的规定或参照既有挖方路基稳定边坡确定。既有挖方边坡病害经多年整治已趋稳定的路段,改建时应减少拆除工程,不宜触动原边坡。

6.4 高速公路、一级公路路基拓宽改建

6.4.3 软土地基上路基拓宽设计应符合本规范第7.7节的有关规定,并满足下列要求:

1 路基拼接时,应控制新老路基之间的差异沉降,既有路基与拓宽路基的路拱横坡度的工后增大值不应大于0.5%。

2 地基处理措施的选取和设计,应综合考虑软土层厚度和埋深、既有地基的固结度和剩余沉降情况、路基高度和拼接形式等因素,控制拓宽路基的沉降并尽量减小对既有路基的影响。

3 浅层软土地基,可采用垫层和浅层处理措施减小拓宽路基的沉降。

4 深厚软土地基,可采用复合地基或轻质路堤等处理措施,不宜采用对既有路基产生严重影响的排水固结法或强夯法。对于鱼(水)塘、河流、水库等路段,需要排水清淤时,应采取防渗和隔水措施后方可降水。

5 新老路基分离设置,且距离小于20m时,可采用设置隔离措施或对新建路基地基予以处理,减小新建路基对既有路基的沉降影响。

6.4.6 既有路基的利用应与路面利用和加铺设计相结合,并根据路基病害的产生原因和对拓宽结构的影响程度,采取下列针对性的处治措施:

1 当既有路基回弹模量不满足新建路基的要求,但既有路面未出现破损,且拓宽后

通过加铺设计可满足路面设计要求时，宜充分利用既有路基。

2 当既有路基回弹模量不满足新建路基的要求，且路面出现严重破损时，可根据含水率、压实度和填料类型的分析评价，分别采取改善排水、补充碾压、换填处治等措施。

3 当条件受限不能翻挖既有路基时，可采取水泥碎石桩、水泥粉煤灰碎石桩、注浆等处理措施。

6.4.7 利用二级及二级以下公路拓宽改建为高速公路、一级公路时，在既有路基土的强度和压实度不能满足要求，且论证路面补强方案总体不可行的情况下，应对既有路基进行土质改良或挖除既有路基路面后重新填筑。

7 特殊路基

7.1 一般规定

7.1.2 应做好工程地质选线工作，路线应绕避规模大、性质复杂、处理困难的不良地质和特殊土（岩）地段，并避免高填深挖路基。

7.1.3 特殊路基设计应考虑气候环境、水和地质等因素对路基长期性能的影响，对可能造成的路基病害，应遵循预防为主、防治结合的原则，通过综合技术经济比较，因地制宜，采取有效的工程处理措施，保证路基稳定。分期整治时，应保证在各种因素的变化过程中不降低路基的安全度。

7.2 滑坡地段路基

7.2.1 滑坡地段路基设计应遵循下列原则：

2 对规模大、性质复杂、变形缓慢的滑坡，且路线难以绕避时，可采取总体规划、分期整治的方案。

3 滑坡防治应根据滑坡区工程地质条件、类型、规模、稳定性及对公路危害程度，以及公路的重要性和施工条件等，采取排水、减载、反压与支挡工程的综合治理措施。

4 高边坡、特殊岩土和存在不利结构面的边坡，应采取必要的预防措施，避免产生工程滑坡。

7.2.2 滑坡稳定性分析应采用工程地质类比法和力学计算相结合的方法，并应符合下列要求：

1 滑坡稳定性计算应考虑下列三种工况:

1)正常工况:边坡处于天然状态下的工况;

2)非正常工况Ⅰ:边坡处于暴雨或连续降雨状态下的工况;

3)非正常工况Ⅱ:边坡处于地震等荷载作用状态下的工况。

2 滑坡稳定系数不得小于表7.2.2所列稳定安全系数值。对非正常工况Ⅱ,路基稳定性分析方法及稳定安全系数应符合现行《公路工程抗震规范》(JTG B02)的规定。

表7.2.2 滑坡稳定安全系数

公路等级	滑坡稳定安全系数	
	正常工况	非正常工况Ⅰ
高速公路、一级公路	1.20~1.30	1.10~1.20
二级公路	1.15~1.20	1.10~1.15
三、四级公路	1.10~1.15	1.05~1.10

注:1. 滑坡地质条件复杂或危害程度严重时,稳定安全系数可取大值;地质条件简单或危害程度较轻时,稳定安全系数可取小值。

2. 滑坡影响区域内有重要建筑物(桥梁、隧道、高压输电塔、油气管道等)、村庄和学校时,稳定安全系数可取大值。

3. 水库区域公路滑坡防治,周期性库水位升降变化频繁、高水位与低水位间落差大时,稳定安全系数可取大值。

4. 临时工程或抢险应急工程,滑坡防治工程设计按照正常工况考虑,稳定安全系数可取1.05。

3 滑坡稳定性分析应考虑的荷载:滑体重力、滑坡体上建筑物等产生的附加荷载、地下水产生的静水压力和动水压力、汽车荷载等永久荷载,以及地震作用力、作用在滑体上的施工临时荷载。

4 滑面岩土抗剪强度取值,宜根据室内试验资料、监测成果反分析、极限平衡反算值、工程地质类比和当地经验等综合分析确定。必要时,应进行现场试验。

5 滑坡剩余下滑力可采用传递系数法,按式(7.2.2-1)计算。条块作用力系如图7.2.2所示,当 $T_i<0$ 时,应取 $T_i=0$。当滑坡体最后一个条块的剩余下滑力小于或等于0时,滑坡稳定;当大于0时,滑坡不稳定。

$$T_i = F_s W_i \sin\alpha_i + \psi_i T_{i-1} - W_i \cos\alpha_i \tan\varphi_i - c_i L_i \tag{7.2.2-1}$$

$$\psi_i = \cos(\alpha_{i-1} - \alpha_i) - \sin(\alpha_{i-1} - \alpha_i)\tan\varphi_i \tag{7.2.2-2}$$

式中:T_i、T_{i-1}——第 i 和第 $i-1$ 滑块剩余下滑力(kN/m);

F_s——稳定安全系数;

W_i——第 i 滑块的自重力(kN/m);

α_i、α_{i-1}——第 i 和第 $i-1$ 滑块对应滑面的倾角(°);

ψ_i——传递系数;

φ_i——第 i 滑块滑面内摩擦角(°);

c_i——第 i 滑块滑面岩土黏聚力(kN/m);

L_i——第 i 滑块滑面长度(m)。

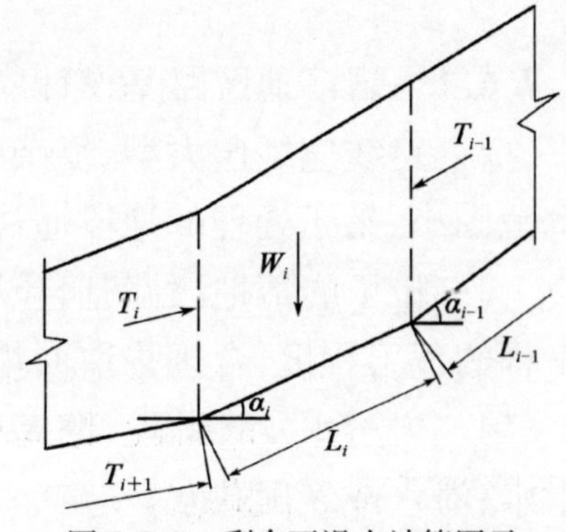

图7.2.2 剩余下滑力计算图示

7.3 崩塌地段路基

7.3.1 崩塌地段路基设计应遵循下列原则：

2 路线应绕避可能发生大规模崩塌或大范围的危岩、落石地段。对中小型崩塌、危岩体，当绕避困难或不经济时，路基设计应避免高填、深挖并远离崩塌物堆积区，对崩塌危岩体可采取遮蔽、拦截、清除、加固等综合治理工程措施。

7.4 岩堆地段路基

7.4.1 岩堆地段路基设计应遵循下列原则：

2 岩堆地段路基设计应根据岩堆分布范围、厚度、物质组成，以及岩堆下伏基床的斜坡形态及坡度、下伏岩土性质、地下水、地表水的活动情况等，评价岩堆稳定性，合理选择路线位置和路基形式。

3 路线应绕避面积大、堆积床坡度陡、补给来源丰富、稳定性差的大型岩堆。对中小型岩堆，路线绕避困难或不经济时，岩堆地段路基应采用低路堤或浅路堑，并采取稳定加固措施。

7.5 泥石流地段路基

7.5.1 泥石流地段路基设计应遵循下列原则：

2 路线应绕避大型泥石流、泥石流群及淤积严重的泥石流沟，并远离泥石流堵河严重地段的河岸。当无法绕避中、小型泥石流时，应合理选择路线位置、路基断面形式及综合防治措施。

3 泥石流防治设计应根据泥石流形成条件、类型、流动特点及活动规律，做好总体规划，采取恢复植被、排导、拦截和坡面防护等综合治理措施。

7.6 岩溶地区路基

7.6.1 岩溶地区路基设计应遵循下列原则：

2 路线应绕避大型、复杂的岩溶发育地区。绕避困难时，路基工程宜选择在岩溶发育范围小、易于处理的地段通过。

3 位于岩溶地段路基，应对路基稳定性及环境影响进行综合分析，确定岩溶对路基工程的危害程度，合理采取回填、跨越、注浆加固等处理措施。

4 岩溶水发育地段，路基修筑不应切断岩溶（地下、地表）水的径流通道，不得造成阻水、滞水或农田缺水。

5 采用注浆加固的地基，应采用物探配合钻孔取芯等综合方法进行注浆效果检测及评价。

7.7 软土地区路基

7.7.1 软土地区路基设计应遵循下列原则:

2 软土地基上路堤稳定系数应符合表7.7.1-1的要求。当计算的稳定系数小于表7.7.1-1规定值时,应针对稳定性进行地基处理设计。

表7.7.1-1 稳定安全系数容许值

指标	固结应力法		改进总强度法		简化Bishop法、Janbu法
	不考虑固结	考虑固结	不考虑固结	考虑固结	
直接快剪指标	1.1	1.2	—	—	—
静力触探、十字板剪指标	—	—	1.2	1.3	—
三轴有效剪切指标	—	—	—	—	1.4

注:当需要考虑地震力时,表列稳定安全系数减少0.1。

3 路基工后沉降应符合表7.7.1-2的要求。当不满足表7.7.1-2的要求时,应针对沉降进行处治设计。

表7.7.1-2 容许工后沉降(m)

公路等级	工程位置		
	桥台与路堤相邻处	涵洞、箱涵、通道处	一般路段
高速公路、一级公路	≤0.10	≤0.20	≤0.30
作为干线公路的二级公路	≤0.20	≤0.30	≤0.50

7.7.2 地基沉降计算应符合下列要求:

1 对用于计算沉降的压缩层,其底面应在附加应力与有效自重应力之比不大于0.15处。

2 行车荷载对沉降的影响,对于高路堤可忽略不计。

3 主固结沉降S_c应采用分层总和法计算。

4 总沉降S宜采用沉降系数m_s与主固结沉降按式(7.7.2-1)计算:

$$S = m_s S_c \tag{7.7.2-1}$$

式中:m_s——沉降系数,与地基条件、荷载强度、加荷速率等因素有关;其范围值为1.1~1.7,应根据现场沉降监测资料确定,也可按式(7.7.2-2)估算;

$$m_s = 0.123\gamma^{0.7}(\theta H^{0.2} + vH) + Y \tag{7.7.2-2}$$

θ——地基处理类型系数,地基用塑料排水板处理时取0.95~1.1,用粉体搅拌桩处理时取 0.85；一般预压时取 0.90；

H——路堤中心高度(m)；

γ——填料重度(kN/m^3)；

v——加载速率修正系数，加载速率在 20～70mm/d 之间时，取 0.025；采用分期加载，速率小于 20mm/d 时取 0.005；采用快速加载，速率大于 70mm/d 时取 0.05；

Y——地质因素修正系数，满足软土层不排水抗剪强度小于 25kPa、软土层的厚度大于 5m、硬壳层厚度小于 2.5m 三个条件时，$Y=0$，其他情况下可取 $Y=-0.1$。

5　总沉降也可由瞬时沉降 S_d、主固结沉降 S_c 及次固结沉降 S_s 之和计算，即：

$$S = S_d + S_c + S_s \tag{7.7.2-3}$$

6　任意时刻地基的沉降量，考虑主固结随时间的变化过程，按下式计算：

$$S_t = (m_s - 1 + U_t)S_c \tag{7.7.2-4}$$

或

$$S_t = S_d + S_c U_t + S_s \tag{7.7.2-5}$$

式中：U_t——地基平均固结度，采用太沙基一维固结理论解计算；对砂井、塑料排水板等竖向排水体处理的地基，固结度按巴隆给出的太沙基—伦杜立克固结理论轴对称条件固结方程在等应变条件下的解计算。

7.7.3　地基稳定性计算应符合下列要求：

1　软土地基路堤的稳定验算可采用瑞典圆弧滑动法中的有效固结应力法或改进总强度法，有条件时也可采用简化 Bishop 法或 Janbu 法。

2　验算时应按施工期和营运期的荷载分别计算稳定系数。施工期的荷载只考虑路堤自重，营运期的荷载应包括路堤自重、路面的增重及行车荷载。

7.7.4　应按下列要求进行地基加固方案比选：

1　应根据软土厚度和性质、路堤高度、路基稳定与工后沉降控制标准、施工机具、材料、环境等条件及工期要求，进行技术经济比较，依据先简后繁、就地取材的原则，综合分析并确定软土地基加固处理方案。

2　对软土性质差、地基条件复杂或工期紧、填料缺乏或有特殊要求的软土地基，宜采用综合处理措施。

7.7.5　地基浅层处理设计应符合下列要求：

1　软土地基上路堤底部宜设置排水垫层，厚度宜为 0.5m，铺设宽度应为路堤底宽且两侧各外加 0.5～1.0m。当垫层兼有排淤作用时，其厚度尚应适当加大。

2　对浅层厚度小的软土地基，可采用砂、砂砾、碎石等粒状材料进行换填处理。

3　路堤可采用粉煤灰、土工泡沫塑料、泡沫轻质土等轻质材料填筑，其设计应符合本规范第 3.9 节的有关规定。

4 路堤加筋应采用强度高、变形小、耐老化的土工合成材料作路堤的加筋材料。

5 反压护道可在路堤的一侧或两侧设置,其高度不宜超过路堤高度的1/2,其宽度应通过稳定计算确定。

7.7.6 排水固结法处理地基设计应符合下列要求:

1 排水固结法处理可采用砂垫层预压、袋装砂井或塑料排水板预压、真空预压或真空联合堆载预压。

2 根据软土性质、筑路材料与施工工艺,可选用袋装砂井或塑料排水板或其他材料作为竖向排水体。竖向排水体宜按等边三角形布置,其长度由路堤稳定性和沉降要求确定;软土层较薄时,宜贯穿软土层。预压期不宜小于6个月。

4 真空联合堆载预压可用于高填方路段和桥头路段的软土地基处理。真空预压时,应在地基中设置砂井或塑料排水板等竖向排水体,并设置砂垫层和垫层中的排水管。真空预压密封膜下的真空度不应小于70kPa。当表层存在良好的透气层或处理范围内存在水源补给充足的透水层时,应采取切断透气层和透水层的措施。

7.7.7 粒料桩处理地基设计应符合下列要求:

1 振冲粒料桩可用于加固十字板抗剪强度大于15kPa的地基土;沉管粒料桩可用于加固十字板抗剪强度大于20kPa的地基土。

2 粒料桩可采用砂、砂砾、碎石等材料,桩料不应使用单一尺寸的粒料,且桩料的含泥量不得超过5%。

3 粒料桩的直径、桩长及间距应经稳定验算和沉降验算确定,相邻桩净距不应大于4倍桩径。

7.7.8 加固土桩处理地基设计应符合下列要求:

1 深层拌和法可用于加固十字板抗剪强度不小于10kPa的软土地基。采用粉喷桩法时,深度不宜超过12m;采用浆喷法时,深度不宜超过20m。

2 加固土桩的直径、桩长及间距应经稳定验算确定并应满足工后沉降的要求。相邻桩的净距不应大于4倍桩径。

7.7.9 水泥粉煤灰碎石桩(CFG桩)处理地基设计应符合下列要求:

1 CFG桩可用于加固十字板抗剪强度不小于20kPa的软土地基。

2 CFG桩的粗集料可采用碎石或砾石,泵送混合料时砾石最大粒径不宜大于25mm,碎石最大粒径不宜大于20mm;振动沉管灌注混合料时粗集料最大粒径不宜大于50mm。可掺入砂、石屑等细集料改善级配。水泥宜用32.5级普通硅酸盐水泥。粉煤灰宜采用Ⅱ级或Ⅲ级粉煤灰。

3 CFG桩料的配合比应根据施工要求的坍落度和桩体的设计强度确定。桩体的设计强度应取28d无侧限抗压强度。

7.7.10 强夯与强夯置换处理地基设计应符合下列要求：

1 饱和粉土、夹有粉砂的饱和软黏土地基或在夯坑中回填片块石、碎砾石、卵石等粒料进行置换处理时，可采用强夯法处理。

2 强夯置换处理深度应由土质条件决定，除厚层饱和粉土外，宜穿透软土层，达到较硬土层上。置换深度不宜超过7m。

7.7.11 刚性桩复合地基设计应符合下列要求：

1 刚性桩可用于深厚软土地基上荷载较大、变形要求较严格的高路堤段、桥头或通道与路堤衔接段，以及拓宽路堤段。

2 刚性桩桩顶宜设桩帽，并铺设柔性土工合成材料加筋体垫层。

3 刚性桩的平面布置可采用正方形或正三角形排列。刚性桩的直径、桩长、间距应经稳定、沉降验算后确定，桩间距不宜大于5倍桩径。

7.7.13 沉降与稳定监测设计应符合下列要求：

1 软土地基填方较高的路堤和桥头路堤应进行沉降与稳定监测设计，其设计内容应包括监测路段与代表性监测断面、沉降与侧向位移监测点位置、监测仪选型与布设、监测方法、监测频率等。必要时，应进行软土地基深部位移监测。

2 路堤填土速率应满足下列要求：

1）填筑时间不应小于地基抗剪强度增长需要的固结时间；

2）路堤中心沉降每昼夜不得大于10～15mm，边桩位移每昼夜不得大于5mm。

7.7.15 路面铺筑必须待沉降稳定后进行。在等载条件下，推算的工后沉降量小于设计容许值，且连续两个月监测的沉降量每月不超过5mm，方可卸载开挖路槽、开始路面铺筑。

7.8 红黏土与高液限土地区路基

7.8.1 红黏土与高液限土路基设计应遵循下列原则：

1 路线通过红黏土或高液限土地区，应查明红黏土或高液限土分布范围、成因类型、土体的结构层次特征、垂直分带及其湿度状态、土体中裂隙分布特征、地下水分布规律、物理力学性质及胀缩性等。

3 红黏土和高液限土具有膨胀性时，应按膨胀土路基进行设计。

4 红黏土与高液限土路基设计宜避免高路堤及深路堑。如不能避免，宜与桥隧方案进行综合比选确定。

5 红黏土与高液限土路基设计应充分考虑气候环境、水对路基性能的影响，做好路基结构防排水与湿度控制措施的设计，连续施工，及时封闭。

7.8.2 红黏土和高液限土不应直接作为路基填料，其中压缩系数大于$0.5MPa^{-1}$的红黏土不得用于填筑路堤。

7.9 膨胀土地区路基

7.9.1 膨胀土地区路基设计应遵循下列原则:

2 路线设计应根据膨胀土的特性和公路等级的技术要求,综合考虑当地气候特点、地形地貌、地质、水文、筑路材料等条件,通过综合分析与路线方案比较,合理选用主要技术指标。

3 膨胀土地区路基应避免高路堤和深长路堑,宜采用低路堤或浅路堑。不能避免时,应与桥隧方案进行综合比选确定;以路基通过时,应采取措施保证路基稳定。

4 膨胀土用作路基填料时,应通过室内试验和技术经济比较确定膨胀土填筑路堤的处理方案,并确定最佳配合比及处治后的强度控制指标。

5 膨胀土地区路基设计应以防水、控湿、防风化为主,结合路面结构,采取有效措施,减少湿度的变化对膨胀土路基的影响,保证路基满足变形和强度的要求。膨胀土路基应连续施工,并及时封闭路床和坡面。

7.10 黄十地区路基

7.10.1 黄土地区路基设计应遵循下列原则:

2 黄土塬墚地区,路基应避开有滑坡、崩塌、陷穴群、冲沟发育、地下水出露的塬墚边缘和斜坡地段。必须通过时,应有充分依据和切实可行的工程措施。

3 路线通过冲沟沟头时,应分析冲沟的成因及其发展趋势。当冲沟正在继续发展并危及路基稳定时,应采取排水及防护措施。

4 对路线附近的黄土陷穴,应调查其位置、形状、发展趋势。以及形成陷穴的水源和水量,评价陷穴对路基的危害程度。

5 位于湿陷性黄土地段的路基,宜设在湿陷等级轻微、湿陷土层较薄、排水条件较好的地段。

6 黄土地区路基排水设计应遵循拦截、分散的处理原则,设置防冲刷、防渗漏和有利于水土保持的综合排水设施及防护工程,并应防止农田水利设施与路基的相互干扰。

7.11 盐渍土地区路基

7.11.1 盐渍上地区路基设计应遵循下列原则:

1 应调查收集沿线降水、蒸发、温度、地形地貌、工程地质、水文地质等资料,查明盐渍土的含盐类型、含盐程度及分布范围,评价盐渍土地基的承载力、盐胀性、溶陷性和表聚性。

2 路基位置应选择在地势较高、地下水位较低、排水条件好、土中含盐量低、地下水矿化度低、盐渍土分布范围小的地段,并应以路堤通过。

3　新建路基设计，应根据当地积盐条件、土质性状、地表水和地下水的现状，做好盐渍土地基处理、填料控制、路基结构、防排水措施的综合设计，保证路基强度与稳定性符合要求。

4　改建路基设计，应根据既有路基路面病害状况、路基填料的含盐类型及程度，以及水文地质条件，对既有路基的处理利用和重建方案进行技术经济比较，合理确定路基改建方案。

7.13　风沙地区路基

7.13.1　风沙地区路基设计应遵循下列原则：

1　路线通过风沙地区时，应调查、收集当地气象、地形地貌、工程和水文地质、风沙灾害、筑路和防护材料、生态环境等资料，确定当地沙漠类型和自然区划分区。

2　应根据沙漠类型、自然区划分区及风沙危害程度，合理选择路基的位置、横断面形式和路侧综合防沙体系。

3　应根据沿线地质、气候条件、筑路材料等情况，遵循因地制宜、就地取材、综合治理的原则，充分利用风积沙材料进行路基填筑和防沙设计。

4　干旱流动沙漠地区路基可不设置边沟等排水设施；对降雨较多或有浇灌要求的路段应考虑排水设计，宜设置宽浅形边沟和大孔径涵洞。

7.13.6　路侧防沙工程设计应遵循下列原则：

1　防沙工程设计应进行总体布置设计，充分利用自然植被等有利因素，根据当地自然条件、各类防护工程的适用条件、当地的治沙经验等，因地制宜，因害设防，采取阻沙、固沙、输沙等防沙工程与植物防护相结合的综合措施，建立完善的综合防沙体系，并与当地治沙规划相结合。

2　半湿润和半干旱沙地区，应以植物治沙为主、工程防沙或化学固沙为辅。植物治沙宜采用乔、灌、草相结合。

3　干旱沙漠和荒漠区，宜采用工程防沙或化学固沙与植物治沙相结合、先工程后植物的固沙方法。固沙植物以灌木和半灌木为主。

7.14　雪害地段路基

7.14.1　雪害地段路基设计，应调查收集下列资料，分析雪害成因，确定雪害类型及其危害程度，提出合理的处治方案和措施：

1　汇雪面积和风雪流行程中的地形地物、植被、气象要素等。

2　风吹雪地段冬季风力风向、风速梯度值及其频率和持续时间、风雪流的输雪量、积雪深度、积雪密度。

3 雪崩地段分布范围、裂点位置、发生频率等。必要时,应测绘汇雪面积地形图和雪崩运动路径的纵断面图。

7.14.2 路线宜绕避雪害地段,丘陵区应利用阳坡布线。无法绕避时,应从雪害较轻部位以最短距离通过,路线走向宜与风雪流的主导风向平行或交角不大于30°,并采取防护措施。

7.14.3 雪害防治设计应以防为主、防治结合,采取植物防治与工程治理相结合的防雪、稳雪、挡雪、导雪、排雪等综合措施。

7.19 季节冻土地区路基

7.19.1 季节冻土地区路基设计应遵循下列原则:

2 季节冻土地区的公路宜填不宜挖,路线宜布于山坡阳面。

3 应根据气候、地形地貌、地质状况、排水状况和路基填料等对路基路面冻害的影响,合理确定路基填筑高度,选用非冻胀性填料,做好路基路面综合设计。

7.19.5 路堤高度应符合本规范第3.3.1条、第3.3.2条的规定,路基总冻胀量应符合表7.19.3的规定。不能满足时,可采取下列措施:

1 引排地表积水或降低地下水位。

2 设置防冻垫层、毛细水隔断层、排水层等。

3 在冻胀深度范围内,采用不冻胀或弱冻胀土作填料。

4 采用聚苯乙烯泡沫塑料板隔温层。

7.19.6 季节冻土地区路基排水设计应符合本规范第4章的规定,中、重冻区路基排水设计尚应符合下列要求:

1 挖方边坡有地下水出露时,对潮湿的土质边坡可设置支撑渗沟,对集中的地下水出露处设置仰斜式排水孔。

2 挖方路基宜采用宽浅型边沟,不宜采用带盖板的矩形边沟。采用暗埋式边沟时,暗沟或暗管应埋设于当地最大冻深以下不小于0.25m处。

3 挖方路基及全冻路堤应设排水渗沟,渗沟应设于两侧边沟下或边沟外,不宜设在路肩范围以内。

4 排水管、集水井、渗沟等排水设施应设置在当地最大冻深以下不小于0.25m处,出水口的基础应设置在冻胀线以下,渗沟等出口应采取防冻保温措施。

附录 A　路基土动态回弹模量标准试验方法

A.0.1　本试验方法适用于利用动三轴试验仪在规定的加载条件下测定路基土与粒料的动态回弹模量。

附录 B　路基土动态回弹模量取值范围

表 B-1　标准状态下路基土回弹模量参考值

土　组	取值范围(MPa)
砾(G)	110～135
含细粒土砾(GF)	100～130
粉土质砾(GM)	100～125
黏土质砾(GC)	95～120
砂(S)	95～125
含细粒土砂(SF)	80～115
粉土质砂(SM)	65～95
黏土质砂(SC)	60～90
低液限粉土(ML)	50～90
低液限黏土(CL)	50～85
高液限粉土(MH)	30～70
高液限黏土(CH)	20～50

注:1. 对砾和砂,D_{60}(通过率为60%时的颗粒粒径)大时,模量取高值,D_{60}小时,模量取低值。
2. 对其他含细粒的土组,小于0.075mm颗粒含量大和塑性指数高时,模量取低值,反之,模量取高值。
3. 同等条件下,轻、中等及重交通荷载时路基土回弹模量取较小值,特重、极重交通条件下取较大值。

表 B-2　标准状态下粒料回弹模量参考值

粒 料 类 型	取 值 范 围(MPa)
级配碎石	180～400
未筛分碎石	180～220
级配砾石	150～300
天然砂砾	100～140

附录 C　路基平衡湿度预估方法

C.0.1　路基平衡湿度状况可依据路基的湿度来源分为潮湿、中湿、干燥等三类,并按

下列条件判别路基湿度状态:

1 地下水或地表长期积水的水位高,路基工作区均处于地下水毛细润湿影响范围内,路基平衡湿度由地下水或地表长期积水的水位升降所控制,路基湿度状态可定为潮湿类路基。

2 地下水位很低,路基工作区处于地下水毛细润湿面之上,路基平衡湿度由气候因素所控制,路基湿度状态可定为干燥类路基。

3 中湿类路基的湿度兼受地下水和气候因素影响,路基工作区被地下水毛细润湿面分为上、下两部分,下部受地下水毛细润湿的影响,上部则受气候因素影响,如图 C.0.1 所示。

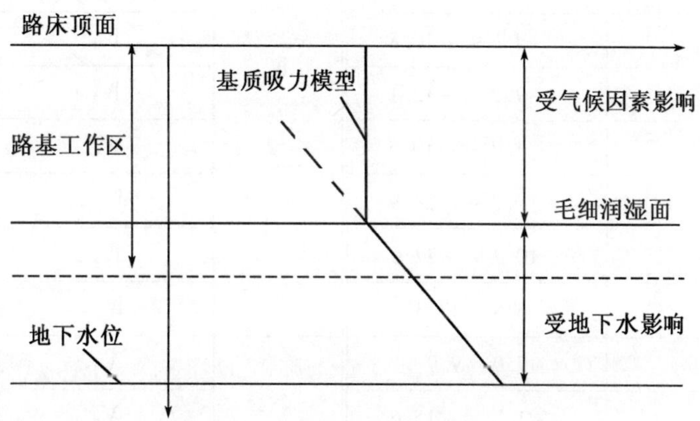

图 C.0.1 中湿类路基的湿度状况

C.0.2 潮湿类路基的平衡湿度可根据路基土组类别及地下水位高度,按表 C.0.2 确定距地下水位不同高度处的饱和度。

表 C.0.2 各路基土组距地下水位不同高度处的饱和度(%)

土 组	计算点距地下水或地表长期积水水位的距离(m)						
	0.3	1.0	1.5	2.0	2.5	3.0	4.0
粉土质砾(GM)	69~84	55~69	50~65	49~62	45~59	43~57	—
黏土质砾(GC)	79~96	64~83	60~79	56~75	54~73	52~71	—
砂(S)	95~80	70~50	—	—	—	—	—
粉土质砂(SM)	79~93	64~77	60~72	56~68	54~66	52~64	—
黏土质砂(SC)	90~99	77~87	72~83	68~80	66~78	64~76	—
低液限粉土(ML)	94~100	80~90	76~86	83~73	71~81	69~80	—
低液限黏土(CL)	93~100	80~93	76~90	73~88	70~86	68~85	66~83
高液限粉土(MH)	100	90~95	86~92	83~90	81~89	80~87	—
高液限黏土(CH)	100	93~97	90~93	88~91	86~90	85~89	83~87

注:1. 对于砂(SW、SP),D_{60}大时平衡湿度取低值,D_{60}小时平衡湿度取高值。

2. 对于其他含细粒的土组,通过 0.075mm 筛的颗粒含量大和塑性指数高时,取高值,反之,取低值。

C.0.3 干燥类路基的平衡湿度可根据路基所在自然区划的湿度指标 *TMI* 和土组类别确定，并应符合下列规定：

1 不同自然区划的 *TMI* 值可参照表 C.0.3-1 查取。

表 C.0.3-1 不同自然区划的 *TMI* 值范围

区 划	亚 区	*TMI* 范围	区 划	亚 区	*TMI* 范围
Ⅰ	Ⅰ$_{1}$	-5.0 ~ -8.1	Ⅳ	Ⅳ$_{1}$	21.8 ~ 25.1
	Ⅰ$_{2}$	0.5 ~ -9.7		Ⅳ$_{1a}$	23.2
Ⅱ	Ⅱ$_{1}$ 黑龙江	-0.1 ~ -8.1		Ⅳ$_{2}$	-6.0 ~ 34.8
	Ⅱ$_{1}$ 辽宁、吉林	8.7 ~ 35.1		Ⅳ$_{3}$	34.3 ~ 40.4
	Ⅱ$_{1a}$	-3.6 ~ -10.8		Ⅳ$_{4}$	32.0 ~ 67.9
	Ⅱ$_{2}$	-7.2 ~ -12.1		Ⅳ$_{5}$	45.2 ~ 89.3
	Ⅱ$_{2a}$	-1.2 ~ -10.6		Ⅳ$_{6}$	27.0 ~ 64.7
	Ⅱ$_{3}$	-9.3 ~ -26.9		Ⅳ$_{6a}$	41.2 ~ 97.4
	Ⅱ$_{4}$	-10.7 ~ -22.6		Ⅳ$_{7}$	16.0 ~ 69.3
	Ⅱ$_{4a}$	-15.5 ~ 17.3		Ⅳ$_{7b}$	-5.4 ~ -23.0
	Ⅱ$_{4b}$	-7.9 ~ 9.9	Ⅴ	Ⅴ$_{1}$	-25.1 ~ 6.9
	Ⅱ$_{5}$	-1.7 ~ -15.6		Ⅴ$_{2}$	0.9 ~ 30.1
	Ⅱ$_{5a}$	-1.0 ~ -15.6		Ⅴ$_{2a}$	39.6 ~ 43.7
Ⅲ	Ⅲ$_{1}$	-21.2 ~ -25.7		Ⅴ$_{3}$	12.0 ~ 88.3
	Ⅲ$_{1a}$	-12.6 ~ -29.1		Ⅴ$_{3a}$	-7.6 ~ 47.2
	Ⅲ$_{2}$	-9.7 ~ -17.5		Ⅴ$_{4}$	-2.6 ~ 50.9
	Ⅲ$_{2a}$	-19.6		Ⅴ$_{5}$	39.8 ~ 100.6
	Ⅲ$_{3}$	-19.1 ~ -26.1		Ⅴ$_{5a}$	24.4 ~ 39.2
	Ⅲ$_{4}$	-10.8 ~ -24.1		—	—
区 划	亚 区	*TMI* 范围	区 划	亚 区	*TMI* 范围
Ⅵ	Ⅵ$_{1}$	-15.3 ~ -46.3	Ⅶ	Ⅶ$_{1}$	-3.1 ~ -56.3
	Ⅵ$_{1a}$	-40.5 ~ -47.2		Ⅶ$_{2}$	-49.4 ~ -58.1
	Ⅵ$_{2}$	-39.5 ~ -59.2		Ⅶ$_{3}$	-22.5 ~ 82.8
	Ⅵ$_{3}$	-41.6		Ⅶ$_{4}$	-5.1 ~ -5.7
	Ⅵ$_{4}$	-19.3 ~ -57.2		Ⅶ$_{5}$	-20.3 ~ 91.4
	Ⅵ$_{4a}$	-34.5 ~ -37.1		Ⅶ$_{6a}$	-10.6 ~ -25.8
	Ⅵ$_{4b}$	-2.6 ~ -37.2		—	—

2 按路基所在地区的 *TMI* 值和路基土组类别，根据表 C.0.3-2 插值查取该地区相应的路基饱和度。

表 C.0.3-2 各路基土组在不同 *TMI* 值时的饱和度(%)

土　组	*TMI*					
	-50	-30	-10	10	30	50
砂(S)	20~50	25~55	27~60	30~65	32~67	35~70
粉土质砂(SM) 黏土质砂(SC)	45~48	62~68	73~80	80~86	84~89	87~90
低液限粉土(ML)	41~46	59~64	75~77	84~86	91~92	92~93
低液限黏土(CL)	39~41	57~64	75~76	86	91	92~94
高液限粉土(MH)	41~42	61~62	76~79	85~88	90~92	92~95
高液限黏土(CH)	39~51	58~69	85~74	86~92	91~95	94~97

注:1. 砂的饱和度取值与 D_{60} 相关,D_{60} 大时(接近 2mm)取低值,D_{60} 小时(接近 0.25mm)取高值。
2. 粉土质砂、黏土质砂或细粒土的饱和度取值与细粒土含量和塑性指数相关,细粒土含量高、塑性指数大时取低值,反之取高值。

C.0.4 中湿类路基的平衡湿度可参照图 C.0.1,先分路基工作区上部和下部分别确定其平衡湿度,再以厚度加权平均计算路基的平衡湿度。地下水毛细润湿面以上的路基工作区上部,按路基土组类别和 *TMI* 值确定其平衡湿度;地下水毛细润湿面以下的路基工作区下部,则按路基土组类别和距地下水位的距离确定其平衡湿度。

附录 D　路基回弹模量湿度调整系数的取值范围

D.0.1 潮湿类路基的回弹模量湿度调整系数可按表 D.0.1 查取。

表 D.0.1 潮湿类路基的回弹模量湿度调整系数

土质类型	砂	细粒土质砂	粉　质　土	黏　质　土
路基工作区顶面	0.8~0.9	0.5~0.6	0.5~0.7	0.6~1.0
路基工作区底面	0.5~0.6	0.4~0.5	0.4~0.6	0.5~0.9

注:1. 砂的回弹模量调整系数,D_{60} 大时取高值,D_{60} 小时取低值。
2. 细粒土质砂的回弹模量调整系数,细粒含量大、塑性指数高时取低值,反之取高值。
3. 粉质土和黏质土的回弹模量调整系数,路基高度低时取低值,反之取高值。

D.0.2 干燥类路基的回弹模量湿度调整系数可按表 D.0.2 查取。

表 D.0.2 干燥类路基的回弹模量湿度调整系数

土　组	*TMI*					
	-50	-30	-10	10	30	50
砂(S)	1.30~1.84	1.14~1.80	1.02~1.77	0.93~1.73	0.86~1.69	0.8~1.64
粉土质砂(SM) 黏土质砂(SC)	1.59~1.65	1.10~1.26	0.83~0.97	0.73~0.83	0.70~0.76	0.70~0.76

续上表

土组	TMI					
	-50	-30	-10	10	30	50
低液限粉土(ML)	1.35~1.55	1.01~1.23	0.76~0.96	0.58~0.77	0.51~0.65	0.42~0.62
低液限黏土(CL)	1.22~1.71	0.73~1.52	0.57~1.24	0.51~1.02	0.49~0.88	0.48~0.81

注:1. 砂的回弹模量调整系数,D_{60}大时(接近2mm)取低值,D_{60}小时(接近0.25mm)取高值。

2. 粉土质砂、黏土质砂或细粒土的饱和度取值与细粒土含量和塑性指数相关,细粒土含量高、塑性指数大时取低值,反之取高值。

D.0.3 中湿类路基的回弹模量湿度调整系数,可按路基工作区内两类湿度来源的上部和下部分别确定其湿度调整系数,并以路基工作区上、下部的厚度加权计算路基总的回弹模量湿度调整系数。

附录H 挡土墙设计计算

H.0.1 荷载应符合下列规定:

1 挡土墙设计计算应采用以极限状态设计的分项系数法为主的设计方法。

2 挡土墙构件承载能力极限状态设计可采用下列表达式:

$$\gamma_0 S \leqslant R \tag{H.0.1-1}$$

$$R = R\left(\frac{R_k}{\gamma_f}, \alpha_d\right) \tag{H.0.1-2}$$

式中:γ_0——结构重要性系数,按表H.0.1-1的规定采用;

S——作用(或荷载)效应的组合设计值;

$R(\cdot)$——挡土墙结构抗力函数;

R_k——抗力材料的强度标准值;

γ_f——结构材料、岩土性能的分项系数;

α_d——结构或结构构件几何参数的设计值,当无可靠数据时,可采用几何参数标准值。

表H.0.1-1 结构重要性系数 γ_0

墙高(m)	公路等级	
	高速公路、一级公路	二级及二级以下公路
≤5.0	1.0	0.95
>5.0	1.05	1.0

3 施加于挡土墙的作用(或荷载),按性质可分为永久作用(或荷载)、可变作用(或荷载)、偶然作用(或荷载),各类作用或荷载名称见表H.0.1-2。

表 H.0.1-2 荷 载 分 类

<table>
<tr><th colspan="2">作用(或荷载)分类</th><th>作用(或荷载)名称</th></tr>
<tr><td colspan="2" rowspan="9">永久作用(或荷载)</td><td>挡土墙结构重力</td></tr>
<tr><td>填土(包括基础襟边以上土)重力</td></tr>
<tr><td>填土侧压力</td></tr>
<tr><td>墙顶上的有效永久荷载</td></tr>
<tr><td>墙顶与第二破裂面之间的有效荷载</td></tr>
<tr><td>计算水位的浮力及静水压力</td></tr>
<tr><td>预加力</td></tr>
<tr><td>混凝土收缩及徐变</td></tr>
<tr><td>基础变位影响力</td></tr>
<tr><td rowspan="8">可变作用(或荷载)</td><td rowspan="2">基本可变作用(或荷载)</td><td>车辆荷载引起的土侧压力</td></tr>
<tr><td>人群荷载、人群荷载引起的土侧压力</td></tr>
<tr><td rowspan="5">其他可变作用(或荷载)</td><td>水位退落时的动水压力</td></tr>
<tr><td>流水压力</td></tr>
<tr><td>波浪压力</td></tr>
<tr><td>冻胀压力和冰压力</td></tr>
<tr><td>温度影响力</td></tr>
<tr><td>施工荷载</td><td>与各类型挡土墙施工有关的临时荷载</td></tr>
<tr><td colspan="2" rowspan="3">偶然作用(或荷载)</td><td>地震作用力</td></tr>
<tr><td>滑坡、泥石流作用力</td></tr>
<tr><td>作用于墙顶护栏上的车辆碰撞力</td></tr>
</table>

4 荷载效应组合应符合下列规定:

1)作用在一般地区挡土墙上的力,可只计算永久作用(或荷载)和基本可变作用(或荷载);

2)浸水地区、地震动峰值加速度值为 0.2g 及以上的地区、产生冻胀力的地区等,尚应计算其他可变作用(或荷载)和偶然作用(或荷载);

3)作用(或荷载)组合可按表 H.0.1-3 确定。

表 H.0.1-3 常用作用(或荷载)组合

组　合	作用(或荷载)名称
Ⅰ	挡土墙结构重力、墙顶上的有效永久荷载、填土重力、填土侧压力及其他永久荷载组合
Ⅱ	组合Ⅰ与基本可变荷载相组合
Ⅲ	组合Ⅱ与其他可变荷载、偶然荷载相组合

注:1. 洪水与地震力不同时考虑。

2. 冻胀力、冰压力与流水压力或波浪压力不同时考虑。

3. 车辆荷载与地震力不同时考虑。

5 挡土墙上受地震力作用时,应符合现行《公路工程抗震规范》(JTG B02)的有关规定。

6 具有明显滑动面的抗滑挡土墙荷载计算应符合本规范第5.7节、第7.2节的有关规定。泥石流地段的路基挡土墙,应符合本规范第7.5节的规定。

7 浸水挡土墙墙背为岩块和粗粒土时,可不计墙身两侧静水压力和墙背动水压力。

8 墙身所受浮力,应根据地基地层的浸水情况按下列原则确定:

1)砂类土、碎石类土和节理很发育的岩石地基,按计算水位的100%计算;

2)岩石地基按计算水位的50%计算。

9 作用在墙背上的主动土压力,可按库仑理论计算。应进行墙后填料的土质试验,确定填料的物理力学指标。当缺乏可靠试验数据时,填料内摩擦角 φ 可按表H.0.1-4选用。

表 H.0.1-4 填料内摩擦角或综合内摩擦角

填料种类		综合内摩擦角 φ_0(°)	内摩擦角 φ(°)	重度(kN/m^3)
黏性土	墙高 $H\leq6$m	35~40	—	17~18
	墙高 $H>6$m	30~35	—	
碎石、不易风化的块石		—	45~50	18~19
大卵石、碎石类土、不易风化的岩石碎块		—	40~45	18~19
小卵石、砾石、粗砂、石屑		—	35~40	18~19
中砂、细砂、砂质土		—	30~35	17~18

注:填料重度可根据实测资料作适当修正,计算水位以下的填料重度采用浮重度。

10 挡土墙前的被动土压力可不计算;当基础埋置较深且地层稳定、不受水流冲刷和扰动破坏时,可计入被动土压力,但应按表H.0.1-5的规定计入作用分项系数。

11 车辆荷载作用在挡土墙墙背填土上所引起的附加土体侧压力,可按式(H.0.1-3)换算成等代均布土层厚度计算:

$$h_0=\frac{q}{\gamma} \tag{H.0.1-3}$$

式中:h_0——换算土层厚度(m);

q——车辆荷载附加荷载强度,墙高小于2m,取20kN/m^2;墙高大于10m,取10kN/m^2;墙高在2~10m之内时,附加荷载强度用直线内插法计算。作用于墙顶或墙后填土上的人群荷载强度规定为3kN/m^2;作用于挡墙栏杆顶的水平推力采用0.75kN/m,作用于栏杆扶手上的竖向力采用1kN/m;

γ——墙背填土的重度(kN/m^3)。

12 挡土墙按承载能力极限状态设计时,除另有规定外,常用作用(或荷载)分项系数可按表H.0.1-5的规定采用。

表 H.0.1-5 承载能力极限状态作用(或荷载)分项系数

情况	荷载增大对挡土墙结构起有利作用时		荷载增大对挡土墙结构起不利作用时	
组合	Ⅰ、Ⅱ	Ⅲ	Ⅰ、Ⅱ	Ⅲ
垂直恒载 γ_G	0.90		1.20	

续上表

情况	荷载增大对挡土墙结构起有利作用时		荷载增大对挡土墙结构起不利作用时	
组合	Ⅰ、Ⅱ	Ⅲ	Ⅰ、Ⅱ	Ⅲ
恒载或车辆荷载、人群荷载的主动土压力 γ_{Q1}	1.00	0.95	1.40	1.30
被动土压力 γ_{Q2}	0.30		0.50	
水浮力 γ_{Q3}	0.95		1.10	
静水压力 γ_{Q4}	0.95		1.05	
动水压力 γ_{Q5}	0.95		1.20	

H.0.2 基础设计与稳定性计算应符合下列要求:

1 基底合力的偏心距 e_0 可按下式计算:

$$e_0 = \frac{M_d}{N_d} \tag{H.0.2-1}$$

式中:M_d——作用于基底形心的弯矩组合设计值(MPa);

N_d——作用于基底上的垂直力组合设计值(kN/m)。

2 挡土墙地基计算时,各类作用(或荷载)组合下,作用效应组合设计值计算式中的作用分项系数,除被动土压力分项系数 $\gamma_{Q2}=0.3$ 外,其余作用(或荷载)的分项系数规定均等于1。

3 基底压应力 σ 应按式(H.0.2-2)计算,位于岩石地基上的挡土墙可按式(H.0.2-3)、式(H.0.2-4)计算。基底合力的偏心距 e_0,对土质地基不应大于 $B/6$;岩石地基不应大于 $B/4$。基底压应力不应大于基底的容许承载力$[\sigma_0]$;基底容许承载力值可按现行《公路桥涵地基与基础设计规范》(JTG D63)的规定采用,当为作用(或荷载)组合Ⅲ及施工荷载,且$[\sigma_0]>150$kPa 时,可提高25%。

$$|e_0| \leqslant \frac{B}{6}\text{时}, \sigma_{1,2} = \frac{N_d}{A}\left(1 \pm \frac{6e_0}{B}\right) \tag{H.0.2-2}$$

$$e_0 > \frac{B}{6}\text{时}, \sigma_1 = \frac{2N_d}{3\alpha_1}, \sigma_2 = 0 \tag{H.0.2-3}$$

$$\alpha_1 = \frac{B}{2} - e_0 \tag{H.0.2-4}$$

式中:σ_1——挡土墙趾部的压应力(kPa);

σ_2——挡土墙踵部的压应力(kPa);

B——基底宽度(m),倾斜基底为其斜宽;

A——基础底面每延米的面积,矩形基础为基础宽度 $B\times 1$(m^2)。

4 挡土墙的滑动稳定方程应满足式(H.0.2-5)的要求,抗滑稳定系数应按式(H.0.2-6)计算:

$$[1.1G+\gamma_{Q1}(E_y+E_x\tan\alpha_0)-\gamma_{Q2}E_p\tan\alpha_0]\mu+(1.1G+\gamma_{Q1}E_y)\tan\alpha_0-\gamma_{Q1}E_x+\gamma_{Q2}E_p>0$$

(H. 0. 2-5)

$$K_c=\frac{[N+(E_x-E'_p)\tan\alpha_0]\mu+E'_p}{E_x-N\tan\alpha_0} \tag{H. 0. 2-6}$$

式中：G——作用于基底以上的重力(kN)，浸水挡土墙的浸水部分应计入浮力；

E_y——墙后主动土压力的竖向分量(kN)；

E_x——墙后主动土压力的水平分量(kN)；

E_p——墙前被动土压力的水平分量(kN)，当为浸水挡土墙时，$E_p=0$；

E'_p——墙前被动土压力水平分量的 0.3 倍(kN)；

N——作用于基底上合力的竖向分力(kN)，浸水挡土墙应计浸水部分的浮力；

α_0——基底倾斜角(°)，基底为水平时，$\alpha_0=0$；

γ_{Q1}、γ_{Q2}——主动土压力分项系数、墙前被动土压力分项系数，可按表 H. 0. 1-5 的规定采用；

μ——基底与地基间的摩擦系数，当缺乏可靠试验资料时，可按表 H. 0. 2-1 的规定采用。

表 H. 0. 2-1　基底与基底土间的摩擦系数 μ

地基土的分类	摩擦系数 μ	地基土的分类	摩擦系数 μ
软塑黏土	0. 25	碎石类土	0. 50
硬塑黏土	0. 30	软质岩石	0. 40 ~ 0. 60
砂类土、黏砂土、半干硬的黏土	0. 30 ~ 0. 40	硬质岩石	0. 60 ~ 0. 70
砂类土	0. 40		

5　挡土墙的倾覆稳定方程应满足式(H. 0. 2-7)的要求，抗倾覆稳定系数应按式(H. 0. 2-8)计算：

$$0.8GZ_G+\gamma_{Q1}(E_yZ_x-E_xZ_y)+\gamma_{Q2}E_pZ_p>0 \tag{H. 0. 2-7}$$

$$K_0=\frac{GZ_G+E_yZ_x+E'_pZ_p}{E_xZ_y} \tag{H. 0. 2-8}$$

式中：Z_G——墙身重力、基础重力、基础上填土的重力及作用于墙顶的其他荷载的竖向力合力重心到墙趾的距离(m)；

Z_x——墙后主动土压力的竖向分量到墙趾的距离(m)；

Z_y——墙后主动土压力的水平分量到墙趾的距离(m)；

Z_p——墙前被动土压力的水平分量到墙趾的距离(m)。

6　在规定的墙高范围内，验算挡土墙的抗滑动和抗倾覆稳定时，稳定系数不应小于表 H. 0. 2-2 的规定。

表 H. 0. 2-2　抗滑动和抗倾覆的稳定系数

荷载情况	验算项目	稳定系数
荷载组合Ⅰ、Ⅱ	抗滑动 K_c	1.3
	抗倾覆 K_0	1.5
荷载组合Ⅲ	抗滑动 K_c	1.3
	抗倾覆 K_0	1.3
施工阶段验算	抗滑动 K_c	1.2
	抗倾覆 K_0	1.2

7　设置于不良土质地基、覆盖土层下为倾斜基岩地基及斜坡上的挡土墙,应对挡土墙地基及填土的整体稳定性进行验算,其稳定系数不应小于 1.25。

H. 0. 3　重力式、半重力式挡墙计算应符合下列要求:

1　重力式、半重力式挡墙的作用(或荷载)计算,应符合本规范第 H. 0. 1 条的规定。

2　重力式、半重力式挡墙应满足本规范第 H. 0. 2 条基础设计与稳定性计算的规定。

3　重力式挡土墙、半重力式挡土墙的墙身材料强度可按现行《公路圬工桥涵设计规范》(JTG D61)的规定采用。必要时应做墙身的剪应力检算。

4　重力式挡土墙按承载能力极限状态设计时,在某一类作用(或荷载)效应组合下,作用(或荷载)效应的组合设计值,可按式(H. 0. 3-1)计算。圬工构件或材料的抗力分项系数 γ_f,按表 H. 0. 3-1 采用。

$$S=\psi_{ZL}(\gamma_G\sum S_{Gik}+\sum\gamma_{Qi}S_{Qik})\tag{H. 0. 3-1}$$

式中:S——作用(或荷载)效应的组合设计值;

γ_G、γ_{Qi}——作用(或荷载)的分项系数,按表 H. 0. 1-5 采用;

S_{Gik}——第 i 个垂直恒载的标准值效应;

S_{Qik}——土侧压力、水浮力、静水压力、其他可变作用(或荷载)的标准值效应;

ψ_{ZL}——荷载效应组合系数,按表 H. 0. 3-2 采用。

表 H. 0. 3-1　圬工构件或材料的抗力分项系数 γ_f

圬工种类	受力情况	
	受压	受弯、剪、拉
石料	1.85	2.31
片石砌体、片石混凝土砌体	2.31	2.31
块石、粗料石、混凝土预制块、砖砌体	1.92	2.31
混凝土	1.54	2.31

表 H. 0. 3-2　荷载效应组合系数 ψ_{ZL} 值

荷 载 组 合	ψ_{ZL}	荷 载 组 合	ψ_{ZL}
Ⅰ、Ⅱ	1.0	施工荷载	0.7
Ⅲ	0.8		

五、公路路基施工技术规范
(JTG F10—2006)

4 一般路基施工

4.2 路堤施工

4.2.2 土质路堤

2 路堤填筑应符合下列规定:

1)性质不同的填料,应水平分层、分段填筑,分层压实。同一水平层路基的全宽应采用同一种填料,不得混合填筑。每种填料的填筑层压实后的连续厚度不宜小于500mm。填筑路床顶最后一层时,压实后的厚度应不小于100mm。

2)潮湿或冻融敏感性小的填料应填筑在路基上层。强度较小的填料应填筑在下层。在有地下水的路段或临水路基范围内,宜填筑透水性好的填料。

3)在透水性不好的压实层上填筑透水性较好的填料前,应在其表面设2% ~4%的双向横坡,并采取相应的防水措施。不得在由透水性较好的填料所填筑的路堤边坡上覆盖透水性不好的填料。

4)每种填料的松铺厚度应通过试验确定。

4.2.3 填石路堤

1 填料应符合以下规定:

1)膨胀岩石、易溶性岩石不宜直接用于路堤填筑,强风化石料、崩解性岩石和盐化岩石不得直接用于路堤填筑。

2)路堤填料粒径应不大于500mm,并不宜超过层厚的2/3,不均匀系数宜为15 ~20。路床底面以下400mm范围内,填料粒径应小于150mm。

3)路床填料粒径应小于100mm。

4.2.4 土石路堤

1 填料应符合以下规定:

1)膨胀岩石、易溶性岩石等不宜直接用于路堤填筑,崩解性岩石和盐化岩石等不得直接用于路堤填筑。

2)天然土石混合填料中,中硬、硬质石料的最大粒径不得大于压实层厚的2/3;石料为强风化石料或软质石料时,其CBR值应符合表4.1.2的规定,石料最大粒径不得大于压实层厚。

3　填筑应符合以下规定：

1）压实机械宜选用自重不小于18t的振动压路机。

2）施工前，应根据土石混合材料的类别分别进行试验路段施工，确定能达到最大压实干密度的松铺厚度、压实机械型号及组合、压实速度及压实遍数、沉降差等参数。

3）土石路堤不得倾填，应分层填筑压实。

4）碾压前应使大粒径石料均匀分散在填料中，石料间孔隙应填充小粒径石料、土和石渣。

5）压实后透水性差异大的土石混合材料，应分层或分段填筑，不宜纵向分幅填筑；如确需纵向分幅填筑，应将压实后渗水良好的土石混合材料填筑于路堤两侧。

6）土石混合材料来自不同料场，其岩性或土石比例相差较大时，宜分层或分段填筑。

7）填料由土石混合材料变化为其他填料时，土石混合材料最后一层的压实厚度应小于300mm，该层填料最大粒径宜小于150mm，压实后，该层表面应无孔洞。

8）中硬、硬质石料的土石路堤，应进行边坡码砌。码砌边坡的石料强度、尺寸及码砌厚度应符合设计要求。边坡码砌与路堤填筑宜基本同步进行。软质石料土石路堤的边坡按土质路堤边坡处理。

4.2.5　高填方路堤

1　高填方路堤填料宜优先采用强度高、水稳性好的材料，或采用轻质材料。受水淹、浸的部分，应采用水稳性和透水性均好的材料。

4.2.6　桥、涵及结构物的回填

1　填料宜采用透水性材料、轻质材料、无机结合料等，非透水性材料不得直接用于回填。

4.4　轻质填料路堤施工

4.4.1　粉煤灰路堤

1　用于高速公路、一级公路路堤的粉煤灰，烧失量宜小于20%；烧失量超过标准的粉煤灰应做对比试验，分析论证后采用。

2　粉煤灰的粒径，宜在0.001～1.18mm之间，小于0.075mm的颗粒含量宜大于45%。粉煤灰中不得含团块、腐殖质及其他杂质。

3　包边土和顶面封层的填料，宜采用塑性指数不小于12的黏性土。隔离层和土质护坡中的盲沟所用砂砾料、矿渣料等，最大粒径应小于75mm，4.75mm以下细料含量小于50%，含泥量小于5%。

5 路基排水

5.1 一般规定

5.1.1 施工前,应校核全线排水设计是否完善、合理,必要时应提出补充和修改意见,使全线的沟渠、管道、桥涵组合成完整的排水系统。临时排水设施应尽量与永久排水设施相结合,排水方案应因地制宜、经济实用。

5.1.2 施工前,宜先完成临时排水设施。施工期间,应经常维护临时排水设施,保证水流畅通。

5.1.3 路堤施工中,各施工作业层面应设2% ~4%的排水横坡,层面上不得有积水,并采取措施防止水流冲刷边坡。

5.1.4 路堑施工中,应及时将地表水排走。

5.2 地表排水

5.2.1 边沟

1 边沟沟底纵坡应衔接平顺。

2 土质地段的边沟纵坡大于3%时应采取加固措施。

5.2.2 截水沟

1 截水沟应先施工,与其他排水设施应衔接平顺。

2 截水沟应按设计要求进行防渗及加固处理。地质不良地段、土质松软路段、透水性大或岩石裂隙较多地段,截水沟沟底、沟壁、出水口都应进行加固处理,防止水流渗漏和冲刷。

5.2.3 排水沟

1 排水沟线形应平顺,转弯处宜为弧线形。

2 排水沟的出水口,应设置跌水和急流槽将水流引出路基或引入排水系统。

5.3 地下排水

5.3.2 渗沟

1 各类渗沟均应设置排水层、反滤层和封闭层。

2 填石渗沟

1)石料应洁净、坚硬、不易风化。砂宜采用中砂,含泥量应小于2%,严禁用粉砂、细砂。

2)渗水材料的顶面(指封闭层以下)不得低于原地下水位。当用于排除层间水时,渗沟底部应埋置于最下面的不透水层。在冰冻地区,渗沟埋置深度不得小于当地最小冻结深度。

3)填石渗沟纵坡不宜小于1%。出水口底面标高应高出渗沟外最高水位200mm。

3 管式渗沟

1)管式渗沟长度大于100m时,应在其末端设置疏通井,并设横向泄水管,分段排除地下水。

2)泄水孔应在管壁上交错布置,间距不宜大于200mm。渗沟顶标高应高于地下水位。管节宜用承插式柔性接头连接。

4 洞式渗沟

1)洞式渗沟填料顶面宜高于地下水位。

2)洞式渗沟顶部必须设置封闭层,厚度应大于500mm。

5 边坡渗沟

1)边坡渗沟的基底应设置在潮湿土层以下的干燥地层内,阶梯式泄水坡坡度宜为2%~4%,基底应铺砌防渗层。

2)沟壁应设反滤层,其余部分用透水性材料填充。

6 支撑渗沟

1)支撑渗沟的基底宜埋入滑动面以下至少500mm,排水坡度宜为2%~4%。当滑动面较缓时,可做成台阶式支撑渗沟,台阶宽度宜大于2m。

2)渗沟侧壁及顶面宜设反滤层。寒冷地区,渗沟出口应进行防冻处理。

3)渗沟的出水口宜设置端墙。端墙内的出水口底标高,应高于地表排水沟常水位200mm以上,寒冷地区宜大于500mm。承接渗沟排水的排水沟应进行加固。

7 反滤层

1)在渗沟的迎水面设置粒料反滤层时,粒料反滤层应用颗粒大小均匀的碎、砾石,分层填筑。

2)土工布反滤层采用缝合法施工时,土工布的搭接宽度应大于100mm。铺设时应紧贴保护层,但不宜拉得过紧。土工布破损后应及时修补,修补面积应大于破坏面积的4~5倍。

3)坑壁土质为黏性土或粉细砂土,采用无砂混凝土板作反滤层时,在无砂混凝土板的外侧,应加设100~150mm厚的中粗砂或渗水土工织物反滤层。

8 渗沟基底应埋入不透水层,沟壁的一侧应设反滤层汇集水流,另一侧用黏土夯实或浆砌片石拦截水流。如渗沟沟底不能埋入不透水层时,两侧沟壁均应设置反滤层。

9 渗沟顶部应设置封闭层,封闭层宜采用浆砌片石或干砌片石水泥砂浆勾缝,寒冷地区应设保温层,并加大出水口附近纵坡。保温层可采用炉渣、砂砾、碎石或草皮等。

10 渗沟宜从下游向上游开挖,开挖作业面应根据土质选用合理的支撑形式,并应随挖随支撑、及时回填,不可暴露太久。支撑渗沟应分段间隔开挖。

六、公路排水设计规范

(JTG/T D33—2012)

1 总则

1.0.3 路界内排水设施应统筹规划,合理布局,与路界外排水系统和设施合理衔接。

1.0.4 公路排水设计应重视环境保护和水土保持,防止水体污染。

3 总体要求

3.0.1 公路排水系统的设置应以保障结构稳定和行车安全为目的。系统中的路界地表、路面内部及路界地下排水设施间应互相衔接与协调,保证公路排水系统的有效性和耐久性。

3.0.2 公路排水设计应包括排水系统总体设计、水文调查与计算、排水设施结构形式和材料选择、水力计算等内容。

3.0.3 公路排水系统总体设计应在全面调查沿线水文、气象、地形、地质、环境敏感区等建设条件的基础上,根据公路功能、等级,确定排水设计原则,划分排水段落,分段确定路线和主要构造物排水方案和排水路线,完成排水系统布置图。

3.0.4 公路排水系统的总体设计应在公路总体设计中同步完成,工程条件简单、不进行总体设计的公路工程,宜单独对排水系统进行总体设计。

3.0.5 公路排水系统应与主体工程及自然环境相适应。设计中应注重各种排水设施的功能和相互之间的衔接,防、排结合,形成完善的排水系统。

3.0.6 公路排水设计应避免冲毁农田及水利设施。

3.0.7 穿越城镇的公路排水设施应与城镇现有或规划的排水系统相协调。

3.0.8 排水设施的结构应安全耐久、经济合理,便于施工、检查和养护维修。

3.0.9 施工临时性排水设施宜与永久性排水设施相结合。

3.0.10 冰冻区地面排水设施应耐冰冻、耐盐蚀;地下排水设施应置于当地最大冻深线以下,无法满足时,应采取保温措施。

3.0.11 公路路线设计应做好综合规划,降低下穿道路排水难度。路线设计高程低于临近水体时,应进行专门的防排水设计,保证安全。

3.0.12 桥面应设置完善的排水设施,应重视桥面防水层、黏结层的设置和材料选择。

3.0.13 隧道排水设计应采取防、排、截、堵相结合的综合措施,隧道内外应形成完整的排水系统。

3.0.14 多年冻土、膨胀土、黄土、盐渍土及滑坡等路段,应将排水系统作为处治措施的组成部分,进行综合设计。

3.0.15 公路经过水环境敏感路段时,应采取相应的路(桥)面等水收集、处理措施。

3.0.16 蒸发池与路基边沟外缘的距离不得小于5m,且应设置隔离网、踏步等安全防护设施。蒸发池的设计水位应低于排水沟沟底高程,池的容积应能满足及时完成渗透和蒸发的要求。多年冻土、黄土等对蒸发池设置有特殊要求的地区,应进行特殊设计。

3.0.17 路侧公路排水设施的形式选择应与安全设施设置紧密配合。路堑段排水边沟宜采用浅碟形或带盖板的边沟,采用敞开式深边沟时路侧应设置护栏。

3.0.18 公路排水设施不应兼做其他非公路排水用途。

9 水文与水力计算

9.2 沟和管的水力计算

9.2.1 沟和管的水力计算,应包括依据设计流量确定沟和管所需的断面尺寸,以及检查水流速度是否在允许范围内等内容。

9.2.2 沟或管的泄水能力 Q_c 可按式(9.2.2)计算。

$$Q_c = vA \tag{9.2.2}$$

式中:v——沟或管内的平均流速(m/s);

A——过水断面面积(m^2),各种沟或管过水断面的面积计算可按附录 B 执行。

9.2.3 沟或管内的平均流速 v 可按式(9.2.3)计算。

$$v = \frac{1}{n}R^{\frac{2}{3}}I^{\frac{1}{2}} \tag{9.2.3}$$

式中:n——沟壁或管壁的粗糙系数,可按表 9.2.3 查取;

R——水力半径(m),各种沟或管的水力半径计算式可参考附录 B;

$$R = \frac{A}{\rho}$$

ρ——过水断面湿周(m);

I——水力坡度,无旁侧入流的明沟,水力坡度可采用沟的底坡;有旁侧入流的明沟,水力坡度可采用沟段的平均水面坡降。

表 9.2.3 沟壁或管壁的粗糙系数 n

沟或管类别	n	沟或管类别	n
塑料管(聚氯乙烯)	0.010	土质明沟	0.022
石棉水泥管	0.012	带杂草土质明沟	0.027
水泥混凝土管	0.013	砂砾质明沟	0.025
陶土管	0.013	岩石质明沟	0.035
铸铁管	0.015	植草皮明沟(流速 0.6m/s)	0.050 ~ 0.090
波纹管	0.027	植草皮明沟(流速 1.8m/s)	0.035 ~ 0.050
沥青路面(光滑)	0.013	浆砌片石明沟	0.025
沥青路面(粗糙)	0.016	干砌片石明沟	0.032
水泥混凝土路面(镘抹面)	0.014	水泥混凝土明沟(镘抹面)	0.015
水泥混凝土路面(拉毛)	0.016	水泥混凝土明沟(预制)	0.012

9.2.4 浅沟可按以下要求计算其泄水能力:

1 单一横坡的浅三角形沟的泄水能力 Q_c 可按式(9.2.4-1)计算。

$$Q_c = 0.377\frac{1}{i_h n}h^{\frac{8}{3}}I^{\frac{1}{2}} \tag{9.2.4-1}$$

式中:i_h——沟或过水断面的横向坡度;

h——沟或过水断面的水深(m)。

2　复合横坡浅三角形沟的泄水能力可按式(9.2.4-1)计算泄水能力乘以系数 ξ 求得,ξ 由式(9.2.4-2)确定。计算示意如图9.2.4所示。

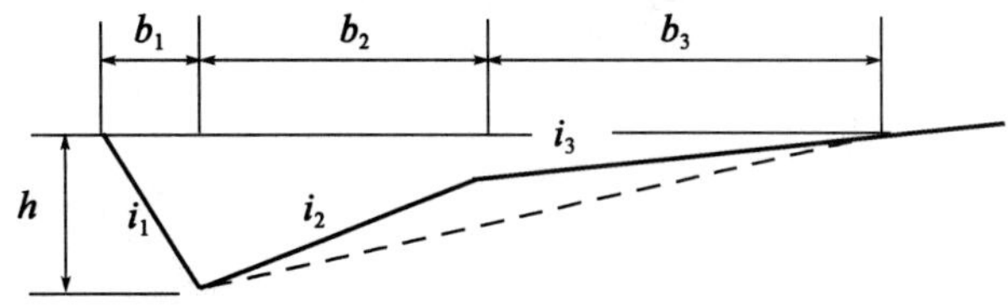

图9.2.4　双向开口且有变坡浅三角形沟过水断面计算图

3　其他深宽比小于1:6的浅沟的泄水能力可取式(9.2.2)的计算泄水能力乘以1.2。

$$\xi = \{1-(1-\gamma)[(1+\alpha\beta)^{-1}-(1+\beta)^{-1}]\}^{\frac{5}{3}} \tag{9.2.4-2}$$

式中:α、β、γ——系数,其中 $\alpha=\frac{i_2}{i_3}$,$\beta=\frac{b_2}{b_3}$,$\gamma=\frac{b_1}{b_1+b_2+b_3}$。

9.2.5　沟和管的允许流速应符合以下规定:

1　明沟的最小允许流速为0.4m/s,暗沟和管的最小允许流速为0.75m/s。

2　管的最大允许流速为:金属管10m/s;非金属管5m/s。

3　明沟的最大允许流速,可根据沟壁材料和水深修正系数确定。不同沟壁材料在水深为0.4~1.0m时的最大允许流速,可按表9.2.5-1取用;其他水深的最大允许流速,应乘以表9.2.5-2中相应的水深修正系数。

表9.2.5-1　明沟的最大允许流速(m/s)

明沟类别	亚砂土	亚黏土	干砌片石	浆砌片石	黏土	草皮护面	水泥混凝土
允许最大流速	0.8	1.0	2.0	3.0	1.2	1.6	4.0

表9.2.5-2　最大允许流速的水深修正系数

水深 h(m)	≤0.4	$0.4<h\leq1.0$	$1.0<h<2.0$	$h\geq2.0$
修正系数	0.85	1.00	1.25	1.40

七、公路自然区划标准

（JTJ 003—86）

1 总则

1.0.1 区划的目的

为区分不同地理区域自然条件对公路工程影响的差异性，并在路基、路面的设计、施工和养护中采取适当的技术措施和采用合适的设计参数，以保证路基、路面的强度和稳定性，特制定本标准。

1.0.2 区划的原则和方法

自然区划以自然气候因素的综合性和主导性相结合为原则，采用以地理相关分析为基础的主导标志法，从分析自然综合情况与公路工程的实际关系出发，选出具有分区意义的主导标志。在确定区界时，还需进行地理相关分析对区界进行修正，以求其同一区内有相似的公路工程自然环境。但综合性或主导性因素的原则，均应遵循地带性和非地带性理论。

1.0.3 区划的分级

为使自然区划便于在实践中应用，结合我国地理、气候特点，将全国的公路自然区划分为三个等级。

一级区划首先将全国划分为多年冻土、季节冻土和全年不冻三大地带，再根据水热平衡和地理位置，划分为冻土、湿润、干湿过渡、湿热、潮暖、干旱和高寒七个大区。二级区划是在一级区划基础上以潮湿系数为主进一步划分。三级区划是在二级区内划分更低一级的区域或类型单元。本标准仅规定一、二级区划，其具体划分详见”中华人民共和国公路自然区划图“。

1.0.4 标准适用范围

本标准为在公路规划、设计中考虑不同地理区域的自然条件对公路工程的影响，特别为在路基、路面的设计、施工、养护中确定技术措施和设计参数提供了依据，适用于新建和改建的公路工程。

2　一级区划

2.0.1　一级区划的主要依据与指标

以全国性的纬向地带性和构造区域性为依据,根据对公路工程具有控制作用的地理、气候因素来拟订。对纬向性的,特别是东部地区的界线,采用了气候指标;对非纬向性的,特别是在西部地区的界限,则较多地强调构造和地貌因素;中部个别地区则采用土质作指标。

2.0.3　一级自然区

根据不同地理、气候、构造、地貌界线的交错和叠合,将我国分为七个一级自然区,即:Ⅰ、北部多年冻土区、Ⅱ、东部温润季冻区、Ⅲ、黄土高原干湿过渡区、Ⅳ、东南湿热区、Ⅴ、西南潮暖区、Ⅵ、西北干旱区、Ⅶ、青藏高寒区。

3　二、三级区划

3.0.1　二级区划的主导因素与标志

二级区划仍以气候和地形为主导因素,但具体标志与一级区划有显著差别。一级自然区有其共同标志,即:气候因素是潮湿系数 K 值,地形因素是独立的地形单元。二级区的划分则需因区而异,将上述标志具体化或加以补充,其标志是以潮湿系数 K 为主的一个标志体系。

潮湿系数 K 值按全年的大小分为六个等级:

过湿区　$K>2.00$

中湿区　$2.00\geq K>1.50$

湿润区　$1.50\geq K>1.00$

润干区　$1.00\geq K>0.50$

中干区　$0.50\geq K>0.25$

过干区　$K<0.25$

有关潮湿系数 K 值和蒸发力的计算公式规定如下:

$$K=R/Z \tag{3.0.1-1}$$

式中:R——年降水量(mm);

Z——年蒸发量(mm)。

年蒸发量 Z 无法直接测定,只能用蒸发力(可能的蒸发量)E_T 来代替 Z 计算。蒸发

力 E_T 的计算,采用 $H \cdot L$ 彭曼公式(详细内容见附录二):

$$E_T = F \cdot E_0 \tag{3.0.1-2}$$

式中:F——季节系数;见附录二;

E_0——水面蒸发量(mm)。

3.0.2 二级自然区

根据二级区划的主导因素与标志,在全国七个一级自然区内又分为 33 个二级区和 19 个副区(亚区),共有 52 个二级自然区。它们的区界与名称如下(各二级区自然条件对公路工程的影响见附录三)。

Ⅰ北部多年冻土区中有:$Ⅰ_1$连续多年冻土区,$Ⅱ_2$ 岛状多年冻土区。

Ⅱ东部温润季冻区中有:$Ⅱ_1$ 东北东部山地润湿冻区,$Ⅱ_{1a}$三江平原副区,$Ⅱ_2$ 东北中部山前平原重冻区,$Ⅱ_{2a}$辽河平原冻融交替副区,$Ⅱ_3$ 东北西部润干冻区,$Ⅱ_4$ 海滦中冻区,$Ⅱ_{4a}$冀北山地副区,$Ⅱ_{4b}$旅大丘陵副区,$Ⅱ_5$ 鲁豫轻冻区,$Ⅱ_{5a}$山东丘陵副区。

Ⅲ 黄土高原干湿过渡区中有:$Ⅲ_1$山西山地、盆地中冻区,$Ⅲ_{1a}$雁北张宣副区,$Ⅲ_2$ 陕北典型黄土高原中冻区,$Ⅲ_{2a}$渝林副区,$Ⅲ_3$ 甘东黄土山地区,$Ⅲ_4$ 黄渭间山地、盆地轻冻区。

Ⅳ东南湿热区中有:$Ⅳ_1$ 长江下游平原润湿区,$Ⅳ_{1a}$盐城副区,$Ⅳ_2$ 江淮丘陵、山地润湿区,$Ⅳ_3$ 长江中游平原中湿区,$Ⅳ_4$ 浙闽沿海山地中湿区,$Ⅳ_5$ 江南丘陵过湿区,$Ⅳ_6$ 武夷南岭山地过湿区,$Ⅳ_{6a}$武夷副区,$Ⅳ_7$ 华南沿海台风区,$Ⅳ_{7a}$台湾山地副区 ,$Ⅳ_{7b}$海南岛西部润干副区,$Ⅳ_{7c}$南海诸岛副区。

Ⅴ西南潮暖区中有:$Ⅴ_1$ 秦巴山地润湿区,$Ⅴ_2$ 四川盆地中湿区,$Ⅴ_{2a}$雅安、乐山过湿副区,$Ⅴ_3$三西、贵州山地过湿区,$Ⅴ_{3a}$滇、南桂西润湿副区,$Ⅴ_4$ 川、滇、黔高原干湿交替区,$Ⅴ_5$ 滇西横断山地区,$Ⅴ_{5a}$大理副区。

Ⅵ西北干旱区中有:$Ⅵ_1$ 内蒙草原中干区,$Ⅵ_{1a}$河套副区,$Ⅵ_2$ 绿洲-荒漠区,$Ⅵ_3$ 阿尔泰山地冻土区, $Ⅵ_4$ 天山-界山山地区, $Ⅵ_{4a}$塔城副区, $Ⅵ_{4b}$伊黎河谷副区。

Ⅶ青藏高寒区中有:$Ⅶ_1$ 祁连-昆仑山地区,$Ⅶ_2$ 柴达木荒漠区,$Ⅶ_3$ 河源山原草甸区,$Ⅶ_4$ 羌塘高原冻土区,$Ⅶ_5$ 川藏高山峡谷区,$Ⅶ_6$ 藏南高山台地区,$Ⅶ_{6a}$拉萨副区。

八、公路水泥混凝土路面设计规范
(JTG D40—2011)

2 术语和符号

2.1 术语

2.1.1 水泥混凝土路面 cement concrete pavement

以水泥混凝土作面层(配筋或不配筋)的路面。

2.1.2 普通混凝土路面 jointed plain concrete pavement

除接缝区和局部范围外,面层内均不配筋的水泥混凝土路面,也称素混凝土路面。

2.1.3 钢筋混凝土路面 jointed reinforced concrete pavement

面层内配置纵、横向钢筋或钢筋网并设接缝的水泥混凝土路面。

2.1.4 连续配筋混凝土路面 continuously reinforced concrete pavement

面层内配置纵向连续钢筋和横向钢筋,横向不设缩缝的水泥混凝土路面。

2.1.5 钢纤维混凝土路面 steel fiber reinforced concrete pavement

在混凝土面层中掺入钢纤维的水泥混凝土路面。

2.1.6 复合式路面 composite pavement

面层由两层不同材料类型和力学性质的结构层复合而成的路面。

2.1.7 水泥混凝土预制块路面 concrete block pavement

面层由水泥混凝土预制块铺砌成的路面。

2.1.8 设计基准期 design reference period

计算路面结构可靠度时,考虑各项基本度量与时间关系所取用的基准时间段(a)。

2.1.9 安全等级 safety classes

根据路面结构的重要性和破坏可能产生后果的严重程度而划分的设计等级。

3 设计参数

3.0.4 水泥混凝土路面结构设计应以面层板在设计基准期内,在行车荷载和温度梯度综合作用下,不产生疲劳断裂作为设计标准;并以最重轴载和最大温度梯度综合作用下,不产生极限断裂作为验算标准。其极限状态设计表达式可分别采用式(3.0.4-1)和式(3.0.4-2)。

$$\gamma_r(\sigma_{pr}+\sigma_{tr})\leqslant f_r \tag{3.0.4-1}$$

$$\gamma_r(\sigma_{p,max}+\sigma_{t,max})\leqslant f_r \tag{3.0.4-2}$$

上述式中:σ_{pr}——面层板在临界荷位处产生的行车荷载疲劳应力(MPa),计算方法见附录B;

σ_{tr}——面层板在临界荷位处产生的温度梯度疲劳应力(MPa),计算方法见附录B;

$\sigma_{p,max}$——最重的轴载在临界荷位处产生的最大荷载应力(MPa),计算方法见附录B;

$\sigma_{t,max}$——所在地区最大温度梯度在临界荷位处产生的最大温度翘曲应力(MPa),计算方法见附录B;

γ_r——可靠度系数,依据所选目标可靠度、变异水平等级及变异系数通过计算确定;

f_r——水泥混凝土弯拉强度标准值(MPa),按表3.0.8取值。

表3.0.8 水泥混凝土弯拉强度标准值

交通荷载等级	极重、特重、重	中 等	轻
水泥混凝土的弯拉强度标准值(MPa)	≥5.0	4.5	4.0
钢纤维混凝土的弯拉强度标准值(MPa)	≥6.0	5.5	5.0

4 结构组合设计

4.1 一般规定

4.1.1 应依据公路等级、交通荷载、路基条件、当地温度和湿度状况以及使用性能要求,选择及组合与之相适应的水泥混凝土路面结构。

4.1.2 路面结构组合设计,应使各个结构层的力学特性及其组成材料性质满足相应的功能要求。

4.1.3 应充分考虑各相邻结构层的相互作用、层间结合条件和要求,以及结构组合的协调与平衡。

4.1.4 应充分考虑地表水的渗入和冲刷作用。采取封堵和疏排措施,减少地表水渗入,防止渗入水积滞在路面结构内。基层应选用抗冲刷能力强的材料。

4.2 路基

4.2.1 路基应稳定、密实、均质,对路面结构提供均匀的支承。

4.2.2 路床顶面的综合回弹模量值,轻交通荷载等级时不得低于40MPa,中等或重交通荷载等级时不得低于60MPa,特重或极重交通荷载等级时不得低于80MPa。

4.2.3 路基填料应满足以下要求:

1 高液限黏土及含有机质的细粒土不应用作高速公路和一级公路的路床填料或二级公路和二级以下公路的上路床填料。

2 高液限粉土、塑性指数大于16或膨胀率大于3%的低液限黏土不应用作高速公路和一级公路的上路床填料。

3 因条件限制必须采用上述土作填料时,应掺加水泥、粉煤灰或石灰等结合料进行改善。

4.2.4 路床顶面综合回弹模量值不满足4.2.2条要求时,应选用粗粒土或低剂量无机结合料稳定土作路床或上路床填料。当路基工作区底面接近或低于地下水位时,可采取更换填料、设置排水渗沟等措施。

4.2.5 季节性冰冻地区的中湿类、潮湿类和过湿类路基,当冰冻线深度达到路基的易冻胀土层时,在易冻胀土层上应设置防冻垫层或用不易冻胀土置换冰冻线深度范围内的易冻胀土。

4.2.6 水文地质条件不良的土质路堑,应采取地下排水措施。

4.2.7 对路堤下的软弱地基进行加固处治后,其工后沉降量应符合现行《公路路基设计规范》(JTG D30)的规定,并宜在路床顶部铺筑粒料层。

4.2.8 填挖交界或新老路基结合路段,应采取防止差异沉降的技术措施。

4.2.9 石质挖方或填石路床顶面应铺设整平层。整平层可采用碎石、低剂量水泥稳定粒料等材料，其厚度可根据路床顶面平整程度确定，最小厚度不小于100mm。

4.3 垫层

4.3.1 遇有以下情况时，应在基层或底基层下设置垫层：

1 季节性冰冻地区，路面结构厚度小于最小防冻厚度要求（表3.0.9）时，应设置防冻垫层，使路面结构厚度符合要求。

2 水文地质条件不良的土质路堑，路床土湿度较大时，宜设置排水垫层。

4.3.2 垫层应与路基同宽，厚度不得小于150mm。

4.3.3 防冻垫层和排水垫层宜采用碎石、砂砾等颗粒材料。

4.4 基层和底基层

4.4.1 基层和底基层应具有足够的抗冲刷能力和适当的刚度。

4.4.2 基层和底基层的材料可依据交通荷载等级、结构层组合要求和材料供应条件，分别参照表4.4.2-1和表4.4.2-2选用。

表4.4.2-1 各交通荷载等级的基层材料类型

交通荷载等级	基层材料类型
极重、特重	贫混凝土、碾压混凝土
	沥青混凝土
重	密级配沥青稳定碎石
	水泥稳定碎石
中等、轻	级配碎石
	水泥稳定碎石，石灰、粉煤灰稳定碎石

注：交通荷载分级见表3.0.7。

表4.4.2-2 各交通荷载等级的底基层材料类型

交通荷载等级	底基层材料类型
极重、特重、重	级配碎石，水泥稳定碎石，石灰、粉煤灰稳定碎石
中等、轻	未筛分碎石、级配砾石，或不设

注：交通荷载分级见表3.0.7。

4.4.3 承受极重、特重或重交通荷载的路面，基层下应设置底基层；承受中等或轻交通荷载时，可不设底基层。当基层采用无机结合料稳定类材料，且上路床由细粒土组成时，应在基层下设置粒料类底基层。

4.4.5 贫混凝土或碾压混凝土基层上应铺设沥青混凝土夹层，层厚不宜小于40mm。无机结合料稳定碎石基层上应设置封层，封层可采用单层沥青表面处治或适宜的膜层材料等。当采用单层沥青表面处治时,层厚不宜小于6mm。

4.4.6 多雨地区,路基由低透水性细粒土组成的高速公路和一级公路或者承受极重或特重交通荷载的二级公路,宜设置由开级配沥青稳定碎石或开级配水泥稳定碎石组成的排水基层。排水基层下应设置由密级配粒料或水泥稳定碎石组成的不透水底基层。底基层顶面宜铺设沥青类封层或防水土工织物。

4.4.7 各种基层和底基层的结构层适宜压实厚度,应按所选集料的公称最大粒径和压实效果的要求而定。基层或底基层的设计层厚超出相应材料的适宜压实厚度范围时,宜分层铺设和压实。

4.4.8 贫混凝土或碾压混凝土基层的计算厚度应满足式(3.0.5)的要求。基层设计厚度应依据计算厚度按10mm向上取整。

4.4.9 开级配沥青稳定碎石或水泥稳定碎石排水基层的计算厚度应满足排除表面水设计渗入量的需要。排水基层的设计厚度宜依据计算厚度按10mm向上取整后再增加20mm。

4.4.10 硬路肩采用混凝土面层时,基层的结构与厚度应与行车道相同。基层的宽度应比混凝土面层每侧宽出300mm(小型机具施工时)或650mm(滑模式摊铺机施工时)。

4.4.11 碾压混凝土基层应设置与混凝土面层相对应的接缝。贫混凝土基层弯拉强度大于1.5MPa时,应设置与面层相对应的横向缩缝;一次摊铺宽度大于7.5m时,应设置纵向缩缝。

4.5 面层

4.5.1 水泥混凝土面层应具有足够的强度和耐久性,表面应抗滑、耐磨、平整。

4.5.2 面层宜采用设接缝的普通水泥混凝土。当面层板的平面尺寸较大或形状不规则,路面结构下埋有地下设施,位于高填方、软土地基、填挖交界段等有可能产生不均匀沉降的路基段时,应采用接缝设置传力杆的钢筋混凝土面层。连续配筋混凝土、碾压混凝土和钢纤维混凝土等其他面层类型可依据适用条件选用。

4.5.3 普通水泥混凝土、钢筋混凝土、碾压混凝上和连续配筋混凝土面层的计算厚度,可依据交通荷载等级、公路等级和变异水平等级,按式(3.0.4-1)和式(3.0.4-2)确定。各种混凝土面层的设计厚度应依据计算厚度加6mm磨耗层后,按10mm向上取整。

4.5.4 钢纤维混凝土的钢纤维体积率宜为0.6% ~ 1.0%,面层厚度宜为普通混凝土面层厚度的 0.75 ~ 0.65 倍,按钢纤维掺量确定。特重或重交通荷载时,其最小厚度应为 180mm;中等或轻交通荷载时,其最小厚度应为 160mm。

4.5.5 复合式路面的沥青混凝土上面层的厚度不宜小于 40mm。水泥混凝土下面层的计算厚度,应满足式(3.0.4-1)和式(3.0.4-2)的要求。水泥混凝土下面层与沥青混凝土上面层之间应设置黏层。

4.5.6 路面表面必须采用拉毛、拉槽、压槽或刻槽等方法筑做表面构造,在交工验收时构造深度应满足表 4.5.6 的要求。

表 4.5.6 各级公路水泥混凝土面层的表面构造深度(mm)要求

公 路 等 级	高速公路、一级公路	二、三、四级公路
一般路段	0.70 ~ 1.10	0.50 ~ 1.00
特殊路段	0.80 ~ 1.20	0.60 ~ 1.10

注:1. 特殊路段——对于高速和一级公路系指立交、平交或变速车道等处,对于其他等级公路系指急弯、陡坡、交叉口或集镇附近。

2. 在年降雨量 600mm 以下的地区,表列数值可适当降低。

4.5.7 混凝土预制块可采用矩形块或异形块。矩形块的长度宜为 200 ~ 250mm,宽度宜为 100 ~ 125mm,厚度宜为 80 ~ 150mm。预制块下砂垫层的厚度宜为 30 ~ 50mm。

4.6 路肩

4.6.1 路肩铺面结构应具有一定的承载能力,其结构层组合和材料选用应与行车道路面相协调,不应使渗入的路表水积滞在行车道路面结构内。

4.6.4 路肩面层可选用水泥混凝土或沥青类材料。路肩面层选用沥青类材料时,中等交通荷载以上等级公路,应采用热拌沥青混合料;低等级公路和轻交通荷载等级公路,可采用沥青表面处治。路肩基层为粒料类材料时,其细料(小于 0.075mm)含量不应超过 6%。

4.6.5 路肩混凝土面层与行车道面层应设置拉杆相连,二者的横向缩缝应连通。行车道面层为连续配筋混凝土时,路肩混凝土面层的横向缩缝间距应为 4.5m。

4.7 路面排水

4.7.1 行车道路面横坡坡度宜为 1% ~ 2%,路肩表面的横向坡度宜为 2% ~ 3%。

4.7.2 行车道路面结构设置排水基层或垫层时,应在排水基层或垫层外侧边缘设置纵向集水沟和带孔集水管,并间隔 50 ~ 100m 设置横向排水管。

4.7.3 排水基层的纵向边缘集水沟,当路肩采用沥青面层时,可设在路肩内侧边缘内;当路肩采用水泥混凝土面层时,可设在路肩下或路肩外侧边缘内。排水垫层的纵向边缘集水沟宜设在路床边缘。

4.7.4 带孔集水管的管径宜采用100~150mm。集水沟的宽度宜采用300mm。集水沟的深度应能保证集水管管顶低于排水层底面,并有足够厚度的回填料使集水管不被施工机械压裂。沟内回填料宜采用与排水基层或垫层相同的透水性材料,或不含细料的碎石或砾石粒料。横向排水管应不带孔,其管径与集水管相同。

4.7.5 集水沟和集水管的纵坡宜与路线纵坡相同,且不宜小于0.3%。横向排水管的坡度不宜小于5%。

4.7.6 横向排水管出口端应设端墙,端头宜用镀锌铁丝网或格栅罩住,出水口下方应铺设水泥混凝土防冲垫板或进行坡面防护。在横向排水管上方的路肩边缘处应设置标志标明出水口位置。

5 接缝设计

5.1 一般规定

5.1.1 普通水泥混凝土、钢筋混凝土、碾压混凝土和钢纤维混凝土面层板的平面布局宜采用矩形分块,其纵向和横向接缝应垂直相交,纵缝两侧的横缝不得相互错位。

5.1.2 纵向接缝的间距(即板宽)宜在3.0~4.5m范围内选用。

5.1.3 横向接缝的间距(即板长)应按面层类型和厚度选定:

1 普通水泥混凝土面层宜为4~6m,面层板的长宽比不宜超过1.35,平面面积不宜大于25m^2。

2 碾压混凝土或钢纤维混凝土面层宜为6~10m。

3 钢筋混凝土面层宜为6~15m,面层板的长宽比不宜超过2.5,平面面积不宜大于45m^2。

5.2 纵向接缝

5.2.1 纵向接缝的布设应视路面总宽度、行车道及硬路肩宽度以及施工铺筑宽度而定：

1 一次铺筑宽度小于路面宽度时，应设置纵向施工缝。纵向施工缝应采用设拉杆平缝形式，上部应锯切槽口，深度宜为 30 ~ 40mm，宽度宜为 3 ~ 8mm，槽内应灌塞填缝料。其构造如图 5.2.1a）所示。

2 一次铺筑宽度大于 4.5m 时，应设置纵向缩缝。纵向缩缝应采用设拉杆假缝形式，锯切的槽口深度应大于施工缝的槽口深度。采用粒料基层时，槽口深度应为板厚的 1/3；采用半刚性基层时，槽口深度应为板厚的 2/5。其构造如图 5.2.1b）所示。

3 碾压混凝土面层一次摊铺宽度大于 7.5m 时，应设置纵向缩缝，缩缝构造如图 5.2.1b）所示；钢纤维混凝土面层在摊铺宽度小于 7.5m 时，可不设纵向缩缝。

4 行车道路面与混凝土硬路肩之间的纵向接缝必须设置拉杆。

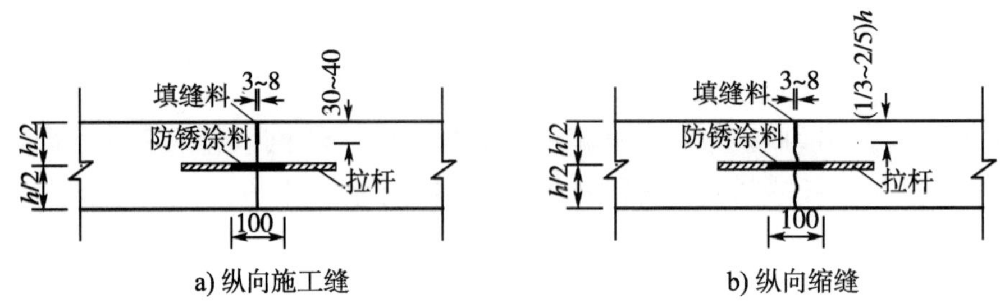

图 5.2.1 纵缝构造（尺寸单位：mm）

5.2.2 纵缝应与路线中线平行。在路面等宽的路段内或路面变宽路段的等宽部分，纵缝的间距和形式应保持一致。路面变宽段的加宽部分与等宽部分之间，应以纵向施工缝隔开。加宽板在变宽段起终点处的宽度不应小于 1m。

5.2.3 拉杆应采用螺纹钢筋，设在板厚中央，并应对拉杆中部 100mm 范围内进行防锈处理。拉杆的直径、长度和间距可参照表 5.2.3 选用。施工布设时，拉杆间距应根据横向接缝的实际位置予以调整，最外侧的拉杆距横向接缝的距离不得小于 100mm。

表 5.2.3 拉杆直径、长度和间距（mm）

面层厚度（mm）	到自由边或未设拉杆纵缝的距离（m）					
	3.00	3.50	3.75	4.50	6.00	7.50
200 ~ 250	14 × 700 × 900	14 × 700 × 800	14 × 700 × 700	14 × 700 × 600	14 × 700 × 500	14 × 700 × 400
≥260	16 × 800 × 800	16 × 800 × 700	16 × 800 × 600	16 × 800 × 500	16 × 800 × 400	16 × 800 × 300

注：拉杆尺寸表示方法为直径 × 长度 × 间距。

5.2.4 连续配筋混凝土面层的纵缝拉杆可由板内横向钢筋延伸穿过接缝代替。

5.3 横向接缝

5.3.1 每日施工结束或因临时原因中断施工时，必须设置横向施工缝，其位置宜选在缩缝或胀缝处。设在缩缝处的施工缝，应采用加传力杆的平缝形式，其构造如图 5.3.1 所示;设在胀缝处的施工缝,其构造应与胀缝相同,如图 5.3.4 所示。

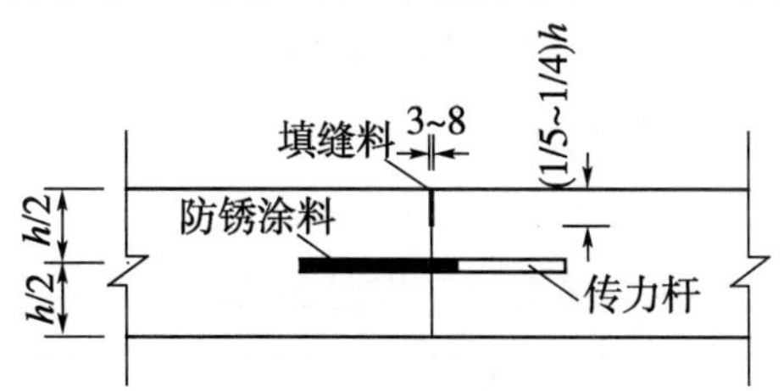

图 5.3.1　横向施工缝构造(尺寸单位:mm)

5.3.2　横向缩缝可等间距或变间距布置,应采用假缝形式。极重、特重和重交通荷载公路的横向缩缝,中等和轻交通荷载公路邻近胀缝或自由端部的 3 条横向缩缝,收费广场的横向缩缝,应采用设传力杆假缝形式,其构造如图 5.3.2a)所示。其他情况可采用不设传力杆假缝形式,其构造如图 5.3.2b) 所示。传力杆的设置不应妨碍相邻混凝土板的自由伸缩,钢筋表面应作防锈处理。

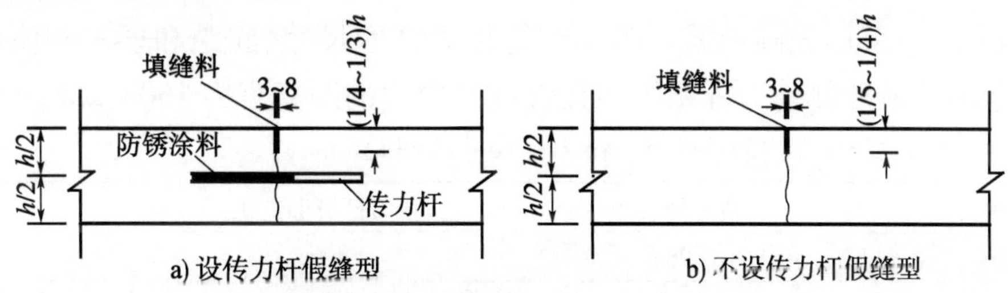

图 5.3.2　横向缩缝构造(尺寸单位:mm)

5.3.3　横向缩缝顶部应锯切槽口,设置传力杆时槽口深度宜为面层厚度的 1/4 ~ 1/3,不设置传力杆时槽口深度宜为面层厚度的 1/5 ~ 1/4。槽口宽度应根据施工条件、填缝料性能等因素而定,宽度宜为 3 ~ 8mm,槽内应填塞填缝料。二级及二级以下公路的槽口可一次锯切成型。高速和一级公路槽口宜二次锯切成型,在第一次锯切缝的上部宜增设宽 7 ~ 10mm 的浅槽口,槽口下部应设置背衬垫条,上部应用填缝料灌填,其构造如图 5.3.3 所示。

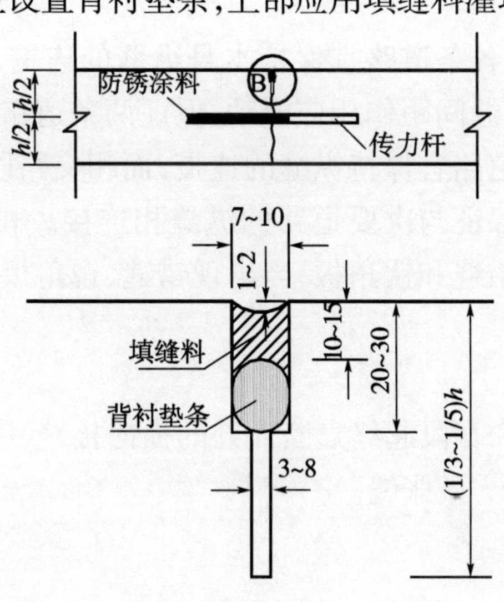

图 5.3.3　二次锯切槽口构造(尺寸单位:mm)

5.3.4 在邻近桥梁或其他固定构造物处,或者与其他道路相交处,应设置横向胀缝。胀缝条数应根据膨胀量大小设置。胀缝宽宜为 20 ~ 25mm,缝内应设置填缝板和可滑动的传力杆。胀缝的构造如图 5.3.4 所示。

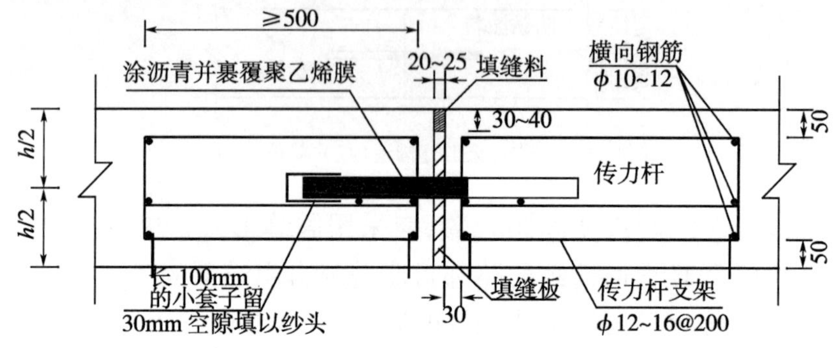

图 5.3.4 胀缝构造(尺寸单位:mm)

5.3.5 传力杆应采用光圆钢筋。横向缩缝传力杆的尺寸、间距和要求与胀缝相同,可按表 5.3.5 选用。最外侧传力杆距纵向接缝或自由边的距离宜为 150 ~ 250mm。

表 5.3.5 传力杆尺寸和间距(mm)

面 层 厚 度	传力杆直径	传力杆最小长度	传力杆最大间距
220	28	400	300
240	30	400	300
260	32	450	300
280	32 ~ 34	450	300
≥300	34 ~ 36	500	300

5.4 交叉口接缝布设

5.4.1 两条道路正交时,各条道路宜保持本身纵缝的连贯,而相交路段内各条道路的横缝位置应按相对道路的纵缝间距作相应变动,保证两条道路的纵横缝垂直相交,互不错位。两条道路斜交时,主要道路宜保持纵缝的连贯,而相交路段内的横缝位置应按次要道路的纵缝间距作相应变动,保证与次要道路的纵缝相连接。相交道路弯道加宽部分的接缝布置,应不出现或少出现错缝和锐角板;当出现错缝、锐角板时,宜加设防裂钢筋和角隅补强钢筋。

5.4.2 在次要道路弯道加宽段起终点断面处的横向接缝,应采用胀缝形式。膨胀量大时,应在直线段连续布置 2 ~ 3 条胀缝。

5.5 端部处理

5.5.1 混凝土路面与桥涵、通道及隧道等固定构造物相衔接的胀缝无法设置传力杆时,可在毗邻构造物的板端部内配置双层钢筋网;或在长度为6~10倍板厚的范围内逐渐将板厚增加20%,如图5.5.1所示。

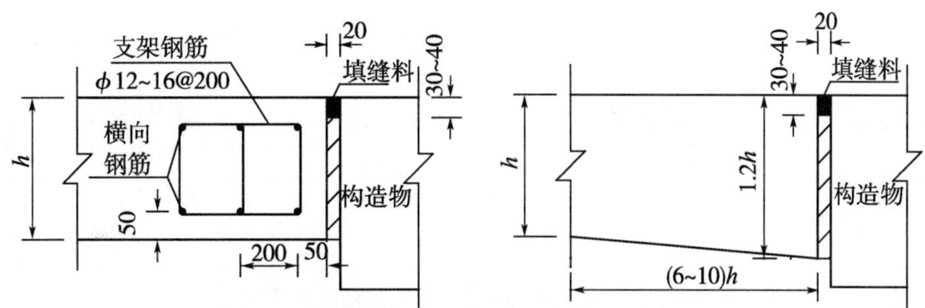

图5.5.1 邻近构造物胀缝构造(尺寸单位:mm)

5.5.2 混凝土路面与桥梁相接应符合以下规定:

1 桥头设有搭板时,应在搭板与混凝土面层板之间设置长6~10m的钢筋混凝土面层过渡板。过渡板与搭板间的横缝采用设拉杆平缝形式,过渡板与混凝土面层板间的横缝采用设传力杆胀缝形式。膨胀量大时,应连续设置2~3条设传力杆胀缝。当桥梁为斜交时,钢筋混凝土板的锐角部分应采用钢筋网补强。

2 桥头未设搭板时,宜在混凝土面层与桥台之间设置长10~15m的钢筋混凝土面层板;或设置由混凝土预制块面层或沥青面层铺筑的过渡段,其长度应不小于8m。

5.5.3 混凝土路面与沥青路面相接时,应设置不小于3m的过渡段。过渡段的路面应采用两种路面呈阶梯状叠合布置,其下面铺设的变厚度混凝土过渡板的厚度不得小于200mm,如图5.5.3所示。过渡板顶面应设横向拉槽,沥青层与过渡板之间应黏结良好。过渡板与混凝土面层板相接处的接缝内宜设置直径25mm、长700mm、间距400mm的拉杆。混凝土面层毗邻该接缝的1~2条横向接缝应采用胀缝形式。

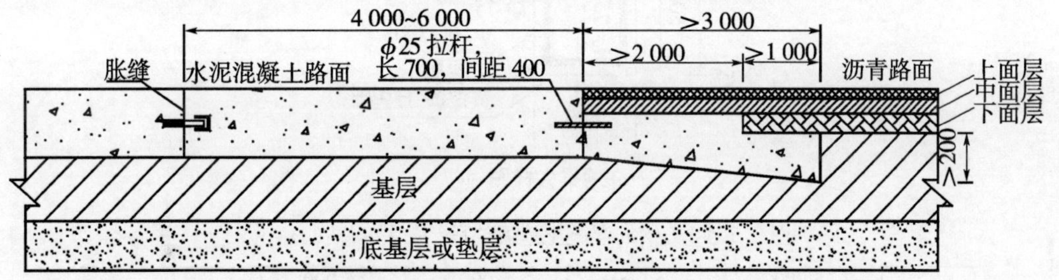

图5.5.3 混凝土路面与沥青路面相接段的构造布置(尺寸单位:mm)

5.5.4 连续配筋混凝土面层与其他类型路面或构造物相连接的端部,应设置锚固结构。端部锚固结构可采用钢筋混凝土地梁或宽翼缘工字钢梁接缝等形式。

1 钢筋混凝土地梁依据路基土的强弱宜采用3~5个,梁宽400~600mm,梁高1 200~1 500mm,间距5 000~6 000mm;地梁与连续配筋混凝土面层应连成整体。其构造如图5.5.4-1所示。

2 宽翼缘工字钢梁的底部应锚入钢筋混凝土枕梁内,工字钢梁的尺寸、锚入深度应依据连续配筋混凝土路面厚度选择,枕梁宜长 3 000mm、厚 200mm;钢梁腹板与连续配筋混凝土面层端部间应填入胀缝材料。其构造如图 5.5.4-2 所示。

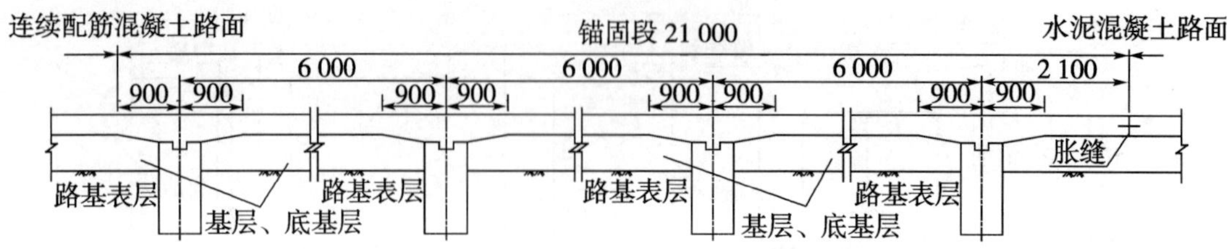

a) 锚固段的纵断面(地梁应贯穿路面全宽)

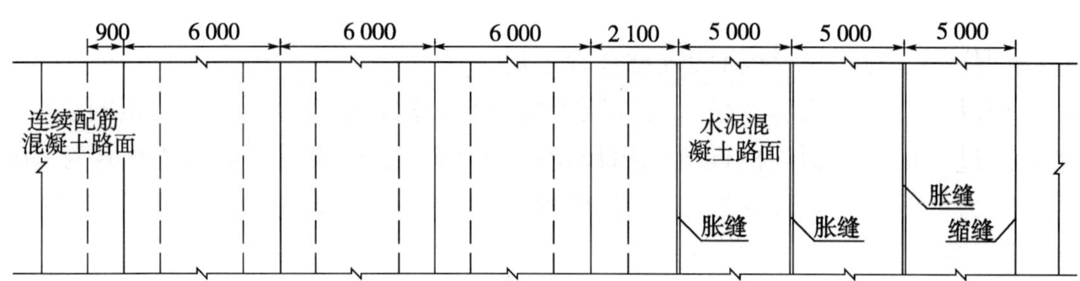

b) 锚固段与毗邻板的平面图

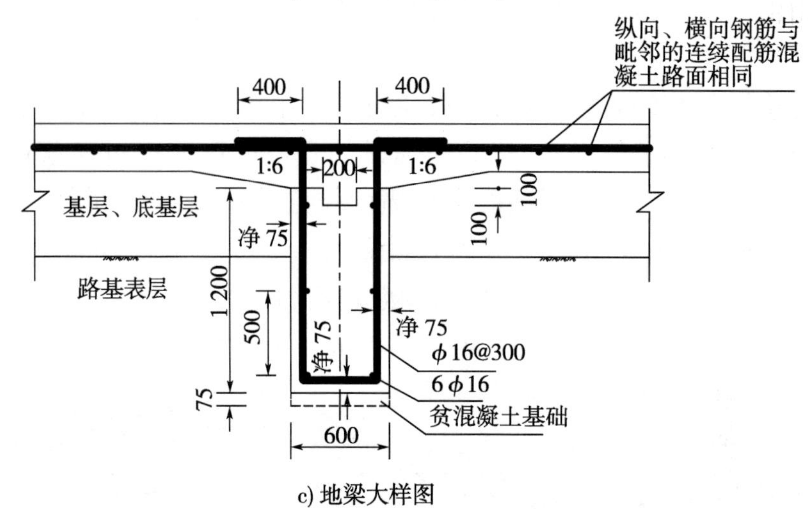

c) 地梁大样图

图 5.5.4-1 钢筋混凝土地梁锚固(尺寸单位:mm)

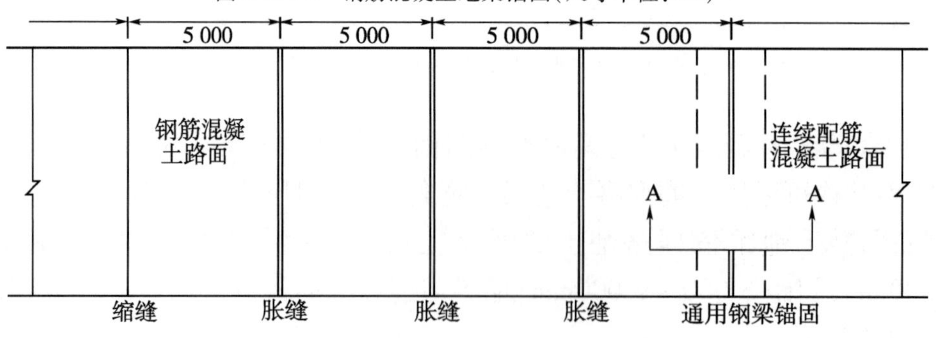

a) 锚固段与毗邻板平面图

图 5.5.4-2

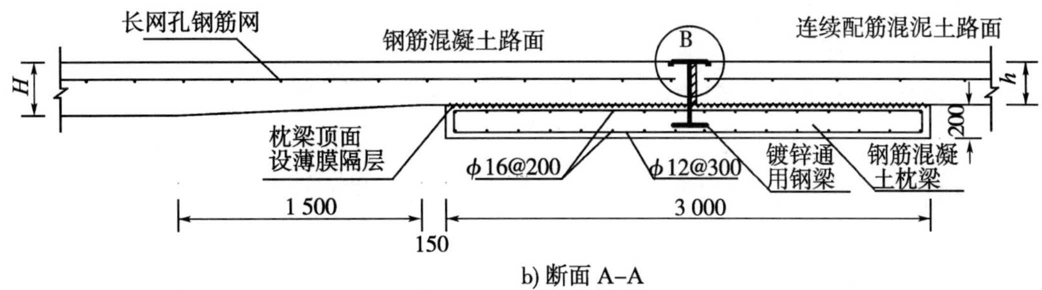

b) 断面 A-A

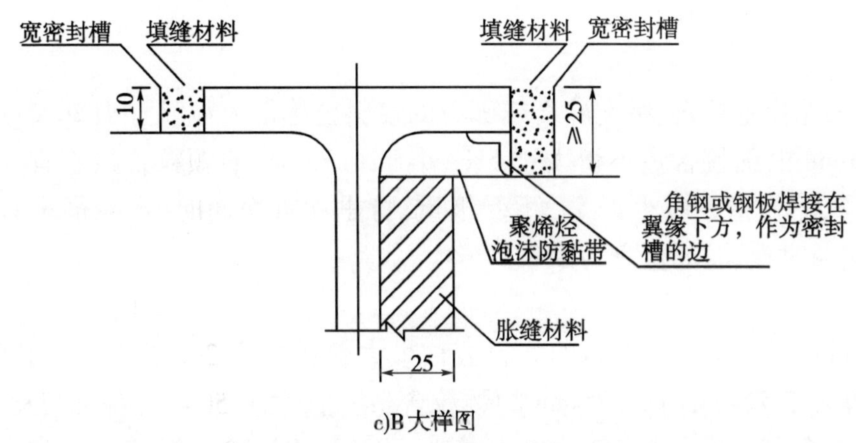

c)B 大样图

图 5.5.4-2　宽翼缘工字钢梁锚固(尺寸单位:mm)

5.6　填缝材料

5.6.1　胀缝接缝板应选用能适应混凝土板膨胀收缩、施工时不易变形、复原率高和耐久性好的材料。高速公路和一级公路宜选用泡沫橡胶板、沥青纤维板;其他等级公路也可选用木材类或纤维类板。

5.6.2　填缝料应选用与混凝土接缝槽壁黏结力强、回弹性好、适应混凝土板收缩、不溶于水、不渗水、高温时不流淌、低温时不脆裂、耐老化、有一定抵抗砂石嵌入的能力、便于施工操作的材料。高速公路、一级公路宜选用硅酮类、聚氨酯类填缝料;二级及二级以下公路可选用聚氨酯类、橡胶沥青类或改性沥青类填缝料。

7　材料组成与参数要求

7.2　垫层材料

7.2.1　防冻垫层所采用的粒料(砂或砂砾)中,小于 0.075mm 的细粒含量不宜大于5%。

7.2.2 排水垫层的粒料级配应同时满足渗水和反滤的要求。

7.3 基层材料

7.3.1 贫混凝土集料公称最大粒径不宜大于31.5mm,水泥用量在不掺粉煤灰时不得少于170kg/m^3,28d弯拉强度标准值宜控制在2.0~2.5MPa范围内。碾压混凝土集料公称最大粒径不得大于26.5mm。

7.3.2 水泥稳定粒料、级配碎石或砾石的集料公称最大粒径宜为26.5mm或31.5mm。小于0.075mm的细粒含量不得大于5%,小于4.75mm的颗粒含量不宜大于50%,液限应小于28%,塑性指数应小于5。承受极重、特重和重交通时,水泥剂量宜为4%~6%;中等和轻交通时,水泥剂量宜为4%。

7.3.3 石灰粉煤灰稳定粒料的集料公称最大粒径宜为26.5mm。小于0.075mm的细粒含量不得大于7%;小于4.75mm的颗粒含量不宜大于50%。石灰与粉煤灰的配比宜为1:2~1:4;粒料与石灰粉煤灰的配比宜为85:15~80:20。

7.3.5 开级配水泥稳定碎石的集料公称最大粒径宜为26.5mm或31.5mm。小于0.075mm的细粒含量不得大于2%;小于2.36mm的颗粒含量不宜大于5%;小于4.75mm的颗粒含量不宜大于10%。水泥剂量宜为9.5%~11%。

7.4 面层材料

7.4.1 水泥混凝土集料公称最大粒径不应大于26.5mm。砂的细度模数不宜小于2.5;高速公路面层的用砂,其硅质砂或石英砂的含量不宜低于25%。水泥含量不得少于300kg/m^3(非冰冻地区)或320kg/m^3(冰冻地区)。冰冻地区的混凝土中必须掺加引气剂。

7.4.2 厚度大于300mm的普通混凝土面层可分上下两层连续铺筑。上层厚度应不小于总厚度的1/3,宜采用高强、耐磨的混凝土材料,集料公称最大粒径不宜大于19mm。

7.4.3 钢纤维混凝土集料公称最大粒径宜为钢纤维长度的1/2~2/3,并不宜大于16mm。钢纤维的抗拉强度标准值不宜小于600级(600~1 000MPa)。水泥用量不得少于360kg/m^3(非冰冻地区)或380kg/m^3(冰冻地区)。

7.4.4 碾压混凝土面层混凝土的集料公称最大粒径不宜大于19.0mm,水泥用量不得少于280kg/m^3(非冰冻地区)或310kg/m^3(冰冻地区)。

7.4.5 混凝土预制块的抗压强度不宜低于50MPa(非冰冻地区)或60MPa(冰冻地区)。砂垫层宜选用细度模数为2.3~3.0的天然砂,4.75mm筛孔的累计筛余量不应大于5%,含泥量不应大于5%。

7.5 材料设计参数

7.5.1 土和粒料的回弹模量应采用重复加载三轴压缩试验测定。土试件的尺寸应为直径100mm、高200mm(最大粒径不超过19mm),粒料试件的尺寸应为直径150mm、高300mm。

7.5.2 无机结合料稳定类材料的弹性模量应采用单轴压缩试验测定。试件尺寸应为直径100mm、高200mm或直径150mm、高300mm。水泥稳定类材料的试件龄期应采用90d,石灰粉煤灰稳定类材料的试件龄期应采用180d,测定前试件应浸水1d。

7.5.4 按经验数值范围确定路基和路面各结构层的各项设计参数值时,可参照附录E取值。

1 依据土的类别选取路基的回弹模量值时,可参照附录E.0.1取值。按土类由表E.0.1-1查取回弹模量经验参考值,并按路床顶距地下水位的距离由表E.0.1-2查取路基的湿度调整系数,二者相乘后得到回弹模量值。

2 依据粒料类别选取粒料层的回弹模量时,可参照附录E.0.2,按材料类型由表E.0.2-1取值。

3 无机结合料稳定类基层或底基层的弹性模量,应采用考虑结构层收缩开裂后的有效模量,可参照附录E.0.2表E.0.2-2取值。

4 基层沥青混合料的动态模量值,可参照附录E.0.2表E.0.2-3取值。

7.5.5 混凝土配合比设计时的混合料试配弯拉强度的均值,应按式(7.5.5)确定。

$$f_m = \frac{f_r}{1 - 1.04c_v} + ts \tag{7.5.5}$$

式中:f_m——混凝土试配弯拉强度的均值(MPa);

f_r——混凝土弯拉强度标准值(MPa);

c_v——混凝土弯拉强度的变异系数,参照表3.0.2取用;

s——混凝土弯拉强度试验样本的标准差;

t——保证率系数,按样本数和判别概率参照表7.5.5确定。

表 7.5.5 保证率系数

公路等级	判别概率	样本数			
		6	9	15	20
高速公路	0.05	0.79	0.61	0.45	0.39
一级公路	0.10	0.59	0.46	0.35	0.30
二级公路	0.15	0.46	0.37	0.28	0.24
三、四级公路	0.20	0.37	0.29	0.22	0.19

8 加铺层结构设计

8.1 一般规定

8.1.1 在进行旧混凝土路面加铺层设计之前,应调查下列内容:

1 公路修建和养护技术资料:路面结构和材料组成、接缝构造及养护历史等。

2 路面损坏状况:损坏类型、轻重程度、范围及修补措施等。

3 路面结构强度:路表弯沉、接缝传荷能力、板底脱空状况、面层厚度和混凝土强度等。

4 已承受的交通荷载及预计的交通需求:交通量、轴载组成及增长率等。

5 环境条件:沿线气候条件、地下水位以及路基和路面的排水状况等。

6 桥隧净空:沿线跨线桥以及隧道的净空要求等。

8.1.2 地表或地下排水不良路段,应采取措施改善或增设地表或地下排水设施;旧混凝土路面结构排水不良路段,应增设路面边缘排水系统。

8.1.3 加铺层设计应包括施工期间维持通车的设计方案与交通安全组织管理等。

8.1.4 废旧路面材料应充分利用,减少对环境的不利影响。

8.2 路面损坏状况调查评定

8.2.1 旧混凝土路面的损坏状况应采用断板率和平均错台量两项指标评定。断板率的调查和计算可按现行《公路水泥混凝土路面养护技术规范》(JTJ 073.1)的规定进行。应采用错台仪量测接缝两侧板边的高程差,量测点的位置在错台严重车道的右侧边缘内 300mm 处,以调查路段内各条接缝高程差的平均值表示该路段的平均错台量。

8.2.2 路面损坏状况分为4个等级,各个等级的断板率和平均错台量的分级标准见表8.2.2。

表8.2.2 路面损坏状况分级标准

等级	优良	中	次	差
断板率(%)	≤5	5~10	10~20	>20
平均错台量(mm)	≤3	3~7	7~12	>12

8.3 接缝传荷能力和板底脱空状况调查评定

8.3.1 旧混凝土面层板的接缝传荷能力和板底脱空状况应采用弯沉测试法调查评定,弯沉测试宜采用落锤式弯沉仪。

8.3.2 测定接缝传荷能力的试验荷载应采用设计轴载的一侧轮载,将荷载施加在邻近接缝的路面表面,实测接缝两侧边缘的弯沉值。应按式(8.3.2)计算接缝的传荷系数。

$$k_j = \frac{w_u}{w_l} \times 100 \tag{8.3.2}$$

式中:k_j——接缝传荷系数(%);

w_u——未受荷板接缝边缘处的弯沉值(0.01mm);

w_l——受荷板接缝边缘处的弯沉值(0.01mm)。

8.3.3 旧混凝土面层的接缝传荷能力分为4个等级,分级标准见表8.3.3。

表8.3.3 接缝传荷能力分级标准

等级	优良	中	次	差
接缝传荷系数 k_j	≥80	60~80	40~60	<40

8.3.4 板底脱空可根据面层板角隅处的多级荷载弯沉测试结果,并综合考虑唧泥和错台发展程度以及接缝传荷能力进行判别,也可采用雷达、声波检测仪器检测板底脱空状况。

8.4 旧混凝土路面结构参数调查

8.4.1 旧混凝土面层厚度的标准值可根据钻孔芯样的量测高度按式(8.4.1)计算确定。

$$h_e = \bar{h}_e - 1.04 s_h \tag{8.4.1}$$

式中:h_e——旧混凝土面层量测厚度的标准值(mm);

$\bar{h}_e$——旧混凝土面层量测厚度的均值(mm);

s_h——旧混凝土面层厚度量测值的标准差(mm)。

8.4.2 旧混凝土面层的弯拉强度标准值可采用钻孔芯样的劈裂试验测定结果按式(8.4.2-1)和式(8.4.2-2)计算确定。

$$f_r = 1.87 f_{sp}^{0.87} \tag{8.4.2-1}$$

$$f_{sp} = \bar{f}_{sp} - 1.04 s_{sp} \tag{8.4.2-2}$$

式中:f_r——旧混凝土面层的弯拉强度标准值(MPa);

f_{sp}——旧混凝土面层的劈裂强度标准值(MPa);

$\bar{f}_{sp}$——旧混凝土面层的劈裂强度测定值的均值(MPa);

s_{sp}——旧混凝土面层的劈裂强度测定值的标准差(MPa)。

8.4.3 旧混凝土面层的弯拉弹性模量标准值可按式(8.4.3)计算确定。

$$E_c = \frac{10^4}{0.09 + \frac{0.96}{f_r}} \tag{8.4.3}$$

式中:E_c——旧混凝土面层的弯拉弹性模量标准值(MPa);

f_r——旧混凝土面层的弯拉强度标准值(MPa)。

8.4.4 旧混凝土路面基层顶面的当量回弹模量标准值,宜采用落锤式弯沉仪(设计荷载100kN、承载板半径150mm)量测板中荷载作用下的弯沉曲线,按式(8.4.4-1)和式(8.4.4-2)确定。

$$E_t = 100e^{3.60 + 24.03 w_0^{-0.057} - 15.63 \mathrm{SI}^{0.222}} \tag{8.4.4-1}$$

$$\mathrm{SI} = \frac{w_0 + w_{300} + w_{600} + w_{900}}{w_0} \tag{8.4.4-2}$$

式中: E_t——基层顶面的当量回弹模量标准值(MPa);

SI——路面结构的荷载扩散系数;

w_0——荷载中心处的弯沉值(μm);

w_{300}、w_{600}、w_{900}——分别为距离荷载中心300mm、600mm和900mm处的弯沉值(μm)。

当采用落锤式弯沉仪的条件受限时,也可选择在清除断裂混凝土板后的基层顶面进行梁式弯沉测量,而后按附录B(式B.2.5)反算,或者根据基层钻芯的材料组成及性能情况依经验确定。

8.5 加铺方案选择

8.5.1 根据使用要求及旧混凝土路面的综合评定结果,可选用分离式或结合式水泥混凝土加铺及沥青混凝土加铺方案,并经技术经济比较后确定。

8.5.2 当旧混凝土路面的损坏状况和接缝传荷能力评定等级为优良,面层板的平面尺寸及接缝布置合理,路拱横坡符合要求时,可采用结合式混凝土加铺方案、分离式混凝土加铺方案或沥青混凝土加铺方案。

8.5.3 当旧混凝土路面的损坏状况和接缝传荷能力评定等级为中等以上时,或者新旧混凝土板的平面尺寸不同、接缝形式或位置不对应或路拱横坡不一致时,可采用分离式混凝土加铺方案或沥青混凝土加铺方案。

8.5.4 当旧混凝土路面的损坏状况和接缝传荷能力评定等级为次等以上时,可采用沥青混凝土加铺方案。

8.5.5 加铺时必须对旧水泥混凝土路面进行处治,应更换破碎板,修补和填封裂缝,压浆填封板底脱空,磨平错台,清除旧混凝土面层表面的松散碎屑、油迹或轮胎擦痕,剔除接缝中失效的填缝料和杂物,并重新封缝。

8.5.6 加铺时,对于检测有明显板底脱空的路段,应采用压浆材料填封板底脱空,浆体材料应具备流动性好、早期强度高、无离析、无泌水、无收缩等特性。

8.5.7 当旧水泥混凝土面层损坏状况严重时,宜选用打裂压稳方案或碎石化方案处治旧混凝土路面,根据公路等级和交通状况,将处治后的旧路面用做改建路面的基层或底基层。

8.5.8 打裂压稳改建方案,打裂后应使75%以上的旧混凝土板产生不规则开裂,相邻裂缝形成的块状面积为$0.4 \sim 0.6m^2$;碎石化改建方案,破碎后应使75%以上的旧混凝土板破碎成最大尺寸小于400mm的颗粒。

8.6 沥青加铺层结构设计

8.6.1 沥青加铺层可设单层或双层沥青面层,至少有一层采用密级配沥青混合料,可根据需要设置调平层,在路面边缘宜设置内部排水系统。

8.6.2 沥青加铺层与原水泥混凝土面板之间宜洒布改性沥青,加强层间结合,避免层间滑移。

8.6.3 应根据气温、荷载、旧混凝土路面承载能力、接缝传荷能力等合理选用下述减缓反射裂缝的措施:

1 增加沥青加铺层的厚度。

2 在加铺层沥青混合料中掺加纤维及橡胶等改性剂。

3 在旧混凝土板顶面或加铺层内设置应力吸收层、聚酯玻纤布或者土工织物夹层。

4 沥青加铺层下层采用大粒径沥青碎石。

8.6.4 沥青加铺层厚度应兼顾混合料的公称最大粒径相匹配和减缓反射裂缝的要求确定。高速公路和一级公路的最小厚度宜为100mm,其他等级公路的最小厚度宜为80mm。

8.6.5 沥青加铺层下旧混凝土板的应力分析应按附录C进行。旧混凝土板的厚度、混凝土的弯拉强度和弹性模量标准值以及基层顶面当量回弹模量标准值,应采用旧混凝土路面的实测值,按8.4节规定的方法确定。旧混凝土板的应力应满足式(3.0.4)的要求。

8.6.6 沥青混合料的组成设计应按照现行《公路沥青路面施工技术规范》(JTG F40)进行。

8.7 分离式混凝土加铺层结构设计

8.7.1 在旧混凝土面层与加铺层之间应设置隔离层。隔离层材料宜选用沥青混凝土,厚度不宜小于40mm。

8.7.2 分离式混凝土加铺层的接缝形式和位置,应按新建混凝土面层的要求布置。

8.7.3 加铺层可采用普通混凝土、钢纤维混凝土、钢筋混凝土和连续配筋混凝土。普通混凝土、钢筋混凝土和连续配筋混凝土加铺层的厚度不宜小于180mm;钢纤维混凝土加铺层的厚度不宜小于140mm。

8.7.4 加铺层和旧混凝土面层应力分析,应按分离式双层板进行,计算方法见附录B.4和B.5。旧混凝板的厚度、混凝土的弯拉强度和弹性模量标准值以及基层顶面当量回弹模量标准值,应采用旧混凝土路面的实测值,按8.4节的规定确定。加铺层混凝土的弯拉强度标准值应符合表3.0.8的要求。加铺层的设计厚度,应按加铺层和旧混凝土板的应力均满足式(3.0.4)的要求确定。

8.8 结合式混凝土加铺层结构设计

8.8.1 宜采用铣刨、喷射高压水或钢珠、酸蚀等方法,打毛清理旧混凝土面层表面,并在清理后的表面涂敷黏结剂,使加铺层与旧混凝土面层结合成整体。

8.8.2 结合式加铺层厚度不宜小于 80mm。加铺层的接缝形式和位置应与旧混凝土面层的接缝完全对应和对齐,加铺层内可不设拉杆或传力杆。

8.8.3 加铺层和旧混凝土板的应力分析,应按结合式双层板进行,计算方法见附录 B.6。旧混凝土板的厚度、混凝土的弯拉强度和弹性模量标准值以及基层顶面当量回弹模量标准值,应采用旧混凝土路面的实测值,按 8.4 节规定的方法确定。加铺层的设计厚度,应按旧混凝土板的应力满足式(3.0.4)的要求确定。

8.9 旧沥青路面加铺水泥混凝土路面结构设计

8.9.1 旧沥青路面可采用水泥混凝土加铺层。加铺层铺筑前应对较严重的车辙、拥包进行铣刨,对坑槽和网裂较严重的路段应进行结构补强。

8.9.2 在旧沥青面层与水泥混凝土加铺层之间应设置调平层。调平层材料可选用沥青混凝土等。

8.9.3 加铺层可采用普通混凝土、钢纤维混凝土、钢筋混凝土和连续配筋混凝土。普通混凝土、钢筋混凝土和连续配筋混凝土加铺层的厚度不宜小于 180mm;钢纤维混凝土加铺层的厚度不宜小于 140mm。

8.9.4 旧沥青路面顶面的当量回弹模量可按附录 B 式(B.2.5)计算确定,并按照新建水泥混凝土路面进行加铺层设计。

8.9.5 超薄水泥混凝土加铺层的厚度宜为 80 ~ 130mm,面板平面尺寸宜为 2.5m × 1.0m,切缝深度宜为面层板厚的 1/4 ~ 1/3,缝宽宜为 3 ~ 5mm,无需封缝。

附录 B 混凝土板应力分析及厚度计算

B.7 混凝土板厚度计算流程

1 按第 4 章进行行车道路面结构的组合设计,初拟路面结构,包括路床、垫层、基层和面层的材料类型和厚度,并按第 4 章条文说明表 4-3 所列的水泥混凝土面层厚度建议范围,依据交通等级、公路等级和所选变异水平等级初选混凝土板厚度。

2 按照初拟路面结构的组合情况,选择相应的结构分析模型。

3　参照图 B.7 所示的混凝土路面板厚度计算流程，分别计算混凝土面层板（单层板或双层板的面层板）的最重轴载产生的最大荷载应力、设计轴载产生的荷载疲劳应力、最大温度梯度产生的最大温度应力及温度疲劳应力。

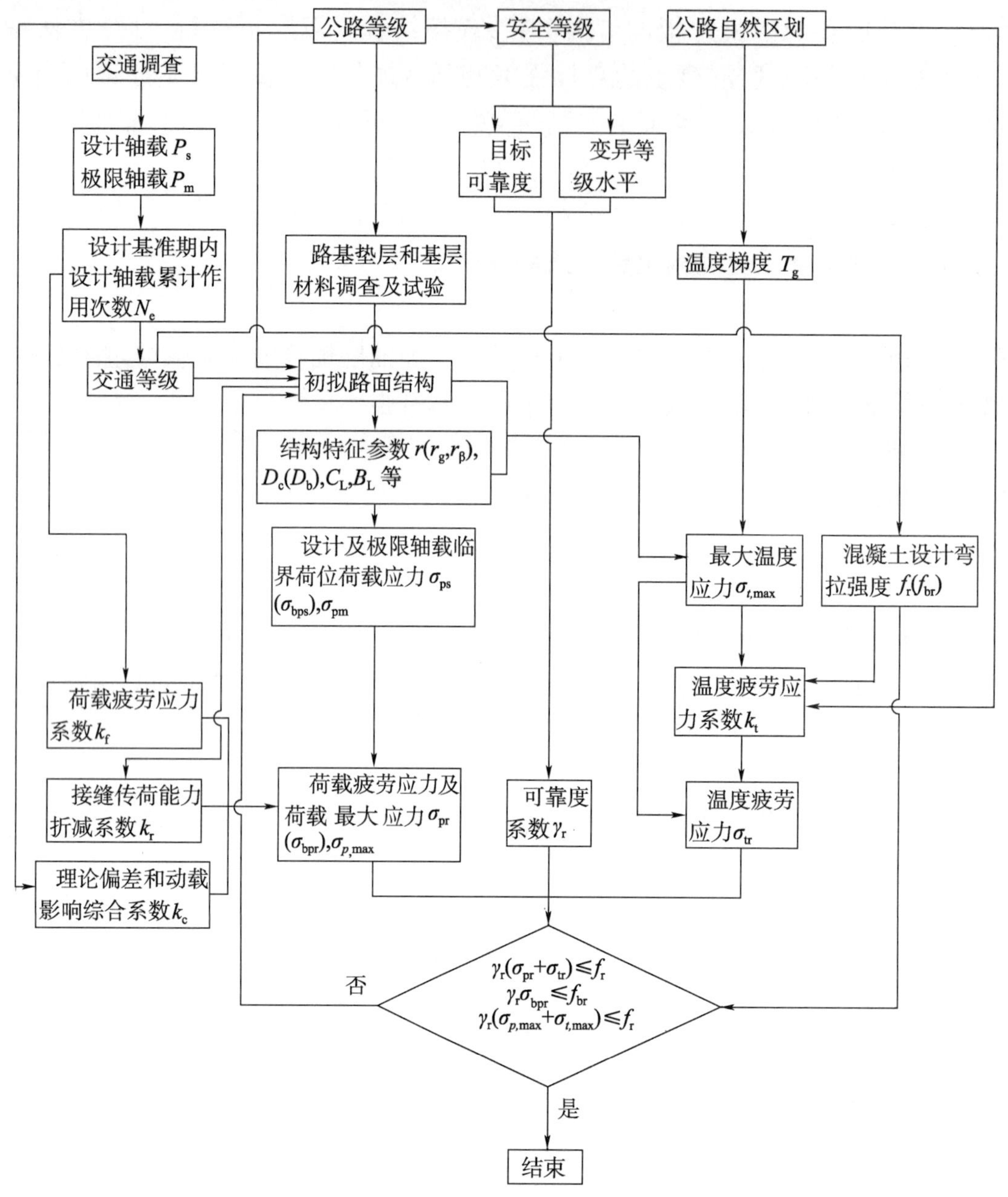

图 B.7　混凝土路面板厚度计算流程图

4　当荷载疲劳应力与温度疲劳应力之和与可靠度系数的乘积，小于且接近于混凝土弯拉强度标准值，同时，最大荷载应力与最大温度应力之和与可靠度系数的乘积，小于混凝土弯拉强度标准值，即满足式（3.0.4-1）和式（3.0.4-2）时，初选厚度可作为混凝土板的计算厚度。

5　贫混凝土或碾压混凝土基层或者双层板的下面层板，需计算其荷载疲劳应力，并检算荷载疲劳应力与可靠度系数的乘积是否小于其材料的弯拉强度标准值，即应满足式（3.0.5）。

6 若不能同时满足式(3.0.4)及式(3.0.5),则应改选混凝土面层板厚度或(和)调整基层类型或(和)厚度,重新计算,直到同时满足式(3.0.4)及式(3.0.5)。

7 计算厚度加6mm磨损厚度后,应按10mm向上取整,作为混凝土面层的设计厚度。

附录E 材料设计参数经验参考值

E.0.2 基层和底基层材料弹性(回弹)模量经验参考值见表E.0.2-1~表E.0.2-3。

表E.0.2-1 粒料类基层和底基层材料回弹模量经验参考值(MPa)

材料类型	取值范围	代表值
级配碎石(基层)	200~400	300
级配碎石(底基层)	180~250	220
未筛分碎石	180~220	200
级配砾石(基层)	150~300	250
级配砾石(底基层)	150~220	190
天然砂砾	105~135	120

表E.0.2-2 无机结合料类基层和底基层材料弹性模量经验参考值(MPa)

材料类型	7d浸水抗压强度	试件模量	收缩开裂后模量	疲劳破坏后模量
水泥稳定类	3.0~6.0	3 000~14 000	2 000~2 500	300~500
	1.5~3.0	2 000~10 000	1 000~2 000	200~400
石灰、粉煤灰稳定类	≥0.8	3 000~14 000	2 000~2 500	300~500
	0.5~0.8	2 000~10 000	1 000~2 000	200~400
石灰稳定类	≥0.8	2 000~4 000	800~2 000	100~300
	0.5~0.8	1 000~2 000	400~1 000	50~200
开级配水泥稳定碎石(CTPB)	≥4.0	1 300~1 700		—

E.0.3 水泥混凝土设计参数经验参考值见表E.0.3-1~表E.0.3-3。

表E.0.3-1 水泥混凝土强度和弹性模量经验参考值

弯拉强度(MPa)	1.5	2.0	2.5	3.0	3.5	4.0	4.5	5.0	5.5
抗压强度(MPa)	7	11	15	20	25	30	36	42	49
抗拉强度(MPa)	0.89	1.21	1.53	1.86	2.20	2.54	2.85	3.22	3.55
弹性模量(GPa)	15	18	21	23	25	27	29	31	33

表 E.0.3-2　水泥混凝土线膨胀系数经验参考值

粗集料类型	石英岩	砂岩	砾石	花岗岩	玄武岩	石灰岩
水泥混凝土线膨胀系数(10^{-6}/℃)	12	12	11	10	9	7

表 E.0.3-3　混凝土面层与基层间摩阻系数经验参考值

基层材料	取值范围	代表值
级配碎石、级配砾石或碎砾石	0.5~4.0	2.5
沥青混凝土、沥青碎石	2.5~15	7.5
无机结合料稳定粒料	3.5~13	8.9
贫混凝土、碾压混凝土	3.0~20	8.5

注:当基层不是沥青混合料,但基层与面层间设置沥青隔层时,摩阻系数按照沥青混合料基层时选取。

条文说明

1　总则

1.0.4　水泥混凝土路面设计内容由六部分组成:

1　结构组合设计——按使用要求和当地条件,选择行车道和路肩的结构层类型和层次以及各结构层的组成材料类型和厚度,并选择和布设路面表面和内部排水设施,组合成初步拟定的路面结构。

2　结构层厚度设计——通过力学计算和损坏预估分析,对初拟路面结构进行验证和修正,使之满足预定的使用性能要求,由此确定各结构层和路面结构所需的设计厚度。

3　材料组成设计——依据各结构层的功能要求和力学性质要求,选择合适的组成材料,进行混合料组成设计和性质测试。

4　接缝构造设计——确定面层板块的平面尺寸,选择和布设接缝的类型和位置,设计接缝的构造(传荷装置和填封)。

5　钢筋配置设计——确定特殊部位、钢筋混凝土面层或连续配筋混凝土面层的配筋量和钢筋布置。

6　设计方案的技术经济论证——对高等级、极重和特重交通荷载或有特定使用要求的公路混凝土路面提出的各备选设计方案,进行寿命周期费用分析,依据资金筹措情况、目标可靠度要求以及其他非经济因素,选择费用—效果最佳方案。

此外,还需进行路面表面特性设计,提供满足抗滑、耐磨或低噪声要求的路面表面的技术措施。

4 结构组合设计

4.5 面层

4.5.3 表4-3所建议的面层厚度参考范围,是在对标准的路面结构和设定的条件进行计算分析后归纳而形成的。标准路面结构是按4.2~4.4节对路床、垫层、底基层和基层的有关要求拟定的。设定的条件包括:设计安全等级和设计基准期、各安全等级的目标可靠度和变异水平分级、变异系数变化范围以及不同目标可靠度和变异水平等级的可靠度系数。对于极重交通荷载等级,所提出的厚度参考值是依据各项有利的参数值计算得到的下限。对于轻交通荷载等级所提出的厚度参考范围高限,是依据各项不利的参数值计算得到的上限,其低限则为面层最小厚度的限值。所提出的表4-3可供路面结构组合设计及初拟面层厚度时参考。在所建议的各级面层厚度参考范围内,设计轴载作用次数多、变异系数大、最大温度梯度大或者基、垫层厚度或模量值低时,取高值。高速公路的施工水平只能达到中等变异水平等级时,可参照低变异水平等级的厚度范围的高限或者高于此高限选用。

表4-3 水泥混凝土面层厚度的参考范围

<table>
<tr><td>交通荷载等级</td><td>极重</td><td colspan="4">特重</td><td colspan="4">重</td></tr>
<tr><td>公路等级</td><td>—</td><td>高速</td><td colspan="2">一级</td><td>二级</td><td>高速</td><td colspan="2">一级</td><td>二级</td></tr>
<tr><td>变异水平等级</td><td>低</td><td>低</td><td>中</td><td>低</td><td>中</td><td>低</td><td>中</td><td>低</td><td>中</td></tr>
<tr><td>面层厚度(mm)</td><td>≥320</td><td>320~280</td><td>300~260</td><td colspan="3">280~240</td><td>270~230</td><td colspan="2">260~220</td></tr>
</table>

<table>
<tr><td>交通荷载等级</td><td colspan="4">中等</td><td colspan="2">轻</td></tr>
<tr><td>公路等级</td><td colspan="2">二级</td><td colspan="2">三、四级</td><td colspan="2">三、四级</td></tr>
<tr><td>变异水平等级</td><td>高</td><td>中</td><td>高</td><td>中</td><td>高</td><td>中</td></tr>
<tr><td>面层厚度(mm)</td><td>250~220</td><td colspan="2">240~210</td><td>230~200</td><td>220~190</td><td>210~180</td></tr>
</table>

4.5.4 普通水泥混凝土、碾压混凝土、钢筋混凝土、钢纤维混凝土或连续配筋混凝土面层,都依据相同的设计标准和验核标准,按照式(3.0.4-1)和式(3.0.4-2)以及附录B进行厚度计算。连续配筋混凝土面层由于裂缝间距的随意性,在应力分析时难以确定板块的尺寸,厚度计算可近似地按普通水泥混凝土面层的各项设计参数和规定进行。

4.5.5 依据国外的经验,增加40mm厚的沥青混凝土上面层约可减薄10mm混凝土下面层。

九、公路沥青路面设计规范
(JTG D50—2006)

2 术语、符号

2.1 术语

2.1.11 最大粒径 maximum grain size

混合料中筛孔通过率为100%的最小标准筛孔尺寸。

2.1.12 公称最大粒径 nominal maximum aggregate size

混合料中筛孔通过率为90%～100%的最小标准筛孔尺寸。

3 一般规定

3.1 标准轴载及设计交通量

3.1.1 路面设计采用双轮组单轴载100kN作为标准轴载，以BZZ-100表示。标准轴载的计算参数按表3.1.1确定。

表3.1.1 标准轴载计算参数

标准轴载	BZZ-100	标准轴载	BZZ-100
标准轴载 P(kN)	100	单轮传压面当量圆直径 d(cm)	21.30
轮胎接地压强 p(MPa)	0.70	两轮中心距(cm)	$1.5d$

对于运煤或运建筑材料等大型载重车为主的公路，应根据实际情况，经论证单独选用设计计算参数。

3.1.2 各种车型的不同轴载应换算成BZZ-100标准轴载的当量轴次。

1 当以设计弯沉值和沥青层层底拉应力为指标时，各级轴载均应按公式(3.1.2-1)换算成标准轴载 P 的当量轴次 N。

$$N = \sum_{i=1}^{K} C_1 C_2 n_i \left(\frac{P_i}{P}\right)^{4.35} \tag{3.1.2-1}$$

式中：N——以设计弯沉值和沥青层层底拉应力为指标时的标准轴载的当量轴次(次/d)；

n_i——被换算车型的各级轴载作用次数(次/d);

P——标准轴载(kN);

P_i——被换算车型的各级轴载(kN);

C_1——被换算车型的轴数系数;

C_2——被换算车型的轮组系数, 双轮组为1.0,单轮组为6.4,四轮组为0.38;

K——被换算车型的轴载级别。

当轴间距大于3m时, 应按单独的一个轴载计算;当轴间距小于3m时,双轴或多轴的轴数系数按公式(3.1.2-2)计算。

$$C_1 = 1 + 1.2(m - 1) \tag{3.1.2-2}$$

式中:m——轴数。

2 当以半刚性材料层的拉应力为设计指标时, 各级轴载均应按公式(3.1.2-3)换算成标准轴载 P 的当量轴次 N'。

$$N' = \sum_{i=1}^{K} C'_1 C'_2 n_i \left(\frac{P_i}{P}\right)^8 \tag{3.1.2-3}$$

式中:N'——以半刚性材料层的拉应力为设计指标时的标准轴载的当量轴次(次/d);

C'_1——被换算车型的轴数系数;

C'_2——被换算车型的轮组系数,双轮组为1.0,单轮组为18.5,四轮组为0.09。

其余符号含义参照式(3.1.2-1)。

以拉应力为设计指标时,双轴或多轴的轴数系数按式(3.1.2-4)计算。

$$C'_1 = 1 + 2(m - 1) \tag{3.1.2-4}$$

式中:m——轴数。

3 上述轴载换算公式,适用于单轴轴载小于或等于130 kN的各种车型的轴载换算。

3.1.3 设计年限应根据经济、交通发展情况以及该公路在公路网中的地位,考虑环境和投资条件综合确定。各级公路的沥青路面设计年限不宜低于表3.1.3的要求,若有特殊使用要求,可适当调整。

表3.1.3 各级公路的沥青路面设计年限

公路等级	设计年限(年)	公路等级	设计年限(年)
高速公路、一级公路	15	三级公路	8
二级公路	12	四级公路	6

3.1.4 沥青路面的设计交通量,应在实测各类相关车型轴载谱的基础上,参照项目可行性研究报告等有关交通量预测资料,考虑未来各种车型的组成论证确定各种车型的代表轴载,进行不同车型的轴载换算,计算交工后第一年双向日平均当量轴次 N_1。

3.1.5 设计年限内交通量的平均增长率 γ,在项目可行性研究报告等资料基础上,经研究分析确定。

3.1.6 车道系数 η,按照表3.1.6选用。公路无分隔时,车道窄宜选高值,车道宽宜选低值。

表3.1.6 车道系数

车道特征	η	车道特征	η
双向单车道	1.0	双向六车道	0.3~0.4
双向两车道	0.6~0.7	双向八车道	0.25~0.35
双向四车道	0.4~0.5		

当上下行交通荷载有明显差异时,可按上下行交通特点分别进行结构与厚度设计。

3.1.7 设计时按公式(3.1.7)计算设计年限内一个车道上的累计当量轴次 N_e。

$$N_e=\frac{[(1+\gamma)^t-1]\times 365}{\gamma}N_1\eta \tag{3.1.7}$$

式中:N_e——设计年限内一个车道的累计当量轴次(次/车道);

t——设计年限(年);

N_1——营运第一年双向日平均当量轴次(次/d);

γ——设计年限内交通量的平均年增长率(%);

η——车道系数,见表3.1.6。

3.1.8 交通量宜根据表3.1.8的规定划分为四个等级。设计时可根据累计当量轴次 N_e(次/车道)或每车道、每日平均大型客车及中型以上的各种货车交通量[辆/(d·车道)],选择一个较高的交通等级作为设计交通等级。

表3.1.8 交通等级

交通等级	BZZ-100 累计标准轴次 N_e(次/车道)	大客车及中型以上的各种货车交通量[辆/(d·车道)]
轻交通	$<3\times10^6$	<600
中等交通	$3\times10^6\sim1.2\times10^7$	600~1 500
重交通	$1.2\times10^7\sim2.5\times10^7$	1 500~3 000
特重交通	$>2.5\times10^7$	>3 000

3.2 路用材料

3.2.6 沥青路面应选用质量符合行业技术标准要求的粗集料(含轧制的碎砾石)、细集料和矿粉。

3.2.7 沥青路面的粗集料应选用碎石,也可选用经轧制的碎砾石。三级、四级公路的沥青层可用经筛选的砾石。

3.2.8 高速公路和一级公路、二级公路沥青表面层用粗集料应选用硬质、耐磨碎石，其石料磨光值应符合表3.2.8的要求，其他等级公路可参照执行。

表3.2.8 石料磨光值的技术要求

年降雨量(mm) \ PSV \ 公路等级	高速公路和一级公路	二级公路
>1 000	>42	>40
500～1 000	>40	>38
250～500	>38	>36
<250	>36	—

3.2.9 粗集料与沥青应具有良好的黏附性，对年平均降雨量在1 000mm以上地区的高速公路和一级公路，表面层所用集料与沥青的黏附性宜达到5级；其他情况黏附性不宜低于4级。当黏附性达不到要求时，应掺入高温稳定性好的抗剥落剂或选用改性沥青提高粗集料与沥青的黏附性。

3.2.10 沥青混合料中的细集料，可选用机制砂、天然砂、石屑配制。细集料应具有一定棱角性，洁净、干燥、无风化、无杂质。天然砂宜选用中砂、粗砂，天然河砂不宜超过集料总质量的20%，沥青玛蹄脂碎石混合料和开级配抗滑表层的混合料不宜使用天然砂。

3.2.11 矿粉必须采用石灰石等碱性石料磨细的石粉。矿粉应干燥、洁净、不成团块。若需利用拌和机回收的粉尘时，其掺入比例不得大于矿粉总量的25%，且混合后矿粉的塑性指数不得大于4%。

3.2.12 半刚性基层所用水泥应符合国家技术标准的要求，初凝时间应大于4h，终凝时间应在6h以上。

3.2.13 石灰、粉煤灰稳定土类和石灰稳定土类的半刚性基层、底基层，粉煤灰中SiO_2、Al_2O_3和Fe_2O_3的总含量应大于70%，烧失量不宜大于20%，比表面积宜大于2 500cm^2/g或0.075mm筛孔通过率应大于60%。

石灰等级宜高于III级，技术指标应符合表3.2.13有关要求。

表3.2.13 石灰技术指标

技术指标 \ 材料种类	钙质生石灰	镁质生石灰	钙质消石灰	镁质消石灰
有效钙加氧化镁含量(%) 不小于	70	65	55	50
未消化残渣含量(5mm圆孔筛筛余,%) 不大于	17	20	—	—

续上表

技术指标 \ 材料种类		钙质生石灰	镁质生石灰	钙质消石灰	镁质消石灰
含水量(%)　不大于		—	—	4	4
细度	0.71mm 方孔筛筛余(%)　不大于	—	—	1	1
	0.125mm 方孔筛累计筛余(%)　不大于	—	—	20	20
钙镁石灰的分类界限,氧化镁含量(%)		≤5	>5	≤4	>4

3.2.14　基层、底基层的集料压碎值应符合表 3.2.14 的要求。

表 3.2.14　基层、底基层的集料压碎值(%)

材料类型 \ 公路等级		高速公路、一级公路	二级公路	三、四级公路
水泥、石灰粉煤灰稳定类		≤30	≤35	≤35
石灰稳定类	基层	—	≤30	≤35
	底基层	≤35	≤40	≤40
级配碎石	基层	≤26	≤30	≤35
	底基层	≤30	≤35	≤40
填隙碎石	基层	—	—	≤26
	底基层	≤30	≤30	≤30
级配或天然砂砾	基层	—	—	≤35
	底基层	≤30	≤35	≤40

4　结构层与组合设计

4.1　结构层设计

4.1.1　沥青路面结构层可由面层、基层、底基层、垫层等多层结构组成。

1　面层可为单层、双层或三层。双层结构分为表面层、下面层。三层结构分为表面层、中面层、下面层。表面层应具有平整密实、抗滑耐磨、抗裂耐久的性能;中、下面层应具有高温抗车辙、抗剪切、密实、基本不透水的性能;下面层应具有耐疲劳开裂的性能。

2　基层是主要承重层,应具有稳定、耐久、较高的承载能力,可为单层或双层。无论是沥青混合料、粒料类柔性基层,还是半刚性基层、刚性基层,均要求具有相对较高的物理力学性能指标。

3　底基层是设置在基层之下, 并与面层、基层一起承受车轮荷载反复作用的次承重层。

4　垫层是设置在底基层与土基之间的结构层, 具有排水、隔水、防冻等作用。

各级公路应根据具体情况设置必要的结构层。

4.1.2 面层类型应与公路等级、使用要求、交通等级相适应。

1 热拌沥青混凝土可用于各级公路的面层。

2 贯入式沥青碎石和上拌下贯式沥青碎石可用于三、四级公路的面层。

3 沥青表面处治和稀浆封层可用于三、四级公路的面层。

4 冷拌沥青混合料可用于交通量小的三、四级公路面层。

4.1.3 各沥青层的厚度应与混合料的公称最大粒径相匹配,沥青混合料的一层压实最小厚度不宜小于混合料公称最大粒径的2.5~3倍,OGFC或SMA的一层压实最小厚度不宜小于混合料公称最大粒径的2~2.5倍。

各结构层的设计厚度应根据级配类型、结构组合及施工条件等确定。沥青混合料的压实最小厚度与适宜厚度宜符合表4.1.3-1的要求。贯入式沥青碎石、沥青表面处治的压实最小厚度与适宜厚度宜符合表4.1.3-2的要求。

表4.1.3-1 沥青混合料的压实最小厚度与适宜厚度

<table>
<tr><th colspan="2">沥青混合料类型</th><th>最大粒径(mm)</th><th>公称最大粒径(mm)</th><th>符 号</th><th>压实最小厚度(mm)</th><th>适宜厚度(mm)</th></tr>
<tr><td rowspan="6">密级配沥青混凝土(AC)</td><td>砂粒式</td><td>9.5</td><td>4.75</td><td>AC-5</td><td>15</td><td>15~30</td></tr>
<tr><td rowspan="2">细粒式</td><td>13.2</td><td>9.5</td><td>AC-10</td><td>20</td><td>25~40</td></tr>
<tr><td>16</td><td>13.2</td><td>AC-13</td><td>35</td><td>40~60</td></tr>
<tr><td rowspan="2">中粒式</td><td>19</td><td>16</td><td>AC-16</td><td>40</td><td>50~80</td></tr>
<tr><td>26.5</td><td>19</td><td>AC-20</td><td>50</td><td>60~100</td></tr>
<tr><td>粗粒式</td><td>31.5</td><td>26.5</td><td>AC-25</td><td>70</td><td>80~120</td></tr>
<tr><td rowspan="3">密级配沥青碎石(ATB)</td><td rowspan="2">粗粒式</td><td>31.5</td><td>26.5</td><td>ATB-25</td><td>70</td><td>80~120</td></tr>
<tr><td>37.5</td><td>31.5</td><td>ATB-30</td><td>90</td><td>90~150</td></tr>
<tr><td>特粗式</td><td>53</td><td>37.5</td><td>ATB-40</td><td>120</td><td>120~150</td></tr>
<tr><td rowspan="3">开级配沥青碎石(ATPB)</td><td rowspan="2">粗粒式</td><td>31.5</td><td>26.5</td><td>ATPB-25</td><td>80</td><td>80~120</td></tr>
<tr><td>37.5</td><td>31.5</td><td>ATPB-30</td><td>90</td><td>90~150</td></tr>
<tr><td>特粗式</td><td>53</td><td>37.5</td><td>ATPB-40</td><td>120</td><td>120~150</td></tr>
<tr><td rowspan="5">半开级配沥青碎石(AM)</td><td>细粒式</td><td>16</td><td>13.2</td><td>AM-13</td><td>35</td><td>40~60</td></tr>
<tr><td rowspan="2">中粒式</td><td>19</td><td>16</td><td>AM-16</td><td>40</td><td>50~70</td></tr>
<tr><td>26.5</td><td>19</td><td>AM-20</td><td>50</td><td>60~80</td></tr>
<tr><td>粗粒式</td><td>31.5</td><td>26.5</td><td>AM-25</td><td>80</td><td>80~120</td></tr>
<tr><td>特粗式</td><td>53</td><td>37.5</td><td>AM-40</td><td>120</td><td>120~150</td></tr>
<tr><td rowspan="4">沥青玛蹄脂碎石混合料(SMA)</td><td rowspan="2">细粒式</td><td>13.2</td><td>9.5</td><td>SMA-10</td><td>25</td><td>25~50</td></tr>
<tr><td>16</td><td>13.2</td><td>SMA-13</td><td>30</td><td>35~60</td></tr>
<tr><td rowspan="2">中粒式</td><td>19</td><td>16</td><td>SMA-16</td><td>40</td><td>40~70</td></tr>
<tr><td>26.5</td><td>19</td><td>SMA-20</td><td>50</td><td>50~80</td></tr>
<tr><td rowspan="2">开级配沥青磨耗层(OGFC)</td><td rowspan="2">细粒式</td><td>13.2</td><td>9.5</td><td>OGFC-10</td><td>20</td><td>20~30</td></tr>
<tr><td>16</td><td>13.2</td><td>OGFC-13</td><td>30</td><td>30~40</td></tr>
</table>

表 4.1.3-2　贯入式沥青碎石、沥青表面处治压实最小厚度与适宜厚度

结构层类型	压实最小厚度(mm)	适宜厚度(mm)
贯入式沥青碎石	40	40～80
上拌下贯沥青碎石	60	60～80
沥青表面处治	10	10～30

4.1.4　基层、底基层设计应贯彻就地取材的原则，认真做好当地材料的调查，根据交通量及其组成、气候条件、筑路材料以及路基水文状况等因素，选择技术可靠、经济合理的结构层。

基层可选用无机结合料稳定集料类或沥青混合料、粒料、贫混凝土等材料，底基层应充分利用沿线地方材料，可采用无机结合料稳定细粒土类或粒料类等。

4.1.5　基层、底基层厚度应根据交通量大小、材料性能，充分发挥压实机具的功能，以及考虑有利于施工等因素选择各结构层的厚度。为便于施工组织、管理，各结构层的材料不宜频繁变化。各种结构层压实最小厚度与适宜厚度应符合表 4.1.5 的要求，并不得设计小于 150mm 厚的半刚性材料薄层。

表 4.1.5　各种结构层压实最小厚度与适宜厚度

结构层类型	压实最小厚度(mm)	适宜厚度(mm)
级配碎石	80	100～200
水泥稳定类	150	180～200
石灰稳定类	150	180～200
石灰粉煤灰稳定类	150	180～200
贫混凝土	150	180～240
级配砾石	80	100～200
泥结碎石	80	100～150
填隙碎石	100	100～120

4.2　结构组合设计

4.2.1　应根据公路所在区域的水文地质、气候特点，公路等级与使用要求，交通量及其交通组成等因素，结合当地实践经验，选择适宜的路面结构组合，拟定沥青层厚度。

4.2.2 对半刚性基层沥青路面的结构层组合设计,基层与沥青面层的模量比宜在1.5~3之间;基层与底基层的模量比不宜大于3.0;底基层与土基模量比宜在2.5~12.5之间。

4.2.3 刚性基层沥青路面应采取措施加强沥青层与刚性基层间的结合,并提高沥青混合料的抗剪强度。

4.2.4 为防止雨水、雪水渗入路面结构层、土基,沥青面层应选用密级配沥青混合料。当采用排水基层时,其下应设防水层,并设置结构内部的排水系统,将水排出路基。

4.2.5 为排除路面、路基中滞留的自由水,确保路面结构处于干燥或中湿状态,下列情况下的路基应设置垫层。

1 地下水位高,排水不良,路基经常处于潮湿、过湿状态的路段。

2 排水不良的土质路堑,有裂隙水、泉眼等水文不良的岩石挖方路段。

3 季节性冰冻地区的中湿、潮湿路段,可能产生冻胀需设防冻垫层的路段。

4 基层或底基层可能受污染以及路基软弱的路段。

4.2.6 对于半刚性基层沥青路面宜采取以下措施减少收缩开裂和反射裂缝。

1 选用骨架密实型半刚性基层,严格控制细料含量、结合料剂量、含水量,及时养生。

2 适当增加沥青层的厚度,在半刚性材料层上设置沥青碎石或级配碎石等柔性基层。

3 在半刚性基层上设置改性沥青应力吸收膜、应力吸收层或铺设经实践证明有效的土工合成材料等。

4.2.7 设计时应采取技术措施,加强路面各结构层之间的结合,提高路面结构的整体性,避免产生层间滑移。

1 沥青层之间应设黏层。黏层沥青可用乳化沥青、改性乳化沥青或热沥青,洒布数量宜为0.3~0.6kg/m^2。

2 各种基层上宜设置透层沥青。透层沥青应具有良好的渗透性能,可用液体沥青(稀释沥青)、乳化沥青等。

3 在半刚性基层上应设下封层。

4 新、旧沥青层之间,沥青层与旧水泥混凝土板之间应洒布黏层沥青,宜用热沥青或改性乳化沥青、改性沥青。

5 拓宽路面时,新、旧路面接茬处,宜喷涂黏结沥青。

6 双层式半刚性材料基层宜采取连续摊铺、碾压工艺,增强层间结合,以形成整层。

4.2.8 下封层可用沥青单层表面处治或砂粒式、细粒式密级配沥青混合料,稀浆封层等。其材料规格与要求宜符合本规范有关规定。

5 路基与垫层

5.1 路基回弹模量

5.1.1 路基必须密实、均匀、稳定。填方路基的填料选择、路床的压实度以及填方路堤的基底处理等均应符合相应公路路基设计规范的规定。

必须采取防止地面水和地下水浸入路面、路基的措施，以保证路基的强度和稳定性。设计宜使路基处于干燥或中湿状态，土基回弹模量值应大于30MPa，重交通、特重交通公路土基回弹模量值应大于40MPa。

潮湿、过湿状态的路基，应采取换填砂、砂砾、碎石渗水性材料处理地基，或采取掺入消石灰，固化材料处理，设置土工合成材料，加强路基排水等，进行综合处治。根据各种路基处理措施，确定土基回弹模量的设计值。

5.1.2 多雨地区土质路堑、强风化岩石路段，应注意填挖交界处及路堑段的排水设计，以改善路基的水文状况。土质路堑的干湿类型，一般应降低一个等级，按中湿或潮湿路段进行路面设计。

5.1.3 石方路堑必须设置坚实、稳定的基层。对路基超挖部分应用贫混凝土或无机结合料稳定碎(砾)石的整体性材料作整平层，严禁用土填筑。视山体岩石风化、开裂和降雨情况，应全断面设置级配碎(砾)石垫层150～250mm。

当路面可能受裂隙水、泉眼等地下水影响时，应加强路基排水，如设置渗沟等。

5.1.5 路基回弹模量设计值宜按下列方法确定：

1 新建公路初步设计时，可根据查表法(或现有公路调查法)、室内试验法、换算法等，经综合分析、论证，确定沿线不同路基状况的路基回弹模量设计值。

2 通过现场测定路基回弹模量值与压实度 K、路基稠度 w_c 或室内试验测定路基土回弹模量值与室内路基土CBR值等资料，建立可靠的换算关系，利用换算关系计算现场路基回弹模量。

3 当路基建成后，在不利季节实测各路段路基回弹模量代表值，以检验是否符合设计值的要求。现场实测方法宜采用承载板法，也可采用贝克曼梁弯沉仪法。若在非不利季节测试，则应进行修正。

4 若现场实测路基回弹模量代表值小于设计值或弯沉值大于要求的检验值，应采取翻晒补压、掺灰处理或调整路面结构厚度等措施，以保证路基路面的强度和稳定性。

5.2 垫层与抗冻层设计

5.2.1 垫层材料可选用粗砂、砂砾、碎石、煤渣、矿渣等粒料以及水泥或石灰煤渣稳定类、石灰粉煤灰稳定类等。各级公路的排水垫层应与边缘排水系统相连接,垫层宽度应铺筑到路基边缘或与边沟下的渗沟相连接。

1 防冻垫层应采用透水性好的粒料类材料,通过0.075mm筛孔颗粒含量不宜大于5%。采用煤渣时,小于2mm的颗粒含量不宜大于20%。垫层厚度视具体情况而定,一般为150~200mm,重冰冻地区潮湿、过湿路段可为300~400mm。

2 采用碎石和砂砾垫层时,最大粒径应与结构层厚度相协调,一般最大粒径应不超过结构层厚度的1/2,以保证形成骨架结构,提高结构层的稳定性。颗粒组成宜满足附录D的要求。

3 可在路基顶面设土工合成材料隔离层,以防止路基污染粒料垫层或隔断地下水。

6 基层、底基层

6.1 半刚性基层、底基层

6.1.1 半刚性基层、底基层应具有足够的强度和稳定性、较小的收缩(温缩及干缩)变形和较强的抗冲刷能力,在中冰冻、重冰冻区应检验半刚性基层、底基层的抗冻性能。

6.1.2 半刚性基层、底基层按其混合料结构状态分为骨架密实型、骨架空隙型、悬浮密实型和均匀密实型四种结构类型。

6.1.3 半刚性基层适用条件

1 水泥稳定集料类、石灰粉煤灰稳定集料类材料适用于各级公路的基层、底基层。冰冻地区、多雨潮湿地区,石灰粉煤灰稳定集料类材料宜用于高速公路、一级公路的下基层或底基层。石灰稳定类材料宜用于各级公路的底基层以及三、四级公路的基层。

2 高速公路、一级公路的基层或上基层宜选用骨架密实型混合料。二级及二级以下公路的基层和各级公路的底基层可采用悬浮密实型混合料。均匀密实型混合料适用于高速公路、一级公路的底基层,二级及二级以下公路的基层。骨架空隙型混合料具有较高的空隙率,适用于需考虑路面内部排水要求的基层。

6.1.4 半刚性基层配合比设计按无侧限抗压强度试验方法确定满足设计要求的配合比。

6.1.5 水泥稳定类材料的压实度、7d 龄期无侧限抗压强度代表值应符合表 6.1.5 规定范围的要求，且不宜超过高限。混合料试件成型宜采用振动成型方法，见附录 A 的 A.1，缺乏试验条件时对悬浮密实和均匀密实型混合料可采用静压成型方法。

表 6.1.5　水泥稳定类材料的压实度及 7d 无侧限抗压强度

层位	稳定类型	特重交通		重、中交通		轻交通	
		压实度(%)	抗压强度(MPa)	压实度(%)	抗压强度(MPa)	压实度(%)	抗压强度(MPa)
基层	集料	≥98	3.5 ~ 4.5	≥98	3 ~ 4	≥97	2.5 ~ 3.5
	细粒土	—	—	—	—	≥96	
底基层	集料	≥97	≥2.5	≥97	≥2.0	≥96	≥1.5
	细粒土	≥96		≥96		≥95	

水泥稳定集料的水泥剂量一般为 3% ~5.5%，当达不到强度要求时应调整级配，水泥的最大剂量不应超过 6%。

6.1.6 悬浮密实型水泥稳定类基层集料的最大粒径不大于 31.5mm，底基层集料的最大粒径不大于 37.5mm，集料级配范围宜符合表 6.1.6-1 的要求。

表 6.1.6-1　悬浮密实型水泥稳定类集料级配

层位	通过下列方筛孔(mm)的质量百分率(%)							
	37.5	31.5	19.0	9.50	4.75	2.36	0.6	0.075
基层		100	90 ~ 100	60 ~ 80	29 ~ 49	15 ~ 32	6 ~ 20	0 ~ 5
底基层	100	93 ~ 100	75 ~ 90	50 ~ 70	29 ~ 50	15 ~ 35	6 ~ 20	0 ~ 5

骨架密实型水泥稳定类基层集料的最大粒径不大于 31.5mm，集料级配范围宜符合表 6.1.6-2 的要求。

表 6.1.6-2　骨架密实型水泥稳定类集料级配

层　位	通过下列方筛孔(mm)的质量百分率(%)						
	31.5	19.0	9.50	4.75	2.36	0.6	0.075
基层	100	68 ~ 86	38 ~ 58	22 ~ 32	16 ~ 28	8 ~ 15	0 ~ 3

6.1.7 对水泥稳定含泥量大的砂、砂砾，宜掺入一定石灰进行综合稳定。当水泥用量占结合料总质量的 30% 以上时，应按水泥稳定类进行设计，否则按石灰稳定类设计。

对集料颗粒较均匀而无级配，或含细料很少的砂砾、碎石或不含土的砂，宜在集料中添加适量的粉煤灰或剂量为 8% ~12% 的石灰土进行综合稳定。

6.1.8 石灰粉煤灰稳定类材料的压实度和 7d 龄期的无侧限抗压强度代表值应符合表 6.1.8 的要求。

表 6.1.8 石灰粉煤灰稳定类材料的压实度及 7d 无侧限抗压强度

层位	稳定类型	特重、重、中交通		轻交通	
		压实度(%)	抗压强度(MPa)	压实度(%)	抗压强度(MPa)
基层	集料	≥98	≥0.8	≥97	≥0.6
	细粒土	—	—	≥96	
底基层	集料	≥97	≥0.6	≥96	≥0.5
	细粒土	≥96		≥95	

6.1.9 骨架密实型石灰粉煤灰稳定类基层集料的最大粒径不大于 31.5mm,级配范围宜符合表 6.1.9 的要求。

表 6.1.9 骨架密实型石灰粉煤灰稳定类集料级配

层位	通过下列方筛孔(mm)的质量百分率(%)								
	31.5	26.5	19.0	9.50	4.75	2.36	1.18	0.6	0.075
基层	100	95~100	48~68	24~34	11~21	6~16	2~12	0~6	0~3

6.1.10 悬浮密实型石灰粉煤灰稳定碎石基层、底基层,集料的最大粒径分别不大于 31.5mm、37.5mm,其级配范围宜符合表 6.1.10-1 的要求。

表 6.1.10-1 悬浮密实型石灰粉煤灰稳定碎石的集料级配

层位	通过下列方筛孔(mm)的质量百分率(%)								
	37.5	31.5	19.0	9.50	4.75	2.36	1.18	0.6	0.075
基层		100	88~98	55~75	30~50	16~36	10~25	4~18	0~5
底基层	100	94~100	79~92	51~72	30~50	16~36	10~25	4~18	0~5

悬浮密实型石灰粉煤灰稳定砂砾基层、底基层,砂砾级配范围宜符合表 6.1.10-2 的要求。

表 6.1.10-2 悬浮密实型石灰粉煤灰稳定砂砾的集料级配

层位	通过下列方筛孔(mm)的质量百分率(%)								
	37.5	31.5	19.0	9.50	4.75	2.36	1.18	0.6	0.075
基层		100	85~98	55~75	39~59	27~47	17~35	10~25	0~10
底基层	100	85~100	65~89	50~72	35~55	25~45	17~35	10~27	0~15

6.1.11 中冰冻、重冰冻区的高速公路、一级公路采用石灰粉煤灰稳定类材料做基层时,应进行抗冻性能检验,试验方法见附录 A 的 A.2。

抗冻性能采用 28d 龄期的试件经 18℃ ~ -18℃的 5 次冻融循环后的残留抗压强度

与28d龄期的抗压强度(MPa)之比进行评价,其指标应符合表6.1.11的要求。

表6.1.11　石灰粉煤灰稳定类材料抗冻性能技术要求

气候分区	重　冻　区	中　冻　区
残留抗压强度比(%)	≥70	≥65

6.1.12　可在石灰粉煤灰稳定类材料中掺入水泥或其他早强剂,提高其早期强度或越冬的抗冻性能,掺入剂量通过试验确定。

6.1.13　水泥粉煤灰稳定类材料的压实度和7d龄期的无侧限抗压强度代表值应符合表6.1.13的要求。

表6.1.13　水泥粉煤灰稳定类材料的压实度及7d无侧限抗压强度

<table>
<tr><th rowspan="2">层　位</th><th rowspan="2">类　别</th><th colspan="2">特重、重、中交通</th><th colspan="2">轻　交　通</th></tr>
<tr><th>压实度(%)</th><th>抗压强度(MPa)</th><th>压实度(%)</th><th>抗压强度(MPa)</th></tr>
<tr><td>基层</td><td>集料</td><td>≥98</td><td>1.5~3.5</td><td>≥97</td><td>1.2~1.5</td></tr>
<tr><td>底基层</td><td>集料</td><td>≥97</td><td>≥1.0</td><td>≥96</td><td>≥0.6</td></tr>
</table>

6.1.14　水泥粉煤灰稳定类材料的水泥剂量宜为3%~6%,水泥粉煤灰与集料的质量比宜为(13~17):(87~83),集料级配要求与石灰粉煤灰稳定类混合料相同。

6.1.15　石灰稳定类材料的压实度和7d龄期的无侧限抗压强度代表值应符合表6.1.15的要求。

表6.1.15　石灰稳定类材料的压实度及7d无侧限抗压强度

<table>
<tr><th rowspan="2">层　位</th><th rowspan="2">类别</th><th colspan="2">重、中交通</th><th colspan="2">轻　交　通</th></tr>
<tr><th>压实度(%)</th><th>抗压强度(MPa)</th><th>压实度(%)</th><th>抗压强度(MPa)</th></tr>
<tr><td rowspan="2">基层</td><td>集料</td><td>—</td><td rowspan="2">—</td><td>≥97</td><td rowspan="2">≥0.8①</td></tr>
<tr><td>细粒土</td><td>—</td><td>≥95③</td></tr>
<tr><td rowspan="2">底基层</td><td>集料</td><td>≥97</td><td rowspan="2">≥0.8</td><td>≥96</td><td rowspan="2">≥0.7②</td></tr>
<tr><td>细粒土</td><td>≥95</td><td>≥95</td></tr>
</table>

注:①在低塑性土(塑性指数小于10)地区,石灰稳定砂砾土和碎石土的7d抗压强度应大于0.5MPa。

②低限用于塑性指数小于10的土,高限用于塑性指数大于10的土。

③三、四级公路,压实机具有困难时压实度可降低1%。

6.1.16　石灰稳定集料用于基层时,最大粒径不应大于37.5mm;用于底基层时,最大粒径不得大于53mm。不含黏性土的砂砾、级配碎石和未筛分碎石最好用水泥稳定,若无条件只能用石灰稳定时,应采用石灰土稳定,石灰土与集料的质量比宜为1:4,集料应具有良好的级配。

6.2 柔性基层、底基层

6.2.1 柔性基层、底基层可用于各级公路。热拌沥青碎石宜用于中等交通及其以上的公路基层、底基层;贯入式沥青碎石宜用于中、重交通的公路基层或底基层;热拌沥青碎石、贯入式沥青碎石可用于改建工程的调平层。

级配碎石可用于各级公路的基层和底基层。级配砾石、级配碎砾石以及符合级配、塑性指数等技术要求的天然砂砾,可用作轻交通的二级及二级以下公路的基层和各级公路的底基层。

填隙碎石适用于三、四级公路的基层和各级公路的底基层。

6.2.2 按照空隙率的大小,沥青碎石混合料的级配类型可分为密级配、半开级配和开级配。密级配沥青碎石混合料具有较高的承载能力;半开级配沥青碎石混合料具有承重、减缓反射裂缝和一定的排水能力。开级配沥青碎石混合料适用于排水基层。基层用沥青碎石的公称最大粒径宜等于或大于26.5mm。

6.2.6 级配碎石宜用几种粒径不同的碎石和石屑掺配拌制而成,分为骨架密实型与连续级配型,其集料的级配组成可参照附录D表D.1确定。当采用重型击实标准设计时,基层压实度应大于98%,CBR值不应小于100%;底基层压实度应大于96%,CBR值不应小于80%。

6.2.7 级配砾石或天然砂砾其颗粒组成应符合附录D表D.2的要求,且级配宜接近圆滑曲线。级配砾石或天然砂砾用作基层,当采用重型击实标准设计时,其压实度不应小于98%,CBR值不应小于80%;用作底基层时,其压实度不应小于96%,CBR值对轻交通的公路不应小于40%,对中等交通的公路不应小于60%。

6.2.8 填隙碎石最大粒径宜为厚度的0.5~0.7倍。用作基层时,最大粒径不应超过60mm;用作底基层时,最大粒径不应超过80mm。填隙料可用石屑或最大粒径小于10mm的砂砾料或粗砂,填隙碎石的压实度以固体体积率表示。用作底基层时,压实度不应小于83%;用作基层时,不应小于85%。

6.3 刚性基层

6.3.1 刚性基层适用于重交通、特重交通及运煤、矿石、建筑材料等的公路工程。

刚性基层厚度一般为200~280mm,最小厚度应大于150mm。

6.3.2 当用贫混凝土做刚性基层时,贫混凝土的配合比设计应根据28d龄期的抗弯拉强度试验确定水泥剂量,宜为8% ~12%。贫混凝土的强度应符合表6.3.2的要求,施工质量管理与控制,宜用7d龄期的抗压强度评价。贫混凝土基层集料的最大粒径不应大于31.5mm。

表6.3.2 贫混凝土基层材料的强度要求

试验项目	特重、重交通	中交通
28d龄期抗弯拉强度(MPa)	2.5~3.5	2.0~3.0
28d龄期抗压强度(MPa)	12~20	9~16
7d龄期抗压强度(MPa)	9~15	7~12

6.3.3 掺入粉煤灰的贫混凝土基层,28d龄期的抗弯拉强度要求与表6.3.2相同。14d的抗压强度合格值应达到表6.3.2中28d抗压强度的85%。粉煤灰的掺入量宜为水泥质量的20% ~40%。

7 沥青面层

7.1 沥青混合料面层

7.1.1 沥青面层应具有平整、密实、抗滑、耐久的品质,并具有高温抗车辙、低温抗开裂,以及良好的抗水损害能力。新建高速公路、一级公路沥青路面的路用性能应符合表7.1.1的要求。

表7.1.1 高速公路、一级公路沥青路面技术指标

项目	目标值	测试方法
平整度	国际平整度指数IRI <2.0m/km、$\sigma<1.0$mm	T0933、T0932
抗滑性能	横向力系数、构造深度符合表7.1.2要求	T0965、T0961、T0963
高温稳定性	动稳定度符合7.1.6条的规定	T0719
水稳性	冻融劈裂试验强度比符合表7.1.7要求	T0709、T0729
抗裂性能	极限弯曲应变符合表7.1.8要求	T0715

7.1.2 表面层抗滑性能以横向力系数SFC_{60}和路面宏观构造深度TD(mm)为主要指标。高速公路、一级公路在交工验收时,其抗滑技术指标宜符合表7.1.2的要求。二级公路可参照执行。

表 7.1.2 抗滑技术指标

年平均降雨量(mm)	交工检测指标值	
	横向力系数 SFC_{60}	构造深度 TD(mm)
>1 000	≥54	≥0.55
500~1 000	≥50	≥0.50
250~500	≥45	≥0.45

注:1. 横向力系数 SFC_{60}——用横向力系数测试车,在 60km/h ±1km/h 车速下测得的横向力系数。
2. 路面宏观构造深度 TD(mm)——用铺砂法测定。

7.1.3 面层用热拌沥青混凝土按设计空隙率可分为密级配、开级配两种类型,见表 7.1.3。

表 7.1.3 热拌沥青混合料分类

沥青混合料类型		最大粒径(mm)	公称最大粒径(mm)	级配类型与设计空隙率(%)		
				密级配		开级配
				3~5	3~4	>18
AC	砂粒式	9.5	4.75	AC-5		
	细粒式	13.2	9.5	AC-10		
		16	13.2	AC-13		
	中粒式	19	16	AC-16		
		26.5	19	AC-20		
	粗粒式	31.5	26.5	AC-25		
SMA	细粒式	13.2	9.5		SMA-10	
		16	13.2		SMA-13	
	中粒式	19	16		SMA-16	
		26.5	19		SMA-20	
OGFC	细粒式	13.2	9.5			OGFC-10
		16	13.2			OGFC-13

注:SMA 用于夏热区或重交通、特重交通公路时,设计空隙率高限可适当放宽至 4.5%。

7.1.4 应根据使用要求、气候特点、交通条件、结构层功能等因素,结合沥青层厚度和当地实践经验,合理地选择各结构层的沥青混合料类型。

1 抗滑面层宜选用沥青玛蹄脂碎石 SMA、密级配粗型沥青混合料 AC-C,有条件时可用开级配抗滑面层 OGFC。

2 在各沥青层中至少有一层应为密级配沥青混合料。

7.1.6 沥青混合料的高温稳定性以动稳定度来评价。

中等交通以上的公路表面层和中面层沥青混合料,其动稳定度可参照《公路沥青路面施工技术规范》(JTG F40)并根据当地的工程经验确定设计值。对炎热地区、重交通、特重交通,连续长、陡纵坡路段,桥面铺装以及有特殊使用要求时,应提高动稳定度指标的要求。

当需提高沥青混合料的高温稳定性时可采取调整集料级配和沥青用量、提高沥青稠度、选用改性沥青等技术措施。

7.1.7 密级配热拌沥青混合料的水稳定性应符合表 7.1.7 的要求。当沥青混合料水稳定性技术指标不满足要求时,应在沥青混合料中掺入适量消石灰或水泥;也可掺入一定量的石灰岩细集料或粗集料,提高其水稳定性。

表 7.1.7 热拌沥青混合料水稳定性技术指标

年降雨量(mm)	≥500	<500	试验方法
冻融劈裂试验劈裂强度比(%)	≥75	≥70	T0729
浸水马歇尔试验残留稳定度(%)	≥80	≥75	T0709

注:对多雨潮湿地区的重交通、特重交通等公路,其冻融劈裂强度比的指标值可增加 5%。

7.1.8 对高速公路、一级公路表面层宜在 -10℃的低温条件下进行弯曲试验,检验密级配沥青混凝土的低温抗裂性能,其极限破坏应变宜符合表 7.1.8 的要求。

表 7.1.8 沥青混合料低温弯曲试验破坏应变(με)技术指标

气候条件及技术指标	年极端最低气温(℃)				试验方法
	< -37.0	-21.5 ~ -37.0	-9.0 ~ -21.5	> -9.0	T0728
极限破坏应变(με)	≥2 600	≥2 300	≥2 000		

注:当采用改性沥青时,极限破坏应变指标值可适当提高。

7.1.10 OGFC 适用于年平均降雨量大于 800mm 地区的磨耗层和排水路面的表面层。

1 开级配沥青混合料磨耗层厚度为 20mm 左右,排水表面层宜为 30 ~ 40mm。集料的级配可参照附录 C 表 C.1 的要求,结合料应采用高黏度改性沥青,混合料中应掺入适量的消石灰和纤维稳定剂。

2 开级配沥青混合料磨耗层或排水表面层下应设置防水层,并将雨水排出路基。

7.1.11 冷拌沥青混合料可用于三、四级公路面层,可用乳化沥青、改性乳化沥青或液体沥青,并应选择密级配沥青混合料,其级配可参照附录 C 表 C.1 的要求。混合料配合比设计可根据当地成功的经验或试拌、试铺确定。

7.2.5 微表处按照矿料粒径的不同,可分为 MS-2 型和 MS-3 型,单层厚度分别为 4 ~ 6mm 和 8 ~ 10mm。稀浆封层按照矿料粒径的不同,可分为 ES-1 型、ES-2 型和 ES-3 型,单层厚度分别为 2.5 ~ 3mm、4 ~ 6mm 和 8 ~ 10mm。

1 MS-3 型微表处,适用于高速公路、一级公路的罩面。ES-3 型稀浆封层,适用于二级公路的罩面,以及新建公路的下封层。

2 MS-2 型微表处,适用于中等交通量高速公路,一、二级公路的罩面。ES-2 型稀浆封层适用于二级及二级以下公路的罩面,以及新建公路的下封层。

3 ES-1 型稀浆封层,适用于三、四级公路、停车场的罩面。

8 新建路面结构厚度

8.0.1 路面结构设计采用双圆均布垂直荷载作用下的弹性层状连续体系理论进行计算,路面荷载及计算点如图8.0.1所示。

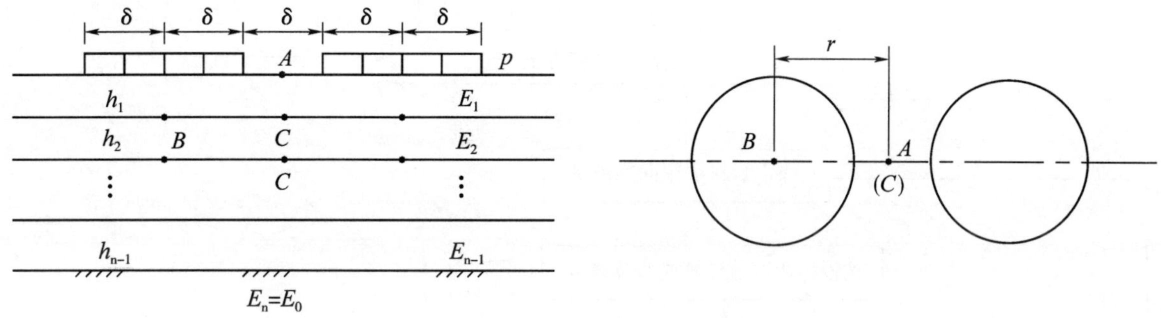

图8.0.1 路面荷载及计算点图示

8.0.2 路面结构层厚度的确定应满足结构整体刚度(即承载力)与沥青层或半刚性基层、底基层抗疲劳开裂的要求。

1 轮隙中心处(A点)路表计算弯沉值l_S应小于或等于设计弯沉值l_d,即:

$$l_S \leqslant l_d \tag{8.0.2-1}$$

2 轮隙中心(C点)或单圆荷载中心处(B点)的层底拉应力σ_m应小于或等于容许拉应力σ_R,即:

$$\sigma_m \leqslant \sigma_R \tag{8.0.2-2}$$

8.0.3 高速公路、一级公路、二级公路的路面结构,以路表面回弹弯沉值、沥青混凝土层的层底拉应力及半刚性材料层的层底拉应力为设计指标。三级公路、四级公路的路面结构以路表面设计弯沉值为设计指标。有条件时,对重载交通路面宜检验沥青混合料的抗剪切强度。

8.0.4 路面结构设计应按图8.0.4所示的流程进行,主要内容包括:

1 根据设计要求,按弯沉或弯拉指标分别计算设计年限内一个车道的累计标准当量轴次,确定设计交通量与交通等级,拟定面层、基层类型,并计算设计弯沉值或容许拉应力。

2 按路基土类与干湿类型及路基横断面形式,将路基划分为若干路段,确定各个路段土基回弹模量设计值。

3 参考本地区的经验拟定几种可行的路面结构组合与厚度方案,根据工程选用的材料进行配合比试验,测定各结构层材料的抗压回弹模量、劈裂强度等,确定各结构层的设计参数。

4 根据设计指标采用多层弹性体系理论设计程序计算或验算路面厚度。

5 对于季节性冰冻地区应验算防冻厚度是否符合要求。

6 进行技术经济比较,确定路面结构方案。

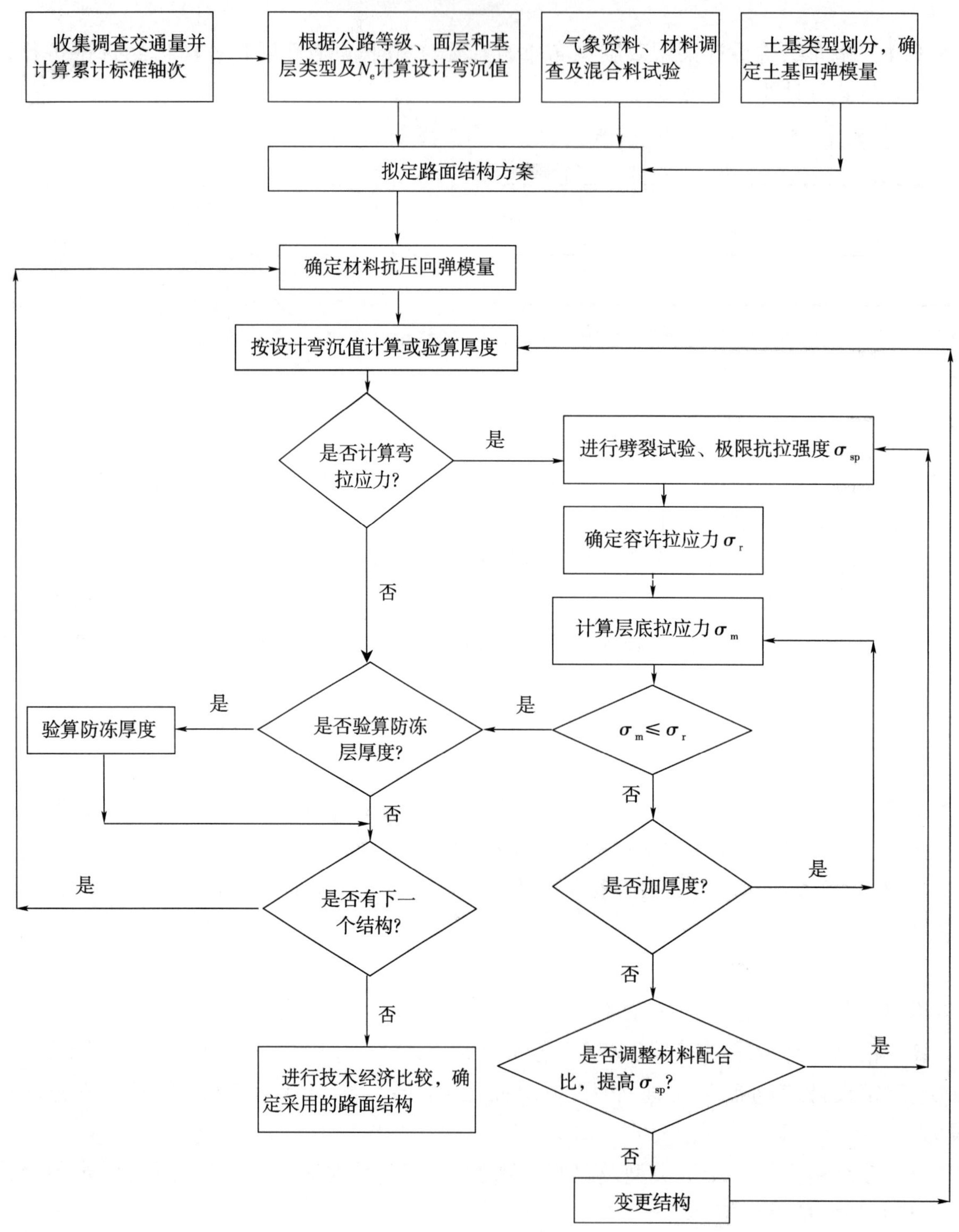

图 8.0.4 设计流程图

8.0.5 设计弯沉值应根据公路等级、设计年限内累计标准当量轴次、面层和基层类型按式(8.0.5)计算确定。

$$l_d = 600N_e^{-0.2}A_cA_sA_b \tag{8.0.5}$$

式中:l_d——设计弯沉值(0.01mm);

N_e——设计年限内一个车道累计当量轴次(次/车道);

A_c——公路等级系数,高速公路、一级公路为1.0,二级公路为1.1,三、四级公路为1.2;

A_s——面层类型系数,沥青混凝土面层为1.0,热拌和冷拌沥青碎石、沥青贯入式路面(含上拌下贯式路面)、沥青表面处治为1.1;

A_b——路面结构类型系数,半刚性基层沥青路面为1.0,柔性基层沥青路面为1.6。

8.0.6 沥青混凝土层、半刚性材料基层和底基层以拉应力为设计或验算指标时,材料的容许拉应力 σ_R 应按式(8.0.6-1)计算:

$$\sigma_R = \frac{\sigma_S}{K_S} \tag{8.0.6-1}$$

式中:σ_R——路面结构层材料的容许拉应力(MPa);

σ_S——沥青混凝土或半刚性材料的极限劈裂强度(MPa);

K_S——抗拉强度结构系数。

1 对沥青混凝土的极限劈裂强度,系指15℃时的极限劈裂强度;对水泥稳定类材料系指龄期为90d的极限劈裂强度;对二灰稳定类、石灰稳定类材料系指龄期为180d的极限劈裂强度;对水泥粉煤灰稳定类材料系指龄期为120d的极限劈裂强度。

2 对沥青混凝土层的抗拉强度结构系数,按下式计算:

$$K_S = 0.09N_e^{0.22}/A_c \tag{8.0.6-2}$$

对无机结合料稳定集料类的抗拉强度结构系数,按下式计算:

$$K_S = 0.35N_e^{0.11}/A_c \tag{8.0.6-3}$$

对无机结合料稳定细粒土类的抗拉强度结构系数,按下式计算:

$$K_S = 0.45N_e^{0.11}/A_c \tag{8.0.6-4}$$

8.0.7 路面设计中各结构层的材料设计参数应根据公路等级和设计阶段的要求确定。

1 高速公路、一级公路施工图设计时应选取工程用路面材料实测设计参数;各级公路采用新材料时,也必须实测设计参数。

2 高速公路、一级公路初步设计或二级及二级以下公路设计时可借鉴本地区已有的试验资料或工程经验确定。

3 可行性研究阶段可参考附录E确定设计参数。

8.0.8 半刚性材料的设计参数应按《公路工程无机结合料稳定材料试验规程》的规定测定。沥青混合料的设计参数应按《公路工程沥青及沥青混合料试验规程》的规定测定。

8.0.9 以路表弯沉值为设计或验算指标时，设计参数采用抗压回弹模量，对于沥青混凝土试验温度为20℃；计算路表弯沉值时，抗压回弹模量设计值 E 应按式(8.0.9)计算。

$$E = \overline{E} - Z_a S \tag{8.0.9}$$

式中：$\overline{E}$——各试件模量的平均值(MPa)；

S——各试件模量的标准差；

Z_a——保证率系数，取2.0。

8.0.10 以沥青层或半刚性材料结构层层底拉应力为设计或验算指标时，应在15℃条件下测试沥青混合料的抗压回弹模量；半刚性材料应在规定龄期(水泥稳定类材料龄期为90d，二灰稳定类、石灰稳定类材料为180d，水泥粉煤灰稳定类为120d)测定抗压回弹模量。

计算层底应力时应考虑模量的最不利组合。在计算层底拉应力时，计算层以下各层的模量应采用式(8.0.9)计算其模量设计值；计算层及以上各层模量应采用式(8.0.10)计算其模量设计值 E。

$$E = \overline{E} + Z_a S \tag{8.0.10}$$

式中符号同式(8.0.9)。

8.0.11 各地区应建立劈裂强度、回弹模量与龄期的相关关系，以及快速养生方法等预估规定龄期的材料强度、模量的换算关系，经充分论证后作为设计参数的取值依据。

8.0.12 轮隙中心路表回弹弯沉的计算

路表计算弯沉值应按式(8.0.12-1)计算。

$$l_S = 1\,000\,\frac{2p\delta}{E_1}\alpha_c F \tag{8.0.12-1}$$

其中：

$$\alpha_c = f\left(\frac{h_1}{\delta}, \frac{h_2}{\delta}, \cdots, \frac{h_{n-1}}{\delta}, \frac{E_2}{E_1}, \frac{E_3}{E_2}, \cdots, \frac{E_0}{E_{n-1}}\right)$$

$$F = 1.63\left(\frac{l_S}{2\,000\delta}\right)^{0.38}\left(\frac{E_0}{p}\right)^{0.36} \tag{8.0.12-2}$$

式中：l_S——路表计算弯沉值(0.01mm)；

F——弯沉综合修正系数；

p,δ——标准车型的轮胎接地压强(MPa)和当量圆半径(cm)；

α_c——理论弯沉系数；

E_0 或 E_n——土基抗压回弹模量值(MPa)；

$E_1, E_2, \cdots, E_{n-1}$——各层材料抗压回弹模量(MPa)；

$h_1, h_2, \cdots, h_{n-1}$——各结构层厚度(cm)。

8.0.13 层底拉应力计算

层底拉应力以单圆中心(B点)及双圆轮隙中心(C点)为计算点,并取较大值作为层底拉应力。按式(8.0.13)计算层底最大拉应力:

$$\sigma_m = p\,\bar{\sigma}_m \tag{8.0.13}$$

$$\bar{\sigma}_m = f\left(\frac{h_1}{\delta},\frac{h_2}{\delta},\cdots,\frac{h_{n-1}}{\delta},\frac{E_2}{E_1},\frac{E_3}{E_2},\cdots,\frac{E_0}{E_{n-1}}\right)$$

式中:$\bar{\sigma}_m$——理论最大拉应力系数。

其他符号意义同式(8.0.12)。

8.0.14 路面各结构层的厚度可按计算法或验算法确定。

1 计算法:根据路用性能要求或工程经验确定路面结构组合类型,先拟定某一层作为设计层,然后根据混合料类型与施工工艺要求确定其他各层的厚度,按8.0.4条规定的流程计算设计层厚度。设计层厚度应不小于最小施工厚度。

2 验算法:根据本地区典型结构确定路面结构组合类型,然后根据混合料类型与施工工艺拟定各结构层的厚度,按8.0.4条规定的流程进行结构验算,验算通过后即可作为备选结构。

9 改建路面设计

9.1 一般规定

9.1.1 改线路段应按新建路面设计。加宽路面、提高路基、调整纵坡的路段应视具体情况按新建或改建路面设计。在原有路面上补强时,按改建路面设计。

9.1.2 调查原路面现状,对路面破损程度进行分段评价,分析路面损坏原因,分段拟定路面改建工程设计方案。

9.1.3 交通量大的高速公路、一级公路以及城市郊区公路宜选择施工方便、工期短、对交通干扰少的设计方案。设计方案应在保证一定使用年限的要求下,尽量减少原路的开挖工程数量,减少废弃材料。

9.1.4 设计方案应考虑原路面沥青混合料、半刚性基层材料的再生利用,并结合已有成果和经验,积极慎重地推广再生技术。

9.1.5 在原路扩宽工程中应采取措施加强新、老路面之间的结合,防止加宽部分与原有路面间产生差异沉降。

9.1.6 大型改扩建工程应根据设计方案修建试验路，以总结交通组织疏导、施工组织、施工工艺、施工质量控制等方面经验，改进设计方案。

9.2 沥青路面加铺层

9.2.1 原有路面主要调查分析内容如下：

1 调查破损情况，包括裂缝率、车辙深度、修补面积等。

2 评价原路面结构承载能力。

3 根据破损情况调查和承载能力测试与评价，选择路面外观为好、中、差的典型使用状况，进行分层钻芯或探坑取样，采集沥青混合料和基层、底基层、土基的样品试验，分析破坏原因，判断其破坏层位及是否可以利用。

4 取样调查路床范围内路基土的分层含水量、土质类型及承载力等，分析路基的稳定性、强度以及路基路面范围内排水状况等。

9.2.2 设计应根据下列情况将全线划分为若干段。分段时，应考虑下列因素：

1 将原路面的破损形态、弯沉值、破损原因相近的划分为一个路段。

2 在同一路段内中，若局部路段弯沉值很大，可先修补处理再进行补强。在计算该段代表弯沉值时，可不考虑个别弯沉值大的点。

3 一般按 1km 为单位对路况进行评价，当路况评价指标基本接近时可将路段延长。在水文、土质条件复杂或需要特殊处理的路段，其分段最小长度可视实际情况确定。

9.2.3 各路段的计算弯沉值

各路段应采用 BZZ-100 标准轴载汽车，用贝克曼梁测定原有路面的弯沉值，每 20 ~ 50m 测一点，弯沉值变化较大时可加密测点，每车道、每路段的测点数不少于 20 点。若为非标准轴载应进行换算。各路段的计算弯沉值 l_0 按式(9.2.3)计算。

$$l_0 = (\bar{l}_0 + Z_a S) K_1 K_2 K_3 \tag{9.2.3}$$

式中：K_2——湿度影响系数，根据当地经验确定。

其他符号意义同式(8.0.15-2)。

9.2.4 旧沥青路面处理

1 沥青路面整体强度基本符合要求，车辙深度小于 10mm，轻度裂缝而平整度及抗滑性能较差时，可直接加铺罩面，恢复表面使用功能。

2 对中度、重度裂缝段宜视具体情况铣刨路面，否则，应进行灌缝、修补坑槽等处理，必要时采取防裂措施后再加铺沥青层。对沥青层网裂、龟裂或沥青老化的路段应进行铣刨并清除干净，并设黏层沥青后，再加铺沥青层。

3 对整体强度不足或破损严重的路段,视路面破损程度确定挖除深度、范围以及加铺补强层的结构与厚度。

9.2.5 加铺面层

1 可用沥青混凝土罩面、表面处治或其他预防性养护措施改善提高沥青表面层的服务功能。一般单层沥青混凝土罩面厚度可为30~50mm;超薄层罩面厚度宜为20~25mm。预防性养护可选用稀浆封层、微表处或养护剂等。

2 超薄磨耗层结合料宜用改性沥青或掺入其他添加剂,提高超薄磨耗层的水稳性。

9.2.6 原路面当量回弹模量的计算

1 确定原路面的当量回弹模量时,应根据路段的划分计算当量回弹模量值。

2 各路段的当量回弹模量应根据各路段的计算弯沉,按式(9.2.6-1)(轮隙弯沉法)计算。

$$E_t = 1\,000\frac{2p\delta}{l_0}m_1 m_2 \tag{9.2.6-1}$$

式中:E_t——原路面的当量回弹模量(MPa);

p,δ——标准车型的轮胎接地压强(MPa)和当量圆半径(cm);

l_0——原路面的计算弯沉(0.01mm);

m_1——用标准轴载的汽车在原路面上测得的弯沉值与用承载板在相同压强条件下所测得的回弹变形值之比,即轮板对比值;

m_2——原路面当量回弹模量扩大系数。

比值 m_1 应根据各地的对比试验结果论证地确定,在没有对比试验资料的情况下,可取 $m_1=1.1$(轮隙弯沉法)进行计算。

3 计算与原路面接触的补强层层底拉应力时,m_2 按式(9.2.6-2)计算;计算其他补强层层底拉应力及弯沉值时,$m_2=1.0$。

$$m_2 = e^{0.037\frac{h'}{\delta}\left(\frac{E_{n-1}}{p}\right)^{0.25}} \tag{9.2.6-2}$$

式中:E_{n-1}——与原路面接触层材料的抗压模量(MPa);

h'——各补强层相当于原路面接触层的模量 E_{n-1} 的等效总厚度(cm)。

4 等效总厚度 h' 按式(9.2.6-3)计算。

$$h' = \sum_{i=1}^{n-1} h_i (E_i/E_{n-1})^{0.25} \tag{9.2.6-3}$$

式中:E_i——第 i 层补强层材料的抗压回弹模量(MPa);

h_i——第 i 层补强的厚度(cm);

$n-1$——补强层层数。

9.2.7 加铺补强层结构设计

1 当强度不足时应进行补强设计,设计方法与新建路面相同。

2 加铺补强层的结构设计应根据原路面综合评价,公路等级、交通量,考虑与周围环境相协调,结合纵、横断面调坡设计等因素,选用直接加铺,或开挖原路至某一结构层位,或采取加铺一层或多层沥青补强层,或加铺半刚性基层、贫混凝土基层等结构层设计方案。在确定设计弯沉值时,应根据加铺层的结构选用路面类型系数。

3 原路面与补强层之间视加铺层的结构与厚度,宜洒布黏层沥青,或采取相应的减裂措施,或铺设调平层,或直接加铺结构层等。

9.2.8 加铺补强层设计步骤

1 计算原路面的当量回弹模量。

2 拟定几种可行的结构组合与结构层厚度,并通过试验或参照当地成熟经验确定各补强层的材料参数。

3 根据加铺层的类型确定设计指标,当以路表回弹弯沉为设计指标时,弯沉综合修正系数按式(9.2.8)计算。

$$F = 1.45\left(\frac{l_S}{2\,000\delta}\right)^{0.61}\left(\frac{E_t}{p}\right)^{0.61} \tag{9.2.8}$$

式中:E_t——原路面的当量回弹模量(MPa)。

其他符号意义同式(8.0.12-2)。

当以拉应力为控制指标时,确定了设计厚度后,宜按式(8.0.12-2)计算弯沉综合修正系数,最后计算路表回弹弯沉。

4 采用弹性层状体系理论设计程序计算设计层的厚度或进行结构验算。对季节性冰冻地区的中、潮湿路段还应验算防冻厚度。

5 进行技术经济比较,确定补强设计方案。

9.3 水泥混凝土路面加铺沥青路面

9.3.1 水泥混凝土路面应重点调查以下内容:

1 破碎板块、开裂板块、板边角的破损状况,并逐个记录破损板块的位置和数量或按车道绘出破损状况草图,计算每公里断板率。调查纵、横向接缝拉开宽度、错台位置与高度,计算错台段的平均错台高度;调查板底脱空位置等。

2 用落锤式弯沉仪或贝克曼弯沉仪进行现场测定。

1)视路况每块板或每2~4块板选一测点,在横向接缝板边距板角30~50cm处测定弯沉,全面了解水泥混凝土路面的承载能力情况。

2)根据测定弯沉值或弯沉盆资料,选择典型路段测量横向接缝或裂缝两侧板边的弯沉值,以评价原混凝土板的承载能力、接缝传荷能力,并结合平均错台高度判断板底脱空情况。

3 选择典型路面状况,分层钻芯取样,测定原混凝土强度、模量等,分析破坏原因。

9.3.2 原路面接缝传荷能力的评价

1 横向接缝两侧板边的弯沉差宜按式(9.3.2-1)计算。

$$\Delta_D = D_u - D_e \tag{9.3.2-1}$$

式中:Δ_D——弯沉差(0.01mm);

D_u——未受荷板接缝边缘处的弯沉值(0.01mm);

D_e——受荷板接缝边缘处的弯沉值(0.01mm)。

2 用贝克曼弯沉仪或落锤式弯沉仪测定横向接缝两侧板边的弯沉时,宜用平均弯沉值按式(9.3.2-2)评价水泥混凝土板的承载能力,并区分不同情形对水泥混凝土板进行处治。

$$\bar{D} = \frac{D_u + D_e}{2} \tag{9.3.2-2}$$

式中:$\bar{D}$——平均弯沉值(0.01mm)。

9.3.3 原混凝土路面结构参数,包括面板厚度、弯拉强度、弯拉弹性模量、基层顶面当量回弹模量标准值,可按《公路水泥混凝土路面设计规范》(JTG D40)的有关规定确定。

9.3.4 根据破损调查和承载能力测试资料,原水泥混凝土路面可按表9.3.4进行处理。若路面结构承载能力不满足现有交通荷载要求,应采取补强措施。

表9.3.4 原水泥混凝土路面处理方法

原路面状况	评价等级	平均弯沉值(0.01mm)	修补方法
路面破损状况	优和良	20~45	局部处理:更换破碎板、修补开裂板块、脱空板灌浆,使处治后的路段代表弯沉值低于20(0.01mm),然后加铺沥青层
	中等及中等以下	>45	采取打裂或各种破碎技术将混凝土板打碎、压实,然后加铺补强层
接缝传荷能力不足		$\Delta_D \geqslant 6$	压浆填封,或增加传力杆,或采取打裂工艺消除垂直、水平方向变形,然后加铺沥青层
板底脱空			灌浆或打裂工艺、压实,消除垂直、水平方向变形,使路面稳定,然后加铺沥青层

9.3.5 沥青加铺层可设单层或双层沥青面层,视具体情况增加调平层或补强层等。加铺层设计应根据公路等级和使用要求、交通量、环境条件和纵、横向调坡设计,在处理破损原水泥混凝土板使其稳定的基础上,综合考虑防止反射裂缝措施,结合已有经验确定。

1 在稳定的原水泥混凝土板上加铺沥青层时,对高速公路、一级公路(或中等及中等以上交通)厚度不宜小于100mm,其他公路不宜小于70mm。

2 在原水泥混凝土路面上加铺沥青层时宜用热沥青或改性乳化沥青、改性沥青做黏层。为防止渗水、减缓反射裂缝及加强层间结合,宜设置20~25mm厚的聚合物改性沥青应力吸收层、应力吸收膜,或铺设长纤维无纺聚酯类土工织物等。

3 按本规范有关规定增加或完善路面结构排水系统和防水措施。

9.3.6 破碎板的沥青面层补强设计

1 当原路面板接缝或裂缝处平均弯沉大于45(0.01mm)以上时,宜采取打裂措施,消除原水泥混凝土板脱空,使其与基层紧密结合、稳定后,再加铺结构层。

2 当原路面板接缝或裂缝处平均弯沉大于70(0.01mm)或水泥混凝土板较破碎时,可将板破碎成小块或碎石,作为下基层或底基层用。采用贝克曼弯沉仪或落锤式弯沉仪测定其当量回弹模量,按本规范9.2节规定设计补强层和沥青层。

10 排水设计

10.0.1 一般规定

1 路面排水设计应根据公路等级、降水量、路线纵坡等因素,结合路基、桥涵结构物排水设计,合理选择排水方案,布置排水设施,形成完整、畅通的排水体系,保证路基路面稳定。

2 路面排水包括路表排水、中央分隔带排水及路面结构内部排水。

3 路面排水设计重现期,高速公路、一级公路宜为5年,二级及二级以下公路宜为3年,对于多雨地区的公路或特殊路段,可适当提高。

4 城镇路段公路排水,宜与城镇地表排水体系相协调。

10.0.2 路表排水型式

1 分散排水——由路面横坡、路肩和边坡防护组成,适用于路线纵坡平缓、汇水量较小,路堤高度较低的路段。

2 集中排水——由路面横坡、拦水缘石或矩形槽、泄水口和急流槽组成,适用于路堤高度较高,或路堤易受冲刷的粉性土、砂性土路段,凹形曲线底部等。

10.0.3 分散排水路段的土路肩边部构造

1 一般情况下,土路肩采用生态防护,种植适合当地气候、土质条件的草皮,并在底基层顶面外侧设置横向排水管,将滞留在填土绿化层底面的渗水通过横向排水管排到路基外,如图10.0.3a)所示,对于低填方路堤可采用图10.0.3b)所示构造,垫层铺至路基边缘。

2 冲刷相对较大等路段,土路肩宜用不小于50mm厚的预制水泥混凝土块铺砌或现场浇注混凝土,下设砂砾、砂、碎石等透水材料,以利于路面结构排水,如图10.0.3c);也可用碎石、砂砾加固,如图10.0.3d)。

3 分散排水设计应与路基边坡防护、边沟或排水沟相结合。

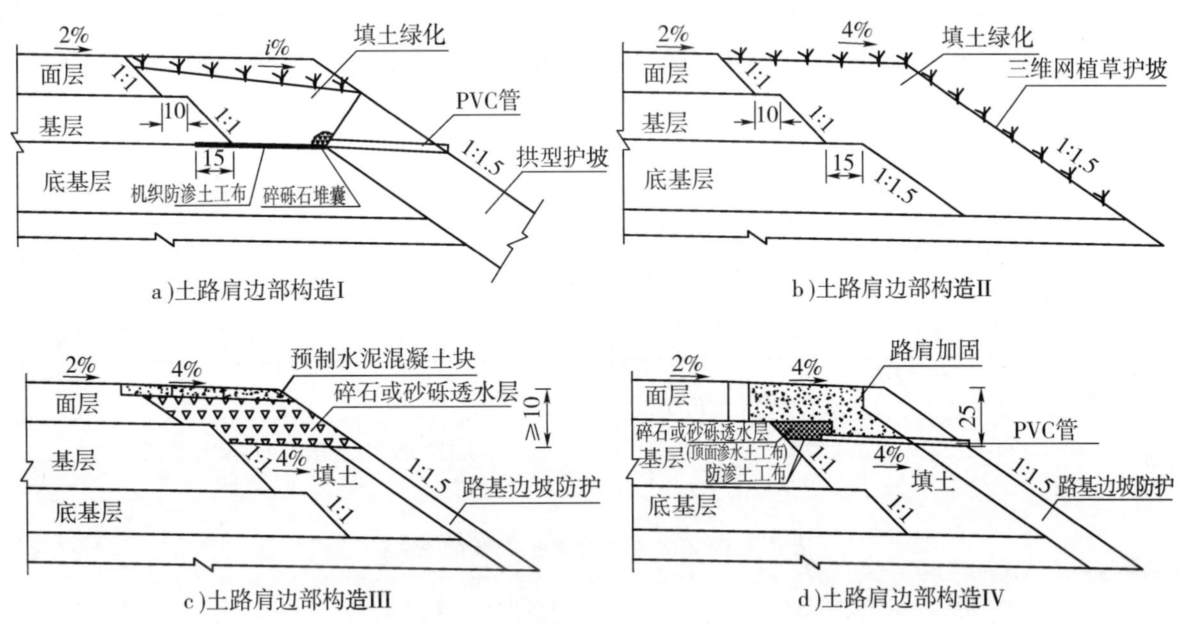

图 10.0.3 分散排水路肩构造图(尺寸单位:cm)

10.0.4 直线段的集中排水

1 泄水口的间距应按有关规范计算确定,一般 30~50m 设一处,其开口宽度一般为 0.5m。在凹形竖曲线的底部或其他位置,宜适当加密。

2 拦水带可用沥青混凝土或预制水泥混凝土制作。当用沥青混凝土拦水带时,其沥青混凝土混合料的级配宜符合表 10.0.4 的规定,沥青用量宜按马歇尔试验确定的最佳沥青用量增加 0.5%~1%,采用双面击实 50 次,空隙率宜为 2%~4%。预制水泥混凝土拦水缘石,应预留相应的出水孔,以免阻止路面结构内部排水。

表 10.0.4 沥青混凝土拦水带的矿料级配

方孔筛(mm)	16	13.2	4.75	2.36	0.3	0.075
通过质量百分率(%)	100	85~100	65~80	50~65	18~30	5~15

10.0.5 对新建高速公路超高段的集中排水,宜采用在左侧路缘带左侧设置有钢筋混凝土盖板的预制整体式 U 形混凝土沟或缝隙式排水沟,每 25~50m 设一处集水井,并通过横向排水管引至边坡的急流槽或暗管,如图 10.0.5。

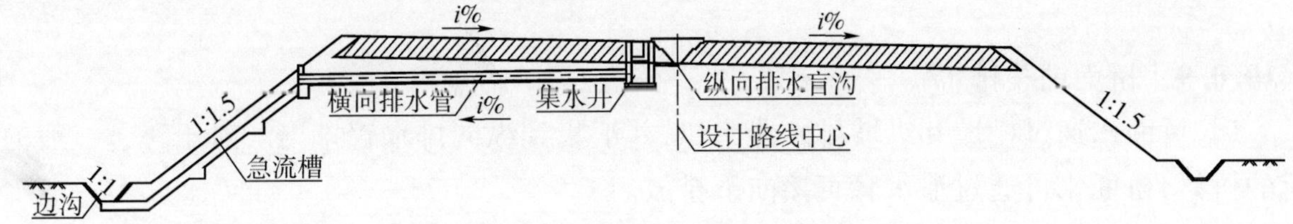

图 10.0.5 超高段集中排水

10.0.6 中央分隔带的排水设施由排水沟(明沟、暗沟)、渗沟、雨水井、集水井、横向排水管等组成,中央分隔带可用凸式、平式或凹式。一般不封闭,也可封闭,如图10.0.6所示。

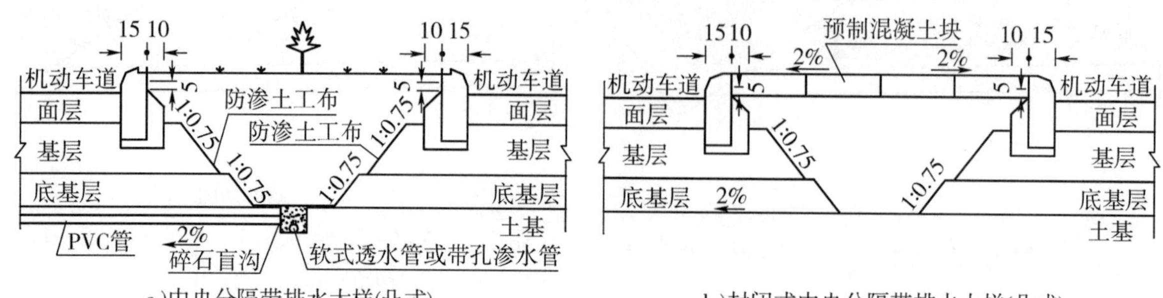

a)中央分隔带排水大样(凸式)

b)封闭式中央分隔带排水大样(凸式)

图10.0.6 中央分隔带排水(尺寸单位:cm)

1 为排除渗入分隔带内的表面水,中央分隔带内可设置纵向排水渗沟,并间隔40~80m设一条横向排水管将渗沟内的水排引出,渗沟周围包裹反滤织物(土工布),以免渗入水携带的细粒将渗沟堵塞。渗沟上的回填料与路面结构的交界处铺设防水土工布。

2 中央分隔带封闭后可不设内部排水系统。封闭可用40~80mm预制混凝土或现浇混凝土,其下设砂砾垫层。

10.0.7 路面内部排水系统设计要求

1 当路面内部可能出现自由水滞留时,可采用沥青碎石或骨架空隙型水泥稳定碎石或级配碎石做排水基层。

2 排水基层的集料应选用洁净、坚硬而耐久的碎石,其压碎值不应大于28%,最大粒径可为20mm或25mm,集料级配应满足透水性要求(渗透系数不得小于300m/d),可通过常水头或变水头渗透试验确定。

3 骨架空隙型水泥稳定碎石,其7d浸水抗压强度不得低于3~4MPa,开级配沥青碎石集料的沥青用量可为集料干重的2.5%~4.5%。

10.0.8 路面边缘排水应结合当地经验设计,可用碎石、砂砾、砂等透水性填料填筑路肩,并与横向出水管、过滤织物(土工布)组成排水系统。

10.0.9 桥面铺装排水

1 桥面水通过横坡和纵坡排入泄水口,并汇集到纵向排水管排出。对于跨越一般河流的桥梁,桥面水可通过泄水管直接向下排放。

2 为了排出铺装结构内部积水,应在桥面铺装边缘设置40 mm宽、50mm深的小碎石渗沟,渗沟与泄水口相接,泄水口间距宜为5~10m。

3 对特大桥和重要桥梁应加强排水设计,边缘部排水可参照图10.0.9设计。

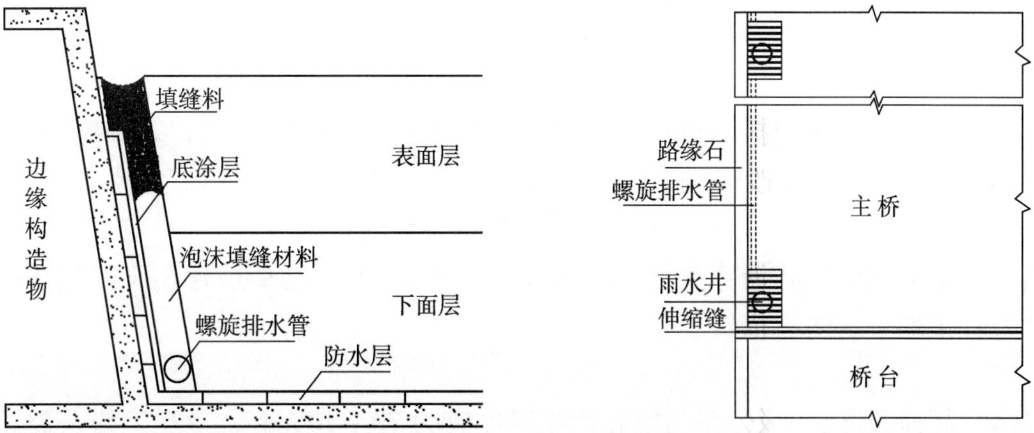

填缝料
底涂层
表面层
边缘构造物
泡沫填缝材料
下面层
螺旋排水管
防水层
路缘石
螺旋排水管
主桥
雨水井
伸缩缝
桥台

图10.0.9 桥面边缘部排水

11 桥面铺装及其他工程

11.1 桥面铺装

11.1.1 水泥混凝土桥面采用沥青面层铺装时,桥面板应满足以下技术要求:

1 混凝土桥面板应平整粗糙,干燥整洁,不得有浮浆、尘土、水迹、杂物或油污等。对高速公路、一级公路的桥面宜进行打毛处理。特大桥、重要大桥桥面宜进行表面喷砂处理。

2 当混凝土桥面板需要设置调平层时,混凝土调平层厚度不宜小于80mm,且应按要求设置钢筋网;纤维混凝土调平层厚度不宜小于60mm;调平层混凝土强度等级应与梁体一致,并应与桥面板结合紧密。当调平层厚度较薄时,可用沥青混合料或通过加厚下面层进行调平。

11.1.2 桥面沥青铺装结构,可由防水层和下面层、表面层组成,如图11.1.2。防水层和下面层共同组成防水体系,应重视下面层的密水性和热稳性。

表面层
下面层
防水层
桥面板
防水体系
桥面铺装结构层

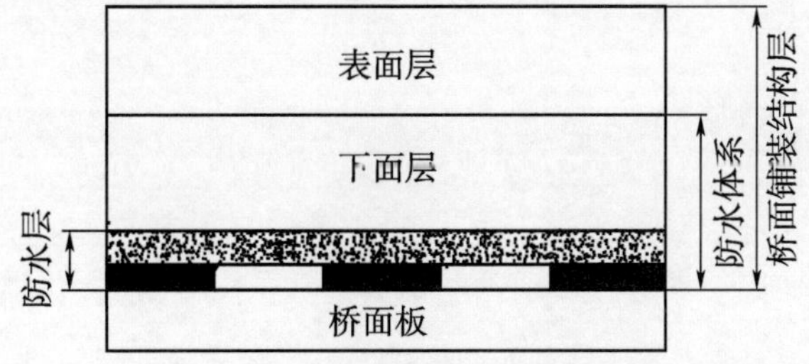

图11.1.2 桥面沥青铺装结构示意图

1 应根据桥梁类型、设计安全等级,并考虑工程环境条件等因素(如冰冻地区或海洋地区,有工业酸雾、雨影响等)确定防水层和下面层。

2 对特大桥、重要大桥,宜在混凝土桥面板顶面设下封层。

11.1.3 防水层主要包括:涂膜、卷材等专用防水材料;沥青砂、沥青玛蹄脂、热融沥青碎石、稀浆封层等聚合物改性沥青类防水材料;环氧树脂下封层等反应性树脂类防水材料。

当下面层采用浇注式沥青混凝土时可视为防水层,但在动荷载作用下可能出现负弯矩的位置宜采取一定防裂措施。

11.1.4 高速公路、一级公路的桥面铺装厚度宜为70~100mm,二级、三级公路桥面铺装厚度宜为50~90mm。表面层厚度不小于30mm。若桥面铺装为单层时,厚度不宜小于50mm。

1 当路面与桥面连续施工时,高速公路、一级公路的大、中、小桥的面层结构与厚度宜与两端路线的表面层、中面层相同。

2 各级公路的大、中、小桥可用沥青砂、热融沥青碎石封层、稀浆封层、涂膜、卷材等做防水层,并视具体情况设置专门的底涂层加强联结作用。下面层可选用密级配沥青混凝土、沥青玛蹄脂碎石等组成防水体系。应严格控制沥青混合料的现场空隙率。

3 表面层必须用密实型沥青混合料,在多雨潮湿地区、纵坡大于3.5%或设计车速大于50km/h的桥面上应铺设抗滑表面层。

11.2 其他工程

11.2.1 桥头衔接

桥面铺装与桥头引道的路面应平稳、顺适地衔接,大、中桥的桥头必须设置搭板,桥头两端应采取换填稳定土、砂砾,或用土工格栅加固路基等技术措施,减少工后沉降,防止或减轻桥头跳车。

附录 D 无结合料材料的级配组成

表 D.1 级配碎石混合料的级配组成

层位	通过下列筛孔(mm)质量百分率(%)														液限(%)	塑指(%)	备注
	37.5	31.5	26.5	19	16	13.2	9.5	4.75	2.36	1.18	0.6	0.3	0.15	0.075			
上基层			100		85~100		60~80	30~50		15~30	10~20			0~5	<25	<8	防治反射裂缝过渡层
基层	100	90~100	79~95	60~85	53~80	48~74	40~65	25~50	18~40	13~32	9~25	6~20	3~13	0~7			连续型
基层		100	90~100	75~95	66~88	59~82	46~71	30~55	18~40	13~32	9~25	6~20	3~13	0~7			连续型
基层		100	85~95	66~80	44~56	37~48	31~41	28~38	18~28	12~20	8~14	5~11	3~9	0~6			骨架密实型
底基层及垫层	95~100	85~95	75~90	60~82	53~78	48~74	40~65	25~50	18~40	13~32	9~25	6~20	3~13	0~7			连续型
底基层及垫层	100	85~100	65~85		42~67		20~40	10~27		8~20	5~18			0~10			骨架型
底基层及垫层		100	80~100		56~87		30~60	18~46		10~33	5~20			0~10			连续型

注:1. 上基层是指沥青面层下与半刚性基层之间设置级配碎石,该层的级配宜符合此规定。

2. 潮湿多雨地区的基层塑性指数不大于4%。

3. 为排水与防冻垫层时,其0.075mm 通过率不超过5%。

表 D.2 级配砾石结构层的级配组成

层位	编号	通过下列筛孔(mm)质量百分率(%)										液限(%)	塑指(%)
		53	37.5	31.5	26.5	19	9.5	4.75	1.18	0.6	0.075		
砂石路面面层[①]	1		100	90 ~ 100		65 ~ 85	45 ~ 70	30 ~ 55	20 ~ 37	15 ~ 25	7 ~ 12	<43	12 ~ 21
	2			100	85 ~ 100	70 ~ 90	50 ~ 70	40 ~ 60	25 ~ 40	20 ~ 32	8 ~ 15	<43	12 ~ 21
	3			100		85 ~ 100	60 ~ 80	45 ~ 65	30 ~ 50	20 ~ 32	8 ~ 15	<43	12 ~ 18
基层及底基层[②]	1		100	90 ~ 100		65 ~ 85	45 ~ 70	30 ~ 55	15 ~ 35	10 ~ 20	4 ~ 10	<28	<9
	2			100	90 ~ 100	75 ~ 90	50 ~ 70	30 ~ 55	15 ~ 35	10 ~ 20	4 ~ 10	<28	<9
	3				100	85 ~ 100	60 ~ 80	30 ~ 50	15 ~ 30	10 ~ 20	2 ~ 8	<28	<9
垫层	1	100		90 ~ 100		65 ~ 85		30 ~ 50		8 ~ 25	0 ~ 5	<28	<9

注:①面层上可不设磨耗层,若加铺磨耗层,0.5mm 以下细料含量和塑性指数宜用低限。

②潮湿多雨地区的基层塑性指数不大于 6%。

附录E 材料设计参数参考资料

表E.2 基层、底基层材料设计参数

材料名称	配合比或规格要求	抗压回弹模量 E(MPa)(弯沉计算用)	抗压模量 E(MPa)(拉应力计算用)	劈裂强度 σ(MPa)
水泥砂砾	4% ~6%	1 100 ~1 500	3 000 ~4 200	0.4 ~0.6
水泥碎石	4% ~6%	1 300 ~1 700	3 000 ~4 200	0.4 ~0.6
二灰砂砾	7: 13: 80	1 100 ~1 500	3 000 ~4 200	0.6 ~0.8
二灰碎石	8: 17: 75	1 300 ~1 700	3 000 ~4 200	0.5 ~0.8
石灰水泥粉煤灰砂砾	6: 3: 16: 75	1 200 ~1 600	2 700 ~3 700	0.4 ~0.55
水泥粉煤灰碎石	4: 16: 80	1 300 ~1 700	2 400 ~3 000	0.4 ~0.55
石灰土碎石	粒料 >60%	700 ~1 100	1 600 ~2 400	0.3 ~0.4
碎石灰土	粒料 >40% ~50%	600 ~900	1 200 ~1 800	0.25 ~0.35
水泥石灰砂砾土	4: 3: 25: 68	800 ~1 200	1 500 ~2 200	0.3 ~0.4
二灰土	10: 30: 60	600 ~900	2 000 ~2 800	0.2 ~0.3
石灰土	8% ~12%	400 ~700	1 200 ~1 800	0.2 ~0.25
石灰土处理路基	4% ~7%	200 ~350	—	—
级配碎石	基层连续级配型	300 ~350	—	—
	基层骨架密实型	300 ~500	—	
	底基层、垫层	200 ~250	—	
填隙碎石	底基层	200 ~280	—	—
未筛分碎石	做底基层用	180 ~220	—	—
级配砂砾、天然砂砾	做底基层用	150 ~200	—	—
中粗砂	垫层	80 ~100	—	—

注:拉应力计算参数以实测为主,此表仅供参考。

表E.3 碎砾石土设计参数

碎石含量(%)	路基干湿类型	回弹模量值(MPa)	密度(t/m^3)	含水量(%)
>70	干燥	90 ~100	2.05 ~2.25	7
	中湿	70 ~80	2.00 ~2.20	8
	潮湿	55 ~65	1.95 ~2.15	11
50 ~70	干燥	75 ~85	2.00 ~2.20	7
	中湿	55 ~65	1.95 ~2.15	8
	潮湿	45 ~55	1.90 ~2.10	11

续上表

碎石含量(%)	路基干湿类型	回弹模量值(MPa)	密度(t/m^3)	含水量(%)
30~50	干燥	47~57	1.90~2.10	<10
	中湿	30~40	1.85~1.95	10~15
	潮湿	20~30	1.75~1.85	>15
<30	干燥	30~40	1.80~1.90	<10
	中湿	15~25	1.70~1.80	10~15
	潮湿	15	1.60~1.70	>15

十、公路沥青路面施工技术规范

(JTG F40—2004)

1 总则

1.0.4 沥青路面施工必须有施工组织设计,并保证合理的施工工期。沥青路面不得在气温低于10℃(高速公路和一级公路)或5℃(其他等级公路),以及雨天、路面潮湿的情况下施工。

1.0.6 沥青路面建设应满足公路交通条件及工程所在地的气候条件的需要,气候分区按附录A的分区执行。

2 术语、符号、代号

2.1 术语

2.1.12 沥青混合料 Bituminous mixtures(英), Asphalt mixtures(美)

由矿料与沥青结合料拌和而成的混合料的总称。按材料组成及结构分为连续级配、间断级配混合料。按矿料级配组成及空隙率大小分为密级配、半开级配、开级配混合料。按公称最大粒径的大小可分为特粗式(公称最大粒径大于31.5mm)、粗粒式(公称最大粒径等于或大于26.5mm)、中粒式(公称最大粒径16mm或19mm)、细粒式(公称最大粒径9.5mm或13.2mm)、砂粒式(公称最大粒径小于9.5mm)沥青混合料。按制造工艺分为热拌沥青混合料、冷拌沥青混合料、再生沥青混合料等。

2.1.13 密级配沥青混合料 Dense-graded bituminous mixtures(英),Dense-graded asphalt mixtures (美)

按密实级配原理设计组成的各种粒径颗粒的矿料与沥青结合料拌和而成,设计空隙率较小(对不同交通及气候情况、层位可作适当调整)的密实式沥青混凝土混合料(以AC表示)和密实式沥青稳定碎石混合料(以ATB表示)。按关键性筛孔通过率的不同又可分为细型、粗型密级配沥青混合料等。粗集料嵌挤作用较好的也称嵌挤密实型沥青混合料。

2.1.14 开级配沥青混合料 Open-graded bituminous paving mixtures(英),Open-graded asphalt mixtures（美）

矿料级配主要由粗集料嵌挤组成，细集料及填料较少，设计空隙率为18%的混合料。

2.1.15 半开级配沥青碎石混合料 Half(Semi)-open-graded bituminous paving mixtures(英)

由适当比例的粗集料、细集料及少量填料(或不加填料)与沥青结合料拌和而成，经马歇尔标准击实成型试件的剩余空隙率在6% ~12%的半开式沥青碎石混合料(以AM表示)。

2.1.16 间断级配沥青混合料 Gap-graded bituminous paving mixtures(英)，Gap-graded asphalt mixtures(美)

矿料级配组成中缺少1个或几个粒径档次(或用量很少)而形成的沥青混合料。

2.1.17 沥青稳定碎石混合料(简称沥青碎石) Bituminous stabilization aggregate paving mixtures(英)，Asphalt – treated permeable base(美)

由矿料和沥青组成具有一定级配要求的混合料，按空隙率、集料最大粒径、添加矿粉数量的多少，分为密级配沥青碎石(ATB)、开级配沥青碎石(OGFC表面层及ATPB基层)、半开级配沥青碎石(AM)。

2.1.18 沥青玛蹄脂碎石混合料 Stone mastic asphalt（英），Stone matrix asphalt（美）

由沥青结合料与少量的纤维稳定剂、细集料以及较多量的填料(矿粉)组成的沥青玛蹄脂填充于间断级配的粗集料骨架的间隙，组成一体的沥青混合料，简称SMA。

3 基层

3.0.2 新建沥青路面的基层按结构组合设计要求，选用沥青稳定碎石、沥青贯入式、级配碎石、级配砂砾等柔性基层；水泥稳定土或粒料、石灰与粉煤灰稳定土或粒料的半刚性基层；碾压式水泥混凝土、贫混凝土等刚性基层；以及上部使用柔性基层，下部使用半刚性基层的混合式基层。

4 材料

4.2 道路石油沥青

4.2.1 各个沥青等级的适用范围应符合表4.2.1-1的规定。道路石油沥青的质量应符合表4.2.1-2规定的技术要求。经建设单位同意,沥青的PI值、60℃动力黏度,10℃延度可作为选择性指标。

表4.2.1-1 道路石油沥青的适用范围

沥青等级	适用范围
A级沥青	各个等级的公路,适用于任何场合和层次
B级沥青	1. 高速公路、一级公路沥青下面层及以下的层次,二级及二级以下公路的各个层次; 2. 用做改性沥青、乳化沥青、改性乳化沥青、稀释沥青的基质沥青
C级沥青	三级及三级以下公路的各个层次

4.2.2 沥青路面采用的沥青标号,宜按照公路等级、气候条件、交通条件、路面类型及在结构层中的层位及受力特点、施工方法等,结合当地的使用经验,经技术论证后确定。

1 对高速公路、一级公路,夏季温度高、高温持续时间长、重载交通、山区及丘陵区上坡路段、服务区、停车场等行车速度慢的路段,尤其是汽车荷载剪应力大的层次,宜采用稠度大、60℃黏度大的沥青,也可提高高温气候分区的温度水平选用沥青等级;对冬季寒冷的地区或交通量小的公路、旅游公路宜选用稠度小、低温延度大的沥青;对温度日温差、年温差大的地区宜注意选用针入度指数大的沥青。当高温要求与低温要求发生矛盾时应优先考虑满足高温性能的要求。

4.3 乳化沥青

4.3.1 乳化沥青适用于沥青表面处治路面、沥青贯入式路面、冷拌沥青混合料路面,修补裂缝,喷洒透层、黏层与封层等。乳化沥青的品种和适用范围宜符合表4.3.1的规定。

表4.3.1 乳化沥青品种及适用范围

分类	品种及代号	适用范围
阳离子乳化沥青	PC-1	表处、贯入式路面及下封层用
	PC-2	透层油及基层养生用
	PC-3	黏层油用
	BC-1	稀浆封层或冷拌沥青混合料用
阴离子乳化沥青	PA-1	表处、贯入式路面及下封层用
	PA-2	透层油及基层养生用
	PA-3	黏层油用
	BA-1	稀浆封层或冷拌沥青混合料用
非离子乳化沥青	PN-2	透层油用
	BN-1	与水泥稳定集料同时使用(基层路拌或再生)

4.3.2 乳化沥青的质量应符合表4.3.2的规定。在高温条件下宜采用黏度较大的乳化沥青,寒冷条件下宜使用黏度较小的乳化沥青。

表 4.2.1-2 道路石油沥青技术要求

<table>
<tr><th rowspan="2">指　标</th><th rowspan="2">单位</th><th rowspan="2">等级</th><th colspan="17">沥 青 标 号</th><th rowspan="2">试验方法[1]</th></tr>
<tr><th>160 号[4]</th><th>130 号[4]</th><th colspan="3">110 号</th><th colspan="5">90 号</th><th colspan="5">70 号[3]</th><th>50 号[3]</th><th>30 号[4]</th></tr>
<tr><td>针入度(25℃,5s,100g)</td><td>0.1mm</td><td></td><td>140 ~ 200</td><td>120 ~ 140</td><td colspan="3">100 ~ 120</td><td colspan="5">80 ~ 100</td><td colspan="5">60 ~ 80</td><td>40 ~ 60</td><td>20 ~ 40</td><td>T 0604</td></tr>
<tr><td>适用的气候分区[6]</td><td></td><td></td><td>注[4]</td><td>注[4]</td><td>2-1</td><td>2-2</td><td>3-2</td><td>1-1</td><td>1-2</td><td>1-3</td><td>2-2</td><td>2-3</td><td>1-3</td><td>1-4</td><td>2-2</td><td>2-3</td><td>2-4</td><td>1-4</td><td>注[4]</td><td>附录 A[6]</td></tr>
<tr><td rowspan="2">针入度指数 PI[2]</td><td rowspan="2"></td><td>A</td><td colspan="17">-1.5 ~ +1.0</td><td rowspan="2">T 0604</td></tr>
<tr><td>B</td><td colspan="17">-1.8 ~ +1.0</td></tr>
<tr><td rowspan="3">软化点(R&B)不小于</td><td rowspan="3">℃</td><td>A</td><td>38</td><td>40</td><td colspan="3">43</td><td colspan="3">45</td><td colspan="2">44</td><td colspan="2">46</td><td colspan="3">45</td><td>49</td><td>55</td><td rowspan="3">T 0606</td></tr>
<tr><td>B</td><td>36</td><td>39</td><td colspan="3">42</td><td colspan="3">43</td><td colspan="2">42</td><td colspan="2">44</td><td colspan="3">43</td><td>46</td><td>53</td></tr>
<tr><td>C</td><td>35</td><td>37</td><td colspan="3">41</td><td colspan="5">42</td><td colspan="5">43</td><td>45</td><td>50</td></tr>
<tr><td>60℃动力黏度[2]不小于</td><td>Pa · s</td><td>A</td><td>—</td><td>60</td><td colspan="3">120</td><td colspan="3">160</td><td colspan="2">140</td><td colspan="2">180</td><td colspan="3">160</td><td>200</td><td>260</td><td>T 0620</td></tr>
<tr><td rowspan="2">10℃延度[2]不小于</td><td rowspan="2">cm</td><td>A</td><td>50</td><td>50</td><td colspan="3">40</td><td>45</td><td>30</td><td>20</td><td>30</td><td>20</td><td>20</td><td>15</td><td>25</td><td>20</td><td>15</td><td>15</td><td>10</td><td rowspan="4">T 0605</td></tr>
<tr><td>B</td><td>30</td><td>30</td><td colspan="3">30</td><td>30</td><td>20</td><td>15</td><td>20</td><td>15</td><td>15</td><td>10</td><td>20</td><td>15</td><td>10</td><td>10</td><td>8</td></tr>
<tr><td rowspan="2">15℃延度不小于</td><td rowspan="2">cm</td><td>A、B</td><td colspan="15">100</td><td>80</td><td>50</td></tr>
<tr><td>C</td><td>80</td><td>80</td><td colspan="3">60</td><td colspan="5">50</td><td colspan="5">40</td><td>30</td><td>20</td></tr>
<tr><td rowspan="3">蜡含量(蒸馏法) 不大于</td><td rowspan="3">%</td><td>A</td><td colspan="17">2.2</td><td rowspan="3">T 0615</td></tr>
<tr><td>B</td><td colspan="17">3.0</td></tr>
<tr><td>C</td><td colspan="17">4.5</td></tr>
</table>

续上表

指标	单位	等级	沥青标号							试验方法[1]
			160号[4]	130号[4]	110号	90号	70号[3]	50号	30号[4]	
闪点 不小于	℃		230			245	260			T 0611
溶解度 不小于	%		99.5							T 0607
密度(15℃)	g/cm³		实测记录							T 0603
TFOT(或RTFOT)后[5]										T 0610 或 T 0609
质量变化 不大于	%		±0.8							
残留针入度比(25℃) 不小于	%	A	48	54	55	57	61	63	65	T 0604
		B	45	50	52	54	58	60	62	
		C	40	45	48	50	54	58	60	
残留延度(10℃) 不小于	cm	A	12	12	10	8	6	4	—	T 0605
		B	10	10	8	6	4	2	—	
残留延度(15℃) 不小于	cm	C	40	35	30	20	15	10	—	T 0605

注:1. 试验方法按照现行《公路工程沥青及沥青混合料试验规程》(JTJ 052—2000)规定的方法执行。用于仲裁试验求取 PI 时的 5 个温度的针入度关系的相关系数不得小于 0.997。

2. 经建设单位同意,表中 PI 值、60℃动力粘度、10℃延度可作为选择性指标,也可不作为施工质量检验指标。

3. 70 号沥青可根据需要要求供应商提供针入度范围为 60 ~ 70 或 70 ~ 80 的沥青,50 号沥青可要求提供针入度范围为 40 ~ 50 或 50 ~ 60 的沥青。

4. 30 号沥青仅适用于沥青稳定基层。130 号和 160 号沥青除寒冷地区可直接在中低级公路上直接应用外,通常用作乳化沥青、稀释沥青、改性沥青的基质沥青。

5. 老化试验以 TFOT 为准,也可以 RTFOT 代替。

6. 气候分区见附录 A。

表 4.3.2 道路用乳化沥青技术要求

试验项目		单位	品种及代号										试验方法
			阳离子				阴离子				非离子		
			喷洒用			拌和用	喷洒用			拌和用	喷洒用	拌和用	
			PC－1	PC－2	PC－3	BC－1	PA－1	PA－2	PA－3	BA－1	PN－2	BN－1	
破乳速度			快裂	慢裂	快裂或中裂	慢裂或中裂	快裂	慢裂	快裂或中裂	慢裂或中裂	慢裂	慢裂	T 0658
粒子电荷			阳离子(＋)				阴离子(－)				非离子		T 0653
筛上残留物(1.18mm筛),不大于		%	0.1				0.1				0.1		T 0652
黏度	恩格拉黏度计 E_{25}		2～10	1～6	1～6	2～30	2～10	1～6	1～6	2～30	1～6	2～30	T 0622
	道路标准黏度计 $C_{25.3}$	s	10～25	8～20	8～20	10～60	10～25	8～20	8～20	10～60	8～20	10～60	T 0621
蒸发残留物	残留分含量,不小于	%	50	50	50	55	50	50	50	55	50	55	T 0651
	溶解度,不小于	%	97.5				97.5				97.5		T 0607
	针入度(25℃)	0.1 mm	50～200	50～300	45～150		50～200	50～300	45～150		50～300	60～300	T 0604
	延度(15℃),不小于	cm	40				40				40		T 0605
与粗集料的黏附性,裹附面积,不小于			2/3			—	2/3			—	2/3	—	T 0654
与粗、细粒式集料拌和试验			—			均匀	—			均匀	—		T 0659
水泥拌和试验的筛上剩余,不大于		%	—				—				—	3	T 0657
常温贮存稳定性: 1d,不大于 5d,不大于		%	1 5				1 5				1 5		T 0655

注:1. P 为喷洒型,B 为拌和型,C、A、N 分别表示阳离子、阴离子、非离子乳化沥青。

2. 黏度可选用恩格拉黏度计或沥青标准黏度计之一测定。

3. 表中的破乳速度与集料的黏附性、拌和试验的要求、所使用的石料品种有关,质量检验时应采用工程上实际的石料进行试验,仅进行乳化沥青产品质量评定时可不要求此三项指标。

4. 贮存稳定性根据施工实际情况选用试验时间,通常采用 5d,乳液生产后能在当天使用时也可用 1d 的稳定性。

5. 当乳化沥青需要在低温冰冻条件下贮存或使用时,尚需按 T 0656 进行 －5℃ 低温贮存稳定性试验,要求没有粗颗粒、不结块。

6. 如果乳化沥青是将高浓度产品运到现场经稀释后使用时,表中的蒸发残留物等各项指标指稀释前乳化沥青的要求。

4.3.3 乳化沥青类型根据集料品种及使用条件选择。阳离子乳化沥青可适用于各种集料品种,阴离子乳化沥青适用于碱性石料。乳化沥青的破乳速度、黏度宜根据用途与施工方法选择。

4.3.4 制备乳化沥青用的基质沥青,对高速公路和一级公路,宜符合表 4.2.1-2 道路石油沥青 A、B 级沥青的要求,其他情况可采用 C 级沥青。

4.3.5 乳化沥青宜存放在立式罐中,并保持适当搅拌。贮存期以不离析、不冻结、不破乳为度。

4.4 液体石油沥青

4.4.1 液体石油沥青适用于透层、黏层及拌制冷拌沥青混合料。根据使用目的与场所,可选用快凝、中凝、慢凝的液体石油沥青,其质量应符合表 4.4.1 的规定。

表 4.4.1 道路用液体石油沥青技术要求

试验项目		单位	快凝		中凝						慢凝						试验方法[1]
			AL(R)-1	AL(R)-2	AL(M)-1	AL(M)-2	AL(M)-3	AL(M)-4	AL(M)-5	AL(M)-6	AL(S)-1	AL(S)-2	AL(S)-3	AL(S)-4	AL(S)-5	AL(S)-6	
黏度	$C_{25.5}$	s	<20	—	<20	—	—	—	—	—	<20	—	—	—	—	—	T 0621
	$C_{60.5}$	s	—	5~15	—	5~15	16~25	26~40	41~100	101~200	—	5~15	16~25	26~40	41~100	101~200	
蒸馏体积	225℃前	%	>20	>15	<10	<7	<3	<2	0	0	—	—	—	—	—	—	T 0632
	315℃前	%	>35	>30	<35	<25	<17	<14	<8	<5	—	—	—	—	—	—	
	360℃前	%	>45	>35	<50	<35	<30	<25	<20	<15	<40	<35	<25	<20	<15	<5	
蒸馏后残留物	针入度(25℃)	0.1mm	60~200	60~200	100~300	100~300	100~300	100~300	100~300	100~300	—	—	—	—	—	—	T 0604
	延度(25℃)	cm	>60	>60	>60	>60	>60	>60	>60	>60	—	—	—	—	—	—	T 0605
	浮漂度(5℃)	S	—	—	—	—	—	—	—	—	<20	>20	>30	>40	>45	>50	T 0631
闪点(TOC 法)		℃	>30	>30	>65	>65	>65	>65	>65	>65	>70	>70	>100	>100	>120	>120	T 0633
含水量 不大于		%	0.2	0.2	0.2	0.2	0.2	0.2	0.2	0.2	2.0	2.0	2.0	2.0	2.0	2.0	T 0612

4.4.2 液体石油沥青宜采用针入度较大的石油沥青,使用前按先加热沥青后加稀释剂的顺序,掺配煤油或轻柴油,经适当的搅拌、稀释制成。掺配比例根据使用要求由试验确定。

4.4.3 液体石油沥青在制作、贮存、使用的全过程中必须通风良好,并有专人负责,确保安全。基质沥青的加热温度严禁超过 140℃,液体沥青的贮存温度不得高于 50℃。

4.5 煤沥青

4.5.1 道路用煤沥青的标号根据气候条件、施工温度、使用目的选用,其质量应符合表4.5.1的规定。

表 4.5.1 道路用煤沥青技术要求

试验项目		T-1	T-2	T-3	T-4	T-5	T-6	T-7	T-8	T-9	试验方法
黏度(s)	$C_{30.5}$	5~25	26~70								T 0621
	$C_{30.10}$			5~25	26~50	51~120	121~200				
	$C_{50.10}$							10~75	76~200		
	$C_{60.10}$									35~65	
蒸馏试验,馏出量(%)	170℃前,不大于	3	3	3	2	1.5	1.5	1.0	1.0	1.0	T 0641
	270℃前,不大于	20	20	20	15	15	15	10	10	10	
	300℃前,不大于	15~35	15~35	30	30	25	25	20	20	15	
300℃蒸馏残留物软化点(环球法)(℃)		30~45	30~45	35~65	35~65	35~65	35~65	40~70	40~70	40~70	T 0606
水分,不大于(%)		1.0	1.0	1.0	1.0	1.0	0.5	0.5	0.5	0.5	T 0612
甲苯不溶物,不大于(%)		20	20	20	20	20	20	20	20	20	T 0646
萘含量,不大于(%)		5	5	5	4	4	3.5	3	2	2	T 0645
焦油酸含量,不大于(%)		4	4	3	3	2.5	2.5	1.5	1.5	1.5	T 0642

4.5.2 道路用煤沥青适用于下列情况:

(1)各种等级公路的各种基层上的透层,宜采用T-1或T-2级,其他等级不合喷洒要求时可适当稀释使用;

(2)三级及三级以下的公路铺筑表面处治或贯入式沥青路面,宜采用T-5、T-6或T-7级;

(3)与道路石油沥青、乳化沥青混合使用,以改善渗透性。

4.5.3 道路用煤沥青严禁用于热拌热铺的沥青混合料,作其他用途时的贮存温度宜为70~90℃,且不得长时间贮存。

4.6 改性沥青

4.6.1 改性沥青可单独或复合采用高分子聚合物、天然沥青及其他改性材料制作。

4.6.2 各类聚合物改性沥青的质量应符合表4.6.2的技术要求,当使用表列以外的聚合物及复合改性沥青时,可通过试验研究制订相应的技术要求。

表4.6.2 聚合物改性沥青技术要求

指标	单位	SBS类(I类)				SBR类(II类)			EVA、PE类(III类)				试验方法
		I-A	I-B	I-C	I-D	II-A	II-B	II-C	III-A	III-B	III-C	III-D	
针入度25℃,100g,5s	0.1mm	>100	80~100	60~80	40~60	>100	80~100	60~80	>80	60~80	40~60	30~40	T 0604
针入度指数PI,不小于		-1.2	-0.8	-0.4	0	-1.0	-0.8	-0.6	-1.0	-0.8	-0.6	-0.4	T 0604
延度5℃,5cm/min不小于	cm	50	40	30	20	60	50	40	-				T 0605
软化点$T_{R\&B}$,不小于	℃	45	50	55	60	45	48	50	48	52	56	60	T 0606
运动黏度[1] 135℃,不大于	Pa·s	3											T 0625 T 0619
闪点,不小于	℃	230				230			230				T 0611
溶解度,不小于	%	99				99			—				T 0607
弹性恢复25℃,不小于	%	55	60	65	75	—			—				T 0662
黏韧性,不小于	N·m	—				5			—				T 0624
韧性,不小于	N·m	—				2.5			—				T 0624
贮存稳定性[2]离析,48h软化点差,不大于	℃	2.5				—			无改性剂明显析出、凝聚				T 0661
TFOT(或RTFOT)后残留物													
质量变化,不大于	%	±1.0											T 0610或 T 0609
针入度比25℃,不小于	%	50	55	60	65	50	55	60	50	55	58	60	T 0604
延度5℃,不小于	cm	30	25	20	15	30	20	10	—				T 0605

注:1. 表中135℃运动黏度可采用《公路工程沥青及沥青混合料试验规程》(JTJ 052—2000)中的"沥青布氏旋转黏度试验方法(布洛克菲尔德黏度计法)"进行测定。若在不改变改性沥青物理力学性质并符合安全条件的温度下易于泵送和拌和,或经证明适当提高泵送和拌和温度时能保证改性沥青的质量,容易施工,可不要求测定。

2. 贮存稳定性指标适用于工厂生产的成品改性沥青。现场制作的改性沥青对贮存稳定性指标可不作要求,但必须在制作后,保持不间断的搅拌或泵送循环,保证使用前没有明显的离析。

4.6.3 制造改性沥青的基质沥青应与改性剂有良好的配伍性,其质量宜符合表4.2.1-2中A级或B级道路石油沥青的技术要求。供应商在提供改性沥青的质量报告时应提供基质沥青的质量检验报告或沥青样品。

4.6.4 天然沥青可以单独与石油沥青混合使用或与其他改性沥青混融后使用。天然沥青的质量要求宜根据其品种参照相关标准和成功的经验执行。

4.6.5 用作改性剂的 SBR 胶乳中的固体物含量不宜少于 45%，使用中严禁长时间暴晒或遭冰冻。

4.6.6 改性沥青的剂量以改性剂占改性沥青总量的百分数计算，胶乳改性沥青的剂量应以扣除水以后的固体物含量计算。

4.6.7 改性沥青宜在固定式工厂或在现场设厂集中制作，也可在拌和厂现场边制造边使用，改性沥青的加工温度不宜超过 180℃。胶乳类改性剂和制成颗粒的改性剂可直接投入拌和缸中生产改性沥青混合料。

4.6.8 用溶剂法生产改性沥青母体时，挥发性溶剂回收后的残留量不得超过 5%。

4.6.9 现场制造的改性沥青宜随配随用，需作短时间保存，或运送到附近的工地时，使用前必须搅拌均匀，在不发生离析的状态下使用。改性沥青制作设备必须设有随机采集样品的取样口，采集的试样宜立即在现场灌模。

4.6.10 工厂制作的成品改性沥青到达施工现场后存贮在改性沥青罐中，改性沥青罐中必须加设搅拌设备并进行搅拌，使用前改性沥青必须搅拌均匀。在施工过程中应定期取样检验产品质量，发现离析等质量不符要求的改性沥青不得使用。

4.7 改性乳化沥青

4.7.1 改性乳化沥青宜按表 4.7.1-1 选用，质量应符合表 4.7.1-2 的技术要求。

表 4.7.1-1 改性乳化沥青的品种和适用范围

品种		代号	适用范围
改性乳化沥青	喷洒型改性乳化沥青	PCR	黏层、封层、桥面防水黏结层用
	拌和用乳化沥青	BCR	改性稀浆封层和微表处用

表 4.7.1-2 改性乳化沥青技术要求

试验项目	单位	品种及代号		试验方法
		PCR	BCR	
破乳速度	—	快裂或中裂	慢裂	T 0658
粒子电荷	—	阳离子(+)	阳离子(+)	T 0653

续上表

试验项目		单位	品种及代号		试验方法
			PCR	BCR	
筛上剩余量(1.18mm),不大于		%	0.1	0.1	T 0652
黏度	恩格拉黏度 E_{25}	—	1~10	3~30	T 0622
	沥青标准黏度 $C_{25,3}$	s	8~25	12~60	T 0621
蒸发残留物	含量,不小于	%	50	60	T 0651
	针入度(100g,25℃,5s)	0.1mm	40~120	40~100	T 0604
	软化点,不小于	℃	50	53	T 0606
	延度(5℃),不小于	cm	20	20	T 0605
	溶解度(三氯乙烯),不小于	%	97.5	97.5	T 0607
与矿料的黏附性,裹覆面积,不小于		—	2/3	—	T 0654
贮存稳定性	1d,不大于	%	1	1	T 0655
	5d,不大于	%	5	5	T 0655

注:1. 破乳速度与集料黏附性、拌和试验、所使用的石料品种有关。工程上施工质量检验时应采用实际的石料试验,仅进行产品质量评定时可不对这些指标提出要求。

2. 当用于填补车辙时,BCR蒸发残留物的软化点宜提高至不低于55℃。

3. 贮存稳定性根据施工实际情况选择试验天数,通常采用5d,乳液生产后能在第二天使用完时也可选用1d。个别情况下改性乳化沥青5d的贮存稳定性难以满足要求,如果经搅拌后能够达到均匀一致并不影响正常使用,此时要求改性乳化沥青运至工地后存放在附有搅拌装置的贮存罐内,并不断地进行搅拌,否则不准使用。

4. 当改性乳化沥青或特种改性乳化沥青需要在低温冰冻条件下贮存或使用时,尚需按T 0656进行-5℃低温贮存稳定性试验,要求没有粗颗粒、不结块。

4.8 粗集料

4.8.1 沥青层用粗集料包括碎石、破碎砾石、筛选砾石、钢渣、矿渣等,但高速公路和一级公路不得使用筛选砾石和矿渣。粗集料必须由具有生产许可证的采石场生产或施工单位自行加工。

4.8.2 粗集料应该洁净、干燥、表面粗糙,质量应符合表4.8.2的规定。当单一规格集料的质量指标达不到表中要求,而按照集料配合比计算的质量指标符合要求时,工程上允许使用。对受热易变质的集料,宜采用经拌和机烘干后的集料进行检验。

表4.8.2 沥青混合料用粗集料质量技术要求

指标	单位	高速公路及一级公路		其他等级公路	试验方法
		表面层	其他层次		
石料压碎值,不大于	%	26	28	30	T 0316

续上表

指　　标	单位	高速公路及一级公路		其他等级公路	试 验 方 法
		表面层	其他层次		
洛杉矶磨耗损失,不大于	%	28	30	35	T 0317
表观相对密度,不小于	—	2.60	2.50	2.45	T 0304
吸水率,不大于	%	2.0	3.0	3.0	T 0304
坚固性,不大于	%	12	12	—	T 0314
针片状颗粒含量(混合料),不大于	%	15	18	20	T 0312
其中粒径大于9.5mm,不大于	%	12	15	—	
其中粒径小于9.5mm,不大于	%	18	20	—	
水洗法 <0.075mm 颗粒含量,不大于	%	1	1	1	T 0310
软石含量,不大于	%	3	5	5	T 0320

注:1. 坚固性试验可根据需要进行。

2. 用于高速公路、一级公路时,多孔玄武岩的视密度可放宽至2.45t/m³,吸水率可放宽至3%,但必须得到建设单位的批准,且不得用于SMA路面。

3. 对S14即3~5规格的粗集料,针片状颗粒含量可不予要求,<0.075mm含量可放宽到3%。

4.8.3 粗集料的粒径规格应按表4.8.3的规定生产和使用。

表4.8.3　沥青混合料用粗集料规格

规格名称	公称粒径(mm)	通过下列筛孔(mm)的质量百分率(%)												
		106	75	63	53	37.5	31.5	26.5	19.0	13.2	9.5	4.75	2.36	0.6
S1	40~75	100	90~100	—	—	0~15	—	0~5						
S2	40~60		100	90~100	—	0~15	—	0~5						
S3	30~60		100	90~100	—	—	0~15	—	0~5					
S4	25~50			100	90~100	—	—	0~15	—	0~5				
S5	20~40				100	90~100	—	—	0~15	—	0~5			
S6	15~30					100	90~100	—	—	0~15	—	0~5		
S7	10~30					100	90~100	—	—	—	0~15	0~5		
S8	10~25						100	90~100	—	0~15	—	0~5		
S9	10~20							100	90~100	—	0~15	0~5		
S10	10~15								100	90~100	0~15	0~5		
S11	5~15								100	90~100	40~70	0~15	0~5	
S12	5~10									100	90~100	0~15	0~5	
S13	3~10									100	90~100	40~70	0~20	0~5
S14	3~5										100	90~100	0~15	0~3

4.8.7 破碎砾石应采用粒径大于50mm、含泥量不大于1%的砾石轧制,破碎砾石的破碎面应符合表4.8.7的要求。

表 4.8.7 粗集料对破碎面的要求

路面部位或混合料类型	具有一定数量破碎面颗粒的含量(%)		试验方法
	1 个破碎面	2 个或 2 个以上破碎面	
沥青路面表面层			T 0346
高速公路、一级公路　不小于	100	90	
其他等级公路　不小于	80	60	
沥青路面中下面层、基层			
高速公路、一级公路　不小于	90	80	
其他等级公路　不小于	70	50	
SMA 混合料　不小于	100	90	
贯入式路面　不小于	80	60	

4.8.8 筛选砾石仅适用于三级及三级以下公路的沥青表面处治路面。

4.8.9 经过破碎且存放期超过 6 个月以上的钢渣可作为粗集料使用。除吸水率允许适当放宽外,各项质量指标应符合表 4.8.2 的要求。钢渣在使用前应进行活性检验,要求钢渣中的游离氧化钙含量不大于 3%,浸水膨胀率不大于 2%。

4.9 细集料

4.9.1 沥青路面的细集料包括天然砂、机制砂、石屑。细集料必须由具有生产许可证的采石场、采砂场生产。

4.9.2 细集料应洁净、干燥、无风化、无杂质,并有适当的颗粒级配,其质量应符合表 4.9.2 的规定。细集料的洁净程度,天然砂以小于 0.075mm 含量的百分数表示,石屑和机制砂以砂当量(适用于 0 ~ 4.75mm)或亚甲蓝值(适用于 0 ~ 2.36mm 或 0 ~ 0.15mm)表示。

表 4.9.2 沥青混合料用细集料质量要求

项　目	单位	高速公路、一级公路	其他等级公路	试验方法
表观相对密度,不小于	—	2.50	2.45	T 0328
坚固性(>0.3mm 部分),不小于	%	12	—	T 0340
含泥量(小于 0.075mm 的含量),不大于	%	3	5	T 0333
砂当量,不小于	%	60	50	T 0334
亚甲蓝值,不大于	g/kg	25	—	T 0349
棱角性(流动时间),不小于	s	30	—	T 0345

注:坚固性试验可根据需要进行。

4.9.3 天然砂可采用河砂或海砂，通常宜采用粗、中砂，其规格应符合表4.9.3的规定。砂的含泥量超过规定时应水洗后使用，海砂中的贝壳类材料必须筛除。开采天然砂必须取得当地政府主管部门的许可，并符合水利及环境保护的要求。热拌密级配沥青混合料中天然砂的用量通常不宜超过集料总量的20%，SMA和OGFC混合料不宜使用天然砂。

表4.9.3 沥青混合料用天然砂规格

筛孔尺寸（mm）	通过各孔筛的质量百分率(%)		
	粗砂	中砂	细砂
9.5	100	100	100
4.75	90~100	90~100	90~100
2.36	65~95	75~90	85~100
1.18	35~65	50~90	75~100
0.6	15~30	30~60	60~84
0.3	5~20	8~30	15~45
0.15	0~10	0~10	0~10
0.075	0~5	0~5	0~5

4.9.4 石屑是采石场破碎石料时通过4.75mm或2.36mm的筛下部分，其规格应符合表4.9.4的要求。采石场在生产石屑的过程中应具备抽吸设备，高速公路和一级公路的沥青混合料，宜将S14与S16组合使用，S15可在沥青稳定碎石基层或其他等级公路中使用。

表4.9.4 沥青混合料用机制砂或石屑规格

规格	公称粒径（mm）	水洗法通过各筛孔的质量百分率(%)							
		9.5	4.75	2.36	1.18	0.6	0.3	0.15	0.075
S15	0~5	100	90~100	60~90	40~75	20~55	7~40	2~20	0~10
S16	0~3	—	100	80~100	50~80	25~60	8~45	0~25	0~15

注：当生产石屑采用喷水抑制扬尘工艺时，应特别注意含粉量不得超过表中要求。

4.9.5 机制砂宜采用专用的制砂机制造，并选用优质石料生产，其级配应符合S16的要求。

5 热拌沥青混合料路面

5.1 一般规定

5.1.1 热拌沥青混合料（HMA）适用于各种等级公路的沥青路面。其种类按集料公称最大粒径、矿料级配、空隙率划分，分类见表5.1.1。

表 5.1.1 热拌沥青混合料种类

混合料类型	密级配			开级配		半开级配	公称最大粒径(mm)	最大粒径(mm)
	连续级配		间断级配	间断级配				
	沥青混凝土	沥青稳定碎石	沥青玛蹄脂碎石	排水式沥青磨耗层	排水式沥青碎石基层	沥青碎石		
特粗式	—	ATB-40	—	—	ATPB-40	—	37.5	53.0
粗粒式	—	ATB-30	—	—	ATPB-30	—	31.5	37.5
	AC-25	ATB-25	—	—	ATPB-25	—	26.5	31.5
中粒式	AC-20	—	SMA-20	—	—	AM-20	19.0	26.5
	AC-16	—	SMA-16	OGFC-16	—	AM-16	16.0	19.0
细粒式	AC-13	—	SMA-13	OGFC-13	—	AM-13	13.2	16.0
	AC-10	—	SMA-10	OGFC-10	—	AM-10	9.5	13.2
砂粒式	AC-5	—	—	—	—		4.75	9.5
设计空隙率(%)	3~5	3~6	3~4	>18	>18	6~12	—	—

注:设计空隙率可按配合比设计要求适当调整。

5.1.2 各层沥青混合料应满足所在层位的功能性要求,便于施工,不容易离析。各层应连续施工并连结成为一个整体。当发现混合料结构组合及级配类型的设计不合理时,应进行修改、调整,以确保沥青路面的使用性能。

5.1.3 沥青面层集料的最大粒径宜从上至下逐渐增大,并应与压实层厚度相匹配。对热拌热铺密级配沥青混合料,沥青层一层的压实厚度不宜小于集料公称最大粒径的2.5~3倍,对SMA和OGFC等嵌挤型混合料不宜小于公称最大粒径的2~2.5倍,以减少离析,便于压实。

5.3 配合比设计

5.3.3 本规范采用马歇尔试验配合比设计方法,沥青混合料技术要求应符合表5.3.3-1~表5.3.3-4的规定,并有良好的施工性能。当采用其他方法设计沥青混合料时,应按本规范规定进行马歇尔试验及各项配合比设计检验,并报告不同设计方法的试验结果。二级公路宜参照一级公路的技术标准执行。表中气候分区按附录A执行。重载交通是指设计交通量在1 000万辆以上的路段,长大坡度的路段按重载交通路段考虑。

表 5.3.3-1 密级配沥青混凝土混合料马歇尔试验技术标准

（本表适用于公称最大粒径≤26.5mm 的密级配沥青混凝土混合料）

试验指标		单位	高速公路、一级公路				其他等级公路	行人道路
			夏炎热区（1－1、1－2、1－3、1－4 区）		夏热区及夏凉区（2－1、2－2、2－3、2－4、3－2 区）			
			中轻交通	重载交通	中轻交通	重载交通		
击实次数（双面）		次	75				50	50
试件尺寸		mm	ϕ101.6mm×63.5mm					
空隙率 VV	深约 90mm 以内	%	3～5	4～6	2～4	3～5	3～6	2～4
	深约 90mm 以下	%	3～6		2～4	3～6	3～6	—
稳定度 MS 不小于		kN	8				5	3
流 值 FL		mm	2～4	1.5～4	2～4.5	2～4	2～4.5	2～5
矿料间隙率 VMA（%）不小于	设计空隙率（%）		相应于以下公称最大粒径（mm）的最小 VMA 及 VFA 技术要求（%）					
			26.5	19	16	13.2	9.5	4.75
	2		10	11	11.5	12	13	15
	3		11	12	12.5	13	14	16
	4		12	13	13.5	14	15	17
	5		13	14	14.5	15	16	18
	6		14	15	15.5	16	17	19
沥青饱和度 VFA（%）			55～70	65～75			70～85	

注：1. 对空隙率大于 5% 的夏炎热区重载交通路段，施工时应至少提高压实度 1 个百分点。

2. 当设计的空隙率不是整数时，由内插确定要求的 VMA 最小值。

3. 对改性沥青混合料，马歇尔试验的流值可适当放宽。

表 5.3.3-2 沥青稳定碎石混合料马歇尔试验配合比设计技术标准

试验指标	单位	密级配基层（ATB）		半开级配面层（AM）	排水式开级配磨耗层（OGFC）	排水式开级配基层（ATPB）
公称最大粒径	mm	26.5mm	等于或大于 31.5mm	等于或小于 26.5mm	等于或小于 26.5mm	所有尺寸
马歇尔试件尺寸	mm	ϕ101.6mm×63.5mm	ϕ152.4mm×95.3mm	ϕ101.6mm×63.5mm	ϕ101.6mm×63.5mm	ϕ152.4mm×95.3mm
击实次数（双面）	次	75	112	50	50	75
空隙率 VV	%	3～6		6～10	不小于 18	不小于 18
稳定度，不小于	kN	7.5	15	3.5	3.5	—
流值	mm	1.5～4	实测	—	—	—
沥青饱和度 VFA	%	55～70		40～70	—	—
密级配基层 ATB 的矿料间隙率 VMA，不小于	%	设计空隙率（%）		ATB－40	ATB－30	ATB－25
		4		11	11.5	12
		5		12	12.5	13
		6		13	13.5	14

注：在干旱地区，可将密级配沥青稳定碎石基层的空隙率适当放宽到 8%。

表 5.3.3-3 SMA 混合料马歇尔试验配合比设计技术要求

试验项目	单位	技术要求		试验方法
		不使用改性沥青	使用改性沥青	
马歇尔试件尺寸	mm	φ101.6mm×63.5mm		T 0702
马歇尔试件击实次数[1]	—	两面击实 50 次		T 0702
空隙率 VV[2]	%	3~4		T 0705
矿料间隙率 VMA[2],不小于	%	17.0		T 0705
粗集料骨架间隙率 VCA_{mix}[3],不大于	—	VCA_{DRC}		T 0705
沥青饱和度 VFA	%	75~85		T 0705
稳定度[4],不小于	kN	5.5	6.0	T 0709
流值	mm	2~5	—	T 0709
谢伦堡沥青析漏试验的结合料损失	%	不大于 0.2	不大于 0.1	T 0732
肯塔堡飞散试验的混合料损失或浸水飞散试验	%	不大于 20	不大于 15	T 0733

注:1. 对集料坚硬不易击碎,通行重载交通的路段,也可将击实次数增加为双面 75 次。

2. 对高温稳定性要求较高的重交通路段或炎热地区,设计空隙率允许放宽到 4.5%,VMA 允许放宽到 16.5%(SMA-16)或 16%(SMA-19),VFA 允许放宽到 70%。

3. 试验粗集料骨架间隙率 VCA 的关键性筛孔,对 SMA-19、SMA-16 是指 4.75mm,对 SMA-13、SMA-10 是指 2.36mm。

4. 稳定度难以达到要求时,容许放宽到 5.0kN(非改性)或 5.5kN(改性),但动稳定度检验必须合格。

表 5.3.3-4 OGFC 混合料技术要求

试验项目	单位	技术要求	试验方法
马歇尔试件尺寸	mm	φ101.6mm×63.5mm	T 0702
马歇尔试件击实次数	—	两面击实 50 次	T 0702
空隙率	%	18~25	T 0705
马歇尔稳定度,不小于	kN	3.5	T 0709
析漏损失	%	<0.3	T 0732
肯特堡飞散损失	%	<20	T 0733

5.3.4 对用于高速公路和一级公路的公称最大粒径等于或小于 19mm 的密级配沥青混合料(AC),及 SMA、OGFC 混合料,需在配合比设计的基础上按下列步骤进行各种使用性能检验。不符要求的沥青混合料,必须更换材料或重新进行配合比设计。二级公路参照此要求执行。

1 必须在规定的试验条件下进行车辙试验,并符合表 5.3.4-1 的要求。

表 5.3.4-1　沥青混合料车辙试验动稳定度技术要求

气候条件与技术指标		相应于下列气候分区所要求的动稳定度(次/mm)									试验方法
七月平均最高气温(℃)及气候分区		>30				20～30				<20	
		1. 夏炎热区				2. 夏热区				3. 夏凉区	
		1－1	1－2	1－3	1－4	2－1	2－2	2－3	2－4	3－2	
普通沥青混合料,不小于		800		1 000		600	800			600	T 0719
改性沥青混合料,不小于		2 400		2 800		2 000	2 400			1 800	
SMA混合料	非改性,不小于	1 500									
	改性,不小于	3 000									
OGFC 混合料		1 500(一般交通路段)、3 000(重交通量路段)									

注:1. 如果其他月份的平均最高气温高于七月时,可使用该月平均最高气温。

2. 在特殊情况下,如钢桥面铺装、重载车特别多或纵坡较大的长距离上坡路段、厂矿专用道路,可酌情提高动稳定度的要求。

3. 对因气候寒冷确需使用针入度很大的沥青(如大于 100),动稳定度难以达到要求,或因采用石灰岩等不很坚硬的石料,改性沥青混合料的动稳定度难以达到要求等特殊情况,可酌情降低要求。

4. 为满足炎热地区及重载车要求,在配合比设计时采取减少最佳沥青用量的技术措施时,可适当提高试验温度或增加试验荷载进行试验,同时增加试件的碾压成型密度和施工压实度要求。

5. 车辙试验不得采用二次加热的混合料,试验必须检验其密度是否符合试验规程的要求。

6. 如需要对公称最大粒径等于和大于 26.5mm 的混合料进行车辙试验,可适当增加试件的厚度,但不宜作为评定合格与否的依据。

2　必须在规定的试验条件下进行浸水马歇尔试验和冻融劈裂试验检验沥青混合料的水稳定性,并同时符合表 5.3.4-2 中的两个要求。达不到要求时必须按 4.8.6 的要求采取抗剥落措施,调整最佳沥青用量后再次试验。

表 5.3.4-2　沥青混合料水稳定性检验技术要求

气候条件与技术指标		相应于下列气候分区的技术要求(%)				试验方法
年降雨量(mm)及气候分区		>1 000	500～1 000	250～500	<250	
		1. 潮湿区	2. 湿润区	3. 半干区	4. 干旱区	
浸水马歇尔试验残留稳定度(%),不小于						
普通沥青混合料		80		75		T 0709
改性沥青混合料		85		80		
SMA 混合料	普通沥青	75				
	改性沥青	80				
冻融劈裂试验的残留强度比(%),不小于						
普通沥青混合料		75		70		T 0729
改性沥青混合料		80		75		
SMA 混合料	普通沥青	75				
	改性沥青	80				

3　宜对密级配沥青混合料在温度－10℃、加载速率 50mm/min 的条件下进行弯曲试

验,测定破坏强度、破坏应变、破坏劲度模量,并根据应力应变曲线的形状,综合评价沥青混合料的低温抗裂性能。其中沥青混合料的破坏应变宜不小于表 5.3.4-3 的要求。

表 5.3.4-3 沥青混合料低温弯曲试验破坏应变(με)技术要求

气候条件与技术指标	相应于下列气候分区所要求的破坏应变(με)									试验方法
年极端最低气温(℃)及气候分区	< -37.0		-21.5 ~ -37.0			-9.0 ~ -21.5		> -9.0		
	1. 冬严寒区		2. 冬寒区			3. 冬冷区		4. 冬温区		
	1-1	2-1	1-2	2-2	3-2	1-3	2-3	1-4	2-4	
普通沥青混合料,不小于	2 600		2 300			2 000				T 0715
改性沥青混合料,不小于	3 000		2 800			2 500				

4 宜利用轮碾机成型的车辙试验试件,脱模架起进行渗水试验,并符合表 5.3.4-4 的要求。

表 5.3.4-4 沥青混合料试件渗水系数(mL/min)技术要求

级配类型	渗水系数要求(mL/min)	试验方法
密级配沥青混凝土,不大于	120	
SMA 混合料,不大于	80	T 0730
OGFC 混合料,不小于	实测	

5 对使用钢渣作为集料的沥青混合料,应按现行试验规程(T 0363)进行活性和膨胀性试验,钢渣沥青混凝土的膨胀量不得超过 1.5%。

6 对改性沥青混合料的性能检验,应针对改性目的进行。以提高高温抗车辙性能为主要目的时,低温性能可按普通沥青混合料的要求执行;以提高低温抗裂性能为主要目的时,高温稳定性可按普通沥青混合料的要求执行。

5.6 混合料的摊铺

5.6.6 沥青路面施工的最低气温应符合总则 1.0.4 的要求,寒冷季节遇大风降温,不能保证迅速压实时不得铺筑沥青混合料。热拌沥青混合料的最低摊铺温度根据铺筑层厚度、气温、风速及下卧层表面温度按本规范 5.2.2 条执行,且不得低于表 5.6.6 的要求。每天施工开始阶段宜采用较高温度的混合料。

表 5.6.6 沥青混合料的最低摊铺温度

下卧层的表面温度(℃)	相应于下列不同摊铺层厚度的最低摊铺温度(℃)					
	普通沥青混合料			改性沥青混合料或 SMA 沥青混合料		
	<50mm	(50~80)mm	>80mm	<50mm	(50~80)mm	>80mm
<5	不允许	不允许	140	不允许	不允许	不允许
5~10	不允许	140	135	不允许	不允许	不允许
10~15	145	138	132	165	155	150
15~20	140	135	130	158	150	145

续上表

下卧层的表面温度(℃)	相应于下列不同摊铺层厚度的最低摊铺温度(℃)					
	普通沥青混合料			改性沥青混合料或 SMA 沥青混合料		
	<50mm	(50~80)mm	>80mm	<50mm	(50~80)mm	>80mm
20~25	138	132	128	153	147	143
25~30	132	130	126	147	145	141
>30	130	125	124	145	140	139

5.9 开放交通及其他

5.9.1 热拌沥青混合料路面应待摊铺层完全自然冷却,混合料表面温度低于 50°C 后,方可开放交通。需要提早开放交通时,可洒水冷却降低混合料温度。

5.9.2 沥青路面雨季施工应符合下列要求:

(1)注意气象预报,加强工地现场、沥青拌和厂及气象台站之间的联系,控制施工长度,各项工序紧密衔接。

(2)运料车和工地应备有防雨设施,并做好基层及路肩排水。

6 沥青表面处治与封层

6.1 一般规定

6.1.1 沥青表面处治适用于三级及三级以下公路的沥青面层。各种封层适用于加铺薄层罩面、磨耗层、水泥混凝土路面上的应力缓冲层、各种防水和密水层、预防性养护罩面层。

6.1.2 沥青表面处治与封层宜选择在干燥和较热的季节施工,并在最高温度低于15℃时期到来之前半个月及雨季前结束。

6.4 下封层

6.4.1 多雨潮湿地区的高速公路、一级公路的沥青面层空隙率较大,有严重渗水可能,或铺筑基层不能及时铺筑沥青面层而需通行车辆时,宜在喷洒透层油后铺筑下封层。

6.5 稀浆封层和微表处

6.5.9 稀浆封层和微表处的最低施工温度不得低于 10℃,严禁在雨天施工,摊铺后尚未成型混合料遇雨时应予铲除。

7 沥青贯入式路面

7.1 一般规定

7.1.1 沥青贯入式路面适用于三级及三级以下公路,也可作为沥青路面的联结层或基层。

7.1.4 沥青贯入式路面宜选择在干燥和较热的季节施工,并宜在日最高温度降低至15℃以前半个月结束,使贯入式结构层通过开放交通碾压成型。

8 冷拌沥青混合料路面

8.1 一般规定

8.1.1 冷拌沥青混合料适用于三级及三级以下的公路的沥青面层、二级公路的罩面层施工,以及各级公路沥青路面的基层、联接层或整平层。冷拌改性沥青混合料可用于沥青路面的坑槽冷补。

9 透层、黏层

9.2 黏层

9.2.4 黏层油宜采用沥青洒布车喷洒,并选择适宜的喷嘴,洒布速度和喷洒量保持稳定。当采用机动或手摇的手工沥青洒布机喷洒时,必须由熟练的技术工人操作,均匀洒布。气温低于10℃时不得喷洒黏层油,寒冷季节施工不得不喷洒时可以分成两次喷洒。路面潮湿时不得喷洒黏层油,用水洗刷后需待表面干燥后喷洒。

10 其他沥青铺装工程

10.3 重型车停车场、公共汽车站

10.3.1 高速公路服务区、停车场、公共汽车站等的沥青层应满足较长时间停驻重型车辆及承受反复启动制动水平力的功能要求。沥青混合料应有较高的抗永久性流动变形的能力。

10.4 水泥混凝土桥面的沥青铺装层

10.4.1 大中型水泥混凝土桥桥面铺筑的沥青铺装层,应满足与混凝土桥面的黏结、防止渗水、抗滑及有较高抵抗振动变形的能力等功能性要求,并设置有效的桥面排水系统。

10.5 钢桥面铺装

10.5.1 钢桥面铺装必须具有以下功能性要求:

(1)能与钢板紧密结合成为整体,变形协调一致。

(2)防水性能良好,防止钢桥面生锈。

(3)具有足够的耐久性和有较小的温度敏感性,满足使用条件下的高温抗流动变形能力、低温抗裂性能、水稳定性、抗疲劳性能、表面抗滑的要求。

(4)与钢板黏结良好,具有足够的抗水平剪切重复荷载及蠕变变形的能力。

10.5.7 钢桥面铺装宜在无雨少雾季节、干燥状态下施工。

附录 A 沥青路面使用性能气候分区

A.1 一般规定

A.1.1 选择沥青结合料等级、沥青混合料配合比设计和检验应适应公路环境条件的需要,能承受高温、低温、雨(雪)水的考验。沥青路面的气候条件按本规范的气候分区执行。

A.1.2 各地宜按照本规范的方法对本地区作更为具体的气候区划分,以适应地区具体气候条件的需要。

A.2 气候分区指标的选择

A.2.1 气候分区的高温指标:采用最近30年内年最热月的平均日最高气温的平均值作为反映高温和重载条件下出现车辙等流动变形的气候因子,并作为气候区划的一级指标。全年高于30℃的积温及连续高温的持续时间可作为辅助参考值。

A.2.2 气候分区的低温指标:采用最近30年内的极端最低气温作为反映路面温缩裂缝的气候因子,并作为气候区划的二级指标。温降速率、冰冻指数可作为辅助参考值。

A.2.3 气候分区的雨量指标:采用最近30年内的年降水量的平均值作为反映沥青路面受雨(雪)水影响的气候因子,并作为气候区划的三级指标。雨日数可作为辅助参考值。

A.3 气候分区指标的计算方法

A.3.1 30年最热月平均最高气温按以下步骤求取:

(1)选择当地一年中最热的月份作为年最热月(通常是七月或八月),通过当地气象台站获得该月份记录的每一天的最高气温的温度和时间(通常为下午2时);

(2)求每年最热月的日最高气温的平均值作为一年最热月的月平均最高气温;

(3)求取30年的年最热月平均最高气温的平均值为最热月平均最高气温 T_{max},作为设计高温分区指标。

A.3.2 30年极端最低气温按以下步骤求取:

(1)选择当地一年中最冷的月份作为年最冷月(通常是一月份),通过当地气象台站获得该月份记录的极端最低气温;

(2)求取30年内的极端最低气温的最小值 T_{min},作为设计低温分区指标。

A.3.3 30年内的最大降雨量按以下步骤求取:

(1)通过当地气象台站获得当地的年降雨量;

(2)求取30年内的年降雨量的平均值 W_{cp},作为设计雨量分区指标。

A.3.4 确定气候分区指标时宜参考各个指标的辅助指标值对计算得到的分区指标作必要的修正:

(1)当全年高于30℃的积温较大或当地连续高温的持续时间长,以及预计重载车特别多、长大纵坡严重影响车速的路段，可将高温气候区提高一级或两级看待；

(2)对经常发生寒潮、寒流降温迅速的地区可将低温气候区提高一级；

(3)对年雨日数特别长(如梅雨季节)的地区可将雨量气候区提高一级。

A.4 气候分区的确定

A.4.1 按照设计高温分区指标，一级区划分为3个区：

高温气候区	1	2	3
气候区名称	夏炎热区	夏热区	夏凉区
最热月平均最高气温(℃)	>30	20~30	<20

A.4.2 按照设计低温分区指标，二级区划分为4个区：

低温气候区	1	2	3	4
气候区名称	冬严寒区	冬寒区	冬冷区	冬温区
极端最低气温(℃)	< -37.0	-37.0~-21.5	-21.5~-9.0	> -9.0

A.4.3 按照设计雨量分区指标，三级区划分为4个区：

雨量气候区	1	2	3	4
气候区名称	潮湿区	湿润区	半干区	干旱区
年降雨量(mm)	>1 000	1 000~500	500~250	<250

A.4.4 沥青路面温度分区由高温和低温组合而成，第一个数字代表高温分区，第二个数字代表低温分区，数字越小表示气候因素越严重。

气候区名		最热月平均最高气温(℃)	年极端最低气温(℃)	备注
1-1	夏炎热冬严寒	>30	< -37.0	
1-2	夏炎热冬寒		-37.0~-21.5	
1-3	夏炎热冬冷		-21.5~-9.0	
1-4	夏炎热冬温		> -9.0	
2-1	夏热冬严寒	20~30	< -37.0	
2-2	夏热冬寒		-37.0~-21.5	
2-3	夏热冬冷		-21.5~-9.0	
2-4	夏热冬温		> -9.0	
3-1	夏凉冬严寒	<20	< -37.0	不存在
3-2	夏凉冬寒		-37.0~-21.5	
3-3	夏凉冬冷		-21.5~-9.0	不存在
3-4	夏凉冬温		> -9.0	不存在

A.4.5 由温度和雨量组成的气候分区按表A.4.5划分。

表A.4.5 沥青及沥青混合料气候分区指标

气候区名		温度(℃)		雨量(mm)
		最热月平均最高气温(℃)	年极端最低气温(℃)	年降雨量(mm)
1-1-4	夏炎热冬严寒干旱	>30	< -37.0	<250
1-2-2	夏炎热冬寒湿润	>30	-37.0 ~ -21.5	500 ~ 1 000
1-2-3	夏炎热冬寒半干	>30	-37.0 ~ -21.5	250 ~ 500
1-2-4	夏炎热冬寒干旱	>30	-37.0 ~ -21.5	<250
1-3-1	夏炎热冬冷潮湿	>30	-21.5 ~ -9.0	>1 000
1-3-2	夏炎热冬冷湿润	>30	-21.5 ~ -9.0	500 ~ 1 000
1-3-3	夏炎热冬冷半干	>30	-21.5 ~ -9.0	250 ~ 500
1-3-4	夏炎热冬冷干旱	>30	-21.5 ~ -9.0	<250
1-4-1	夏炎热冬温潮湿	>30	> -9.0	>1 000
1-4-2	夏炎热冬温湿润	>30	> -9.0	500 ~ 1 000
2-1-2	夏热冬严寒湿润	20 ~ 30	< -37.0	500 ~ 1 000
2-1-3	夏热冬严寒半干	20 ~ 30	< -37.0	250 ~ 500
2-1-4	夏热冬严寒干旱	20 ~ 30	< -37.0	<250
2-2-1	夏热冬寒潮湿	20 ~ 30	-37.0 ~ -21.5	>1 000
2-2-2	夏热冬寒湿润	20 ~ 30	-37.0 ~ -21.5	500 ~ 1 000
2-2-3	夏热冬寒半干	20 ~ 30	-37.0 ~ -21.5	250 ~ 500
2-2-4	夏热冬寒干旱	20 ~ 30	-37.0 ~ -21.5	<250
2-3-1	夏热冬冷潮湿	20 ~ 30	-21.5 ~ -9.0	>1 000
2-3-2	夏热冬冷湿润	20 ~ 30	-21.5 ~ -9.0	500 ~ 1 000
2-3-3	夏热冬冷半干	20 ~ 30	-21.5 ~ -9.0	250 ~ 500
2-3-4	夏热冬冷干旱	20 ~ 30	-21.5 ~ -9.0	<250
2-4-1	夏热冬温潮湿	20 ~ 30	> -9.0	>1 000
2-4-2	夏热冬温湿润	20 ~ 30	> -9.0	500 ~ 1 000
2-4-3	夏热冬温半干	20 ~ 30	> -9.0	250 ~ 500
3-2-1	夏凉冬寒潮湿	<20	-37.0 ~ -21.5	>1 000
3-2-2	夏凉冬寒湿润	<20	-37.0 ~ -21.5	500 ~ 1 000

A.4.6 在缺乏当地气象台站的有效数据时,可参考图A.4.6-1及图A.4.6-2确定沥青路面使用性能的气候分区。各地区宜根据当地的气象数据,制订更切合实际的气候分区图。

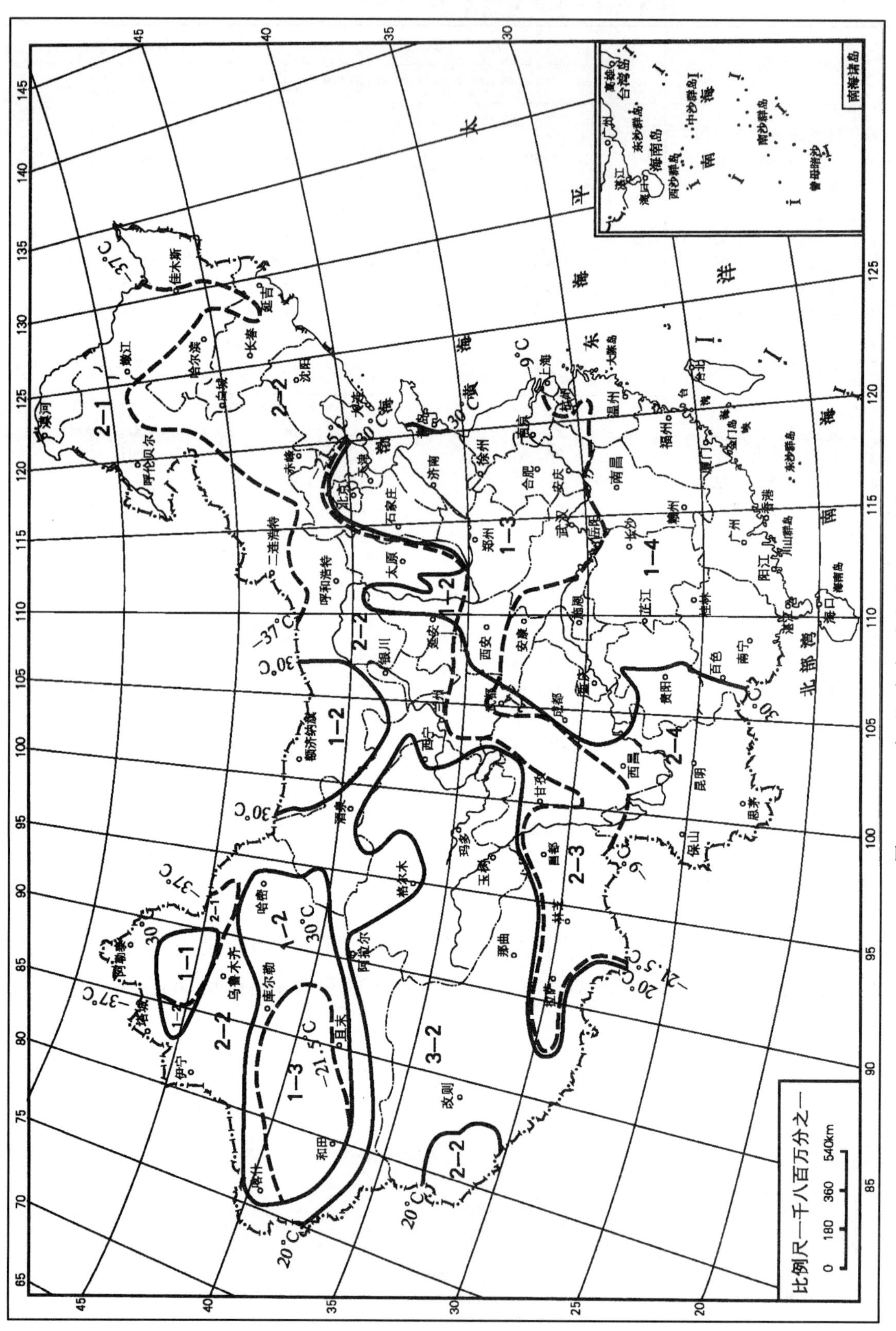

图 A.4.6-1 中国沥青路面气候分区图(温度)

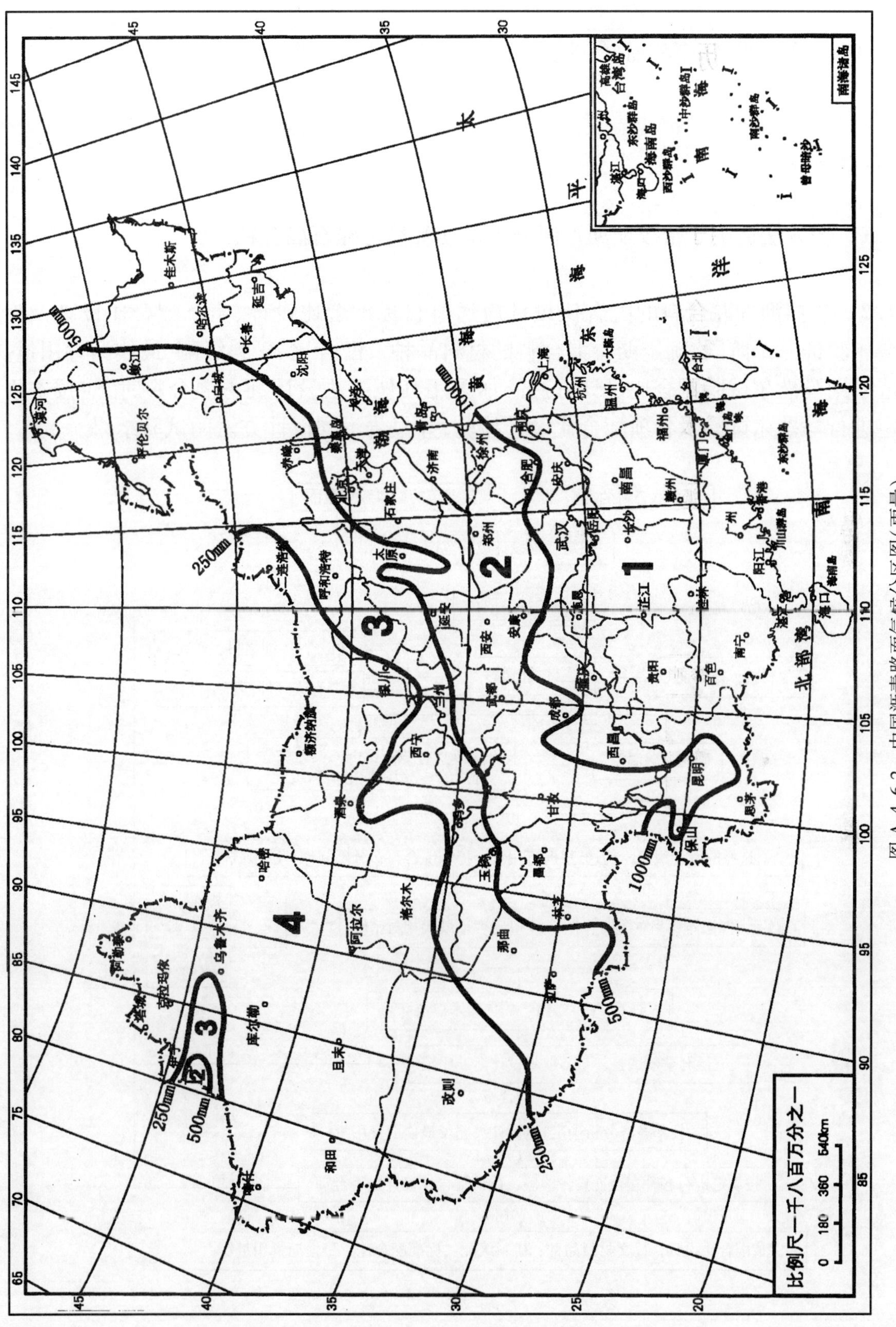

图 A.4.6-2　中国沥青路面气候分区图(雨量)

附录 B　热拌沥青混合料配合比设计方法

B.1　一般规定

B.1.1　本方法适用于密级配沥青混凝土及沥青稳定碎石混合料。

B.1.2　热拌沥青混合料的配合比设计应通过目标配合比设计、生产配合比设计及生产配合比验证三个阶段，确定沥青混合料的材料品种及配合比、矿料级配、最佳沥青用量。本规范采用马歇尔试验配合比设计方法。如采用其他方法设计沥青混合料时，应按本规范规定进行马歇尔试验及各项配合比设计检验，并报告不同设计方法的试验结果。

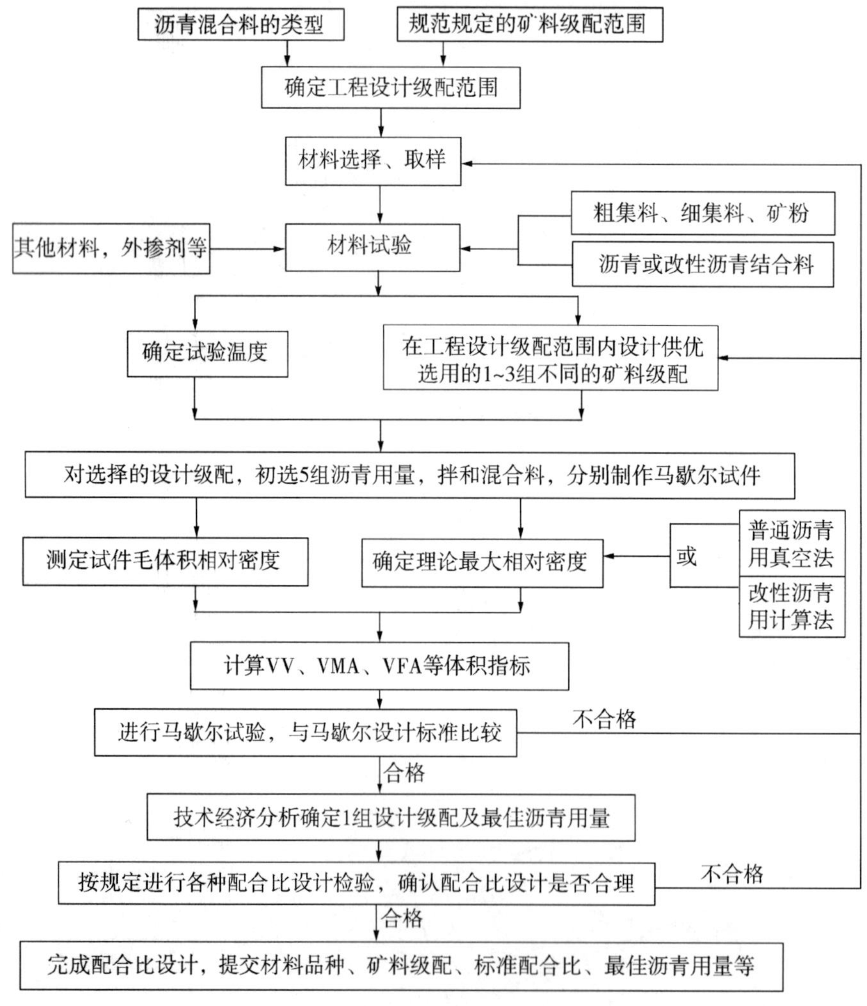

图 B.1.3　密级配沥青混合料目标配合比设计流程图

B.1.3 热拌沥青混合料的目标配合比设计宜按图 B.1.3 的框图的步骤进行。

B.1.4 配合比设计的试验方法必须遵照现行试验规程的方法执行。混合料拌和必须采用小型沥青混合料拌和机进行。混合料的拌和温度和试件制作温度应符合本规范的要求。

B.1.5 生产配合比设计可参照本方法规定的步骤进行。

B.2 确定工程设计级配范围

B.2.1 沥青路面工程的混合料设计级配范围由工程设计文件或招标文件规定,密级配沥青混合料的设计级配宜在本规范 5.3.2 规定的级配范围内,根据公路等级、工程性质、气候条件、交通条件、材料品种等因素,通过对条件大体相当的工程使用情况进行调查研究后调整确定,必要时允许超出规范级配范围。密级配沥青稳定碎石混合料可直接以本规范规定的级配范围作工程设计级配范围使用。经确定的工程设计级配范围是配合比设计的依据,不得随意变更。

B.2.2 调整工程设计级配范围宜遵循下列原则:

(1)首先按本规范表 5.3.2-1 确定采用粗型(C 型)或细型(F 型)的混合料。对夏季温度高、高温持续时间长,重载交通多的路段,宜选用粗型密级配沥青混合料(AC-C 型),并取较高的设计空隙率。对冬季温度低、且低温持续时间长的地区,或者重载交通较少的路段,宜选用细型密级配沥青混合料(AC-F 型),并取较低的设计空隙率。

(2)为确保高温抗车辙能力,同时兼顾低温抗裂性能的需要。配合比设计时宜适当减少公称最大粒径附近的粗集料用量,减少 0.6mm 以下部分细粉的用量,使中等粒径集料较多,形成 S 型级配曲线,并取中等或偏高水平的设计空隙率。

(3)确定各层的工程设计级配范围时应考虑不同层位的功能需要,经组合设计的沥青路面应能满足耐久、稳定、密水、抗滑等要求。

(4)根据公路等级和施工设备的控制水平,确定的工程设计级配范围应比规范级配范围窄,其中 4.75mm 和 2.36mm 通过率的上下限差值宜小于 12%。

(5)沥青混合料的配合比设计应充分考虑施工性能,使沥青混合料容易摊铺和压实,避免造成严重的离析。

B.3 材料选择与准备

B.3.1 配合比设计的各种矿料必须按现行《公路工程集料试验规程》规定的方法,从工程实际使用的材料中取代表性样品。进行生产配合比设计时,取样至少应在干拌 5 次以后进行。

B.3.2 配合比设计所用的各种材料必须符合气候和交通条件的需要。其质量应符合本规范第4章规定的技术要求。当单一规格的集料某项指标不合格,但不同粒径规格的材料按级配组成的集料混合料指标能符合规范要求时,允许使用。

B.4 矿料配合比设计

B.4.1 高速公路和一级公路沥青路面矿料配合比设计宜借助电子计算机的电子表格用试配法进行。其他等级公路沥青路面也可参照进行。

B.4.2 矿料级配曲线按《公路工程沥青及沥青混合料试验规程》T 0725 的方法绘制(图 B.4.2)。以原点与通过集料最大粒径100%的点的连线作为沥青混合料的最大密度线,见表 B.4.2-1 和表 B.4.2-2。

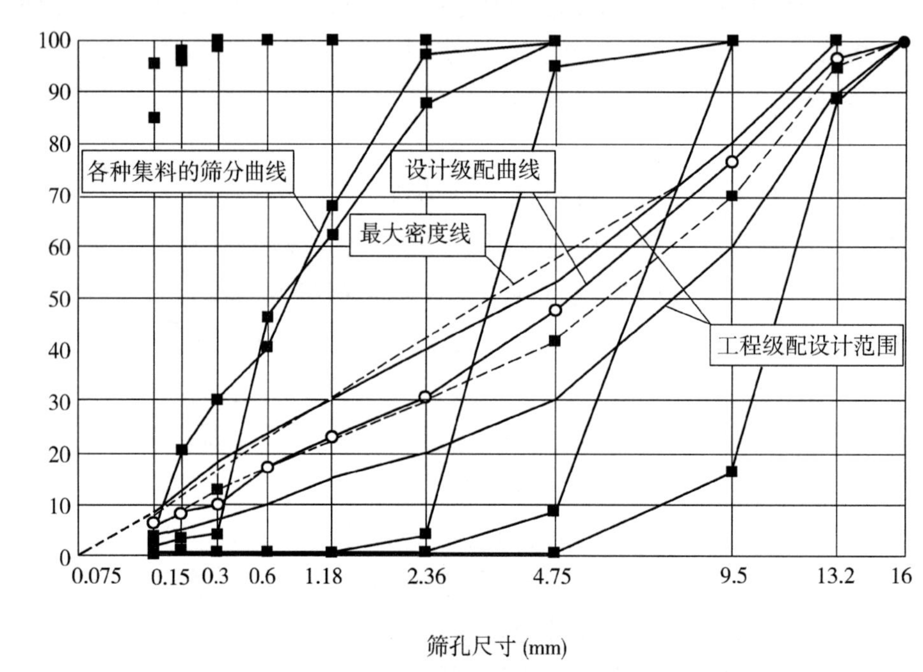

图 B.4.2 矿料级配曲线示例

表 B.4.2-1 泰勒曲线的横坐标

d_i	0.075	0.15	0.3	0.6	1.18	2.36	4.75	9.5
$x=d_i^{0.45}$	0.312	0.426	0.582	0.795	1.077	1.472	2.016	2.754
d_i	13.2	16	19	26.5	31.5	37.5	53	63
$x=d_i^{0.45}$	3.193	3.482	3.762	4.370	4.723	5.109	5.969	6.452

表 B.4.2-2　矿料级配设计计算表示例

筛孔(%)	10~20(%)	5~10(%)	3~5(%)	石屑(%)	黄砂(%)	矿粉(%)	消石灰(%)	合成级配	工程设计级配范围		
									中值	下限	上限
16	100	100	100	100	100	100	100	100.0	100	100	100
13.2	88.6	100	100	100	100	100	100	96.7	95	90	100
9.5	16.6	99.7	100	100	100	100	100	76.6	70	60	80
4.75	0.4	8.7	94.9	100	100	100	100	47.7	41.5	30	53
2.36	0.3	0.7	3.7	97.2	87.9	100	100	30.6	30	20	40
1.18	0.3	0.7	0.5	67.8	62.2	100	100	22.8	22.5	15	30
0.6	0.3	0.7	0.5	40.5	46.4	100	100	17.2	16.5	10	23
0.3	0.3	0.7	0.5	30.2	3.7	99.8	99.2	9.5	12.5	7	18
0.15	0.3	0.7	0.5	20.6	3.1	96.2	97.6	8.1	8.5	5	12
0.075	0.2	0.6	0.3	4.2	1.9	84.7	95.6	5.5	6	4	8
配合比	28	26	14	12	15	3.3	1.7	100.0	—	—	—

B.4.3　对高速公路和一级公路,宜在工程设计级配范围内计算 1~3 组粗细不同的配合比,绘制设计级配曲线,分别位于工程设计级配范围的上方、中值及下方。设计合成级配不得有太多的锯齿形交错,且在 0.3~0.6mm 范围内不出现“驼峰”。当反复调整不能满意时,宜更换材料设计。

B.4.4　根据当地的实践经验选择适宜的沥青用量,分别制作几组级配的马歇尔试件,测定 VMA,初选一组满足或接近设计要求的级配作为设计级配。

B.5　马歇尔试验

B.5.1　配合比设计马歇尔试验技术标准按本规范第 5 章的规定执行。

B.5.2　沥青混合料试件的制作温度按本规范 5.2.2 规定的方法确定,并与施工实际温度相一致,普通沥青混合料如缺乏黏温曲线时可参照表 B.5.2 执行,改性沥青混合料的成型温度在此基础上再提高 10~20℃。

表 B.5.2　热拌普通沥青混合料试件的制作温度(℃)

施工工序	石油沥青的标号				
	50 号	70 号	90 号	110 号	130 号
沥青加热温度	160~170	155~165	150~160	145~155	140~150
矿料加热温度	集料加热温度比沥青温度高 10~30(填料不加热)				
沥青混合料拌和温度	150~170	145~165	140~160	135~155	130~150
试件击实成型温度	140~160	135~155	130~150	125~145	120~140

注:表中混合料温度,并非拌和机的油浴温度,应根据沥青的针入度、黏度选择,不宜都取中值。

B.5.3 按式(B.5.3)计算矿料混合料的合成毛体积相对密度 γ_{sb}。

$$\gamma_{sb}=\frac{100}{\frac{P_1}{\gamma_1}+\frac{P_2}{\gamma_2}+\cdots+\frac{P_n}{\gamma_n}} \tag{B.5.3}$$

式中:P_1、P_2、…、P_n——各种矿料成分的配合比,其和为100;

γ_1、γ_2、…、γ_n——各种矿料相应的毛体积相对密度。

注:1. 沥青混合料配合比设计时,均采用毛体积相对密度(无量纲),不采用毛体积密度,故无需进行密度的水温修正。

2. 生产配合比设计时,当细料仓中的材料混杂各种材料而无法采用筛分替代法时,可将0.075mm部分筛除后以统货实测值计算。

B.5.4 按式(B.5.4)计算矿料混合料的合成表观相对密度 γ_{sa}。

$$\gamma_{sa}=\frac{100}{\frac{P_1}{\gamma'_1}+\frac{P_2}{\gamma'_2}+\cdots+\frac{P_n}{\gamma'_n}} \tag{B.5.4}$$

式中:P_1、P_2、…、P_n——各种矿料成分的配合比,其和为100;

γ'_1、γ'_2、…、γ'_n——各种矿料按试验规程方法测定的表观相对密度。

B.5.5 按式(B.5.5-1)或按式(B.5.5-2)预估沥青混合料的适宜的油石比 P_a 或沥青用量 P_b。

$$P_a=\frac{P_{a1}\times\gamma_{sb1}}{\gamma_{sb}} \tag{B.5.5-1}$$

$$P_b=\frac{P_a}{100+\gamma_{sb}}\times 100 \tag{B.5.5-2}$$

式中:P_a——预估的最佳油石比(与矿料总量的百分比),%;

P_b——预估的最佳沥青用量(占混合料总量的百分数),%;

P_{a1}——已建类似工程沥青混合料的标准油石比,%;

γ_{sb}——矿料的合成毛体积相对密度;

γ_{sb1}——已建类似工程集料的合成毛体积相对密度。

注:作为预估最佳油石比的集料密度,原工程和新工程也可均采用有效相对密度。

B.5.6 确定矿料的有效相对密度

1 对非改性沥青混合料,宜以预估的最佳油石比拌和2组的混合料,采用真空法实测最大相对密度,取平均值。然后由式(B.5.6-1)反算合成矿料的有效相对密度 γ_{se}。

$$\gamma_{se}=\frac{100-P_b}{\frac{100}{\gamma_t}-\frac{P_b}{\gamma_b}} \tag{B.5.6-1}$$

式中:γ_{se}——合成矿料的有效相对密度;

P_b——试验采用的沥青用量(占混合料总量的百分数),%;

γ_t——试验沥青用量条件下实测得到的最大相对密度,无量纲;

γ_b——沥青的相对密度(25℃/25℃),无量纲。

2 对改性沥青及SMA等难以分散的混合料,有效相对密度宜直接由矿料的合成毛体积相对密度与合成表观相对密度按式(B.5.6-2)计算确定,其中沥青吸收系数C值根据材料的吸水率由式(B.5.6-3)求得,材料的合成吸水率按式(B.5.6-4)计算:

$$\gamma_{se} = C \times \gamma_{sa} + (1 - C) \times \gamma_{sb} \quad \text{(B.5.6-2)}$$

$$C = 0.033w_x^2 - 0.2936w_x + 0.9339 \quad \text{(B.5.6-3)}$$

$$w_x = \left(\frac{1}{\gamma_{sb}} - \frac{1}{\gamma_{sa}}\right) \times 100 \quad \text{(B.5.6-4)}$$

式中:γ_{se}——合成矿料的有效相对密度;

C——合成矿料的沥青吸收系数,可按矿料的合成吸水率从式(B.5.6.3)求取;

w_x——合成矿料的吸水率,按式(B.5.6-4)求取,%;

γ_{sb}——材料的合成毛体积相对密度,按式(B.5.3)求取,无量纲;

γ_{sa}——材料的合成表观相对密度,按式(B.5.4)求取,无量纲。

B.5.7 以预估的油石比为中值,按一定间隔(对密级配沥青混合料通常为0.5%,对沥青碎石混合料可适当缩小间隔为0.3%~0.4%),取5个或5个以上不同的油石比分别成型马歇尔试件。每一组试件的试样数按现行试验规程的要求确定,对粒径较大的沥青混合料,宜增加试件数量。

注:5个不同油石比不一定选整数,例如预估油石比4.8%,可选3.8%、4.3%、4.8%、5.3%、5.8%等。B.5.6条1中规定的实测最大相对密度通常与此同时进行。

B.5.8 测定压实沥青混合料试件的毛体积相对密度γ_f和吸水率,取平均值。测试方法应遵照以下规定执行:

(1)通常采用表干法测定毛体积相对密度;

(2)对吸水率大于2%的试件,宜改用蜡封法测定的毛体积相对密度。

注:对吸水率小于0.5%的特别致密的沥青混合料,在施工质量检验时,允许采用水中重法测定的表观相对密度作为标准密度,钻孔试件也采用相同方法。但配合比设计时不得采用水中重法。

B.5.9 确定沥青混合料的最大理论相对密度

1 对非改性的普通沥青混合料,在成型马歇尔试件的同时,按B.5.6-1的要求用真空法实测各组沥青混合料的最大理论相对密度γ_{ti}。当只对其中一组油石比测定最大理论相对密度时,也可按式(B.5.9-1)或式(B.5.9-2)计算其他不同油石比时的最大理论相对密度γ_{ti}。

2 对改性沥青或SMA混合料宜按式(B.5.9-1)或式(B.5.9-2)计算各个不同沥青用量混合料的最大理论相对密度。

$$\gamma_{ti}=\frac{100+P_{ai}}{\frac{100}{\gamma_{se}}+\frac{P_{ai}}{\gamma_b}} \tag{B.5.9-1}$$

$$\gamma_{ti}=\frac{100}{\frac{P_{si}}{\gamma_{se}}+\frac{P_{bi}}{\gamma_b}} \tag{B.5.9-2}$$

式中：γ_{ti}——相对于计算沥青用量 P_{bi} 时沥青混合料的最大理论相对密度，无量纲；

P_{ai}——所计算的沥青混合料中的油石比，%；

P_{bi}——所计算的沥青混合料的沥青用量，$P_{bi}=P_{ai}/(1+P_{ai})$，%；

P_{si}——所计算的沥青混合料的矿料含量，$P_{si}=100-P_{bi}$，%；

γ_{se}——矿料的有效相对密度，按式(B.5.6-1)或式(B.5.6-2)计算，无量纲；

γ_b——沥青的相对密度(25℃/25℃)，无量纲。

B.5.10 按式(B.5.10-1)～式(B.5.10-3)计算沥青混合料试件的空隙率、矿料间隙率VMA、有效沥青的饱和度VFA等体积指标，取1位小数，进行体积组成分析。

$$VV=\left(1-\frac{\gamma_f}{\gamma_t}\right)\times 100 \tag{B.5.10-1}$$

$$VMA=\left(1-\frac{\gamma_f}{\gamma_{sb}}\times\frac{P_s}{100}\right)\times 100 \tag{B.5.10-2}$$

$$VFA=\frac{VMA-VV}{VMA}\times 100 \tag{B.5.10-3}$$

式中：VV——试件的空隙率，%；

VMA——试件的矿料间隙率，%；

VFA——试件的有效沥青饱和度(有效沥青含量占VMA的体积比例)，%；

γ_f——按B.5.8测定的试件的毛体积相对密度，无量纲；

γ_t——沥青混合料的最大理论相对密度，按B.5.9的方法计算或实测得到，无量纲；

P_s——各种矿料占沥青混合料总质量的百分率之和，即 $P_s=100-P_b$，%；

γ_{sb}——矿料混合料的合成毛体积相对密度，按式(B.5.3)计算。

B.5.11 进行马歇尔试验，测定马歇尔稳定度及流值。

B.6 确定最佳沥青用量(或油石比)

B.6.1 按图B.6.1的方法，以油石比或沥青用量为横坐标，以马歇尔试验的各项指标为纵坐标，将试验结果点入图中，连成圆滑的曲线。确定均符合本规范规定的沥青混合料技术标准的沥青用量范围 OAC_{min}～OAC_{max}。选择的沥青用量范围必须涵盖设计空隙率的全部范围，并尽可能涵盖沥青饱和度的要求范围，并使密度及稳定度曲线出现峰值。如果没有涵盖设计空隙率的全部范围，试验必须扩大沥青用量范围重新进行。

注:绘制曲线时含 VMA 指标,且应为下凹型曲线,但确定 OAC_{min} ~ OAC_{max}时不包括 VMA。

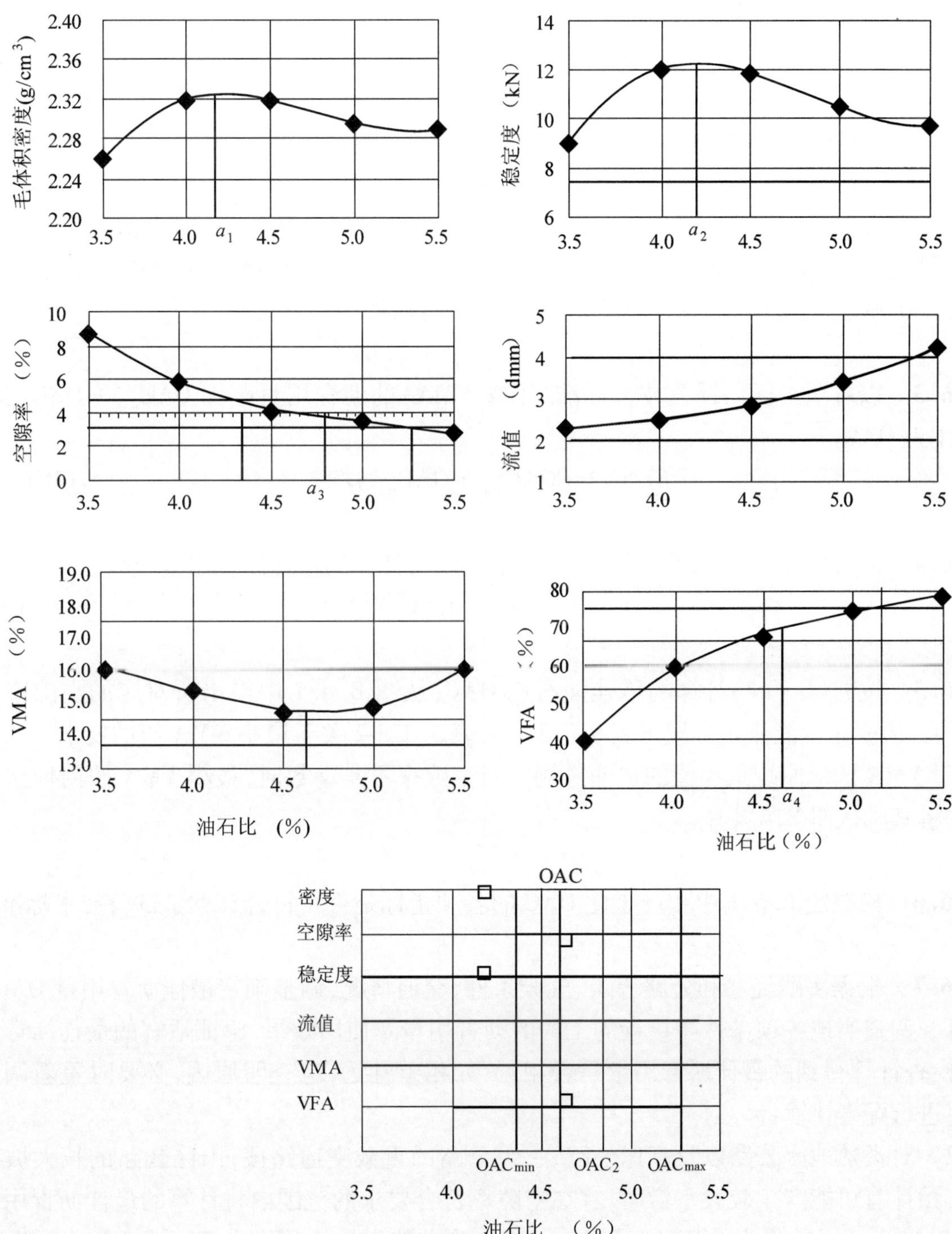

图 B.6.1 马歇尔试验结果示例

注:图中 a_1 = 4.2%,a_2 = 4.25%,a_3 = 4.8%,a_4 = 4.7%,OAC_1 = 4.49%(由 4 个平均值确定),OAC_{min} = 4.3%,OAC_{max} = 5.3%,OAC_2 = 4.8%,OAC = 4.64%。此例中相对于空隙率 4% 的油石比为 4.6%。

B.6.2 根据试验曲线的走势,按下列方法确定沥青混合料的最佳沥青用量 OAC_1。

1 在曲线图 B.6.1 上求取相应于密度最大值、稳定度最大值、目标空隙率(或中值)、沥青饱和度范围的中值的沥青用量 a_1、a_2、a_3、a_4。按式(B.6.2-1)取平均值作为 OAC_1。

$$OAC_1 = (a_1 + a_2 + a_3 + a_4)/4 \tag{B.6.2-1}$$

2 如果在所选择的沥青用量范围未能涵盖沥青饱和度的要求范围,按式(B.6.2-2)求取3者的平均值作为 OAC_1。

$$OAC_1 = (a_1 + a_2 + a_3)/3 \tag{B.6.2-2}$$

3 对所选择试验的沥青用量范围,密度或稳定度没有出现峰值(最大值经常在曲线的两端)时,可直接以目标空隙率所对应的沥青用量 a_3 作为 OAC_1,但 OAC_1 必须介于 OAC_{min} ~ OAC_{max} 的范围内,否则应重新进行配合比设计。

B.6.3 以各项指标均符合技术标准(不含VMA)的沥青用量范围 OAC_{min} ~ OAC_{max} 的中值作为 OAC_2。

$$OAC_2 = (OAC_{min} + OAC_{max})/2 \tag{B.6.3}$$

B.6.4 通常情况下取 OAC_1 及 OAC_2 的中值作为计算的最佳沥青用量OAC。

$$OAC = (OAC_1 + OAC_2)/2 \tag{B.6.4}$$

B.6.5 按式(B.6.4)计算的最佳油石比OAC,从图B.6.1中得出所对应的空隙率和VMA值,检验是否能满足本规范表5.3.3-1或表5.3.3-2关于最小VMA值的要求。OAC宜位于VMA凹形曲线最小值的贫油一侧。当空隙率不是整数时,最小VMA按内插法确定,并将其画入图B.6.1中。

B.6.6 检查图B.6.1中相应于此OAC的各项指标是否均符合马歇尔试验技术标准。

B.6.7 根据实践经验和公路等级、气候条件、交通情况,调整确定最佳沥青用量OAC。

1 调查当地各项条件相接近的工程的沥青用量及使用效果,论证适宜的最佳沥青用量。检查计算得到的最佳沥青用量是否相近,如相差甚远,应查明原因,必要时重新调整级配,进行配合比设计。

2 对炎热地区公路以及高速公路、一级公路的重载交通路段,山区公路的长大坡度路段,预计有可能产生较大车辙时,宜在空隙率符合要求的范围内将计算的最佳沥青用量减小0.1%~0.5%作为设计沥青用量。此时,除空隙率外的其他指标可能会超出马歇尔试验配合比设计技术标准,配合比设计报告或设计文件必须予以说明。但配合比设计报告必须要求采用重型轮胎压路机和振动压路机组合等方式加强碾压,以使施工后路面的空隙率达到未调整前的原最佳沥青用量时的水平,且渗水系数符合要求。如果试验段试拌试铺达不到此要求时,宜调整所减小的沥青用量的幅度。

3 对寒区公路、旅游公路、交通量很少的公路,最佳沥青用量可以在OAC的基础上增加0.1%~0.3%,以适当减小设计空隙率,但不得降低压实度要求。

B.6.8 按式(B.6.8-1)及式(B.6.8-2)计算沥青结合料被集料吸收的比例及有效沥青含量。

$$P_{ba}=\frac{\gamma_{se}-\gamma_{b}}{\gamma_{se}\times\gamma_{sb}}\times\gamma_{b}\times 100 \quad (B.6.8\text{-}1)$$

$$P_{be}=P_{b}-\frac{P_{ba}}{100}\times P_{s} \quad (B.6.8\text{-}2)$$

式中:P_{ba}——沥青混合料中被集料吸收的沥青结合料比例,%;

P_{be}——沥青混合料中的有效沥青用量,%;

γ_{se}——集料的有效相对密度,按式(B.5.6-1)计算,无量纲;

γ_{sb}——材料的合成毛体积相对密度,按式(B.5.3)求取,无量纲;

γ_{b}——沥青的相对密度(25℃/25℃),无量纲;

P_{b}——沥青含量,%;

P_{s}——各种矿料占沥青混合料总质量的百分率之和,即 $P_{s}=100-P_{b}$,%。

如果需要,可按式(B.6.8-3)及式(B.6.8-4)计算有效沥青的体积百分率 V_{be} 及矿料的体积百分率 V_{g}。

$$V_{b}=\frac{\gamma_{f}\times P_{be}}{\gamma_{b}} \quad (B.6.8\text{-}3)$$

$$V_{g}=100-(V_{be}+VV) \quad (B.6.8\text{-}4)$$

B.6.9 检验最佳沥青用量时的粉胶比和有效沥青膜厚度。

1 按式(B.6.9-1)计算沥青混合料的粉胶比,宜符合 0.6~1.6 的要求。对常用的公称最大粒径为 13.2~19mm 的密级配沥青混合料,粉胶比宜控制在 0.8~1.2 范围内。

$$FB=\frac{P_{0.075}}{P_{be}} \quad (B.6.9\text{-}1)$$

式中:FB——粉胶比,沥青混合料的矿料中 0.075mm 通过率与有效沥青含量的比值,无量纲;

$P_{0.075}$——矿料级配中 0.075mm 的通过率(水洗法),%;

P_{be}——有效沥青含量,%。

2 按式(B.6.9-2)的方法计算集料的比表面,按式(B.6.9-3)估算沥青混合料的沥青膜有效厚度。各种集料粒径的表面积系数按表 B.6.9 采用。

$$SA=\Sigma(P_{i}\times FA_{i}) \quad (B.6.9\text{-}2)$$

$$DA=\frac{P_{be}}{\gamma_{b}\times SA}\times 10 \quad (B.6.9\text{-}3)$$

式中:SA——集料的比表面积,m^2/kg。

P_{i}——各种粒径的通过百分率,%;

FA_{i}——相应于各种粒径的集料的表面积系数,如表 B.6.9 所列;

DA——沥青膜有效厚度，μm；

P_{be}——有效沥青含量，%；

γ_b——沥青的相对密度(25℃/25℃)，无量纲。

注：各种公称最大粒径混合料中大于4.75mm尺寸集料的表面积系数 FA 均取0.0041，且只计算一次，4.75mm以下部分的 FA_i 如表B.6.9所示。该例的 $SA=6.60m^2/kg$。若混合料的有效沥青含量为4.65%，沥青的相对密度1.03，则沥青膜厚度为 $DA=4.65/(1.03\times6.60)\times10=6.83\mu m$。

表B.6.9 集料的表面积系数计算示例

筛孔尺寸(mm)	19	16	13.2	9.5	4.75	2.36	1.18	0.6	0.3	0.15	0.075	集料比表面总和 SA (m^2/kg)
表面积系数 FA_i	0.004 1	—	—	—	0.004 1	0.008 2	0.016 4	0.028 7	0.061 4	0.122 9	0.327 7	
通过百分率 P_i(%)	100	92	85	76	60	42	32	23	16	12	6	
比表面 $FA_i\times P_i$ (m^2/kg)	0.41	—	—	—	0.25	0.34	0.52	0.66	0.98	1.47	1.97	6.60

B.7 配合比设计检验

B.7.1 对用于高速公路和一级公路的密级配沥青混合料，需在配合比设计的基础上按本规范要求进行各种使用性能的检验，不符合要求的沥青混合料，必须更换材料或重新进行配合比设计。其他等级公路的沥青混合料可参照执行。

B.7.2 配合比设计检验按计算确定的设计最佳沥青用量在标准条件下进行。如按照B.6.7的方法将计算的设计沥青用量调整后作为最佳沥青用量，或者改变试验条件时，各项技术要求均应适当调整，不宜照搬。

B.7.3 高温稳定性检验。对公称最大粒径等于或小于19mm的混合料，按规定方法进行车辙试验，动稳定度应符合本规范表5.3.4-1的要求。

注：对公称最大粒径大于19mm的密级配沥青混凝土或沥青稳定碎石混合料，由于车辙试件尺寸不能适用，不宜按本规范方法进行车辙试验和弯曲试验。如需要检验可加厚试件厚度或采用大型马歇尔试件。

B.7.4 水稳定性检验。按规定的试验方法进行浸水马歇尔试验和冻融劈裂试验，残留稳定度及残留强度比均必须符合本规范表5.3.4-2的规定。

注：调整沥青用量后，马歇尔试件成型可能达不到要求的空隙率条件。当需要添加消石灰、水泥、抗剥落剂时，需重新确定最佳沥青用量后试验。

B.7.5 低温抗裂性能检验。对公称最大粒径等于或小于19mm的混合料，按规定方法进行低温弯曲试验，其破坏应变宜符合本规范表5.3.4-3要求。

B.7.6 渗水系数检验。利用轮碾机成型的车辙试件进行渗水试验检验的渗水系数宜符合本规范表5.3.4-4要求。

B.7.7 钢渣活性检验。对使用钢渣的沥青混合料,应按规定的试验方法检验钢渣的活性及膨胀性试验,并符合本规范5.3.4条5的要求。

B.7.8 根据需要,可以改变试验条件进行配合比设计检验,如按调整后的最佳沥青用量、变化最佳沥青用量OAC ±0.3%、提高试验温度、加大试验荷载、采用现场压实密度进行车辙试验,在施工后的残余空隙率(如7% ~8%)的条件下进行水稳定性试验和渗水试验等,但不宜用规范规定的技术要求进行合格评定。

B.8 配合比设计报告

B.8.1 配合比设计报告应包括工程设计级配范围选择说明、材料品种选择与原材料质量试验结果、矿料级配、最佳沥青用量,以及各项体积指标、配合比设计检验结果等。试验报告的矿料级配曲线应按规定的方法绘制。

B.8.2 当按B.6.7调整沥青用量作为最佳沥青用量,宜报告不同沥青用量条件下的各项试验结果,并提出对施工压实工艺的技术要求。

附录C SMA混合料配合比设计方法

C.1 一般规定

C.1.1 除本方法另有规定外,应遵照附录B热拌沥青混合料配合比设计方法的规定执行。

C.1.2 SMA混合料的配合比设计采用马歇尔试件的体积设计方法进行,马歇尔试验的稳定度和流值并不作为配合比设计接受或者否决的唯一指标。

C.2 材料选择

C.2.1 对用于配合比设计的各种材料按附录B规定选择,其质量必须符合本规范第4章规定的技术要求。

C.2.2 除已有成功经验证明使用非改性的普通沥青能符合使用要求者外,SMA宜采用改性石油沥青,且采用比当地常用沥青更硬标号的沥青。

C.3 设计矿料级配的确定

C.3.1 设计初试级配

1 SMA 路面的工程设计级配范围宜直接采用本规范表 5.3.2-3 规定的矿料级配范围。公称最大粒径等于或小于 9.5mm 的 SMA 混合料,以 2.36mm 作为粗集料骨架的分界筛孔,公称最大粒径等于或大于 13.2mm 的 SMA 混合料以 4.75mm 作为粗集料骨架的分界筛孔。

2 在工程设计级配范围内,调整各种矿料比例设计 3 组不同粗细的初试级配,3 组级配的粗集料骨架分界筛孔的通过率处于级配范围的中值、中值 ±3% 附近,矿粉数量均为 10% 左右。

C.3.2 按附录 B 的方法计算初试级配的矿料的合成毛体积相对密度 γ_{sb}、合成表观相对密度 γ_{sa}、有效相对密度 γ_{se}。其中各种集料的毛体积相对密度、表观相对密度试验方法遵照附录 B 的规定进行。

C.3.3 把每个合成级配中小于粗集料骨架分界筛孔的集料筛除,按《公路工程集料试验规程》T 0309 的规定,用捣实法测定粗集料骨架的松方毛体积相对密度 γ_S,按式(C.3.3)计算粗集料骨架混合料的平均毛体积相对密度 γ_{CA}。

$$\gamma_{CA}=\frac{P_1+P_2+\cdots+P_n}{\dfrac{P_1}{\gamma_1}+\dfrac{P_2}{\gamma_2}+\cdots+\dfrac{P_n}{\gamma_n}} \tag{C.3.3}$$

式中:P_1、P_2、…P_n——粗集料骨架部分各种集料在全部矿料级配混合料中的配合比;

γ_1、γ_2、…γ_n——各种粗集料相应的毛体积相对密度。

C.3.4 按式(C.3.4)计算各组初试级配的捣实状态下的粗集料松装间隙率 VCA_{DRC}。

$$VCA_{DRC}=\left(1-\frac{\gamma_s}{\gamma_{CA}}\right)\times 100 \tag{C.3.4}$$

式中:VCA_{DRC}——粗集料骨架的松装间隙率,%;

γ_{CA}——粗集料骨架的毛体积相对密度;

γ_s——粗集料骨架的松方毛体积相对密度。

C.3.5 按本规范 B.5.5 的方法预估新建工程 SMA 混合料的适宜的油石比 P_a 或沥青用量为 P_b,作为马歇尔试件的初试油石比。

C.3.6 按照选择的初试油石比和矿料级配制作 SMA 试件,马歇尔标准击实的次数为双面 50 次,根据需要也可采用双面 75 次,一组马歇尔试件的数目不得少于 4 ~6 个。

SMA 马歇尔试件的毛体积相对密度由表干法测定。

C.3.7 按式(C.3.7)的方法计算不同沥青用量条件下 SMA 混合料的最大理论相对密度,其中纤维部分的比例不得忽略。

$$\gamma_t = \frac{100 + P_a + P_x}{\frac{100}{\gamma_{se}} + \frac{P_a}{\gamma_a} + \frac{P_x}{\gamma_x}} \tag{C.3.7}$$

式中:γ_{se}——矿料的有效相对密度,由 C.3.2 确定;

P_a——沥青混合料的油石比,%;

γ_a——沥青混合料的表观相对密度;

P_x——纤维用量,以沥青混合料总量的百分数代替,%;

γ_x——纤维稳定剂的密度,由供货商提供或由比重瓶实测得到。

C.3.8 按式(C.3.8)计算 SMA 马歇尔混合料试件中的粗集料骨架间隙率 VCA_{mix},试件的集料各项体积指标空隙率 VV、集料间隙率 VMA、沥青饱和度 VFA 按本规范附录 B 的方法计算。

$$VCA_{mix} - \left(1 - \frac{\gamma_f}{\gamma_{ca}} \times P_{CA}\right) \times 100 \tag{C.3.8}$$

式中:P_{CA}——沥青混合料中粗集料的比例,即大于 4.75mm 的颗粒含量,%;

γ_{ca}——粗集料骨架部分的平均毛体积相对密度,由式(C.3.3)确定;

γ_f——沥青混合料试件的毛体积相对密度,由表干法测定;

C.3.9 从 3 组初试级配的试验结果中选择设计级配时,必须符合 $VCA_{mix} < VCA_{DRC}$ 及 VMA > 16.5% 的要求,当有 1 组以上的级配同时符合要求时,以粗集料骨架分界集料通过率大且 VMA 较大的级配为设计级配。

C.4 确定设计沥青用量

C.4.1 根据所选择的设计级配和初试油石比试验的空隙率结果,以 0.2% ~0.4% 为间隔,调整 3 个不同的油石比,制作马歇尔试件,计算空隙率等各项体积指标。一组试件数不宜少于 4 ~6 个。

C.4.2 进行马歇尔稳定度试验,检验稳定度和流值是否符合本规范规定的技术要求。

C.4.3 根据期望的设计空隙率,确定油石比,作为最佳油石比 OAC。所设计的 SMA 混合料应符合本规范 5.3 规定的各项技术标准。

C.4.4 如初试油石比的混合料体积指标恰好符合设计要求时,可以省去此步骤,但宜进行一次复核。

C.5 配合比设计检验

C.5.1 除附录B规定项目外,SMA混合料的配合比设计还必须进行谢伦堡析漏试验及肯特堡飞散试验。配合比设计检验应符合本规范5.3的技术要求。不符合要求的必须重新进行配合比设计。

C.6 配合比设计报告

C.6.1 配合比设计结束后,必须按附录B的要求及时出具配合比设计报告。

附录D OGFC混合料配合比设计方法

D.1 一般规定

D.1.1 除本方法另有规定外,应遵照附录B热拌沥青混合料配合比设计方法的规定执行。

D.1.2 OGFC混合料的配合比设计采用马歇尔试件的体积设计方法进行,并以空隙率作为配合比设计主要指标。配合比设计指标应符合本规范规定的技术标准。

D.1.3 OGFC混合料配合比设计后必须对设计沥青用量进行析漏试验及肯特堡试验,并对混合料进行高温稳定性、水稳定性等进行检验。配合比设计检验应符合本规范的技术要求。

D.2 材料选择

D.2.1 用于OGFC混合料的粗集料、细集料以及石粉的质量应符合本规范第4章对表面层材料的技术要求。OGFC宜在使用石粉的同时掺用消石灰、纤维等添加剂。

D.2.2 OGFC宜采用高黏度改性沥青,其质量宜符合表D.2.2的技术要求。当实践证明采用普通改性沥青或纤维稳定剂后能符合当地条件时也允许使用。

表 D.2.2 高黏度改性沥青的技术要求

试验项目		单位	技术要求
针入度(25℃,100g,5s)	不小于	0.1mm	40
软化点($T_{R\&B}$)	不小于	℃	80
延度(15℃)	不小于	cm	50
闪点	不小于	℃	260
薄膜加热试验(TFOT)后的质量变化	不大于	%	0.6
黏韧性(25℃)	不小于	N·m	20
韧性(25℃)	不小于	N·m	15
60℃黏度	不小于	Pa·s	20000

D.3 确定设计矿料级配和沥青用量

D.3.1 按试验规程规定的方法精确测定各种原材料的相对密度,粗集料按 T 0304 方法测定,机制砂及石屑可按 T 0330 方法测定,也可以用筛出的 2.36~4.75mm 部分的毛体积相对密度代替,矿粉(含消石灰、水泥)以表观相对密度代替。

D.3.2 以本规范表 5.3.2-4 级配范围作为工程设计级配范围,在充分参考同类工程的成功经验的基础上,在级配范围内适配 3 组不同 2.36mm 通过率的矿料级配作为初选级配。

D.3.3 对每一组初选的矿料级配,按式(D.3.3-1)计算集料的表面积。根据希望的沥青膜厚度,按式(D.3.3-2)计算每一组混合料的初试沥青用量 P_b。通常情况下,OGFC 的沥青膜厚度 h 宜为 14μm。

$$A = (2 + 0.02a + 0.04b + 0.08c + 0.14d + 0.3e + 0.6f + 1.6g)/48.74 \quad (D.3.3\text{-}1)$$

$$P_b = h \times A \quad (D.3.3\text{-}2)$$

式中:A——集料总的表面积。

其中 a、b、c、d、e、f、g 分别代表 4.75mm、2.36mm、1.18mm、0.6mm、0.3mm、0.15mm、0.075mm 筛孔的通过百分率,%。

D.3.4 制作马歇尔试件,马歇尔试件的击实次数为双面 50 次。用体积法测定试件的空隙率,绘制 2.36mm 通过率与空隙率的关系曲线。根据期望的空隙率确定混合料的矿料级配,并再次按 D.3.3 的方法计算初始沥青用量。

D.3.5 以确定的矿料级配和初始沥青用量拌和沥青混合料,分别进行马歇尔试验、谢伦堡析漏试验、肯特堡飞散试验、车辙试验，各项指标应符合本规范5.3的技术要求，其空隙率与期望空隙率的差值不宜超过±1%。如不符合要求，应重新调整沥青用量拌和沥青混合料进行试验，直至符合要求为止。

D.3.6 如各项指标均符合要求，即配合比设计已完成，出具配合比设计报告。

十一、公路路面基层施工技术细则

(JTG/T F20—2015)

2 术语

2.0.3 水泥稳定材料 cement stabilized material

以水泥为结合料,通过加水与被稳定材料共同拌和形成的混合料,包括水泥稳定级配碎石、水泥稳定级配砾石、水泥稳定石屑、水泥稳定土、水泥稳定砂等。

2.0.4 综合稳定材料 composite stabilized material

以两种或两种以上材料为结合料,通过加水与被稳定材料共同拌和形成的混合料,包括水泥石灰稳定材料、水泥粉煤灰稳定材料、石灰粉煤灰稳定材料等。

2.0.5 石灰稳定材料 lime stabilized material

以石灰为结合料,通过加水与被稳定材料共同拌和形成的混合料,包括石灰碎石土、石灰土等。

2.0.6 工业废渣稳定材料 industrial waste stabilized material

以石灰或水泥为结合料,以煤渣、钢渣、矿渣等工业废渣为主要被稳定材料,通过加水拌和形成的混合料。

2.0.7 级配碎石 graded crushed stone

各档粒径的碎石和石屑按一定比例混合,级配满足一定要求且塑性指数和承载比均符合规定要求的混合料。

2.0.8 级配砾石 graded gravel

各档粒径的砾石和砂按一定比例混合,级配满足一定要求且塑性指数和承载比均符合规定要求的混合料。

2.0.9 未筛分碎石 crushed stone

粒径大小不一的碎石仅用一个与规定最大工程粒径相符的筛筛去超尺寸颗粒后得到的碎石混合料。

3 原材料要求

3.1 一般规定

3.1.1 在原材料试验评定中,应随机选取具有足够数量的样本进行材料试验。

3.1.2 再生材料可用于低于原路结构层位或原路等级的公路建设,其技术指标应满足本细则的相关要求。

3.1.3 工业废弃物作为筑路材料使用前应进行环境评价,并满足国家相关规定。

3.2 水泥及添加剂

3.2.1 强度等级为32.5或42.5,且满足本细则要求的普通硅酸盐水泥等均可使用。

3.2.2 所用水泥初凝时间应大于3h,终凝时间应大于6h且小于10h。

3.2.3 在水泥稳定材料中掺加缓凝剂或早强剂时,应对混合料进行试验验证。缓凝剂和早强剂的技术要求应符合现行《公路水泥混凝土路面施工技术细则》(JTG/T F30)的规定。

3.3 石灰

3.3.1 石灰技术要求应符合表3.3.1-1和表3.3.1-2的规定。

表3.3.1-1 生石灰技术要求

指标	钙质生石灰			镁质生石灰			试验方法
	Ⅰ	Ⅱ	Ⅲ	Ⅰ	Ⅱ	Ⅲ	
有效氧化钙加氧化镁含量(%)	≥85	≥80	≥70	≥80	≥75	≥65	T 0813
未消化残渣含量(%)	≤7	≤11	≤17	≤10	≤14	≤20	T 0815
钙镁石灰的分类界限,氧化镁含量(%)	≤5			>5			T 0812

表3.3.1-2 消石灰技术要求

指标	钙质消石灰			镁质消石灰			试验方法
	Ⅰ	Ⅱ	Ⅲ	Ⅰ	Ⅱ	Ⅲ	
有效氧化钙加氧化镁含量(%)	≥65	≥60	≥55	≥60	≥55	≥50	T 0813

续上表

指标		钙质消石灰			镁质消石灰			试验方法
		Ⅰ	Ⅱ	Ⅲ	Ⅰ	Ⅱ	Ⅲ	
含水率(%)		≤4	≤4	≤4	≤4	≤4	≤4	T 0801
细度	0.60mm 方孔筛的筛余(%)	0	≤1	≤1	0	≤1	≤1	T 0814
	0.15mm 方孔筛的筛余(%)	≤13	≤20	—	≤13	≤20	—	T 0814
钙镁石灰的分类界限,氧化镁含量(%)		≤4			>4			T 0812

3.3.2 高速公路和一级公路用石灰应不低于Ⅱ级技术要求,二级公路用石灰应不低于Ⅲ级技术要求,二级以下公路宜不低于Ⅲ级技术要求。

3.3.3 高速公路和一级公路的基层,宜采用磨细消石灰。

3.3.4 二级以下公路使用等外石灰时,有效氧化钙含量应在20%以上,且混合料强度应满足要求。

3.6 粗集料

3.6.1 用作被稳定材料的粗集料宜采用各种硬质岩石或砾石加工成的碎石,也可直接采用天然砾石。粗集料应符合表3.6.1中Ⅰ类规定,用作级配碎石的粗集料应符合表3.6.1中Ⅱ类的规定。

表3.6.1 粗集料技术要求

指标	层位	高速公路和一级公路				二级及二级以下公路		试验方法
		极重、特重交通		重、中、轻交通				
		Ⅰ类	Ⅱ类	Ⅰ类	Ⅱ类	Ⅰ类	Ⅱ类	
压碎值(%)	基层	≤22[a]	≤22	≤26	≤26	≤35	≤30	T 0316
	底基层	≤30	≤26	≤30	≤26	≤40	≤35	
针片状颗粒含量(%)	基层	≤18	≤18	≤22	≤18	—	≤20	T 0312
	底基层	—	≤20	—	≤20	—	≤20	
0.075mm 以下粉尘含量(%)	基层	≤1.2	≤1.2	≤2	≤2	—	—	T 0310
	底基层	—	—	—	—	—	—	
软石含量(%)	基层	≤3	≤3	≤5	≤5	—	—	T 0320
	底基层	—	—	—	—	—	—	

注:[a] 对花岗岩石料,压碎值可放宽至25%。

3.6.2 基层、底基层的粗集料规格要求宜符合表3.6.2的规定。

表 3.6.2 粗集料规格要求

规格名称	工程粒径（mm）	通过下列筛孔（mm）的质量百分率（%）									公称粒径（mm）
		53	37.5	31.5	26.5	19.0	13.2	9.5	4.75	2.36	
G1	20～40	100	90～100	—	—	0～10	0～5	—	—	—	19～37.5
G2	20～30	—	100	90～100	—	0～10	0～5	—	—	—	19～31.5
G3	20～25	—	—	100	90～100	0～10	0～5	—	—	—	19～26.5
G4	15～25	—	—	100	90～100	—	0～10	0～5	—	—	13.2～26.5
G5	15～20	—	—	—	100	90～100	0～10	0～5	—	—	13.2～19
G6	10～30	—	100	90～100	—	—	—	0～10	0～5	—	9.5～31.5
G7	10～25	—	—	100	90～100	—	—	0～10	0～5	—	9.5～26.5
G8	10～20	—	—	—	100	90～100	—	0～10	0～5	—	9.5～19
G9	10～15	—	—	—	—	100	90～100	0～10	0～5	—	9.5～13.2
G10	5～15	—	—	—	—	100	90～100	40～70	0～10	0～5	4.75～13.2
G11	5～10	—	—	—	—	—	100	90～100	0～10	0～5	4.75～9.5

3.6.3 高速公路和一级公路极重、特重交通荷载等级基层的 4.75mm 以上粗集料应采用单一粒径的规格料。

3.6.4 作为高速公路、一级公路底基层和二级及二级以下公路基层、底基层被稳定材料的天然砾石材料宜满足表 3.6.1 的要求，并应级配稳定、塑性指数不大于 9。

3.6.5 应选择适当的碎石加工工艺，用于破碎的原石粒径应为破碎后碎石公称最大粒径的 3 倍以上。高速公路基层用碎石，应采用反击破碎的加工工艺。

3.6.6 碎石加工中，根据筛网放置的倾斜角度和工程经验，应选择合理的筛孔尺寸。粒径尺寸与筛孔尺寸对应关系宜符合表 3.6.6 的规定。根据破碎方式和石质的不同，可适当调整筛孔尺寸，调整范围宜为 1～2mm。

表 3.6.6 粒径尺寸与筛孔尺寸对应表

粒径尺寸（mm）	4.75	9.5	13.2	16	19	26.5	31.5	37.5
筛孔尺寸（mm）	5.5	11	15	18	22	31	36	43

3.6.7 用作级配碎石或砾石的粗集料应采用具有一定级配的硬质石料，且不应含有黏土块、有机物等。

3.6.8 级配碎石或砾石用作基层时，高速公路和一级公路公称最大粒径应不大于 26.5mm，二级及二级以下公路公称最大粒径应不大于 31.5mm；用作底基层时，公称最大粒径应不大于 37.5mm。

3.7 细集料

3.7.1 细集料应洁净、干燥、无风化、无杂质,并有适当的颗粒级配。

3.7.2 高速公路和一级公路用细集料技术要求应符合表3.7.2的规定。

表3.7.2 细集料技术要求

项目	水泥稳定[a]	石灰稳定	石灰粉煤灰综合稳定	水泥粉煤灰综合稳定	试验方法
颗粒分析	满足级配要求				T 0302/0303/0327
塑性指数[b]	≤17	适宜范围15~20	适宜范围12~20	—	T 0118
有机质含量(%)	<2	≤10	≤10	<2	T 0313/0336
硫酸盐含量(%)	≤0.25	≤0.8	—	≤0.25	T 0341

注:[a]水泥稳定包含水泥石灰综合稳定。
[b]应测定0.075mm以下材料的塑性指数。

3.7.3 细集料规格要求应符合表3.7.3的规定。

表3.7.3 细集料规格要求

规格名称	工程粒径(mm)	通过下列筛孔(mm)的质量百分率(%)								公称粒径(mm)
		9.5	4.75	2.36	1.18	0.6	0.3	0.15	0.075	
XG1	3~5	100	90~100	0~15	0~5	—	—	—	—	2.36~4.75
XG2	0~3	—	100	90~100	—	—	—	—	0~15	0~2.36
XG3	0~5	100	90~100	—	—	—	—	—	0~20	0~4.75

3.7.4 对0~3mm和0~5mm的细集料应分别严格控制大于2.36mm和4.75mm的颗粒含量。对3~5mm的细集料应严格控制小于2.36mm的颗粒含量。

3.7.5 高速公路和一级公路,细集料中小于0.075mm的颗粒含量应不大于15%;二级及二级以下公路,细集料中小于0.075mm的颗粒含量应不大于20%。

3.7.6 级配碎石或砾石中的细集料可使用细筛余料,或专门轧制的细碎石集料。

3.7.7 天然砾石或粗砂作为细集料时,其颗粒尺寸应满足工程需要,且级配稳定,超尺寸颗粒含量超过本细则或实际工程的规定时应筛除。

3.8 材料分档与掺配

3.8.5 级配碎石或砾石类材料中宜掺加石屑、粗砂等材料。

3.8.6 级配碎石或砾石细集料的塑性指数应不大于12。不满足要求时,可加石灰、无塑性的砂或石屑掺配处理。

4 混合料组成设计

4.1 一般规定

4.1.1 混合料组成设计应按设计要求,选择技术经济合理的混合料类型和配合比。

4.1.2 应根据公路等级、交通荷载等级、结构形式、材料类型等因素确定材料技术要求。

4.1.3 无机结合料稳定材料组成设计应包括原材料检验、混合料的目标配合比设计、混合料的生产配合比设计和施工参数确定四部分。

4.1.4 原材料检验应包括结合料、被稳定材料及其他相关材料的试验。所有检测指标均应满足相关设计标准或技术文件的要求。

4.1.5 目标配合比设计应包括下列技术内容:

1 选择级配范围。

2 确定结合料类型及掺配比例。

3 验证混合料相关的设计及施工技术指标。

4.1.6 生产配合比设计应包括下列技术内容:

1 确定料仓供料比例。

2 确定水泥稳定材料的容许延迟时间。

3 确定结合料剂量的标定曲线。

4 确定混合料的最佳含水率、最大干密度。

4.1.7 施工参数确定应包括下列技术内容:

1 确定施工中结合料的剂量。

2 确定施工合理含水率及最大干密度。

3 验证混合料强度技术指标。

4.1.8 确定无机结合料稳定材料最大干密度指标时宜采用重型击实方法,也可采用振动压实方法。

4.1.9 应根据当地材料的特点和混合料设计要求,通过配合比设计选择最优的工程级配。

4.1.10 用于基层的无机结合料稳定材料,强度满足要求时,尚宜检验其抗冲刷和抗裂性能。

4.1.11 在施工过程中,材料品质或规格发生变化、结合料品种发生变化时,应重新进行材料组成设计。

4.2 强度要求

4.2.1 无机结合料稳定材料应满足本细则规定的强度要求。

4.2.2 应采用7d龄期无侧限抗压强度作为无机结合料稳定材料施工质量控制的主要指标。

4.2.3 高速公路和一级公路应验证所用材料的7d龄期无侧限抗压强度与90d或180d龄期弯拉强度的关系。

4.2.4 水泥稳定材料的7d龄期无侧限抗压强度标准 R_d 应符合表4.2.4的规定。

表4.2.4 水泥稳定材料的7d龄期无侧限抗压强度标准 R_d(MPa)

结构层	公路等级	极重、特重交通	重交通	中、轻交通
基层	高速公路和一级公路	5.0~7.0	4.0~6.0	3.0~5.0
	二级及二级以下公路	4.0~6.0	3.0~5.0	2.0~4.0
底基层	高速公路和一级公路	3.0~5.0	2.5~4.5	2.0~4.0
	二级及二级以下公路	2.5~4.5	2.0~4.0	1.0~3.0

注:1. 公路等级高或交通荷载等级高或结构安全性要求高时,推荐取上限强度标准。
2. 表中强度标准指的是7d龄期无侧限抗压强度的代表值,本节以下各表同。

4.2.5 碾压贫混凝土应符合下列规定:

1 7d龄期无侧限抗压强度应不低于7MPa,且宜不高于10MPa。

2 水泥剂量宜不大于13%。

3 需要提高材料强度时,应优化混合料级配,并验证混合料收缩性能、弯拉强度和模量等指标。

4.2.6 石灰粉煤灰稳定材料的7d龄期无侧限抗压强度标准 R_d 应符合表4.2.6的规定,其他工业废渣稳定材料宜参照此标准。

表4.2.6 石灰粉煤灰稳定材料的7d龄期无侧限抗压强度标准 R_d(MPa)

结构层	公路等级	极重、特重交通	重交通	中、轻交通
基层	高速公路和一级公路	≥1.1	≥1.0	≥0.9
	二级及二级以下公路	≥0.9	≥0.8	≥0.7
底基层	高速公路和一级公路	≥0.8	≥0.7	≥0.6
	二级及二级以下公路	≥0.7	≥0.6	≥0.5

注:石灰粉煤灰稳定材料强度不满足表4.2.6的要求时,可外加混合料质量1%~2%的水泥。

4.2.7 水泥粉煤灰稳定材料的7d龄期无侧限抗压强度标准 R_d 应符合表4.2.7的规定。

表4.2.7 水泥粉煤灰稳定材料的7d龄期无侧限抗压强度标准 R_d(MPa)

结构层	公路等级	极重、特重交通	重交通	中、轻交通
基层	高速公路和一级公路	4.0~5.0	3.5~4.5	3.0~4.0
	二级及二级以下公路	3.5~4.5	3.0~4.0	2.5~3.5
底基层	高速公路和一级公路	2.5~3.5	2.0~3.0	1.5~2.5
	二级及二级以下公路	2.0~3.0	1.5~2.5	1.0~2.0

4.2.8 石灰稳定材料的7d龄期无侧限抗压强度标准 R_d 应符合表4.2.8的规定。

表4.2.8 石灰稳定材料的7d龄期无侧限抗压强度标准 R_d(MPa)

结构层	高速公路和一级公路	二级及二级以下公路
基层	—	≥0.8[a]
底基层	≥0.8	0.5~0.7[b]

注:石灰土强度达不到表4.2.8规定的抗压强度标准时,可添加部分水泥,或改用另一种土。塑性指数过小的土,不宜用石灰稳定,宜改用水泥稳定。

[a]在低塑性材料(塑性指数小于7)地区,石灰稳定砾石土和碎石土的7d龄期无侧限抗压强度应大于0.5MPa(100g平衡锥测液限)。

[b]低限用于塑性指数小于7的黏性土,且低限值宜仅用于二级以下公路。高限用于塑性指数大于7的黏性土。

4.2.9 水泥稳定类材料强度要求较高时,宜采取控制原材料技术指标和优化级配设计等措施,不宜单纯通过增加水泥剂量来提高材料强度。

4.2.10 石灰稳定砾石土或碎石土材料可仅对其中公称最大粒径小于4.75mm的石灰土进行7d龄期无侧限抗压强度验证,且无侧限抗压强度应不小于0.8MPa。

4.3 强度试验及计算

4.3.1 强度试验时,应按现场压实度标准采用静压法成型试件。

4.3.2 强度试验试件的径高比应为1:1。无机结合料稳定细粒材料的试件直径应为100mm,无机结合料稳定中、粗粒材料的试件直径应为150mm。

4.3.3 强度试验时,平行试验的最少试件数量应符合表4.3.3的规定。试验结果的变异系数大于表中规定值时,应重做试验或增加试件数量。

表4.3.3 平行试验的最少试件数量

材料类型	变异系数要求		
	<10%	10% ~15%	15% ~20%
细粒材料[a]	6	9	—
中粒材料[b]	6	9	13
粗粒材料[c]	—	9	13

注:[a]公称最大粒径小于16mm的材料。

[b]公称最大粒径不小于16mm,且小于26.5mm的材料。

[c]公称最大粒径不小于26.5mm的材料。

4.3.4 根据试验结果,应按式(4.3.4)计算强度代表值R_d^0。

$$R_d^0 = \overline{R} \cdot (1 - Z_\alpha C_v) \tag{4.3.4}$$

式中:Z_α——标准正态分布表中随保证率或置信度α而变的系数,高速公路和一级公路应取保证率95%,即$Z_\alpha = 1.645$;二级及二级以下公路应取保证率90%,即$Z_\alpha = 1.282$;

$\overline{R}$——一组试验的强度平均值;

C_v——一组试验的强度变异系数。

4.3.5 强度数据处理时,宜按3倍标准差的标准剔除异常数值,且同一组试验样本异常值剔除应不多于2个。

4.3.6 强度代表值R_d^0应不小于强度标准值R_d,见式(4.3.6)。当$R_d^0 < R_d$时,应重新进行配合比试验。

$$R_d^0 \geqslant R_d \tag{4.3.6}$$

4.4 无机结合料的计算和比例

4.4.1 水泥稳定材料的水泥剂量应以水泥质量占全部干燥被稳定材料质量的百分率表示。

4.4.2 石灰稳定材料的石灰剂量应以石灰质量占全部干燥被稳定材料质量的百分率表示。

4.4.3 石灰工业废渣混合料应采用质量配合比计算，以石灰：工业废渣：被稳定材料的质量比表示。

4.4.4 石灰粉煤灰稳定材料和石灰煤渣稳定材料比例可采用表4.4.4中的推荐值。

表4.4.4 石灰粉煤灰稳定材料和石灰煤渣稳定材料推荐比例

材料类型	材 料 名 称	使用层位	结合料间比例	结合料与被稳定材料间比例
石灰粉煤灰	硅铝粉煤灰的石灰粉煤灰类[a]	基层或底基层	石灰：粉煤灰=1:2~1:9	—
	石灰粉煤灰土	基层或底基层	石灰：粉煤灰=1:2~1:4[b]	石灰粉煤灰:细粒材料=30:70[c]~10:90
	石灰粉煤灰稳定级配碎石或砾石	基层	石灰：粉煤灰=1:2~1:4	石灰粉煤灰：被稳定材料=20:80~15:85[d]
石灰煤渣	石灰煤渣稳定材料	基层或底基层	石灰:煤渣=20:80~15:85	—
	石灰煤渣土	基层或底基层	石灰:煤渣=1:1~1:4	石灰煤渣:细粒材料=1:1~1:4[e]
	石灰煤渣稳定材料	基层或底基层	石灰：煤渣：被稳定材料=(7~9):(26~33):(67~58)	

注：[a]CaO含量为2%~6%的硅铝粉煤灰。

[b]粉土以1:2为宜。

[c]采用此比例时，石灰与粉煤灰之比宜为1:2~1:3。

[d]石灰粉煤灰与粒料之比为15:85~20:80时，在混合料中，粒料形成骨架，石灰粉煤灰起填充孔隙和胶结作用。这种混合料称骨架密实式石灰粉煤灰粒料。

[e]混合料中石灰应不少于10%，可通过试验选取强度较高的配合比。

4.4.5 水泥粉煤灰稳定材料应采用质量配合比计算，以水泥：粉煤灰：被稳定材料的质量比表示。

4.4.6 水泥粉煤灰稳定材料和水泥煤渣稳定材料比例可采用表4.4.6中的推荐值。

表4.4.6 水泥粉煤灰稳定材料和水泥煤渣稳定材料推荐比例

材料类型	材 料 名 称	使用层位	结合料间比例	结合料与被稳定材料间比例
水泥粉煤灰	硅铝粉煤灰的水泥粉煤灰类[a]	基层或底基层	水泥：粉煤灰=1:3~1:9	—
	水泥粉煤灰土	基层或底基层	水泥：粉煤灰=1:3~1:5	水泥粉煤灰：细粒材料=30:70[b]~10:90
	水泥粉煤灰稳定级配碎石或砾石	基层	水泥:粉煤灰=1:3~1:5	水泥粉煤灰：被稳定材料=20:80~15:85[c]

续上表

材料类型	材 料 名 称	使用层位	结合料间比例	结合料与被稳定材料间比例
水泥煤渣	水泥煤渣稳定材料	基层或底基层	水泥:煤渣=5:95~15:85	—
	水泥煤渣土	基层或底基层	水泥:煤渣=1:2~1:5	水泥煤渣:细粒材料=1:2~1:5[d]
	水泥煤渣稳定材料	基层或底基层	水泥:煤渣:被稳定材料=(3~5):(26~33):(71~62)	

注:[a]CaO 含量为2%~6%的硅铝粉煤灰。

[b]采用此比例时,水泥与粉煤灰之比宜为1:2~1:3。

[c]水泥粉煤灰与粒料之比为15:85~20:80时,在混合料中,粒料形成骨架,水泥粉煤灰起填充孔隙和胶结作用。

[d]混合料中水泥应不少于4%,可通过试验选取强度较高的配合比。

4.4.7 水泥、石灰综合稳定时,水泥用量占结合料总量不小于30%时,应按水泥稳定材料的技术要求进行组成设计,水泥和石灰的比例宜取60:40、50:50或40:60。水泥用量占结合料总量小于30%时,应按石灰稳定材料设计。

4.5 混合料推荐级配及技术要求

4.5.1 采用水泥稳定时,被稳定材料的液限应不大于40%,塑性指数应不大于17。塑性指数大于17时,宜采用石灰稳定或用水泥和石灰综合稳定。

4.5.2 采用水泥稳定,被稳定材料中含有一定量的碎石或砾石,且小于0.6mm的颗粒含量在30%以下时,塑性指数可大于17,且土的均匀系数应大于5。其级配可采用表4.5.2中推荐的级配范围,并应符合下列规定:

1 用于高速公路和一级公路的底基层时,被稳定材料的公称最大粒径应不大于31.5mm,级配宜符合表4.5.2中C-A-1或C-A-2的规定,被稳定材料中不宜含有黏性土或粉性土。

2 用于二级公路的基层时,级配宜符合表4.5.2中C-A-1的规定,被稳定材料中不宜含有黏性土或粉性土。

3 用于二级以下公路的基层时,级配宜符合表4.5.2中C-A-3的规定,被稳定材料的公称最大粒径应不大于37.5mm。

4 用于二级及二级以下公路的底基层时,级配宜符合表4.5.2中C-A4的规定,被稳定材料的公称最大粒径应不大于37.5mm。

表4.5.2 水泥稳定材料的推荐级配范围(%)

筛孔尺寸(mm)	高速公路和一级公路的底基层或二级公路的基层	高速公路和一级公路的底基层	二级以下公路的基层	二级及二级以下公路的底基层
	C-A-1	C-A-2	C-A-3	C-A-4
53	—	—	100	100
37.5	100	100	90~100	—

续上表

筛孔尺寸(mm)	高速公路和一级公路的底基层或二级公路的基层	高速公路和一级公路的底基层	二级以下公路的基层	二级及二级以下公路的底基层
	C-A-1	C-A-2	C-A-3	C-A-4
31.5	90 ~ 100	—	—	—
26.5	—	—	66 ~ 100	—
19	67 ~ 90	—	54 ~ 100	—
9.5	45 ~ 68	—	39 ~ 100	—
4.75	29 ~ 50	50 ~ 100	28 ~ 84	50 ~ 100
2.36	18 ~ 38	—	20 ~ 70	—
1.18	—	—	14 ~ 57	—
0.6	8 ~ 22	17 ~ 100	8 ~ 47	17 ~ 100
0.075	0 ~ 7	0 ~ 30	0 ~ 30	0 ~ 50

注:表中水泥稳定材料不包括水泥稳定级配碎石或砾石。

4.5.3 采用水泥稳定,被稳定材料为粒径较均匀的砂时,宜在砂中添加适量塑性指数小于10的黏性土、石灰土或粉煤灰,加入比例应通过击实试验确定。添加粉煤灰的比例宜为20% ~40%。

4.5.4 水泥稳定级配碎石或砾石的级配可采用表4.5.4中推荐的级配范围,并宜符合下列规定:

1 用于高速公路和一级公路时,级配宜符合表4.5.4中C-B-1、C-B-2的规定。混合料密实时也可采用C-B-3级配。C-B-1级配宜用于基层和底基层,C-B-2级配宜用于基层。

2 用于二级及二级以下公路时,级配宜符合表4.5.4中C-C-1、C-C-2、C-C-3的规定。C-C-1级配宜用于基层和底基层,C-C-2和C-C-3级配宜用于基层,C-B-3级配宜用于极重、特重交通荷载等级下的基层。

3 被稳定材料的液限宜不大于28%。

4 用于高速公路和一级公路时,被稳定材料的塑性指数宜不大于5;用于二级及二级以下公路时,宜不大于7。

表4.5.4 水泥稳定级配碎石或砾石的推荐级配范围(%)

筛孔尺寸(mm)	高速公路和一级公路			二级及二级以下公路		
	C-B-1	C-B-2	C-B-3	C-C-1	C-C-2	C-C-3
37.5	—	—	—	100	—	—
31.5	—	—	100	100 ~ 90	100	—
26.5	100	—	—	94 ~ 81	100 ~ 90	100
19	86 ~ 82	100	68 ~ 86	83 ~ 67	87 ~ 73	100 ~ 90
16	79 ~ 73	93 ~ 88	—	78 ~ 61	82 ~ 65	92 ~ 79

续上表

筛孔尺寸(mm)	高速公路和一级公路			二级及二级以下公路		
	C-B-1	C-B-2	C-B-3	C-C-1	C-C-2	C-C-3
13.2	72~65	86~76	—	73~54	75~58	83~67
9.5	62~53	72~59	38~58	64~45	66~47	71~52
4.75	45~35	45~35	22~32	50~30	50~30	50~30
2.36	31~22	31~22	16~28	36~19	36~19	36~19
1.18	22~13	22~13	—	26~12	26~12	26~12
0.6	15~8	15~8	8~15	19~8	19~8	19~8
0.3	10~5	10~5	—	14~5	14~5	14~5
0.15	7~3	7~3	—	10~3	10~3	10~3
0.075	5~2	5~2	0~3	7~2	7~2	7~2

4.5.5 碾压贫混凝土的级配宜采用表4.5.4中推荐的C-B-1和C-B-2级配。

4.5.6 石灰粉煤灰稳定材料可采用表4.5.6中推荐的级配范围,并应符合下列规定:

1 用于高速公路和一级公路基层时,石灰粉煤灰总质量宜占15%,应不大于20%,被稳定材料公称最大粒径应不大于26.5mm,级配宜符合表4.5.6中LF-A-2L和LF-A-2S的规定。

2 用于高速公路和一级公路底基层时,各档被稳定材料总质量宜不小于80%,级配宜符合表4.5.6中LF-A-1L和LF-A-1S的规定。对极重、特重交通荷载等级,级配宜符合表4.5.6中LF-A-2L和LF-A-2S的规定。

3 用于二级及二级以下公路基层时,被稳定材料的公称最大粒径应不大于31.5mm,其总质量宜不小于80%,并符合表4.5.6中LF-B-2L和LF-B-2S的规定。

4 用于二级及二级以下公路底基层时,各档被稳定材料总质量宜不小于70%,并符合表4.5.6中LF-B-1L和LF-B-1S的规定。对极重、特重交通荷载等级,可选择符合表4.5.6中LF-B-2L和LF-B-2S的规定。

表4.5.6 石灰粉煤灰稳定级配碎石或砾石的推荐级配范围(%)

筛孔尺寸(mm)	高速公路和一级公路				二级及二级以下公路			
	稳定碎石		稳定砾石		稳定碎石		稳定砾石	
	LF-A-1S	LF-A-2S	LF-A-1L	LF-A-2L	LF-B-1S	LF-B-2S	LF-B-1L	LF-B-2L
37.5	—	—	—	—	100	—	100	—
31.5	100	—	100	—	100~90	100	100~90	100
26.5	95~91	100	96~93	100	94~81	100~90	95~84	100~90
19	85~76	89~82	88~81	91~86	83~67	87~73	87~72	91~77
16	80~69	84~73	84~75	87~79	78~61	82~65	83~67	86~71

续上表

筛孔尺寸(mm)	高速公路和一级公路				二级及二级以下公路			
	稳定碎石		稳定砾石		稳定碎石		稳定砾石	
	LF-A-1S	LF-A-2S	LF-A-1L	LF-A-2L	LF-B-1S	LF-B-2S	LF-B-1L	LF-B-2L
13.2	75 ~ 62	78 ~ 65	79 ~ 69	82 ~ 72	73 ~ 54	75 ~ 58	79 ~ 62	81 ~ 65
9.5	65 ~ 51	67 ~ 53	71 ~ 60	73 ~ 62	64 ~ 45	66 ~ 47	72 ~ 54	74 ~ 55
4.75	45 ~ 35	45 ~ 35	55 ~ 45	55 ~ 45	50 ~ 30	50 ~ 30	60 ~ 40	60 ~ 40
2.36	31 ~ 22	31 ~ 22	39 ~ 27	39 ~ 27	36 ~ 19	36 ~ 19	44 ~ 24	44 ~ 24
1.18	22 ~ 13	22 ~ 13	28 ~ 16	28 ~ 16	26 ~ 12	26 ~ 12	33 ~ 15	33 ~ 15
0.6	15 ~ 8	15 ~ 8	20 ~ 10	20 ~ 10	19 ~ 8	19 ~ 8	25 ~ 9	25 ~ 9
0.3	10 ~ 5	10 ~ 5	14 ~ 6	14 ~ 6	—	—	—	—
0.15	7 ~ 3	7 ~ 3	10 ~ 3	10 ~ 3	—	—	—	—
0.075	5 ~ 2	5 ~ 2	7 ~ 2	7 ~ 2	7 ~ 2	7 ~ 2	10 ~ 2	10 ~ 2

4.5.7 水泥粉煤灰稳定材料可采用表4.5.7中推荐的级配范围,并应符合下列规定:

1 用于高速公路和一级公路基层时,水泥粉煤灰总质量宜为12%,应不大于18%,各档被稳定材料总质量宜不小于85%,其公称最大粒径应不大于26.5mm,级配宜符合表4.5.7中CF-A-2L和CF-A-2S的规定。

2 用于高速公路和一级公路底基层时,各档被稳定材料总质量宜不小于80%,级配宜符合表4.5.7中CF-A-1L和CF-A-1S的规定。对极重、特重交通荷载等级,级配宜符合表4.5.7中CF-A-2L和CF-A-2S的规定。

3 用于二级及二级以下公路基层时,被稳定材料的公称最大粒径应不大于31.5mm,其总质量宜不小于80%,级配宜符合表4.5.7中CF-B-2L和CF-B-2S的规定。

4 用于二级及二级以下公路底基层时,各档被稳定材料总质量宜不小于75%,级配宜符合表4.5.7中CF-B-1L和CF-B-1S的规定。对极重、特重交通荷载等级,级配宜符合表4.5.7中CF-B-2L和CF-B-2S的规定。

表4.5.7 水泥粉煤灰稳定级配碎石或砾石的推荐级配范围(%)

筛孔尺寸(mm)	高速公路和一级公路				二级及二级以下公路			
	稳定碎石		稳定砾石		稳定碎石		稳定砾石	
	CF-A-1S	CF-A-2S	CF-A-1L	CF-A-2L	CF-B-1S	CF-B-2S	CF-B-1L	CF-B-2L
37.5	—	—	—	—	100	—	100	—
31.5	100	—	100	—	100 ~ 90	100	100 ~ 90	100
26.5	95 ~ 90	100	95 ~ 91	100	93 ~ 80	100 ~ 90	94 ~ 81	100 ~ 90
19	84 ~ 72	88 ~ 79	85 ~ 76	89 ~ 82	81 ~ 64	86 ~ 70	83 ~ 67	87 ~ 73
16	79 ~ 65	82 ~ 70	80 ~ 69	84 ~ 73	75 ~ 57	79 ~ 62	78 ~ 61	82 ~ 65
13.2	72 ~ 57	76 ~ 61	75 ~ 62	78 ~ 65	69 ~ 50	72 ~ 54	73 ~ 54	75 ~ 58

续上表

筛孔尺寸(mm)	高速公路和一级公路				二级及二级以下公路			
	稳定碎石		稳定砾石		稳定碎石		稳定砾石	
	CF-A-1S	CF-A-2S	CF-A-1L	CF-A-2L	CF-B-1S	CF-B-2S	CF-B-1L	CF-B-2L
9.5	62 ~ 47	64 ~ 49	65 ~ 51	67 ~ 53	60 ~ 40	62 ~ 42	64 ~ 45	66 ~ 47
4.75	40 ~ 30	40 ~ 30	45 ~ 35	45 ~ 35	45 ~ 25	45 ~ 25	50 ~ 30	50 ~ 30
2.36	28 ~ 19	28 ~ 19	33 ~ 22	33 ~ 22	31 ~ 16	31 ~ 16	36 ~ 19	36 ~ 19
1.18	20 ~ 12	20 ~ 12	24 ~ 13	24 ~ 13	22 ~ 11	22 ~ 11	26 ~ 12	26 ~ 12
0.6	14 ~ 8	14 ~ 8	18 ~ 8	18 ~ 8	15 ~ 7	15 ~ 7	19 ~ 8	19 ~ 8
0.3	10 ~ 5	10 ~ 5	13 ~ 5	13 ~ 5	—	—	—	—
0.15	7 ~ 3	7 ~ 3	10 ~ 3	10 ~ 3	—	—	—	—
0.075	5 ~ 2	5 ~ 2	7 ~ 2	7 ~ 2	5 ~ 2	5 ~ 2	7 ~ 2	7 ~ 2

4.5.8 级配碎石或砾石的级配范围宜符合下列规定:

1 用于高速公路和一级公路基层时,级配宜符合表4.5.8中级配G-A-4或G-A-5的规定。

2 用于高速公路和一级公路底基层时,级配宜符合表4.5.8中级配G-A-3或G-A-4的规定。

3 用于二级及二级以下公路的基层、底基层时,级配可符合表4.5.8中级配G-A-1或G-A-2的规定。

表4.5.8 级配碎石或砾石的推荐级配范围(%)

筛孔尺寸(mm)	G-A-1	G-A-2	G-A-3	G-A-4	G-A-5
37.5	100	—	—	—	—
31.5	100 ~ 90	100	100	—	—
26.5	93 ~ 80	100 ~ 90	95 ~ 90	100	100
19	81 ~ 64	86 ~ 70	84 ~ 72	88 ~ 79	100 ~ 95
16	75 ~ 57	79 ~ 62	79 ~ 65	82 ~ 70	89 ~ 82
13.2	69 ~ 50	72 ~ 54	72 ~ 57	76 ~ 61	79 ~ 70
9.5	60 ~ 40	62 ~ 42	62 ~ 47	64 ~ 49	63 ~ 53
4.75	45 ~ 25	45 ~ 25	40 ~ 30	40 ~ 30	40 ~ 30
2.36	31 ~ 16	31 ~ 16	28 ~ 19	28 ~ 19	28 ~ 19
1.18	22 ~ 11	22 ~ 11	20 ~ 12	20 ~ 12	20 ~ 12
0.6	15 ~ 7	15 ~ 7	14 ~ 8	14 ~ 8	14 ~ 8
0.3	—	—	10 ~ 5	10 ~ 5	10 ~ 5
0.15	—	—	7 ~ 3	7 ~ 3	7 ~ 3
0.075[a]	5 ~ 2	5 ~ 2	5 ~ 2	5 ~ 2	5 ~ 2

注:[a] 对无塑性的混合料,小于0.075mm的颗粒含量宜接近高限。

4.5.9 二级及二级以下公路底基层采用未筛分碎石、砾石时，宜采用表4.5.9中推荐的级配范围。

表4.5.9 未筛分碎石、砾石的推荐级配范围(%)

筛孔尺寸(mm)	G-B-1	G-B-2	筛孔尺寸(mm)	G-B-1	G-B-2
53	100	—	4.75	10~30	17~45
37.5	85~100	100	2.36	8~25	11~35
31.5	69~88	83~100	0.6	6~18	6~21
19.0	40~65	54~84	0.075	0~10	0~10
9.5	19~43	29~59			

4.5.10 用于底基层的天然砾石、砾石土宜采用表4.5.10中推荐的级配范围。

表4.5.10 天然砾石、砾石土的推荐级配范围(%)

筛孔尺寸(mm)	53	37.5	9.5	4.75	0.6	0.075
通过质量百分率(%)	100	80~100	40~100	25~85	8~45	0~15

4.5.11 级配碎石或砾石、未筛分碎石、天然砾石和砾石土等材料应符合下列规定：

1 液限宜不大于28%。

2 在潮湿多雨地区塑性指数宜小于6，其他地区宜小于9。

4.6 无机结合料稳定材料目标配合比设计技术要求

4.6.1 应根据当地材料的特点，通过原材料性能的试验评定，选择适宜的结合料类型，确定混合料配合比设计的技术标准。

4.6.2 在目标配合比设计中，应选择不少于5个结合料剂量，分别确定各剂量条件下混合料的最佳含水率和最大干密度。

4.6.3 应根据试验确定的最佳含水率、最大干密度及压实度要求成型标准试件，验证不同结合料剂量条件下混合料的技术性能，确定满足设计要求的最佳剂量。

4.6.4 水泥稳定材料配合比试验推荐水泥试验剂量可采用表4.6.4中的推荐值。

表 4.6.4 水泥稳定材料配合比试验推荐水泥试验剂量表

被稳定材料	条　件		推荐试验剂量(%)
有级配的碎石或砾石	基层	$R_d \geq 5.0$MPa	5、6、7、8、9
		$R_d < 5.0$MPa	3、4、5、6、7
土、砂、石屑等		塑性指数<12	5、7、9、11、13
		塑性指数≥12	8、10、12、14、16
有级配的碎石或砾石	底基层	—	3、4、5、6、7
土、砂、石屑等		塑性指数<12	4、5、6、7、8
		塑性指数≥12	6、8、10、12、14
碾压贫混凝土	基层	—	7、8.5、10、11.5、13

4.6.5 对水泥稳定材料,水泥的最小剂量应符合表 4.6.5 的规定。材料组成设计所得水泥剂量少于表 4.6.5 中的最小剂量时,应按表 4.6.5 采用最小剂量。

表 4.6.5 水泥的最小剂量(%)

被稳定材料类型	拌 和 方 法	
	路拌法	集中厂拌法
中、粗粒材料	4	3
细粒材料	5	4

4.6.6 对石灰粉煤灰稳定材料和水泥粉煤灰稳定材料,宜分别按表 4.4.4 和表 4.4.6 的推荐比例进行试验,必要时可采用正交设计或均匀设计方法。

4.6.7 对无机结合料稳定级配碎石或砾石材料,应根据当地材料特点和技术要求,优化设计混合料级配,确定目标级配曲线和合理的变化范围。

4.6.8 在目标级配曲线优化选择过程中,应选择不少于 4 条级配曲线,试验级配曲线可按本细则推荐的级配范围和以往工程经验或按附录 A 的方法构造。

4.6.9 在配合比设计试验中,应将各档石料筛分成单一粒径的规格逐档配料,并按相关的试验规程操作,保证每组试验的样本量。

4.6.10 选定目标级配曲线后,应对各档材料进行筛分,确定其平均筛分曲线及相应的变异系数,并按 2 倍标准差计算出各档材料筛分级配的波动范围。

4.6.11 应按下列步骤合成目标级配曲线并进行性能验证:

1 按确定的目标级配,根据各档材料的平均筛分曲线,确定其使用比例,得到混合料的合成级配。

2 根据合成级配进行混合料重型击实试验和7d龄期无侧限抗压强度试验,验证混合料性能。

4.6.12 应根据已确定的各档材料使用比例和各档材料级配的波动范围,计算实际生产中混合料的级配波动范围;并应针对这个波动范围的上、下限验证性能。

4.7 无机结合料稳定材料生产配合比设计技术要求

4.7.1 根据目标配合比确定的各档材料比例,应对拌和设备进行调试和标定,确定合理的生产参数。

4.7.2 拌和设备的调试和标定应包括料斗称量精度的标定、结合料剂量的标定和拌和设备加水量的控制等内容,并应符合下列规定:

1 绘制不少于5个点的结合料剂量标定曲线。

2 按各档材料的比例关系,设定相应的称量装置,调整拌和设备各个料仓的进料速度。

3 按设定好的施工参数进行第一阶段试生产,验证生产级配。不满足要求时,应进一步调整施工参数。

4.7.3 对水泥稳定、水泥粉煤灰稳定材料,应分别进行不同成型时间条件下的混合料强度试验,绘制相应的延迟时间曲线,并根据设计要求确定容许延迟时间。

4.7.4 应在第一阶段试生产试验的基础上进行第二阶段试验。分别按不同结合料剂量和含水率进行混合料试拌,并取样、试验。试验应符合下列规定:

1 通过混合料中实际含水率的测定,确定施工过程中水流量计的设定范围。

2 通过混合料中实际结合料剂量的测定,确定施工过程中结合料掺加的相关技术参数。

3 通过击实试验,确定结合料剂量变化、含水率变化对混合料最大干密度的影响。

4 通过抗压强度试验,确定材料的实际强度水平和拌和工艺的变异水平。

4.7.5 混合料生产参数的确定应包括结合料剂量、含水率和最大干密度等指标,并应符合下列规定:

1 对水泥稳定材料,工地实际采用的水泥剂量宜比室内试验确定的剂量多0.5~1.0个百分点。采用集中厂拌法施工时宜增加0.5个百分点;采用路拌法施工时宜增加1个百分点。

2 以配合比设计的结果为依据,综合考虑施工过程的气候条件,对水泥稳定材料,含水率可增加0.5~1.5个百分点;对其他稳定材料,可增加1~2个百分点。

3 最大干密度应以最终合成级配击实试验的结果为标准。

4.8 级配碎石配合比设计技术要求

4.8.1 用于不同公路等级、交通荷载等级和结构层位的级配碎石,CBR强度标准应满足表4.8.1的要求。

表4.8.1 级配碎石材料的CBR强度标准

结构层	公路等级	极重、特重交通	重交通	中、轻交通
基层	高速公路和一级公路	≥200	≥180	≥160
	二级及二级以下公路	≥160	≥140	≥120
底基层	高速公路和一级公路	≥120	≥100	≥80
	二级及二级以下公路	≥100	≥80	≥60

4.8.2 应以实际工程使用的材料为对象,根据本细则推荐的级配范围和以往工程经验或按附录A的方法,构造3~4条试验级配曲线,通过配合比试验,优化级配。

4.8.3 混合料配合比应采用重型击实或振动成型试验方法,确定最佳含水率和最大干密度。

4.8.4 应按试验确定的级配和最佳含水率,以及现场施工的压实标准成型标准试件,进行CBR强度试验和模量试验。

4.8.5 应选择CBR强度最高的级配作为工程使用的目标级配,并确定相应的最佳含水率。

4.8.6 选定目标级配曲线后,应针对各档材料进行筛分,确定各档材料的平均筛分曲线以及相应的变异系数,并按2倍标准差计算各档材料筛分级配的波动范围。

4.8.7 应按下列步骤合成目标级配曲线并验证性能:

1 按确定的目标级配,根据各档材料的平均筛分曲线,确定其使用比例,得到混合料的合成级配。

2 根据合成级配进行混合料的CBR或模量试验,验证混合料性能。

4.8.8 应根据已确定的各档材料使用比例和各档材料级配的波动范围,计算实际生产中混合料的级配波动范围;并应针对这个波动范围的上、下限验证性能。

4.8.9 应根据目标配合比确定的各档材料比例,调试和标定拌和设备,确保生产出的混合料满足目标级配的要求。

4.8.10 拌和设备的调试和标定应包括料斗称量精度的标定、设备加水量的控制等内容,并应符合下列规定:

1 按各档材料的比例关系,设定相应的称量装置,调整拌和设备各个料仓的进料速度。

2 按设定好的施工参数进行第一阶段试生产,验证生产级配。不满足要求时,应进一步调整施工参数。

4.8.11 应在第一阶段试生产试验的基础上进行第二阶段试验。按不同含水率试拌混合料,并取样、试验。试验应符合下列规定:

1 通过混合料中实际含水率的测定,确定施工过程中水流量计的设定范围。

2 通过击实试验,确定含水率变化对混合料最大干密度的影响。

3 通过 CBR 试验,确定材料的实际强度水平和拌和工艺的变异水平。

4.8.12 混合料生产含水率应依据配合比设计结果确定,可根据施工因素和气候条件增加0.5~1.5个百分点。

附录 A 无机结合料稳定材料级配设计

A.0.1 无机结合料稳定中、粗粒材料,级配碎石或砾石材料的级配宜采用粗集料断级配的方式构成。

A.0.2 粗集料断级配宜以级配的公称最大粒径及其通过率、4.75mm 及其通过率和 0.075mm 及其通过率为3个控制点。

A.0.3 粗集料断级配应由从公称最大粒径到4.75mm的粗集料级配曲线和4.75~0.075mm的细集料级配曲线构成。

A.0.4 宜采用下列数学模型分别构造粗、细集料级配曲线。

1 幂函数模型为:

$$y = ax^{b} \tag{A.0.4-1}$$

2 指数函数模型为:

$$y = a \cdot e^{bx} \tag{A.0.4-2}$$

3　对数函数模型为:

$$y = a\ln x + b \quad (A.0.4\text{-}3)$$

式中:y——通过率(%);

x——集料粒径(mm);

a、b——回归系数。

A.0.5　应按设定的混合料级配的公称最大粒径及其通过率和4.75mm及其通过率,计算粗集料级配曲线的a、b系数,构造粗集料级配曲线。

A.0.6　应按设定的混合料级配的4.75mm及其通过率和0.075mm及其通过率,计算细集料级配曲线的a、b系数,构造细集料级配曲线。

A.0.7　应按两条级配曲线分别计算各筛孔通过率,完成级配的设计。

十二、公路工程沥青及沥青混合料试验规程
（JTG E20—2011）

3 沥青试验

T 0604—2011 沥青针入度试验

1 目的与适用范围

本方法适用于测定道路石油沥青、聚合物改性沥青针入度以及液体石油沥青蒸馏或乳化沥青蒸发后残留物的针入度，以 0.1mm 计。其标准试验条件为温度 25℃，荷重 100g，贯入时间 5s。

针入度指数 PI 用以描述沥青的温度敏感性，宜在 15℃、25℃、30℃等 3 个或 3 个以上温度条件下测定针入度后按规定的方法计算得到，若 30℃时的针入度值过大，可采用 5℃代替。当量软化点 T_{800}是相当于沥青针入度为 800 时的温度，用以评价沥青的高温稳定性。当量脆点 $T_{1.2}$是相当于沥青针入度为 1.2 时的温度，用以评价沥青的低温抗裂性能。

2 仪具与材料技术要求

2.1 针入度仪：为提高测试精度，针入度试验宜采用能够自动计时的针入度仪进行测定，要求针和针连杆必须在无明显摩擦下垂直运动，针的贯入深度必须准确至 0.1mm。针和针连杆组合件总质量为 50g ±0.05g，另附 50g ±0.05g 砝码一只，试验时总质量为 100g ±0.05g。仪器应有放置平底玻璃保温皿的平台，并有调节水平的装置，针连杆应与平台相垂直。应有针连杆制动按钮，使针连杆可自由下落。针连杆应易于装拆，以便检查其质量。仪器还设有可自由转动与调节距离的悬臂，其端部有一面小镜或聚光灯泡，借以观察针尖与试样表面接触情况。且应对装置的准确性经常校验。当采用其他试验条件时，应在试验结果中注明。

2.2 标准针：由硬化回火的不锈钢制成，洛氏硬度 HRC54 ~60，表面粗糙度 Ra0.2 ~0.3μm，针及针杆总质量 2.5g ±0.05g。针杆上应打印有号码标志。针应设有固定用装置盒（筒），以免碰撞针尖。每根针必须附有计量部门的检验单，并定期进行检验。其尺寸及形状如图 T 0604-1 所示。

2.3 盛样皿：金属制，圆柱形平底。小盛样皿的内径 55mm，深 35mm（适用于针入度小于 200 的试样）；大盛样皿内径 70mm，深 45mm（适用于针入度为 200 ~350 的试样）；对针入度大于 350 的试样需使用特殊盛样皿，其深度不小于 60mm，容积不小于 125mL。

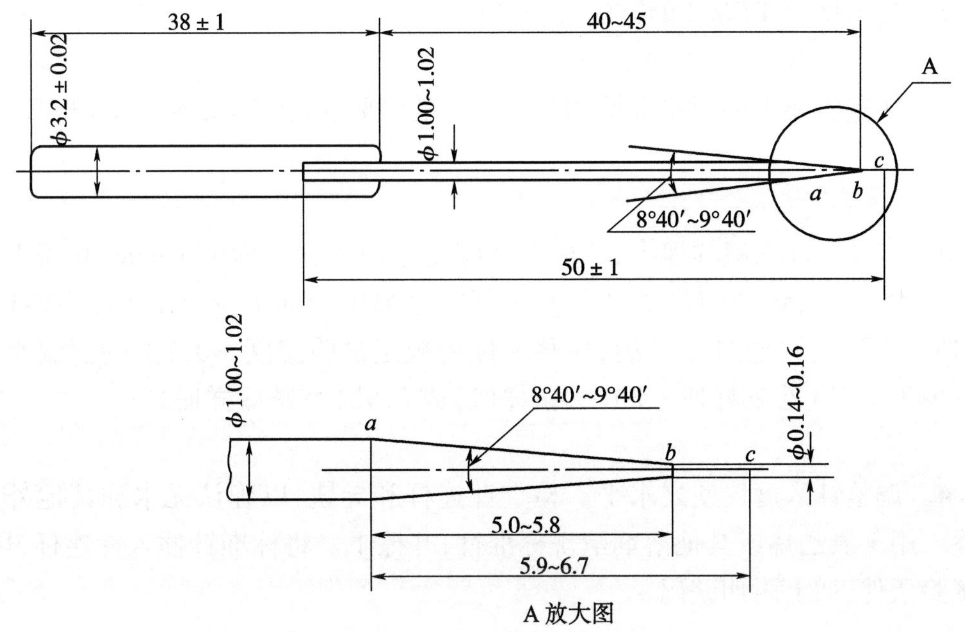

图 T 0604-1 针入度标准针(尺寸单位:mm)

2.4 恒温水槽:容量不小于 10L,控温的准确度为 0.1℃。水槽中应设有一带孔的搁架,位于水面下不得少于 100mm,距水槽底不得少于 50mm 处。

2.5 平底玻璃皿:容量不小于 1L,深度不小于 80mm。内设有一不锈钢三脚支架,能使盛样皿稳定。

2.6 温度计或温度传感器:精度为 0.1℃。

2.7 计时器:精度为 0.1s。

2.8 位移计或位移传感器:精度为 0.1mm。

2.9 盛样皿盖:平板玻璃,直径不小于盛样皿开口尺寸。

2.10 溶剂:三氯乙烯等。

2.11 其他:电炉或砂浴、石棉网、金属锅或瓷把坩埚等。

3 方法与步骤

3.1 准备工作

3.1.1 按本规程 T 0602 的方法准备试样。

3.1.2 按试验要求将恒温水槽调节到要求的试验温度25℃,或15℃、30℃(5℃),保持稳定。

3.1.3 将试样注入盛样皿中,试样高度应超过预计针入度值10mm,并盖上盛样皿,以防落入灰尘。盛有试样的盛样皿在15~30℃室温中冷却不少于1.5h(小盛样皿)、2h(大盛样皿)或3h(特殊盛样皿)后,应移入保持规定试验温度±0.1℃的恒温水槽中,并应保温不少于1.5h(小盛样皿)、2h(大试样皿)或2.5h(特殊盛样皿)。

3.1.4 调整针入度仪使之水平。检查针连杆和导轨,以确认无水和其他外来物,无明显摩擦。用三氯乙烯或其他溶剂清洗标准针,并擦干。将标准针插入针连杆,用螺钉固紧。按试验条件,加上附加砝码。

3.2 试验步骤

3.2.1 取出达到恒温的盛样皿,并移入水温控制在试验温度±0.1℃(可用恒温水槽中的水)的平底玻璃皿中的三脚支架上,试样表面以上的水层深度不小于10mm。

3.2.2 将盛有试样的平底玻璃皿置于针入度仪的平台上。慢慢放下针连杆,用适当位置的反光镜或灯光反射观察,使针尖恰好与试样表面接触,将位移计或刻度盘指针复位为零。

3.2.3 开始试验,按下释放键,这时计时与标准针落下贯入试样同时开始,至5s时自动停止。

3.2.4 读取位移计或刻度盘指针的读数,准确至0.1mm。

3.2.5 同一试样平行试验至少3次,各测试点之间及与盛样皿边缘的距离不应小于10mm。每次试验后应将盛有盛样皿的平底玻璃皿放入恒温水槽,使平底玻璃皿中水温保持试验温度。每次试验应换一根干净标准针或将标准针取下用蘸有三氯乙烯溶剂的棉花或布揩净,再用干棉花或布擦干。

3.2.6 测定针入度大于200的沥青试样时,至少用3支标准针,每次试验后将针留在试样中,直至3次平行试验完成后,才能将标准针取出。

3.2.7 测定针入度指数PI时,按同样的方法在15℃、25℃、30℃(或5℃)3个或3

个以上(必要时增加10℃、20℃等)温度条件下分别测定沥青的针入度,但用于仲裁试验的温度条件应为5个。

4 计算

根据测试结果可按以下方法计算针入度指数、当量软化点及当量脆点。

4.1 公式计算法

4.1.1 将3个或3个以上不同温度条件下测试的针入度值取对数,令 $y = \lg P, x = T$,按式(T 0604-1)的针入度对数与温度的直线关系,进行 $y = a + bx$ 一元一次方程的直线回归,求取针入度温度指数 $A_{\lg Pen}$。

$$\lg P = K + A_{\lg Pen} \times T \quad (T\ 0604\text{-}1)$$

式中:$\lg P$——不同温度条件下测得的针入度值的对数;

T——试验温度(℃);

K——回归方程的常数项 a;

$A_{\lg Pen}$——回归方程的系数 b。

按式(T 0604-1)回归时必须进行相关性检验,直线回归相关系数 R 不得小于0.997(置信度95%),否则,试验无效。

4.1.2 按式(T 0604-2)确定沥青的针入度指数,并记为PI。

$$\mathrm{PI} = \frac{20 - 500A_{\lg Pen}}{1 + 50A_{\lg Pen}} \quad (T\ 0604\text{-}2)$$

4.1.3 按式(T 0604-3)确定沥青的当量软化点 T_{800}。

$$T_{800} = \frac{\lg 800 - K}{A_{\lg Pen}} = \frac{2.9031 - K}{A_{\lg Pen}} \quad (T\ 0604\text{-}3)$$

4.1.4 按式(T 0604-4)确定沥青的当量脆点 $T_{1.2}$。

$$T_{1.2} = \frac{\lg 1.2 - K}{A_{\lg Pen}} = \frac{0.0792 - K}{A_{\lg Pen}} \quad (T\ 0604\text{-}4)$$

4.1.5 按式(T 0604-5)计算沥青的塑性温度范围 ΔT。

$$\Delta T = T_{800} - T_{1.2} = \frac{2.8239}{A_{\lg Pen}} \quad (T\ 0604\text{-}5)$$

4.2 诺模图法

将3个或3个以上不同温度条件下测试的针入度值绘于图T 0604-2的针入度温度关系诺模图中,按最小二乘法法则绘制回归直线,将直线向两端延长,分别与针入度为800

及1.2的水平线相交，交点的温度即为当量软化点 T_{800} 和当量脆点 $T_{1.2}$。以图中 O 点为原点，绘制回归直线的平行线，与PI线相交，读取交点处的PI值即为该沥青的针入度指数。此法不能检验针入度对数与温度直线回归的相关系数，仅供快速草算时使用。

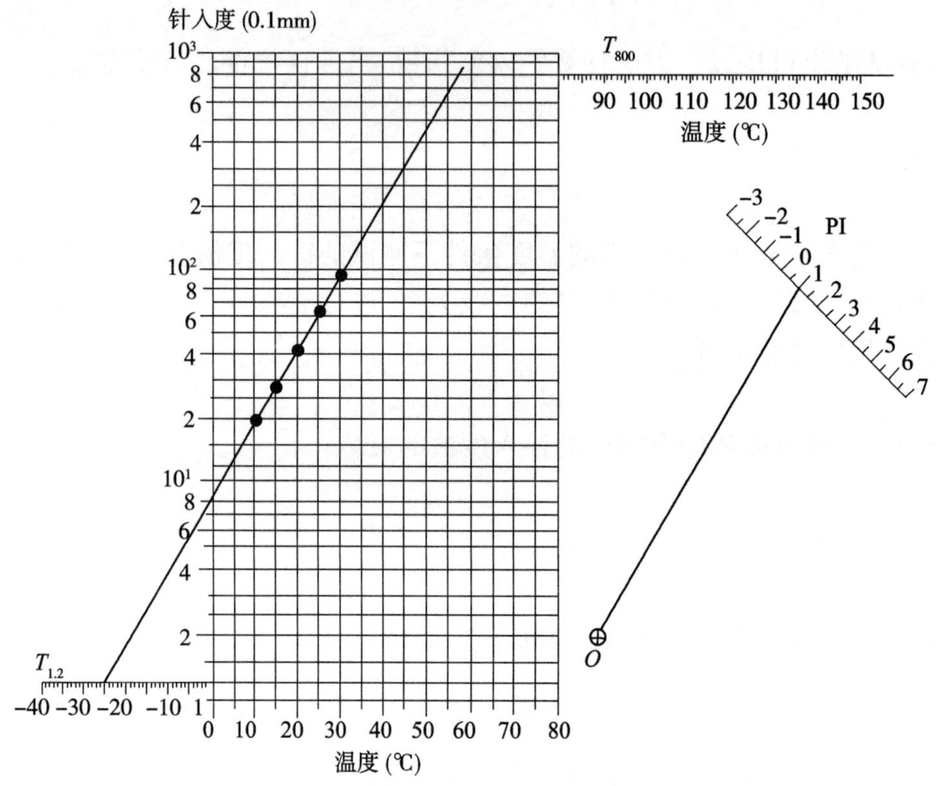

图 T 0604-2　确定道路沥青 PI、T_{800}、$T_{1.2}$ 的针入度温度关系诺模图

5　报告

5.1　应报告标准温度(25℃)时的针入度以及其他试验温度 T 所对应的针入度，及由此求取针入度指数PI、当量软化点 T_{800}、当量脆点 $T_{1.2}$ 的方法和结果。当采用公式计算法时，应报告按式(T 0604-1)回归的直线相关系数 R。

5.2　同一试样3次平行试验结果的最大值和最小值之差在下列允许误差范围内时，计算3次试验结果的平均值，取整数作为针入度试验结果，以0.1mm计。

针入度(0.1mm)	允许误差(0.1mm)
0～49	2
50～149	4
150～249	12
250～500	20

当试验值不符合此要求时，应重新进行试验。

6 允许误差

6.1 当试验结果小于50(0.1mm)时,重复性试验的允许误差为2(0.1mm),再现性试验的允许误差为4(0.1mm)。

6.2 当试验结果大于或等于50(0.1mm)时,重复性试验的允许误差为平均值的4%,再现性试验的允许误差为平均值的8%。

T 0605—2011 沥青延度试验

1 目的与适用范围

1.1 本方法适用于测定道路石油沥青、聚合物改性沥青、液体石油沥青蒸馏残留物和乳化沥青蒸发残留物等材料的延度。

1.2 沥青延度的试验温度与拉伸速率可根据要求采用,通常采用的试验温度为25℃、15℃、10℃或5℃,拉伸速度为5cm/min ± 0.25cm/min。当低温采用1cm/min ± 0.5 cm/min拉伸速度时,应在报告中注明。

2 仪具与材料技术要求

2.1 延度仪:延度仪的测量长度不宜大于150cm,仪器应有自动控温、控速系统。应满足试件浸没于水中,能保持规定的试验温度及规定的拉伸速度拉伸试件,且试验时应无明显振动。该仪器的形状及组成如图T 0605-1所示。

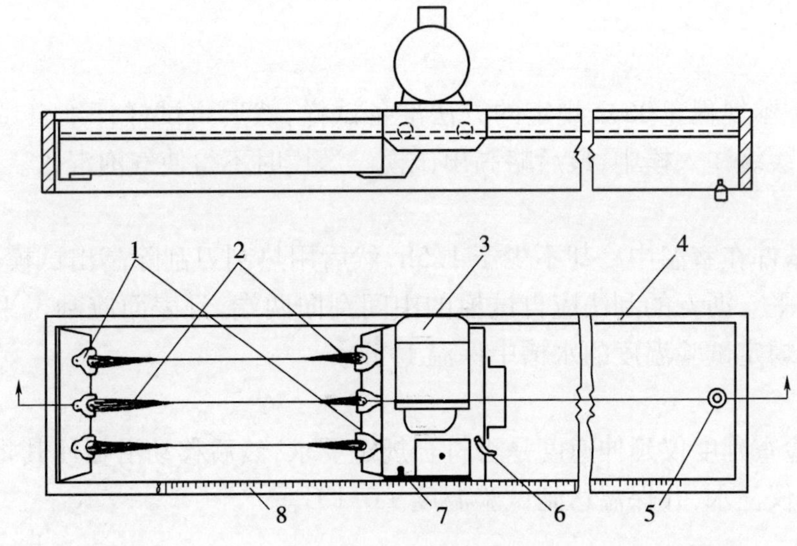

图T 0605-1 延度仪

1-试模;2-试样;3-电机;4-水槽;5-泄水孔;6-开关柄;7-指针;8-标尺

2.2 试模:黄铜制,由两个端模和两个侧模组成,试模内侧表面粗糙度Ra0.2μm。其形状及尺寸如图T 0605-2所示。

2.3 试模底板:玻璃板或磨光的铜板、不锈钢板(表面粗糙度 Ra0.2μm)。

2.4 恒温水槽:容量不少于10L,控制温度的准确度为0.1℃。水槽中应设有带孔搁架,搁架距水槽底不得少于50mm。试件浸入水中深度不小于100mm。

2.5 温度计:量程0~50℃,分度值0.1℃。

2.6 砂浴或其他加热炉具。

2.7 甘油滑石粉隔离剂(甘油与滑石粉的质量比2:1)。

2.8 其他:平刮刀、石棉网、酒精、食盐等。

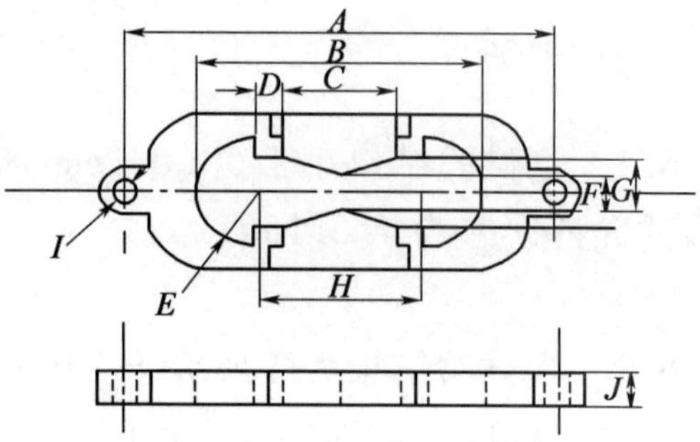

图 T 0605-2 延度仪试模

A-两端模环中心点距离 111.5 ~ 113.5mm;*B*-试件总长 74.5 ~ 75.5mm;*C*-端模间距 29.7 ~ 30.3mm;*D*-肩长 6.8 ~ 7.2mm;*E*-半径 15.75 ~ 16.25mm;*F*-最小横断面宽 9.9 ~ 10.1mm;*G*-端模口宽 19.8 ~ 20.2mm;*H*-两半圆心间距离 42.9 ~ 43.1mm;*I*-端模孔直径 6.5 ~ 6.7mm;*J*-厚度 9.9 ~ 10.1mm

3 方法与步骤

3.1 准备工作

3.1.1 将隔离剂拌和均匀,涂于清洁干燥的试模底板和两个侧模的内侧表面,并将试模在试模底板上装妥。

3.1.2 按本规程 T 0602 规定的方法准备试样,然后将试样仔细自试模的一端至另一端往返数次缓缓注入模中,最后略高出试模。灌模时不得使气泡混入。

3.1.3 试件在室温中冷却不少于1.5h,然后用热刮刀刮除高出试模的沥青,使沥青面与试模面齐平。沥青的刮法应自试模的中间刮向两端,且表面应刮得平滑。将试模连同底板再放入规定试验温度的水槽中保温1.5h。

3.1.4 检查延度仪延伸速度是否符合规定要求,然后移动滑板使其指针正对标尺的零点。将延度仪注水,并保温达到试验温度±0.1℃。

3.2 试验步骤

3.2.1 将保温后的试件连同底板移入延度仪的水槽中,然后将盛有试样的试模自玻璃板或不锈钢板上取下,将试模两端的孔分别套在滑板及槽端固定板的金属柱上,并取下侧模。水面距试件表面应不小于25mm。

3.2.2 开动延度仪,并注意观察试样的延伸情况。此时应注意,在试验过程中,水温应始终保持在试验温度规定范围内,且仪器不得有振动,水面不得有晃动,当水槽采用循环水时,应暂时中断循环,停止水流。在试验中,当发现沥青细丝浮于水面或沉入槽底时,应在水中加入酒精或食盐,调整水的密度至与试样相近后,重新试验。

3.2.3 试件拉断时,读取指针所指标尺上的读数,以cm计。在正常情况下,试件延伸时应成锥尖状,拉断时实际断面接近于零。如不能得到这种结果,则应在报告中注明。

4 报告

同一样品,每次平行试验不少于3个,如3个测定结果均大于100cm,试验结果记作“>100cm”;特殊需要也可分别记录实测值。3个测定结果中,当有一个以上的测定值小于100cm时,若最大值或最小值与平均值之差满足重复性试验要求,则取3个测定结果的平均值的整数作为延度试验结果,若平均值大于100cm,记作“>100cm”;若最大值或最小值与平均值之差不符合重复性试验要求时,试验应重新进行。

5 允许误差

当试验结果小于100cm时,重复性试验的允许误差为平均值的20%,再现性试验的允许误差为平均值的30%。

T 0606—2011 沥青软化点试验(环球法)

1 目的与适用范围

本方法适用于测定道路石油沥青、聚合物改性沥青的软化点,也适用于测定液体石油沥青、煤沥青蒸馏残留物或乳化沥青蒸发残留物的软化点。

2 仪具与材料技术要求

2.1 软化点试验仪:如图T 0606-1所示。由下列部件组成:

2.1.1 钢球:直径9.53mm,质量3.5g±0.05g。

2.1.2 试样环:黄铜或不锈钢等制成,形状和尺寸如图T 0606-2所示。

2.1.3 钢球定位环:黄铜或不锈钢制成,形状和尺寸如图T 0606-3所示。

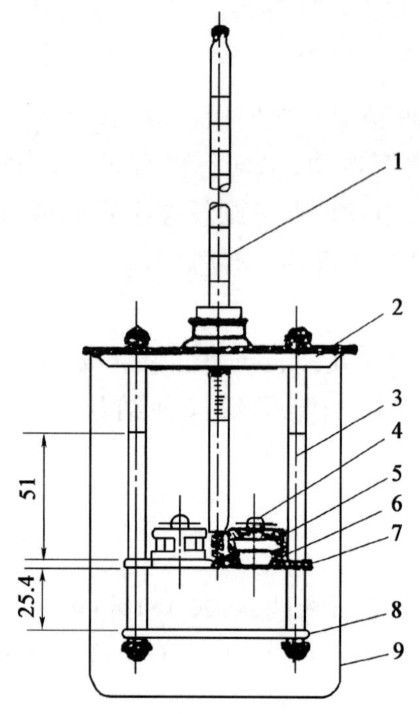

图 T 0606-1　软化点试验仪

1-温度计;2-上盖板;3-立杆;4-钢球;5-钢球定位环;6-金属环;7-中层板;8-下底板;9-烧杯

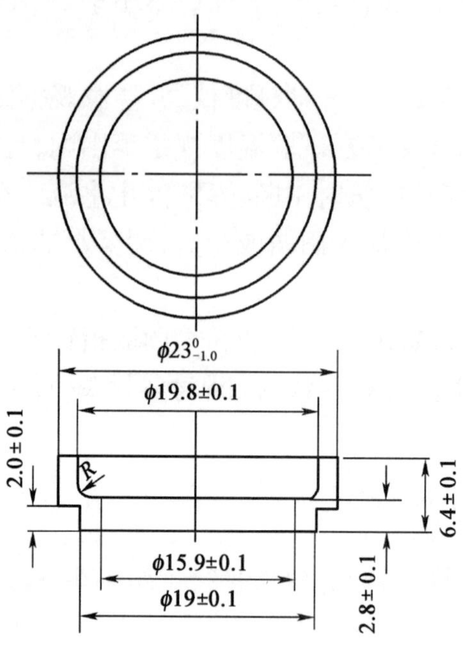

图 T 0606-2　试样环(尺寸单位:mm)

2.1.4　金属支架:由两个主杆和三层平行的金属板组成。上层为一圆盘,直径略大于烧杯直径,中间有一圆孔,用以插放温度计。中层板形状和尺寸如图 T 0606-4 所示。板上有两个孔,各放置金属环,中间有一小孔可支持温度计的测温端部。一侧立杆距环上面 51mm 处刻有水高标记。环下面距下层底板为 25.4mm,而下底板距烧杯底不小于 12.7mm,也不得大于 19mm。三层金属板和两个主杆由两螺母固定在一起。

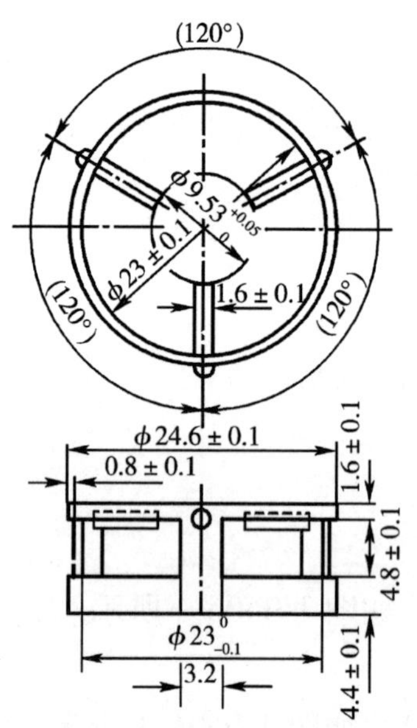

图 T 0606-3　钢球定位环(尺寸单位:mm)

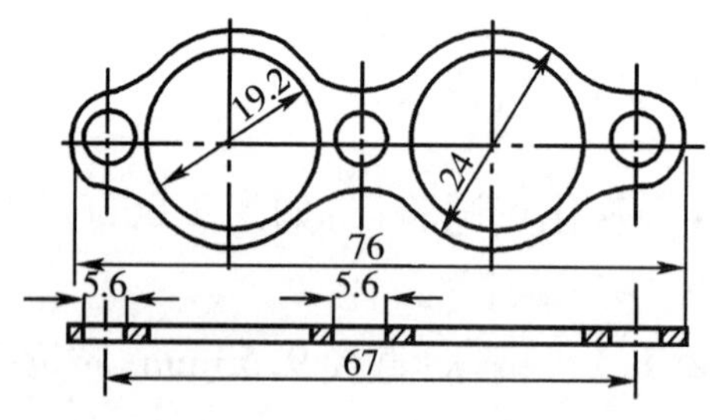

图 T 0606-4　中层板(尺寸单位:mm)

2.1.5 耐热玻璃烧杯:容量800~1000mL,直径不小于86mm,高不小于120mm。

2.1.6 温度计:量程0~100℃,分度值0.5℃。

2.2 装有温度调节器的电炉或其他加热炉具(液化石油气、天然气等)。应采用带有振荡搅拌器的加热电炉,振荡子置于烧杯底部。

2.3 当采用自动软化点仪时,各项要求应与2.1及2.2相同,温度采用温度传感器测定,并能自动显示或记录,且应对自动装置的准确性经常校验。

2.4 试样底板:金属板(表面粗糙度应达Ra0.8μm)或玻璃板。

2.5 恒温水槽:控温的准确度为±0.5℃。

2.6 平直刮刀。

2.7 甘油、滑石粉隔离剂(甘油与滑石粉的质量比为2:1)。

2.8 蒸馏水或纯净水。

2.9 其他:石棉网。

3 方法与步骤

3.1 准备工作

3.1.1 将试样环置于涂有甘油滑石粉隔离剂的试样底板上。按本规程T 0602的规定方法将准备好的沥青试样徐徐注入试样环内至略高出环面为止。

如估计试样软化点高于120℃,则试样环和试样底板(不用玻璃板)均应预热至80~100℃。

3.1.2 试样在室温冷却30min后,用热刮刀刮除环面上的试样,应使其与环面齐平。

3.2 试验步骤

3.2.1 试样软化点在80℃以下者:

1)将装有试样的试样环连同试样底板置于装有5℃±0.5℃水的恒温水槽中至少15min;同时将金属支架、钢球、钢球定位环等亦置于相同水槽中。

2）烧杯内注入新煮沸并冷却至5℃的蒸馏水或纯净水，水面略低于立杆上的深度标记。

3）从恒温水槽中取出盛有试样的试样环放置在支架中层板的圆孔中，套上定位环；然后将整个环架放入烧杯中，调整水面至深度标记，并保持水温为5℃ ±0.5℃。环架上任何部分不得附有气泡。将0～100℃的温度计由上层板中心孔垂直插入，使端部测温头底部与试样环下面齐平。

4）将盛有水和环架的烧杯移至放有石棉网的加热炉具上，然后将钢球放在定位环中间的试样中央，立即开动电磁振荡搅拌器，使水微微振荡，并开始加热，使杯中水温在3min内调节至维持每分钟上升5℃ ±0.5℃。在加热过程中，应记录每分钟上升的温度值，如温度上升速度超出此范围，则试验应重做。

5）试样受热软化逐渐下坠，至与下层底板表面接触时，立即读取温度，准确至0.5℃。

3.2.2 试样软化点在80℃以上者：

1）将装有试样的试样环连同试样底板置于装有32℃ ±1℃甘油的恒温槽中至少15min；同时将金属支架、钢球、钢球定位环等亦置于甘油中。

2）在烧杯内注入预先加热至32℃的甘油，其液面略低于立杆上的深度标记。

3）从恒温槽中取出装有试样的试样环，按上述3.2.1的方法进行测定，准确至1℃。

4 报告

同一试样平行试验两次，当两次测定值的差值符合重复性试验允许误差要求时，取其平均值作为软化点试验结果，准确至0.5℃。

5 允许误差

5.1 当试样软化点小于80℃时，重复性试验的允许误差为1℃，再现性试验的允许误差为4℃。

5.2 当试样软化点大于或等于80℃时，重复性试验的允许误差为2℃，再现性试验的允许误差为8℃。

4 沥青混合料试验

T 0702—2011 沥青混合料试件制作方法(击实法)

1 目的与适用范围

1.1 本方法适用于采用标准击实法或大型击实法制作沥青混合料试件，以供试验室进行沥青混合料物理力学性质试验使用。

1.2 标准击实法适用于标准马歇尔试验、间接抗拉试验(劈裂法)等所使用的 ϕ101.6mm×63.5mm 圆柱体试件的成型。大型击实法适用于大型马歇尔试验和 ϕ152.4mm×95.3mm 大型圆柱体试件的成型。

1.3 沥青混合料试件制作时的条件及试件数量应符合下列规定:

1.3.1 当集料公称最大粒径小于或等于 26.5mm 时,采用标准击实法。一组试件的数量不少于 4 个。

1.3.2 当集料公称最大粒径大于 26.5mm 时,宜采用大型击实法。一组试件数量不少于 6 个。

2 仪具与材料技术要求

2.1 自动击实仪:击实仪应具有自动记数、控制仪表、按钮设置、复位及暂停等功能。按其用途分为以下两种:

2.1.1 标准击实仪:由击实锤、ϕ98.5mm±0.5mm 平圆形压实头及带手柄的导向棒组成。用机械将压实锤提升,至 457.2mm±1.5mm 高度沿导向棒自由落下连续击实,标准击实锤质量 4 536g±9g。

2.1.2 大型击实仪:由击实锤、ϕ149.4±0.1mm 平圆形压实头及带手柄的导向棒组成。用机械将压实锤提升,至 457.2mm±2.5mm 高度沿导向棒自由落下击实,大型击实锤质量 10 210g±10g。

2.2 试验室用沥青混合料拌和机:能保证拌和温度并充分拌和均匀,可控制拌和时间,容量不小于 10L,如图 T 0702-1 所示。搅拌叶自转速度 70~80r/min,公转速度 40~50r/min。

2.3 试模:由高碳钢或工具钢制成,几何尺寸如下:

2.3.1 标准击实仪试模的内径为 101.6mm±0.2mm,圆柱形金属筒高 87mm,底座直径约 120.6mm,套筒内径104.8mm、高 70mm。

2.3.2 大型击实仪的试模与套筒尺寸如图 T 0702-2 所示。套筒外径 165.1mm,内径 155.6mm±0.3mm,总高 83mm。试模内径 152.4mm±0.2mm,总高 115mm;底座板厚 12.7mm,直径 172mm。

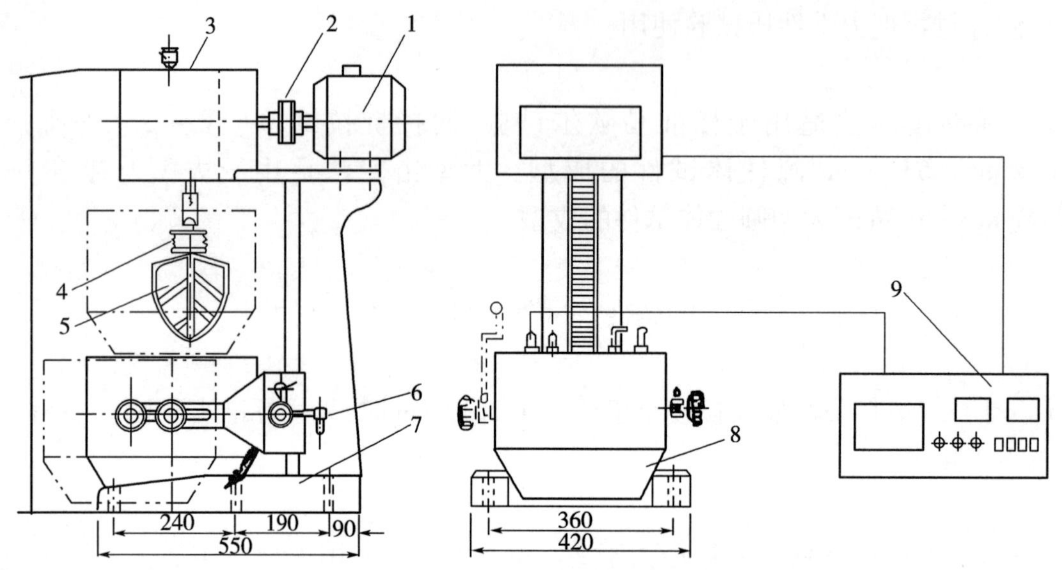

图 T 0702-1　试验室用沥青混合料拌和机

1-电机;2-联轴器;3-变速箱;4-弹簧;5-拌和叶片;6-升降手柄;7-底座;8-加热拌和锅;9-温度时间控制仪

2.4　脱模器:电动或手动,应能无破损地推出圆柱体试件,备有标准试件及大型试件尺寸的推出环。

2.5　烘箱:大、中型各 1 台,应有温度调节器。

2.6　天平或电子秤:用于称量沥青的,感量不大于 0.1g;用于称量矿料的,感量不大于 0.5g。

2.7　布洛克菲尔德黏度计。

2.8　插刀或大螺丝刀。

2.9　温度计:分度值 1℃。宜采用有金属插杆的插入式数显温度计,金属插杆的长度不小于 150mm。量程 0 ~ 300℃。

165.1
套筒
155.6 ± 0.3
75.5 ± 0.3
试模
152.4 ± 0.2
101.5 ± 0.3
151.6 ± 0.3
12.7 ± 0.3

图 T 0702-2　大型圆柱体试件的试模与套筒(尺寸单位:mm)

2.10　其他:电炉或煤气炉、沥青熔化锅、拌和铲、标准筛、滤纸(或普通纸)、胶布、卡尺、秒表、粉笔、棉纱等。

3　准备工作

3.1　确定制作沥青混合料试件的拌和温度与压实温度。

3.1.1　按本规程测定沥青的黏度,绘制黏温曲线。按表 T 0702-1 的要求确定适宜于沥青混合料拌和及压实的等黏温度。

表 T 0702-1　沥青混合料拌和及压实的沥青等黏温度

沥青结合料种类	黏度与测定方法	适宜于拌和的沥青结合料黏度	适宜于压实的沥青结合料黏度
石油沥青	表观黏度,T 0625	0.17Pa·s±0.02Pa·s	0.28Pa·s±0.03Pa·s

注:液体沥青混合料的压实成型温度按石油沥青要求执行。

3.1.2　当缺乏沥青黏度测定条件时,试件的拌和与压实温度可按表 T 0702-2 选用,并根据沥青品种和标号作适当调整。针入度小、稠度大的沥青取高限;针入度大、稠度小的沥青取低限;一般取中值。

表 T 0702-2　沥青混合料拌和及压实温度参考表

沥青结合料种类	拌和温度(℃)	压实温度(℃)
石油沥青	140~160	120~150
改性沥青	160~175	140~170

3.1.3　对改性沥青,应根据实践经验、改性剂的品种和用量,适当提高混合料的拌和和压实温度;对大部分聚合物改性沥青,通常在普通沥青的基础上提高 10~20℃;掺加纤维时,尚需再提高 10℃左右。

3.1.4　常温沥青混合料的拌和及压实在常温下进行。

3.2　沥青混合料试件的制作条件

3.2.1　在拌和厂或施工现场采取沥青混合料制作试样时,按本规程 T 0701 的方法取样,将试样置于烘箱中加热或保温,在混合料中插入温度计测量温度,待混合料温度符合要求后成型。需要拌和时可倒入已加热的室内沥青混合料拌和机中适当拌和,时间不超过 1min。不得在电炉或明火上加热炒拌。

3.2.2　在试验室人工配制沥青混合料时,试件的制作按下列步骤进行:

1)将各种规格的矿料置 105℃±5℃的烘箱中烘干至恒重(一般不少于 4~6h)。

2)将烘干分级的粗、细集料,按每个试件设计级配要求称其质量,在一金属盘中混合均匀,矿粉单独放入小盆里;然后置烘箱中加热至沥青拌和温度以上约 15℃(采用石油沥青时通常为 163℃;采用改性沥青时通常需 180℃)备用。一般按一组试件(每组 4~6 个)备料,但进行配合比设计时宜对每个试件分别备料。常温沥青混合料的矿料不应加热。

3)将按本规程 T 0601 采取的沥青试样,用烘箱加热至规定的沥青混合料拌和温度,但不得超过 175℃。当不得已采用燃气炉或电炉直接加热进行脱水时,必须使用石棉垫隔开。

4　拌制沥青混合料

4.1　黏稠石油沥青混合料：

4.1.1　用蘸有少许黄油的棉纱擦净试模、套筒及击实座等，置100℃左右烘箱中加热1h备用。常温沥青混合料用试模不加热。

4.1.2　将沥青混合料拌和机提前预热至拌和温度10℃左右。

4.1.3　将加热的粗细集料置于拌和机中，用小铲子适当混合；然后加入需要数量的沥青（如沥青已称量在一专用容器内时，可在倒掉沥青后用一部分热矿粉将黏在容器壁上的沥青擦拭掉并一起倒入拌和锅中），开动拌和机一边搅拌一边使拌和叶片插入混合料中拌和1～1.5min；暂停拌和，加入加热的矿粉，继续拌和至均匀为止，并使沥青混合料保持在要求的拌和温度范围内。标准的总拌和时间为3min。

4.2　液体石油沥青混合料：将每组（或每个）试件的矿料置已加热至55～100℃的沥青混合料拌和机中，注入要求数量的液体沥青，并将混合料边加热边拌和，使液体沥青中的溶剂挥发至50%以下。拌和时间应事先试拌决定。

4.3　乳化沥青混合料：将每个试件的粗细集料，置于沥青混合料拌和机（不加热，也可用人工炒拌）中；注入计算的用水量（阴离子乳化沥青不加水）后，拌和均匀并使矿料表面完全湿润；再注入设计的沥青乳液用量，在1min内使混合料拌匀；然后加入矿粉后迅速拌和，使混合料拌成褐色为止。

5　成型方法

5.1　击实法的成型步骤如下：

5.1.1　将拌好的沥青混合料，用小铲适当拌和均匀，称取一个试件所需的用量（标准马歇尔试件约1 200g，大型马歇尔试件约4 050g）。当已知沥青混合料的密度时，可根据试件的标准尺寸计算并乘以1.03得到要求的混合料数量。当一次拌和几个试件时，宜将其倒入经预热的金属盘中，用小铲适当拌和均匀分成几份，分别取用。在试件制作过程中，为防止混合料温度下降，应连盘放在烘箱中保温。

5.1.2　从烘箱中取出预热的试模及套筒，用蘸有少许黄油的棉纱擦拭套筒、底座及击实锤底面。将试模装在底座上，放一张圆形的吸油性小的纸，用小铲将混合料铲入试模中，用插刀或大螺丝刀沿周边插捣15次，中间捣10次。插捣后将沥青混合料表面整平。对大型击实法的试件，混合料分两次加入，每次插捣次数同上。

5.1.3 插入温度计至混合料中心附近,检查混合料温度。

5.1.4 待混合料温度符合要求的压实温度后,将试模连同底座一起放在击实台上固定。在装好的混合料上面垫一张吸油性小的圆纸,再将装有击实锤及导向棒的压实头放入试模中。开启电机,使击实锤从457mm的高度自由落下到击实规定的次数(75次或50次)。对大型试件,击实次数为75次(相应于标准击实的50次)或112次(相应于标准击实75次)。

5.1.5 试件击实一面后,取下套筒,将试模翻面,装上套筒;然后以同样的方法和次数击实另一面。

乳化沥青混合料试件在两面击实后,将一组试件在室温下横向放置24h;另一组试件置温度为105℃ ±5℃的烘箱中养生24h。将养生试件取出后再立即两面锤击各25次。

5.1.6 试件击实结束后,立即用镊子取掉上下面的纸,用卡尺量取试件离试模上口的高度并由此计算试件高度。高度不符合要求时,试件应作废,并按式(T 0702-1)调整试件的混合料质量,以保证高度符合63.5mm ±1.3mm(标准试件)或95.3mm ±2.5mm(大型试件)的要求。

$$\text{调整后混合料质量} = \frac{\text{要求试件高度} \times \text{原用混合料质量}}{\text{所得试件的高度}} \tag{T 0702-1}$$

5.2 卸去套筒和底座,将装有试件的试模横向放置冷却至室温后(不少于12h),置脱模机上脱出试件。用于本规程T 0709现场马歇尔指标检验的试件,在施工质量检验过程中如急需试验,允许采用电风扇吹冷1h或浸水冷却3min以上的方法脱模;但浸水脱模法不能用于测量密度、空隙率等各项物理指标。

5.3 将试件仔细置于干燥洁净的平面上,供试验用。

T 0705—2011　压实沥青混合料密度试验(表干法)

1　目的与适用范围

1.1 本方法适用于测定吸水率不大于2%的各种沥青混合料试件,包括密级配沥青混凝土、沥青玛蹄脂碎石混合料(SMA)和沥青稳定碎石等沥青混合料试件的毛体积相对密度和毛体积密度。标准温度为25℃ ±0.5℃。

1.2 本方法测定的毛体积相对密度和毛体积密度适用于计算沥青混合料试件的空隙率、矿料间隙率等各项体积指标。

2　仪具与材料技术要求

2.1　浸水天平或电子天平：当最大称量在 3kg 以下时，感量不大于 0.1g；最大称量 3kg 以上时，感量不大于 0.5g。应有测量水中重的挂钩。

2.2　网篮。

2.3　溢流水箱：如图 T 0705-1 所示，使用洁净水，有水位溢流装置，保持试件和网篮浸入水中后的水位一定。能调整水温至 25℃ ±0.5℃。

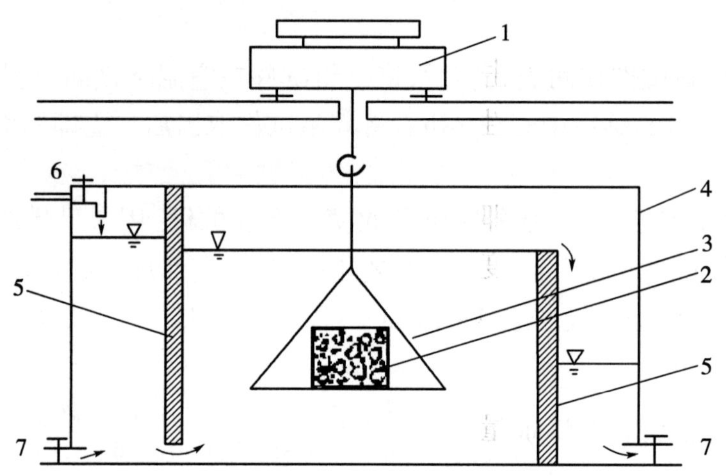

图 T 0705-1　溢流水箱及下挂法水中重称量方法示意图

1-浸水天平或电子天平；2-试件；3-网篮；4-溢流水箱；5-水位搁板；6-注入口；7-放水阀门

2.4　试件悬吊装置：天平下方悬吊网篮及试件的装置，吊线应采用不吸水的细尼龙线绳，并有足够的长度。对轮碾成型机成型的板块状试件可用铁丝悬挂。

2.5　秒表。

2.6　毛巾。

2.7　电风扇或烘箱。

3　方法与步骤

3.1　准备试件。本试验可以采用室内成型的试件，也可以采用工程现场钻芯、切割等方法获得的试件。当采用现场钻芯取样时，应按照 T 0710 的方法进行。试验前试件宜在阴凉处保存（温度不宜高于 35℃），且放置在水平的平面上，注意不要使试件产生变形。

3.2　选择适宜的浸水天平或电子天平，最大称量应满足试件质量的要求。

3.3 除去试件表面的浮粒,称取干燥试件的空中质量(m_a),根据选择的天平的感量读数,准确至0.1g或0.5g。

3.4 将溢流水箱水温保持在25℃ ±0.5℃。挂上网篮,浸入溢流水箱中,调节水位,将天平调平并复零,把试件置于网篮中(注意不要晃动水)浸水中3 ~5min,称取水中质量(m_w)。若天平读数持续变化,不能很快达到稳定,说明试件吸水较严重,不适用于此法测定,应改用本规程T 0707的蜡封法测定。

3.5 从水中取出试件,用洁净柔软的拧干湿毛巾轻轻擦去试件的表面水(不得吸走空隙内的水),称取试件的表干质量(m_f)。从试件拿出水面到擦拭结束不宜超过5s,称量过程中流出的水不得再擦拭。

3.6 对从工程现场钻取的非干燥试件,可先称取水中质量(m_w)和表干质量(m_f),然后用电风扇将试件吹干至恒重(一般不少于12h,当不需进行其他试验时,也可用60℃ ±5℃烘箱烘干至恒重),再称取空中质量(m_a)。

4 计算

4.1 按式(T 0705-1)计算试件的吸水率,取1位小数。

$$S_a = \frac{m_f - m_a}{m_f - m_w} \times 100 \tag{T 0705-1}$$

式中:S_a——试件的吸水率(%);

m_a——干燥试件的空中质量(g);

m_w——试件的水中质量(g);

m_f——试件的表干质量(g)。

4.2 按式(T 0705-2)及式(T 0705-3)计算试件的毛体积相对密度和毛体积密度,取3位小数。

$$\gamma_f = \frac{m_a}{m_f - m_w} \tag{T 0705-2}$$

$$\rho_f = \frac{m_a}{m_f - m_w} \times \rho_w \tag{T 0705-3}$$

式中:γ_f——试件毛体积相对密度,无量纲;

ρ_f——试件毛体积密度(g/cm^3);

ρ_w——25℃时水的密度,取0.997 1g/cm^3。

4.3 按式(T 0705-4)计算试件的空隙率,取1位小数。

$$VV = \left(1 - \frac{\gamma_f}{\gamma_t}\right) \times 100 \tag{T 0705-4}$$

式中：VV——试件的空隙率（%）；

γ_t——沥青混合料理论最大相对密度，按 4.7 的方法计算或实测得到，无量纲；

γ_f——试件的毛体积相对密度，无量纲，通常采用表干法测定；当试件吸水率 $S_a >$ 2% 时，宜采用蜡封法测定；当按规定容许采用水中重法测定时，也可采用表观相对密度代替。

4.4 按式（T 0705-5）计算矿料的合成毛体积相对密度，取 3 位小数。

$$\gamma_{sb} = \frac{100}{\frac{P_1}{\gamma_1} + \frac{P_2}{\gamma_2} + \cdots + \frac{P_n}{\gamma_n}} \qquad \text{(T 0705-5)}$$

式中：γ_{sb}——矿料的合成毛体积相对密度，无量纲；

P_1、$P_2 \cdots P_n$——各种矿料占矿料总质量的百分率（%），其和为 100；

γ_1、$\gamma_2 \cdots \gamma_n$——各种矿料的相对密度，无量纲；采用《公路工程集料试验规程》（JTG E42—2005）的方法进行测定，粗集料按 T 0304 方法测定；机制砂及石屑可按 T 0330 方法测定，也可以用筛出的 2.36～4.75mm 部分按 T 0304方法测定的毛体积相对密度代替；矿粉（含消石灰、水泥）采用表观相对密度。

4.5 按式（T 0705-6）计算矿料的合成表观相对密度，取 3 位小数。

$$\gamma_{sa} = \frac{100}{\frac{P_1}{\gamma'_1} + \frac{P_2}{\gamma'_2} + \cdots + \frac{P_n}{\gamma'_n}} \qquad \text{(T 0705-6)}$$

式中：γ_{sa}——矿料的合成表观相对密度，无量纲；

γ'_1、$\gamma'_2 \cdots \gamma'_n$——各种矿料的表观相对密度，无量纲。

4.6 确定矿料的有效相对密度，取 3 位小数。

4.6.1 对非改性沥青混合料，采用真空法实测理论最大相对密度，取平均值。按式（T 0705-7）计算合成矿料的有效相对密度 γ_{se}。

$$\gamma_{se} = \frac{100 - P_b}{\frac{100}{\gamma_t} - \frac{P_b}{\gamma_b}} \qquad \text{(T 0705-7)}$$

式中：γ_{se}——合成矿料的有效相对密度，无量纲；

P_b——沥青用量，即沥青质量占沥青混合料总质量的百分比（%）；

γ_t——实测的沥青混合料理论最大相对密度，无量纲；

γ_b——25℃时沥青的相对密度，无量纲。

4.6.2 对改性沥青及 SMA 等难以分散的混合料，有效相对密度宜直接由矿料的合成毛体积相对密度与合成表观相对密度按式(T 0705-8)计算确定,其中沥青吸收系数 C 值根据材料的吸水率由式(T 0705-9)求得,合成矿料的吸水率按式(T 0705-10)计算。

$$\gamma_{se} = C \times \gamma_{sa} + (1 - C) \times \gamma_{sb} \quad (T\ 0705\text{-}8)$$

$$C = 0.033w_x^2 - 0.2936w_x + 0.9339 \quad (T\ 0705\text{-}9)$$

$$w_x = \left(\frac{1}{\gamma_{sb}} - \frac{1}{\gamma_{sa}}\right) \times 100 \quad (T\ 0705\text{-}10)$$

式中:C——沥青吸收系数,无量纲;

w_x——合成矿料的吸水率(%)。

4.7 确定沥青混合料的理论最大相对密度,取3位小数。

4.7.1 对非改性的普通沥青混合料,采用真空法实测沥青混合料的理论最大相对密度 γ_t。

4.7.2 对改性沥青或SMA混合料宜按式(T 0705-11)或式(T 0705-12)计算沥青混合料对应油石比的理论最大相对密度。

$$\gamma_t = \frac{100 + P_a}{\dfrac{100}{\gamma_{se}} + \dfrac{P_a}{\gamma_b}} \quad (T\ 0705\text{-}11)$$

$$\gamma_t = \frac{100 + P_a + P_x}{\dfrac{100}{\gamma_{se}} + \dfrac{P_a}{\gamma_b} + \dfrac{P_x}{\gamma_x}} \quad (T\ 0705\text{-}12)$$

式中:γ_t——计算沥青混合料对应油石比的理论最大相对密度,无量纲;

P_a——油石比,即沥青质量占矿料总质量的百分比(%);

$$P_a = [P_b/(100 - P_b)] \times 100$$

P_x——纤维用量,即纤维质量占矿料总质量的百分比(%);

γ_x——25℃时纤维的相对密度,由厂方提供或实测得到,无量纲;

γ_{se}——合成矿料的有效相对密度,无量纲;

γ_b——25℃时沥青的相对密度,无量纲。

4.7.3 对旧路面钻取芯样的试件缺乏材料密度、配合比及油石比的沥青混合料,可以采用真空法实测沥青混合料的理论最大相对密度 γ_t。

4.8 按式(T 0705-13)~式(T 0705-15)计算试件的空隙率、矿料间隙率VMA和有效沥青的饱和度VFA,取1位小数。

$$VV = \left(1 - \frac{\gamma_f}{\gamma_t}\right) \times 100 \quad (T\ 0705\text{-}13)$$

$$\text{VMA} = \left(1 - \frac{\gamma_f}{\gamma_{sb}} \times \frac{P_s}{100}\right) \times 100 \tag{T 0705-14}$$

$$\text{VFA} = \frac{\text{VMA} - \text{VV}}{\text{VMA}} \times 100 \tag{T 0705-15}$$

式中:VV——沥青混合料试件的空隙率(%);

VMA——沥青混合料试件的矿料间隙率(%);

VFA——沥青混合料试件的有效沥青饱和度(%);

P_s——各种矿料占沥青混合料总质量的百分率之和(%);

$$P_s = 100 - P_b$$

γ_{sb}——矿料的合成毛体积相对密度,无量纲。

4.9 按式(T 0705-16)~式(T 0705-18)计算沥青结合料被矿料吸收的比例及有效沥青含量、有效沥青体积百分率,取1位小数。

$$P_{ba} = \frac{\gamma_{se} - \gamma_{sb}}{\gamma_{se} \times \gamma_{sb}} \times \gamma_b \times 100 \tag{T 0705-16}$$

$$P_{be} = P_b - \frac{P_{ba}}{100} \times P_s \tag{T 0705-17}$$

$$V_{be} = \frac{\gamma_f \times P_{be}}{\gamma_b} \tag{T 0705-18}$$

式中:P_{ba}——沥青混合料中被矿料吸收的沥青质量占矿料总质量的百分率(%);

P_{be}——沥青混合料中的有效沥青含量(%);

V_{be}——沥青混合料试件的有效沥青体积百分率(%)。

4.10 按式(T 0705-19)计算沥青混合料的粉胶比,取1位小数。

$$\text{FB} = \frac{P_{0.075}}{P_{be}} \tag{T 0705-19}$$

式中:FB——粉胶比,沥青混合料的矿料中0.075mm通过率与有效沥青含量的比值,无量纲;

$P_{0.075}$——矿料级配中0.075mm的通过百分率(水洗法)(%)。

4.11 按式(T 0705-20)计算集料的比表面积,按式(T 0705-21)计算沥青混合料沥青膜有效厚度。各种集料粒径的表面积系数按表T 0705-1取用。

$$\text{SA} = \sum (P_i \times \text{FA}_i) \tag{T 0705-20}$$

$$\text{DA} = \frac{P_{be}}{\rho_b \times P_s \times \text{SA}} \times 1\,000 \tag{T 0705-21}$$

式中: SA——集料的比表面积(m^2/kg);

P_i——集料各粒径的质量通过百分率(%);

FA_i——各筛孔对应集料的表面积系数(m^2/kg), 按表T 0705-1确定;

DA——沥青膜有效厚度(μm);

ρ_b——沥青25℃时的密度(g/cm^3)。

表 T 0705-1 集料的表面积系数及比表面积计算示例

筛孔尺寸(mm)	19	16	13.2	9.5	4.75	2.36	1.18	0.6	0.3	0.15	0.075
表面积系数 FA_i(m^2/kg)	0.004 1	—	—	—	0.004 1	0.008 2	0.016 4	0.028 7	0.061 4	0.122 9	0.327 7
集料各粒径的质量通过百分率 P_i(%)	100	92	85	76	60	42	32	23	16	12	6
集料的比表面积 $FA_i \times P_i$(m^2/kg)	0.41	—	—	—	0.25	0.34	0.52	0.66	0.98	1.47	1.97
集料比表面积总和 SA (m^2/kg)	SA = 0.41 + 0.25 + 0.34 + 0.52 + 0.66 + 0.98 + 1.47 + 1.97 = 6.60										

注:矿料级配中大于4.75mm集料的表面积系数FA均取0.004 1。计算集料比表面积时,大于4.75mm集料的比表面积只计算一次,即只计算最大粒径对应部分。如表T 0705-1,该例的SA = 6.60m^2/kg,若沥青混合料的有效沥青含量为4.65%,沥青混合料的沥青用量为4.8%,沥青的密度1.03g/cm^3,P_s = 95.2,则沥青膜厚度DA = 4.65/(95.2×1.03×6.60)×1 000 = 7.19μm。

4.12 粗集料骨架间隙率可按式(T 0705-22)计算,取1位小数。

$$VCA_{mix} = 100 - \frac{\gamma_f}{\gamma_{ca}} \times P_{ca} \qquad (T\ 0705\text{-}22)$$

式中:VCA_{mix}——粗集料骨架间隙率(%);

P_{ca}——矿料中所有粗集料质量占沥青混合料总质量的百分率(%),按式(T 0705-23)计算得到;

$$P_{ca} = P_s \times PA_{4.75}/100 \qquad (T\ 0705\text{-}23)$$

$PA_{4.75}$——矿料级配中4.75mm筛余量,即100减去4.75mm通过率;

注:$PA_{4.75}$对于一般沥青混合料为矿料级配中4.75mm筛余量,对于公称最大粒径不大于9.5mm的SMA混合料为2.36mm筛余量,对特大粒径根据需要可以选择其他筛孔。

γ_{ca}——矿料中所有粗集料的合成毛体积相对密度,按式(T 0705-24)计算,无量纲;

$$\gamma_{ca} = \frac{P_{1c} + P_{2c} + \cdots + P_{nc}}{\frac{P_{1c}}{\gamma_{1c}} + \frac{P_{2c}}{\gamma_{2c}} + \cdots + \frac{P_{nc}}{\gamma_{nc}}} \qquad (T\ 0705\text{-}24)$$

$P_{1c} \cdots P_{nc}$——矿料中各种粗集料占矿料总质量的百分比(%);

$\gamma_{1c} \cdots \gamma_{nc}$——矿料中各种粗集料的毛体积相对密度。

5 报告

应在试验报告中注明沥青混合料的类型及测定密度采用的方法。

6 允许误差

试件毛体积密度试验重复性的允许误差为0.020g/cm^3。试件毛体积相对密度试验重复性的允许误差为0.020。

T 0709—2011　沥青混合料马歇尔稳定度试验

1　目的与适用范围

1.1　本方法适用于马歇尔稳定度试验和浸水马歇尔稳定度试验，以进行沥青混合料的配合比设计或沥青路面施工质量检验。浸水马歇尔稳定度试验（根据需要，也可进行真空饱水马歇尔试验）供检验沥青混合料受水损害时抵抗剥落的能力时使用，通过测试其水稳定性检验配合比设计的可行性。

1.2　本方法适用于按本规程 T 0702 成型的标准马歇尔试件圆柱体和大型马歇尔试件圆柱体。

2　仪具与材料技术要求

2.1　沥青混合料马歇尔试验仪：分为自动式和手动式。自动马歇尔试验仪应具备控制装置、记录荷载—位移曲线、自动测定荷载与试件的垂直变形，能自动显示和存储或打印试验结果等功能。手动式由人工操作，试验数据通过操作者目测后读取数据。

对用于高速公路和一级公路的沥青混合料宜采用自动马歇尔试验仪。

2.1.1　当集料公称最大粒径小于或等于 26.5mm 时，宜采用 ϕ101.6mm × 63.5mm 的标准马歇尔试件，试验仪最大荷载不得小于 25kN，读数准确至 0.1kN，加载速率应能保持 50mm/min ± 5mm/min。钢球直径 16mm ± 0.05mm，上下压头曲率半径为 50.8mm ± 0.08mm。

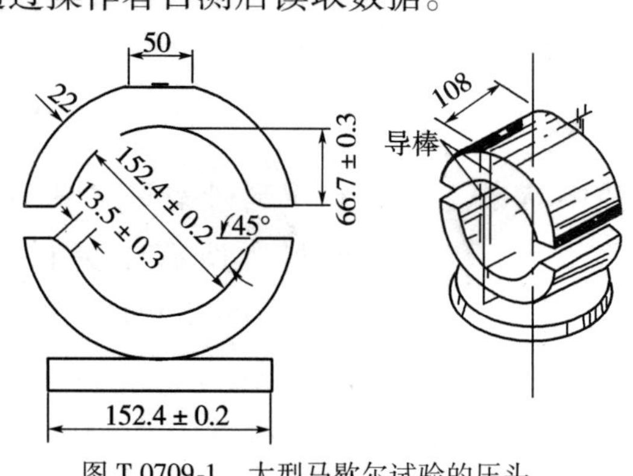

图 T 0709-1　大型马歇尔试验的压头（尺寸单位：mm）

2.1.2　当集料公称最大粒径大于 26.5mm 时，宜采用 ϕ152.4mm × 95.3mm 大型马歇尔试件，试验仪最大荷载不得小于 50kN，读数准确至 0.1kN。上下压头的曲率内径为 ϕ152.4mm ± 0.2mm，上下压头间距 19.05mm ± 0.1mm。大型马歇尔试件的压头尺寸如图 T 0709-1 所示。

2.2　恒温水槽：控温准确至 1℃，深度不小于 150mm。

2.3　真空饱水容器：包括真空泵及真空干燥器。

2.4　烘箱。

2.5　天平：感量不大于 0.1g。

2.6 温度计:分度值1℃。

2.7 卡尺。

2.8 其他:棉纱、黄油。

3 标准马歇尔试验方法

3.1 准备工作

3.1.1 按T 0702标准击实法成型马歇尔试件,标准马歇尔试件尺寸应符合直径101.6mm ±0.2mm、高63.5mm ±1.3mm的要求。对大型马歇尔试件,尺寸应符合直径152.4mm ±0.2mm、高95.3mm ±2.5mm的要求。一组试件的数量不得少于4个,并符合T 0702的规定。

3.1.2 量测试件的直径及高度:用卡尺测量试件中部的直径,用马歇尔试件高度测定器或用卡尺在十字对称的4个方向量测离试件边缘10mm处的高度,准确至0.1mm,并以其平均值作为试件的高度。如试件高度不符合63.5mm ±1.3mm或95.3mm ±2.5mm要求或两侧高度差大于2mm,此试件应作废。

3.1.3 按本规程规定的方法测定试件的密度,并计算空隙率、沥青体积百分率、沥青饱和度、矿料间隙率等体积指标。

3.1.4 将恒温水槽调节至要求的试验温度,对黏稠石油沥青或烘箱养生过的乳化沥青混合料为60℃ ±1℃,对煤沥青混合料为33.8℃ ±1℃,对空气养生的乳化沥青或液体沥青混合料为25℃ ±1℃。

3.2 试验步骤

3.2.1 将试件置于已达规定温度的恒温水槽中保温,保温时间对标准马歇尔试件需30~40min,对大型马歇尔试件需45~60min。试件之间应有间隔,底下应垫起,距水槽底部不小于5cm。

3.2.2 将马歇尔试验仪的上下压头放入水槽或烘箱中达到同样温度。将上下压头从水槽或烘箱中取出擦拭干净内面。为使上下压头滑动自如,可在下压头的导棒上涂少量黄油。再将试件取出置于下压头上,盖上上压头,然后装在加载设备上。

3.2.3 在上压头的球座上放妥钢球,并对准荷载测定装置的压头。

3.2.4 当采用自动马歇尔试验仪时，将自动马歇尔试验仪的压力传感器、位移传感器与计算机或 *X-Y* 记录仪正确连接，调整好适宜的放大比例，压力和位移传感器调零。

3.2.5 当采用压力环和流值计时，将流值计安装在导棒上，使导向套管轻轻地压住上压头，同时将流值计读数调零。调整压力环中百分表，对零。

3.2.6 启动加载设备，使试件承受荷载，加载速度为 50 mm/min ± 5mm/min。计算机或 *X-Y* 记录仪自动记录传感器压力和试件变形曲线并将数据自动存入计算机。

3.2.7 当试验荷载达到最大值的瞬间，取下流值计，同时读取压力环中百分表读数及流值计的流值读数。

3.2.8 从恒温水槽中取出试件至测出最大荷载值的时间，不得超过 30s。

4 浸水马歇尔试验方法

浸水马歇尔试验方法与标准马歇尔试验方法的不同之处在于，试件在已达规定温度恒温水槽中的保温时间为 48h，其余步骤均与标准马歇尔试验方法相同。

5 真空饱水马歇尔试验方法

试件先放入真空干燥器中，关闭进水胶管，开动真空泵，使干燥器的真空度达到 97.3kPa(730mmHg)以上，维持 15min；然后打开进水胶管，靠负压进入冷水流使试件全部浸入水中，浸水 15min 后恢复常压，取出试件再放入已达规定温度的恒温水槽中保温 48h。其余均与标准马歇尔试验方法相同。

6 计算

6.1 试件的稳定度及流值

6.1.1 当采用自动马歇尔试验仪时，将计算机采集的数据绘制成压力和试件变形曲线，或由 *X-Y* 记录仪自动记录的荷载—变形曲线，按图 T 0709-2 所示的方法在切线方向延长曲线与横坐标相交于 O_1，将 O_1 作为修正原点，从 O_1 起量取相应于荷载最大值时的变形作为流值(FL)，以 mm 计，准确至 0.1mm。最大荷载即为稳定度(MS)，以 kN 计，准确至 0.01kN。

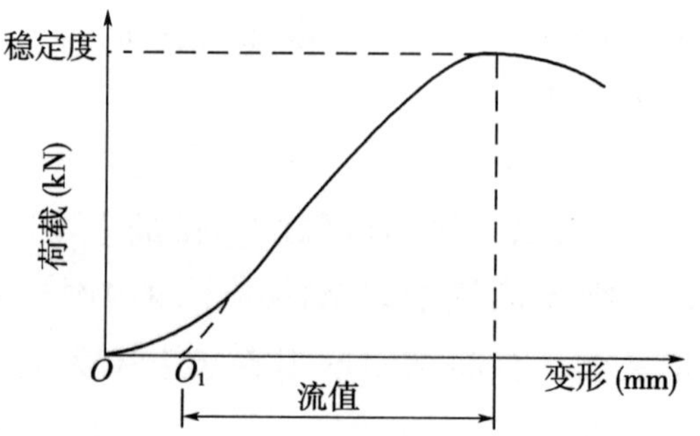

图 T 0709-2 马歇尔试验结果的修正方法

6.1.2 采用压力环和流值计测定时，根据压力环标定曲线，将压力环中百分表的读数换算为荷载值，或者由荷载测定装置读取的最大值即为试样的稳定度(MS),以 kN 计,准确至 0.01kN。由流值计及位移传感器测定装置读取的试件垂直变形,即为试件的流值(FL),以 mm 计,准确至 0.1mm。

6.2 试件的马歇尔模数按式(T 0709-1)计算。

$$T=\frac{\mathrm{MS}}{\mathrm{FL}} \tag{T 0709-1}$$

式中:T——试件的马歇尔模数(kN/mm);

MS——试件的稳定度(kN);

FL——试件的流值(mm)。

6.3 试件的浸水残留稳定度按式(T 0709-2)计算。

$$\mathrm{MS}_0=\frac{\mathrm{MS}_1}{\mathrm{MS}}\times 100 \tag{T 0709-2}$$

式中:MS_0——试件的浸水残留稳定度(%);

MS_1——试件浸水 48h 后的稳定度(kN)。

6.4 试件的真空饱水残留稳定度按式(T 0709-3)计算。

$$\mathrm{MS}'_0=\frac{\mathrm{MS}_2}{\mathrm{MS}}\times 100 \tag{T 0709-3}$$

式中:MS'_0——试件的真空饱水残留稳定度(%);

MS_2——试件真空饱水后浸水 48h 后的稳定度(kN)。

7 报告

7.1 当一组测定值中某个测定值与平均值之差大于标准差的 k 倍时,该测定值应予舍弃,并以其余测定值的平均值作为试验结果。当试件数目 n 为 3、4、5、6 个时,k 值分别为 1.15、1.46、1.67、1.82。

7.2 报告中需列出马歇尔稳定度、流值、马歇尔模数,以及试件尺寸、密度、空隙率、沥青用量、沥青体积百分率、沥青饱和度、矿料间隙率等各项物理指标。当采用自动马歇尔试验时,试验结果应附上荷载—变形曲线原件或自动打印结果。

T 0711—2011 沥青混合料理论最大相对密度试验(真空法)

1 目的与适用范围

1.1 本方法适用于采用真空法测定沥青混合料理论最大相对密度,供沥青混合料配合比设计、路况调查或路面施工质量管理计算空隙率、压实度等使用。

1.2 本方法不适用于吸水率大于3%的多孔性集料的沥青混合料。

2 仪具与材料技术要求

2.1 天平:称量5kg以上,感量不大于0.1g;称量2kg以下,感量不大于0.05g。

2.2 负压容器:根据试样数量选用表T 0711-1中的A、B、C任何一种类型。负压容器口带橡皮塞,上接橡胶管,管口下方有滤网,防止细料部分吸入胶管。为便于抽真空时观察气泡情况,负压容器至少有一面透明或者采用透明的密封盖。

表T 0711-1 负压容器类型

类型	容 器	附属设备
A	耐压玻璃,塑料或金属制的罐,容积大于2 000mL	有密封盖,接真空胶管,分别与真空装置和压力表连接
B	容积大于2 000mL的真空容量瓶	带胶皮塞,接真空胶管,分别与真空装置和压力表连接
C	4 000mL耐压真空器皿或干燥器	带胶皮塞,接真空胶管,分别与真空装置和压力表连接

2.3 真空负压装置:如图T 0711-1所示,由真空泵、真空表、调压装置、压力表及干燥或积水装置等组成。

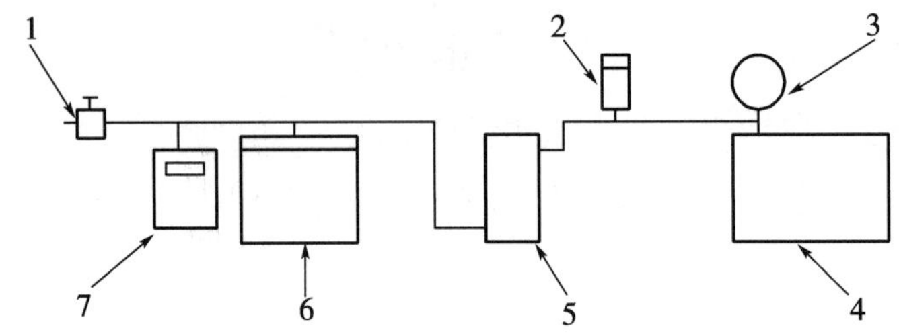

图T 0711-1 理论最大相对密度仪装置

1-核查接口;2-调压装置;3-真空表;4-真空泵;5-干燥或积水装置;6-负压容器;7-压力表

2.3.1 真空泵应使负压容器内产生3.7kPa ±0.3kPa(27.5mmHg ±2.5mmHg)负压;真空表分度值不得大于2kPa。

2.3.2 调压装置应具备过压调节功能,以保持负压容器的负压稳定在要求范围内,同时还应具有卸除真空压力的功能。

2.3.3 压力表应经过标定,能够测定0~4kPa(0~30mmHg)负压。当采用水银压力表时分度值1mmHg,示值误差为2mmHg;非水银压力表分度值0.1kPa,示值误差为0.2kPa。压力表不得直接与真空装置连接,应单独与负压容器相接。

2.3.4 采用干燥或积水装置主要是为了防止负压容器内的水分进入真空泵内。

2.4 振动装置:试验过程中根据需要可以开启或关闭。

2.5 恒温水槽:水温控制25℃ ±0.5℃。

2.6 温度计:分度值0.5℃。

2.7 其他:玻璃板、平底盘、铲子等。

3 方法与步骤

3.1 准备工作

3.1.1 按以下几种方法获取沥青混合料试样,试样数量宜不少于表 T 0711-2 的规定数量。

表 T 0711-2 沥青混合料试样数量

公称最大粒径(mm)	试样最小质量(g)	公称最大粒径(mm)	试样最小质量(g)
4.75	500	26.5	2 500
9.5	1 000	31.5	3 000
13.2、16	1 500	37.5	3 500
19	2 000		

1)按照T 0702 的方法拌制沥青混合料,分别拌制两个平行试样,放置于平底盘中。

2)按照T 0701 沥青混合料取样方法从拌和楼、运料车或者摊铺现场取样,趁热缩分成两个平行试样,分别放置于平底盘中。

3)从沥青路面上钻芯取样或切割的试样,或者其他来源的冷沥青混合料,应置125℃ ±5℃烘箱中加热至变软、松散后,然后缩分成两个平行试样,分别放置于平底盘中。

3.1.2 将平底盘中的热沥青混合料,在室温中冷却或者用电风扇吹,一边冷却一边将沥青混合料团块仔细分散,粗集料不破碎,细集料团块分散到小于6.4mm。若混合料坚硬时可用烘箱适当加热后再分散,加热温度不超过60℃。分散试样时可用铲子翻动、分散,在温度较低时应用手掰开,不得用锤打碎,防止集料破碎。当试样是从施工现场采取的非干燥混合料时,应用电风扇吹干至恒重后再操作。

3.1.3 负压容器标定方法:

1)采用A类容器时,将容器全部浸入25℃ ±0.5℃的恒温水槽中,负压容器完全浸没、恒温10min ±1min后,称取容器的水中质量 m_1。

2)B、C类负压容器:

(1)大端口的负压容器,需要有大于负压容器端口的玻璃板。将负压容器和玻璃板放进水槽中,注意轻轻摇动负压容器使容器内气泡排除。恒温 10min ± 1min,取出负压容器和玻璃板,向负压容器内加满 25℃ ±0.5℃水至液面稍微溢出,用玻璃板先盖住容器端口 1/3,然后慢慢沿容器端口水平方向移动盖住整个端口,注意查看有没有气泡。擦除负压容器四周的水,称取盛满水的负压容器质量为 m_b。

(2)小口的负压容器,需要采用中间带垂直孔的塞子,其下部为凹槽,以便于空气从孔中排除。将负压容器和塞子放进水槽中,注意轻轻摇动负压容器使容器内气泡排除。恒温 10min ± 1min,在水中将瓶塞塞进瓶口,使多余的水由瓶塞上的孔中挤出。取出负压容器,将负压容器用干净软布将瓶塞顶部擦拭一次,再迅速擦除负压容器外面的水分,最后称其质量 m_b。

3.1.4 将负压容器干燥、编号,称取其干燥质量。

3.2 试验步骤

3.2.1 将沥青混合料试样装入干燥的负压容器中,称容器及沥青混合料总质量,得到试样的净质量 m_a。试样质量应不小于上述规定的最小数量。

3.2.2 在负压容器中注入 25℃ ±0.5℃的水,将混合料全部浸没,并较混合料顶面高出约 2cm。

3.2.3 将负压容器放到试验仪上,与真空泵、压力表等连接,开动真空泵,使负压容器内负压在 2min 内达到 3.7kPa ±0.3kPa(27.5mm ±2.5mmHg)时,开始计时,同时开动振动装置和抽真空,持续 15min ±2min。

为使气泡容易除去,试验前可在水中加 0.01% 浓度的表面活性剂(如每 100mL 水中加 0.01g 洗涤灵)。

3.2.4 当抽真空结束后,关闭真空装置和振动装置,打开调压阀慢慢卸压,卸压速度不得大于 8kPa/s(通过真空表读数控制),使负压容器内压力逐渐恢复。

3.2.5 当负压容器采用 A 类容器时,将盛试样的容器浸入保温至 25℃ ±0.5℃的恒温水槽中,恒温 10min ±1min 后,称取负压容器与沥青混合料的水中质量(m_2)。

3.2.6 当负压容器采用 B、C 类容器时,将装有沥青混合料试样的容器浸入保温至 25℃ ±0.5℃的恒温水槽中,恒温 10min ±1min 后,注意容器中不得有气泡,擦净容器外的水分,称取容器、水和沥青混合料试样的总质量(m_c)。

4 计算

4.1 采用A类容器时,沥青混合料的理论最大相对密度按式(T 0711-1)计算。

$$\gamma_t = \frac{m_a}{m_a - (m_2 - m_1)} \tag{T 0711-1}$$

式中:γ_t——沥青混合料理论最大相对密度;

m_a——干燥沥青混合料试样的空中质量(g);

m_1——负压容器在25℃水中的质量(g);

m_2——负压容器与沥青混合料在25℃水中的质量(g)。

4.2 采用B、C类容器作负压容器时,沥青混合料的理论最大相对密度按式(T 0711-2)计算。

$$\gamma_t = \frac{m_a}{m_a + m_b - m_c} \tag{T 0711-2}$$

式中:m_b——装满25℃水的负压容器质量(g);

m_c——25℃时试样、水与负压容器的总质量(g)。

4.3 沥青混合料25℃时的理论最大密度按式(T 0711-3)计算。

$$\rho_t = \gamma_t \times \rho_w \tag{T 0711-3}$$

式中:ρ_t——沥青混合料的理论最大密度(g/cm³);

ρ_w——25℃时水的密度,0.997 1g/cm³。

5 修正试验

5.1 需要进行修正试验的情况

5.1.1 对现场钻取芯样或切割后的试件,粗集料有破碎情况,破碎面没有裹覆沥青。

5.1.2 沥青与集料拌和不均匀,部分集料没有完全裹覆沥青。

5.2 修正试验方法

5.2.1 完成3.2.5后,将负压容器静置一段时间使混合料沉淀后,使容器慢慢倾斜,使容器内水通过0.075mm筛滤掉。

5.2.2 将残留部分水的沥青混合料细心倒入一个平底盘中,然后用适当水涮容器和0.075mm筛网,并将其也倒入平底盘中,重复几次直到无残留混合料。

5.2.3 静置一段时间后，稍微提高平底盘一端，使试样中部分水倒出平底盘，并用吸耳球慢慢吸去水。

5.2.4 将试样在平底盘中尽量摊开，用吹风机或电风扇吹干，并不断翻拌试样。每15min 称量一次，当两次质量相差小于0.05%时，认为达到表干状态，称取质量为表干质量，用表干质量代替 m_a 重新计算。

6 报告

同一试样至少平行试验两次，计算平均值作为试验结果，取3位小数。采用修正试验时需要在报告中注明。

7 允许误差

重复性试验的允许误差为0.011g/cm^3，再现性试验的允许误差为0.019g/cm^3。

T 0736—2011 沥青混合料旋转压实试件制作方法（SGC 方法）

1 目的与适用范围

1.1 本方法适用于旋转压实法成型 ϕ 150mm 或 ϕ100mm 沥青混合料圆柱体试件，以供试验室进行沥青混合料物理力学性质试验使用。

1.2 本方法也适合于在试件成型过程中测量剪切应力的变化，用于分析沥青混合料性能。

2 仪具与材料技术要求

2.1 旋转压实仪：主要由反力架、加载装置、旋转基座、计算机控制系统、内旋转角测量装置、试模、锤头（上压盘）和底座（下压盘）、测力装置和压力传感器等组成。必要时可配置剪切应力测试系统和压头加热系统。

2.1.1 反力架应有足够的刚度，以保证旋转压实时旋转角的稳定；应有安全防护门，并配有电源控制开关。

2.1.2 加载装置，应保证旋转压实过程中垂直压力的稳定，使垂直压力达到设定值±18kPa。

2.1.3 旋转基座由旋转套、压实角度调整功能、旋转传动功能、试模底座等组成。压实角度可调，其调整范围应满足试验的要求。出厂前压实角度应进行标定，使有效内旋转角允许波动范围为设定值的±0.02°。旋转基座的工作转速应达到设定值

±0.5r/min。

2.1.4 计算机控制系统应具有对旋转压实仪运行的自动控制和试验数据采集、分析等功能。

2.1.5 内旋转角测量装置,应具备数据采集系统、温度测量、数据显示等功能。

2.1.6 试模、锤头(上压盘)和底座(下压盘)。

1)试模应采用钢材制造,试模壁的厚度大于7.5mm,洛氏硬度至少为HRC48～HRC57,试模内壁应足够光滑(粗糙度Ra0.4μm)。ϕ150mm试模内径为149.90～150.00mm,ϕ100mm试模内径为99.90～100.00mm,高度不小于250mm。

2)锤头(上压盘)和底座(下压盘)必须采用钢材制造,洛氏硬度宜为HRC48～HRC55。ϕ150mm试件锤头(上压盘)和底座(下压盘)其外直径尺寸为149.50～149.75mm,ϕ100mm试件其外直径尺寸为99.50～99.75mm。锤头和底座与混合料接触面应平坦,光滑(粗糙度Ra 0.4μm)。锤头和底座尺寸宜每年标定一次,试模内直径和压盘外直径之差应小于0.50mm。

2.2 旋转压实仪应具有自动测定试件高度、旋转次数及对应高度的记录和显示功能,精确至0.1mm。同时应配备标定装置,对内旋转角、垂直力和试件高度测量装置宜每半年自校一次,旋转转速宜每年自校一次。

2.3 脱模仪。

2.4 试验室用沥青混合料拌和机:容量不小于10L。

2.5 烘箱:大、中型各1台,装有温度调节器。

2.6 天平或电子秤:感量不大于0.1g。

2.7 温度计:宜采用有金属杆的插入式数显温度计,金属杆长度不小于150mm。量程0～300℃,分度值1℃。

2.8 其他:游标卡尺、托盘、沥青熔化锅、拌和铲、刮刀、隔热手套、垫纸等。

3 方法与步骤

3.1 标定步骤

3.1.1 确定试验条件,加载装置垂直压力为600kPa ±18kPa,压实转速为30r/min ±0.5r/min。

3.1.2 将试模、上下压盘和内旋转角测量装置的表面清理干净。当试模内壁或者上下压盘接触混合料的表面处有划痕或损坏时,不得再使用。

3.1.3 检测内旋转角有加热和室温两种方式。通常情况下宜选择加热方式,即开始检测前将试模置150℃ ±5℃的烘箱中加热不少于45min,内旋转角测量装置无需加热。室温检测时试模不需加热。

3.1.4 按3.3的步骤准备好旋转压实仪,按照该仪器的说明书设定旋转次数。

3.1.5 将内旋转角测量装置组装好,放进试模中,将仪器探头或参考基座适当定位以测量底部内部角和顶部内部角。将试模放入旋转压实仪中,注意试模和旋转压实锤对中。

3.1.6 开始旋转压实,使试模和内旋转角测量装置一起作旋转运动,如图T 0736-1所示。旋转时宜符合以下条件:产生的偏心距 e 为22mm,力矩 M(即 $e \times F$)为466.5N · m ±10N · m。

3.1.7 旋转到设定次数后,停止压实,待旋转压实仪上压头上升至一定高度后,从试模中取出内旋转角测量装置。记录测定结果,准确至0.01°。

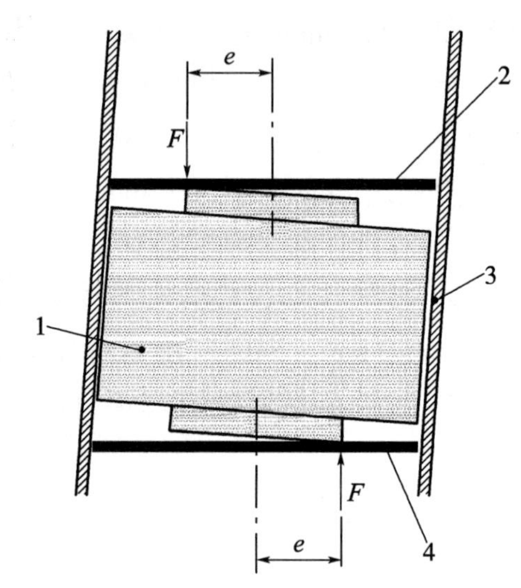

图T 0736-1 模拟加载法测定内旋转角示意图

1-内旋转角测量装置;2-上压盘;3-试模;4-下压盘;e-偏心距,一般为22mm;F-施加的荷载

3.1.8 不断调整内旋转角测量装置位置,按照3.1.4~3.1.6的步骤分别测定底部内旋转角 α_{bi} 和顶部内旋转角 α_{ti},底部内旋转角和顶部内旋转角分别测定3次。如果分别测定的3个底部内旋转角(或顶部内旋转角)差值大于0.02°,则必须重新测定。取3个底部内旋转角 α_{bi} 的平均值为底部内旋转角 α_b;取3个顶部内旋转角 α_{ti} 的平均值为顶部内旋转角 α_t。取 α_b 和 a_t 平均值为有效内旋转角 α_e。α_b 和 α_t 差值不宜大于0.02°;有效内旋转角 α_e 应该满足设定值的±0.02°要求。

3.2 准备工作

3.2.1 按照本试验规程T 0702的方法确定制作沥青混合料试件的拌和与压实温

度。常温沥青混合料的拌和及压实在常温下进行。

3.2.2 按本规程 T 0701 在拌和厂或施工现场采取代表性的沥青混合料,当混合料温度符合要求时,可直接用于成型。在试验室人工配制沥青混合料时,按本规程 T 0701 的方法准备矿料及沥青,然后按本规程 T 0702 的方法拌制沥青混合料。

3.3 成型步骤

3.3.1 按照该设备的使用说明书进行操作。如打开压实仪的电源开关、配件的电源(或气源)开关、计算机(或控制面板),并与压实仪连接;需要打印数据时,还需连接打印机等。

3.3.2 设定旋转压实仪旋转角、垂直压力和旋转速率。不同的设计方法和体系,旋转角、垂直压力和旋转速率可能不同,因此参数的设定需根据混合料设计方法要求选定(如,Superpave 设计方法要求有效内旋转角为 1.16°±0.02°,垂直压力为 600kPa±18kPa,旋转速率为 30r/min±0.5r/min)。

3.3.3 根据需要选定试验结束条件,一般选择设定要求的旋转压实次数作为试验结束条件。也可以根据需要选择压实到要求的试件高度作为试验结束条件。

3.3.4 当旋转压实仪压头具有保温功能时,在旋转压实前需将压头加热保温不少于 15min。

3.3.5 用蘸有少许黄油的棉纱擦净试模及下压盘等,然后置烘箱中加热并保持到压实温度±5℃,恒温至少 45min。常温沥青混合料用试模不需加热。

3.3.6 将拌和好的沥青混合料,均匀称取一个试件所需的混合料质量 m,混合料的质量应使成型后的试件高度达到试验所需高度±3mm。

3.3.7 从烘箱中取出预热的试模、下压盘,在下压盘上垫一张圆形纸片,防止沥青黏到下压盘上。将称好的沥青混合料迅速倒入试模内,将混合料的表面整平,然后在顶面盖上一张圆形纸片。

3.3.8 将盛有沥青混合料的试模放入旋转压实仪中,启动计算机(或控制面板),设定各试验参数,开动旋转压实仪,将压实锤头降下,直至施加的压力达到设定值±18kPa。旋转压实仪将按照设置的旋转次数开始自动成型试件。

3.3.9 试验过程中自动连续记录不同压实次数下的试件高度,并显示垂直压力。根据需要还可以测定、记录旋转压实过程中的剪应力。压实结束后,按照压实仪的提示恢复压实仪的旋转角,升起旋转压头,从旋转压实仪中取出试模。

3.3.10 刚成型好的热试件不宜马上脱模,需在室温下适当冷却。当为了缩短试验时间,可以采用电风扇降温约 5 ~ 10min 后再进行脱模。对于需要继续进行性能试验的试件,同时空隙率又较大(如大于 7%)时,冷却时间宜延长 15min 以上。脱模后揭去垫在试件底面和顶面的圆形纸片。

3.3.11 根据需要可按照本规程相关方法测定试件毛体积相对密度等参数。

3.3.12 用于测定试件体积参数时平行试验一般不少于 4 个,用于其他试验平行试验试件个数按相关规定确定。

4 计算

4.1 按照式(T 0736-1)计算不同旋转压实次数下的试件密度(体积法),取 3 位小数。

$$\rho_x = \frac{m}{h_x \times \pi \times (d/2)^2} \times 10^3 \tag{T 0736-1}$$

式中:ρ_x——不同旋转压实次数下的试件密度(体积法)(g/cm³);

m——沥青混合料试件质量(g);

h_x——不同旋转压实次数下的试件高度(mm);

d——试模的直径(mm)。

4.2 按照式(T 0736-2)计算不同旋转压实次数下试件的毛体积相对密度,取 3 位小数。

$$\gamma_{fx} = \frac{\gamma_f \times h_x}{h} \tag{T 0736-2}$$

式中:γ_{fx}——不同旋转压实次数下试件的毛体积相对密度,无量纲;

γ_f——按照 T 0705 方法测定的试件毛体积相对密度,无量纲;

h——最终成型试件高度(仪器显示试件的高度)(mm)。

5 报告

报告应该包括旋转压实仪的有效内旋转角(包括标定方法)、垂直压力、旋转速率、拌和和压实温度等参数。

6 允许误差

试件毛体积相对密度试验重复性的允许误差,当集料公称最大粒径小于或等于13.2mm时为平均值的0.9%,集料公称最大粒径大于或等于13.2mm时为平均值的1.4%。试件毛体积相对密度试验再现性的允许误差为平均值的1.7%。

十三、公路工程质量检验评定标准

(JTG F80/1—2004)

附录 B 路基、路面压实度评定

B. 0. 1 路基和路面基层、底基层的压实度以重型击实标准为准。沥青层压实度以《沥青路面施工技术规范》的规定为准。

对于特殊干旱、潮湿地区或过湿土,以路基设计施工规范规定的压实度标准进行评定。

B. 0. 2 标准密度应作平行试验,求其平均值作为现场检验的标准值。对于均匀性差的路基土质和路面结构层材料,应根据实际情况增补标准密度试验,求得相应的标准值,以控制和检验施工质量。

B. 0. 3 路基、路面压实度以 1 ~3km 长的路段为检验评定单元,按本标准各有关章节要求的检测频率进行现场压实度抽样检查,求算每一测点的压实度 K_i。细粒土现场压实度检查可以采用灌砂法或环刀法;粗粒土及路面结构层压实度检查可以采用灌砂法、水袋法或钻孔取样蜡封法。应用核子密度仪时,须经对比试验检验,确认其可靠性。

检验评定段的压实度代表值 K(算术平均值的下置信界限)为:

$$K=\bar{k}-\frac{t_\alpha}{\sqrt{n}}S\geqslant K_0$$

式中:$\bar{k}$——检验评定段内各测点压实度的平均值;

t_α——t 分布表中随测点数和保证率(或置信度 α)而变的系数;t_α 见附表 B。

采用的保证率:

高速公路、一级公路:基层、底基层为 99%;路基、路面面层为 95%;

其他公路:基层、底基层为 95%;路基、路面面层为 90%;

S——检测值的标准差;

n——检测点数;

K_0——压实度标准值。

路基、基层和底基层:$K\geqslant K_0$,且单点压实度 K_i 全部大于等于规定值减 2 个百分点时,评定路段的压实度合格率为 100%;当 $K\geqslant K_0$,且单点压实度全部大于等于规定极值时,按测定值不低于规定值减 2 个百分点的测点数计算合格率。

$K<K_0$ 或某一单点压实度 K_i 小于规定极值时,该评定路段压实度为不合格,相应分项工程评为不合格。

路堤施工段较短时,分层压实度应点点符合要求,且样本数不少于6个。

沥青面层:当$K \geqslant K_0$且全部测点大于等于规定值减1个百分点时,评定路段的压实度合格率为100%;当$K \geqslant K_0$时,按测定值不低于规定值减1个百分点的测点数计算合格率。

$K < K_0$时,评定路段的压实度为不合格,相应分项工程评为不合格。

附表B　$t_\alpha/\sqrt{n}$值

n \ 保证率	99%	95%	90%	n \ 保证率	99%	95%	90%
2	22.501	4.465	2.176	21	0.552	0.376	0.289
3	4.021	1.686	1.089	22	0.537	0.367	0.282
4	2.270	1.177	0.819	23	0.523	0.358	0.275
5	1.676	0.953	0.686	24	0.510	0.350	0.269
6	1.374	0.823	0.603	25	0.498	0.342	0.264
7	1.188	0.734	0.544	26	0.487	0.335	0.258
8	1.060	0.670	0.500	27	0.477	0.328	0.253
9	0.966	0.620	0.466	28	0.467	0.322	0.248
10	0.892	0.580	0.437	29	0.458	0.316	0.244
11	0.833	0.546	0.414	30	0.449	0.310	0.239
12	0.785	0.518	0.393	40	0.383	0.266	0.206
13	0.744	0.494	0.376	50	0.340	0.237	0.184
14	0.708	0.473	0.361	60	0.308	0.216	0.167
15	0.678	0.455	0.347	70	0.285	0.199	0.155
16	0.651	0.438	0.335	80	0.266	0.186	0.145
17	0.626	0.423	0.324	90	0.249	0.175	0.136
18	0.605	0.410	0.314	100	0.236	0.166	0.129
19	0.586	0.398	0.305	>100	$\frac{2.3265}{\sqrt{n}}$	$\frac{1.6449}{\sqrt{n}}$	$\frac{1.2815}{\sqrt{n}}$
20	0.568	0.387	0.297				

附录C　水泥混凝土弯拉强度评定

C.0.1 混凝土弯拉强度试验方法应使用标准小梁法或钻芯劈裂法,试件使用标准方法制作,标准养生时间28d。按表7.2.2所列检查频率,高速公路和一级公路每工作班制作2~4组:日进度大于等于1 000m取4组,大于等于500m取3组,小于500m取2组;其他公路每工作班制作1~3组:日进度大于等于1 000m取3组,大于等于500m取2组,小于500m取1组。每组3个试件的平均值作为一个统计数据。

C.0.2 混凝土弯拉强度的合格标准

1)试件组数大于10组时,平均弯拉强度合格判断式为:

$$f_{cs} \geqslant f_r + K\sigma$$

式中:f_{cs}——混凝土合格判定平均弯拉强度(MPa);

f_r——设计弯拉强度标准值(MPa);

K——合格判定系数(见附表C);

σ——强度标准差。

附表C 合格判定系数

试件组数 n	11~14	15~19	≥20
合格判定系数 K	0.75	0.70	0.65

当试件组数为11~19组时,允许有一组最小弯拉强度小于0.85f_r,但不得小于0.80f_r。当试件组数大于20组时,其他公路允许有一组最小弯拉强度小于0.85f_r,但不得小于0.75f_r;高速公路和一级公路均不得小于0.80f_r。

2)试件组数等于或少于10组时,试件平均强度不得小于1.10f_r,任一组强度均不得小于0.85f_r。

C.0.3 当标准小梁合格判定平均弯拉强度f_{cs}和最小弯拉强度f_{min}中有一个不符合上述要求时,应在不合格路段每公里每车道钻取3个以上ϕ150mm的芯样,实测劈裂强度,通过各自工程的经验统计公式换算弯拉强度,其合格判定平均弯拉强度f_{cs}和最小值f_{min}必须合格,否则,应返工重铺。

C.0.4 实测项目中,水泥混凝土弯拉强度评为不合格时相应分项工程评为不合格。

附录D 水泥混凝土抗压强度评定

D.0.1 评定水泥混凝土的抗压强度,应以标准养生28d龄期的试件、在标准试验条件下测得的极限抗压强度为准。试件为边长150mm的立方体。试件3个为1组,制取组数应符合下列规定:

1)不同强度等级及不同配合比的混凝土应在浇筑地点或拌和地点分别随机制取试件。

2)浇筑一般体积的结构物(如基础、墩台等)时,每一单元结构物应制取2组。

3)连续浇筑大体积结构时,每80~200m^3或每一工作班应制取2组。

4)上部结构,主要构件长16m以下应制取1组,16~30m制取2组,31~50m制取3组,50m以上者不少于5组。小型构件每批或每工作班至少应制取2组。

5)每根钻孔桩至少应制取2组;桩长20m以上者不少于3组;桩径大、浇筑时间很长时,不少于4组。如换工作班时,每工作班应制取2组。

6)构筑物(小桥涵、挡土墙)每座、每处或每工作班制取不少于2组。当原材料和配合比相同、并由同一拌和站拌制时,可几座或几处合并制取2组。

7)应根据施工需要,另制取几组与结构物同条件养生的试件,作为拆模、吊装、张拉预应力、承受荷载等施工阶段的强度依据。

D.0.2 水泥混凝土抗压强度的合格标准

1)试件大于等于10组时,应以数理统计方法按下述条件评定:

$$R_n - K_1 S_n \geqslant 0.9R$$

$$R_{min} \geqslant K_2 R$$

$$S_n = \sqrt{\frac{\sum R_i^2 - nR_n^2}{n-1}}$$

式中:n——同批混凝土试件组数;

R_n——同批 n 组试件强度的平均值(MPa);

S_n——同批 n 组试件强度的标准差(MPa),当 $S_n < 0.06R$ 时,取 $S_n = 0.06R$;

R——混凝土设计强度等级(MPa);

R_i——第 i 组混凝土的抗压强度(MPa);

R_{min}——n 组试件中强度最低一组的值(MPa);

K_1、K_2——合格判定系数,见附表D。

附表D K_1、K_2 的值

n	10~14	15~24	≥25
K_1	1.70	1.65	1.60
K_2	0.9	0.85	

2)试件小于10组时,可用非统计方法按下述条件进行评定:

$$R_n \geqslant 1.15R$$

$$R_{min} \geqslant 0.95R$$

D.0.3 实测项目中,水泥混凝土抗压强度评为不合格时相应分项工程为不合格。

附录 E　喷射混凝土抗压强度评定

E. 0. 1　喷射混凝土抗压强度系指在喷射混凝土板件上，切割制取边长为 100mm 的立方体试件，在标准养护条件下养生至 28d，用标准试验方法测得的极限抗压强度，乘以 0. 95 的系数。

E. 0. 2　双车道隧道每 10 延米，至少在拱脚部和边墙各取 1 组（3 个）试件。

其他工程，每喷射 $50m^3$ ~ $100m^3$ 混合料或小于 $50m^3$ 混合料的独立工程，不得少于 1 组。

材料或配合比变更时需重新制取试件。

E. 0. 3　喷射混凝土强度的合格标准

1）同批试件组数 $n \geqslant 10$ 时

试件抗压强度平均值不低于设计值；

任一组试件抗压强度不低于 0. 85 设计值。

2）同批试件组数 $n < 10$ 时

试件抗压强度平均值不低于 1. 05 设计值；

任一组试件抗压强度不低于 0. 9 设计值。

E. 0. 4　实测项目中，喷射混凝土抗压强度评为不合格时相应分项工程为不合格。

附录 F　水泥砂浆强度评定

F. 0. 1　评定水泥砂浆的强度，应以标准养生 28d 的试件为准。试件为边长 70. 7mm 的立方体。试件 6 个为 1 组，制取组数应符合下列规定：

1）不同强度等级及不同配合比的水泥砂浆应分别制取试件，试件应随机制取，不得挑选。

2）重要及主体砌筑物，每工作班制取 2 组。

3）一般及次要砌筑物，每工作班可制取 1 组。

4）拱圈砂浆应同时制取与砌体同条件养生试件，以检查各施工阶段强度。

F. 0. 2　水泥砂浆强度的合格标准

1)同强度等级试件的平均强度不低于设计强度等级。

2)任意一组试件的强度最低值不低于设计强度等级的75%。

F.0.3 实测项目中,水泥砂浆强度评为不合格时相应分项工程为不合格。

附录G 半刚性基层和底基层材料强度评定

G.0.1 半刚性基层和底基层材料强度,以规定温度下保湿养生6d、浸水1d后的7d无侧限抗压强度为准。

G.0.2 在现场按规定频率取样,按工地预定达到的压实度制备试件。每2 000m^2或每工作班制备1组试件:不论稳定细粒土、中粒土或粗粒土,当多次偏差系数$C_V \leqslant 10\%$时,可为6个试件;$C_V = 10\% \sim 15\%$时,可为9个试件;$C_V > 15\%$时,则需13个试件。

G.0.3 试件的平均强度$\bar{R}$应满足下式要求:

$$R \geqslant R_d / (1 - Z_\alpha C_V)$$

式中:R_d——设计抗压强度(MPa);

C_V——试验结果的偏差系数(以小数计);

Z_α——标准正态分布表中随保证率而变的系数。

高速公路、一级公路:保证率95%,$Z_\alpha = 1.645$;

其他公路:保证率90%,$Z_\alpha = 1.282$。

G.0.4 评定路段内半刚性材料强度评为不合格时相应分项工程为不合格。

十四、公路土工试验规程
(JTG E40—2007)

2 术语、符号

2.1 术语

2.1.1 含水率 water content

土中水的质量与土颗粒质量的比值,以百分率表示。

2.1.2 密度 density

单位体积土的质量。

2.1.3 孔隙率 porosity

土的孔隙体积与土总体积的比值,以百分率表示。

2.1.4 孔隙比 void ratio

土的孔隙体积与固体颗粒体积的比值。

2.1.9 压缩系数 coefficient of compressibility

在 K_0 固结试验中,土试样的孔隙比减小量与有效压力增加量的比值。即 e—p 压缩曲线上某压力段的割线斜率,以绝对值表示。

2.1.10 压缩指数 compression index

压缩试验所得土孔隙比与有效压力对数值关系曲线上直线段的斜率。即 e—$\lg p$ 压缩曲线上大于先期固结压力后的直线段斜率。

2.1.11 压缩模量 constrained modulus

土体在侧限条件下受压时,竖向有效压力与竖向应变的比值。

2.1.14 抗剪强度 shear strength

土体在剪切面上所能承受的极限剪应力。

十五、公路工程岩石试验规程
(JTG E41—2005)

2 术语、符号

2.1 术语

2.1.1 岩石 rock

在各种地质作用下,按一定方式结合而成的矿物集合体,它是构成地壳及地幔的主要物质。

2.1.2 含水率 water content

岩石试样在105℃~110℃温度下烘至恒量时所失去的水的质量与试件干质量的比值,以百分数表示。

2.1.3 密度 density

在规定条件下,烘干岩石矿质单位体积(不包括开口与闭口孔隙体积)的质量。

2.1.5 孔隙率 percentage of porosity

岩石孔隙体积占岩石总体积(包括孔隙体积在内)的百分率。

2.1.6 吸水率 water absorption

在规定条件下,岩石试样最大的吸水质量与烘干岩石试件质量之比,以百分率表示。

2.1.8 软化系数 softening coefficient

岩石试件在饱和状态下单轴抗压强度与其干燥状态下单轴抗压强度的比值。

2.1.9 单轴抗压强度 uniaxial compressive strength

岩石试件抵抗单轴压力时保持自身不被破坏的极限应力。

2.1.10 弹性模量 modulus of elasticity

岩石试件在弹性极限内应力与应变的比值。

2.1.11 泊松比 poisson's ratio

岩石试件轴向受力时,横向应变与纵向应变之比。

2.1.13 抗剪强度 shearing strength

岩石试件在剪切面上所能承受的极限剪应力。

2.1.14 点荷载强度指数 point load strength index

点荷载试验岩石试件压裂时所施加的荷载除以两锥头间距的平方。

十六、公路桥涵设计通用规范
(JTG D60—2015)

3 设计要求

3.1 一般规定

3.1.3 公路桥涵结构应按承载能力极限状态和正常使用极限状态进行设计。

3.1.4 公路桥涵应根据不同种类的作用及其对桥涵的影响、桥涵所处的环境条件,考虑以下四种设计状况,进行极限状态设计:

1 持久状况应进行承载能力极限状态和正常使用极限状态设计。

2 短暂状况应作承载能力极限状态设计,可根据需要进行正常使用极限状态设计。

3 偶然状况应作承载能力极限状态设计。

4 地震状况应作承载能力极限状态设计。

3.1.5 公路桥梁钢结构部分应根据需要进行抗疲劳设计。

3.1.7 公路桥涵应按照设计使用年限和环境条件进行耐久性设计。

3.1.8 公路桥涵应考虑养护需要,按照可到达、可检查、可维修和可更换的要求进行设计。

3.2 桥涵布置

3.2.1 桥梁应根据公路功能、等级、通行能力及抗洪防灾要求,结合水文、地质、通航、环境等条件进行综合设计,并应符合下列规定:

1 特大、大桥桥位应选择河道顺直稳定、河床地质良好、河槽能通过大部分设计流量的河段。桥位应避开断层、岩溶、滑坡、泥石流等不良地质的河段,不宜选择在河汊、沙洲、古河道、急弯、汇合口、港口作业区及易形成流冰、流木阻塞的河段。

2 高速公路、一级公路上的桥梁宜设计为上、下行分离的独立桥梁。

3.3 桥涵孔径

3.3.1 桥涵孔径的设计必须保证设计洪水以内的各级洪水及流冰、泥石流、漂流物等安全通过,并应考虑壅水、冲刷对上下游的影响,确保桥涵附近路堤的稳定。

桥涵孔径的设计应考虑桥位上下游已建或拟建桥涵和水工建筑物的状况及其对河床演变的影响。

桥涵孔径设计尚应注意河床地形,不宜过分压缩河道、改变水流的天然状态。

3.3.4 计算桥下冲刷时,应考虑桥孔压缩后设计洪水过水断面所产生的桥下一般冲刷、墩台阻水引起的局部冲刷、河床自然演变冲刷以及调治构造物和桥位其他冲刷因素的影响。

3.3.6 桥涵跨径在50m及以下时,宜采用标准化跨径。采用标准化跨径的桥涵宜采用装配式结构及机械化、工厂化施工。桥涵标准化跨径规定如下:0.75m、1.0m、1.25m、1.5m、2.0m、2.5m、3.0m、4.0m、5.0m、6.0m、8.0m、10m、13m、16m、20m、25m、30m、35m、40m、45m、50m。

3.4 桥涵净空

3.4.1 桥涵净空应符合现行《公路工程技术标准》(JTG B01)中的公路建筑限界规定,并应符合下列规定:

1 确定桥面净宽时,应首先考虑与桥梁相连的公路路段的路基宽度,保持桥面净宽与路基宽度相同。

2 多车道公路上的特大桥为整体式上部结构时,中央分隔带宽度应根据所采用的护栏形式确定,路肩宽度经论证后可采用现行《公路工程技术标准》(JTG B01)有关规定的"最小值"。

3 高速公路和作为干线功能的一级公路上特大桥的右侧路肩宽度小于2.50m且桥长超过1 000m时,宜设置紧急停车带和过渡段,紧急停车带宽度包括路肩在内应为3.50m,有效长度不应小于40m,间距不宜大于500m。

4 桥上设置的各种安全设施及标志等不得侵入桥涵净空限界。

3.5 桥上线形及桥头引道

3.5.1 桥梁纵坡设计应符合下列规定:

1 桥上纵坡不宜大于4%,桥头引道纵坡不宜大于5%;桥头两端引道的线形应与桥梁的线形相匹配。

2 位于城镇混合交通繁忙处的桥梁,桥上纵坡及桥头引道纵坡均不得大于3%。

3 对易结冰、积雪的桥梁,桥上纵坡不宜大于3%。

3.5.5 高速公路、一级公路、二级公路和三级公路的桥头宜设置搭板,搭板设置应符合

下列规定:

1 搭板长度不宜小于5m;桥台高度不小于5m时,搭板长度不宜小于8m。

2 搭板宽度宜与桥台侧墙内缘相齐,并用柔性材料隔离,最小宽度不应小于行车道宽度。

3 搭板厚度不宜小于0.25m;长度不小于6m的搭板,其厚度不宜小于0.30m。

3.6 构造要求

3.6.1 桥涵结构应符合下列规定:

1 桥涵结构在制造、运输、安装和使用过程中,应具有规定的强度、刚度、稳定性和耐久性。

2 桥涵结构构造应使其附加应力、局部应力尽量减小。

3 桥涵结构形式和构造应便于制造、施工和养护。

4 桥涵结构物所用材料的品质及其技术性能应符合相关现行标准的规定。

3.6.2 桥涵的上、下部构造应视需要设置变形缝或伸缩缝,并配置适用的伸缩装置。高速公路、一级公路上的多孔梁(板)桥宜分联采用结构连续,也可分联采用桥面连续。

3.6.8 桥梁支座设计应满足下列要求:

1 桥梁支座可按其跨径、结构形式、反力值、支承处的位移及转角变形值选取不同的支座。桥梁可选用板式橡胶支座或四氟滑板橡胶支座、盆式橡胶支座和球型钢支座。不宜采用带球冠的板式橡胶支座或坡形板式橡胶支座。

2 桥梁纵桥向单个支承点宜设置一排竖向支座;横桥向竖向支座的设置应考虑支座脱空的影响。

3 支座上、下传力面应保持水平。

4 桥梁墩台应预留安装、维护、更换支座的工作空间和操作安全防护设施。

3.7 桥涵铺装、防水和排水

3.7.1 桥面铺装应符合下列规定:

1 桥面铺装宜与公路路面相协调。

2 桥面铺装应有完善的桥面防水、排水系统。

3 桥面铺装应与桥梁的上部结构综合考虑、协调设计。

4 高速公路和一级公路上特大桥、大桥的桥面铺装宜采用沥青混凝土桥面铺装。

3.7.2 桥面铺装应设防水层。圬工桥台背面及拱桥拱圈与填料间应设置防水层,并设盲沟排水。

3.7.3 高速公路和一、二级公路上桥梁的沥青混凝土桥面铺装层厚度不宜小于70mm;二级以下公路桥梁的沥青混凝土桥面铺装层厚度不宜小于50mm。沥青混凝土桥面铺装尚应符合现行《公路沥青路面设计规范》(JTG D50)的有关规定。

3.7.4 水泥混凝土桥面铺装面层(不含整平层和垫层)的厚度不宜小于80mm,混凝土强度等级不应低于C40。水泥混凝土桥面铺装层内应配置钢筋网。钢筋直径不应小于8mm,间距不宜大于100mm。水泥混凝土桥面铺装尚应符合现行《公路水泥混凝土路面设计规范》(JTG D40)的有关规定。

3.8 养护及其他附属设施

3.8.1 桥涵应设置维修养护通道。特大、大桥应根据需要设置必要的检查平台、扶梯、内照明、人口井盖、专用检修车等设施;需借助墩顶作为检修平台时,桥墩应根据需要设置安全设施。

3.8.2 特大桥和大桥应设置永久观测点。特大、大、中桥桥墩台旁必要时可设置水尺或标志。

3.8.6 技术复杂的大型桥梁工程可根据需要设置必要的结构监测设施。

4 作用

4.1 作用分类、代表值和作用组合

4.1.1 公路桥涵设计采用的作用分为永久作用、可变作用、偶然作用和地震作用四类,规定于表4.1.1。

表4.1.1 作用分类

序号	分类	名称
1	永久作用	结构重力(包括结构附加重力)
2		预加力
3		土的重力
4		土侧压力
5		混凝土收缩、徐变作用
6		水浮力
7		基础变位作用

续上表

序号	分类	名称
8	可变作用	汽车荷载
9		汽车冲击力
10		汽车离心力
11		汽车引起的土侧压力
12		汽车制动力
13		人群荷载
14		疲劳荷载
15		风荷载
16		流水压力
17		冰压力
18		波浪力
19		温度(均匀温度和梯度温度)作用
20		支座摩阻力
21	偶然作用	船舶的撞击作用
22		漂流物的撞击作用
23		汽车撞击作用
24	地震作用	地震作用

4.1.2 公路桥涵设计时,对不同的作用应按下列规定采用不同的代表值:

1 永久作用的代表值为其标准值。永久作用标准值可根据统计、计算,并结合工程经验综合分析确定。

2 可变作用的代表值包括标准值、组合值、频遇值和准永久值。组合值、频遇值和准永久值可通过可变作用的标准值分别乘以组合值系数 ψ_c、频遇值系数 ψ_f 和准永久值系数 ψ_q 来确定。

3 偶然作用取其设计值作为代表值,可根据历史记载、现场观测和试验,并结合工程经验综合分析确定,也可根据有关标准的专门规定确定。

4 地震作用的代表值为其标准值。地震作用的标准值应根据现行《公路工程抗震规范》(JTG B02)的规定确定。

4.1.3 作用的设计值应为作用的标准值或组合值乘以相应的作用分项系数。

4.1.4 公路桥涵结构设计应考虑结构上可能同时出现的作用,按承载能力极限状态、正常使用极限状态进行作用组合,均应按下列原则取其最不利组合效应进行设计:

1 只有在结构上可能同时出现的作用,才进行组合。当结构或结构构件需做不同受力方向的验算时,则应以不同方向的最不利的作用组合效应进行计算。

2　当可变作用的出现对结构或结构构件产生有利影响时，该作用不应参与组合。实际不可能同时出现的作用或同时参与组合概率很小的作用，按表 4.1.4 规定不考虑其参与组合。

表 4.1.4　可变作用不同时组合表

作用名称	不与该作用同时参与组合的作用
汽车制动力	流水压力、冰压力、波浪力、支座摩阻力
流水压力	汽车制动力、冰压力、波浪力
波浪力	汽车制动力、流水压力、冰压力
冰压力	汽车制动力、流水压力、波浪力
支座摩阻力	汽车制动力

3　施工阶段的作用组合，应按计算需要及结构所处条件而定，结构上的施工人员和施工机具设备均应作为可变作用加以考虑。组合式桥梁，当把底梁作为施工支撑时，作用组合效应宜分两个阶段计算，底梁受荷为第一个阶段，组合梁受荷为第二个阶段。

4　多个偶然作用不同时参与组合。

5　地震作用不与偶然作用同时参与组合。

4.1.5　公路桥涵结构按承载能力极限状态设计时，对持久设计状况和短暂设计状况应采用作用的基本组合，对偶然设计状况应采用作用的偶然组合，对地震设计状况应采用作用的地震组合，并应符合下列规定：

1　基本组合：永久作用设计值与可变作用设计值相组合。

1）作用基本组合的效应设计值可按下式计算：

$$S_{ud}=\gamma_0 S(\sum_{i=1}^{m}\gamma_{G_i}G_{ik},\gamma_{Q_1}\gamma_L Q_{1k},\psi_c\sum_{j=2}^{n}\gamma_{Lj}\gamma_{Q_j}Q_{jk}) \tag{4.1.5-1}$$

或

$$S_{ud}=\gamma_0 S(\sum_{i=1}^{m}G_{id},Q_{1d},\sum_{j=2}^{n}Q_{jd}) \tag{4.1.5-2}$$

式中：S_{ud}——承载能力极限状态下作用基本组合的效应设计值；

$S(\quad)$——作用组合的效应函数；

γ_0——结构重要性系数，按表 4.1.5-1 规定的结构设计安全等级采用，按持久状况和短暂状况承载能力极限状态设计时，公路桥涵结构设计安全等级应不低于表 4.1.5-1 的规定，对应于设计安全等级一级、二级和三级分别取 1.1、1.0 和 0.9；

γ_{G_i}——第 i 个永久作用的分项系数，应按表 4.1.5-2 的规定采用；

G_{ik}、G_{id}——第 i 个永久作用的标准值和设计值；

γ_{Q_1}——汽车荷载（含汽车冲击力、离心力）的分项系数。采用车道荷载计算时取 $\gamma_{Q_1}=1.4$，采用车辆荷载计算时，其分项系数取 $\gamma_{Q_1}=1.8$。当某个可变作用在组合中其效应值超过汽车荷载效应时，则该作用取代汽车荷载，其分项系数取 $\gamma_{Q_1}=1.4$；对专为承受某作用而设置的结构或装置，设计时该作用的分项

系数取 $\gamma_{Q_1}=1.4$;计算人行道板和人行道栏杆的局部荷载,其分项系数也取 $\gamma_{Q_1}=1.4$;

Q_{1k}、Q_{1d}——汽车荷载(含汽车冲击力、离心力)的标准值和设计值;

γ_{Q_j}——在作用组合中除汽车荷载(含汽车冲击力、离心力)、风荷载外的其他第 j 个可变作用的分项系数,取 $\gamma_{Q_j}=1.4$,但风荷载的分项系数取 $\gamma_{Q_j}=1.1$;

Q_{jk}、Q_{jd}——在作用组合中除汽车荷载(含汽车冲击力、离心力)外的其他第 j 个可变作用的标准值和设计值;

ψ_c——在作用组合中除汽车荷载(含汽车冲击力、离心力)外的其他可变作用的组合值系数,取 $\psi_c=0.75$;

$\psi_c Q_{jk}$——在作用组合中除汽车荷载(含汽车冲击力、离心力)外的第 j 个可变作用的组合值;

γ_{Lj}——第 j 个可变作用的结构设计使用年限荷载调整系数。公路桥涵结构的设计使用年限按现行《公路工程技术标准》(JTG B01)取值时,可变作用的设计使用年限荷载调整系数取 $\gamma_{Lj}=1.0$;否则,γ_{Lj} 取值应按专题研究确定。

2)当作用与作用效应可按线性关系考虑时,作用基本组合的效应设计值 S_{ud} 可通过作用效应代数相加计算。

3)设计弯桥时,当离心力与制动力同时参与组合时,制动力标准值或设计值按 70% 取用。

2 偶然组合:永久作用标准值与可变作用某种代表值、一种偶然作用设计值相组

表 4.1.5-1 公路桥涵结构设计安全等级

设计安全等级	破坏后果	适用对象
一级	很严重	(1)各等级公路上的特大桥、大桥、中桥; (2)高速公路、一级公路、二级公路、国防公路及城市附近交通繁忙公路上的小桥
二级	严重	(1)三、四级公路上的小桥; (2)高速公路、一级公路、二级公路、国防公路及城市附近交通繁忙公路上的涵洞
三级	不严重	三、四级公路上的涵洞

注:本表所列特大、大、中桥等系按本规范表 1.0.5 中的单孔跨径确定,对多跨不等跨桥梁,以其中最大跨径为准。

表 4.1.5-2 永久作用的分项系数

序号	作用类别	永久作用分项系数	
		对结构的承载能力不利时	对结构的承载能力有利时
1	混凝土和圬工结构重力(包括结构附加重力)	1.2	1.0
	钢结构重力(包括结构附加重力)	1.1 或 1.2	
2	预加力	1.2	1.0
3	土的重力	1.2	1.0
4	混凝土的收缩及徐变作用	1.0	1.0

续上表

序号	作用类别		永久作用分项系数	
			对结构的承载能力不利时	对结构的承载能力有利时
5	土侧压力		1.4	1.0
6	水的浮力		1.0	1.0
7	基础变位作用	混凝土和圬工结构	0.5	0.5
		钢结构	1.0	1.0

注：本表序号 1 中，当钢桥采用钢桥面板时，永久作用分项系数取 1.1；当采用混凝土桥面板时，取 1.2。

合；与偶然作用同时出现的可变作用，可根据观测资料和工程经验取用频遇值或准永久值。

1）作用偶然组合的效应设计值可按下式计算：

$$S_{ad}=S(\sum_{i=1}^{m}G_{ik},A_{d},(\psi_{f1}\text{或}\psi_{q1})Q_{1k},\sum_{j=2}^{n}\psi_{qj}Q_{jk}) \tag{4.1.5-3}$$

式中：S_{ad}——承载能力极限状态下作用偶然组合的效应设计值；

A_{d}——偶然作用的设计值；

ψ_{f1}——汽车荷载（含汽车冲击力、离心力）的频遇值系数，取 $\psi_{f1}=0.7$；当某个可变作用在组合中其效应值超过汽车荷载效应时，则该作用取代汽车荷载，人群荷载 $\psi_{f}=1.0$，风荷载 $\psi_{f}=0.75$，温度梯度作用 $\psi_{f}=0.8$，其他作用 $\psi_{f}=1.0$；

$\psi_{f1}Q_{1k}$——汽车荷载的频遇值；

ψ_{q1}、ψ_{qj}——第 1 个和第 j 个可变作用的准永久值系数，汽车荷载（含汽车冲击力、离心力）$\psi_{q}=0.4$，人群荷载 $\psi_{q}=0.4$，风荷载 $\psi_{q}=0.75$，温度梯度作用 $\psi_{q}=0.8$，其他作用 $\psi_{q}=1.0$；

$\psi_{q1}Q_{1k}$、$\psi_{qj}Q_{jk}$——第 1 个和第 j 个可变作用的准永久值。

2）当作用与作用效应可按线性关系考虑时，作用偶然组合的效应设计值 S_{ad} 可通过作用效应代数相加计算。

3 作用地震组合的效应设计值应按现行《公路工程抗震规范》（JTG B02）的有关规定计算。

4.1.6 公路桥涵结构按正常使用极限状态设计时，应根据不同的设计要求，采用作用的频遇组合或准永久组合，并应符合下列规定：

1 频遇组合：永久作用标准值与汽车荷载频遇值、其他可变作用准永久值相组合。

1）作用频遇组合的效应设计值可按下式计算：

$$S_{fd}=S(\sum_{i=1}^{m}G_{ik},\psi_{f1}Q_{1k},\sum_{j=2}^{n}\psi_{qj}Q_{jk}) \tag{4.1.6-1}$$

式中：S_{fd}——作用频遇组合的效应设计值；

ψ_{f1}——汽车荷载(不计汽车冲击力)频遇值系数,取0.7。

2)当作用与作用效应可按线性关系考虑时,作用频遇组合的效应设计值S_{fd}可通过作用效应代数相加计算。

2　准永久组合:永久作用标准值与可变作用准永久值相组合。

1)作用准永久组合的效应设计值可按下式计算:

$$S_{qd}=S(\sum_{i=1}^{m}G_{ik},\sum_{j=1}^{n}\psi_{qj}Q_{jk}) \tag{4.1.6-2}$$

式中:S_{qd}——作用准永久组合的效应设计值;

ψ_{qj}——汽车荷载(不计汽车冲击力)准永久值系数,取0.4。

2)当作用与作用效应可按线性关系考虑时,作用准永久组合的效应设计值S_{qd}可通过作用效应代数相加计算。

4.3　可变作用

4.3.1　公路桥涵设计时,汽车荷载的计算图式、荷载等级及其标准值、加载方法和纵横向折减等应符合下列规定:

1　汽车荷载分为公路—Ⅰ级和公路—Ⅱ级两个等级。

2　汽车荷载由车道荷载和车辆荷载组成。桥梁结构的整体计算采用车道荷载;桥梁结构的局部加载、涵洞、桥台和挡土墙土压力等的计算采用车辆荷载。车道荷载与车辆荷载的作用不得叠加。

3　各级公路桥涵设计的汽车荷载等级应符合表4.3.1-1的规定。

表4.3.1-1　各级公路桥涵的汽车荷载等级

公路等级	高速公路	一级公路	二级公路	三级公路	四级公路
汽车荷载等级	公路—Ⅰ级	公路—Ⅰ级	公路—Ⅰ级	公路—Ⅱ级	公路—Ⅱ级

1)二级公路作为集散公路且交通量小、重型车辆少时,其桥涵的设计可采用公路—Ⅱ级汽车荷载。

2)对交通组成中重载交通比重较大的公路桥涵,宜采用与该公路交通组成相适应的汽车荷载模式进行结构整体和局部验算。

4　车道荷载的计算图示如图4.3.1-1所示。

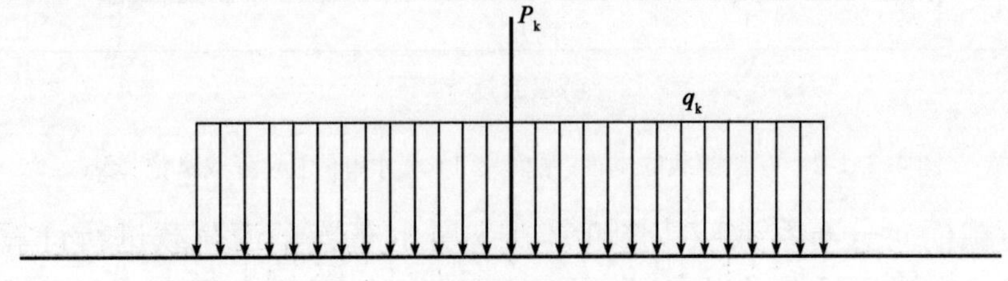

图4.3.1-1　车道荷载

1）公路—Ⅰ级车道荷载均布荷载标准值为 $q_k = 10.5\text{kN/m}$；集中荷载标准值 P_k 取值见表4.3.1-2。计算剪力效应时，上述集中荷载标准值应乘以系数1.2。

表4.3.1-2　集中荷载 P_k 取值

计算跨径 L_0（m）	$L_0 \leq 5$	$5 < L_0 < 50$	$L_0 \geq 50$
P_k（kN）	270	$2(L_0 + 130)$	360

注：计算跨径 L_0，设支座的为相邻两支座中心间的水平距离；不设支座的为上、下部结构相交面中心间的水平距离。

2）公路—Ⅱ级车道荷载的均布荷载标准值 q_k 和集中荷载标准值 P_k 按公路—Ⅰ级车道荷载的0.75倍采用。

3）车道荷载的均布荷载标准值应满布于使结构产生最不利效应的同号影响线上；集中荷载标准值只作用于相应影响线中一个影响线峰值处。

5　车辆荷载的立面、平面尺寸如图4.3.1-2所示，主要技术指标规定见表4.3.1-3。公路—Ⅰ级和公路—Ⅱ级汽车荷载采用相同的车辆荷载标准值。

表4.3.1-3　车辆荷载的主要技术指标

项　　目	单位	技术指标	项　　目	单位	技术指标
车辆重力标准值	kN	550	轮距	m	1.8
前轴重力标准值	kN	30	前轮着地宽度及长度	m	0.3×0.2
中轴重力标准值	kN	2×120	中、后轮着地宽度及长度	m	0.6×0.2
后轴重力标准值	kN	2×140	车辆外形尺寸（长×宽）	m	15×2.5
轴距	m	3+1.4+7+1.4	—	—	—

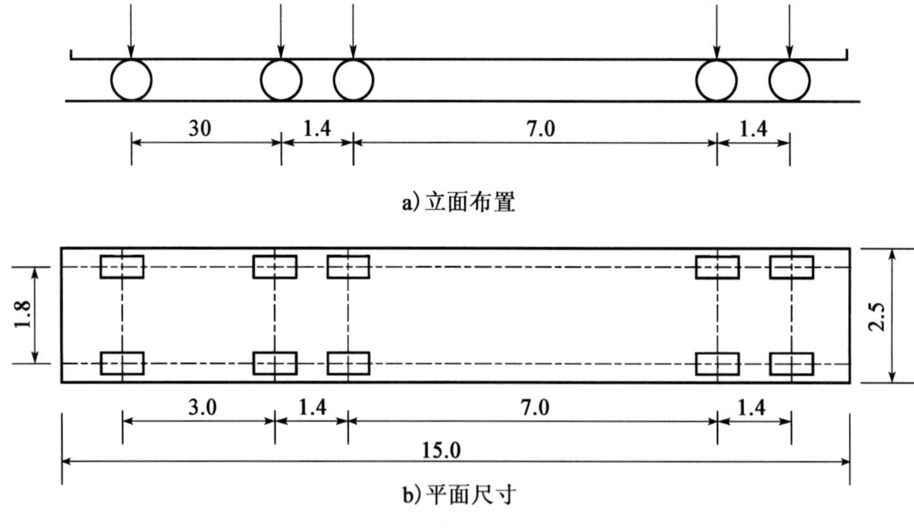

图4.3.1-2　车辆荷载的立面、平面尺寸（尺寸单位：m；荷载单位：kN）

6　车道荷载横向分布系数应按图4.3.1-3所示布置车道荷载进行计算。

7　桥涵设计车道数应符合表4.3.1-4的规定。横桥向布置多车道汽车荷载时，应考虑汽车荷载的折减；布置一条车道汽车荷载时，应考虑汽车荷载的提高。横向车道布载系数应符合表 4.3.1-5 的规定。多车道布载的荷载效应不得小于两条车道布载的荷载效应。

8 大跨径桥梁上的汽车荷载应考虑纵向折减。当桥梁计算跨径大于 150m 时,应按表 4.3.1-6 规定的纵向折减系数进行折减。当为多跨连续结构时,整个结构应按最大的计算跨径考虑汽车荷载效应的纵向折减。

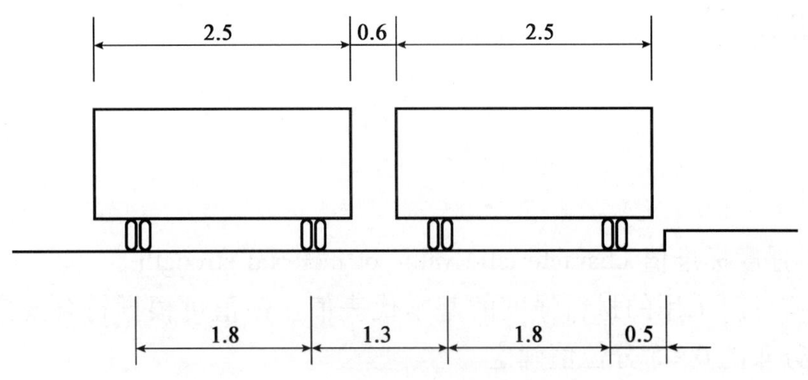

图 4.3.1-3 车辆荷载横向布置(尺寸单位:m)

表 4.3.1-4 桥涵设计车道数

桥面宽度 W(m)		桥涵设计车道数
车辆单向行驶时	车辆双向行驶时	
$W<7.0$		1
$7.0\leq W<10.5$	$6.0\leq W<14.0$	2
$10.5\leq W<14.0$		3
$14.0\leq W<17.5$	$14.0\leq W<21.0$	4
$17.5\leq W<21.0$		5
$21.0\leq W<24.5$	$21.0\leq W<28.0$	6
$24.5\leq W<28.0$		7
$28.0\leq W<31.5$	$28.0\leq W<35.0$	8

表 4.3.1-5 横向车道布载系数

横向布载车道数(条)	1	2	3	4	5	6	7	8
横向车道布载系数	1.20	1.00	0.78	0.67	0.60	0.55	0.52	0.50

表 4.3.1-6 纵向折减系数

计算跨径 L_0(m)	纵向折减系数	计算跨径 L_0(m)	纵向折减系数
$150<L_0<400$	0.97	$800\leq L_0<1000$	0.94
$400\leq L_0<600$	0.96	$L_0\geq 1000$	0.93
$600\leq L_0<800$	0.95	—	—

十七、公路圬工桥涵设计规范
（JTG D61—2005）

2 术语和符号

2.1 术语

2.1.3 材料强度标准值 characteristic value of material strength

设计结构构件时采用的材料强度的基本代表值。该值可根据符合规定标准的材料，取其强度概率分布的0.05分位值确定。

2.1.4 材料强度设计值 design value of material strength

材料强度标准值除以材料强度分项系数后的值。

3 材料

3.1 材料强度等级

3.1.1 石材、混凝土和砂浆的强度等级，应按下列规定采用：

1 石材强度等级：MU120、MU100、MU80、MU60、MU50、MU40、MU30。

2 混凝土强度等级：C40、C35、C30、C25、C20、C15。

3 砂浆强度等级：M20、M15、M10、M7.5、M5。

注：(1)石材强度等级采用边长70mm的含水饱和的立方体试件的抗压强度(MPa)表示。抗压强度取三块试件平均值。

(2)混凝土强度等级的定义见《公路钢筋混凝土及预应力混凝土桥涵设计规范》(JTG D62—2004)。

(3)砂浆的强度等级采用边长70.7mm的标准立方体试件28d抗压强度(MPa)表示。抗压强度取三块试件平均值。

3.1.2 不同尺寸的石材试件强度换算系数及石砌体的分类可按附录A的规定采用。

3.2 材料基本要求

3.2.1 公路圬工桥涵结构物所使用的材料的最低强度等级应符合表3.2.1的规定。

表 3.2.1　圬工材料的最低强度等级

结构物种类	材料最低强度等级	砌筑砂浆最低强度等级
拱圈	MU50 石材 C25 混凝土(现浇) C30 混凝土(预制块)	M10(大、中桥) M7.5(小桥涵)
大、中桥墩台及基础,轻型桥台	MU40 石材 C25 混凝土(现浇) C30 混凝土(预制块)	M7.5
小桥涵墩台、基础	MU30 石材 C20 混凝土(现浇) C25 混凝土(预制块)	M5

3.2.2　片石混凝土为混凝土中掺入不多于其体积20%的片石,片石强度等级不应低于混凝土强度等级和本规范第3.2.1条规定的石材最低强度等级。片石混凝土各项强度、弹性模量和剪变模量可按同强度等级的混凝土采用。

3.2.3　累年最冷月平均温度低于或等于-10℃的地区,所用的石材抗冻性指标应符合表3.2.3的规定。

表 3.2.3　石材抗冻性指标

结构物部位	大、中桥	小桥及涵洞
镶面或表面石材	50	25

注:(1)抗冻性指标,系指材料在含水饱和状态下经过-15℃的冻结与20℃融化的循环次数。试验后的材料应无明显损伤(裂缝、脱层),其强度不应低于试验前的0.75倍。

(2)根据以往实践经验证明材料确有足够抗冻性能者,可不作抗冻试验。

3.2.4　石材应具有耐风化和抗侵蚀性。用于浸水或气候潮湿地区的受力结构的石材的软化系数不应低于0.8。

注:软化系数系指石材在含水饱和状态下与干燥状态下试块极限抗压强度的比值。

3.2.5　结构混凝土应符合《公路钢筋混凝土及预应力混凝土桥涵设计规范》(JTG D62—2004)关于结构混凝土耐久性的要求。

3.3　材料设计指标

3.3.1　石材强度设计值应按表3.3.1的规定采用。

表 3.3.1　石材强度设计值(MPa)

强度类别＼强度等级	MU120	MU100	MU80	MU60	MU50	MU40	MU30
轴心抗压 f_{cd}	31.78	26.49	21.19	15.89	13.24	10.59	7.95
弯曲抗拉 f_{tmd}	2.18	1.82	1.45	1.09	0.91	0.73	0.55

3.3.2　混凝土强度设计值应按表 3.3.2 规定采用。

表 3.3.2　混凝土强度设计值(MPa)

强度类别＼强度等级	C40	C35	C30	C25	C20	C15
轴心抗压 f_{cd}	15.64	13.69	11.73	9.78	7.82	5.87
弯曲抗拉 f_{tmd}	1.24	1.14	1.04	0.92	0.80	0.66
直接抗剪 f_{vd}	2.48	2.28	2.09	1.85	1.59	1.32

3.3.3　砂浆砌体抗压强度设计值规定如下：

1　混凝土预制块砂浆砌体轴心抗压强度设计值 f_{cd} 应按表 3.3.3-1 的规定采用。

表 3.3.3-1　混凝土预制块砂浆砌体轴心抗压强度设计值 f_{cd}(MPa)

砌块强度等级	砂浆强度等级					砂 浆 强 度
	M20	M15	M10	M7.5	M5	0
C40	8.25	7.04	5.84	5.24	4.64	2.06
C35	7.71	6.59	5.47	4.90	4.34	1.93
C30	7.14	6.10	5.06	4.54	4.02	1.79
C25	6.52	5.57	4.62	4.14	3.67	1.63
C20	5.83	4.98	4.13	3.70	3.28	1.46
C15	5.05	4.31	3.58	3.21	2.84	1.26

2　块石砂浆砌体轴心抗压强度设计值 f_{cd} 应按表 3.3.3-2 的规定采用。

表 3.3.3-2　块石砂浆砌体的轴心抗压强度设计值 f_{cd}(MPa)

砌块强度等级	砂浆强度等级					砂 浆 强 度
	M20	M15	M10	M7.5	M5	0
MU120	8.42	7.19	5.96	5.35	4.73	2.10
MU100	7.68	6.56	5.44	4.88	4.32	1.92
MU80	6.87	5.87	4.87	4.37	3.86	1.72
MU60	5.95	5.08	4.22	3.78	3.35	1.49
MU50	5.43	4.64	3.85	3.45	3.05	1.36

续上表

砌块强度等级	砂浆强度等级					砂浆强度
	M20	M15	M10	M7.5	M5	0
MU40	4.86	4.15	3.44	3.09	2.73	1.21
MU30	4.21	3.59	2.98	2.67	2.37	1.05

注:对各类石砌体,应按表中数值分别乘以下列系数:细料石砌体为1.5;半细料石砌体为1.3;粗料石砌体为1.2;干砌块石砌体可采用砂浆强度为零时的抗压强度设计值。

3 片石砂浆砌体轴心抗压强度设计值f_{cd}应按表3.3.3-3的规定采用。

表3.3.3-3 片石砂浆砌体的轴心抗压强度设计值f_{cd}(MPa)

砌块强度等级	砂浆强度等级					砂浆强度
	M20	M15	M10	M7.5	M5	0
MU120	1.97	1.68	1.39	1.25	1.11	0.33
MU100	1.80	1.54	1.27	1.14	1.01	0.30
MU80	1.61	1.37	1.14	1.02	0.90	0.27
MU60	1.39	1.19	0.99	0.88	0.78	0.23
MU50	1.27	1.09	0.90	0.81	0.71	0.21
MU40	1.14	0.97	0.81	0.72	0.64	0.19
MU30	0.98	0.84	0.70	0.63	0.55	0.16

注:干砌片石砌体可采用砂浆强度为零时的轴心抗压强度设计值。

4 各类砂浆砌体的轴心抗拉强度设计值f_{td}、弯曲抗拉强度设计值f_{tmd}和直接抗剪强度设计值f_{vd}应按表3.3.3-4的规定采用。

表3.3.3-4 砂浆砌体轴心抗拉、弯曲抗拉和直接抗剪强度设计值(MPa)

强度类别	破坏特征	砌体种类	砂浆强度等级				
			M20	M15	M10	M7.5	M5
轴心抗拉f_{td}	齿缝	规则砌块砌体	0.104	0.090	0.073	0.063	0.052
		片石砌体	0.096	0.083	0.068	0.059	0.048
弯曲抗拉f_{tmd}	齿缝	规则砌块砌体	0.122	0.105	0.086	0.074	0.061
		片石砌体	0.145	0.125	0.102	0.089	0.072
	通缝	规则砌块砌体	0.084	0.073	0.059	0.051	0.042
直接抗剪f_{vd}	—	规则砌块砌体	0.104	0.090	0.073	0.063	0.052
		片石砌体	0.241	0.208	0.170	0.147	0.120

注:(1)砌体龄期为28d。

(2)规则砌块砌体包括:块石砌体、粗料石砌体、半细料石砌体、细料石砌体、混凝土预制块砌体。

(3)规则砌块砌体在齿缝方向受剪时,系通过砌块和灰缝剪破。

5 施工阶段砂浆尚未硬化的新砌砌体的强度,可按砂浆强度为零进行验算。

3.3.4 小石子混凝土砌块石、片石砌体强度设计值应分别按表3.3.4-1和表3.3.4-2

及表3.3.4-3的规定采用。

表3.3.4-1 小石子混凝土砌块石砌体轴心抗压强度f_{cd}设计值(MPa)

石材强度等级	小石子混凝土强度等级					
	C40	C35	C30	C25	C20	C15
MU120	13.86	12.69	11.49	10.25	8.95	7.59
MU100	12.65	11.59	10.49	9.35	8.17	6.93
MU80	11.32	10.36	9.38	8.37	7.31	6.19
MU60	9.80	9.98	8.12	7.24	6.33	5.36
MU50	8.95	8.19	7.42	6.61	5.78	4.90
MU40	—	—	6.63	5.92	5.17	4.38
MU30	—	—	—	—	4.48	3.79

注:砌块为粗料石时,轴心抗压强度为表值乘1.2;砌块为细料石时、半细料石时,轴心抗压强度为表值乘1.4。

表3.3.4-2 小石子混凝土砌片石砌体轴心抗压强度设计值f_{cd}(MPa)

石材强度等级	小石子混凝土强度等级			
	C30	C25	C20	C15
MU120	6.94	6.51	5.99	5.36
MU100	5.30	5.00	4.63	4.17
MU80	3.94	3.74	3.49	3.17
MU60	3.23	3.09	2.91	2.67
MU50	2.88	2.77	2.62	2.43
MU40	2.50	2.42	2.31	2.16
MU30	—	—	1.95	1.85

表3.3.4-3 小石子混凝土砌块石、片石砌体的轴心抗拉、弯曲抗拉和直接抗剪强度设计值(MPa)

强度类别	破坏特征	砌体种类	小石子混凝土强度等级					
			C40	C35	C30	C25	C20	C15
轴心抗拉f_{td}	齿缝	块石砌体	0.285	0.267	0.247	0.226	0.202	0.175
		片石砌体	0.425	0.398	0.368	0.336	0.301	0.260
弯曲抗拉f_{tmd}	齿缝	块石砌体	0.335	0.313	0.290	0.265	0.237	0.205
		片石砌体	0.493	0.461	0.427	0.387	0.349	0.300
	通缝	块石砌体	0.232	0.217	0.201	0.183	0.164	0.142
直接抗剪f_{vd}	—	块石砌体	0.285	0.267	0.247	0.226	0.202	0.175
		片石砌体	0.425	0.398	0.368	0.336	0.301	0.260

注:对其他规则砌块砌体强度值为表内块石砌体强度值乘以下列系数:粗料石砌体0.7;细料石、半细料石砌体0.35。

3.3.5 混凝土及各类砌体的受压弹性模量、线膨胀系数和摩擦系数,应分别按表

3.3.5-1 ~ 表3.3.5-4 的规定采用。混凝土和砌体的剪变模量G_c 和 G_m分别取其受压弹性模量的0.4 倍。

表 3.3.5-1 混凝土的受压弹性模量 E_c(MPa)

混凝土强度等级	C40	C35	C30	C25	C20	C15
弹性模量 E_c	3.25×10^4	3.15×10^4	3.00×10^4	2.80×10^4	2.55×10^4	2.20×10^4

表 3.3.5-2 各类砌体受压弹性模量 E_m(MPa)

砌 体 种 类	砂浆强度等级				
	M20	M15	M10	M7.5	M5
混凝土预制块砌体	1 700f_{cd}	1 700f_{cd}	1 700f_{cd}	1 600f_{cd}	1 500f_{cd}
粗料石、块石及片石砌体	7 300	7 300	7 300	5 650	4 000
细料石、半细料石砌体	22 000	22 000	22 000	17 000	12 000
小石子混凝土砌体	2 100f_{cd}				

注:f_{cd}为砌轴心体抗压强度设计值。

表 3.3.5-3 混凝土和砌体的线膨胀系数

砌 体 种 类	线膨胀系数(10^{-6}/℃)
混凝土	10
混凝土预制块砌体	9
细料石、半细料石、粗料石、块石、片石砌体	8

表 3.3.5-4 砌体的摩擦系数 μ_f

材 料 种 类	摩擦面情况	
	干燥	潮湿
砌体沿砌体或混凝土滑动	0.70	0.60
木材沿砌体滑动	0.60	0.50
钢沿砌体滑动	0.45	0.35
砌体沿砂或卵石滑动	0.60	0.50
砌体沿粉土滑动	0.55	0.40
砌体沿黏性土滑动	0.50	0.30

3.3.6 混凝土收缩应变可按《公路钢筋混凝土及预应力混凝土桥涵设计规范》(JTG D62—2004)规定计算。

4 构件设计与计算

4.0.1 本规范采用以概率理论为基础的极限状态设计方法,采用分项系数的设计表达式进行计算。

4.0.2 圬工桥涵结构应按承载能力极限状态设计，并满足正常使用极限状态的要求。

注：根据圬工桥涵结构的特点，其正常使用极限状态的要求，一般情况下可由相应的构造措施来保证。

4.0.5 砌体（包括砌体与混凝土组合）受压构件，在本规范表 4.0.9 规定的受压偏心距限值范围内的承载力应按下列公式计算：

$$\gamma_0 N_d < \varphi A f_{cd} \quad (4.0.5)$$

式中：N_d——轴向力设计值；

A——构件截面面积，对于组合截面按强度比换算，即 $A = A_0 + \eta_1 A_1 + \eta_2 A_2 + \cdots$，$A_0$ 为标准层截面面积，A_1、A_2、…为其他层截面面积，$\eta_1 = f_{c1d}/f_{c0d}$、$\eta_2 = f_{c2d}/f_{c0d}$、…，f_{c0d} 为标准层轴心抗压强度设计值，f_{c1d}、f_{c2d}、…为其他层的轴心抗压强度设计值；

f_{cd}——砌体或混凝土轴心抗压强度设计值，应按本规范第 3.3.2 条、第 3.3.3 条及第 3.3.4 条的规定采用；对组合截面应采用标准层轴心抗压强度设计值；

φ——构件轴向力的偏心距 e 和长细比 β 对受压构件承载力的影响系数，按本规范第 4.0.6 条和第 4.0.7 条计算。

4.0.8 混凝土偏心受压构件，在本规范表 4.0.9 规定的受压偏心距限值范围内，当按受压承载力计算时，假定受压区的法向应力图形为矩形，其应力取混凝土抗压强度设计值，此时，取轴向力作用点与受压区法向应力的合力作用点相重合的原则（图 4.0.8）确定受压区面积 A_c。受压承载力应按下列公式计算：

$$\gamma_0 N_d \leqslant \varphi f_{cd} A_c \quad (4.0.8\text{-}1)$$

1 单向偏心受压

受压区高度 h_c 应按下列条件确定［图 4.0.8a）］：

$$e_c = e \quad (4.0.8\text{-}2)$$

矩形截面的受压承载力可按下列公式计算：

$$\gamma_0 N_d \leqslant \varphi f_{cd} b(h - 2e) \quad (4.0.8\text{-}3)$$

式中：N_d——轴向力设计值；

φ——弯曲平面内轴心受压构件弯曲系数，按表 4.0.8 采用；

f_{cd}——混凝土轴心抗压强度设计值，按本规范表 3.3.2 的规定采用；

A_c——混凝土受压区面积；

e_c——受压区混凝土法向应力合力作用点至截面重心的距离；

e——轴向力的偏心距；

b——矩形截面宽度；

h——矩形截面高度。

当构件弯曲平面外长细比大于弯曲平面内长细比时，尚应按轴心受压构件验算其承载力。

表 4.0.8 混凝土轴心受压构件弯曲系数

l_0/b	<4	4	6	8	10	12	14	16	18	20	22	24	26	28	30
l_0/i	<14	14	21	28	35	42	49	56	63	70	76	83	90	97	104
φ	1.00	0.98	0.96	0.91	0.86	0.82	0.77	0.72	0.68	0.63	0.59	0.55	0.51	0.47	0.44

注:(1)l_0 为计算长度,按本规范表 4.0.7-2 的规定采用。

(2)在计算 l_0/b 或 l_0/i 时,b 或 i 的取值:对于单向偏心受压构件,取弯曲平面内截面高度或回转半径;对于轴心受压构件及双向偏心受压构件,取截面短边尺寸或截面最小回转半径。

2 双向偏心受压

受压区高度和宽度,应按下列条件确定[图 4.0.8b)]:

$$e_{cy} = e_y \tag{4.0.8-4}$$

$$e_{cx} = e_x \tag{4.0.8-5}$$

矩形截面的偏心受压承载力可按下列公式计算:

$$\gamma_0 N_d \leqslant \varphi f_{cd}[(h-2e_y)(b-2e_x)] \tag{4.0.8-6}$$

式中:φ——轴心受压构件弯曲系数,见本规范表 4.0.8;

e_{cy}——受压区混凝土法向应力合力作用点在 y 轴方向至截面重心距离;

e_{cx}——受压区混凝土法向应力合力作用点在 x 轴方向至截面重心距离;

e_y——轴向力 y 轴方向的偏心距;

e_x——轴向力 x 轴方向的偏心距。

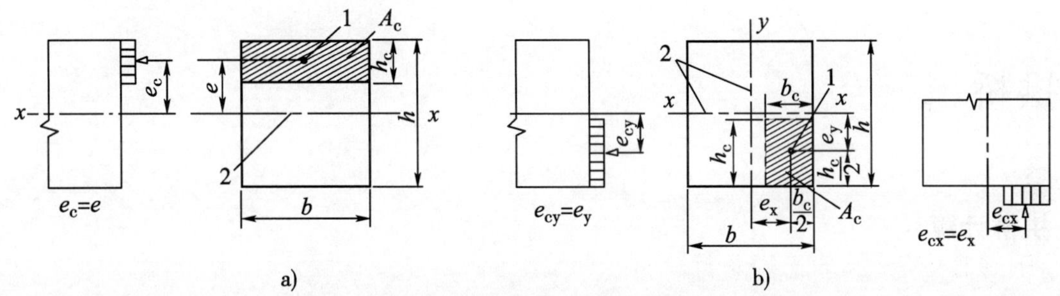

图 4.0.8 混凝土构件偏心受压

a)单向偏心受压;b)双向偏心受压

1-受压区重心(法向压应力合力作用点);2-截面重心轴;e-单向偏心受压偏心距;e_c-单向偏心受压法向应力合力作用点距重心轴距离;e_x、e_y-双向偏心受压在 x 方向、y 方向的偏心距;e_{cx}、e_{cy}-双向偏心受压法向应力合力作用点,在 x、y 方向的偏心距;A_c-受压区面积;h_c、b_c-矩形截面受压区高度、宽度

4.0.11 混凝土截面局部承压的承载力应按下列公式计算:

$$\gamma_0 N_d \leqslant 0.9\beta A_l f_{cd} \tag{4.0.11-1}$$

$$\beta = \sqrt{\frac{A_b}{A_l}} \tag{4.0.11-2}$$

式中:N_d——局部承压面积上的轴向力设计值;

β——局部承压强度提高系数;

A_l——局部承压面积；

A_b——局部承压计算底面积，根据底面积重心与局部受压面积重心相重合的原则，按图4.0.11确定；

f_{cd}——混凝土轴心抗压强度设计值，按本规范表3.3.2采用。

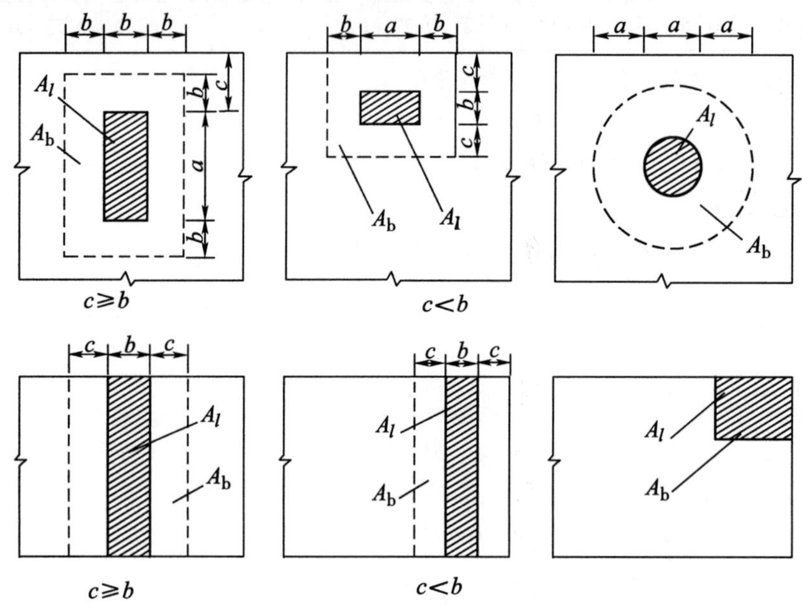

图4.0.11　局部承压计算底面积 A_b 示意图

5　拱桥

5.1　拱桥计算

5.1.1　拱上建筑为梁(板)式结构的拱桥的计算，不应考虑拱上建筑与主拱圈的联合作用；拱上建筑为拱式结构的拱桥的计算，可考虑拱上建筑与主拱圈的联合作用。当采用公路—I级、公路—II级车道荷载计算拱的正弯矩时，自拱顶至拱跨1/4各截面应乘以0.7折减系数；拱脚截面乘以0.9折减系数；拱跨1/4至拱脚各截面，其折减系数按直线插入法确定。

5.1.2　拱桥设计应优选拱轴线，使拱在作用组合的受力情况下，轴向力的偏心距较小。对大跨径拱桥，如某些截面的结构重力压力线与拱轴线偏离过大，或在结构重力及其所引起的弹性压缩和温度下降、混凝土收缩等作用组合下的纵向偏心距较大时，则应作适当调整，且应考虑拱轴线偏离结构重力压力线引起的偏离弯矩。

5.1.3　拱桥应考虑活载的横向不均匀分布，但实腹式拱桥和拱上建筑为拱式结构的空腹式拱桥或拱上建筑采用墙式墩且活载横桥向布置不超过拱圈以外的拱桥,可考虑活载均匀分布于拱圈全宽。

5.1.7 多跨无铰拱桥应按连拱计算。当桥墩抗推刚度与主拱抗推刚度之比大于37时,可按单跨拱桥计算。

5.1.10 计算超静定拱桥由相邻墩台引起的不均匀沉降或桥台水平位移引起的作用效应时,其计算作用效应可乘以0.5的折减系数。

5.1.11 拱桥应按《公路桥涵设计通用规范》(JTG D60－2004)规定的作用短期效应组合,在一个桥跨范围内的正负挠度的绝对值之和的最大值不应大于计算跨径的1/1000。

5.2 拱桥构造

5.2.1 拱桥的矢跨比宜采用1/4～1/8;箱形板拱的矢跨比宜采用1/5～1/8。采用无支架施工或早期脱架施工的悬链线拱的拱轴系数 m 不宜大于3.5。

5.2.4 在软土地基上不宜修建拱式结构,当必须采用拱式结构时,宜采用三铰拱。设计时应注意下列事项:

1 宜选用适应墩台变位和轻型的上下部结构,跨径宜小,矢跨比宜大。

2 加强拱脚截面的局部承压能力。

3 宜采用无支架或早期脱架施工。

5.3 拱桥施工阶段验算

5.3.1 拱桥应设置施工预拱度。预拱度应根据施工条件,按主拱圈的弹性与非弹性下沉、拱架的弹性与非弹性下沉、墩台位移、温度变化及混凝土收缩和徐变等因素产生的挠度曲线反向设置。预拱度的计算和设置,可参照附录B的方法确定。

6 墩台

6.1 一般规定

6.1.1 在有强烈流冰、泥石流或漂流物的河流中的墩台,其表面宜选用强度等级不小于MU60的石材或C40混凝土预制块镶面。镶面砌体的砂浆强度等级不应低于M20。

累年最冷月平均温度低于或等于 -10℃ 的地区，墩台表面应选用强度等级不低于 MU50 的石料或 C30 混凝土。

具有强烈流冰河流中的桥墩，应在其迎冰面设置破冰棱。破冰棱应高出最高流冰水位 1.0m，并应低于最低流冰水位时冰层底面下 0.5m。破冰棱的倾斜度宜为 3:1 ~10:1（竖:横）。破冰棱迎冰面应做成尖端形或圆端形。混凝土破冰棱在迎冰表面应埋设钢板或角钢。破冰棱与桥墩应构成一体，自基底或承台底至最高流冰水位以上 1.0m 处，混凝土墩台应避免设水平施工缝，当不可避免时，其接合面应用型钢或钢筋加强。

6.1.9 高速公路、一级公路和二级公路上桥梁的桥头宜设置搭板。搭板厚度不宜小于 250mm，长度不宜小于 6m。

6.2 梁、板式桥墩台

6.2.1 桥梁的墩帽和台帽厚度，特大、大跨径桥梁不应小于 0.5m；中、小跨径桥梁不应小于 0.4m。在墩、台帽内应设置构造钢筋。

设置支座的墩帽和台帽上应设置支座垫石，在其内应设置水平钢筋网。与支座底板边缘相对的支座垫石边缘应向外展出 0.1 ~0.2m。支座垫石顶面应高出墩、台帽顶面排水坡的上棱。墩、台顶面与梁底之间应预留更换支座时的空间。

墩、台帽出檐宽度宜为 0.05 ~0.10m。

6.2.6 跨径不大于13m、桥长不大于 20m 的梁（板）式上部结构，其下部构造可采用轻型桥台，但桥孔不宜多于三孔，桥台的台墙厚度不宜小于 0.6m。

轻型桥台上端与梁（板）铰接，下端在相邻桥台（墩）之间应设支撑梁（图 6.2.6）。梁（板）端铰接钢销直径不应小于 20mm。支撑梁应设于铺砌层或冲刷线以下，中距宜为 2 ~3m，采用钢筋混凝土构件，其截面尺寸不宜小于0.2m（横）×0.3m（竖），四角应设置直径不小于 12mm 的钢筋；如采用混凝土或块石砌筑，其截面尺寸不宜小于 0.4m ×0.4m。

轻型桥台的斜交角（台身与桥纵轴线的垂直线的交角），不应大于 15°。轻型桥台下端，两外侧应设置平行于桥轴线的支撑梁，中间应设垂直于桥台的支撑梁。

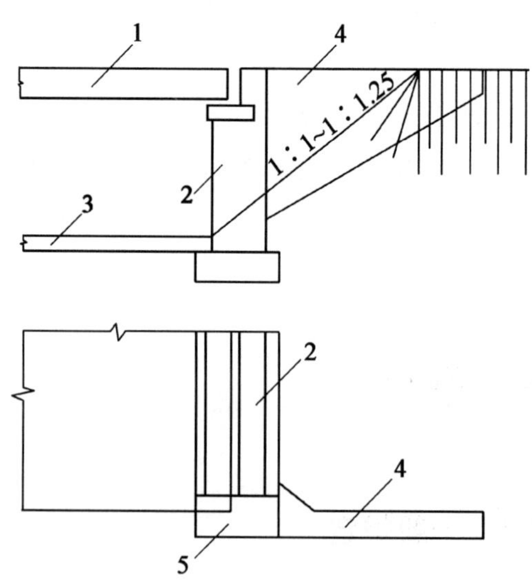

图 6.2.6 轻型桥台的支撑梁和耳墙
1-上部结构；2-轻型桥台；3-支撑梁；4-耳墙；5-边柱

6.2.7 轻型桥台可设八字墙、一字墙或边柱带耳墙（见本规范图 6.2.6）。带耳墙的轻型桥台的边柱除承受由耳墙重力产生的竖直荷载和弯矩外，尚应计算耳墙上水平土压力对柱身所产生的剪力和扭矩。耳墙与边柱接合处应加腋。

6.3 拱桥墩台

6.3.1 等跨拱桥的实体桥墩的顶宽(单向推力墩除外),混凝土桥墩可按拱跨的1/15~1/25、石砌桥墩可按拱跨的1/10~1/20拟定,但不宜小于0.8m。墩身两侧边坡可为20∶1~30∶1(竖∶横)。

7 涵洞

7.0.1 涵洞设计应符合如下要求:

1 涵洞设计时,应按水力性质选择其计算图式。新建涵洞应采用无压力式涵洞;当涵前允许壅水时,可采用压力式或半压力式涵洞。

2 无压力式圆管涵应根据地基土的密实程度,设置砂垫层、灰土垫层、砌石基础或混凝土基础;建于砂砾地基上的圆管涵,可不设基础,但应对接缝处和进出水口处的地基予以处理,以避免管节间发生不均匀沉降和接缝漏水。

压力式和半压力式涵洞应设置基础,接缝应严密。

3 涵洞内径或净高不宜小于0.75m;涵洞长度大于15m但小于30m时,其内径或净高不宜小于1.0m;涵洞长度大于30m且小于60m时,其内径或净高不宜小于1.25m;涵洞长度大于60m时,其内径或净高不宜小于1.5m。

4 涵洞进、出洞口及洞外进、排水工程的形式与尺寸,应使水流能顺利通过,并满足两侧附近路堤的稳定要求,且不应对附近环境造成不利影响。

5 当有农田排灌需要,且路基填方较低时,可设置倒虹吸管。

7.0.4 涵洞洞底纵坡不宜大于5%,圆管涵的纵坡不宜大于3%。洞底纵坡大于5%时,涵底宜每隔3~5m设置消能横隔墙或将基础做成阶梯形。洞底纵坡大于10%时,洞身及基础应分段做成阶梯形,前后两节涵洞盖板或拱圈的搭接高度不应小于其厚度的1/4。

十八、公路钢筋混凝土及预应力混凝土桥涵设计规范

（JTG D62—2004）

1 总则

1.0.2 本规范适用于公路桥涵的一般钢筋混凝土及预应力混凝土结构构件的设计，不适用于轻集料混凝土及其他特种混凝土桥涵结构构件的设计。

1.0.4 本规范采用以概率理论为基础的极限状态设计方法，按分项系数的设计表达式进行设计。

本规范采用的设计基准期为100年。

1.0.5 公路桥涵应进行以下两类极限状态设计：

1 承载能力极限状态：对应于桥涵及其构件达到最大承载能力或出现不适于继续承载的变形或变位的状态。

2 正常使用极限状态：对应于桥涵及其构件达到正常使用或耐久性的某项限值的状态。

1.0.6 公路桥涵应考虑以下三种设计状况及其相应的极限状态设计：

1 持久状况：桥涵建成后承受自重、车辆荷载等持续时间很长的状况。该状况桥涵应作承载能力极限状态和正常使用极限状态设计。

2 短暂状况：桥涵施工过程中承受临时性作用（或荷载）的状况。该状况桥涵应作承载能力极限状态设计，必要时才作正常使用极限状态设计。

3 偶然状况：在桥涵使用过程中偶然出现的如罕遇地震的状况。该状况桥涵仅作承载能力极限状态设计。

1.0.7 公路桥涵应根据其所处环境条件进行耐久性设计。结构混凝土耐久性的基本要求应符合表1.0.7的规定。

表1.0.7 结构混凝土耐久性的基本要求

环境类别	环境条件	最大水灰比	最小水泥用量（kg/m^3）	最低混凝土强度等级	最大氯离子含量（%）	最大碱含量（kg/m^3）
I	温暖或寒冷地区的大气环境、与无侵蚀性的水或土接触的环境	0.55	275	C25	0.30	3.0
II	严寒地区的大气环境、使用除冰盐环境、滨海环境	0.50	300	C30	0.15	3.0

续上表

环境类别	环 境 条 件	最大水灰比	最小水泥用量(kg/m^3)	最低混凝土强度等级	最大氯离子含量(%)	最大碱含量(kg/m^3)
III	海水环境	0.45	300	C35	0.10	3.0
IV	受侵蚀性物质影响的环境	0.40	325	C35	0.10	3.0

注:(1)有关现行规范对海水环境中结构混凝土的最大水灰比和最小水泥用量有更详细规定时,可参照执行;

(2)表中氯离子含量系指其与水泥用量的百分率;

(3)当有实际工程经验时,处于I类环境中结构混凝土的最低强度等级可比表中降低一个等级;

(4)预应力混凝土构件中的最大氯离子含量为0.06%,最小水泥用量为350kg/m^3,最低混凝土强度等级为C40或按表中规定I类环境提高三个等级,其他环境类别提高两个等级;

(5)特大桥和大桥混凝土中的最大碱含量宜降至1.8kg/m^3,当处于III类、IV类或使用除冰盐和滨海环境时,宜使用非碱活性集料。特大桥、大桥的含义见本规范表5.1.2注说明。

1.0.9 水位变动区有抗冻要求的结构混凝土,其抗冻等级不应低于表1.0.9的规定。

表1.0.9 水位变动区混凝土抗冻等级选用标准

桥梁所在地区	海水环境	淡水环境
严重受冻地区(最冷月月平均气温低于-8℃)	F350	F250
受冻地区(最冷月月平均气温在-4~-8℃之间)	F300	F200
微冻地区(最冷月月平均气温在0~-4℃之间)	F250	F150

注:(1)混凝土抗冻性试验方法应符合现行标准《公路工程水泥混凝土试验规程》(JTJ 053—94)的规定;

(2)墩、台身混凝土应选用比表列值高一级的抗冻等级。

抗冻混凝土应掺入适量引气剂,其拌和物的含气量按现行的《公路桥涵施工技术规范》规定采用。

1.0.10 有抗渗要求的结构混凝土,其抗渗等级应符合表1.0.10的规定。

表1.0.10 结构混凝土抗渗等级选用标准

最大作用水头与混凝土壁厚之比	抗渗等级	最大作用水头与混凝土壁厚之比	抗渗等级
<5	W4	16~20	W10
5~10	W6	>20	W12
11~15	W8		

注:混凝土抗渗试验方法应符合现行标准《公路工程水泥及水泥混凝土试验规程》。

3 材料

3.1 混凝土

3.1.1 混凝土强度等级应按边长为150mm立方体试件的抗压强度标准值确定。抗压强度标准值系指试件用标准方法制作、养护至28d龄期,以标准试验方法测得的具有95%保证率的抗压强度(以MPa计)。

注:(1)混凝土强度等级用150mm×150mm×150mm立方体抗压强度标准值并冠以C表示,如C30表示30级混凝土;

(2)本规范的混凝土强度等级与《公路钢筋混凝土及预应力混凝土桥涵设计规范》(JTJ 023—85)的混凝土标号和两者各项设计指标的关系,可按附录A的规定采用。

3.1.2 公路桥涵受力构件的混凝土强度等级应按下列规定采用:

1 钢筋混凝土构件不应低于C20,当用HRB400、KL400级钢筋配筋时,不应低于C25。

2 预应力混凝土构件不应低于C40。

3.1.3 混凝土轴心抗压强度标准值f_{ck}和轴心抗拉强度标准值f_{tk}应按表3.1.3采用。

表3.1.3 混凝土强度标准值(MPa)

强度等级 / 强度种类	C15	C20	C25	C30	C35	C40	C45	C50	C55	C60	C65	C70	C75	C80
f_{ck}	10.0	13.4	16.7	20.1	23.4	26.8	29.6	32.4	35.5	38.5	41.5	44.5	47.4	50.2
f_{tk}	1.27	1.54	1.78	2.01	2.20	2.40	2.51	2.65	2.74	2.85	2.93	3.00	3.05	3.10

3.1.4 混凝土轴心抗压强度设计值f_{cd}和轴心抗拉强度设计值f_{td}应按表3.1.4采用。

表3.1.4 混凝土强度设计值(MPa)

强度等级 / 强度种类	C15	C20	C25	C30	C35	C40	C45	C50	C55	C60	C65	C70	C75	C80
f_{cd}	6.9	9.2	11.5	13.8	16.1	18.4	20.5	22.4	24.4	26.5	28.5	30.5	32.4	34.6
f_{td}	0.88	1.06	1.23	1.39	1.52	1.65	1.74	1.83	1.89	1.96	2.02	2.07	2.10	2.14

注:计算现浇钢筋混凝土轴心受压和偏心受压构件时,如截面的长边或直径小于300mm,表中数值应乘以系数0.8;当构件质量(混凝土成型、截面和轴线尺寸等)确有保证时,可不受此限。

3.1.5 混凝土受压或受拉时的弹性模量E_c应按表3.1.5采用。

表 3.1.5 混凝土的弹性模量(MPa)

混凝土强度等级	C15	C20	C25	C30	C35	C40	C45	C50	C55	C60	C65	C70	C75	C80
E_c	2.20×10^4	2.55×10^4	2.80×10^4	3.00×10^4	3.15×10^4	3.25×10^4	3.35×10^4	3.45×10^4	3.55×10^4	3.60×10^4	3.65×10^4	3.70×10^4	3.75×10^4	3.80×10^4

注:当采用引气剂及较高砂率的泵送混凝土且无实测数据时,表中 C50 ~ C80 的 E_c 值应乘以折减系数 0.95。

3.1.6 混凝土的剪变模量 G_c 可按本规范表 3.1.5 数值的 0.4 倍采用,混凝土的泊松比 v_c 可采用 0.2。

3.2 钢筋

3.2.1 公路混凝土桥涵的钢筋应按下列规定采用:

1 钢筋混凝土及预应力混凝土构件中的普通钢筋宜选用热轧 R235、HRB335、HRB400 及 KL400 钢筋,预应力混凝土构件中的箍筋应选用其中的带肋钢筋;按构造要求配置的钢筋网可采用冷轧带肋钢筋。

2 预应力混凝土构件中的预应力钢筋应选用钢绞线、钢丝;中、小型构件或竖、横向预应力钢筋,也可选用精轧螺纹钢筋。

注:(1)本条所述"钢筋"系普通钢筋和预应力钢筋的统称,"普通钢筋"系指钢筋混凝土构件中钢筋和预应力混凝土构件中的非预应力钢筋;

(2)R235 钢筋系指国家标准《钢筋混凝土用热轧光圆钢筋》(GB 13013—1991)中的 I 级钢筋;HRB335、HRB400 钢筋摘自国家标准《钢筋混凝土用热轧带肋钢筋》(GB 1499—1998)、相当于原国家标准 GB 1499—91 中的 II 级钢筋、III 级钢筋;KL400 钢筋系指国家标准《钢筋混凝土用余热处理钢筋》(GB 13014—1991)中的 III 级钢筋;冷轧带肋钢筋取自国家标准《冷轧带肋钢筋》(GB 13788—1992);

(3)预应力钢丝系指国家标准《预应力混凝土用钢丝》(GB/T 5223—1995)及其第一号修改单中消除应力的三面刻痕钢丝、螺旋肋钢丝和光面钢丝。

3.2.2 钢筋的抗拉强度标准值应具有不小于 95% 的保证率。

普通钢筋的抗拉强度标准值 f_{sk} 和预应力钢筋的抗拉强度标准值 f_{pk},应分别按表 3.2.2-1 和表 3.2.2-2 采用。

表 3.2.2-1 普通钢筋抗拉强度标准值(MPa)

钢筋种类	符号	f_{sk}	钢筋种类	符号	f_{sk}
R235 $d=8\sim20$	ϕ	235	HRB400 $d=6\sim50$	⌽	400
HRB335 $d=6\sim50$	⌽	335	KL400 $d=8\sim40$	⌽R	400

注:表中 d 系指国家标准中的钢筋公称直径,单位 mm。

表 3.2.2-2 预应力钢筋抗拉强度标准值(MPa)

钢筋种类			符号	f_{pk}
钢绞线	1×2 (二股)	d=8.0、10.0 d=12.0	ϕ^S	1 470、1 570、1 720、1 860 1 470、1 570、1 720
	1×3 (三股)	d=8.6、10.8 d=12.9		1 470、1 570、1 720、1 860 1 470、1 570、1 720
	1×7 (七股)	d=9.5、11.1、12.7 d=15.2		1 860 1 720、1 860
消除应力钢丝	光面 螺旋肋	d=4、5 d=6 d=7、8、9	ϕ^P ϕ^H	1 470、1 570、1 670、1 770 1 570、1 670 1 470、1 570
	刻痕	d=5、7	ϕ^I	1 470、1 570
精轧螺纹钢筋		d=40 d=18、25、32	JL	540 540、785、930

注:表中 d 系指国家标准中钢绞线、钢丝和精轧螺纹钢筋的公称直径,单位 mm。

3.2.3 普通钢筋的抗拉强度设计值 f_{sd} 和抗压强度设计值 f'_{sd} 应按表 3.2.3-1 采用;预应力钢筋的抗拉强度设计值 f_{pd} 和抗压强度设计值 f'_{pd} 应按表 3.2.3-2 采用。

表 3.2.3-1 普通钢筋抗拉、抗压强度设计值(MPa)

钢筋种类	f_{sd}	f'_{sd}	钢筋种类	f_{sd}	f'_{sd}
R235 d=8~20	195	195	HRB400 d=6~50	330	330
HRB335 d=6~50	280	280	KL400 d=8~40	330	330

注:(1)钢筋混凝土轴心受拉和小偏心受拉构件的钢筋抗拉强度设计值大于 330MPa 时,仍应按 330MPa 取用;

(2)构件中配有不同种类的钢筋时,每种钢筋应采用各自的强度设计值。

表 3.2.3-2 预应力钢筋抗拉、抗压强度设计值(MPa)

钢筋种类		f_{pd}	f'_{pd}
钢绞线 1×2 (二股) 1×3 (三股) 1×7 (七股)	f_{pk}=1 470	1 000	390
	f_{pk}=1 570	1 070	
	f_{pk}=1 720	1 170	
	f_{pk}=1 860	1 260	
消除应力光面钢丝和螺旋肋钢丝	f_{pk}=1 470	1 000	410
	f_{pk}=1 570	1 070	
	f_{pk}=1 670	1 140	
	f_{pk}=1 770	1 200	
消除应力刻痕钢丝	f_{pk}=1 470	1 000	410
	f_{pk}=1 570	1 070	
精轧螺纹钢筋	f_{pk}=540	450	400
	f_{pk}=785	650	
	f_{pk}=930	770	

3.2.4 普通钢筋的弹性模量 E_s 和预应力钢筋的弹性模量 E_p 应按表3.2.4采用。

表3.2.4 钢筋的弹性模量(MPa)

钢筋种类	E_s	钢筋种类	E_p
R235	2.1×10^5	消除应力光面钢丝、螺旋肋钢丝、刻痕钢丝	2.05×10^5
HRB335、HRB400、KL400、精轧螺纹钢筋	2.0×10^5	钢绞线	1.95×10^5

4 桥梁计算的一般规定

4.1 板的计算

4.1.1 四边支撑的板,当长边长度与短边长度之比等于或大于2时,可按短边计算跨径的单向板计算;若该比值小于2时,则应按双向板计算。

4.2 梁的计算

4.2.1 结构的作用(或荷载)效应可按弹性理论进行计算。对超静定结构,在进行作用(荷载)效应分析时,结构构件的抗弯刚度可采用:允许开裂的构件 $0.8E_cI$,不允许开裂的构件 E_cI;其中 I 为混凝土毛截面惯性矩。

4.2.2 T形截面梁的翼缘有效宽度 b_f',应按下列规定采用:

1 内梁的翼缘有效宽度取下列三者中的最小值:

1)对于简支梁,取计算跨径的1/3。对于连续梁,各中间跨正弯矩区段,取该计算跨径的0.2倍;边跨正弯矩区段,取该跨计算跨径的0.27倍;各中间支点负弯矩区段,取该支点相邻两计算跨径之和的0.07倍;

2)相邻两梁的平均间距;

3)$(b+2b_h+12h_f')$,此处,b 为梁腹板宽度,b_h 为承托长度,h_f'为受压区翼缘悬出板的厚度。当 $h_h/b_h<1/3$ 时,上式 b_h 应以 $3h_h$ 代替,此处 h_h 为承托根部厚度。

2 外梁翼缘的有效宽度取相邻内梁翼缘有效宽度的一半,加上腹板宽度的1/2,再加上外侧悬臂板平均厚度的6倍或外侧悬臂板实际宽度两者中的较小者。

预应力混凝土梁在计算预加力引起的混凝土应力时,预加力作为轴向力产生的应力可按实际翼缘全宽计算;由预加力偏心引起的弯矩产生的应力可按翼缘有效宽度计算。

对超静定结构进行作用(或荷载)效应分析时,T形截面梁的翼缘宽度可取实际全宽。

4.2.3 箱形截面梁在腹板两侧上、下翼缘的有效宽度 b_{mi} 可按下列规定计算(图4.2.3-1、图4.2.3-2和表4.2.3):

1 简支梁和连续梁各跨中部梁段,悬臂梁中间跨的中部梁段

$$b_{mi} = \rho_f b_i \tag{4.2.3-1}$$

2 简支梁支点,连续梁边支点及中间支点,悬臂梁悬臂段

$$b_{mi} = \rho_s b_i \tag{4.2.3-2}$$

式中:b_{mi}——腹板两侧上、下各翼缘的有效宽度,$i=1,2,3,\cdots$ 见图4.2.3-1;

b_i——腹板两侧上、下各翼缘的实际宽度,$i=1,2,3,\cdots$ 见图4.2.3-1;

ρ_f——有关简支梁、连续梁各跨中部梁段和悬臂梁中间跨的中部梁段翼缘有效宽度的计算系数,可按图4.2.3-2和表4.2.3确定;

ρ_s——有关简支梁支点、连续梁边支点和中间支点、悬臂梁悬臂段翼缘有效宽度的计算系数,可按图4.2.3-2和表4.2.3确定。

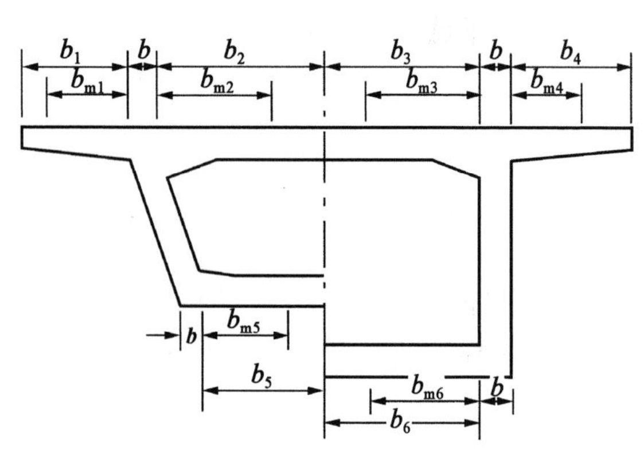

图4.2.3-1 箱形截面梁翼缘有效宽度

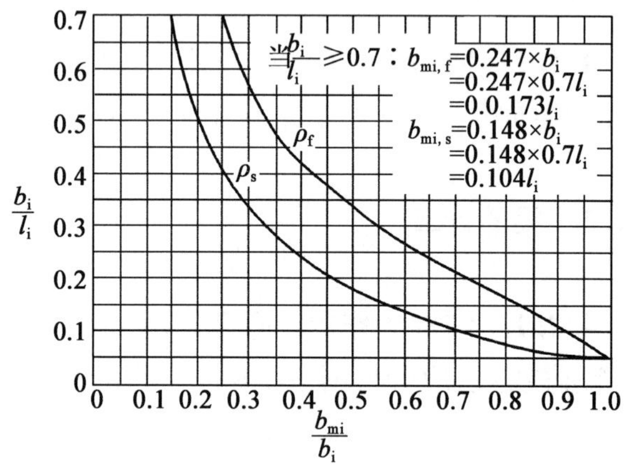

图4.2.3-2 ρ_s、ρ_f 曲线图

注:(1)$b_{mi,f}$ 为简支梁和连续梁各跨中部梁段、悬臂梁中间跨的中部梁段翼缘的有效宽度(当 $b_i/l_i \geq 0.7$ 时);

(2)$b_{mi,s}$ 为简支梁支点、连续梁边支点和中间支点、悬臂梁悬臂段翼缘的有效宽度(当 $b_i/l_i \geq 0.7$ 时);

(3)l_i 按表4.2.3确定。

表4.2.3 ρ_s、ρ_f 的应用位置和理论跨径 l_i

结构体系		理论跨径 l_i
简支梁	跨中部分梁段; ρ_s; ρ_f; ρ_s; a; $l-2a$; a; l	$l_i = l$

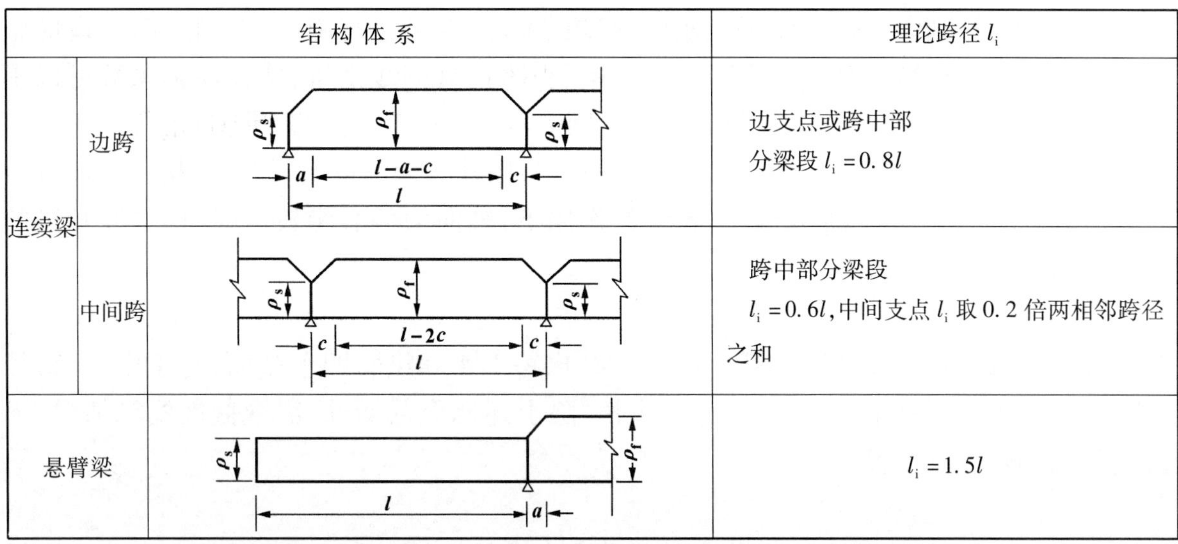

结构体系			理论跨径 l_i
连续梁	边跨		边支点或跨中部分梁段 $l_i=0.8l$
	中间跨		跨中部分梁段 $l_i=0.6l$,中间支点 l_i 取 0.2 倍两相邻跨径之和
悬臂梁			$l_i=1.5l$

注:(1)a 为与所求的翼缘有效宽度 b_{mi} 相应的翼缘实际宽度 b_i,但 a 不应大于 $0.25l$;

(2)l 为梁的计算跨径;

(3)$c=0.1l$;

(4)在长度 a 或 c 的梁段内,有效宽度可用直线插入法在 $\rho_s b_i$ 与 $\rho_f b_i$ 之间求取。

当梁高 $h \geqslant b_i/0.3$ 时,翼缘有效宽度应采用翼缘实际宽度。

预应力混凝土梁在计算预加力引起的混凝土应力时,预加力作为轴向力产生的应力可按实际翼缘全宽计算;由预加力偏心引起的弯矩产生的应力可按翼缘有效宽度计算。

对超静定结构进行作用(或荷载)效应分析时,箱形截面梁的翼缘宽度可取实际全宽。

4.2.7 计算变高度梁(包括等高度梁设有承托的梁段)的剪应力时,应考虑弯矩、轴向力引起的附加剪应力。

4.2.8 计算连续梁或其他超静定结构的作用(或荷载)效应时,应根据情况考虑温度、混凝土收缩和徐变、基础不均匀沉降等作用影响。对于预应力混凝土连续梁等超静定结构,还应考虑预加力引起的次效应。

4.3 拱的计算

4.3.1 无铰拱和双铰拱的计算可不考虑拱上建筑与主拱圈的联合作用。本节内有关无铰拱和双铰拱的计算规定,均适用于主拱圈裸拱受力而不考虑其与拱上建筑的联合作用。

拱的计算如考虑拱上建筑与主拱圈的联合作用,拱上建筑的结构应符合计算所预设的条件。

计算由车道荷载引起的拱的正弯矩时,拱顶,拱跨 1/4 应乘以折减系数 0.7,拱脚应乘以 0.9,中间各个截面的正弯矩折减系数,可用直线插入法确定。

4.3.2 特大跨径和大跨径拱桥应优选拱轴线,使拱在各种作用(或荷载)组合作用下,在各个受力阶段,轴向力偏心较小。在优选过程中,尚需考虑与施工方法相配合,适应施工各阶段受力特点,满足施工受力的要求。中、小跨径悬链线拱桥,选择拱轴系数可以不考虑弹性压缩的结构自重压力线与拱轴线之间五点(拱顶、1/4 拱跨、拱脚)重合。

特大跨径和大跨径拱桥,如结构自重压力线与拱轴线偏离过大,或在结构自重及其所引起的弹性压缩和温度下降、混凝土收缩等作用下,轴向力偏心距较大时,拱轴线及拱的几何尺寸宜作适当调整。

4.3.10 大跨径拱桥应验算拱顶、拱跨 3/8、拱跨 1/4 和拱脚四个截面;对于中、小跨径拱桥,拱跨 1/4 截面可不验算;特大跨径拱桥,除上述四个截面外,需视截面配筋情况,另行选择控制截面进行验算。

4.3.11 多跨无铰拱桥应按连拱计算。连拱计算方法可以采用可靠的简化方法。当桥墩抗推刚度与主拱抗推刚度之比大于 37 时,可按单跨拱桥计算。

5 持久状况承载能力极限状态计算

5.1 一般规定

5.1.1 公路桥涵的持久状况设计应按承载能力极限状态的要求,对构件进行承载力及稳定计算,必要时尚应进行结构的倾覆和滑移的验算。在进行承载能力极限状态计算时,作用(或荷载)的效应(其中汽车荷载应计入冲击系数)应采用其组合设计值;结构材料性能采用其强度设计值。

5.1.2 持久状况承载能力极限状态,应根据桥涵破坏可能产生的后果的严重程度,按表 5.1.2 划分的三个安全等级进行设计。

对有特殊要求的公路桥梁其安全等级可根据具体情况另行商定。

表 5.1.2 公路桥涵安全等级

安全等级	桥涵类型
一级	特大桥、重要大桥
二级	大桥、中桥、重要小桥
三级	小桥、涵洞

注:本表所列特大、大、中桥等系按《公路桥涵设计通用规范》(JTG D60—2004)表 1.0.11 中的单孔跨径确定,对多跨不等跨桥梁,以其中最大跨径为准;本表冠以“重要”的大桥和小桥,系指高速公路和一级公路上、国防公路上及城市附近交通繁忙公路上的桥梁。

5.1.4 构件正截面的承载力应按下列基本假定进行计算:

1 构件弯曲后,其截面仍保持为平面。

2 截面受压混凝土的应力图形简化为矩形,其压力强度取混凝土的轴心抗压强度设计值f_{cd};截面受拉混凝土的抗拉强度不予考虑。

3 极限状态计算时,受拉区钢筋应力取其抗拉强度设计值f_{sd}或f_{pd}(小偏压构件除外);受压区或受压较大边钢筋应力取其抗压强度设计值f'_{sd}或f'_{pd}。

4 钢筋应力等于钢筋应变与其弹性模量的乘积,但不大于其强度设计值。

5.1.5 桥梁构件的承载能力极限状态计算,应采用下列表达式:

$$\gamma_0 S \leqslant R \tag{5.1.5-1}$$

$$R = R(f_d, a_d) \tag{5.1.5-2}$$

式中:γ_0——桥梁结构的重要性系数,按公路桥涵的设计安全等级,一级、二级、三级分别取用1.1、1.0、0.9;桥梁的抗震设计不考虑结构的重要性系数;

S——作用(或荷载)效应(其中汽车荷载应计入冲击系数)的组合设计值,当进行预应力混凝土连续梁等超静定结构的承载能力极限状态计算时,公式(5.1.5-1)中的作用(或荷载)效应项应改为$\gamma_0 S + \gamma_P S_P$,其中$S_P$为预应力(扣除全部预应力损失)引起的次效应;$\gamma_P$为预应力分项系数,当预应力效应对结构有利时,取$\gamma_P = 1.0$;对结构不利时,取$\gamma_P = 1.2$;

R——构件承载力设计值;

$R(\cdot)$——构件承载力函数;

f_d——材料强度设计值;

a_d——几何参数设计值,当无可靠数据时,可采用几何参数标准值a_k,即设计文件规定值。

5.1.6 计算先张法预应力混凝土构件端部锚固区的正截面和斜截面抗弯承载力时,锚固区内预应力钢筋的抗拉强度设计值,在锚固起点处取为零,在锚固终点处取为f_{pd},两点之间按直线内插法取值。预应力钢筋的锚固长度l_a应按表5.1.6采用。

表5.1.6 预应力钢筋锚固长度l_a(mm)

预应力钢筋种类		混凝土强度等级					
		C40	C45	C50	C55	C60	≥C65
钢绞线	1×2,1×3,f_{pd}=1 170MPa	115d	110d	105d	100d	95d	90d
	1×7,f_{pd}=1 260MPa	130d	125d	120d	115d	110d	105d
螺旋肋钢丝,f_{pd}=1 200MPa		95d	90d	85d	83d	80d	80d
刻痕钢丝,f_{pd}=1 070MPa		125d	115d	110d	105d	103d	100d

注:(1)当采用骤然放松预应力钢筋的施工工艺时,锚固长度应从离构件末端0.25l_{tr}处开始,l_{tr}为预应力钢筋的预应力传递长度,按本规范表6.1.7采用;

(2)当预应力钢筋的抗拉强度设计值f_{pd}与表值不同时,其锚固长度应根据表值按强度比例增减。

5.2 受弯构件

5.2.1 受弯构件的纵向受拉钢筋和截面受压区混凝土同时达到其强度设计值时，构件的正截面相对界限受压区高度 ξ_b 应按表 5.2.1 采用。

表 5.2.1 相对界限受压区高度 ξ_b

钢筋种类 \ 混凝土强度等级	C50 及以下	C55、C60	C65、C70	C75、C80
R235	0.62	0.60	0.58	—
HRB335	0.56	0.54	0.52	—
HRB400、KL400	0.53	0.51	0.49	—
钢绞线、钢丝	0.40	0.38	0.36	0.35
精轧螺纹钢筋	0.40	0.38	0.36	—

注：(1)截面受拉区内配置不同种类钢筋的受弯构件，其 ξ_b 值应选用相应于各种钢筋的较小者；

(2) $\xi_b = x_b/h_0$，x_b 为纵向受拉钢筋和受压区混凝土同时达到其强度设计值时的受压区高度。

5.2.2 矩形截面或翼缘位于受拉边的 T 形截面受弯构件，其正截面抗弯承载力计算应符合下列规定（图 5.2.2）：

$$\gamma_0 M_d \leq f_{cd} bx\left(h_0 - \frac{x}{2}\right) + f'_{sd} A'_s (h_0 - a'_s) + (f'_{pd} - \sigma'_{p0}) A'_p (h_0 - a'_p) \qquad (5.2.2\text{-}1)$$

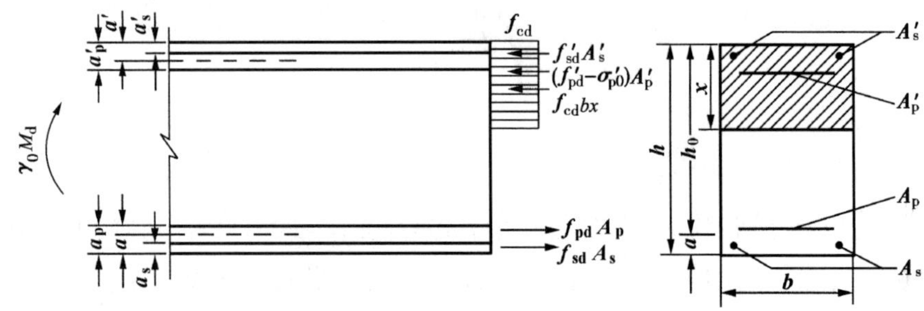

图 5.2.2 矩形截面受弯构件正截面承载力计算

混凝土受压区高度 x 应按下式计算：

$$f_{sd} A_s + f_{pd} A_p = f_{cd} bx + f'_{sd} A'_s + (f'_{pd} - \sigma'_{p0}) A'_p \qquad (5.2.2\text{-}2)$$

截面受压区高度应符合下列要求：

$$x \leq \xi_b h_0 \qquad (5.2.2\text{-}3)$$

当受压区配有纵向普通钢筋和预应力钢筋，且预应力钢筋受压即 $(f'_{pd} - \sigma'_{p0})$ 为正时

$$x \geq 2a' \qquad (5.2.2\text{-}4)$$

当受压区仅配纵向普通钢筋或配普通钢筋和预应力钢筋，且预应力钢筋受拉即 $(f'_{pd} - \sigma'_{p0})$ 为负时

$$x \geq 2a'_s \qquad (5.2.2\text{-}5)$$

式中：γ_0——桥梁结构的重要性系数,按本规范第 5.1.5 条的规定采用；

M_d——弯矩组合设计值；

f_{cd}——混凝土轴心抗压强度设计值,按本规范表 3.1.4 采用；

f_{sd}、f'_{sd}——纵向普通钢筋的抗拉强度设计值和抗压强度设计值,按本规范表 3.2.3-1 采用；

f_{pd}、f'_{pd}——纵向预应力钢筋的抗拉强度设计值和抗压强度设计值,按本规范表 3.2.3-2 采用；

A_s、A'_s——受拉区、受压区纵向普通钢筋的截面面积；

A_p、A'_p——受拉区、受压区纵向预应力钢筋的截面面积；

b——矩形截面宽度或 T 形截面腹板宽度；

h_0——截面有效高度,$h_0 = h - a$,此处 h 为截面全高；

a、a'——受拉区、受压区普通钢筋和预应力钢筋的合力点至受拉区边缘、受压区边缘的距离；

a'_s、a'_p——受压区普通钢筋合力点、预应力钢筋合力点至受压区边缘的距离；

σ'_{p0}——受压区预应力钢筋合力点处混凝土法向应力等于零时预应力钢筋的应力,先张法构件按本规范公式(6.1.5-2)计算;后张法构件按本规范公式(6.1.5-5)及第 6.1.5 条注 2 规定计算。

注:当桥梁为预应力混凝土连续梁等超静定结构时,公式(5.2.2-1)中的 M_d,应改用按本规范第 5.1.5 条的规定进行作用(或荷载)效应组合。

5.2.3 翼缘位于受压区的 T 形截面或 I 形截面受弯构件,其正截面抗弯承载力应按下列规定进行计算：

1 当符合下列条件时

$$f_{sd}A_s + f_{pd}A_p \leqslant f_{cd}b'_fh'_f + f'_{sd}A'_s + (f'_{pd} - \sigma'_{po})A'_p \tag{5.2.3-1}$$

应以宽度为 b'_f 的矩形截面[图 5.2.3a)],按本规范第 5.2.2 条公式计算正截面抗弯承载力。

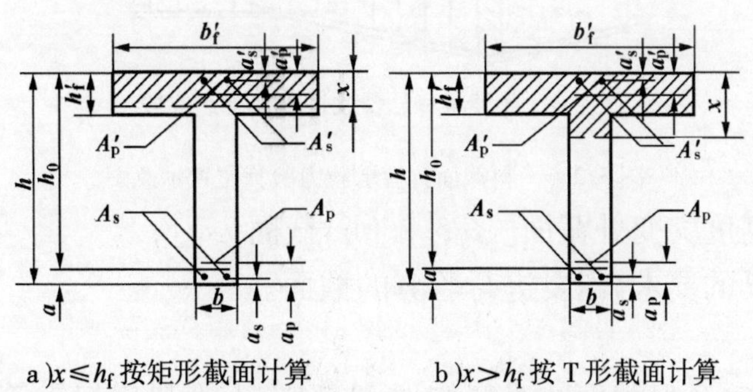

a) $x \leqslant h'_f$ 按矩形截面计算　　b) $x > h'_f$ 按 T 形截面计算

图 5.2.3 T 形截面受弯构件正截面承载力计算

2 当不符合公式(5.2.3-1)的条件时,计算中应考虑截面腹板受压的作用,其正截面抗弯承载力应按下列规定计算[图 5.2.3b)]：

$$\gamma_0 M_d \leqslant f_{cd}\left[bx\left(h_0-\frac{x}{2}\right)+(b'_f-b)h'_f\left(h_0-\frac{h'_f}{2}\right)\right]+f'_{sd}A'_s(h_0-a'_s)$$
$$+(f'_{pd}-\sigma'_{p0})A_p(h_0-a'_p) \quad (5.2.3\text{-}2)$$

此时,受压区高度 x 应按下列公式计算,并应符合本规范公式(5.2.2-3)、(5.2.2-4)、(5.2.2-5)的要求。

$$f_{sd}A_s+f_{pd}A_p=f_{cd}[bx+(b'_f-b)h'_f]+f'_{sd}A'_s+(f'_{pd}-\sigma'_{p0})A'_p \quad (5.2.3\text{-}3)$$

式中:h_f'——T 形或 I 形截面受压翼缘厚度;

b_f'——T 形或 I 形截面受压翼缘的有效宽度,按本规范第 4.2.2 条的规定采用。

箱形截面受弯构件的正截面抗弯承载力可参照本条计算。

注:图 5.2.3 截面内力作用方向与本规范图 5.2.2 相同。

5.2.6 计算受弯构件斜截面抗剪承载力时,其计算位置应按下列规定采用:

1 简支梁和连续梁近边支点梁段

1)距支座中心 $h/2$ 处截面[图 5.2.6a)截面 1-1];

2)受拉区弯起钢筋弯起点处截面[图 5.2.6a)截面 2-2、3-3];

3)锚于受拉区的纵向钢筋开始不受力处的截面[图 5.2.6a)截面 4-4];

4)箍筋数量或间距改变处的截面[图 5.2.6a)截面 5-5];

5)构件腹板宽度变化处的截面。

2 连续梁和悬臂梁近中间支点梁段

1)支点横隔梁边缘处截面[图 5.2.6b)截面 6-6];

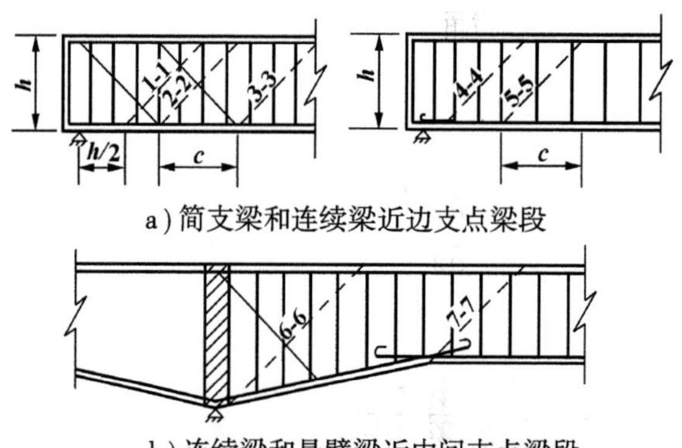

a)简支梁和连续梁近边支点梁段

b)连续梁和悬臂梁近中间支点梁段

图 5.2.6 斜截面抗剪承载力验算位置示意图

2)变高度梁高度突变处截面[图 5.2.6b)截面 7-7];

3)参照简支梁的要求,需要进行验算的截面。

5.2.7 矩形、T 形和 I 形截面的受弯构件,当配置箍筋和弯起钢筋时,其斜截面抗剪承载力计算应符合下列规定(图 5.2.7):

$$\gamma_0 V_d \leqslant V_{cs}+V_{sb}+V_{pb} \quad (5.2.7\text{-}1)$$

$$V_{cs}=\alpha_1\alpha_2\alpha_3 0.45\times10^{-3}bh_0\sqrt{(2+0.6P)\sqrt{f_{cu,k}}\rho_{sv}f_{sv}} \quad (5.2.7\text{-}2)$$

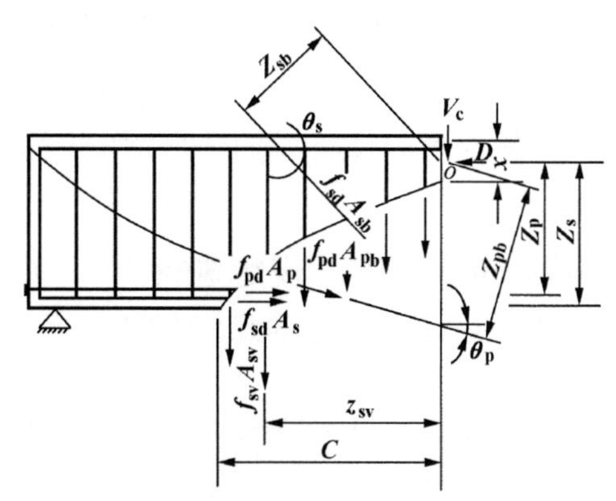

a)简支梁和连续梁近边支点梁段

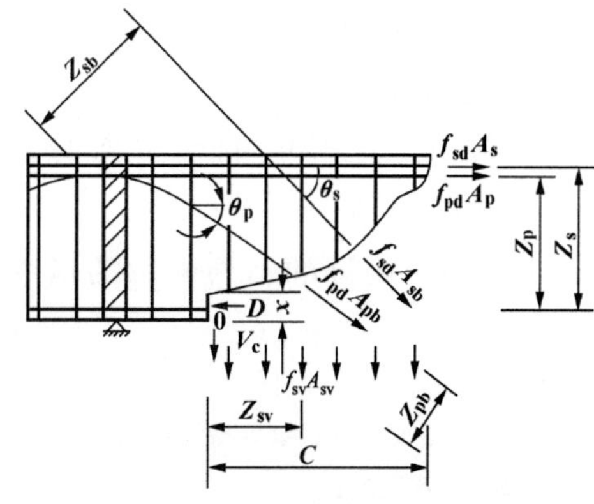

b)连续梁和悬臂梁近中间支点梁段

图 5.2.7 斜截面抗剪承载力验算

$$V_{sb}=0.75\times10^{-3}f_{sd}\sum A_{sb}\sin\theta_s \tag{5.2.7-3}$$

$$V_{pb}=0.75\times10^{-3}f_{pd}\sum A_{pb}\sin\theta_p \tag{5.2.7-4}$$

式中:V_d——斜截面受压端上由作用(或荷载)效应所产生的最大剪力组合设计值(kN),对变高度(承托)的连续梁和悬臂梁,当该截面处于变高度梁段时,则应考虑作用于截面的弯矩引起的附加剪应力的影响,按本条注(3)计算换算剪力设计值;

V_{cs}——斜截面内混凝土和箍筋共同的抗剪承载力设计值(kN);

V_{sb}——与斜截面相交的普通弯起钢筋抗剪承载力设计值(kN);

V_{pb}——与斜截面相交的预应力弯起钢筋抗剪承载力设计值(kN);

α_1——异号弯矩影响系数,计算简支梁和连续梁近边支点梁段的抗剪承载力时,$\alpha_1=1.0$;计算连续梁和悬臂梁近中间支点梁段的抗剪承载力时,$\alpha_1=0.9$;

α_2——预应力提高系数,对钢筋混凝土受弯构件,$\alpha_2=1.0$;对预应力混凝土受弯构件,$\alpha_2=1.25$,但当由钢筋合力引起的截面弯矩与外弯矩的方向相同时,或允许出现裂缝的预应力混凝土受弯构件,取 $\alpha_2=1.0$;

α_3——受压翼缘的影响系数,取 $\alpha_3=1.1$;

b——斜截面受压端正截面处,矩形截面宽度(mm),或 T 形和 I 形截面腹板宽度(mm);

h_0——斜截面受压端正截面的有效高度,自纵向受拉钢筋合力点至受压边缘的距离(mm);

P——斜截面内纵向受拉钢筋的配筋百分率,$P=100\rho$,$\rho=(A_p+A_{pb}+A_s)/bh_0$,当 $P>2.5$ 时,取 $P=2.5$;

$f_{cu,k}$——边长为 150mm 的混凝土立方体抗压强度标准值(MPa),即为混凝土强度等级;

ρ_{sv}——斜截面内箍筋配筋率,$\rho_{sv}=A_{sv}/s_v b$;

f_{sv}——箍筋抗拉强度设计值,按本规范表 3.2.3-1 采用;

A_{sv}——斜截面内配置在同一截面的箍筋各肢总截面面积(mm^2);

s_v——斜截面内箍筋的间距(mm);

A_{sb}、A_{pb}——斜截面内在同一弯起平面的普通弯起钢筋、预应力弯起钢筋的截面面积（mm^2）；

θ_s、θ_p——普通弯起钢筋、预应力弯起钢筋（在斜截面受压端正截面处）的切线与水平线的夹角。

箱形截面受弯构件的斜截面抗剪承载力的验算，可参照本条规定进行。

注：(1)当采用竖向预应力钢筋时，公式(5.2.7-2)中的 ρ_{sv} 和 f_{sv} 应换以 ρ_{pv} 和 f_{pd}，ρ_{pv} 和 f_{pd} 分别为竖向预应力钢筋的配筋率和抗拉强度设计值；

(2)对预应力混凝土连续梁等超静定结构，公式(5.2.7-1)中的 V_d 宜改用按本规范5.1.5条的规定进行作用（或荷载）效应组合；

(3)变高度（承托）的钢筋混凝土连续梁和悬臂梁，在变高度梁段内当考虑附加剪应力影响时，其换算剪力设计值按下式计算：

$$V_d = V_{cd} - \frac{M_d}{h_0}\tan\alpha$$

式中，V_{cd} 为按等高度梁计算的计算截面的剪力组合设计值；M_d 为相应于剪力组合设计值的弯矩组合设计值；h_0 为计算截面的有效高度；α 为计算截面处梁下缘切线与水平线的夹角。当弯矩绝对值增加而梁高减小时，公式中的“－”改为“＋”。

5.2.8 进行斜截面承载力验算时，斜截面水平投影长度 C（图5.2.7）应按下式计算：

$$C = 0.6mh_0 \tag{5.2.8}$$

式中：m——斜截面受压端正截面处的广义剪跨比，$m = M_d/V_d h_0$，当 $m > 3.0$ 时取 $m = 3.0$；

M_d——相应于最大剪力组合设计值的弯矩组合设计值。

5.2.9 矩形、T形和I形截面的受弯构件，其抗剪截面应符合下列要求：

$$\gamma_0 V_d \leqslant 0.51 \times 10^{-3}\sqrt{f_{cu,k}}\,bh_0\ (\mathrm{kN}) \tag{5.2.9}$$

式中：V_d——验算截面处由作用（或荷载）产生的剪力组合设计值（kN）；

b——相应于剪力组合设计值处的矩形截面宽度（mm）或T形和I形截面腹板宽度（mm）；

h_0——相应于剪力组合设计值处的截面有效高度，即自纵向受拉钢筋合力点至受压边缘的距离（mm）。

对变高度（承托）连续梁，除验算近边支点梁段的截面尺寸外，尚应验算截面急剧变化处的截面尺寸。

5.2.10 矩形、T形和I形截面的受弯构件，当符合下列条件时

$$\gamma_0 V_d \leqslant 0.50 \times 10^{-3}\alpha_2 f_{td} bh_0\ (\mathrm{kN}) \tag{5.2.10}$$

可不进行斜截面抗剪承载力的验算，仅需按本规范第9.3.13条构造要求配置箍筋。

式中：f_{td}——混凝土抗拉强度设计值，按本规范表3.1.4的规定采用。

对于板式受弯构件，公式(5.2.10)右边计算值可乘以1.25提高系数。

注:公式(5.2.10)中 b、h_0 的计量单位为 mm。

5.3 受压构件

5.3.1 钢筋混凝土轴心受压构件,当配有箍筋(或螺旋筋或在纵向钢筋上焊有横向钢筋)时(图 5.3.1),其正截面抗压承载力计算应符合下列规定:

$$\gamma_0 N_d \leqslant 0.90\varphi(f_{cd}A + f'_{sd}A'_s) \tag{5.3.1}$$

式中:N_d——轴向力组合设计值;

φ——轴压构件稳定系数,按表 5.3.1 采用;

A——构件毛截面面积,当纵向钢筋配筋率大于 3% 时,A 应改用 $A_n = A - A'_s$;

A'_s——全部纵向钢筋的截面面积。

表 5.3.1 钢筋混凝土轴心受压构件的稳定系数

l_0/b	≤8	10	12	14	16	18	20	22	24	26	28
$l_0/2r$	≤7	8.5	10.5	12	14	15.5	17	19	21	22.5	24
l_0/i	≤28	35	42	48	55	62	69	76	83	90	97
φ	1.0	0.98	0.95	0.92	0.87	0.81	0.75	0.70	0.65	0.60	0.56
l_0/b	30	32	34	36	38	40	42	44	46	48	50
$l_0/2r$	26	28	29.5	31	33	34.5	36.5	38	40	41.5	43
l_0/i	104	111	118	125	132	139	146	153	160	167	174
φ	0.52	0.48	0.44	0.40	0.36	0.32	0.29	0.26	0.23	0.21	0.19

注:(1)表中 l_0 为构件计算长度;b 为矩形截面的短边尺寸;r 为圆形截面的半径;i 为截面最小回转半径;

(2)构件计算长度 l_0,当构件两端固定时取 $0.5l$;当一端固定一端为不移动的铰时取 $0.7l$。当两端均为不移动的铰时取 l,当一端固定一端自由时取 $2l$;l 为构件支点间长度。

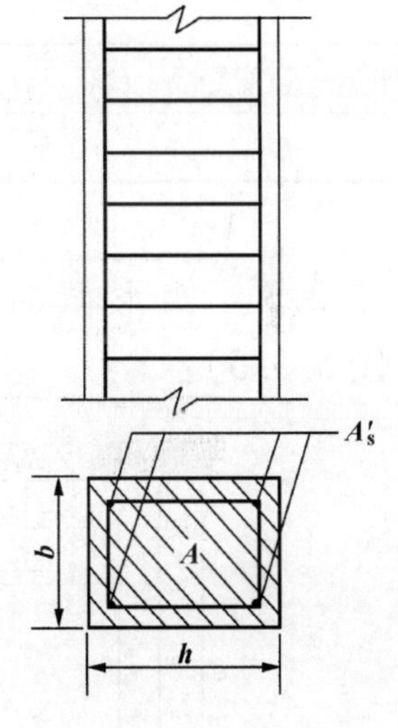

图 5.3.1 配有箍筋的钢筋混凝土轴心受压构件截面图

5.3.3 偏心受压构件应以相对界限受压区高度 ξ_b 作为判别大小偏压的条件,ξ_b 应按以下规定确定:

1 钢筋混凝土偏心受压构件,其 ξ_b 值可按本规范表 5.2.1 取用;

2 预应力混凝土偏心受压构件,其 ξ_b 值按下列公式计算:

1)对精轧螺纹钢筋

$$\xi_b = \frac{\beta}{1 + \dfrac{f_{pd} - \sigma_{p0}}{E_p \varepsilon_{cu}}} \tag{5.3.3-1}$$

2)对钢丝和钢绞线

$$\xi_b = \frac{\beta}{1 + \frac{0.002}{\varepsilon_{cu}} + \frac{f_{pd} - \sigma_{p0}}{E_p \varepsilon_{cu}}} \tag{5.3.3-2}$$

式中：β——截面受压区矩形应力图高度与实际受压区高度的比值，按表5.3.3取用；

σ_{p0}——截面受拉区纵向预应力钢筋合力点处混凝土法向应力等于零时，预应力钢筋中的应力，按本规范公式(6.1.5-2)或公式(6.1.5-5)计算；

ε_{cu}——截面非均匀受压时，混凝土的极限压应变，当混凝土强度等级为C50及以下时，取$\varepsilon_{cu}=0.0033$；当混凝土强度等级为C80时，取$\varepsilon_{cu}=0.003$；中间强度等级用直线插入求得；

f_{pd}——纵向预应力钢筋的抗拉强度设计值；

E_p——预应力钢筋的弹性模量。

表5.3.3 系数β值

混凝土强度等级	C50及以下	C55	C60	C65	C70	C75	C80
β	0.80	0.79	0.78	0.77	0.76	0.75	0.74

5.3.5 矩形截面偏心受压构件的正截面抗压承载力的计算应符合下列规定（图5.3.5）：

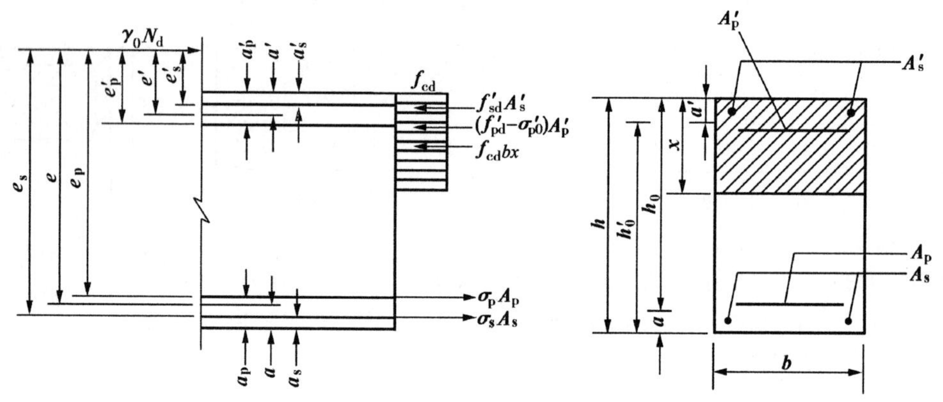

图5.3.5 矩形截面偏心受压构件正截面抗压承载力计算

$$\gamma_0 N_d \leqslant f_{cd}bx + f_{sd}'A_s' + (f_{pd}' - \sigma_{po}')A_p' - \sigma_s A_s - \sigma_p A_p \tag{5.3.5-1}$$

$$\gamma_0 N_d e \leqslant f_{cd}bx\left(h_0 - \frac{x}{2}\right) + f_{sd}'A_s'(h_0 - a_s') + (f_{pd}' - \sigma_{po}')A_p'(h_0 - a_p') \tag{5.3.5-2}$$

$$e = \eta e_0 + \frac{h}{2} - a \tag{5.3.5-3}$$

式中：e——轴向力作用点至截面受拉边或受压较小边纵向钢筋A_s和A_p合力点的距离；

e_0——轴向力对截面重心轴的偏心距，$e_0 = M_d/N_d$；

M_d——相应于轴向力的弯矩组合设计值；

h_0——截面受压较大边边缘至受拉边或受压较小边纵向钢筋合力点的距离，$h_0 = h - a$；

η——偏心受压构件轴向力偏心距增大系数，按本规范第5.3.10条的规定计算。

截面受拉边或受压较小边纵向钢筋的应力 σ_s 和 σ_p 应按下列情况采用:

当 $\xi \leqslant \xi_b$ 时为大偏心受压构件,取 $\sigma_s = f_{sd}$,$\sigma_p = f_{pd}$,此处,相对受压区高度 $\xi = x/h_0$;

当 $\xi > \xi_b$ 时为小偏心受压构件,σ_s 和 σ_p 按本规范第 5.3.4 条的规定计算。

在承载力计算中,若考虑截面受压较大边的纵向受压钢筋时,受压区高度应符合本规范公式(5.2.2-4)、(5.2.2-5)的要求。

对小偏心受压构件,当轴向力作用在纵向钢筋 A_s' 和 A_p' 合力点与 A_s 和 A_p 合力点之间时,抗压承载力计算尚应符合下列规定:

$$\gamma_0 N_d e' \leqslant f_{cd} bh\left(h_0' - \frac{h}{2}\right) + f_{sd}' A_s (h_0' - a_s) + (f_{pd}' - \sigma_{p0}) A_p (h_0' - a_p) \quad (5.3.5\text{-}4)$$

$$e' = \frac{h}{2} - e_0 - a' \quad (5.3.5\text{-}5)$$

式中:e'——轴向力作用点至截面受压较大边纵向钢筋 A_s' 和 A_p' 合力点的距离,计算时偏心距 e_0 可不考虑增大系数 η;

h_0'——截面受压较小边边缘至受压较大边纵向钢筋合力点的距离,$h_0' = h - a'$。

矩形截面对称配筋的钢筋混凝土小偏心受压构件,其钢筋截面面积也可按下列公式计算:

$$A_s = A_s' = \frac{\gamma_0 N_d e - \xi(1 - 0.5\xi) f_{cd} b h_0^2}{f_{sd}'(h_0 - a_s')} \quad (5.3.5\text{-}6)$$

式中相对受压区高度 ξ 可按下列公式计算:

$$\xi = \frac{\gamma_0 N_d - \xi_b f_{cd} b h_0}{\dfrac{\gamma_0 N_d e - 0.43 f_{cd} b h_0^2}{(\beta - \xi_b)(h_0 - a_s')} + f_{cd} b h_0} + \xi_b \quad (5.3.5\text{-}7)$$

注:小偏心受压构件当计算的截面受压区高度 $x > h$ 时,计算构件承载力取 h,但计算钢筋应力 σ_s 和 σ_p 时仍用计算所得的 x。

5.3.6 翼缘位于截面受压较大边的 T 形截面或 I 形截面偏心受压构件,其正截面抗压承载力应按下列规定计算:

1 当受压区高度 $x \leqslant h_f'$ 时,应按宽度为 b_f' 的矩形截面计算;

2 当受压区高度 $x > h_f'$ 时,则应按下列公式计算(图 5.3.6):

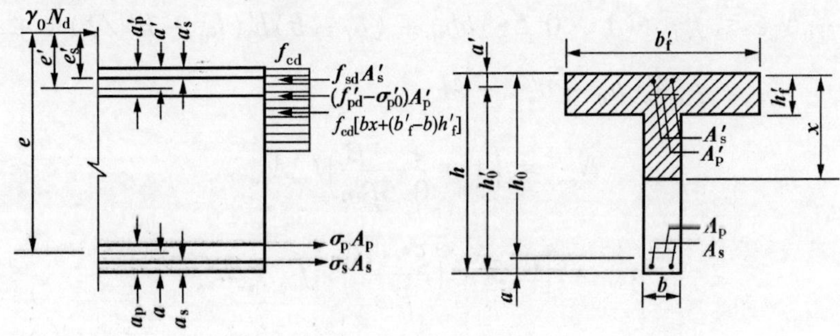

图 5.3.6 T 形截面偏心受压构件正截面抗压承载力计算

$$\gamma_0 N_d \leqslant f_{cd}[bx+(b'_f-b)h'_f]+f'_{sd}A'_s+(f'_{pd}-\sigma'_{po})A'_p-\sigma_s A_s-\sigma_p A_p \tag{5.3.6-1}$$

$$\gamma_0 N_d e \leqslant f_{cd}\left[bx\left(h_0-\frac{x}{2}\right)+(b'_f-b)h'_f\left(h_0-\frac{h'_f}{2}\right)\right]+ f'_{sd}A'_s(h_0-a'_s)+(f'_{pd}-\sigma'_{po})A'_p(h_0-a'_p) \tag{5.3.6-2}$$

截面受拉边或受压较小边纵向钢筋的应力 σ_s 和 σ_p 的确定，以及考虑截面受压较大边受压钢筋时，受压区高度 x 应符合的条件，均应按第 5.3.5 条的规定办理。

翼缘位于截面受拉边或受压较小边的 T 形截面和 I 形截面构件，当 $x>h-h_f$ 时，其正截面抗压承载力计算应考虑翼缘受压部分的作用。

对翼缘位于截面受压较大边的 T 形截面小偏心受压构件，当轴向力作用在纵向钢筋 A'_s和 A'_p合力点与 A_s 和 A_p 合力点之间时，尚应按下列规定进行计算：

$$\gamma_0 N_d e' \leqslant f_{cd}\left[bh\left(h'_0-\frac{h}{2}\right)+(b'_f-b)h'_f\left(\frac{h'_f}{2}-a'\right)\right]+f'_{sd}A_s(h'_0-a_s)+ (f'_{pd}-\sigma_{po})A_p(h'_0-a_p) \tag{5.3.6-3}$$

对翼缘位于截面受压较小边的 T 形截面小偏心受压构件，尚应按下列规定计算：

$$\gamma_0 N_d e' \leqslant f_{cd}\left[bh\left(h'_0-\frac{h}{2}\right)+(b_f-b)h_f\left(h'_0-\frac{h_f}{2}\right)\right]+f'_{sd}A_s(h'_0-a_s)+ (f'_{pd}-\sigma_{po})A_p(h'_0-a_p) \tag{5.3.6-4}$$

式中：b_f——位于截面受压较小边的翼缘宽度；

h_f——位于截面受压较小边的翼缘厚度。

5.3.7 在偏心受压构件正截面抗压承载力计算中，当考虑截面受压较大边的纵向受压钢筋，但受压区高度又不符合本规范公式(5.2.2-4)、(5.2.2-5)的要求时，其正截面抗压承载力可按本规范公式(5.2.5-1)、(5.2.5-2)计算，此时，上述公式中的 M_d 应分别以 $N_d e'$、$N_d e'_s$ 代替，计算时应考虑偏心距增大系数 η。

5.3.8 沿截面腹部均匀配置纵向普通钢筋且每排不少于 4 根的矩形、T 形和 I 形截面钢筋混凝土偏心受压构件(图 5.3.8)，其正截面抗压承载力的计算应符合下列规定：

$$\gamma_0 N_d \leqslant f_{cd}[\xi b h_0+(b'_f-b)h'_f]+f'_{sd}A'_s-\sigma_s A_s+N_{sw} \tag{5.3.8-1}$$

$$\gamma_0 N_d e \leqslant f_{cd}[\xi(1-0.5\xi)bh_0^2+(b'_f-b)h'_f(h_0-h'_f/2)]+ f'_{sd}A'_s(h_0-a'_s)+M_{sw} \tag{5.3.8-2}$$

$$N_{sw}=\left(1+\frac{\xi-\beta}{0.5\beta\omega}\right)f_{sw}A_{sw} \tag{5.3.8-3}$$

$$M_{sw}=\left[0.5-\left(\frac{\xi-\beta}{\beta\omega}\right)^2\right]f_{sw}A_{sw}h_{sw} \tag{5.3.8-4}$$

式中：A_{sw}——沿截面腹部均匀配置的全部纵向钢筋截面面积；

f_{sw}——沿截面腹部均匀配置的纵向钢筋强度设计值；

N_{sw}——沿截面腹部均匀配置的纵向钢筋所承担的轴向力,当 $\xi=\dfrac{x}{h_0}>\beta$ 时,取 $N_{sw}=f_{sw}A_{sw}$;

M_{sw}——沿截面腹部均匀配置的纵向钢筋的内力对截面受拉边或受压较小边纵向钢筋 A_s 重心的力矩,当 $\xi>\beta$ 时,取 $M_{sw}=0.5f_{sw}A_{sw}h_{sw}$;

h_{sw}——沿截面腹部均匀配置的纵向钢筋区段的高度,取 $h_{sw}=h_0-a'_s$;

ω——沿截面腹部均匀配筋区段的高度与截面有效高度的比值,$\omega=h_{sw}/h_0$。

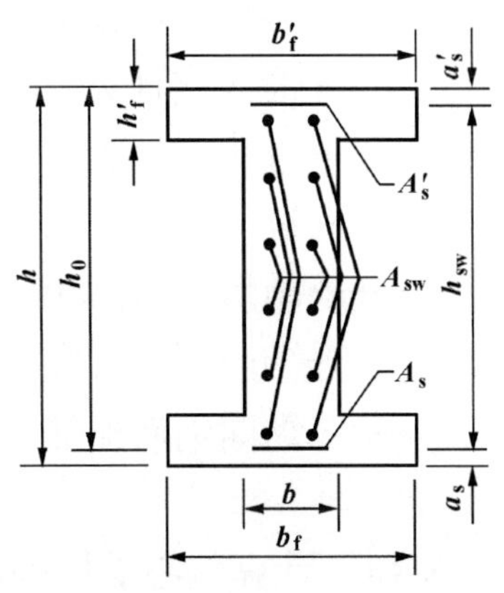

图 5.3.8 沿截面腹部均匀配筋的 I 形截面偏心受压构件正截面抗压承载力计算

在公式(5.3.8-1)中,截面受拉边或受压较小边的钢筋应力 σ_s,当 $\xi\leqslant\xi_b$ 时,取 $\sigma_s=f_{sd}$;当 $\xi>\xi_b$ 时,按本规范公式(5.3.4-1)计算。

在计算中当考虑截面受压较大边的受压钢筋 A'_s 时,受压区高度应符合 $x\geqslant 2a'_s$ 的要求;当不符合时,正截面抗压承载力的计算应符合下列规定:

$$\gamma_0 N_d e'\leqslant f_{sd}A_s(h_0-a'_s)+M'_{sw} \quad (5.3.8\text{-}5)$$

$$M'_{sw}=0.5f_{sw}A_{sw}h_{sw} \quad (5.3.8\text{-}6)$$

对 T 形和 I 形截面的偏心受压构件,当 $x\leqslant h'_f$ 时,应按宽度为 b'_f 的矩形截面计算。对 I 形截面,当 $x>h-h_f$ 时,应考虑位于受压较小边翼缘受压部分的作用。

注:当计算的 $\xi>h/h_0$ 时,本条各式中的 ξ 均取 $\xi=h/h_0$;但计算钢筋 A_s 的应力时,仍采用计算所得的 ξ。

5.3.9 沿周边均匀配置纵向钢筋的圆形截面钢筋混凝土偏心受压构件(图 5.3.9),其正截面抗压承载力计算应符合下列规定:

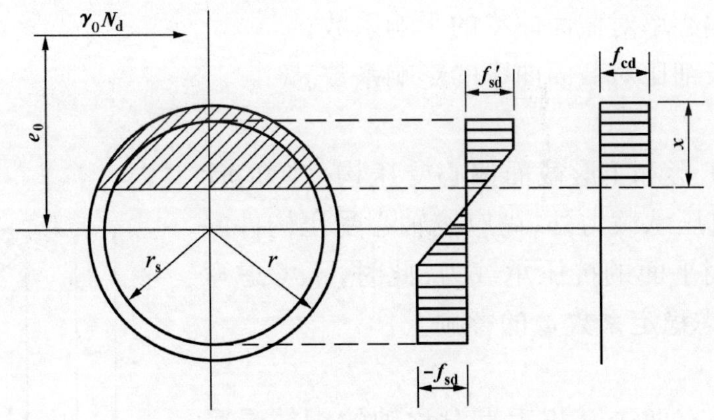

图 5.3.9 沿周边均匀配筋的圆形截面偏心受压构件计算

$$\gamma_0 N_d\leqslant Ar^2 f_{cd}+C\rho r^2 f'_{sd} \quad (5.3.9\text{-}1)$$

$$\gamma_0 N_d e_0\leqslant Br^3 f_{cd}+D\rho g r^3 f'_{sd} \quad (5.3.9\text{-}2)$$

式中：e_0——轴向力的偏心距，$e_0=M_d/N_d$，应乘以偏心距增大系数 η，η 按第 5.3.10 条的规定计算；

A、B——有关混凝土承载力的计算系数，按附录 C 的迭代法由表 C.0.2 查得；

C、D——有关纵向钢筋承载力的计算系数，按附录 C 的迭代法由表 C.0.2 查得；

r——圆形截面的半径；

g——纵向钢筋所在圆周的半径 r_s 与圆截面半径之比，$g=r_s/r$；

ρ——纵向钢筋配筋率，$\rho=A_s/\pi r^2$。

5.3.10 计算偏心受压构件正截面承载力时，对长细比 $l_0/i>17.5$ 的构件，应考虑构件在弯矩作用平面内的挠曲对轴向力偏心距的影响。此时，应将轴向力对截面重心轴的偏心距 e_0 乘以偏心距增大系数 η。

矩形、T 形、I 形和圆形截面偏心受压构件的偏心距增大系数可按下列公式计算：

$$\eta=1+\frac{1}{1400e_0/h_0}\left(\frac{l_0}{h}\right)^2\zeta_1\zeta_2 \tag{5.3.10-1}$$

$$\zeta_1=0.2+2.7\frac{e_0}{h_0}\leqslant 1.0 \tag{5.3.10-2}$$

$$\zeta_2=1.15-0.01\frac{l_0}{h}\leqslant 1.0 \tag{5.3.10-3}$$

式中：l_0——构件的计算长度，按本规范表 5.3.1 注取用或按工程经验确定；

e_0——轴向力对截面重心轴的偏心矩；

h_0——截面有效高度，对圆形截面取 $h_0=r+r_s$；

h——截面高度，对圆形截面取 $h=2r$，r 为圆形截面半径；

ζ_1——荷载偏心率对截面曲率的影响系数；

ζ_2——构件长细比对截面曲率的影响系数。

5.3.11 矩形、T 形和 I 形截面偏心受压构件除应计算弯矩作用平面抗压承载力外，尚应按轴心受压构件验算垂直于弯矩作用平面的抗压承载力，此时，不考虑弯矩的作用，但应考虑稳定系数 φ 的影响。

5.3.12 截面具有两个互相垂直对称轴的钢筋混凝土双向偏心受压构件（图 5.3.12），其正截面抗压承载力可按下列规定计算：

$$\gamma_0 N_d\leqslant\frac{1}{\dfrac{1}{N_{ux}}+\dfrac{1}{N_{uy}}-\dfrac{1}{N_{u0}}} \tag{5.3.12}$$

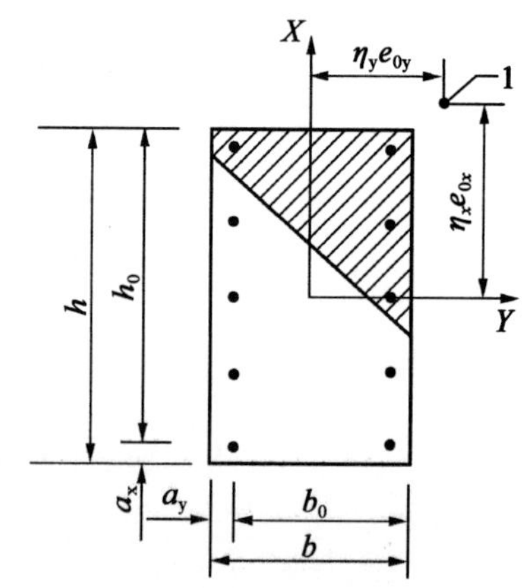

图 5.3.12 钢筋混凝土双向偏心受压构件截面图
1-轴向力作用点

式中:N_{u0}——构件截面轴心抗压承载力设计值,按本规范公式(5.3.1)计算,式中取等号,以 N_{u0}代替 $\gamma_0 N_d$,计入全部纵向钢筋但不考虑稳定系数 φ;

N_{ux}——按轴向力作用于 x 轴、并考虑相应的偏心距 $\eta_x e_{0x}$后,计入全部纵向钢筋计算的构件偏心抗压承载力设计值,此处 η_x 按本规范第 5.3.10 条规定计算;当纵向钢筋配置在截面上下两边时,N_{ux}可按本规范第 5.3.5 条或第5.3.6条的规定计算;当纵向钢筋沿截面腹部均匀配置时,N_{ux}可按本规范第 5.3.8 条规定计算;在上述计算中,公式均取等号,以 N_{ux}代替 $\gamma_0 N_d$;

N_{uy}——按轴向力作用于 y 轴,并考虑相应的偏心距 $\eta_y e_{0y}$后,计入全部纵向钢筋计算的构件偏心抗压承载力设计值,此处 η_y 按本规范第 5.3.10 条规定计算;N_{uy}的计算所考虑的方法和计算公式与 N_{ux}相同。

5.4 受拉构件

5.4.1 轴心受拉构件的正截面抗拉承载力计算应符合下列规定:

$$\gamma_0 N_d \leqslant f_{sd} A_s + f_{pd} A_p \tag{5.4.1}$$

式中:A_s、A_p——普通钢筋、预应力钢筋的全部截面面积。

5.5 受扭构件

5.5.1 矩形和箱形截面纯扭构件(图 5.5.1),其抗扭承载力应按下列规定计算:

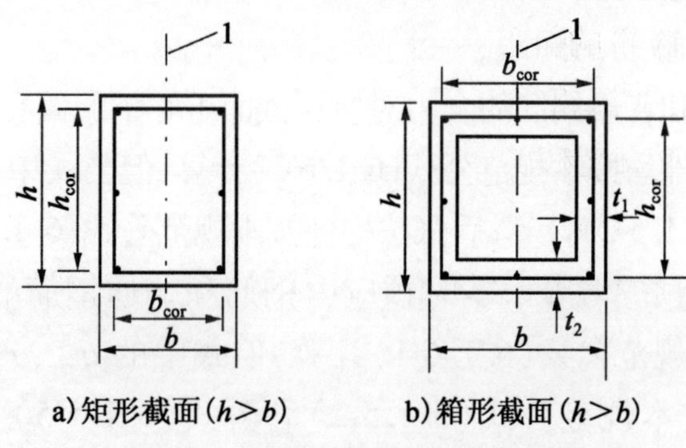

图 5.5.1 矩形和箱形受扭构件截面
1-弯矩作用平面

$$\gamma_0 T_d \leqslant 0.35\beta_a f_{td} W_t + 1.2\sqrt{\zeta}\frac{f_{sv} A_{sv1} A_{cor}}{S_v} \tag{5.5.1-1}$$

$$\zeta = \frac{f_{sd} A_{st} S_v}{f_{sv} A_{sv1} U_{cor}} \tag{5.5.1-2}$$

对钢筋混凝土构件,ζ 值应符合 $0.6 \leqslant \zeta \leqslant 1.7$ 的要求,当 $\zeta > 1.7$ 时,取 $\zeta = 1.7$。

对预应力混凝土构件,当 $e_{p0} \leqslant h/6$ 且 $\zeta \geqslant 1.7$ 时,应在公式(5.5.1-1)的右边增加预应力影响项 $0.05\frac{N_{p0}}{A_0}W_t$,取 $\zeta = 1.7$。当 $e_{p0} > h/6$ 或 $\zeta < 1.7$ 时,可不考虑预应力影响项,应按

钢筋混凝土构件计算。

式中：T_d——扭矩组合设计值；

ζ——纯扭构件纵向钢筋与箍筋的配筋强度比；

β_a——箱形截面有效壁厚折减系数，当 $0.1b \leqslant t_2 \leqslant 0.25b$ 或 $0.1h \leqslant t_1 \leqslant 0.25h$ 时，取 $\beta_a = 4\frac{t_2}{b}$ 或 $\beta_a = 4\frac{t_1}{h}$ 两者较小值，当 $t_2 > 0.25b$ 和 $t_1 > 0.25h$ 时，取 $\beta_a = 1.0$；对矩形截面，$\beta_a = 1.0$；

b——矩形截面或箱形截面宽度；

h——矩形截面或箱形截面高度；

t_1——箱形截面长边壁厚；

t_2——箱形截面短边壁厚；

f_{td}——混凝土轴心抗拉强度设计值；

W_t——矩形截面或箱形截面受扭塑性抵抗矩，按本规范第 5.5.2 条的规定计算；

A_{sv1}——纯扭计算中箍筋的单肢截面面积；

f_{sv}——箍筋的抗拉强度设计值，按本规范表 3.2.3-1 采用；

A_{st}——纯扭计算中沿截面周边对称配置的全部普通纵向钢筋截面面积；

f_{sd}——纵向钢筋的抗拉强度设计值，按本规范表 3.2.3-1 采用；

A_{cor}——由箍筋内表面包围的截面核芯面积，$A_{cor} = b_{cor}h_{cor}$，此处，b_{cor} 和 h_{cor} 分别为核芯面积的短边边长和长边边长；

U_{cor}——截面核芯面积的周长，$U_{cor} = 2(b_{cor} + h_{cor})$；

S_v——纯扭计算中箍筋的间距；

e_{p0}——预应力钢筋和普通钢筋的合力对换算截面重心轴的偏心距，先张法和后张法预应力混凝土构件均按本规范公式(6.1.6-2)计算，但公式中 σ_{p0}、σ'_{p0}，先张法构件按本规范公式(6.1.5-2)计算；后张法构件按本规范公式(6.1.5-5)计算；

N_{p0}——混凝土法向预应力等于零时预应力钢筋和普通钢筋的合力，先张法和后张法构件均按本规范公式(6.1.6-1)计算，但式中的 σ_{p0}、σ'_{p0}，先张法构件和后张法构件分别按本规范公式(6.1.5-2)和公式(6.1.5-5)计算。当 $N_{p0} > 0.3f_{cd}A_0$ 时，取 $N_{p0} = 0.3f_{cd}A_0$，此处，A_0 为构件的换算截面面积。

注：按本条计算的箱形截面构件，其箱壁厚应满足 $t_2 \geqslant 0.1b$ 和 $t_1 \geqslant 0.1h$ 的条件。

5.5.5 T 形、I 形和带翼缘箱形截面的受扭构件，可将其截面划分为矩形截面进行抗扭承载力计算：

1 腹板或矩形箱体、受压翼缘和受拉翼缘的扭矩设计值应按下列公式计算：

$$T_{wd} = \frac{W_{tw}}{W_t}T_d \tag{5.5.5-1}$$

$$T'_{fd} = \frac{W'_{tf}}{W_t}T_d \tag{5.5.5-2}$$

$$T_{fd}=\frac{W_{tf}}{W_t}T_d \tag{5.5.5-3}$$

式中： T_d——T 形、I 形或带翼缘箱形截面构件承受的扭矩设计值；

T_{wd}——分配给腹板或矩形箱体承受的扭矩设计值；

T'_{fd}、T_{fd}——分配给受压翼缘、受拉翼缘承受的扭矩设计值；

W_{tw}、W'_{tf}、W_{tf}——分别为腹板或矩形箱体、受压翼缘、受拉翼缘受扭塑性抵抗矩；

W_t——T 形、I 形或带翼缘箱形截面总的受扭塑性抵抗矩。

2 各种截面的受扭塑性抵抗矩：

1)腹板和矩形箱体的受扭塑性抵抗矩应按本规范第 5.5.2 条计算；

2)受压翼缘的受扭塑性抵抗矩应按下列公式计算：

$$W'_{tf}=\frac{h_f'^2}{2}(b'_f-b) \tag{5.5.5-4}$$

3)受拉翼缘的受扭塑性抵抗矩应按下列公式计算：

$$W_{tf}=\frac{h_f^2}{2}(b_f-b) \tag{5.5.5-5}$$

式中：b'_f、h'_f——T 形、I 形或带翼缘箱形截面受压翼缘的宽度和厚度(见图 5.5.5)，应符合 $b'_f\leqslant b+6h'_f$；

b_f、h_f——I 形截面受拉翼缘的宽度和厚度，应符合 $b_f\leqslant b+6h_f$。

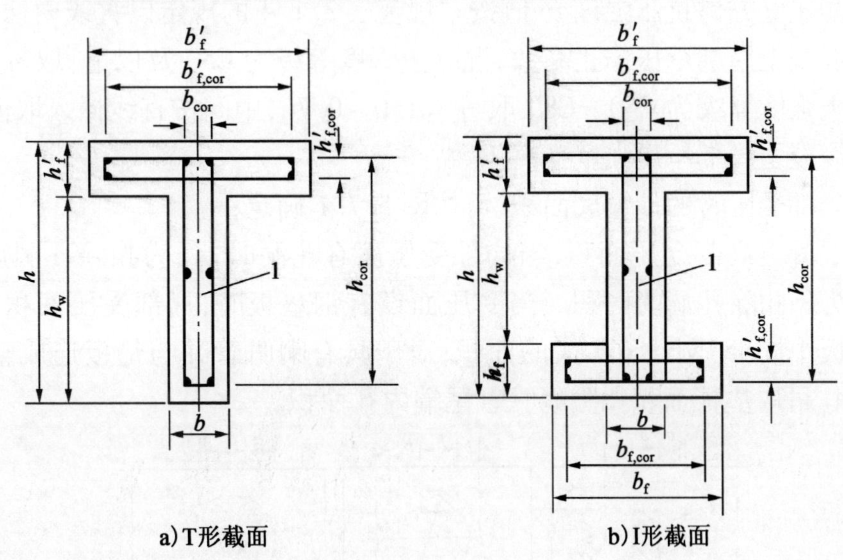

图 5.5.5 T 形和 I 形受扭构件截面

1-弯矩作用平面

3 各种截面总的受扭塑性抵抗矩：

1)T 形和带翼缘箱形截面

$$W_t=W_{tw}+W'_{tf} \tag{5.5.5-6}$$

2)I 形截面

$$W_t=W_{tw}+W'_{tf}+W_{tf} \tag{5.5.5-7}$$

4 T形、I形截面的腹板和带翼缘箱形截面的矩形箱体作为剪扭构件,其承载力按本规范第5.5.4条的规定计算,公式中的T_d和W_t应以T_{wd}和W_{tw}代替;受压翼缘或受拉翼缘作为纯扭构件,其抗扭承载力应按本规范第5.5.1条规定计算,公式(5.5.1-1)中的T_d和W_t应以T'_{fd}和W'_{tf}或T_{fd}和W_{tf}代替。

5 T形、I形和带翼缘箱形截面弯剪扭构件的截面应符合本规范第5.5.3条的规定。

注:T形和I形截面受扭构件的腹板应符合$b/h_w \geqslant 0.15$的条件。此处,b和h_w分别为腹板宽度和净高(见图5.5.5)。

5.7 局部承压构件

5.7.1 配置间接钢筋的混凝土构件,其局部受压区的截面尺寸应满足下列要求:

$$\gamma_0 F_{ld} \leqslant 1.3\eta_s \beta f_{cd} A_{ln} \tag{5.7.1-1}$$

$$\beta = \sqrt{\frac{A_b}{A_l}} \tag{5.7.1-2}$$

式中:F_{ld}——局部受压面积上的局部压力设计值,对后张法构件的锚头局压区,应取1.2倍张拉时的最大压力;

f_{cd}——混凝土轴心抗压强度设计值,对后张法预应力混凝土构件,应根据张拉时混凝土立方体抗压强度f'_{cu}值按本规范表3.1.4的规定以直线内插求得;

η_s——混凝土局部承压修正系数,混凝土强度等级为C50及以下,取$\eta_s = 1.0$;混凝土强度等级为C50~C80取$\eta_s = 1.0 \sim 0.76$,中间按直线插入取值;

β——混凝土局部承压强度提高系数;

A_b——局部受压时的计算底面积,可按图5.7.1确定;

A_{ln}、A_l——混凝土局部受压面积,当局部受压面有孔洞时,A_{ln}为扣除孔洞后的面积,A_l为不扣除孔洞的面积。当受压面设有钢垫板时,局部受压面积应计入在垫板中按45°刚性角扩大的面积;对于具有喇叭管并与垫板连成整体的锚具,A_{ln}可取垫板面积扣除喇叭管尾端内孔面积。

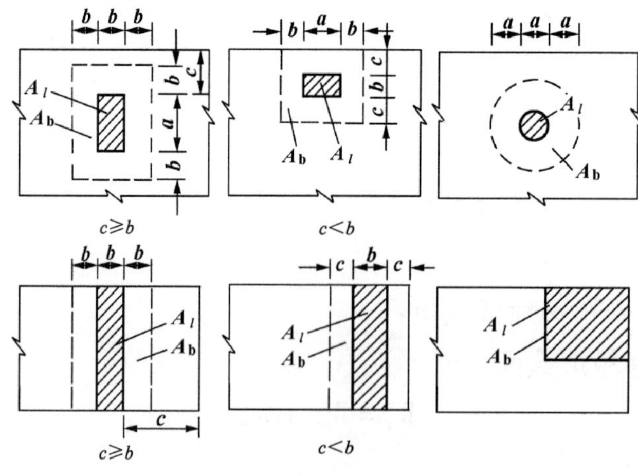

图5.7.1 局部承压时计算底面积A_b的示意图

5.7.3 在后张法构件的锚头局压区,宜进行端部锚固区段内的局部应力分析,并结合本规范第9.4.1条规定的构造要求,配置闭合式箍筋。

6 持久状况正常使用极限状态计算

6.1 一般规定

6.1.1 公路桥涵的持久状况设计应按正常使用极限状态的要求,采用作用(或荷载)的短期效应组合、长期效应组合或短期效应组合并考虑长期效应组合的影响,对构件的抗裂、裂缝宽度和挠度进行验算,并使各项计算值不超过本规范规定的各相应限值。在上述各种组合中,汽车荷载效应可不计冲击系数。

在预应力混凝土构件中,预应力应作为荷载考虑,荷载分项系数取为1.0。对连续梁等超静定结构,尚应计入由预应力、温度作用等引起的次效应。

6.1.2 预应力混凝土构件可根据桥梁使用和所处环境的要求,进行下列构件设计:

1 全预应力混凝土构件。此类构件在作用(或荷载)短期效应组合下控制的正截面的受拉边缘不允许出现拉应力(不得消压)。

2 部分预应力混凝土构件。此类构件在作用(或荷载)短期效应组合下控制的正截面受拉边缘可出现拉应力:当拉应力加以限制时,为A类预应力混凝土构件;当拉应力超过限值时,为B类预应力混凝土构件。

跨径大于100m桥梁的主要受力构件,不宜进行部分预应力混凝土设计。

6.1.3 预应力混凝土构件,预应力钢筋的张拉控制应力值σ_{con}(对后张法构件为梁体内锚下应力)应符合下列规定:

1 钢丝、钢绞线的张拉控制应力值

$$\sigma_{con} \leqslant 0.75 f_{pk} \tag{6.1.3-1}$$

2 精轧螺纹钢筋的张拉控制应力值

$$\sigma_{con} \leqslant 0.90 f_{pk} \tag{6.1.3-2}$$

式中:f_{pk}——预应力钢筋抗拉强度标准值,按本规范表3.2.2-2的规定采用。

当对构件进行超张拉或计入锚圈口摩擦损失时,钢筋中最大控制应力(千斤顶油泵上显示的值)对钢丝和钢绞线不应超过$0.8f_{pk}$;对精轧螺纹钢筋不应超过$0.95f_{pk}$。

6.1.4 在预应力混凝土构件的弹性阶段计算中,构件截面性质可按下列规定采用:

1 先张法构件采用换算截面。

2 后张法构件,当计算由作用(或荷载)引起的应力时,管道压浆前采用净截面,预应力钢筋与混凝土黏结后采用换算截面；当计算由预加力引起的应力时，除指明者外采用净截面。

3　截面性质对计算应力或控制条件影响不大时，也可采用毛截面。

6.1.7　对先张法预应力混凝土构件端部区段进行正截面、斜截面抗裂验算时，预应力传递长度 l_{tr} 范围内预应力钢筋的实际应力值，在构件端部取为零，在预应力传递长度末端取有效预应力值 σ_{pe}，两点之间按直线变化取值（图 6.1.7）。预应力钢筋的预应力传递长度应按表 6.1.7 采用。

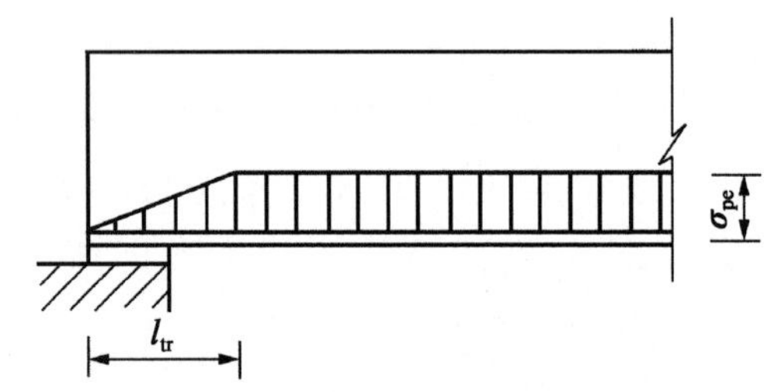

图 6.1.7　预应力钢筋传递长度内有效应力值

表 6.1.7　预应力钢筋的预应力传递长度 l_{tr}（mm）

预应力钢筋种类		混凝土强度等级					
		C30	C35	C40	C45	C50	≥C55
钢绞线	1×2、1×3，σ_{pe} = 1 000MPa	75d	68d	63d	60d	57d	55d
	1×7，σ_{pe} = 1 000MPa	80d	73d	67d	64d	60d	58d
螺旋肋钢丝，σ_{pe} = 1 000MPa		70d	64d	58d	56d	53d	51d
刻痕钢丝，σ_{pe} = 1 000MPa		89d	81d	75d	71d	68d	65d

注：（1）预应力传递长度应根据预应力钢筋放松时混凝土立方体抗压强度 f'_{cu} 确定，当 f'_{cu} 在表列混凝土强度等级之间时，预应力传递长度按直线内插取用；

（2）当预应力钢筋的有效预应力值 σ_{pe} 与表值不同时，其预应力传递长度应根据表值按比例增减；

（3）当采用骤然放松预应力钢筋的施工工艺时，l_{tr} 应从离构件末端 0.25l_{tr} 处开始计算。

6.2　钢筋预应力损失

6.2.1　预应力混凝土构件在正常使用极限状态计算中，应考虑由下列因素引起的预应力损失：

预应力钢筋与管道壁之间的摩擦　　σ_{l1}

锚具变形、钢筋回缩和接缝压缩　　σ_{l2}

预应力钢筋与台座之间的温差　　σ_{l3}

混凝土的弹性压缩　　σ_{l4}

预应力钢筋的应力松弛　　σ_{l5}

混凝土的收缩和徐变　　σ_{l6}

此外,尚应考虑预应力钢筋与锚圈口之间的摩擦、台座的弹性变形等因素引起的其他预应力损失。

预应力损失值宜根据试验确定,当无可靠试验数据时,可按本节的规定计算。

6.2.2 后张法构件张拉时,预应力钢筋与管道壁之间摩擦引起的预应力损失,可按下式计算:

$$\sigma_{l1} = \sigma_{con}\left[1 - e^{-(\mu\theta + kx)}\right] \tag{6.2.2}$$

式中:σ_{con}——预应力钢筋锚下的张拉控制应力(MPa);

μ——预应力钢筋与管道壁的摩擦系数,按表6.2.2采用;

θ——从张拉端至计算截面曲线管道部分切线的夹角之和(rad);

k——管道每米局部偏差对摩擦的影响系数,按表6.2.2采用;

x——从张拉端至计算截面的管道长度,可近似地取该段管道在构件纵轴上的投影长度(m)。

表6.2.2 系数 k 和 μ 值

管道成型方式	k	μ	
		钢绞线、钢丝束	精轧螺纹钢筋
预埋金属波纹管	0.0015	0.20~0.25	0.50
预埋塑料波纹管	0.0015	0.14~0.17	—
预埋铁皮管	0.0030	0.35	0.40
预埋钢管	0.0010	0.25	—
抽心成型	0.0015	0.55	0.60

6.2.3 预应力直线钢筋由锚具变形、钢筋回缩和接缝压缩引起的预应力损失,可按下式计算:

$$\sigma_{l2} = \frac{\sum\Delta l}{l}E_p \tag{6.2.3}$$

式中:Δl——张拉端锚具变形、钢筋回缩和接缝压缩值(mm),按表6.2.3采用;

l——张拉端至锚固端之间的距离(mm)。

后张法构件预应力曲线钢筋由锚具变形、钢筋回缩和接缝压缩引起的预应力损失,应考虑锚固后反向摩擦的影响,可参照附录D计算。

表6.2.3 锚具变形、钢筋回缩和接缝压缩值(mm)

锚具、接缝类型		Δl	锚具、接缝类型	Δl
钢丝束的钢制锥形锚具		6	镦头锚具	1
夹片式锚具	有顶压时	4	每块后加垫板的缝隙	1
	无顶压时	6	水泥砂浆接缝	1
带螺帽锚具的螺帽缝隙		1	环氧树脂砂浆接缝	1

6.2.4 先张法预应力混凝土构件,当采用加热方法养护时,由钢筋与台座之间的温差引起的预应力损失可按下式计算:

$$\sigma_{l3}=2(t_2-t_1)\quad(\text{MPa})\tag{6.2.4}$$

式中:t_2——混凝土加热养护时,受拉钢筋的最高温度(℃);

t_1——张拉钢筋时,制造场地的温度(℃)。

注:(1)为了减少温差引起的预应力损失,可采用分阶段的养护措施;

(2)当台座与构件共同受热时,不考虑温差引起的预应力损失。

6.2.5 预应力混凝土构件,由混凝土弹性压缩引起的预应力损失可按下列规定计算:

1 后张法预应力混凝土构件当采用分批张拉时,先张拉的钢筋由张拉后批钢筋所引起的混凝土弹性压缩的预应力损失,可按下式计算:

$$\sigma_{l4}=\alpha_{EP}\sum\Delta\sigma_{pc}\tag{6.2.5-1}$$

式中:$\Delta\sigma_{pc}$——在计算截面先张拉的钢筋重心处,由后张拉各批钢筋产生的混凝土法向应力(MPa);

α_{EP}——预应力钢筋弹性模量与混凝土弹性模量的比值。

2 先张法预应力混凝土构件,放松钢筋时由混凝土弹性压缩引起的预应力损失,可按下式计算:

$$\sigma_{l4}=\alpha_{EP}\sigma_{pc}\tag{6.2.5-2}$$

式中:σ_{pc}——在计算截面钢筋重心处,由全部钢筋预加力产生的混凝土法向应力(MPa)。

注:后张法预应力混凝土构件,由混凝土弹性压缩引起的预应力损失的简化计算方法列于附录E。

6.2.6 预应力钢筋由于钢筋松弛引起的预应力损失终极值,可按下列规定计算:

1 预应力钢丝、钢绞线

$$\sigma_{l5}=\Psi\cdot\zeta\left(0.52\frac{\sigma_{pe}}{f_{pk}}-0.26\right)\sigma_{pe}\tag{6.2.6-1}$$

式中:Ψ——张拉系数,一次张拉时,$\Psi=1.0$;超张拉时,$\Psi=0.9$;

ζ——钢筋松弛系数,I级松弛(普通松弛),$\zeta=1.0$;II级松弛(低松弛),$\zeta=0.3$;

σ_{pe}——传力锚固时的钢筋应力,对后张法构件$\sigma_{pe}=\sigma_{con}-\sigma_{l1}-\sigma_{l2}-\sigma_{l4}$;对先张法构件,$\sigma_{pe}=\sigma_{con}-\sigma_{l2}$。

2 精轧螺纹钢筋

一次张拉 $$\sigma_{l5}=0.05\sigma_{con}\tag{6.2.6-2}$$

超张拉 $$\sigma_{l5}=0.035\sigma_{con}\tag{6.2.6-3}$$

注:(1)当取超张拉的应力松弛损失值时,张拉程序应符合我国有关规范要求;

(2)预应力钢丝、钢绞线当需分阶段计算应力松弛损失时,其中间值与终极值的比值可按附录F取用。

6.2.7 由混凝土收缩、徐变引起的构件受拉区和受压区预应力钢筋的预应力损失,可按下列公式计算:

$$\sigma_{l6}(t)=\frac{0.9[E_{\mathrm{P}}\varepsilon_{\mathrm{cs}}(t,t_0)+\alpha_{\mathrm{EP}}\sigma_{\mathrm{pc}}\phi(t,t_0)]}{1+15\rho\rho_{\mathrm{ps}}} \tag{6.2.7-1}$$

$$\sigma'_{l6}(t)=\frac{0.9[E_{\mathrm{P}}\varepsilon_{\mathrm{cs}}(t,t_0)+\alpha_{\mathrm{EP}}\sigma'_{\mathrm{pc}}\phi(t,t_0)]}{1+15\rho'\rho'_{\mathrm{ps}}} \tag{6.2.7-2}$$

$$\rho=\frac{A_{\mathrm{p}}+A_{\mathrm{s}}}{A},\rho'=\frac{A'_{\mathrm{p}}+A'_{\mathrm{s}}}{A} \tag{6.2.7-3}$$

$$\rho_{\mathrm{ps}}=1+\frac{e_{\mathrm{ps}}^2}{i^2},\rho'_{\mathrm{ps}}=1+\frac{e'^2_{\mathrm{ps}}}{i^2} \tag{6.2.7-4}$$

$$e_{\mathrm{ps}}=\frac{A_{\mathrm{p}}e_{\mathrm{p}}+A_{\mathrm{s}}e_{\mathrm{s}}}{A_{\mathrm{p}}+A_{\mathrm{s}}},e'_{\mathrm{ps}}=\frac{A'_{\mathrm{p}}e'_{\mathrm{p}}+A'_{\mathrm{s}}e'_{\mathrm{s}}}{A'_{\mathrm{p}}+A'_{\mathrm{s}}} \tag{6.2.7-5}$$

式中:$\sigma_{l6}(t)$、$\sigma'_{l6}(t)$——构件受拉区、受压区全部纵向钢筋截面重心处由混凝土收缩、徐变引起的预应力损失;

σ_{pc}、σ'_{pc}——构件受拉区、受压区全部纵向钢筋截面重心处由预应力产生的混凝土法向压应力(MPa),应按本规范第6.1.5条和第6.1.6条规定计算。此时,预应力损失值仅考虑预应力钢筋锚固时(第一批)的损失,普通钢筋应力σ_{l6}、σ'_{l6}应取为零;σ_{pc}、σ'_{pc}值不得大于传力锚固时混凝土立方体抗压强度f'_{cu}的0.5倍;当σ'_{pc}为拉应力时,应取为零。计算σ_{pc}、σ_{pc}'时,可根据构件制作情况考虑自重的影响;

E_{p}——预应力钢筋的弹性模量;

α_{EP}——预应力钢筋弹性模量与混凝土弹性模量的比值;

ρ、ρ'——构件受拉区、受压区全部纵向钢筋配筋率;

A——构件截面面积,对先张法构件,$A=A_0$;对后张法构件,$A=A_{\mathrm{n}}$。此处,A_0为换算截面,A_{n}为净截面;

i——截面回转半径,$i^2=I/A$,先张法构件取$I=I_0$,$A=A_0$;后张法构件取$I=I_{\mathrm{n}}$,$A=A_{\mathrm{n}}$,此处,I_0和I_{n}分别为换算截面惯性矩和净截面惯性矩;

e_{p}、e'_{p}——构件受拉区、受压区预应力钢筋截面重心至构件截面重心的距离;

e_{s}、e'_{s}——构件受拉区、受压区纵向普通钢筋截面重心至构件截面重心的距离;

e_{ps}、e'_{ps}——构件受拉区、受压区预应力钢筋和普通钢筋截面重心至构件截面重心轴的距离;

$\varepsilon_{\mathrm{cs}}(t,t_0)$——预应力钢筋传力锚固龄期为$t_0$,计算考虑的龄期为$t$时的混凝土收缩应变,其终极值$\varepsilon_{\mathrm{cs}}(t_{\mathrm{u}},t_0)$可按表6.2.7取用;

$\phi(t,t_0)$——加载龄期为t_0,计算考虑的龄期为t时的徐变系数,其终极值$\phi(t_{\mathrm{u}},t_0)$可按表6.2.7取用。

表 6.2.7　混凝土收缩应变和徐变系数终极值

混凝土收缩应变终极值 $\varepsilon_{cs}(t_u,t_0)\times10^3$								
传力锚固龄期(d)	40% ≤ RH < 70%				70% ≤ RH < 99%			
	理论厚度 h(mm)				理论厚度 h(mm)			
	100	200	300	≥600	100	200	300	≥600
3~7	0.50	0.45	0.38	0.25	0.30	0.26	0.23	0.15
14	0.43	0.41	0.36	0.24	0.25	0.24	0.21	0.14
28	0.38	0.38	0.34	0.23	0.22	0.22	0.20	0.13
60	0.31	0.34	0.32	0.22	0.18	0.20	0.19	0.12
90	0.27	0.32	0.30	0.21	0.16	0.19	0.18	0.12
混凝土徐变系数终极值 $\phi(t_u,t_0)$								
加载龄期(d)	40% ≤ RH < 70%				70% ≤ RH < 99%			
	理论厚度 h(mm)				理论厚度 h(mm)			
	100	200	300	≥600	100	200	300	≥600
3	3.78	3.36	3.14	2.79	2.73	2.52	2.39	2.20
7	3.23	2.88	2.68	2.39	2.32	2.15	2.05	1.88
14	2.83	2.51	2.35	2.09	2.04	1.89	1.79	1.65
28	2.48	2.20	2.06	1.83	1.79	1.65	1.58	1.44
60	2.14	1.91	1.78	1.58	1.55	1.43	1.36	1.25
90	1.99	1.76	1.65	1.46	1.44	1.32	1.26	1.15

注:(1)表中 RH 代表桥梁所处环境的年平均相对湿度(%),表中数值按 40% ≤ RH < 70% 取 55%,70% ≤ RH < 99% 取 80% 计算所得;

(2)表中理论厚度 $h=2A/u$,A 为构件截面面积,u 为构件与大气接触的周边长度。当构件为变截面时,A 和 u 均可取其平均值;

(3)本表适用于由一般的硅酸盐类水泥或快硬水泥配制而成的混凝土。表中数值系按强度等级 C40 混凝土计算所得,对 C50 及以上混凝土,表列数值应乘以 $\sqrt{\frac{32.4}{f_{ck}}}$,式中 f_{ck} 为混凝土轴心抗压强度标准值(MPa);

(4)本表适用于季节性变化的平均温度 -20 ~ +40℃;

(5)构件的实际传力锚固龄期、加载龄期或理论厚度为表列数值中间值时,收缩应变和徐变系数终极值可按直线内插法取值;

(6)在分阶段施工或结构体系转换中,当需计算阶段收缩应变和徐变系数时,可按附录 F 提供的方法进行。

6.2.8　预应力混凝土构件,其各阶段的预应力损失值可按表 6.2.8 的规定进行组合。

表 6.2.8　各阶段预应力损失值的组合

预应力损失值的组合	先张法构件	后张法构件
传力锚固时的损失(第一批)σ_{lI}	$\sigma_{l2}+\sigma_{l3}+\sigma_{l4}+0.5\sigma_{l5}$	$\sigma_{l1}+\sigma_{l2}+\sigma_{l4}$
传力锚固后的损失(第二批)σ_{lII}	$0.5\sigma_{l5}+\sigma_{l6}$	$\sigma_{l5}+\sigma_{l6}$

6.3 抗裂验算

6.3.1 预应力混凝土受弯构件应按下列规定进行正截面和斜截面抗裂验算：

1 正截面抗裂应对构件正截面混凝土的拉应力进行验算，并应符合下列要求：

1)全预应力混凝土构件，在作用(或荷载)短期效应组合下

预制构件 $\sigma_{st}-0.85\sigma_{pc}\leqslant 0$ (6.3.1-1)

分段浇筑或砂浆接缝的纵向分块构件 $\sigma_{st}-0.80\sigma_{pc}\leqslant 0$ (6.3.1-2)

2)A 类预应力混凝土构件，在作用(或荷载)短期效应组合下

$$\sigma_{st}-\sigma_{pc}\leqslant 0.7f_{tk} \quad (6.3.1\text{-}3)$$

但在荷载长期效应组合下

$$\sigma_{lt}-\sigma_{pc}\leqslant 0 \quad (6.3.1\text{-}4)$$

2 斜截面抗裂应对构件斜截面混凝土的主拉应力 σ_{tp}进行验算，并应符合下列要求：

1)全预应力混凝土构件，在作用(或荷载)短期效应组合下

预制构件 $\sigma_{tp}\leqslant 0.6f_{tk}$ (6.3.1-5)

现场浇筑(包括预制拼装)构件 $\sigma_{tp}\leqslant 0.4f_{tk}$ (6.3.1-6)

2)A 类和 B 类预应力混凝土构件，在作用(或荷载)短期效应组合下

预制构件 $\sigma_{tp}\leqslant 0.7f_{tk}$ (6.3.1-7)

现场浇筑(包括预制拼装)构件 $\sigma_{tp}\leqslant 0.5f_{tk}$ (6.3.1-8)

式中：σ_{st}——在作用(或荷载)短期效应组合下构件抗裂验算边缘混凝土的法向拉应力，按本规范公式(6.3.2-1)计算；

σ_{lt}——在荷载长期效应组合下构件抗裂验算边缘混凝土的法向拉应力，按本规范公式(6.3.2-2)计算；

σ_{pc}——扣除全部预应力损失后的预加力在构件抗裂验算边缘产生的混凝土预压应力，按本规范第 6.1.5 条规定计算；

σ_{tp}——由作用(或荷载)短期效应组合和预加力产生的混凝土主拉应力，按本规范第 6.3.3 条规定计算；

f_{tk}——混凝土的抗拉强度标准值，按本规范表 3.1.3 采用。

注：(1)本条规定的荷载长期效应组合系指结构自重和直接施加于桥上的活荷载产生的效应组合，不考虑间接施加于桥上的其他作用效应；

(2)B 类预应力混凝土受弯构件在结构自重作用下控制截面受拉边缘不得消压。

6.3.3 预应力混凝土受弯构件由作用(或荷载)短期效应组合和预加力产生的混凝土主拉应力 σ_{tp}和主压应力 σ_{cp}，应按下列公式计算：

$$\begin{matrix}\sigma_{tp}\\ \sigma_{cp}\end{matrix}=\frac{\sigma_{cx}+\sigma_{cy}}{2}\mp\sqrt{\left(\frac{\sigma_{cx}-\sigma_{cy}}{2}\right)^{2}+\tau^{2}} \quad (6.3.3\text{-}1)$$

$$\sigma_{cx}=\sigma_{pc}+\frac{M_{s}y_{0}}{I_{0}} \quad (6.3.3\text{-}2)$$

$$\sigma_{cy}=0.6\frac{n\sigma'_{pe}A_{pv}}{bs_v} \tag{6.3.3-3}$$

$$\tau=\frac{V_sS_0}{bI_0}-\frac{\sum\sigma''_{pe}A_{pb}\sin\theta_p\cdot S_n}{bI_n} \tag{6.3.3-4}$$

式中：σ_{cx}——在计算主应力点，由预加力和按作用（或荷载）短期效应组合计算的弯矩 M_s 产生的混凝土法向应力；

σ_{cy}——由竖向预应力钢筋的预加力产生的混凝土竖向压应力；

τ——在计算主应力点，由预应力弯起钢筋的预加力和按作用（或荷载）短期效应组合计算的剪力 V_s 产生的混凝土剪应力；当计算截面作用有扭矩时，尚应计入由扭矩引起的剪应力；对后张预应力混凝土超静定结构，在计算剪应力时，尚宜考虑预加力引起的次剪力；

σ_{pc}——在计算主应力点，由扣除全部预应力损失后的纵向预加力产生的混凝土法向预压应力，按本规范公式（6.1.5-1）或（6.1.5-4）计算；

y_0——换算截面重心轴至计算主应力点的距离；

n——在同一截面上竖向预应力钢筋的肢数；

σ'_{pe}、σ''_{pe}——竖向预应力钢筋、纵向预应力弯起钢筋扣除全部预应力损失后的有效预应力；

A_{pv}——单肢竖向预应力钢筋的截面面积；

s_v——竖向预应力钢筋的间距；

b——计算主应力点处构件腹板的宽度；

A_{pb}——计算截面上同一弯起平面内预应力弯起钢筋的截面面积；

S_0、S_n——计算主应力点以上（或以下）部分换算截面面积对换算截面重心轴、净截面面积对净截面重心轴的面积矩；

θ_p——计算截面上预应力弯起钢筋的切线与构件纵轴线的夹角。

注：（1）公式（6.3.3-1）、（6.3.3-2）中的 σ_{cx}、σ_{cy}、σ_{pc} 和 $\frac{M_sy_0}{I_0}$，当为压应力时以正号代入，当为拉应力时以负号代入；

（2）对变高度预应力混凝土梁，当计算由作用（或荷载）引起的剪应力时，应计算截面上弯矩和轴向力产生的附加剪应力。

6.4 裂缝宽度验算

6.4.1 钢筋混凝土构件和B类预应力混凝土构件，在正常使用极限状态下的裂缝宽度，应按作用（或荷载）短期效应组合并考虑长期效应影响进行验算。

6.4.2 钢筋混凝土构件和B类预应力混凝土构件，其计算的最大裂缝宽度不应超过下列规定的限值：

1 钢筋混凝土构件

1）Ⅰ类和Ⅱ类环境 0.20mm

2)III 类和 IV 类环境　　　　　　　　0.15mm

2　采用精轧螺纹钢筋的预应力混凝土构件

1)I 类和 II 类环境　　　　　　　　0.20mm

2)III 类和 IV 类环境　　　　　　　　0.15mm

3　采用钢丝或钢绞线的预应力混凝土构件

1)I 类和 II 类环境　　　　　　　　0.10mm

2)III 类和 IV 类环境不得进行带裂缝的 B 类构件设计。

6.4.3　矩形、T 形和 I 形截面钢筋混凝土构件及 B 类预应力混凝土受弯构件,其最大裂缝宽度 W_{fk} 可按下列公式计算:

$$W_{fk}=C_1C_2C_3\frac{\sigma_{ss}}{E_s}\left(\frac{30+d}{0.28+10\rho}\right)\quad(\text{mm})\tag{6.4.3-1}$$

$$\rho=\frac{A_s+A_p}{bh_0+(b_f-b)h_f}\tag{6.4.3-2}$$

式中:C_1——钢筋表面形状系数,对光面钢筋,$C_1=1.4$;对带肋钢筋,$C_1=1.0$;

C_2——作用(或荷载)长期效应影响系数,$C_2=1+0.5\frac{N_l}{N_s}$,其中 N_l 和 N_s 分别为按作用(或荷载)长期效应组合和短期效应组合计算的内力值(弯矩或轴向力);

C_3——与构件受力性质有关的系数,当为钢筋混凝土板式受弯构件时,$C_3=1.15$,其他受弯构件 $C_3=1.0$,轴心受拉构件 $C_3=1.2$,偏心受拉构件 $C_3=1.1$,偏心受压构件$C_3=0.9$;

σ_{ss}——钢筋应力,按本规范第 6.4.4 条的规定计算;

d——纵向受拉钢筋直径(mm),当用不同直径的钢筋时,d 改用换算直径 d_e,$d_e=\frac{\sum n_i d_i^2}{\sum n_i d_i}$,式中,对钢筋混凝土构件,$n_i$ 为受拉区第 i 种普通钢筋的根数,d_i 为受拉区第 i 种普通钢筋的公称直径;对混合配筋的预应力混凝土构件,预应力钢筋为由多根钢丝或钢绞线组成的钢丝束或钢绞线束,式中 d_i 为普通钢筋公称直径、钢丝束或钢绞线束的等代直径 d_{pe},$d_{pe}=\sqrt{n}d$,此处,n 为钢丝束中钢丝根数或钢绞线束中钢绞线根数,d 为单根钢丝或钢绞线的公称直径。对于钢筋混凝土构件中的焊接钢筋骨架,公式(6.4.3-1)中的 d 或 d_e 应乘以 1.3 系数;

ρ——纵向受拉钢筋配筋率,对钢筋混凝土构件,当 $\rho>0.02$ 时,取 $\rho=0.02$;当 $\rho<0.006$时,取 $\rho=0.006$;对于轴心受拉构件,ρ 按全部受拉钢筋截面面积 A_s 的一半计算;

b_f——构件受拉翼缘宽度;

h_f——构件受拉翼缘厚度。

注：当配置环氧树脂涂层带肋钢筋时，公式(6.4.3-1)中的 d 或 d_e 应乘以 1.25 系数。

箱形截面受弯构件的最大裂缝宽度可参照本条的规定计算。

6.4.5 圆形截面钢筋混凝土偏心受压构件，其最大裂缝宽度 W_{fk} 可按下列公式计算：

$$W_{fk}=C_1C_2\left[0.03+\frac{\sigma_{ss}}{E_s}\left(0.004\frac{d}{\rho}+1.52C\right)\right]\quad(\text{mm})\tag{6.4.5-1}$$

$$\sigma_{ss}=\left[59.42\frac{N_s}{\pi r^2 f_{cu,k}}\left(2.80\frac{\eta_s e_0}{r}-1.0\right)-1.65\right]\cdot\rho^{-\frac{2}{3}}\quad(\text{MPa})\tag{6.4.5-2}$$

式中：N_s——按作用(或荷载)短期效应组合计算的轴向力(N)；

C_1——钢筋表面形状系数，对光面钢筋，$C_1=1.4$；对带肋钢筋，$C_1=1.0$；

C_2——作用(或荷载)长期效应影响系数，按本规范第 6.4.3 条规定计算；

σ_{ss}——截面受拉区最外缘钢筋应力，当按公式(6.4.5-2)计算的 $\sigma_{ss}\leqslant 24$MPa 时，可不必验算裂缝宽度；

d——纵向钢筋直径(mm)；

ρ——截面配筋率，$\rho=A_s/\pi r^2$；

C——混凝土保护层厚度(mm)；

r——构件截面半径(mm)；

η_s——使用阶段的偏心矩增大系数，按本规范公式(6.4.4-8)计算，式中 h 以 $2r$ 代替；h_0 以 $(r+r_s)$ 代替；当 $l_0/2r\leqslant 14$ 时，可取 $\eta_s=1.0$；

e_0——轴向力 N_s 的偏心距(mm)；

$f_{cu,k}$——边长为 150mm 的混凝土立方体抗压强度标准值，设计时取混凝土强度等级(MPa)；

r_s——构件截面纵向钢筋所在圆周的半径(mm)；

l_0——构件的计算长度，按第 5.3.1 条表注及工程经验确定。

6.5 挠度验算

6.5.1 钢筋混凝土和预应力混凝土受弯构件，在正常使用极限状态下的挠度，可根据给定的构件刚度用结构力学的方法计算。

6.5.2 受弯构件的刚度可按下式计算：

1 钢筋混凝土构件

$$B=\frac{B_0}{\left(\frac{M_{cr}}{M_s}\right)^2+\left[\left(1-\frac{M_{cr}}{M_s}\right)^2\right]\frac{B_0}{B_{cr}}}\tag{6.5.2-1}$$

$$M_{cr}=\gamma f_{tk}W_0\tag{6.5.2-2}$$

式中：B——开裂构件等效截面的抗弯刚度；

B_0——全截面的抗弯刚度,$B_0=0.95E_cI_0$;

B_{cr}——开裂截面的抗弯刚度,$B_{cr}=E_cI_{cr}$;

M_{cr}——开裂弯矩;

γ——构件受拉区混凝土塑性影响系数,按公式(6.5.2-7)计算;

I_0——全截面换算截面惯性矩;

I_{cr}——开裂截面换算截面惯性矩;

f_{tk}——混凝土轴心抗拉强度标准值。

2 预应力混凝土构件

1)全预应力混凝土和A类预应力混凝土构件

$$B_0=0.95E_cI_0 \tag{6.5.2-3}$$

2)允许开裂的B类预应力混凝土构件

在开裂弯矩M_{cr}作用下 $$B_0=0.95E_cI_0 \tag{6.5.2-4}$$

在(M_s-M_{cr})作用下 $$B_{cr}=E_cI_{cr} \tag{6.5.2-5}$$

开裂弯矩M_{cr}按下式计算:

$$M_{cr}=(\sigma_{pc}+\gamma f_{tk})W_0 \tag{6.5.2-6}$$

$$\gamma=\frac{2S_0}{W_0} \tag{6.5.2-7}$$

式中:S_0——全截面换算截面重心轴以上(或以下)部分面积对重心轴的面积矩;

σ_{pc}——扣除全部预应力损失预应力钢筋和普通钢筋合力N_{p0}在构件抗裂边缘产生的混凝土预压应力,先张法构件和后张法构件均按本规范公式(6.1.5-1)计算,但后张法构件采用净截面;该式中的N_{p0}与本规范第6.4.4条同样办理;

W_0——换算截面抗裂边缘的弹性抵抗矩。

注:对变截面连续梁,当支座截面刚度不大于跨中截面刚度的两倍时,构件刚度仍可采用跨中截面刚度。

6.5.5 受弯构件的预拱度可按下列规定设置:

1 钢筋混凝土受弯构件

1)当由荷载短期效应组合并考虑荷载长期效应影响产生的长期挠度不超过计算跨径的1/1 600时,可不设预拱度;

2)当不符合上述规定时应设预拱度,且其值应按结构自重和1/2可变荷载频遇值计算的长期挠度值之和采用。

2 预应力混凝土受弯构件

1)当预加应力产生的长期反拱值大于按荷载短期效应组合计算的长期挠度时,可不设预拱度;

2)当预加应力的长期反拱值小于按荷载短期效应组合计算的长期挠度时应设预拱度,其值应按该项荷载的挠度值与预加应力长期反拱值之差采用。

对自重相对于活载较小的预应力混凝土受弯构件,应考虑预加应力反拱值过大可能造成的不利影响,必要时采取反预拱或设计和施工上的其他措施,避免桥面隆起直至开裂破坏。

注:(1)汽车荷载频遇值为汽车荷载标准值的0.7倍,人群荷载频遇值等于其标准值;

(2)预拱的设置应按最大的预拱值沿顺桥向做成平顺的曲线。

6.5.6 预应力混凝土受弯构件当需计算施工阶段的变形时,可按构件自重和预加力产生的初始弹性变形乘以$[1+\phi(t,t_0)]$求得。此处$\phi(t,t_0)$为混凝土徐变系数,可根据加载龄期t_0和计算所需龄期t按本规范附录F方法计算。

7 持久状况和短暂状况构件的应力计算

7.1 持久状况预应力混凝土构件应力计算

7.1.1 按持久状况设计的预应力混凝土受弯构件,应计算其使用阶段正截面混凝土的法向压应力、受拉区钢筋的拉应力和斜截面混凝土的主压应力,并不得超过本节规定的限值。计算时作用(或荷载)取其标准值,汽车荷载应考虑冲击系数。

应考虑预加力效应,预加力的分项系数取为1.0。对连续梁等超静定结构,尚应计及预加力、温度作用等引起的次效应。

7.1.3 全预应力混凝土和A类预应力混凝土受弯构件,由作用(或荷载)标准值产生的混凝土法向应力和预应力钢筋的应力,应按下列公式计算:

1 混凝土法向压应力σ_{kc}和拉应力σ_{kt}

$$\sigma_{kc}\text{或}\ \sigma_{kt}=\frac{M_k}{I_0}y_0 \tag{7.1.3-1}$$

2 预应力钢筋应力

$$\sigma_p=\alpha_{EP}\sigma_{kt} \tag{7.1.3-2}$$

式中:M_k——按作用(或荷载)标准值组合计算的弯矩值;

y_0——构件换算截面重心轴至受压区或受拉区计算纤维处的距离。

注:计算预应力钢筋的应力时,公式(7.1.3-2)中的σ_{kt}应为最外层钢筋重心处的混凝土拉应力。

7.1.5 使用阶段预应力混凝土受弯构件正截面混凝土的压应力和预应力钢筋的拉应力,应符合下列规定:

1 受压区混凝土的最大压应力

$$\left.\begin{array}{l}\text{未开裂构件}\ \sigma_{kc}+\sigma_{pt}\\ \text{允许开裂构件}\ \sigma_{cc}\end{array}\right\}\leqslant 0.5f_{ck} \tag{7.1.5-1}$$

2 受拉区预应力钢筋的最大拉应力

1)对钢绞线、钢丝

$$\left.\begin{array}{l}\text{未开裂构件 } \sigma_{pe}+\sigma_{p} \\ \text{允许开裂构件 } \sigma_{po}+\sigma_{p}\end{array}\right\} \leqslant 0.65 f_{pk} \tag{7.1.5-2}$$

2)对精轧螺纹钢筋

$$\left.\begin{array}{l}\text{未开裂构件 } \sigma_{pe}+\sigma_{p} \\ \text{允许开裂构件 } \sigma_{po}+\sigma_{p}\end{array}\right\} \leqslant 0.80 f_{pk} \tag{7.1.5-3}$$

式中:σ_{pe}——全预应力混凝土和 A 类预应力混凝土受弯构件,受拉区预应力钢筋扣除全部预应力损失后的有效预应力;

σ_{pt}——由预加力产生的混凝土法向拉应力,先张法构件按本规范公式(6.1.5-1)计算,后张法构件按本规范公式(6.1.5-4)计算。

注:预应力混凝土受弯构件受拉区的普通钢筋,其使用阶段的应力很小,可不必验算。

7.1.6 预应力混凝土受弯构件由作用(或荷载)标准值和预加力产生的混凝土主压应力 σ_{cp}和主拉应力 σ_{tp}应按本规范第 6.3.3 条公式计算,但公式(6.3.3-2)、(6.3.3-4)中的 M_s 和 V_s 应分别以 M_k、V_k 代替。此处,M_k 和 V_k 为按作用(或荷载)标准值组合计算的弯矩值和剪力值。

混凝土的主压应力应符合下式规定:

$$\sigma_{cp} \leqslant 0.6 f_{ck} \tag{7.1.6-1}$$

根据计算所得的混凝土主拉应力,按下列规定设置箍筋:

在 $\sigma_{tp} \leqslant 0.5 f_{tk}$的区段,箍筋可仅按构造要求设置;

在 $\sigma_{tp} > 0.5 f_{tk}$的区段,箍筋的间距 s_v 可按下列公式计算:

$$s_v = \frac{f_{sk} A_{sv}}{\sigma_{tp} b} \tag{7.1.6-2}$$

式中:f_{sk}——箍筋的抗拉强度标准值;

A_{sv}——同一截面内箍筋的总截面面积;

b——矩形截面宽度、T 形或 I 形截面的腹板宽度。

当按本条计算的箍筋用量少于按斜截面抗剪承载力计算的箍筋用量时,构件箍筋采用后者。

7.2 短暂状况构件的应力计算

7.2.1 桥梁构件按短暂状况设计时,应计算其在制作、运输及安装等施工阶段,由自重、施工荷载等引起的正截面和斜截面的应力,并不应超过本节规定的限值。施工荷载除有特别规定外均采用标准值,当有组合时不考虑荷载组合系数。

当用吊机(车)行驶于桥梁进行安装时,应对已安装就位的构件进行验算,吊机(车)应乘以1.15的荷载系数,但当由吊机(车)产生的效应设计值小于按持久状况承载能力极限状态计算的荷载效应组合设计值时,则可不必验算。

7.2.2 当进行构件运输和安装计算时,构件自重应乘以动力系数。动力系数应按《公路桥涵设计通用规范》(JTG D60—2004)的规定采用。

8 构件计算的规定

8.2 墩台盖梁

8.2.1 墩台盖梁与柱应按刚构计算。当盖梁与柱的线刚度(EI/l)之比大于5时,双柱式墩台盖梁可按简支梁计算,多柱式墩台盖梁可按连续梁计算。以上E、I、l分别为梁或柱混凝土的弹性模量、毛截面惯性矩、梁计算跨径或柱计算长度。

计算连续梁盖梁支座的负弯矩时,可按本规范第4.2.4条的规定考虑柱支承宽度的影响,圆形截面柱可换算为边长等于0.8倍直径的方形截面柱。

8.4 橡胶支座

8.4.1 板式橡胶支座的基本设计数据应按下列规定采用,其产品分类、技术要求、试验方法、检验规则等应符合《公路桥梁板式橡胶支座》(JT/T4)的规定。

1 支座使用阶段的平均压应力限值 $\sigma_c = 10.0\text{MPa}$

2 常温下橡胶支座剪变模量 $G_e = 1.0\text{MPa}$

橡胶支座剪变模量随橡胶变冷而递增,当累年最冷月平均温度的平均值为0~-10℃时,G_e值应增大20%;当低于-10℃时,G_e值应增大50%;当低于-25℃时,G_e为2MPa。

3 橡胶支座抗压弹性模量和支座形状系数应按下列公式计算:

$$E_e = 5.4G_eS^2 \tag{8.4.1-1}$$

矩形支座

$$S = \frac{l_{0a}l_{0b}}{2t_{es}(l_{0a} + l_{0b})} \tag{8.4.1-2}$$

圆形支座

$$S = \frac{d_0}{4t_{es}} \tag{8.4.1-3}$$

式中:E_e——支座抗压弹性模量(MPa);

G_e——支座剪变模量;

S——支座形状系数;

l_{0a}——矩形支座加劲钢板短边尺寸;

l_{0b}——矩形支座加劲钢板长边尺寸;

d_0——圆形支座钢板直径;

t_{es}——支座中间层单层橡胶厚度。

支座形状系数应在 $5 \leqslant S \leqslant 12$ 范围内取用。

4 橡胶弹性体体积模量 $E_b = 2000\text{MPa}$。

5 支座与不同接触面的摩擦系数

1)支座与混凝土接触时,$\mu = 0.3$;

2)支座与钢板接触时,$\mu = 0.2$;

3)聚四氟乙烯板与不锈钢板接触(加硅脂)时,$\mu_f = 0.06$;当温度低于 -25℃时,μ_f 值增大 30%;当不加硅脂时,μ_f 值应加倍。当有实测资料时,也可按实测资料采用。

6 橡胶支座剪切角 α 正切值限值:

1)当不计制动力时,$\tan\alpha \leqslant 0.5$;

2)当计入制动力时,$\tan\alpha \leqslant 0.7$。

8.5 桩基承台

8.5.1 承台底面单桩竖向力设计值可按下列公式计算(图 8.5.1):

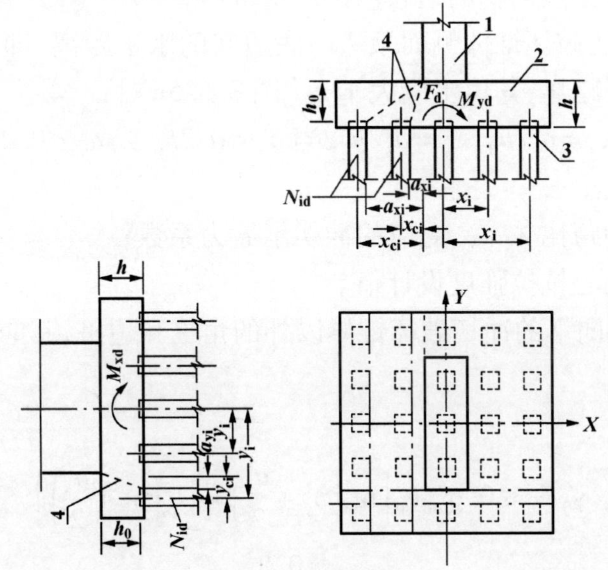

图 8.5.1 桩基承台计算

1-墩身;2-承台;3-桩;4-剪切破坏斜截面

$$N_{id} = \frac{F_d}{n} \pm \frac{M_{xd} y_i}{\sum y_i^2} \pm \frac{M_{yd} x_i}{\sum x_i^2} \tag{8.5.1}$$

式中:N_{id}——第 i 根桩的单桩竖向力设计值;

F_d——由承台底面以上的作用(或荷载)产生的竖向力组合设计值；

M_{xd}、M_{yd}——由承台底面以上的作用(或荷载)绕通过桩群形心的 x 轴、y 轴的弯矩组合设计值；

n——承台下面桩的总根数；

x_i、y_i——第 i 排桩中心至 y 轴、x 轴的距离。

8.5.5 承台应按下列规定进行冲切承载力验算：

1 柱或墩台向下冲切的破坏锥体应采用自柱或墩台边缘至相应桩顶边缘连线构成的锥体；桩顶位于承台顶面以下一倍有效高度 h_0 处。锥体斜面与水平面的夹角，不应小于45°，当小于45°时，取用45°。

柱或墩台向下冲切承台的冲切承载力按下列规定计算：

$$\gamma_0 F_{ld} \leqslant 0.6 f_{td} h_0 [2\alpha_{px}(b_y + a_y) + 2\alpha_{py}(b_x + a_x)] \tag{8.5.5-1}$$

$$\alpha_{px} = \frac{1.2}{\lambda_x + 0.2} \tag{8.5.5-2}$$

$$\alpha_{py} = \frac{1.2}{\lambda_y + 0.2} \tag{8.5.5-3}$$

式中：F_{ld}——作用于冲切破坏锥体上的冲切力设计值，可取柱或墩台的竖向力设计值减去锥体范围内桩的反力设计值；

b_x、b_y——柱或墩台作用面积的边长[图8.5.5a)]；

a_x、a_y——冲跨，冲切破坏锥体侧面顶边与底边间的水平距离，即柱或墩台边缘到桩边缘的水平距离，其值不应大于 h_0[图8.5.5a)]；

λ_x、λ_y——冲跨比，$\lambda_x = a_x/h_0$，$\lambda_y = a_y/h_0$，当 $a_x < 0.2h_0$ 或 $a_y < 0.2h_0$ 时，取 $a_x = 0.2h_0$ 或 $a_y = 0.2h_0$；

α_{px}、α_{py}——分别与冲跨比 λ_x、λ_y 对应的冲切承载力系数；

f_{td}——混凝土轴心抗拉强度设计值。

2 对于柱或墩台向下的冲切破坏锥体以外的角桩和边桩，其向上冲切承台的冲切承载力按下列规定计算：

1)角桩

$$\gamma_0 F_{ld} \leqslant 0.6 f_{td} h_0 \left[\alpha'_{px}\left(b_y + \frac{a_y}{2}\right) + \alpha'_{py}\left(b_x + \frac{a_x}{2}\right)\right] \tag{8.5.5-4}$$

$$\alpha'_{px} = \frac{0.8}{\lambda_x + 0.2} \tag{8.5.5-5}$$

$$\alpha'_{py} = \frac{0.8}{\lambda_y + 0.2} \tag{8.5.5-6}$$

式中：F_{ld}——角桩竖向力设计值；

b_x、b_y——承台边缘至桩内边缘的水平距离[图8.5.5b)]；

a_x、a_y——冲跨，为桩边缘至相应柱或墩台边缘的水平距离，其值不应大于 h_0[图8.5.5b)]。

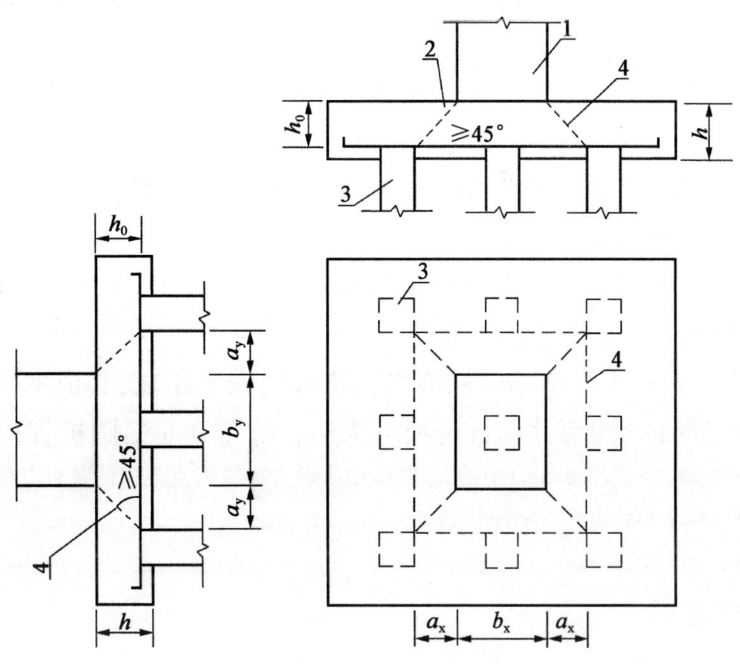

a)柱、墩台下冲砌破坏锥体
1-柱、墩台;2-承台;3-桩;4-破坏锥体

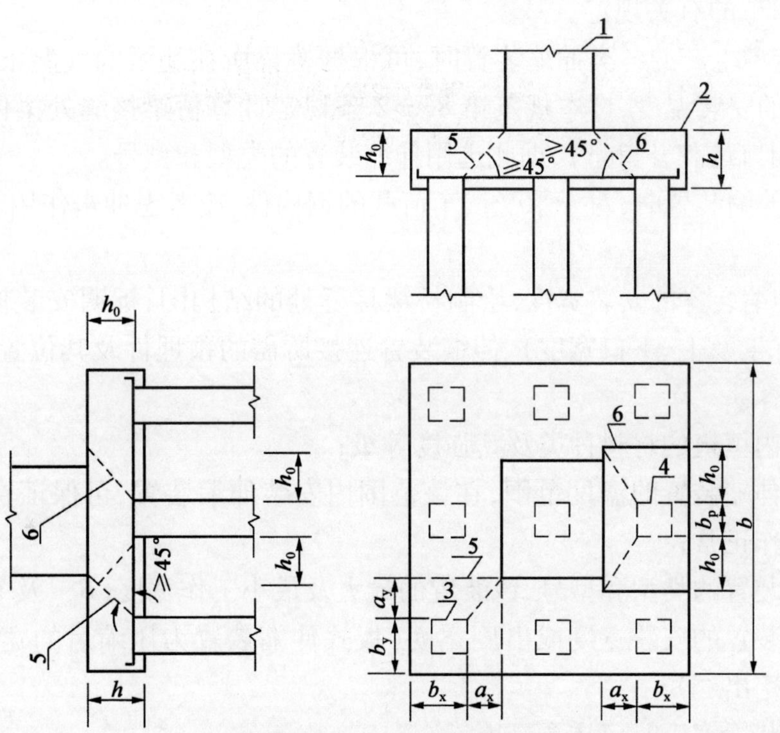

b)角桩和边桩上冲砌破坏椎体
1-柱、墩台;2-承台;3-角桩;4-边桩;5-角桩上破坏锥体;6-边桩上冲砌破坏锥体

图 8.5.5　承台冲切破坏锥体

λ_x、λ_y——冲跨比，$\lambda_x = a_x/h_0$，$\lambda_y = a_y/h_0$，当 $a_x < 0.2h_0$ 或 $a_y < 0.2h_0$ 时，取 $a_x = 0.2h_0$ 或 $a_y = 0.2h_0$；

α'_{px}、α'_{py}——分别与冲跨比 λ_x、λ_y 对应的冲切承载力系数。

2）边桩，当 $b_p + 2h_0 \leqslant b$ 时［b 见图 8.5.5b)］

$$\gamma_0 F_{ld} \leqslant 0.6 f_{td} h_0 [\alpha'_{px}(b_p + h_0) + 0.667 \times (2b_x + a_x)] \quad (8.5.5\text{-}7)$$

式中：F_{ld}——边桩竖向力设计值；

b_x——承台边缘至桩内边缘的水平距离；

b_p——方桩的边长；

a_x——冲跨，为桩边缘至相应柱或墩台边缘的水平距离，其值不应大于 h_0。

按上述各款计算时，圆形截面桩可换算为边长等于 0.8 倍圆桩直径的方形截面桩。

注：当承台为变厚度时，公式（8.5.5-1）中的 h_0 取沿柱或墩台边缘垂直截面的承台有效高度；公式（8.5.5-4）、（8.5.5-7）中的 h_0 取承台边缘截面的有效高度。

8.6 桥梁伸缩装置

8.6.1 桥梁伸缩装置应符合下列要求：

1 伸缩装置的材料及其成品的技术要求应符合交通行业标准《公路桥梁橡胶伸缩装置》（JT/T 327）的有关规定。

2 采用定型生产的各类伸缩装置时，可根据桥梁所在地区的气温条件和施工季节，选择伸缩装置的安装温度，按本规范第 8.6.2 条规定计算桥梁接缝处梁体的伸长量和缩短量（接缝的闭口量和开口量），据此选用伸缩装置的类型和型号。

自行设计伸缩装置时，对于承受汽车荷载的钢构件，应考虑冲击作用及重复作用引起的疲劳影响。

3 根据伸缩装置的安装宽度，绘制桥梁接缝处的结构图，标明安装伸缩装置所必需的槽口尺寸（深度及上、下口宽度）、伸缩装置连接所需的预埋件及其位置。同时，图纸上应标明下列内容：

1）槽口内填筑的材料种类及其强度等级；

2）安装伸缩装置的温度范围，在该范围内安装伸缩装置，可保证在安装后伸缩装置工作正常；

3）伸缩装置的类型和型号，该装置的最大及最小工作宽度（B_{max} 及 B_{min}）；

4）伸缩装置的安装宽度或出厂宽度（板式伸缩装置为压缩后的宽度，可由工厂临时固定出厂）；

5）伸缩装置施工时应注意事项。

8.6.3 伸缩装置的安装宽度（或出厂宽度），可按本规范第 8.6.2 条计算得到的开口量 C^- 和闭口量 C^+ 进行计算，其值可在［$B_{min} + (C - C^-)$］与（$B_{min} + C^+$）两者中或两者之间取用，其中 C 为选用的伸缩装置的伸缩量，B_{min} 为选用的伸缩装置的最小工作宽度。

9 构造规定

9.1 一般规定

9.1.1 普通钢筋和预应力直线形钢筋的最小混凝土保护层厚度(钢筋外缘或管道外缘至混凝土表面的距离)不应小于钢筋公称直径,后张法构件预应力直线形钢筋不应小于其管道直径的1/2,且应符合表9.1.1的规定。

表9.1.1 普通钢筋和预应力直线形钢筋最小混凝土保护层厚度(mm)

序号	构 件 类 别	环境条件		
		I	II	III、IV
1	基础、桩基承台(1)基坑底面有垫层或侧面有模板(受力主筋)	40	50	60
	(2)基坑底面无垫层或侧面无模板(受力主筋)	60	75	85
2	墩台身、挡土结构、涵洞、梁、板、拱圈、拱上建筑(受力主筋)	30	40	45
3	人行道构件、栏杆(受力主筋)	20	25	30
4	箍筋	20	25	30
5	缘石、中央分隔带、护栏等行车道构件	30	40	45
6	收缩、温度、分布、防裂等表层钢筋	15	20	25

注:对于环氧树脂涂层钢筋,可按环境类别I取用。

9.1.2 当受拉区主筋的混凝土保护层厚度大于50mm时,应在保护层内设置直径不小于6mm、间距不大于100mm的钢筋网。

9.1.4 当计算中充分利用钢筋的强度时,其最小锚固长度应符合表9.1.4的规定。

表9.1.4 钢筋最小锚固长度 l_a

项目 \ 钢筋种类 / 混凝土强度等级		R235				HRB335				HRB400,KL400			
		C20	C25	C30	≥C40	C20	C25	C30	≥C40	C20	C25	C30	≥C40
受压钢筋(直端)		$40d$	$35d$	$30d$	$25d$	$35d$	$30d$	$25d$	$20d$	$40d$	$35d$	$30d$	$25d$
受拉钢筋	直端	—	—	—	—	$40d$	$35d$	$30d$	$25d$	$45d$	$40d$	$35d$	$30d$
	弯钩端	$35d$	$30d$	$25d$	$20d$	$30d$	$25d$	$25d$	$20d$	$35d$	$30d$	$30d$	$25d$

注:(1)d为钢筋直径;

(2)对于受压束筋和等代直径d_e≤28mm的受拉束筋的锚固长度,应以等代直径按表值确定,束筋的各单根钢筋在同一锚固终点截断;对于等代直径d_e>28mm的受拉束筋,束筋内各单根钢筋,应自锚固起点开始,以表内规定的单根钢筋的锚固长度的1.3倍,呈阶梯形逐根延伸后截断,即自锚固起点开始,第一根延伸1.3倍单根钢筋的锚固长度,第二根延伸2.6倍单根钢筋的锚固长度,第三根延伸3.9倍单根钢筋的锚固长度;

(3)采用环氧树脂涂层钢筋时,受拉钢筋最小锚固长度应增加25%;

(4)当混凝土在凝固过程中易受扰动时,锚固长度应增加25%。

9.1.7 钢筋接头宜采用焊接接头和钢筋机械连接接头(套筒挤压接头、镦粗直螺纹接头),当施工或构造条件有困难时,也可采用绑扎接头。钢筋接头宜设在受力较小区段,并宜错开布置。绑扎接头的钢筋直径不宜大于28mm,但轴心受压和偏心受压构件中的受压钢筋,可不大于32mm。轴心受拉和小偏心受拉构件不应采用绑扎接头。

9.1.9 受拉钢筋绑扎接头的搭接长度,应符合表9.1.9的规定;受压钢筋绑扎接头的搭接长度,应取受拉钢筋绑扎接头搭接长度的0.7倍。

表9.1.9 受拉钢筋绑扎接头搭接长度

钢　筋	混凝土强度等级		
	C20	C25	>C25
R235	$35d$	$30d$	$25d$
HRB335	$45d$	$40d$	$35d$
HRB400,KL400	—	$50d$	$45d$

注:(1)当带肋钢筋直径 d 大于25mm时,其受拉钢筋的搭接长度应按表值增加 $5d$ 采用;当带肋钢筋直径小于25mm时,搭接长度可按表值减少 $5d$ 采用;

(2)当混凝土在凝固过程中受力钢筋易受扰动时,其搭接长度应增加 $5d$;

(3)在任何情况下,受拉钢筋的搭接长度不应小于300mm;受压钢筋的搭接长度不应小于200mm;

(4)环氧树脂涂层钢筋的绑扎接头搭接长度,受拉钢筋按表值的1.5倍采用;

(5)受拉区段内,R235钢筋绑扎接头的末端应做成弯钩,HRB335、HRB400、KL400钢筋的末端可不做成弯钩。

在任一绑扎接头中心至搭接长度 l_s 的1.3倍长度区段 l(图9.1.9-1)内,同一根钢筋不得有两个接头;在该区段内有绑扎接头的受力钢筋截面面积占受力钢筋总截面面积的百分数,受拉区不宜超过25%,受压区不宜超过50%。当绑扎接头的受力钢筋截面面积占受力钢筋总截面面积超过上述规定时,应按表9.1.9的规定值,乘以下列系数:当受拉钢筋绑扎接头截面面积大于25%,但不大于50%时,乘以1.4,当大于50%时,乘以1.6;当受压钢筋绑扎接头截面面积大于50%时,乘以1.4(受压钢筋绑扎接头长度仍为表中受拉钢筋绑扎接头长度的0.7倍)。

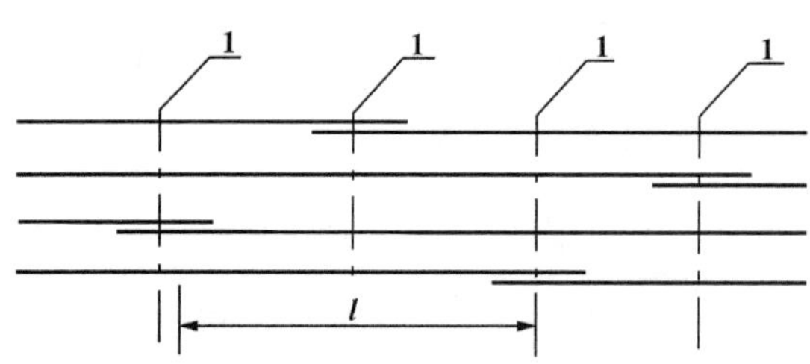

图9.1.9-1 受力钢筋绑扎接头

1-绑扎接头搭接长度中心(图中所示 l 区段内有接头的钢筋截面面积按两根计)

绑扎接头部分钢筋的横向净距不应小于钢筋直径且不应小于25mm,同时非接头部分钢筋净距仍应符合本规范第9.3.4条规定。

束筋的搭接接头应先由单根钢筋错开搭接,接头中距为1.3倍表9.1.9规定的单根钢筋搭接长度;再用一根其长度为 $1.3(n+1)l_s$ 的通长钢筋进行搭接绑扎,其中 n 为组成束筋的单根钢筋根数,l_s 为单根钢筋搭接长度(图 9.1.9-2)。

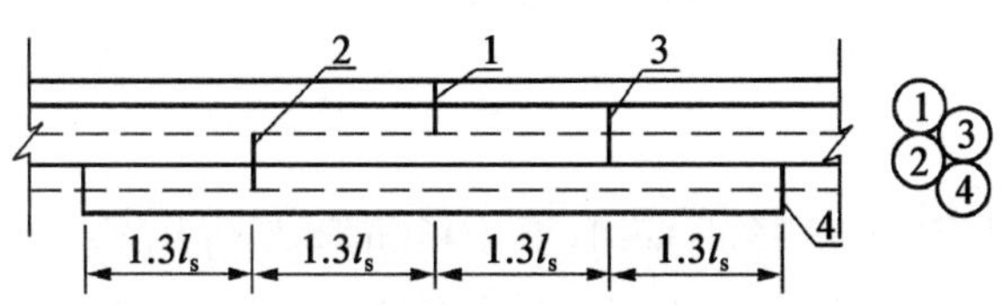

图 9.1.9-2 束筋的搭接

1、2、3-组成束筋的单根钢筋;4-通长钢筋

9.1.12 钢筋混凝土构件中纵向受力钢筋的最小配筋百分率应符合下列要求:

1 轴心受压构件、偏心受压构件全部纵向钢筋的配筋百分率不应小于 0.5,当混凝土强度等级 C50 及以上时不应小于 0.6;同时,一侧钢筋的配筋百分率不应小于 0.2。当大偏心受拉构件的受压区配置按计算需要的受压钢筋时,其配筋百分率不应小于 0.2。

2 受弯构件、偏心受拉构件及轴心受拉构件的一侧受拉钢筋的配筋百分率不应小于 $45f_{td}/f_{sd}$,同时不应小于 0.20。

轴心受压构件、偏心受压构件全部纵向钢筋的配筋百分率和一侧纵向钢筋(包括大偏心受拉构件受压钢筋)的配筋百分率应按构件的毛截面面积计算。轴心受拉构件及小偏心受拉构件一侧受拉钢筋的配筋百分率应按构件毛截面面积计算。受弯构件、大偏心受拉构件的一侧受拉钢筋的配筋百分率为 $100A_s/bh_0$,其中 A_s 为受拉钢筋截面面积,b 为腹板宽度(箱形截面梁为各腹板宽度之和),h_0 为有效高度。当钢筋沿构件截面周边布置时,"一侧的受压钢筋"或"一侧的受拉钢筋"系指受力方向两个对边中的一边布置的纵向钢筋。

预应力混凝土受弯构件最小配筋率应满足下列条件:

$$\frac{M_{ud}}{M_{cr}} \geqslant 1.0 \qquad (9.1.12)$$

式中:M_{ud}——受弯构件正截面抗弯承载力设计值,按本规范第 5.2.2 条、第 5.2.3 条和第 5.2.5 条有关公式的等号右边式子计算;

M_{cr}——受弯构件正截面开裂弯矩值,按本规范公式(6.5.2-6)计算。

部分预应力混凝土受弯构件中普通受拉钢筋的截面面积,不应小于 $0.003bh_0$。

9.2 板

9.2.1 钢筋混凝土简支板桥的标准跨径不宜大于 13m;连续板桥的标准跨径不宜大于 16m。预应力混凝土简支板桥的标准跨径不宜大于 25m;连续板桥的标准跨径不宜大于 30m。

9.2.2 空心板桥的顶板和底板厚度，均不应小于 80mm。空心板的空洞端部应予填封。人行道板的厚度，就地浇筑的混凝土板不应小于 80mm；预制混凝土板不应小于 60mm。

9.2.3 行车道板内主钢筋直径不应小于 10mm。人行道板内的主钢筋直径不应小于 8mm。在简支板跨中和连续板支点处，板内主钢筋间距不应大于 200mm，其最小净距和层距应符合本规范第 9.3.4 条规定。

9.2.5 行车道板内应设置垂直于主钢筋的分布钢筋。分布钢筋设在主钢筋的内侧，其直径不应小于 8mm，间距不应大于 200mm，截面面积不宜小于板的截面面积的 0.1%。在主钢筋的弯折处，应布置分布钢筋。人行道板内分布钢筋直径不应小于 6mm，其间距不应大于 200mm。

9.2.7 斜板的钢筋可按下列规定布置（图 9.2.7）：

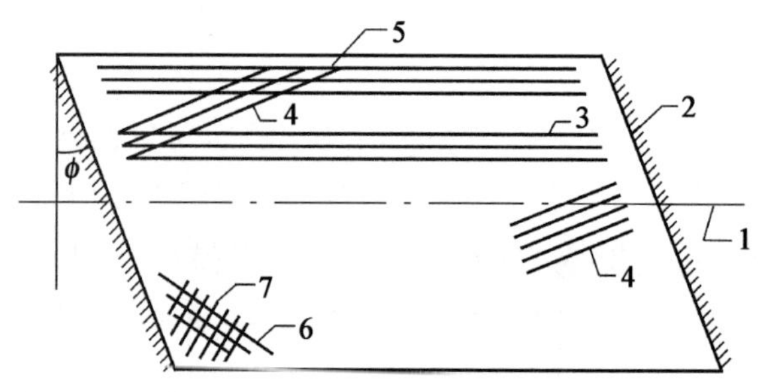

图 9.2.7 斜板桥钢筋布置

1-桥纵轴线；2-支承轴线；3-顺桥纵轴线钢筋；4-与支承轴线正交钢筋；5-自由边钢筋带；6-垂直于钝角平分线的钝角钢筋；7-平行于钝角平分线的钝角钢筋

1 当整体式斜板的斜交角（板的支座轴线的垂直线与桥纵轴线的夹角）不大于 15°时，主钢筋可平行于桥纵轴线方向布置。当整体式斜板斜交角大于 15°时，主钢筋宜垂直于板的支座轴线方向布置，此时，在板的自由边上下应各设一条不少于三根主钢筋的平行于自由边的钢筋带，并用箍筋箍牢。在钝角部位靠近板顶的上层，应布置垂直于钝角平分线的加强钢筋，在钝角部位靠近板底的下层，应布置平行于钝角平分线的加强钢筋，加强钢筋直径不宜小于 12mm，间距 100 ~ 150mm，布置于以钝角两侧 1.0m ~ 1.5m 边长的扇形面积内。

2 斜板的分布钢筋宜垂直于主钢筋方向设置，其直径、间距和数量可按本规范第 9.2.5条办理。在斜板的支座附近宜增设平行于支座轴线的分布钢筋；或将分布钢筋向支座方向呈扇形分布，过渡到平行于支承轴线。

3 预制斜板的主钢筋可与桥纵轴线平行，其钝角部位加强钢筋及分布钢筋宜按照第 1 款及第 2 款布置。

9.3 梁

9.3.1 钢筋混凝土T形、I形截面简支梁标准跨径不宜大于16m,钢筋混凝土箱形截面简支梁标准跨径不宜大于25m,钢筋混凝土箱形截面连续梁标准跨径不宜大于30m。

预应力混凝土T形、I形截面简支梁标准跨径不宜大于50m。

9.3.2 T形、I形截面梁应设跨端和跨间横隔梁。当梁横向刚性连接时,横隔梁间距不应大于10m。

箱形截面梁应设箱内端横隔板。内半径小于240m的弯箱梁应设跨间横隔板,其间距对于钢筋混凝土箱形截面梁不应大于10m;对于预应力箱形截面梁则需经结构分析确定。共同受力的多箱梁桥,梁间应设跨端横隔梁,需要时尚宜设跨间横隔梁,其设置及间距可按T形截面梁办理。

箱形截面悬臂梁桥除应设箱内端横隔板外,悬臂跨径50m及以上的箱形截面悬臂梁桥在悬臂中部尚应设跨间横隔板。

条件许可时箱形截面梁横隔板应设检查用人孔。

9.3.3 预制T形截面梁或箱形截面梁翼缘悬臂端的厚度不应小于100mm;当预制T形截面梁之间采用横向整体现浇连接时或箱形截面梁设有桥面横向预应力钢筋时,其悬臂端厚度不应小于140mm。T形和I形截面梁,在与腹板相连处的翼缘厚度,不应小于梁高的1/10,当该处设有承托时,翼缘厚度可计入承托加厚部分厚度;当承托底坡$\tan\alpha$大于1/3时,取1/3。

箱形截面梁顶板与腹板相连处应设置承托;底板与腹板相连处应设倒角,必要时也可设置承托。箱形截面梁顶、底板的中部厚度,不应小于板净跨径的1/30,且不应小于200mm。当箱形截面梁承受扭矩时,尚应符合本规范第5.5.1条注的要求。

T形、I形截面梁或箱形截面梁的腹板宽度不应小于140mm;其上下承托之间的腹板高度,当腹板内设有竖向预应力钢筋时,不应大于腹板宽度的20倍,当腹板内不设竖向预应力钢筋时,不应大于腹板宽度的15倍。当腹板宽度有变化时,其过渡段长度不宜小于12倍腹板宽度差。当T形、I形截面梁或箱形截面梁承受扭矩时,其腹板平均宽度尚应符合本规范第5.5.5条注和第5.5.1条注的要求。

9.3.8 T形、I形截面梁或箱形截面梁的腹板两侧,应设置直径为6~8mm的纵向钢筋,每腹板内钢筋截面面积宜为$(0.001-0.002)bh$,其中b为腹板宽度,h为梁的高度,其间距在受拉区不应大于腹板宽度,且不应大于200mm,在受压区不应大于300mm。在支点附近剪力较大区段和预应力混凝土梁锚固区段,腹板两侧纵向钢筋截面面积应予增加,纵向钢筋间距宜为100~150mm。

9.3.12 钢筋混凝土梁采用多层焊接钢筋时，可用侧面焊缝使之形成骨架(图9.3.12)。侧面焊缝设在弯起钢筋的弯折点处，并在中间直线部分适当设置短焊缝。

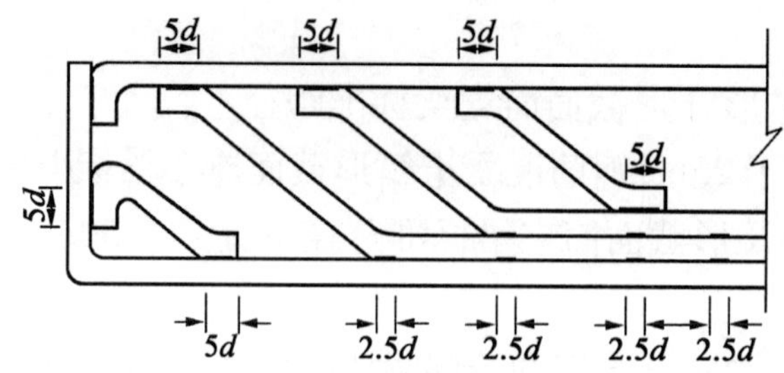

图9.3.12 焊接骨架图

焊接钢筋骨架的弯起钢筋，除用纵向钢筋弯起外，亦可用专设的弯起钢筋焊接。

斜钢筋与纵向钢筋之间的焊接，宜用双面焊缝，其长度应为5倍钢筋直径，纵向钢筋之间的短焊缝应为2.5倍钢筋直径；当必须采用单面焊缝时，其长度应加倍。

焊接骨架的钢筋层数不应多于六层，单根钢筋直径不应大于32mm。

9.3.13 钢筋混凝土梁中应设置直径不小于8mm且不小于1/4主钢筋直径的箍筋，其配筋率ρ_{sv}(见本规范第5.2.7条)，R235钢筋不应小于0.18%，HRB335钢筋不应小于0.12%。当梁中配有按受力计算需要的纵向受压钢筋或在连续梁、悬臂梁近中间支点位于负弯矩区的梁段，应采用闭合式箍筋，同时，同排内任一纵向受压钢筋，离箍筋折角处的纵向钢筋的间距不应大于150mm或15倍箍筋直径两者中较大者，否则，应设复合箍筋(参见本规范图9.6.1)。相邻箍筋的弯钩接头，沿纵向其位置应交替布置。

箍筋间距不应大于梁高的1/2且不大于400mm；当所箍钢筋为按受力需要的纵向受压钢筋时，不应大于所箍钢筋直径的15倍，且不应大于400mm。在钢筋绑扎搭接接头范围内的箍筋间距，当绑扎搭接钢筋受拉时不应大于主钢筋直径的5倍，且不大于100mm；当搭接钢筋受压时不应大于主钢筋直径的10倍，且不大于200mm。在支座中心向跨径方向长度相当于不小于一倍梁高范围内，箍筋间距不宜大于100mm。

近梁端第一根箍筋应设置在距端面一个混凝土保护层距离处。梁与梁或梁与柱的交接范围内可不设箍筋；靠近交接面的一根箍筋，其与交接面的距离不宜大于50mm。

9.3.16 预制T形截面梁的桥面板横向连接，宜采用现浇混凝土整体连接，主钢筋可采用环形连接。预制T形截面梁的横隔梁连接，宜采用现浇混凝土整体连接。

预制梁混凝土与用于整体连接的现浇混凝土龄期之差不应超过三个月。

9.4 预应力混凝土上部结构

9.4.1 预应力混凝土梁当设置竖向预应力钢筋时，其纵向间距宜为500~1000mm。

预应力混凝土T形、I形截面梁和箱形截面梁腹板内应分别设置直径不小于10mm和12mm的箍筋，且应采用带肋钢筋，间距不应大于250mm；自支座中心起长度不小于一倍梁高范围内,应采用闭合式箍筋,间距不应大于100mm。

在T形、I形截面梁下部的马蹄内,应另设直径不小于8mm的闭合式箍筋,间距不应大于200mm。此外,马蹄内尚应设直径不小于12mm的定位钢筋。

9.4.2 部分预应力混凝土梁应采用混合配筋。位于受拉区边缘的普通钢筋宜采用直径较小的带肋钢筋,以较密的间距布置。

9.4.6 后张法预应力混凝土构件的端部锚固区,在锚具下面应设置厚度不小于16mm的垫板或采用具有喇叭管的锚具垫板。锚垫板下应设间接钢筋,其体积配筋率ρ_v(见本规范第5.7.2条)不应小于0.5%。

9.4.9 后张法预应力混凝土构件,其预应力钢筋管道的设置应符合下列规定:

1 直线管道的净距不应小于40mm,且不宜小于管道直径的0.6倍;对于预埋的金属或塑料波纹管和铁皮管,在竖直方向可将两管道叠置。

2 曲线形预应力钢筋管道在曲线平面内相邻管道间的最小净距应按本规范第9.4.8条第1款计算,其中P_d和r分别为相邻两管道曲线半径较大的一根预应力钢筋的张拉力设计值和曲线半径,C_{in}为相邻两曲线管道外缘在曲线平面内净距。当上述计算结果小于其相应直线管道外缘间净距时,应取用直线管道最小外缘间净距。

曲线形预应力钢筋管道在曲线平面外相邻外缘间的最小净距,应按本规范第9.4.8条第2款计算,其中C_{out}为相邻两曲线管道外缘在曲线平面外净距。

3 管道内径的截面面积不应小于两倍预应力钢筋截面面积。

4 按计算需要设置预拱度时,预留管道也应同时起拱。

9.4.10 后张法预应力混凝土构件的曲线形预应力钢筋的曲线半径应符合下列规定:

1 钢丝束、钢绞线束的钢丝直径等于或小于5mm时,不宜小于4m;钢丝直径大于5mm时,不宜小于6m。

2 精轧螺纹钢筋的直径等于或小于25mm时,不宜小于12m;直径大于25mm时,不宜小于15m。

9.4.11 预应力钢筋管道压浆用水泥浆,按70mm×70mm×70mm立方体试件,标准养护28d测得的抗压强度不应低于30MPa。其水灰比宜为0.40~0.45。为减少收缩,可通过试验掺入适量膨胀剂。

9.6 柱、墩台和桩基承台

9.6.1 配有普通箍筋(或螺旋筋)的轴心受压构件(钻/挖孔桩除外),其钢筋设置应符合下列规定(图9.6.1):

1 纵向受力钢筋的直径不应小于12mm,净距不应小于50mm且不应大于350mm;水平浇筑的预制件的纵向钢筋的最小净距可按本规范第9.3.4条规定执行。构件的最小配筋百分率应符合本规范第9.1.12条的规定。构件的全部纵向钢筋配筋率不宜超过5%。

2 纵向受力钢筋应伸入基础和盖梁,伸入长度不应小于本规范表9.1.4规定的锚固长度。

3 箍筋应做成闭合式,其直径不应小于纵向钢筋的直径的1/4,且不小于8mm。

4 箍筋间距不应大于纵向受力钢筋直径的15倍、不大于构件短边尺寸(圆形截面采用0.8倍直径)并不大于400mm。纵向受力钢筋搭接范围内的箍筋间距,应符合本规范第9.3.13条的规定。

纵向钢筋截面面积大于混凝土截面面积3%时,箍筋间距不应大于纵向钢筋直径的10倍,且不大于200mm。

5 构件内纵向受力钢筋应设置于离角筋中心距离s(图9.6.1)不大于150mm或15倍箍筋直径(取较大者)范围内,如超出此范围设置纵向受力钢筋,应设复合箍筋。相邻箍筋的弯钩接头,在纵向应错开布置。

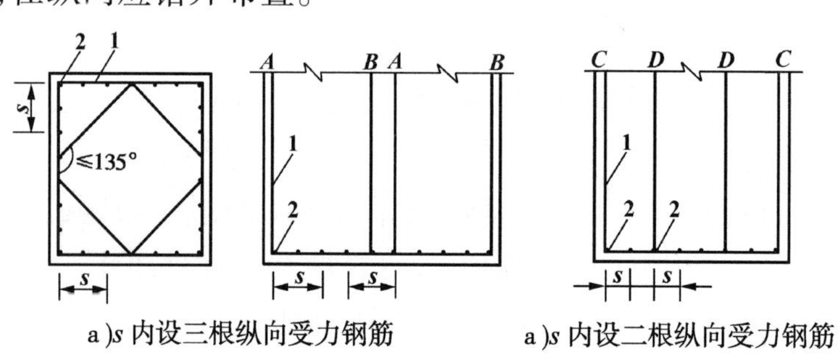

图9.6.1 柱内复合箍筋布置

1-箍筋;2-角筋;A、B、C、D-箍筋编号

[图a)、b)内,箍筋A、B与C、D两组设置方式可根据实际情况选用]

9.6.8 桩基承台的构造要求除应符合《公路桥涵地基与基础设计规范》有关规定外,尚应符合下列要求:

1 桩基承台的高度宜为桩直径的1.0~2.0倍,且不小于1.5m。

2 当桩中距不大于3倍桩直径时,承台受力钢筋应均匀布置于全宽度内;当桩中距大于3倍桩直径时,受力钢筋应均匀布置于距桩中心1.5倍桩直径范围内,在此范围以外应布置配筋率不小于0.1%的构造钢筋。钢筋横向净距和层距应符合本规范第9.3.4条规定,最小混凝土保护层厚度应符合第9.1.1条的规定。

3 如承台仅有一个方向的受力钢筋时,在垂直于该各层受力钢筋方向,应设直径不小于12mm,间距不大于250mm的构造钢筋。

4 承台的顶面和侧面应设置表层钢筋网,每个面在两个方向的截面面积,均不宜小于每米400mm^2,钢筋间距不应大于400mm。在桩身顶端的承台平面内应设一层钢筋网,平面内每一方向的每米宽度钢筋用量1200~1500mm^2,钢筋直径采用12~16mm,当基桩桩顶主筋伸入承台连接时,上述钢筋不得截断。

5　承台竖向连系钢筋,其直径不应小于16mm。

6　承台的桩中距等于或大于桩直径的三倍时,宜在两桩之间,距桩中心各一倍桩直径的中间区段内设置吊筋(图9.6.8),其直径不应小于12mm,间距不应大于200mm。

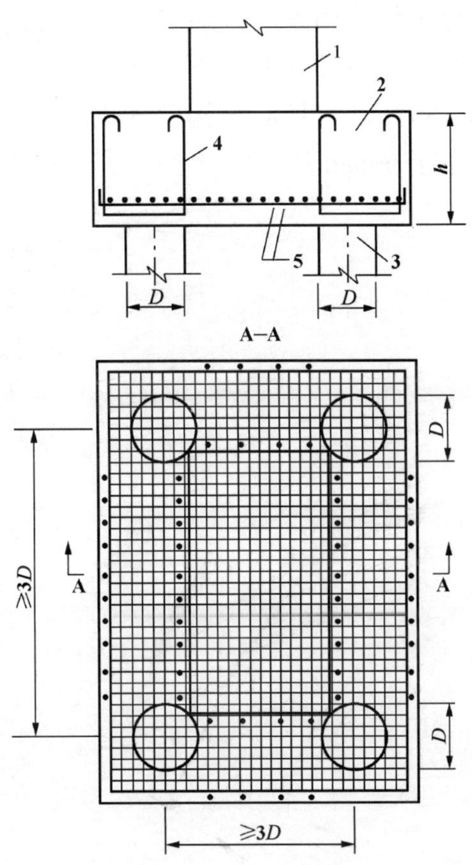

图9.6.8　承台吊筋布置
1-墩台身;2-承台;3-桩;4-吊筋;5-主筋;D-桩直径

9.7　支座

9.7.2　橡胶支座应根据地区气温条件选用,-25~+60℃地区可选用氯丁橡胶支座;-40~+60℃地区可选用三元乙丙橡胶支座或天然橡胶支座。

9.7.4　板式橡胶支座的安装,应使其与梁底及墩台密贴,传力均匀。在板桥的同一块板的多个支座中,不得有支座脱空。活动支座应设防尘罩。

9.7.5　当桥梁纵坡不大于1%时,板式橡胶支座可直接设于墩帽上;当桥梁纵坡大于1%时,应在梁底采取措施,使支座保持水平。当板桥桥面横坡不大于2%时,板式橡胶支座可直接设于墩帽顶面横坡上,当板桥桥面横坡大于2%时,应采取措施予以调整。

9.8 涵洞、吊环和铰

9.8.2 预制构件的吊环必须采用 R235 钢筋制作，严禁使用冷加工钢筋。每个吊环按两肢截面计算，在构件自重标准值作用下，吊环的拉应力不应大于 50MPa。当一个构件设有四个吊环时，设计时仅考虑三个吊环同时发挥作用。吊环埋入混凝土的深度不应小于 35 倍吊环直径，端部应做成 180°弯钩，且应与构件内钢筋焊接或绑扎。吊环内直径不应小于三倍钢筋直径，且不应小于 60mm。

十九、公路工程水文勘测设计规范

(JTG C30—2015)

2 术语

2.0.1 设计洪水 design flood

工程正常使用条件下符合指定防洪设计标准的洪水。

2.0.2 设计洪水频率 design flood frequency

按有关技术标准规定作为设计依据的洪水统计意义上出现的频率。

2.0.3 设计流量 design flood discharge

与设计洪水相应的桥位断面洪峰流量。

2.0.4 设计水位 design flood surface elevation

与设计洪水相应的洪水水面高程。

2.0.6 壅水 backwater

水流受到压缩或潮水、干流水位顶托而导致的上游水位抬高现象。

2.0.8 基本河槽宽度 basic width of river channel

多年洪水过程作用下形成的河槽平均宽度,由河相关系确定。

2.0.9 造床流量 dominant discharge

对河流形成与变化起控制作用的流量。

2.0.17 一般冲刷 general scour

因桥孔压缩水流,导致桥下流速增大而引起的桥下河床冲刷。

2.0.18 局部冲刷 local scour

桥墩或桥台阻碍水流,导致其周围河床的冲刷。

2.0.19 桥下净空安全值 safe value of headroom under bridge superstructure

设计水位加各种可能发生的水位增高值后,或最高流冰水位以上预留的安全值。

2.0.20 波浪高度 wave height

水面波浪的波峰至波谷的垂直高度。

2.0.21 波浪爬高 wave run-up

波浪沿斜坡爬升的以静水面算起的垂直高度。

2.0.22 波浪壅高 wave set-up

波浪遇桥墩后发生变形,在墩柱迎水面产生的水面壅高。

2.0.24 流冰 drift-ice

浮于水面冰块或兼有少量冰花等随水流流动的现象。

2.0.25 潮流涨落最大流速 maximum velocity of flood and ebb

包括涨急流速和落急流速,分别对应涨潮过程和落潮过程中所出现的水流速度最大值。

3 各勘测设计阶段的工作内容和要求

3.1 可行性研究阶段

3.1.2 基本资料的收集应包括下列内容:

1 沿线各主要河流的分布、汇水区概况及河堤的设计标准等。

2 通航河道的等级、航道图、最高通航水位、最低通航水位、最小通航净高及最小通航跨径。

3 沿线低洼内涝区、分洪区、滞(蓄)洪区的分布及分洪、滞洪的运用情况。

4 沿线水利工程分布、规模、标准、运用情况。

5 水利及河道整治规划资料。

6 沿线各地区水文、气象资料及洪水计算方法。

7 1:10 000、1:50 000 比例尺地形图。

3.1.3 勘测与分析应包括下列内容和要求:

1 各主要河流桥位河段处的历史最高洪水位、常水位、汛期、一般洪峰持续时间、漂流物大小、河流封冻时间及流冰、冰厚、涎流冰等情况。

2 各主要河流历次分洪、决口情况,沿线分洪区、滞(蓄)洪区、沿线低洼内涝区等的历史最高积水位、淹没时间、积水时间。

3 各主要河流桥位河段处的河道演变概况,目测河床质组成及量测河道断面宽度。

4 沿线历史最高潮位、波浪高度。

5 航道的航运密度、历年平均最高通航水位、最低通航水位、船舶最大吨位、船队尺度。

6 沿线原有桥涵及各种水利工程的泄水宽度、高度及使用情况。

7 在1∶10 000 地形图上量取河道比降及与路线夹角。

8 大、中桥的设计流量可利用已有成果或地区经验公式计算。

9 人工河道上的大、中桥桥梁长度,可按其设计水面宽度拟定;其他河流上的大、中桥桥梁长度,参照历史最高洪水位时的有效过水宽度或上、下游已有桥梁长度拟定。

10 小桥涵的孔径可按河渠断面宽度或已有桥涵孔径拟定。

11 拟定浸水路基防护范围。

3.2 初步设计阶段

3.2.2 基本资料的收集除应核实可行性研究阶段水文调查和勘测中所收集的基本资料外,尚应补充收集下列资料:

1 按现行《公路勘测规范》(JTG C10)规定,初测应收集的水文资料。

2 初测或一次定测中设置的平面控制点及水准点位置、高程,与有关部门设置的水准点高程间的关系。

3 县志、地方历史文献、报刊等有关洪水灾害的记载及水利、城建等部门收集调查的历史洪水资料。

4 收集上、下游水文(水位)站、潮位站位置,历年实测最大流量、相应水位、断面平均流速、最大流速、比降、含沙量、实测日期及测站河床断面、河床质、高程系统和设站沿革、测流基本要素变动的相关关系等资料。

4 桥位选择

4.1 一般规定

4.1.1 除控制性桥位外,桥位选择原则上应服从路线走向。在适当范围内,可根据河段的水文、地形、地质、地物等特征,路桥综合考虑,比选确定。

4.1.2 对水文、地质和技术复杂的特殊大桥的桥位,应在已定路线大方向的前提下,根据河流形态、水文、地质、通航要求、地面设施、施工条件以及与地方经济社会发展的关系等,在较大范围内作全面的技术、经济比较后确定。必要时应先期进行物探和钻探,保证桥梁建造的可实施性。

4.1.3 桥位选择在水文方面应符合下列规定:

1 桥位应选在河道顺直、稳定、较窄的河段上。

2 桥位选择应考虑河道的自然演变以及建桥后对天然河道的影响。

3 桥轴线宜与中、高洪水位时的流向正交。斜交时应在孔径及墩台基础设计中考虑其影响。

4.1.4 通航水域的桥位选择应符合下列规定:

1 桥位应选在航道稳定、顺直且具有足够通航水深的河段上,航道不稳定时,应考虑河道变迁的影响。

2 桥轴法线与通航主流的夹角不宜大于5°,大于5°时应增大通航孔的跨径。

3 桥位应避开既有水工设施、港口作业区和船舶锚地等。

4.1.5 对改扩建桥梁,既有桥梁位于港区、地形地物复杂处、航道弯道处或航道交织处,可另择桥位。拟建桥位与既有桥位之间的距离应考虑通航和防洪要求,且水中部分的桥墩宜相互对应。

4.2 各类河段上的桥位选择

4.2.1 水深、流急的山区峡谷河段,桥位宜选在可以一孔跨越处。

4.2.2 山区开阔河段,桥位应选在河槽稳定、水深较浅、流速较缓处。

4.2.3 山前变迁河段,桥位宜选在两岸与河槽相对比较稳定的束窄河段上;必须跨越扩散段时,应选在河槽摆动范围比较小的地段。桥轴线宜与洪水总趋势正交。

4.2.4 山前冲积漫流河段,桥位宜选在上游狭窄段或下游收缩河段上,不宜选在中游扩散段。

4.2.5 平原顺直、微弯河段,桥位宜选在河槽与河床走向一致,槽流量较大处,桥轴线宜与河岸线正交。

4.2.6 平原弯曲河段,桥位一般应选在主槽流向与河流总趋势一致的较长河段上;当河湾发展已逼近河床的基本岸边时,桥位宜选在河湾顶部的中间位置。

4.2.7 平原分汊河段,桥位宜选在深泓线分汊点以上;在江心洲稳定的分汊河段上,桥位亦可选在江心洲或洲尾两汊深泓线汇合点以下。

4.2.8 平原宽滩河段,桥位宜选在河滩地势较高、河槽居中、稳定、顺直和滩槽流量比较小的河段上。

4.2.9 平原游荡河段,桥位宜选在两岸有固定依托的较长束窄河段上,桥轴线宜与河岸正交。

4.2.10 倒灌河段,桥位跨越倒灌河段的支流时,桥位宜选在受大河壅水倒灌影响范围之外或受大河壅水倒灌影响较小处跨越。

4.2.11 潮汐河段,桥位不宜选在涌潮区段,应避开凹岸和滩岸消长多变地段,不宜紧邻挡潮闸。

4.2.12 冰凌河段,桥位宜选在河道顺直稳定、主槽较深、流冰顺畅的河段上,不宜选在浅滩、沙洲较多,河流分汊,水流不畅等容易发生冰塞、冰坝的河段。

5 水文调查与勘测

5.2 水文调查

5.2.3 洪水调查应符合下列规定:

1 应结合所收集的历史洪水资料,在河段两岸调查各次洪水发生的时间、洪痕位置、洪水来源、涨落过程、主流方向,调查有无漫流、分流及受人工建筑物的影响,确定洪水重现期。

2 应调查各次洪水发生时的雨情、灾情、汇水区内有无受人类活动影响及自然条件有无变化,并按大小排序确定其重现期。

3 洪水调查的河段宜选择两岸有较多洪痕点,水流顺直稳定,无回流、分洪及人工建筑物影响处,并宜靠近水文断面。

4 同一次洪水应调查3个以上较可靠的洪痕点,作出标志,记录洪痕指定人的姓名、职业、年龄和叙述内容。根据指定的洪痕标志物情况、指定人对洪水记忆程度,综合分析,可按照表5.2.3的规定判断洪痕点的可靠性。

表 5.2.3 洪痕可靠程度评定标准

评定因素	等级		
	1	2	3
	可靠	较可靠	供参考
指认人的印象和旁证情况	亲眼所见,印象深刻,情况逼真,旁证确凿	亲眼所见,印象深刻,所述情况较逼真,旁证材料较少	听传说或印象不深刻,所述情况不够清楚具体,缺乏旁证
标志物和洪痕情况	标志物固定,洪痕位置具体或有明显的洪痕	标志物变化不大,洪痕位置较具体	标志物有较大变化,洪痕位置不具体
估计可靠误差范围(m)	小于 0.2	0.2~0.5	0.5~1.0

注:评定时以表内 1、2 为主,3 项仅作参考,使用时应根据具体情况确定。

5.2.4 在洪水调查的同时,应调查枯水位、常水位,洪水期的水面横坡、水拱及波浪高度等。

6 设计洪水分析与计算

6.2 利用实测流量系列推算设计流量

6.2.1 实测流量资料的审查和选择应符合下列规定:

1 应选择同一洪水类型、符合独立随机条件的各年实测最大洪水流量。

2 各年实测最大洪水流量,当有人为影响或河道自然决口、改道等情况时,应按天然条件修正还原。

3 不同时期的实测最大洪水流量,当有站址、水准基面等基本要素改动时,应根据历次变动的相关关系进行修正。

4 实测洪水流量系列中为首的几项,应通过流域洪水分析、比较或实地调查考证,审查其可靠性。

5 计算洪水频率时,实测洪水流量系列不宜少于 30 年,且应有历史洪水调查和考证成果。

6.4 设计流量计算的其他方法

6.4.1 无资料地区,可按地区经验公式及水文参数求算设计流量。求算的设计流量应有历史洪水流量的验证。

6.4.2 汇水面积小于 100km^2 的河流,可按推理公式计算,公式中的参数和指数,采用各地区编制的暴雨径流图表值。

6.5 设计水位

6.5.1 当桥位计算断面与水文断面间的河段顺直、断面规整、河底纵坡均一时,宜按本规范式(6.3.1-1),绘制水文断面的水位—流量关系曲线,按设计流量确定设计水位后,利用水面比降推算出桥位计算断面的设计水位。

6.5.2 当桥位计算断面和水文断面上、下游有卡口、人工建筑物或断面形状和面积相差较大,河底纵坡有明显曲折时,宜按本规范式(6.3.1-9),采用试算法求算设计流量时的水面线,推求设计水位。

6.5.3 特殊地区的设计水位,应按本规范第 11 章的规定计算。

7 桥孔设计

7.1 一般规定

7.1.1 桥孔设计必须保证设计洪水以内的各级洪水和泥沙安全通过,并满足通航、流冰及其他漂流物通过的要求。

7.1.2 桥孔布设应适应各类河段的特性及演变特点,避免河床产生不利变形,且做到经济合理。各类河段的特性及河床演变特点见本规范附录 A。

7.1.3 建桥后引起的桥前壅水高度、流势变化和河床变形,应在安全允许范围之内。

7.1.4 桥孔设计应考虑桥位上下游已建或拟建的水利工程、航道码头和管线等引起的河床演变对桥孔的影响。

7.1.5 桥位河段的天然河道不宜开挖或改移。需要开挖、改移河道时,应通过可靠的技术经济论证。

7.1.6 跨越河口、海湾及海岛之间的桥梁,必须保证在潮汐、海浪、风暴潮、海流及海底泥沙运动等各种海洋水文条件影响下,正常使用和满足通航的要求。

7.2 桥孔长度

7.2.1 桥孔最小净长度宜符合下列规定：

1 峡谷河段，可按河床地形布孔，不宜压缩河槽，可不作桥孔最小净长度计算。

2 开阔、顺直微弯、分汊、弯曲河段及滩、槽可分的不稳定河段，宜按下式计算桥孔最小净长度：

$$L_j = K_q \left(\frac{Q_p}{Q_c}\right)^{n_3} B_c \tag{7.2.1-1}$$

式中：L_j——桥孔最小净长度（m）；

Q_p——设计流量（m^3/s）；

Q_c——河槽流量（m^3/s）；

B_c——河槽宽度（m）；

K_q、n_3——系数和指数，应按表 7.2.1 采用。

表 7.2.1 K_q、n_3 值

河段类型	K_q	n_3
开阔、顺直微弯河段	0.84	0.90
分汊、弯曲河段	0.95	0.87
滩、槽可分的不稳定河段	0.69	1.59

3 宽滩河段，宜按下列公式计算桥孔最小净长度：

$$L_j = \frac{Q_p}{\beta \cdot q_c} \tag{7.2.1-2}$$

$$\beta = 1.19\left(\frac{Q_c}{Q_t}\right)^{0.10} \tag{7.2.1-3}$$

式中：β——水流压缩系数；

q_c——河槽平均单宽流量［$m^3/(s \cdot m)$］；

Q_t——河滩流量（m^3/s）。

4 滩、槽难分的不稳定河段，宜按下列公式计算桥孔最小净长度：

$$L_j = C_p \cdot B_0 \tag{7.2.1-4}$$

$$B_0 = 16.07\left(\frac{\overline{Q}^{0.24}}{\overline{d}^{0.3}}\right) \tag{7.2.1-5}$$

$$C_p = \left(\frac{Q_p}{Q_{2\%}}\right)^{0.33} \tag{7.2.1-6}$$

式中：B_0——基本河槽宽度（m）；

$\overline{Q}$——年最大流量平均值（m^3/s）；

$\overline{d}$——河床泥沙平均粒径（m）；

C_p——洪水频率系数；

$Q_{2\%}$——频率为2%的洪水流量(m^3/s)。

7.2.2 桥孔设计长度除应满足本规范第7.2.1条计算的最小净长度外,尚应结合桥位地形、河床地质、桥前壅水、冲刷深度、桥梁及引道纵坡和台后填土高度等情况,进行不同桥长的技术经济比较,综合论证后确定。

7.3 桥孔布设

7.3.1 桥孔布设应与天然河流断面流量分配相适应。在稳定河段上,左右河滩桥孔长度之比应近似与左右河滩流量之比相当;在次稳定和不稳定河段上,桥孔布设必须考虑河床变形和流量分布变化趋势的影响。桥孔不宜压缩河槽,可适当压缩河滩。

7.3.2 在内河通航的河段上,通航孔布设应符合通航净空要求,并应充分考虑河床演变和不同水位所引起的航道变化。

7.3.3 在设有防洪堤的河段上,桥孔布设应避免扰动现有河堤。与堤防交叉处宜留有防汛抢险通道。

7.3.4 在断层、陷穴、溶洞、滑坡等不良地质地段不宜布设墩台。

7.3.5 在冰凌严重河段,桥孔应适当加大,并应增设防冰撞措施。

7.3.6 山区河流的桥孔布设应符合下列规定:

1 峡谷河段宜单孔跨越。桥面设计高程应根据设计洪水位,并结合两岸地形和路线等条件确定。

2 在开阔河段可适当压缩河滩。河滩路堤宜与洪水主流流向正交,斜交时应增设调治工程。

3 山区沿河纵向桥,宜提高线位,将沿河纵向桥设置在山坡坡脚,避开水面或少占水面。

7.3.7 平原河流的桥孔布设应符合下列规定:

1 在顺直微弯河段,桥孔布设应考虑河槽内边滩下移、主槽在河槽内摆动的影响。

2 在弯曲河段,应通过河床演变调查,预测河湾发展和深泓变化,考虑河槽凹岸水流集中冲刷和凸岸淤积等对桥孔及墩台的影响。

3 在滩槽较稳定的分汊河段上,若多年流量分配基本稳定,可考虑布设一河多桥。桥孔布设应预计各汊流流量分配比例的变化,并应设置同流量分配相对应的导流构造物。

4 在宽滩河段,可根据桥位上下游主流趋势及深泓线摆动范围布设桥孔,并可适当压缩河滩,但应考虑壅水对上游的影响。当河汊稳定又不宜导入桥孔时,可考虑修建一河多桥。

5 在游荡河段,不宜过多压缩河床,应结合当地治理规划,辅以调治工程。

7.3.8 山前区河流桥孔布设应符合下列规定:

1 在山前变迁河段,在辅以适当的调治构造物的基础上,可较大地压缩河滩。桥轴线应与河岸线或洪水总趋势正交。河滩路堤不宜设置小桥和涵洞。当采用一河多桥方案时,应堵截临近主河槽的支汊。

2 在冲积漫流河段,桥孔宜在河流上游狭窄或下游收缩段跨越。在河床宽阔、水流有明显分支处跨越时,可采用一河多桥方案,并应在各桥间采用相应的分流和防护措施。桥下净空应考虑河床淤积影响。

7.4 桥面设计高程

7.4.1 不通航河流的桥面设计高程应按下列规定计算:

1 按设计水位计算桥面最低高程时,应按下式计算:

$$H_{min} = H_S + \sum \Delta h + \Delta h_j + \Delta h_0 \quad (7.4.1\text{-}1)$$

式中:H_{min}——桥面最低高程(m);

H_S——设计水位(m);

$\sum \Delta h$——考虑壅水、浪高、波浪壅高、河湾超高、水拱、局部股流壅高(水拱与局部股流壅高只取其大者)、床面淤高、漂流物高度等诸因素的总和(m);

Δh_j——桥下净空安全值(m),应符合表7.4.1的规定;

Δh_0——桥梁上部构造建筑高度(m),应包括桥面铺装高度。

表7.4.1 不通航河流桥下净空安全值 Δh_j

桥梁部位	按设计水位计算的桥下净空安全值(m)	按最高流冰水位计算的桥下净空安全值(m)
梁底	0.50	0.75
支座垫石顶面	0.25	0.5
拱脚	0.25	0.25

注:1. 无铰拱的拱脚,可被洪水淹没,淹没高度不宜超过拱圈矢高的三分之二;拱顶底面至设计水位的净高不应小于1m。

2. 山区河流水位变化大,桥下净空安全值可适当加大。

2 按设计最高流冰水位计算桥面最低高程时,应按下式计算:

$$H_{min} = H_{SB} + \Delta h_j + \Delta h_0 \quad (7.4.1\text{-}2)$$

式中:H_{SB}——设计最高流冰水位(m),应考虑床面淤高。

3 桥面设计高程不应低于式(7.4.1-1)和式(7.4.1-2)的计算值。

7.4.2 通航河流的桥面设计高程除应满足不通航河流的要求外,尚应符合下式要求:

$$H_{min} = H_{tn} + H_{M} + \Delta h_0 \tag{7.4.2}$$

式中:H_{tn}——设计最高通航水位(m);

H_{M}——通航净空高度(m)。

8 墩台冲刷计算及基础埋深

8.1 一般规定

8.1.1 墩台冲刷应包括河床自然演变冲刷、一般冲刷和局部冲刷三部分;墩台冲刷计算应作为确定基础埋深的设计依据。

8.2 河床自然演变冲刷

8.2.1 可通过调查或利用各年河床断面、河段地形图、洪水、泥沙等资料,分析河床逐年自然下切程度,估算桥梁使用年限内河床自然下切的深度。也可按本规范附录B选用一维河床冲淤数学模型估算,并进行比较和核对。

8.3 桥下一般冲刷计算

8.3.1 非黏性土河床的一般冲刷,应分河槽、河滩按下列公式计算:

1 河槽部分

1)64-2简化式

$$h_p = 1.04\left(A_d \frac{Q_2}{Q_c}\right)^{0.90}\left[\frac{B_c}{(1-\lambda)\mu B_{cg}}\right]^{0.66} h_{cm} \tag{8.3.1-1}$$

$$Q_2 = \frac{Q_c}{Q_c + Q_{t1}} Q_p \tag{8.3.1-2}$$

$$A_d = \left(\frac{\sqrt{B_z}}{H_z}\right)^{0.15} \tag{8.3.1-3}$$

式中:h_p——桥下一般冲刷后的最大水深(m);

Q_p——设计流量(m^3/s);

Q_2——桥下河槽部分通过的设计流量(m^3/s),当河槽能扩宽至全桥时取用 Q_p;

Q_c——天然状态下河槽部分设计流量(m^3/s)；

Q_{t1}——天然状态下桥下河滩部分设计流量(m^3/s)；

B_c——天然状态下河槽宽度(m)；

B_{cg}——桥长范围内河槽宽度(m)，当河槽能扩宽至全桥时取用桥孔总长度；

B_z——造床流量下的河槽宽度(m)，对复式河床可取平滩水位时河槽宽度；

λ——设计水位下，在 B_{cg} 宽度范围内，桥墩阻水总面积与过水面积的比值；

μ——桥墩水流侧向压缩系数，按表 8.3.1-1 确定；

h_{cm}——河槽最大水深(m)；

A_d——单宽流量集中系数，山前变迁、游荡、宽滩河段当 $A_d>1.8$ 时，A_d 值可采用1.8；

H_z——造床流量下的河槽平均水深(m)，对复式河床可取平滩水位时河槽平均水深。

表 8.3.1-1　桥墩水流侧向压缩系数 μ 值

设计流速 v_s(m/s)	单孔净跨径 L_0(m)								
	≤10	13	16	20	25	30	35	40	45
<1	1.00	1.00	1.00	1.00	1.00	1.00	1.00	1.00	1.00
1.0	0.96	0.97	0.98	0.99	0.99	0.99	0.99	0.99	0.99
1.5	0.96	0.96	0.97	0.97	0.98	0.98	0.98	0.99	0.99
2.0	0.93	0.94	0.95	0.97	0.97	0.98	0.98	0.98	0.98
2.5	0.90	0.93	0.94	0.96	0.96	0.97	0.97	0.98	0.98
3.0	0.89	0.91	0.93	0.95	0.96	0.96	0.97	0.97	0.98
3.5	0.87	0.90	0.92	0.94	0.95	0.96	0.96	0.97	0.97
≥4.0	0.85	0.88	0.91	0.93	0.94	0.95	0.96	0.96	0.97

注：1. 系数 μ 是指墩台侧面因旋涡形成滞留区而减少过水面积的折减系数。

2. 当单孔净跨径 $L_0>45$m 时，可按 $\mu=1-0.375\frac{v_s}{L_0}$ 计算。对不等跨的桥孔，可采用各孔 μ 值的平均值。单孔净跨径 $L_0>200$m 时，取 $\mu\approx1.0$。

2)64-1 修正式

$$h_p=\left[\frac{A_d\dfrac{Q_2}{\mu B_{cj}}\left(\dfrac{h_{cm}}{h_{cq}}\right)^{\frac{5}{3}}}{E\bar{d}^{\frac{1}{6}}}\right]^{\frac{3}{5}} \tag{8.3.1-4}$$

式中：B_{cj}——河槽部分桥孔过水净宽(m)，当桥下河槽能扩宽至全桥时，即为全桥桥孔过水净宽；

h_{cq}——桥下河槽平均水深(m)；

$\bar{d}$——河槽泥沙平均粒径(mm)；

E——与汛期含沙量有关的系数，可按表 8.3.1-2 选用。

表 8.3.1-2 与汛期含沙量有关的系数 E 值

含沙量 ρ(kg/m^3)	<1.0	1~10	>10
E	0.46	0.66	0.86

注:含沙量 ρ 采用历年汛期月最大含沙量平均值。

3)可选用附录 B 一维河床冲淤数学模型,通过数值方法估计桥下一般冲刷。

2 河滩部分

$$h_p = \left[\frac{\frac{Q_1}{\mu B_{tj}}\left(\frac{h_{tm}}{h_{tq}}\right)^{\frac{5}{3}}}{v_{H1}}\right]^{\frac{5}{6}} \tag{8.3.1-5}$$

$$Q_1 = \frac{Q_{t1}}{Q_C + Q_{t1}} Q_p \tag{8.3.1-6}$$

式中:Q_1——桥下河滩部分通过的设计流量(m^3/s);

h_{tm}——桥下河滩最大水深(m);

h_{tq}——桥下河滩平均水深(m);

B_{tj}——河滩部分桥孔净长(m);

v_{H1}——河滩水深 1m 时非黏性土不冲刷流速(m/s),可按表 8.3.1-3 选用。

表 8.3.1-3 水深 1m 时非黏性土不冲刷流速

河床泥沙		$\bar{d}$(mm)	v_{H1}(m/s)	河床泥沙		$\bar{d}$(mm)	v_{H1}(m/s)
沙	细	0.05~0.25	0.35~0.32	卵石	小	20~40	1.50~2.00
	中	0.25~0.50	0.32~0.40		中	40~60	2.00~2.30
	粗	0.50~2.00	0.40~0.60		大	60~200	2.30~3.60
圆砾	小	2.00~5.00	0.60~0.90	漂石	小	200~400	3.60~4.70
	中	5.00~10.00	0.90~1.20		中	400~800	4.70~6.00
	大	10~20	1.20~1.50		大	>800	>6.00

8.4 墩台局部冲刷计算

8.4.1 非黏性土河床桥墩局部冲刷,可按下列公式计算:

1 65-2 式

当 $v \leqslant v_0$ 时

$$h_b = K_\xi K_{\eta 2} B_1^{0.6} h_p^{0.15} \left(\frac{v - v_0'}{v_0}\right) \tag{8.4.1-1}$$

当 $v > v_0$ 时

$$h_b = K_\xi K_{\eta 2} B_1^{0.6} h_p^{0.15} \left(\frac{v - v_0'}{v_0}\right)^{n_2} \tag{8.4.1-2}$$

$$K_{\eta 2} = \frac{0.0023}{\bar{d}^{2.2}} + 0.375\bar{d}^{0.24} \tag{8.4.1-3}$$

$$v_0=0.28(\bar{d}+0.7)^{0.5} \tag{8.4.1-4}$$

$$v_0'=0.12(\bar{d}+0.5)^{0.55} \tag{8.4.1-5}$$

$$n_2=\left(\frac{v_0}{v}\right)^{0.23+0.19\lg\bar{d}} \tag{8.4.1-6}$$

式中：h_b——桥墩局部冲刷深度(m)；

K_ξ——墩形系数，可按本规范附录 C 选用；

B_1——桥墩计算宽度(m)；

$\bar{d}$——河床泥沙平均粒径(mm)；

$K_{\eta2}$——河床颗粒影响系数；

v——一般冲刷后墩前行近流速(m/s)，可按本规范第 8.3.3 条规定计算；

v_0——河床泥沙起动流速(m/s)；

v_0'——墩前泥沙始冲流速(m/s)；

n_2——指数。

2 65-1 修正式

当 $v\leq v_0$ 时

$$h_b=K_\xi K_{\eta2}B_1^{0.6}(v-v_0') \tag{8.4.1-7}$$

当 $v>v_0$ 时

$$h_b=K_\xi K_{\eta1}B_1^{0.6}(v-v_0')\left(\frac{v-v_0'}{v_0-v_0'}\right)^{n_1} \tag{8.4.1-8}$$

$$v_0=0.0246\left(\frac{h_p}{\bar{d}}\right)^{0.14}\sqrt{332\bar{d}+\frac{10+h_p}{\bar{d}^{0.72}}} \tag{8.4.1-9}$$

$$K_{\eta1}=0.8\left(\frac{1}{\bar{d}^{0.45}}+\frac{1}{\bar{d}^{0.15}}\right) \tag{8.4.1-10}$$

$$v_0'=0.462\left(\frac{\bar{d}}{B_1}\right)^{0.06}v_0 \tag{8.4.1-11}$$

$$n_1=\left(\frac{v_0}{v}\right)^{0.25\bar{d}^{0.19}} \tag{8.4.1-12}$$

式中：$K_{\eta1}$——河床颗粒影响系数；

n_1——指数；

$\bar{d}$——河床泥沙平均粒径，适用范围为 0.1～500mm；

h_p——桥下一般冲刷后的最大水深，适用范围为 0.2～30m；

v——一般冲刷后墩前行近流速，适用范围为 0.1～6m/s；

B_1——桥墩计算宽度，适用范围为 0～11m。

二十、公路桥涵地基与基础设计规范

(JTG D63—2007)

3 地基岩土分类、工程特性与地基承载力

3.1 地基岩土分类

3.1.1 公路桥涵地基的岩土可分为岩石、碎石土、砂土、粉土、黏性土和特殊性岩土。

3.1.16 特殊性岩土是具有一些特殊成分、结构和性质的区域性地基土,包括软土、膨胀土、湿陷性土、红黏土、冻土、盐渍土和填土等。

3.1.23 填土根据其组成和成因,可分为素填土、压实填土、杂填土、冲填土。

素填土为由碎石土、砂土、粉土、黏性土等组成的填土。经过压实或夯实的素填土为压实填土。杂填土为含有建筑垃圾、工业废料、生活垃圾等杂物的填土。冲填土为由水力冲填泥砂形成的填土。

3.2 工程特性指标

3.2.1 土的工程特性指标包括抗剪强度指标、压缩性指标、动力触探锤击数、静力触探探头阻力、载荷试验承载力以及其他特性指标。

3.2.2 地基土工程特性指标的代表值应分别为标准值、平均值及容许值。强度指标应取标准值;压缩性指标应取平均值;承载力指标应取容许值。

3.2.3 土的载荷试验应包括浅层平板载荷试验和深层平板载荷试验。两种载荷试验要点应分别符合本规范附录 D、附录 E 的规定。岩基载荷试验要点应符合本规范附录 F 的规定。

3.2.4 土的抗剪强度指标,可采用原状土室内剪切试验、无侧限抗压强度试验、现场剪切试验、十字板剪切试验等方法测定。当采用室内剪切试验确定土的抗剪强度指标时,室内试验抗剪强度指标黏聚力标准值 c_k、内摩擦角标准值 φ_k,可按本规范附录 G 确定。

3.2.5 土的压缩性指标可采用原状土室内压缩试验、原位浅层或深层平板载荷试验、旁压试验确定。当采用室内压缩试验确定压缩模量时，试验所施加的最大压力应超过土自重压力与预计附加压力之和，试验成果用 e-p 曲线表示。地基土的压缩性可按 p_1 为 100kPa，p_2 为 200kPa 相对应的压缩系数值 a_{1-2} 划分为低、中、高压缩性，且应按以下规定进行评价：

1 当 $a_{1-2}<0.1\text{MPa}^{-1}$ 时，为低压缩性土；

2 当 $0.1\text{MPa}^{-1}\leqslant a_{1-2}<0.5\text{MPa}^{-1}$ 时，为中压缩性土；

3 当 $a_{1-2}\geqslant 0.5\text{MPa}^{-1}$ 时，为高压缩性土。

3.3 地基承载力

3.3.1 地基承载力的验算，应以修正后的地基承载力容许值 $[f_a]$ 控制。该值系在地基原位测试或本规范给出的各类岩土承载力基本容许值 $[f_{a0}]$ 的基础上，经修正而得。

3.3.2 地基承载力容许值应按以下原则确定：

1 地基承载力基本容许值应首先考虑由载荷试验或其他原位测试取得，其值不应大于地基极限承载力的1/2。

对中小桥、涵洞，当受现场条件限制，或载荷试验和原位测试确有困难时，也可按照本规范第3.3.3条有关规定采用。

2 地基承载力基本容许值尚应根据基底埋深、基础宽度及地基土的类别按照本规范第3.3.4条规定进行修正。

3 软土地基承载力容许值可按照本规范第3.3.5条确定。

4 其他特殊性岩土地基承载力基本容许值可参照各地区经验或相应的标准确定。

3.3.3 地基承载力基本容许值 $[f_{a0}]$ 可根据岩土类别、状态及其物理力学特性指标按表3.3.3-1～表3.3.3-7选用。

1 一般岩石地基可根据强度等级、节理按表3.3.3-1确定承载力基本容许值 $[f_{a0}]$。对于复杂的岩层（如溶洞、断层、软弱夹层、易溶岩石、软化岩石等）应按各项因素综合确定。

表3.3.3-1 岩石地基承载力基本容许值 $[f_{a0}]$

坚硬程度 \ $[f_{a0}]$(kPa) \ 节理发育程度	节理不发育	节理发育	节理很发育
坚硬岩、较硬岩	>3 000	3 000～2 000	2 000～1 500
较软岩	3 000～1 500	1 500～1 000	1 000～800
软岩	1 200～1 000	1 000～800	800～500
极软岩	500～400	400～300	300～200

2 碎石土地基可根据其类别和密实程度按表3.3.3-2确定承载力基本容许值$[f_{a0}]$。

表3.3.3-2 碎石土地基承载力基本容许值$[f_{a0}]$

密实程度 $[f_{a0}]$(kPa) 土名	密实	中密	稍密	松散
卵石	1 200 ~ 1 000	1 000 ~ 650	650 ~ 500	500 ~ 300
碎石	1 000 ~ 800	800 ~ 550	550 ~ 400	400 ~ 200
圆砾	800 ~ 600	600 ~ 400	400 ~ 300	300 ~ 200
角砾	700 ~ 500	500 ~ 400	400 ~ 300	300 ~ 200

注:1. 由硬质岩组成,填充砂土者取高值;由软质岩组成,填充黏性土者取低值。

2. 半胶结的碎石土,可按密实的同类土的$[f_{a0}]$值提高10% ~30%。

3. 松散的碎石土在天然河床中很少遇见,需特别注意鉴定。

4. 漂石、块石的$[f_{a0}]$值,可参照卵石、碎石适当提高。

3 砂土地基可根据土的密实度和水位情况按表3.3.3-3确定承载力基本容许值$[f_{a0}]$。

表3.3.3-3 砂土地基承载力基本容许值$[f_{a0}]$

密实度 $[f_{a0}]$(kPa) 土名及水位情况		密实	中密	稍密	松散
砾砂、粗砂	与湿度无关	550	430	370	200
中砂	与湿度无关	450	370	330	150
细砂	水上	350	270	230	100
	水下	300	210	190	—
粉砂	水上	300	210	190	—
	水下	200	110	90	—

4 粉土地基可根据土的天然孔隙比e和天然含水量w(%)按表3.3.3-4确定承载力基本容许值$[f_{a0}]$。

表3.3.3-4 粉土地基承载力基本容许值$[f_{a0}]$

w(%) $[f_{a0}]$(kPa) e	10	15	20	25	30	35
0.5	400	380	355	—	—	—
0.6	300	290	280	270	—	—
0.7	250	235	225	215	205	—
0.8	200	190	180	170	165	—
0.9	160	150	145	140	130	125

5 老黏性土地基可根据压缩模量E_s按表3.3.3-5确定承载力基本容许值$[f_{a0}]$。

表 3.3.3-5　老黏性土地基承载力基本容许值$[f_{a0}]$

E_s(MPa)	10	15	20	25	30	35	40
$[f_{a0}]$ (kPa)	380	430	470	510	550	580	620

注：当老黏性土 $E_s<10$MPa 时，承载力基本容许值$[f_{a0}]$按一般黏性土(表 3.3.3-6)确定。

6　一般黏性土可根据液性指数 I_L 和天然孔隙比 e 按表 3.3.3-6 确定地基承载力基本容许值$[f_{a0}]$。

表 3.3.3-6　一般黏性土地基承载力基本容许值$[f_{a0}]$

e \ I_L　$[f_{a0}]$(kPa)	0	0.1	0.2	0.3	0.4	0.5	0.6	0.7	0.8	0.9	1.0	1.1	1.2
0.5	450	440	430	420	400	380	350	310	270	240	220	—	—
0.6	420	410	400	380	360	340	310	280	250	220	200	180	—
0.7	400	370	350	330	310	290	270	240	220	190	170	160	150
0.8	380	330	300	280	260	240	230	210	180	160	150	140	130
0.9	320	280	260	240	220	210	190	180	160	140	130	120	100
1.0	250	230	220	210	190	170	160	150	140	120	110	—	—
1.1	—	—	160	150	140	130	120	110	100	90	—	—	—

注：1. 土中含有粒径大于 2mm 的颗粒质量超过总质量 30% 以上者，$[f_{a0}]$可适当提高。

2. 当 $e<0.5$ 时，取 $e=0.5$；当 $I_L<0$ 时，取 $I_L=0$。此外，超过表列范围的一般黏性土，$[f_{a0}]=57.22E_s^{0.57}$。

7　新近沉积黏性土地基可根据液性指数 I_L 和天然孔隙比 e 按表 3.3.3-7 确定承载力基本容许值$[f_{a0}]$。

表 3.3.3-7　新近沉积黏性土地基承载力基本容许值$[f_{a0}]$

e \ I_L　$[f_{a0}]$(kPa)	≤0.25	0.75	1.25
≤0.8	140	120	100
0.9	130	110	90
1.0	120	100	80
1.1	110	90	—

3.3.4　修正后的地基承载力容许值$[f_a]$按式(3.3.4)确定。当基础位于水中不透水地层上时，$[f_a]$按平均常水位至一般冲刷线的水深每米再增大 10kPa。

$$[f_a]=[f_{a0}]+k_1\gamma_1(b-2)+k_2\gamma_2(h-3) \tag{3.3.4}$$

式中：$[f_a]$——修正后的地基承载力容许值(kPa)；

b——基础底面的最小边宽(m)；当 $b<2$m 时，取 $b=2$m；当 $b>10$m 时，取 $b=10$m；

h——基底埋置深度(m)，自天然地面起算，有水流冲刷时自一般冲刷线起算；

当 $h<3\text{m}$ 时,取 $h=3\text{m}$;当 $h/b>4$ 时,取 $h=4b$;

k_1、k_2——基底宽度、深度修正系数,根据基底持力层土的类别按表3.3.4确定;

γ_1——基底持力层土的天然重度(kN/m^3);若持力层在水面以下且为透水者,应取浮重度;

γ_2——基底以上土层的加权平均重度(kN/m^3);换算时若持力层在水面以下,且不透水时,不论基底以上土的透水性质如何,一律取饱和重度;当透水时,水中部分土层则应取浮重度。

表3.3.4 地基土承载力宽度、深度修正系数 k_1、k_2

系数 \ 土类	黏性土				粉土	砂土								碎石土			
	老黏性土	一般黏性土		新近沉积黏性土	—	粉砂		细砂		中砂		砾砂、粗砂		碎石、圆砾、角砾		卵石	
		$I_L\geq0.5$	$I_L<0.5$		—	中密	密实	中密	密实	中密	密实	中密	密实	中密	密实	中密	密实
k_1	0	0	0	0	0	1.0	1.2	1.5	2.0	2.0	3.0	3.0	4.0	3.0	4.0	3.0	4.0
k_2	2.5	1.5	2.5	1.0	1.5	2.0	2.5	3.0	4.0	4.0	5.5	5.0	6.0	5.0	6.0	6.0	10.0

注:1. 对于稍密和松散状态的砂、碎石土,k_1、k_2 值可采用表列中密值的50%。

2. 强风化和全风化的岩石,可参照所风化成的相应土类取值;其他状态下的岩石不修正。

3.3.5 软土地基承载力容许值 $[f_a]$ 按下列规定确定:

1 软土地基承载力基本容许值 $[f_{a0}]$ 应由载荷试验或其他原位测试取得。载荷试验和原位测试确有困难时,对于中小桥、涵洞基底未经处理的软土地基,承载力容许值 $[f_a]$ 可采用以下两种方法确定:

1)根据原状土天然含水量 w,按表3.3.5确定软土地基承载力基本容许值 $[f_{a0}]$,然后按式(3.3.5-1)计算修正后的地基承载力容许值 $[f_a]$:

$$[f_a]=[f_{a0}]+\gamma_2 h \tag{3.3.5-1}$$

式中,γ_2、h 的意义同式(3.3.4)。

表3.3.5 软土地基承载力基本容许值 $[f_{a0}]$

天然含水量 w(%)	36	40	45	50	55	65	75
$[f_{a0}]$(kPa)	100	90	80	70	60	50	40

2)根据原状土强度指标确定软土地基承载力容许值 $[f_a]$:

$$[f_a]=\frac{5.14}{m}k_p C_u+\gamma_2 h \tag{3.3.5-2}$$

$$k_p=\left(1+0.2\frac{b}{l}\right)\left(1-\frac{0.4H}{blC_u}\right) \tag{3.3.5-3}$$

式中:m——抗力修正系数,可视软土灵敏度及基础长宽比等因素选用1.5~2.5;

C_u——地基土不排水抗剪强度标准值(kPa);

k_p——系数；

H——由作用（标准值）引起的水平力（kN）；

b——基础宽度（m），有偏心作用时，取 $b-2e_b$；

l——垂直于 b 边的基础长度（m），有偏心作用时，取 $l-2e_l$；

e_b、e_l——偏心作用在宽度和长度方向的偏心距；

γ_2、h——意义同式(3.3.4)。

2 经排水固结方法处理的软土地基，其承载力基本容许值$[f_{a0}]$应通过载荷试验或其他原位测试方法确定；经复合地基方法处理的软土地基，其承载力基本容许值应通过载荷试验确定，然后按式(3.3.5-1)计算修正后的软土地基地基承载力容许值$[f_a]$。

3.3.6 地基承载力容许值$[f_a]$应根据地基受荷阶段及受荷情况，乘以下列规定的抗力系数 γ_R。

1 使用阶段：

1）当地基承受作用短期效应组合或作用效应偶然组合时，可取 $\gamma_R=1.25$；但对承载力容许值$[f_a]$小于 150 kPa 的地基，应取 $\gamma_R=1.0$。

2）当地基承受的作用短期效应组合仅包括结构自重、预加力、土重、土侧压力、汽车和人群效应时，应取 $\gamma_R=1.0$。

3）当基础建于经多年压实未遭破坏的旧桥基（岩石旧桥基除外）上时，不论地基承受的作用情况如何，抗力系数均可取 $\gamma_R=1.5$；对$[f_a]$小于 150 kPa 的地基，可取 $\gamma_R=1.25$。

4）基础建于岩石旧桥基上，应取 $\gamma_R=1.0$。

2 施工阶段：

1）地基在施工荷载作用下，可取 $\gamma_R=1.25$。

2）当墩台施工期间承受单向推力时，可取 $\gamma_R=1.5$。

4 基础计算与地基处理

4.1 基础埋置深度

4.1.1 桥涵墩台基础（不包括桩基础）基底埋置深度应符合下列规定：

1 当墩台基底设置在不冻胀土层中时，基底埋深可不受冻深的限制。

2 上部为外超静定结构的桥涵基础，其地基为冻胀土层时，应将基底埋入冻结线以下不小于 0.25m。

5 涵洞基础，在无冲刷处（岩石地基除外），应设在地面或河床底以下埋深不小于1m 处；如有冲刷，基底埋深应在局部冲刷线以下不小于 1m；如河床上有铺砌层时，基础底面宜设置在铺砌层顶面以下不小于 1m。

6 非岩石河床桥梁墩台基底埋深安全值可按表 4.1.1-6 确定。

表 4.1.1-6 基底埋深安全值(m)

总冲刷深度(m) 桥梁类别	0	5	10	15	20
大桥、中桥、小桥(不铺砌)	1.5	2.0	2.5	3.0	3.5
特大桥	2.0	2.5	3.0	3.5	4.0

4.2 地基与基础计算

4.2.5 桥涵墩台应验算作用于基底的合力偏心距。

1 桥涵墩台基底的合力偏心距容许值$[e_0]$应符合表 4.2.5 的规定。

表 4.2.5 墩台基底的合力偏心距容许值$[e_0]$

作用情况	地基条件	合力偏心距	备注
墩台仅承受永久作用标准值效应组合	非岩石地基	桥墩$[e_0]\leqslant 0.1\rho$	拱桥、刚构桥墩台,其合力作用点应尽量保持在基底重心附近
		桥台$[e_0]\leqslant 0.75\rho$	
墩台承受作用标准值效应组合或偶然作用(地震作用除外)标准值效应组合	非岩石地基	$[e_0]\leqslant\rho$	拱桥单向推力墩不受限制,但应符合本规范表 4.4.3 规定的抗倾覆稳定系数
	较破碎~极破碎岩石地基	$[e_0]\leqslant 1.2\rho$	
	完整、较完整岩石地基	$[e_0]\leqslant 1.5\rho$	

4.3 基础沉降计算

4.3.1 当墩台建筑在地质情况复杂、土质不均匀及承载力较差的地基上,以及相邻跨径差别悬殊而需计算沉降差或跨线桥净高需预先考虑沉降量时,均应计算其沉降。

4.3.2 沉降计算时,传至基底的作用效应按本规范第 1.0.9 条规定执行。

4.3.3 墩台的沉降,应符合下列规定:

1 相邻墩台间不均匀沉降差值(不包括施工中的沉降),不应使桥面形成大于 0.2% 的附加纵坡(折角)。

2 外超静定结构桥梁墩台间不均匀沉降差值,还应满足结构的受力要求。

4.3.4 墩台基础的最终沉降量,可按下式计算:

$$s=\psi_s s_0=\psi_s\sum_{i=1}^{n}\frac{p_0}{E_{si}}(z_i\overline{\alpha}_i-z_{i-1}\overline{\alpha_{i-1}}) \tag{4.3.4-1}$$

$$p_0=p-\gamma h \tag{4.3.4-2}$$

式中：s——地基最终沉降量（mm）；

s_0——按分层总和法计算的地基沉降量（mm）；

ψ_s——沉降计算经验系数，根据地区沉降观测资料及经验确定，缺少沉降观测资料及经验数据时，可按本规范第4.3.5条确定；

n——地基沉降计算深度范围内所划分的土层数（图4.3.4）；

p_0——对应于荷载长期效应组合时的基础底面处附加压应力（kPa）；

E_{si}——基础底面下第i层土的压缩模量（MPa），应取土的“自重压应力”至“土的自重压应力与附加压应力之和”的压应力段计算；

z_i、z_{i-1}——基础底面至第i层土、第$i-1$层土底面的距离（m）；

$\overline{\alpha}_i$、$\overline{\alpha}_{i-1}$——基础底面计算点至第i层土、第$i-1$层土底面范围内平均附加压应力系数，可按本规范附录M第M.0.2条取用；

p——基底压应力（kPa），当$z/b>1$时，p采用基底平均压应力；$z/b\leq1$时，p按压应力图形采用距最大压应力点$b/3 \sim b/4$处的压应力（对梯形图形，前后端压应力差值较大时，可采用上述$b/4$处的压应力值；反之，则采用上述$b/3$处压应力值），以上b为矩形基底宽度；

h——基底埋置深度（m），当基础受水流冲刷时，从一般冲刷线算起；当不受水流冲刷时，从天然地面算起；如位于挖方内，则由开挖后地面算起；

γ——h内土的重度（kN/m³），基底为透水地基时水位以下取浮重度。

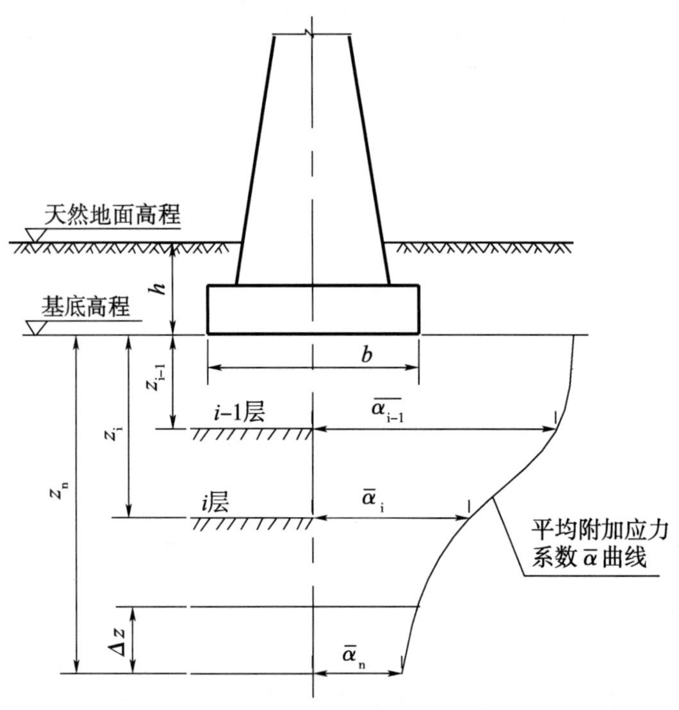

图4.3.4 基底沉降计算分层示意图

4.3.5 沉降计算经验系数ψ_s可按表4.3.5确定。

表 4.3.5 沉降计算经验系数 ψ_s

$\overline{E}_s$(MPa) / 基底附加压应力	2.5	4.0	7.0	15.0	20.0
$p_0 \geqslant [f_{a0}]$	1.4	1.3	1.0	0.4	0.2
$p_0 \leqslant 0.75[f_{a0}]$	1.1	1.0	0.7	0.4	0.2

注:1. 表中 $[f_{a0}]$ 为地基承载力基本容许值。

2. 表中 $\overline{E}_s$ 为沉降计算范围内压缩模量的当量值,应按下式计算:

$$\overline{E}_s = \frac{\sum A_i}{\sum \frac{A_i}{E_{si}}}$$

式中:A_i——第 i 层土的附加压应力系数沿土层厚度的积分值。

4.3.6 地基沉降计算时设定计算深度 z_n,在 z_n 以上取 Δz 厚度(表 4.3.6),其沉降量应符合下式:

$$\Delta s_n \leqslant 0.025 \sum_{i=1}^{n} \Delta s_i \tag{4.3.6}$$

式中:Δs_n——在计算深度底面向上取厚度为 Δz 的土层的计算沉降量,Δz 见图 4.3.4 并按表 4.3.6 采用;

Δs_i——在计算深度范围内,第 i 层土的计算沉降量。

表 4.3.6 Δz 值

基底宽度 b(m)	$b \leqslant 2$	$2 < b \leqslant 4$	$4 < b \leqslant 8$	$b > 8$
Δz(m)	0.3	0.6	0.8	1.0

已确定的计算深度下面,如仍有较软土层时,应继续计算。

4.3.7 当无相邻荷载影响,基底宽度在 1~30m 范围内时,基底中心的地基沉降计算深度 z_n 也可按下列简化公式计算:

$$z_n = b(2.5 - 0.4\ln b) \tag{4.3.7}$$

式中:b——基础宽度(m)。

在计算深度范围内存在基岩时,z_n 可取至基岩表面;当存在较厚的坚硬黏土层,其孔隙比小于 0.5、压缩模量大于 50MPa,或存在较厚的密实砂卵石层,其压缩模量大于 80MPa 时,z_n 可取至该土层表面。

4.4 基础稳定性计算

4.4.3 验算墩台抗倾覆和抗滑动的稳定性时,稳定性系数不应小于表 4.4.3 的规定。

表 4.4.3 抗倾覆和抗滑动的稳定性系数

作用组合		验算项目	稳定性系数
使用阶段	永久作用(不计混凝土收缩及徐变、浮力)和汽车、人群的标准值效应组合	抗倾覆 抗滑动	1.5 1.3
	各种作用(不包括地震作用)的标准值效应组合	抗倾覆 抗滑动	1.3 1.2
施工阶段作用的标准值效应组合		抗倾覆 抗滑动	1.2

4.5 软土或软弱地基处理

4.5.1 在软弱地基或软土上修建桥涵基础时,可采用砂砾垫层、砂桩、砂井预压方法加固地基;根据实际条件,也可采用水泥搅拌桩、石灰桩、振冲碎石桩、锤击夯实、强夯和各种浆液灌注法等加固地基。

4.5.2 砂砾垫层适用于淤泥、淤泥质土、冲填土、素填土、杂填土的浅层处理。砂砾垫层材料可采用中砂、粗砂、砾砂和碎(卵)石,不含植物残体等杂质,其中黏粒含量不应大于5%,粉粒含量不应大于25%,砾料粒径以不大于50mm为宜。

4.5.6 砂桩适用于挤密松散砂土、素填土和杂填土地基。对饱和黏土地基,如不以沉降控制,也可采用砂桩处理。砂桩内填料宜用砾砂、粗砂、中砂、圆砾、角砾、卵石、碎石等,填料中含泥量不应大于5%,并不宜含有粒径大于50mm的粒料。

砂桩直径可采用0.3~0.8m,需根据地基土质和成桩设备确定。对饱和黏性土地基宜选用较大直径。

砂桩挤密地基宽度应超出基础宽度,每边放宽宜为1~3排。砂桩用于防止砂层液化时,每边放宽不宜小于处理深度的1/2,并不应小于5m;当可液化层上覆盖有厚度大于3m的非液化层时,每边放宽不宜小于液化层厚度的1/2,并不应小于3m。

4.5.8 砂井预压法适用于处理淤泥质土、淤泥和冲填土等饱和黏性土地基。

砂井预压法主要有普通砂井、袋装砂井和塑料排水板等。普通砂井直径可取 d_w = 300~500mm,袋装砂井直径可取 d_w = 70~100mm。塑料排水板的当量换算直径可按下式计算:

$$D_p = \alpha \frac{2(b+\delta)}{\pi} \quad (4.5.8)$$

式中:D_p——塑料排水板的当量换算直径;

α——换算系数,无试验资料时,可取 α = 0.75~1.00;

b——塑料排水板宽度;

δ——塑料排水板厚度。

4.5.11 砂井预压法处理地基应在地表铺设排水砂砾垫层,其厚度宜大于400mm。

砂砾垫层砂料宜用中粗砂,含泥量应小于5%,砂料中可混有少量粒径小于50mm的石粒。砂砾垫层的干密度应大于$1.5t/m^3$。

在预压区内宜设置与砂砾垫层相连的排水盲沟,并把地基中排出的水引出预压区。

砂井的砂料宜用中粗砂,含泥量应小于3%。

5 桩基础

5.1 一般规定

5.1.1 桩可按下列规定分类。

1 按承载性状分类。

1)摩擦桩:桩顶荷载主要由桩侧阻力承受,并考虑桩端阻力。

2)端承桩:桩顶荷载主要由桩端阻力承受,并考虑桩侧阻力。

2 按成桩方法分类。

1)非挤土桩:分为干作业法钻(挖)孔灌注桩、泥浆护壁法钻孔灌注桩、套管护壁法钻孔灌注桩。

2)部分挤土桩:分为冲孔灌注桩、挤扩孔灌注桩、预钻孔沉桩、敞口预应力混凝土管桩等。

3)挤土桩:分为沉桩(锤击、静压、振动沉入的预制桩及闭口预应力混凝土管桩等)。

5.1.2 各类桩基须根据地质、水文等条件比较采用。

1 钻(挖)孔桩适用于各类土层(包括碎石类土层和岩石层),但应注意:

1)钻孔桩用于淤泥及可能发生流砂的土层时,宜先做试桩。

2)挖孔桩宜用于无地下水或地下水量不多的地层。

2 沉桩可用于黏性土、砂土以及碎石类土等。

5.1.6 对于具有下列情况的大桥、特大桥,应通过静载荷试验确定单桩承载力。

1 桩的入土深度远超过常用桩。

2 地质情况复杂,难以确定桩的承载力。

3 有其他特殊要求的桥梁用桩。

5.2 构造

5.2.1 钻孔桩设计直径不宜小于0.8m；挖孔桩直径或最小边宽度不宜小于1.2m；钢筋混凝土管桩直径可采用0.4～0.8m，管壁最小厚度不宜小于80mm。

5.2.2 混凝土桩。

1 桩身混凝土强度等级：钻（挖）孔桩、沉桩不应低于C25；管桩填芯混凝土不应低于C15。

2 钢筋混凝土沉桩的桩身，应按运输、沉入和使用各阶段内力要求通长配筋。桩的两端和接桩区箍筋或螺旋筋的间距须加密，其值可取40～50mm。

3 钻（挖）孔桩应按桩身内力大小分段配筋。当内力计算表明不需配筋时，应在桩顶3.0～5.0m内设构造钢筋。

1）桩内主筋直径不应小于16mm，每桩的主筋数量不应少于8根，其净距不应小于80mm且不应大于350mm。

2）如配筋较多，可采用束筋。组成束筋的单根钢筋直径不应大于36mm，组成束筋的单根钢筋根数，当其直径不大于28mm时不应多于3根，当其直径大于28mm时应为2根。束筋成束后等代直径为$d_e=\sqrt{n}d$，式中n为单束钢筋根数，d为单根钢筋直径。

3）钢筋保护层净距不应小于60mm。

4）闭合式箍筋或螺旋筋直径不应小于主筋直径的1/4，且不应小于8mm，其中距不应大于主筋直径的15倍且不应大于300mm。

5）钢筋笼骨架上每隔2.0～2.5m设置直径16～32mm的加劲箍一道。

6）钢筋笼四周应设置突出的定位钢筋、定位混凝土块，或采用其他定位措施。

7）钢筋笼底部的主筋宜稍向内弯曲，作为导向。

4 钢筋混凝土预制桩的分节长度应根据施工条件决定，并应尽量减少接头数量。接头强度不应低于桩身强度，接头法兰盘不应突出于桩身之外，在沉桩时和使用过程中接头不应松动和开裂。

5 桩端嵌入非饱和状态强风化岩的预应力混凝土敞口管桩，应采取有效的预防渗水软化桩端持力层的措施。

6 河床岩层有冲刷时，钻孔桩有效深度应考虑岩层最低冲刷标高。

5.2.4 桩的布置和中距。

1 群桩的布置可采用对称形、梅花形或环形。

2 桩的中距应符合以下要求：

1）摩擦桩。

锤击、静压沉桩，在桩端处的中距不应小于桩径（或边长）的3倍，对于软土地基宜适当增大；振动沉入砂土内的桩，在桩端处的中距不应小于桩径（或边长）的4倍。桩在承台底面处的中距不应小于桩径(或边长)的1.5倍。

钻孔桩中距不应小于桩径的2.5倍。

挖孔桩中距可参照钻孔桩采用。

2)端承桩。

支承或嵌固在基岩中的钻(挖)孔桩中距,不应小于桩径的2.0倍。

3)扩底灌注桩。

钻(挖)孔扩底灌注桩中距不应小于1.5倍扩底直径或扩底直径加1.0m,取较大者。

3 边桩(或角桩)外侧与承台边缘的距离,对于直径(或边长)小于或等于1.0m的桩,不应小于0.5倍桩径(或边长),并不应小于250mm;对于直径大于1.0m的桩,不应小于0.3倍桩径(或边长),并不应小于500mm。

5.3 计算

5.3.2 在软土和软弱地基土层较厚、持力层较好的地基中,桩基计算应考虑路基填土荷载或地下水位下降等因素所引起的负摩阻力的影响。

5.3.8 摩擦桩应根据桩承受作用的情况决定是否允许出现拉力。当桩的轴向力由结构自重、预加力、土重、土侧压力、汽车荷载和人群荷载短期效应组合所引起时,桩不允许受拉;当桩的轴向力由上述荷载并与其他作用组成的短期效应组合或荷载效应的偶然组合(地震作用除外)所引起时,则桩允许受拉。摩擦桩单桩轴向受拉承载力容许值按下列公式计算:

$$[R_t]=0.3u\sum_{i=1}^{n}\alpha_i l_i q_{ik} \tag{5.3.8}$$

式中:$[R_t]$——单桩轴向受拉承载力容许值(kN);

u——桩身周长(m),对于等直径桩,$u=\pi d$;对于扩底桩,自桩端起算的长度$\sum l_i \leq 5d$时,取$u=\pi D$;其余长度均取$u=\pi D$(其中D为桩的扩底直径,d为桩身直径);

α_i——振动沉桩对各土层桩侧摩阻力的影响系数,按本规范表5.3.3-6采用;对于锤击、静压沉桩和钻孔桩,$\alpha_i=1$。

计算作用于承台底面由外荷载引起的轴向力时,应扣除桩身自重值。

5.3.9 计算桩内力时,可采用m法(见本规范附录P和附录Q)或其他可靠的方法。

5.3.10 桩应验算桩身强度、稳定性及裂缝宽度。验算方法可按照现行《公路钢筋混凝土及预应力混凝土桥涵设计规范》(JTG D62)有关章节进行。

6 沉井基础

6.1 一般规定

6.1.1 当桥梁墩台基础处的河床地质、水文及施工等条件适宜时,可选用沉井基础。但河床中有流砂、孤石、树干或老桥基等难于清除的障碍物,或在表面倾斜较大的岩层上时,不宜采用沉井基础。当水深较大,流速适宜时亦可考虑采用浮运沉井。

沉井的埋置深度应符合本规范第4章第4.1节的规定。

6.1.2 为使沉井顺利下沉,沉井重力(不排水下沉时,应计浮重度)须大于井壁与土体间的摩阻力标准值。

6.3 计算

6.3.1 沉井的计算应包括:

1 沉井作为整体基础计算。

沉井作为整体基础计算,可按本规范第4章有关规定执行。考虑土的弹性抗力作用时,可按本规范附录Q计算;采用泥浆套施工且采取了恢复侧面土的约束能力措施后,方可考虑土的弹性抗力作用。

对高低刃脚的沉井基础,验算抗倾覆和抗滑动稳定性时,应考虑岩面倾斜的不利因素,并采取必要的措施。

2 沉井在施工过程中的计算。

1)使沉井顺利下沉所必需的重力,可按本规范第6.1.2条规定计算。

2)沉井井壁及刃脚,可按本规范第6.3.2~6.3.4条规定计算。

3)混凝土封底层的厚度,可按本规范第6.3.5条规定计算。

4)浮运沉井在浮运过程中的横向稳定性,可按本规范第6.3.6条规定计算。

5)沉井在施工过程中,其截面应按现行《公路钢筋混凝土及预应力混凝土桥涵设计规范》(JTG D62)进行短暂状况验算。

3 沉井盖板应按现行《公路钢筋混凝土及预应力混凝土桥涵设计规范》(JTG D62)进行承载能力极限状态计算和正常使用极限状态计算。计算时其结构重要性系数和作用效应组合,应分别符合本规范第1.0.5条的规定。

7 地下连续墙

7.1 一般规定

7.1.2 地下连续墙支护结构的设计安全等级及结构重要性系数应根据支护结构破坏、土体失稳或过大变形对基坑周边环境及地下结构施工造成影响的严重性按表 7.1.2 选用。

表 7.1.2 支护结构安全等级及重要性系数

安全等级	破坏后果	γ_0
一级	很严重	1.1
二级	严重	1.0
三级	不严重	0.9

地下连续墙基础的设计安全等级及结构重要性系数应与桥梁整体结构一致。

7.1.3 地下连续墙支护结构设计应综合考虑工程地质与水文地质、基础类型、基坑开挖深度、降排水条件、周边环境要求和使用期限等因素;地下连续墙基础设计应综合考虑工程地质与水文地质、上部结构条件和周边环境要求等因素。做到因地制宜、合理设计。

7.2 支护结构设计

7.2.1 基坑支护结构应保证岩土开挖、地下结构施工的安全。

7.2.2 地下连续墙基坑支护结构设计应包括下列内容:

1 支护体系的方案技术经济比较和选型;

2 支护结构的强度、稳定和变形计算;

3 基坑内外土体稳定性计算;

4 抗渗流稳定性计算;

5 基坑降水、岩土开挖方法及要求;

6 基坑施工过程监测要求。

7.2.4 支护结构的支撑必须采用稳定的结构体系和连接构造,刚度应满足变形要求。

支撑设计应包括结构布置、结构内力和变形计算、构件强度和稳定性验算、构件结点设计及构件安装和拆除流程设计。土层锚杆(锚索)设计应包括结构布置、轴向承载力验算、土体稳定性验算。环梁、内衬设计应包括结构布置、受力计算、强度和稳定性验算。

7.2.8 地下连续墙支护结构设计应根据不同设计状况,分别按承载能力极限状态和正常使用极限状态设计。

1 承载能力极限状态应包括下列计算内容:

1)土体稳定性计算;

2)墙体结构强度和稳定性计算;

3)支承系统承载力和稳定性计算。

2 正常使用极限状态应包括结构变形、抗裂和裂缝宽度验算。

7.2.9 地下连续墙支护结构应根据不同设计状态,按施工过程的不同工况进行作用效应组合。

附录 A 桥涵地基岩土的分级

A.0.1 桥涵岩石地基可按岩石坚硬程度、风化程度、完整程度进行分级,如表 A.0.1-1 ~ 表 A.0.1-3 所示。

表 A.0.1-1 岩石坚硬程度的定性分级

坚硬程度		定性鉴定	岩石
硬质岩	坚硬岩	锤击声清脆,有回弹,振手,难击碎,基本无吸水反应	未风化至微风化的花岗岩、闪长岩、辉绿岩、玄武岩、安山岩、片麻岩、石英岩、石英砂岩、硅质砾岩、硅质石灰岩等
	较硬岩	锤击声较清脆,有轻微回弹,稍振手,较难击碎,有轻微吸水反应	1. 微风化的坚硬岩; 2. 未风化至微风化的大理岩、板岩、石灰岩、白云岩、钙质砂岩等
软质岩	较软岩	锤击声不清脆,无回弹,较易击碎,浸水后指甲可刻出印痕	1. 中风化至强风化的坚硬岩或较硬岩; 2. 未风化至微风化的凝灰岩、千枚岩、泥灰岩、砂质泥岩等
	软岩	锤击声哑,无回弹,有凹痕,易击碎,浸水后手可掰开	1. 强风化的坚硬岩或较硬岩; 2. 中风化至强风化的较软岩; 3. 未风化至微风化的页岩、泥岩、泥质砂岩等
极软岩		锤击声哑,无回弹,有较深凹痕,手可捏碎,浸水后可捏成团	1. 全风化的各种岩石; 2. 各种半成岩

表 A.0.1-2 岩石的风化程度分级

风化程度	野外特征	风化程度系数指标	
		波速比 k_v	风化系数 k_f
未风化	岩质新鲜,偶见风化痕迹	0.9~1.0	0.9~1.0
微风化	结构基本未变,仅节理面有渲染或略有变色,有少量风化裂隙	0.8~0.9	0.8~0.9
中风化	结构部分破坏,沿节理面有次生矿物,风化裂隙发育,岩体被切割成岩块,用镐难挖,岩芯钻方可钻进	0.6~0.8	0.4~0.8
强风化	结构大部分破坏,矿物成分显著变化,风化裂痕很发育,岩体破碎,用镐可挖,干钻不易钻进	0.4~0.6	<0.4
全风化	结构基本破坏,但尚可辨认,有残余结构强度,可用镐挖,干钻可钻进	0.2~0.4	—
残积土	组织结构全部破坏,已风化成土状,锹镐易挖掘,干钻易钻进,具可塑性	<0.2	—

注:1. 波速比 k_v:为风化岩石与新鲜岩石压缩波速度之比。

2. 风化系数 k_f:为风化岩石与新鲜岩石单轴抗压强度之比。

3. 岩石风化程度,除按表列野外特征和定量指标划分外,也可根据当地经验划分。

4. 花岗岩类岩石,可采用标准贯入试验划分,为强风化、全风化、残积土。

5. 泥岩和半成岩,可不进行风化程度划分。

表 A.0.1-3 岩石完整程度定性分级

完整程度	结构面发育程度		主要结构面的结合程度	主要结构面的类型	相应结构类型
	结构面组数	平均间距(m)			
完整	1~2	>1.0	结合好或结合一般	裂隙、层面	整体状或巨厚状结构
较完整	1~2	>1.0	结合差	裂隙、层面	块状或厚层结构
	2~3	1.0~0.4	结合好或结合一般	—	块状结构
较破碎	2~3	1.0~0.4	结合差	裂隙、层面、小断层	裂隙块状或中厚层结构
	≥3	0.4~0.2	结合好		镶嵌碎裂结构
			结合一般		中、薄层状结构
破碎	≥3	0.4~0.2	结合差	各种类型结构面	裂隙块状结构
		≤0.2	结合一般或结合差		碎裂状结构
极破碎	无序	—	结合很差	—	散体状结构

注:平均间距指主要结构面(1~2组)间距的平均值。

A.0.2 碎石土密实度野外鉴别按表 A.0.2 的规定判别。

表 A.0.2 碎石土密实度野外鉴别

密实度	骨架颗粒含量和排列	可挖性	可钻性
松散	骨架颗粒质量小于总质量的60%,排列混乱,大部分不接触	锹可以挖掘,井壁易坍塌,从井壁取出大颗粒后,立即塌落	钻进较易,钻杆稍有跳动,孔壁易坍塌

续上表

密实度	骨架颗粒含量和排列	可 挖 性	可 钻 性
中密	骨架颗粒质量等于总质量的60%～70%，呈交错排列，大部分接触	锹镐可挖掘，井壁有掉块现象，从井壁取出大颗粒处，能保持凹面形状	钻进较困难，钻杆、吊锤跳动不剧烈，孔壁有坍塌现象
密实	骨架颗粒质量大于总质量的70%，呈交错排列，连续接触	锹镐挖掘困难，用撬棍方能松动，井壁较稳定	钻进困难，钻杆、吊锤跳动剧烈，孔壁较稳定

注：密实度应按表列各项特征综合确定。

二十一、公路隧道设计规范
(JTG D70—2004)

1 总则

1.0.1 为给山岭公路隧道设计提供技术准则,制定本规范。

1.0.2 本规范适用于以钻爆法为主要开挖手段的各级公路双车道隧道,其他形式的公路隧道可参照执行。

1.0.3 隧道规划和设计应遵循能充分发挥隧道功能、安全且经济地建设隧道的基本原则。

隧道设计应有完整的勘测、调查资料,综合考虑地形、地质、水文、气象、地震和交通量及其构成,以及营运和施工条件,进行多方案的技术、经济、环保比较,使隧道设计符合安全实用、质量可靠、经济合理、技术先进的要求。

1.0.4 公路隧道按其长度可分为四类,如表1.0.4所示。

表1.0.4 公路隧道长度分类

分类	特长隧道	长隧道	中隧道	短隧道
长度(m)	$L>3\,000$	$1\,000<L\leqslant3\,000$	$500<L\leqslant1\,000$	$L\leqslant500$

注:隧道长度系指两端洞门墙墙面与路面的交线同路线中线交点间的距离。

1.0.5 隧道主体结构必须按永久性建筑设计,具有规定的强度、稳定性和耐久性;建成的隧道应能适应长期营运的需要,方便维修作业。

1.0.6 应加强隧道支护衬砌、防排水、路面等主体结构设计与通风、照明、供配电、消防、交通监控等营运设施设计之间的协调,形成合理的综合设计。必要时应对有关的技术问题开展专项设计和研究。

1.0.7 隧道土建设计应体现动态设计与信息化施工的思想,制定地质观察和监控量测的总体方案;地质条件复杂的隧道,应制定地质预测方案,以及时评判设计的合理性,调整支护参数和施工方案。通过动态设计使支护结构适应于围岩实际情况,更加安全、经济。

1.0.8 隧道设计应贯彻国家有关技术经济政策,积极慎重地采用新技术、新材料、新设备、新工艺。

1.0.9 隧道设计必须符合国家有关国土管理、环境保护、水土保持等法规的要求。应注意节约用地,保护农田及水利设施,尽量保护原有植被,妥善处理弃渣和污水。

1.0.10 公路隧道设计除应符合本规范外,尚应符合国家现行的有关标准和规范。

2 主要术语与符号

2.1 术语

2.1.1 公路隧道 road tunnel

供汽车和行人通行的隧道,一般分为汽车专用和汽车与行人混用的隧道。

2.1.2 山岭隧道 mountain tunnel

指贯穿山岭或丘陵的隧道。是相对于城市隧道和水下隧道,表示修建场所不同的名称。

2.1.3 岩石质量指标 Rock Quality Designation(RQD)

指 10cm 以上长度的岩心累计的钻孔长度百分比。

2.1.4 岩体分级 rock mass classification

以土木工程为对象,将岩石集合体(岩体)分成稳定程度不同的若干级别。

2.1.5 环境调查 environmental survey

因修建隧道而对路线周围的环境影响进行的调查。

2.1.6 水文调查 hydrological survey

对隧道工程及周边环境有影响的地表水和地下水所进行的调查。

2.1.7 地质调查 geological survey

为了解岩体或地层的分布、形成年代、风化程度或地质构造等而进行的调查。

2.1.8 隧道涌水 water inflow into tunnel

伴随隧道开挖,从隧道周边围岩流入隧道内的地下水。

2.1.9 荷载 load

指作用于结构物而使结构产生应力的力量。

2.1.10 围岩压力 surrounding rock pressure

隧道开挖后,因围岩变形或松散等原因,作用于洞室周边岩体或支护结构上的压力。

2.1.11 偏压 unsymmetrical pressure

作用于隧道的压力左右不对称,一侧压力特大的情况;作用于隧道结构上的不对称荷载。

2.1.12 松散压力 loosening pressure

指因隧道的开挖爆破、支护的下沉以及衬砌背后的空隙等原因,致使隧道周边的围岩产生松动,以相当于一定高度的围岩重力,作为直接荷载作用于隧道支护和衬砌上的土压。

2.1.13 新奥法 NATM(New Austrian Tunneling Method)

新奥法是应用岩体力学的理论,以维护和利用围岩的自承能力为基点,采用锚杆和喷射混凝土为主要支护手段,及时地进行支护,控制围岩的变形和松弛,使围岩成为支护体系的组成部分,并通过对围岩和支护的量测、监控来指导隧道和地下工程设计施工的方法和原则。

2.1.14 净空断面(内轮廓) inner section

指隧道衬砌内侧的断面面积、形状。

2.1.15 洞门 portal

在隧道的洞口部位,为挡土、坡面防护等而设置的隧道结构物。

2.1.16 衬砌 lining

为控制和防止围岩的变形或坍落,确保围岩的稳定,或为处理涌水和漏水,或为隧道的内空整齐或美观等目的,将隧道的周边围岩被覆起来的结构体。

2.1.17 仰拱 invert

为改善隧道上部支护结构受力条件而设置在隧道底部的反向拱形结构。

2.1.18 小净距隧道 neighburhood tunnel

指上下行双洞洞壁净距较小,不能按独立双洞考虑的隧道结构。

2.1.19 连拱隧道 multi-arch tunnel

指两洞拱部衬砌结构通过中柱相连接的隧道结构。

2.1.20 竖井 vertical shaft

为改善营运通风或施工条件而竖向设置的坑道。

2.1.21 斜井 incline, inclined shaft

为改善营运通风或施工条件按一定倾斜角度设置的坑道。

2.1.22 横通道 horizontal adit

将隧道划分成几个工区进行施工时,为搬入材料和出渣等而设置的大体上接近水平的作业坑道。横通道有时也可用于营运通风。

2.1.23 超前导坑 advancing drift

因隧道断面较大或围岩条件复杂等,在开挖中采用全断面法有困难的情况下,往往在隧道的开挖断面内超前开挖小断面的隧道,这种小断面的隧道称为超前导坑。

2.1.24 通风 ventilation

将隧道内有害气体排出洞外的一种换气行为。

2.1.25 照明 lighting

通过在隧道内设置灯具,达到行车安全所要求的亮度。

3 隧道调查及围岩分级

3.1 一般规定

3.1.1 应根据隧道不同设计阶段的任务、目的和要求,针对公路等级、隧道的特点和规模,确定搜集、调查资料的内容和范围,并认真进行调查、测绘、勘探和试验。调查的资料应齐全、准确,满足设计要求。

3.1.2 调查应分施工前调查和施工中调查两个阶段。施工前各阶段的调查内容、范围、精度等应符合相应设计阶段的要求;施工中的调查应及时进行,预报和解决施工中遇到的地质问题,为验证或修改设计、施工提供依据。

3.1.3 应根据隧道所通过地区的地形、地质条件,并综合考虑调查的阶段、方法、范围等,编制相应的调查计划。在调查过程中,如发现实际地质情况与预计的情况不符,应及时修正调查计划。

3.1.4 围岩分级应采用定性划分和定量相结合的方法综合评判。

3.2 资料搜集

3.2.1 应全面搜集隧道地区的下列既有资料:

1 地形地貌资料、图件,以及有关的遥感与遥测资料;

2 工程地质、水文地质特别是自然地质灾害的种类、性质、规模、危害程度等资料,并分析各种灾害与隧道工程的关系;

3 地质测绘、勘探资料和各类图件,并对资料的准确性和可能存在的问题进行分析,同时提出调查计划;

4 隧道地区的气温、降水、风速和风向等气象资料;

5 地震历史、地震动峰值加速度系数等资料;

6 沿线地区交通量及其车辆构成情况、矿产资源等;

7 有关的法令、法规。

3.2.2 搜集社会环境、施工条件和邻近既有工程等资料。

3.3 地形与地质调查

3.3.1 隧道调查各阶段的目标、内容及范围可按表 3.3.1 拟定。

表 3.3.1 各阶段调查的目标、内容及范围

阶段		目标	内容和方法	范围
施工前	踏勘	为路线走向比选提供区域地形、地质、环境等基本资料	搜集、分析既有资料及沿路线进行地面踏勘	大于路线可能方案的范围
	初勘	获取路线所需地形、地质、其它环境资料,为方案比较及下阶段调查提供基础资料	搜集、分析既有资料,现场踏勘、测绘和必要的勘探工作	大于比选方案的范围
	详勘	获取技术设计、施工计划、预算等所需的地质、环境等资料	详细进行地形、地质、环境等调查;按要求进行钻探、物探、测试等	隧道路线两侧及周围地区,特长、长隧道和岩溶隧道范围应适当扩大
施工中		预报和确认施工中出现的工程地质、水文地质问题;验证或变更设计、调整施工方法等	地形、地质、环境补充调查;洞内观测、量测、超前探测预报,地质灾害及防治措施	隧道内及地面受施工影响的范围

3.3.2 隧道工程测绘应遵守下列规定：

1 按设计阶段的要求，搜集或测绘地形图、纵断面图、横断面图等；

2 测绘资料的图纸内容、精度，应符合《公路工程地质勘察规范》(JTJ 064)和《公路勘测规范》(JTJ 061)的要求；

3 在隧道辅助通道和洞口附近，应按规定设置平面控制点和水准点。

3.3.3 施工前各阶段的地形与地质调查应包括自然地理概况以及工程地质和水文地质等，并按阶段要求重点调查和分析以下内容：

1 地层、岩性及地质构造变动的性质、类型和规模。

2 断层、节理、软弱结构面特征及其与隧道的组合关系，围岩的基本物理力学性质。

3 地下水类型及地下水位、含水层的分布范围及相应的渗透系数、水量和补给关系、水质及其对混凝土的侵蚀性，有无异常涌水、突水。

4 崩塌、错落、岩堆、滑坡、岩溶、自然或人工坑洞、采空区、泥石流、流沙、湿陷性黄土、盐渍土、盐岩、地热、多年冻土、冰川等不良地质和特殊地质现象，及其发生、发展的原因、类型、规模和发展趋势，分析其对隧道洞口和洞身稳定的影响程度。

5 隧道通过含有害气体或有害矿体的地层时，应查明其分布范围、有害成分和含量，并预测和评价其对施工、营运的影响，提出防治措施。

6 按《中国地震动参数区划图》(GB 18306)的规定或经地震部门鉴定，确定隧道所处地区的地震动峰值加速度系数。

3.3.4 地形、地质调查应注意做好以下工作：

1 当隧道地区存在区域性断裂构造时，特别是存在全新活动的断裂和发震断层时，应调查新构造活动的痕迹、特点和与地震活动的关系，并查明其对隧道工程的影响程度。

2 当隧址区存在影响隧道方案的重大不良地质、特殊地质情况时，应进一步搜集调查地质资料，综合分析，预测隧道开挖后可能出现塌方、滑动、挤压、岩爆、突然涌水、流沙及瓦斯溢出等的地段，并提出相应的工程措施，为方案比选和隧道设计提供依据。

3 水文地质条件复杂的隧道(含岩溶隧道)除按一般隧道进行调查、勘探、试验外，必要时还应进行水文地质动态观测或进行专题研究。

4 路线越岭的隧道，应查明不同的越岭高程的地质条件，进行全面的技术、经济比较，选择工程地质条件较好的位置穿越。

5 沿河傍山地段的隧道，应调查分析斜坡地质结构特征及其稳定性和水流冲刷对山体和洞身稳定的影响。

6 濒临水库地区的隧道，应查明岸坡的稳定性，水库库容及水位(含浪高和壅水高)等。当隧道穿过岩溶洼地或坡立谷间的峰丛斜坡底部时，应查明洼地或坡立谷的季节性壅水的最高水位高程。

3.4 气象调查

3.4.1 气象调查的内容应包括隧道地区的气温、气压、风速、风向、降雨量、积雪量、降雾的程度和天数、冻结深度等,其中气温、风速、降雨、积雪应调查其极端值。

3.4.2 必要时应在隧址处设立气象观测点(站)进行观测,持续搜集当地气象资料。

3.5 工程环境调查

3.5.1 应对隧道场区及邻近地区相关地表水系、地下水露头、涌泉、温泉、沼泽、天然和人工湖泊、植被、矿产资源以及动植物生态等自然环境状况进行调查。

3.5.2 应对场区内土地使用情况、农田、水利设施、建筑物、地下管线情况等进行调查。若场区内有公园、保护林、文化遗址、纪念建筑等需要保护的重要地物时,除应调查它们的现状外,还应提出隧道建设对其环境影响的评价和保护措施。

3.5.3 应对生产生活用水、交通状况、施工和营运噪声、振动、污水及废气排放等对生态环境的影响进行调查;应对施工和营运中地下水大量流失可能造成地表沉降、塌陷、地面建筑物破坏、民众生产生活用水枯竭等环境问题的影响程度进行调查和预测。

3.5.4 施工条件调查应包括:

1 施工便道、施工场地、拆迁、弃渣场地、供水、供电和通讯条件;

2 建筑材料的来源、品质、数量等;

3 其他可能影响施工的因素。

3.6 围岩分级

3.6.1 隧道围岩分级的综合评判方法宜采用两步分级,并按以下顺序进行:

1 根据岩石的坚硬程度和岩体完整程度两个基本因素的定性特征和定量的岩体基本质量指标 BQ,综合进行初步分级。

2 对围岩进行详细定级时,应在岩体基本质量分级基础上考虑修正因素的影响,修正岩体基本质量指标值。

3 按修正后的岩体基本质量指标[BQ],结合岩体的定性特征综合评判、确定围岩的详细分级。

3.6.2 围岩分级中岩石坚硬程度、岩体完整程度两个基本因素的定性划分和定量指标及其对应关系应符合下列规定：

1 岩石坚硬程度可按表3.6.2-1定性划分。

表3.6.2-1 岩石坚硬程度的定性划分

名称		定性鉴定	代表性岩石
硬质岩	坚硬岩	锤击声清脆，有回弹，震手，难击碎；浸水后大多无吸水反应	未风化～微风化的花岗岩、正长岩、闪长岩、辉绿岩、玄武岩、安山岩、片麻岩、石英片岩、硅质板岩、石英岩、硅质胶结的砾岩、石英砂岩、硅质石灰岩等
	较坚硬岩	锤击声较清脆，有轻微回弹，稍震手，较难击碎；浸水后有轻微吸水反应	1 弱风化的坚硬岩； 2 未风化～微风化的熔结凝灰岩、大理岩、板岩、白云岩、石灰岩、钙质胶结的砂页岩等
软质岩	较软岩	锤击声不清脆，无回弹，较易击碎；浸水后指甲可刻出印痕	1 强风化的坚硬岩； 2 弱风化的较坚硬岩； 3 未风化～微风化的凝灰岩、千枚岩、砂质泥岩、泥灰岩、泥质砂岩、粉砂岩、页岩等
	软岩	锤击声哑，无回弹，有凹痕，易击碎；浸水后手可掰开	1 强风化的坚硬岩； 2 弱风化～强风化的较坚硬岩； 3 弱风化的较软岩； 4 未风化的泥岩等
	极软岩	锤击声哑，无回弹，有较深凹痕，手可捏碎；浸水后可捏成团	1 全风化的各种岩石； 2 各种半成岩

4 总体设计

4.1 一般规定

4.1.1 隧道设计应满足公路交通规划的要求，其建筑限界、断面净空、隧道主体结构以及营运通风、照明等设施，应按《公路工程技术标准》（JTG B01）规定的预测交通量设计。当近期交通量不大时，可采取一次设计，分期修建。

4.1.2 隧道总体设计应遵循以下原则：

1 在地形、地貌、地质、气象、社会人文和环境等调查的基础上，综合比选隧道各轴线方案的走向、平纵线形、洞口位置等，提出推荐方案。

2 地质条件很差时,特长隧道的位置应控制路线走向,以避开不良地质地段;长隧道的位置亦应尽可能避开不良地质地段,并与路线走向综合考虑;中、短隧道可服从路线走向。

3 根据公路等级和设计速度确定车道数和建筑限界。在满足隧道功能和结构受力良好的前提下,确定经济合理的断面内轮廓。

4 隧道内外平、纵线形应协调,以满足行车的安全、舒适要求。

5 根据隧道长度、交通量及其构成、交通方向以及环保要求等,选择合理的通风方式,确定通风、照明、交通监控等机电设施的设置规模。必要时特长隧道应作防灾专项设计。

6 应结合公路等级、隧道长度、施工方法、工期和营运要求,对隧道内外防排水系统、消防给水系统、辅助通道、弃渣处理、管理设施、交通工程设施、环境保护等作综合考虑。

7 当隧道与相邻建筑物互有影响时,应在设计与施工中采取必要的措施。

4.2 隧道位置选择

4.2.1 隧道位置应选择在稳定的地层中,尽量避免穿越工程地质和水文地质极为复杂以及严重不良地质地段;当必须通过时,应有切实可靠的工程措施。

4.2.2 穿越分水岭的长、特长隧道,应在较大面积地质测绘和综合地质勘探的基础上确定路线走向和平面位置。对可能穿越的垭口,应拟定不同的越岭高程及其相应的展线方案,结合路线线形及施工、营运条件等因素,进行全面技术经济比较后确定。

4.2.3 路线沿河傍山地段,当以隧道通过时,其位置宜向山侧内移,避免隧道一侧洞壁过薄、河流冲刷和不良地质对隧道稳定的不利影响。应对长隧道方案与短隧道群或桥隧群方案进行技术经济比较。

4.2.4 隧道洞口不宜设在滑坡、崩坍、岩堆、危岩落石、泥石流等不良地质及排水困难的沟谷低洼处或不稳定的悬崖陡壁下。应遵循“早进晚出”的原则,合理选定洞口位置,避免在洞口形成高边坡和高仰坡。

4.2.5 濒临水库地区的隧道,其洞口路肩设计高程应高出水库计算洪水位(含浪高和壅水高)不小于0.5m,同时应注意由于水的长期浸泡造成库壁坍塌对隧道稳定的不利影响,并采取相应的工程措施。

隧道设计洪水频率标准可按表4.2.5取值;当观测洪水高于标准值时,应按观测洪水设计;当观测洪水的频率在高速公路、一级公路超过1/300,二级公路超过1/100,三、四级公路超过1/50时,则应分别采用1/300、1/100和1/50的频率设计。

表 4.2.5　隧道设计水位的洪水频率标准

隧道类别＼公路等级	高速公路、一级公路	二级公路	三级公路	四级公路
特长隧道	1/100	1/100	1/50	1/50
长隧道	1/100	1/50	1/50	1/25
中、短隧道	1/100	1/50	1/25	1/25

4.3　隧道线形设计

4.3.1　应根据地质、地形、路线走向、通风等因素确定隧道的平曲线线形。当设为曲线时，不宜采用设超高的平曲线，并不应采用设加宽的平曲线。隧道不设超高的圆曲线最小半径应符合表 4.3.1-1 的规定。当由于特殊条件限制隧道平面线形设计为需设超高的曲线时，其超高值不宜大于 4.0%，技术指标应符合《公路路线设计规范》的有关规定。隧道的停车视距与会车视距应符合表 4.3.1-2 的规定。

表 4.3.1-1　不设超高的圆曲线最小半径（m）

路拱＼设计速度（km/h）	120	100	80	60	40	30	20
≤2.0%	5 500	4 000	2 500	1 500	600	350	150
>2.0%	7 500	5 250	3 350	1 900	800	450	200

表 4.3.1-2　公路停车视距与会车视距

公路等级	高速公路、一级公路				二、三、四级公路				
设计速度（km/h）	120	100	80	60	80	60	40	30	20
停车视距（m）	210	160	110	75	110	75	40	30	20
会车视距（m）	—	—	—	—	220	150	80	60	40

4.3.2　高速公路、一级公路的隧道应设计为上、下行分离的独立双洞。分离式独立双洞的最小净距，按对两洞结构彼此不产生有害影响的原则，结合隧道平面线形、围岩地质条件、断面形状和尺寸、施工方法等因素确定，一般情况可按表 4.3.2 取值。一座分离式双洞隧道，可按其围岩代表级别确定两洞最小净距。

在桥隧相连、隧道相连、地形条件限制等特殊地段隧道净距不能满足表 4.3.2 的要求时，可采取小净距隧道或连拱隧道形式，但应作出充分的技术论证和比较研究，并制订可靠的技术保障措施，确保工程质量。

表 4.3.2　分离式独立双洞间的最小净距

围岩级别	Ⅰ	Ⅱ	Ⅲ	Ⅳ	Ⅴ	Ⅵ
最小净距（m）	$1.0 \times B$	$1.5 \times B$	$2.0 \times B$	$2.5 \times B$	$3.5 \times B$	$4.0 \times B$

注：B——隧道开挖断面的宽度。

4.3.3 隧道内纵面线形应考虑行车安全性、营运通风规模、施工作业效率和排水要求，隧道纵坡不应小于0.3%，一般情况不应大于3%；受地形等条件限制时，高速公路、一级公路的中、短隧道可适当加大，但不宜大于4%；短于100m的隧道纵坡可与该公路隧道外路线的指标相同。当采用较大纵坡时，必须对行车安全性、通风设备和营运费用、施工效率的影响等作充分的技术经济综合论证。

4.3.4 隧道内的纵坡形式，一般宜采用单向坡；地下水发育的长隧道、特长隧道可采用双向坡。纵坡变更的凸形竖曲线和凹形竖曲线的最小半径和最小长度应符合表4.3.4的规定。

隧道内纵坡的变换不宜过大、过频，以保证行车安全视距和舒适性。

表4.3.4 竖曲线最小半径和最小长度(m)

设计速度(km/h)		120	100	80	60	40	30	20
凸形竖曲线半径	一般值	17 000	10 000	4 500	2 000	700	400	200
	极限值	11 000	6 500	3 000	1 400	450	250	100
凹形竖曲线半径	一般值	6 000	4 500	3 000	1 500	700	400	200
	极限值	4 000	3 000	2 000	1 000	450	250	100
竖曲线长度		100	85	70	50	35	25	20

4.3.5 隧道洞外连接线应与隧道线形相协调，并符合以下规定：

1 隧道洞口内外各3s设计速度行程长度范围的平面线形应一致。

2 隧道洞口内外各3s设计速度行程长度范围的纵面线形应一致，有条件时宜取5s设计速度行程。

3 当隧道建筑限界宽度大于所在公路的建筑限界宽度时，两端连接线应有不短于50m的、同隧道等宽的路基加宽段；当隧道限界宽度小于所在公路建筑限界宽度时，两端连接线的路基宽度仍按公路标准设计，其建筑限界宽度应设有4s设计速度行程的过渡段与隧道洞口衔接，以保持隧道洞口内外横断面顺适过渡。

4 长、特长的双洞隧道，宜在洞口外合适位置设置联络通道，以利车辆调头。

4.3.6 间隔100m以内的短隧道群，宜整体考虑其平、纵线形技术指标。

4.4 隧道横断面设计

4.4.1 各级公路隧道建筑限界如图4.4.1，在建筑限界内不得有任何部件侵入。各级公路隧道建筑限界基本宽度应按表4.4.1执行，并符合以下规定：

1 建筑限界高度，高速公路、一级公路、二级公路取5.0m；三、四级公路取4.5m。

2 当设置检修道或人行道时，不设余宽；当不设置检修道或人行道时，应设不小于25cm的余宽。

3 隧道路面横坡，当隧道为单向交通时，应取单面坡；当隧道为双向交通时，可取双面坡。坡度应根据隧道长度,平、纵线形等因素综合分析确定,一般可采用1.5% ~2.0%。

4 当路面采用单面坡时,建筑限界底边线与路面重合;当采用双面坡时,建筑限界底边线应水平置于路面最高处。

5 单车道四级公路的隧道应按双车道四级公路标准修建。

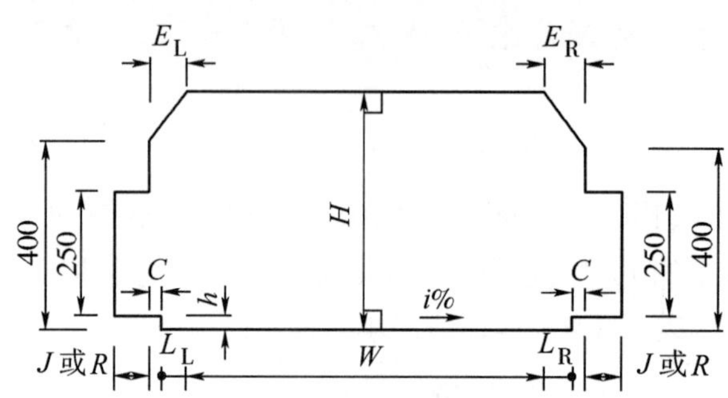

图4.4.1 公路隧道建筑限界(单位:cm)

H-建筑限界高度;*W*-行车道宽度;L_L-左侧向宽度;L_R-右侧向宽度;*C*-余宽;*J*-检修道宽度;*R*-人行道宽度;*h*-检修道或人行道的高度;E_L-建筑限界左顶角宽度,$E_L = L_L$;E_R-建筑限界右顶角宽度,当 $L_R \leq 1$m 时,$E_R = L_R$,当 $L_R > 1$m 时,$E_R = 1$m

4.4.5 长、特长隧道应在行车方向的右侧设置紧急停车带。双向行车隧道,其紧急停车带应双侧交错设置。紧急停车带的宽度,包含右侧向宽度应取3.5m,长度应取40m,其中有效长度不得小于30m。紧急停车带的设置间距不宜大于750m。停车带的路面横坡,长隧道可取水平,特长隧道可取0.5% ~1.0%或水平。紧急停车带建筑限界的构成如图4.4.5,具体尺寸按4.4.1条和4.4.2条规定执行。

不设检修道、人行道的隧道,可不设紧急停车带,但应按500m间距交错设置行人避车洞。

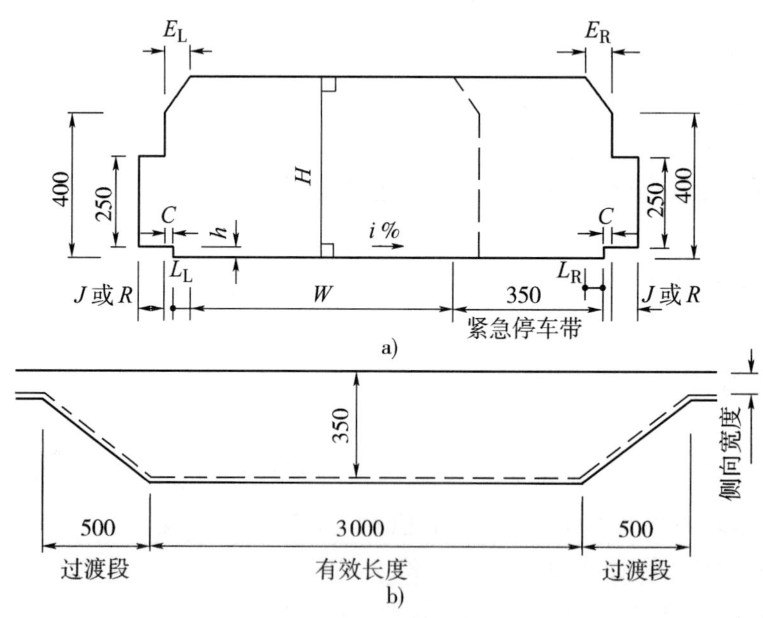

图4.4.5 紧急停车带的建筑限界、宽度和长度(单位:cm)

a)宽度构成及建筑限界;b)长度

4.4.6 上、下行分离式独立双洞的公路隧道之间应设置横向通道,并符合下列规定:

1 横通道的断面建筑限界一般规定如图4.4.6。

2 人行横通道的设置间距可取250m,并不大于500m。

3 车行横通道的设置间距可取750m,并不得大于1 000m;长1 000 ~ 1 500m的隧道宜设1处,中、短隧道可不设。

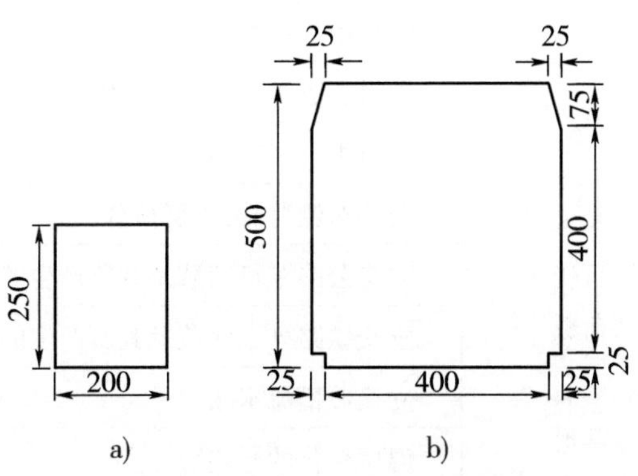

图4.4.6 横通道的断面建筑限界(单位:cm)
a)人行横通道;b)车行横通道

4.5 施工计划

4.5.1 隧道设计应制订合理的施工计划。施工计划主要包括:总工期要求、施工方法的确定、合理工区的划分、辅助通道的用途、施工便道、弃渣场、临时设施、监控量测方案等。制订施工计划应遵循下列原则:

1 应考虑隧道长度、断面、工期要求、地质条件和当地自然条件等,确定合理的施工方法和施工进度。

2 工区划分应考虑隧道纵坡变化、水文与地质条件、渣场和便道修建条件以及土石方平衡等综合因素。

3 应结合工程地质与水文地质超前预报、施工方法以及营运通风方式等,对辅助通道的设置目的、作用、必要性作出技术经济论证。

4 必要时应根据隧道的建设规模、地质条件等,对主要施工机械设备、大型洞内临时设备、洞外临时设备的技术指标作出要求。

6 荷载

6.1 一般规定

6.1.1 隧道结构上的荷载应按表6.1.1分类。

表 6.1.1 隧道荷载分类

<table>
<tr><th>编号</th><th colspan="2">荷载分类</th><th>荷载名称</th></tr>
<tr><td>1</td><td colspan="2" rowspan="6">永久荷载</td><td>围岩压力</td></tr>
<tr><td>2</td><td>土压力</td></tr>
<tr><td>3</td><td>结构自重</td></tr>
<tr><td>4</td><td>结构附加恒载</td></tr>
<tr><td>5</td><td>混凝土收缩和徐变的影响力</td></tr>
<tr><td>6</td><td>水压力</td></tr>
<tr><td>7</td><td rowspan="7">可变荷载</td><td rowspan="3">基本可变荷载</td><td>公路车辆荷载,人群荷载</td></tr>
<tr><td>8</td><td>立交公路车辆荷载及其所产生的冲击力、土压力</td></tr>
<tr><td>9</td><td>立交铁路列车活载及其所产生的冲击力、土压力</td></tr>
<tr><td>10</td><td rowspan="4">其他可变荷载</td><td>立交渡槽流水压力</td></tr>
<tr><td>11</td><td>温度变化的影响力</td></tr>
<tr><td>12</td><td>冻胀力</td></tr>
<tr><td>13</td><td>施工荷载</td></tr>
<tr><td>14</td><td colspan="2" rowspan="2">偶然荷载</td><td>落石冲击力</td></tr>
<tr><td>15</td><td>地震力</td></tr>
</table>

注:编号 1 ~ 10 为主要荷载;编号 11、12、14 为附加荷载;编号 13、15 为特殊荷载。

6.1.2 荷载应根据隧道所处的地形、地质条件、埋置深度、结构特征和工作条件、施工方法、相邻隧道间距等因素确定。施工中如发现与实际不符,应及时修正。对于地质复杂的隧道,必要时应通过实地量测确定。

6.1.3 在隧道结构上可能同时出现的荷载,应按承载能力和满足正常使用要求的检验分别进行组合,并按最不利组合进行设计。

6.1.4 明洞荷载组合时应符合下列规定:

1 计算明洞顶回填土压力,当有落石危害须检算冲击力时,可只计洞顶实际填土重力和落石冲击力的影响,不计塌方堆积土石重力。

2 当明洞上方与公路立交时,应考虑公路车辆荷载。公路车辆荷载计算应按《公路工程技术标准》(JTG B01)的有关规定执行。

3 当明洞上方与铁路立交时,应考虑列车活载。列车活载应按铁路标准活载的有关规定计算。

6.1.5 本规范所列之外的特殊荷载,在荷载计算与组合时应作特殊处理。

7 洞口及洞门

7.1 一般规定

7.1.1 洞口位置应根据地形、地质条件,同时结合环境保护、洞外有关工程及施工条件、营运要求,通过经济、技术比较确定。

7.1.2 隧道应遵循“早进洞、晚出洞”的原则,不得大挖大刷,确保边坡及仰坡的稳定。

7.1.3 洞口边坡、仰坡顶面及其周围,应根据情况设置排水沟及截水沟,并和路基排水系统综合考虑布置。

7.1.4 洞门设计应与自然环境相协调。

7.2 洞口工程

7.2.1 洞口位置的确定应符合下列要求:

1 洞口的边坡及仰坡必须保证稳定。有条件时,应贴壁进洞;条件限制时,边坡及仰坡的设计开挖最大高度可按表7.2.1控制。

表7.2.1 洞口边、仰坡控制高度

围岩分级	I~II			III		IV			V~VI	
边、仰坡坡率	贴壁	1:0.3	1:0.5	1:0.5	1:0.75	1:0.75	1:1	1:1.25	1:1.25	1:1.5
高度(m)	15	20	25	20	25	15	18	20	15	18

注:设计开挖高度系从路基边缘算起。

2 洞口位置应设于山坡稳定、地质条件较好处。

3 位于悬崖陡壁下的洞口,不宜切削原山坡;应避免在不稳定的悬崖陡壁下进洞。

4 跨沟或沿沟进洞时,应考虑水文情况,结合防排水工程,充分比选后确定。

5 漫坡地段的洞口位置,应结合洞外路堑地质、弃渣、排水及施工等因素综合分析确定。

6 洞口设计应考虑与附近的地面建筑及地下埋设物的相互影响,必要时采取防范措施。

7.2.2 洞口工程的设计应遵循下列规定:

1　洞口边坡、仰坡应根据实际情况采取加固防护措施，有条件时应优先采用绿化护坡。

2　当洞口处有坍方、落石、泥石流等时，应采取清刷、延伸洞口、设置明洞或支挡构造物等措施。

7.3　洞门工程

7.3.1　隧道应修建洞门，洞门形式的设计应保证营运安全，并与环境协调。设在城镇、旅游区附近及高速公路、一级公路的隧道，尤应注意与环境相协调，有条件时，洞门周围应植树绿化。

7.3.2　洞门宜与隧道轴线正交。

7.3.3　洞门构造及基础设置应遵循下列规定：

1　洞口仰坡坡脚至洞门墙背的水平距离不宜小于1.5m，洞门端墙与仰坡之间水沟的沟底至衬砌拱顶外缘的高度不小于1.0m，洞门墙顶高出仰坡脚不小于0.5m。

2　洞门墙应根据实际需要设置伸缩缝、沉降缝和泄水孔；洞门墙的厚度可按计算或结合其他工程类比确定。

3　洞门墙基础必须置于稳固地基上，应视地形及地质条件，埋置足够的深度，保证洞门的稳定。

基底埋入土质地基的深度不应小于1.0m，嵌入岩石地基的深度不应小于0.5m；基底标高应在最大冻结线以下不小于0.25m；地基为冻胀土层时，应进行防冻胀处理。基底埋置深度应大于墙边各种沟、槽基底的埋置深度。

4　松软地基上的基础，可采取加固基础措施。

5　洞门结构应满足抗震要求。

8　衬砌结构设计

8.1　一般规定

8.1.1　公路隧道应作衬砌，根据隧道围岩地质条件、施工条件和使用要求可分别采用喷锚衬砌、整体式衬砌、复合式衬砌。高速公路、一级公路、二级公路的隧道应采用复合式衬砌；三级及三级以下公路隧道，在Ⅰ、Ⅱ、Ⅲ级围岩条件下，隧道洞口段应采用复合式衬砌或整体式衬砌，其他段可采用喷锚衬砌。

8.1.2 隧道衬砌设计应综合考虑地质条件、断面形状、支护结构、施工条件等,并应充分利用围岩的自承能力。衬砌应有足够的强度和稳定性,保证隧道长期安全使用。

8.1.3 衬砌结构类型和尺寸,应根据使用要求、围岩级别、工程地质和水文地质条件、隧道埋置深度、结构受力特点,并结合工程施工条件、环境条件,通过工程类比和结构计算综合分析确定。在施工阶段,还应根据现场监控量测调整支护参数,必要时可通过试验分析确定。

8.1.4 衬砌设计应符合下列规定:

1 衬砌断面宜采用曲边墙拱形断面。

2 隧道围岩较差地段应设仰拱。仰拱曲率半径应根据隧道断面形状、地质条件、地下水、隧道宽度等条件确定。路面与仰拱之间可采用混凝土或片石混凝土填充。当隧道边墙底以下为整体性较好的坚硬岩石时,可不设仰拱。

3 隧道洞口段应设加强衬砌。加强衬砌段的长度应根据地形、地质和环境条件确定,一般情况下两车道隧道应不小于10m,三车道隧道应不小于15m。

4 围岩较差地段的衬砌应向围岩较好地段延伸5~10m。

5 偏压衬砌段应向一般衬砌段延伸,延伸长度应根据偏压情况确定,一般不小于10m。

6 净宽大于3.0m的横通道与主洞的交叉段均应设加强段衬砌,加强段衬砌应向各交叉洞延伸,主洞延伸长度不小于5.0m,横通道延伸长度不小于3.0m。

8.2 喷锚衬砌

8.2.1 喷射混凝土厚度不应小于50mm,不宜大于300mm。

8.2.2 钢筋网喷射混凝土设计应符合下列规定:

1 钢筋网网格应按矩形布置,钢筋间距宜为150~300mm。

2 钢筋网钢筋的搭接长度应不小于30d(d为钢筋直径)。

3 钢筋网喷射混凝土保护层厚度应不小于20mm,当采用双层钢筋网时,两层钢筋网之间的间隔距离应不小于60mm。

4 单层钢筋网喷射混凝土厚度不得小于80mm,双层钢筋网喷射混凝土厚度不得小于150mm。

5 钢筋网应配合锚杆一起使用,钢筋网宜与锚杆绑扎连接或焊接。

8.2.3 钢纤维喷射混凝土设计应符合下列规定:

1 钢纤维掺量宜为干混合料质量的1.5%~4%(33~96kg/m^3)。

2 钢纤维喷射混凝土的设计强度等级不应低于C25。

8.2.4 为提高喷射混凝土的抗裂性能，可采用合成纤维喷射混凝土，合成纤维喷射混凝土的设计强度等级不应低于C20，合成纤维喷射混凝土应根据试验确定其掺量。

当防水要求较高时，可采用强度等级大于C30的高性能喷射混凝土。

8.2.5 锚杆支护设计应根据隧道围岩条件、隧道断面尺寸、作用部位、施工条件等合理选择锚杆设计参数。锚杆种类如下：

1 全长黏结型锚杆有：普通水泥砂浆锚杆、早强水泥砂浆锚杆、树脂锚杆、水泥卷锚杆、中空注浆锚杆和自钻式注浆锚杆等。

2 端头锚固型锚杆有：机械锚固锚杆、树脂锚固锚杆、快硬水泥卷端头锚杆等。

3 摩擦型锚杆有：缝管锚杆、楔管锚杆、水胀锚杆等。

4 预应力锚杆。

8.2.6 永久支护的锚杆应为全长黏结型锚杆或预应力注浆锚杆。其它类型的锚杆不能作为永久支护，当需作永久支护时，锚孔内必须注满砂浆或树脂。

8.2.7 自稳时间短的围岩，宜采用全黏结树脂锚杆或早强水泥砂浆锚杆。

8.2.8 锚杆露头应设托板，托板长、宽、厚宜不小于150mm×150mm×6mm。

8.2.9 在III、IV、V、VI级围岩条件下，锚杆应按系统锚杆设计，并符合下列规定：

1 锚杆一般应沿隧道周边径向布置，当结构面或岩层层面明显时，锚杆应与岩体主结构面或岩层层面呈大角度布置。

2 锚杆应按矩形排列或梅花形排列。

3 锚杆间距不得大于1.5m。间距较小时，可采用长短锚杆交错布置。

4 两车道隧道系统锚杆长度一般不小于2.0m，三车道隧道系统锚杆长度一般不小于2.5m。

8.2.10 局部不稳定的岩块宜设置局部锚杆，可采用全长黏结型锚杆、端头锚固型锚杆、预应力锚杆，锚固端应置于稳定岩体内，锚杆参数应通过计算确定。

8.2.11 软岩、收敛变形较大的围岩地段，可采用预应力锚杆，预应力锚杆的预加应力应不小于100kPa。预应力锚杆的锚固端必须锚固在稳定岩层内。

8.2.12 岩体破碎、成孔困难的围岩，宜采用自进式锚杆。

8.2.13 在围岩条件较差地段或地面沉降有严格限制时，应在初期支护内增设钢架。常用的钢架有：钢筋格栅钢架、工字形型钢钢架、U形型钢钢架和H形型钢钢架。钢架支护宜优先选用格栅钢架。格栅钢架主筋宜采用 HRB335、HRB400 钢,辅筋宜采用 HPB235 钢。型钢钢架支护宜采用工字形钢、U 形钢和 H 形钢钢架。

8.2.14 在设置超前支护的地段,可设置钢架作为超前锚杆、超前小导管、超前大管棚等的尾端支点。

8.2.15 钢架支护的一般规定:

1 钢架支护必须有足够的刚度和强度,能够承受隧道施工期间可能出现的荷载。

2 钢架支护间距宜为 0.5 ~ 1.5m。

3 采用钢架支护的地段连续使用钢架的数量不少于 3 榀;钢架支护榀与榀之间必须用直径为 18 ~ 22mm 的钢筋连接,连接筋的间距不大于 1m,并在钢架支护内缘、外缘交错布置。

4 钢架应分节段制作,节段与节段之间通过钢板用螺栓连接或焊接。

5 钢架与围岩之间的混凝土保护层厚度不应小于 40mm;临空一侧的混凝土保护层厚度不应小于 20mm。

8.2.16 大面积淋水地段、膨胀性地层、能造成衬砌腐蚀的地段、最冷月份平均气温低于 -5℃ 的地区或有冻害的地段,不宜采用喷锚衬砌。

8.2.17 喷锚衬砌可采用工程类比法或数值计算,并结合现场监控量测进行设计。

8.3 整体式衬砌

8.3.1 整体式衬砌截面可设计为等截面或变截面。对设仰拱的地段,仰拱与边墙宜采用小半径曲线连接,仰拱厚度宜与拱圈厚度相同。

8.3.2 明洞衬砌与洞内衬砌交界处或不设明洞的洞口段衬砌,在距洞口 5 ~ 12m 的位置应设沉降缝;在洞内,软硬地层明显分界处宜设沉降缝;在连续 V、VI 级围岩中每30 ~ 80m 应设沉降缝一道。

8.3.3 严寒与酷热温差变化大的地区,特别是在最冷月份平均气温低于 -15℃ 的寒冷地区,距洞口 100 ~ 200m 范围的衬砌段应根据情况增设伸缩缝。

8.3.4 沉降缝、伸缩缝缝宽应大于 20mm,缝内可夹侵沥青木板或沥青麻丝。伸缩缝、沉降缝应垂直于隧道轴线设置。

8.3.5 沉降缝、伸缩缝可兼作施工缝。在设有沉降缝、伸缩缝的位置,施工缝宜调整到同一位置。

8.3.6 不设仰拱的地段，衬砌边墙基底应置于稳固的地基之上，在洞门墙厚度范围内，边墙基础应加深到与洞门墙基础底相同的标高。

8.3.7 在有明显偏压的地段，应采用抗偏压衬砌，抗偏压衬砌宜采用钢筋混凝土结构。

8.3.8 隧道横洞与主洞的交叉段衬砌宜采用钢筋混凝土结构。

8.3.9 地震动峰值加速度系数大于0.2的地区，洞口段及软弱围岩段的衬砌宜采用钢筋混凝土结构。

8.3.10 当采用钢筋混凝土衬砌结构时，混凝土强度等级不应小于C25，受力主筋的净保护层厚度不小于40mm。

8.4 复合式衬砌

8.4.1 复合式衬砌是由初期支护和二次衬砌及中间夹防水层组合而成的衬砌形式。复合式衬砌设计应符合下列规定：

1 初期支护宜采用锚喷支护，即由喷射混凝土、锚杆、钢筋网和钢架等支护形式单独或组合使用，并应符合8.2节的规定。锚杆支护宜采用全长黏结锚杆。

2 二次衬砌宜采用模筑混凝土或模筑钢筋混凝土结构，衬砌截面宜采用连接圆顺的等厚衬砌断面，仰拱厚度宜与拱墙厚度相同。二次衬砌应符合8.3.2～8.3.10条的规定。

3 在确定开挖断面时，除应满足隧道净空和结构尺寸外，还应考虑初期支护并预留适当的变形量。预留变形量的大小可根据围岩级别、断面大小、埋置深度、施工方法和支护情况等，采用工程类比法预测。当无预测值时可参照表8.4.1选用，并应根据现场监控量测结果进行调整。

表8.4.1 预留变形量(mm)

围岩级别	两车道隧道	三车道隧道	围岩级别	两车道隧道	三车道隧道
I	—	—	IV	50～80	80～120
II	—	10～50	V	80～120	100～150
III	20～50	50～80	VI	现场量测确定	

注：围岩破碎取大值；围岩完整取小值。

8.4.2 复合式衬砌可采用工程类比法进行设计，并通过理论分析进行验算。初期支护及二次衬砌的支护参数可参照表8.4.2-1、表8.4.2-2选用，并应根据现场围岩监控量测信息对设计支护参数进行必要的调整。

表 8.4.2-1 两车道隧道复合式衬砌的设计参数

围岩级别	初期支护							二次衬砌厚度(cm)	
	喷射混凝土厚度(cm)		锚杆(m)			钢筋网	钢架	拱、墙混凝土	仰拱混凝土
	拱部、边墙	仰拱	位置	长度	间距				
I	5	—	局部	2.0	—	—	—	30	—
II	5~8	—	局部	2.0~2.5	—	—	—	30	—
III	8~12	—	拱、墙	2.0~3.0	1.0~1.5	局部@25×25	—	35	—
IV	12~15	—	拱、墙	2.5~3.0	1.0~1.2	拱、墙@25×25	拱、墙	35	35
V	15~25	—	拱、墙	3.0~4.0	0.8~1.2	拱、墙@20×20	拱、墙、仰拱	45	45
VI	通过试验、计算确定								

表 8.4.2-2 三车道隧道复合式衬砌的设计参数

围岩级别	初期支护							二次衬砌厚度(cm)	
	喷射混凝土厚度(cm)		锚杆(m)			钢筋网	钢架	拱、墙混凝土	仰拱混凝土
	拱部边墙	仰拱	位置	长度	间距				
I	8	—	局部	2.5	—	局部	—	35	—
II	8~10	—	局部	2.5~3.5	—	局部	—	40	—
III	10~15	—	拱、墙	3.0~3.5	1.0~1.5	拱、墙@25×25	拱、墙	45	45
IV	15~20	—	拱、墙	3.0~4.0	0.8~1.0	拱、墙@20×20	拱、墙、仰拱	50,钢筋混凝土	50
V	20~30	—	拱、墙	3.5~5.0	0.5~1.0	拱、墙(双层)@20×20	拱、墙、仰拱	60,钢筋混凝土	60,钢筋混凝土
VI	通过试验、计算确定								

注:有地下水时,可取大值;无地下水时,可取小值。采用钢架时,宜选用格栅钢架。

8.4.3 对软弱流变围岩、膨胀性围岩,隧道支护参数的确定还应考虑围岩形变压力继续增长的作用。

8.5 明洞衬砌

8.5.1 下列情况应设明洞衬砌:

1 洞顶覆盖层薄,不宜大开挖修建路堑,并难于用暗挖法修建隧道的地段。

2 路基或隧道洞口受边坡坍方、岩堆、落石、泥石流等不良地质危害;修建路堑会危及到附近重要建筑物安全的地段。

3 铁路、公路、沟渠和其他人工构造物必须在隧道上方通过,不宜采用暗洞或立交桥涵跨越时。

4 为了保护洞口的自然景观而延伸隧道长度时。

8.5.2 选择明洞的结构类型,应根据地形、地质、施工条件,考虑结构安全、经济实用、美观等因素综合分析确定。

1 边坡一次塌方量大、落石较多且基底地质条件较好时,宜采用拱形明洞。

2 当路基外侧地形狭窄、内外侧墙基底地质明显不同,外侧基础工程量较大或洞顶荷载较小时,可采用棚洞。

3 在建筑高度受到限制或地基软弱的地方,可采用框架明洞。

4 为保护洞口自然环境或防止洞口边、仰坡滚石须加长隧道而修建明洞时,可采用拱形、箱形明洞,并可在洞顶植草、植树等。

8.5.3 明洞衬砌设计应符合下列规定:

1 当采用拱形明洞时,可按整体式衬砌设计。

2 半路堑拱形明洞应考虑偏压,拱形明洞外边墙宜适当加厚。当地形条件允许时,可考虑采用反压回填、设反压墙平衡偏压荷载,减小或消除偏压。

3 当拱形明洞边墙侧压较大及地层松软时,宜设仰拱。

4 明洞宜采用钢筋混凝土结构。

5 采用棚洞结构时,顶板一般可采用T形、Π形或空心板截面构件,内边墙可采用挡墙结构;当内侧岩体完整、坚固、无地下水时,可采用锚杆挡墙;外侧边墙可视地形、地基、边坡坍方、落石等情况选用墙式、柱式、刚架等结构类型。

6 当明洞作为整治滑坡的措施时,应按支挡工程设计,并应采取综合治理措施,确保滑坡体稳定和明洞安全。

7 在地质情况变化较大地段应设置沉降缝;气温变化较大地区,应根据长度等情况设置伸缩缝。

8.5.4 明洞基础设计应符合下列规定:

1 明洞基础应置于稳固的地基上,明洞基础底标高不宜高于隧道侧沟沟底标高或路面基层标高。

2 当基岩埋深较浅时,基础可设置于基岩上;当基础位于软弱地基上时,可采用仰拱、整体式钢筋混凝土底板,也可采用桩基、扩大基础、基础加深和地基加固处理等措施。

3 外墙基础趾部应保证一定的嵌入基岩深度和护基宽度。在冻胀性土上设置明洞基础时,基底埋置深度应不小于冰冻线以下250mm。当地基为斜坡地形时,地基可切割成台阶。

4 当地基外侧受水流冲刷影响时,应采取加固和防护措施。

5 明洞外边墙、棚洞立柱基础埋置深度超过路面以下3m时,宜在路面以下设置钢筋混凝土横向水平拉杆,并锚固于内边墙基础或岩体中,或用锚杆锚固于稳定的岩体中;立柱可在路基平面处加设纵撑,应与相邻立柱及内边墙连接。

8.5.5 明洞洞顶回填、拱背处理应根据明洞设置的目的、作用,以及地形条件、山坡病害而定,并符合下列规定:

1 当山坡有严重的危石、崩坍威胁时,应予清除或作加固处理。为防护一般的落石、崩坍危害时,明洞拱背回填土厚度不宜小于1.5m,填土表面应设置一定的排水坡度。

2 不设洞门端墙时,可采用拱背部分裸露、按自然山坡坡度填土,填土表面一般应植草。

3 立交明洞上的填土厚度应结合公路、铁路、沟渠及其他人工构造物的标高、自然环境、美化要求和结构设计等研究确定,必要时可设护拱。

4 当明洞顶设置过水、泥石流等渡槽、沟渠及其他构造物时,设计应考虑其影响。一般过水沟渠或普通截水沟沟底距洞顶外缘厚度不小于1.0m。当为排泄山沟洪水、泥石流等的渡槽时,泥石流等渡槽沟渠底距洞顶外缘不小于1.5m。

8.5.6 明洞边墙背后回填,应根据明洞类型、地质条件、设计要求和施工方法按下列要求确定:

1 衬砌设计考虑地层弹性抗力时,边墙背后超挖部分应用混凝土或浆砌片石回填。

2 衬砌设计只计墙背地层或回填土主动土压力时,边墙背后回填料的内摩擦角不应小于地层的计算摩擦角或设计的回填料的计算摩擦角。

9 结构计算

9.1 一般规定

9.1.1 隧道结构应按破损阶段法验算构件截面的强度。结构抗裂有要求时,对混凝土构件应进行抗裂验算,对钢筋混凝土构件应验算其裂缝宽度。

9.1.2 本章适用于静力问题的分析。

9.3 明洞计算

9.3.1 明洞衬砌应按破损阶段计算构件截面强度,并根据不同荷载组合,采用表9.2.4-2的安全系数值。

9.3.2 当墙背围岩对边墙变形有约束作用时,应按9.2.2条考虑弹性抗力的影响。

9.4 洞门计算

9.4.1 采用挡墙式洞门时,洞门墙可视作挡土墙,按极限状态验算其强度,并应验算绕墙趾倾覆及沿基底滑动的稳定性。验算时应符合表 9.4.1 的规定,并应符合《公路路基设计规范》、《公路砖石及混凝土桥涵设计规范》、《公路桥涵地基与基础设计规范》的有关规定。

表 9.4.1 洞门墙主要验算规定

墙身截面荷载效应值 S_d	≤结构抗力效应值 R_d(按极限状态计算)
墙身截面偏心距 e	≤0.3 倍截面厚度
基底应力 σ	≤地基容许承载力
基底偏心距 e	岩石地基≤$B/5$ ~ $B/4$;土质地基≤$B/6$(B 为墙底厚度)
滑动稳定安全系数 K_c	≥1.3
倾覆稳定安全系数 K_0	≥1.6

对于高洞门墙,为避免拉应力过大,设计时应控制截面拉应力。

9.5 构造要求

9.5.1 隧道建筑物各部结构的截面最小厚度应大于表 9.5.1 的数值。

表 9.5.1 截面最小厚度(cm)

建筑材料种类	隧道和明洞衬砌			洞门端墙、翼墙和洞口挡土墙
	拱圈	边墙	仰拱	
混凝土	20	20	20	30
片石混凝土		50	50	50
浆砌粗料石		30		30
浆砌片石		50		50

9.5.2 混凝土基础台阶的坡线和竖直线之间的夹角不应大于 45°;当为砌体基础时,不应大于 35°。

9.5.3 钢筋混凝土构件中受力钢筋的混凝土保护层最小厚度应符合表 9.5.3 的规定。

表 9.5.3 混凝土保护层最小厚度(cm)

构件厚度	保护层最小厚度		构件厚度	保护层最小厚度	
	非侵蚀性环境	侵蚀性环境		非侵蚀性环境	侵蚀性环境
<15	根据情况确定	根据情况确定	31 ~ 50	3.5	4
15 ~ 30	3	3.5	>50	4	5

注:①明洞和洞门均采用表中非侵蚀性环境栏内的数值。

②有防火要求时,保护层最小厚度应按相应规范考虑。

10 防水与排水

10.1 一般规定

10.1.1 隧道防排水应遵循“防、排、截、堵结合,因地制宜,综合治理”的原则,保证隧道结构物和营运设备的正常使用和行车安全。隧道防排水设计应对地表水、地下水妥善处理,洞内外应形成一个完整通畅的防排水系统。

10.1.2 高速公路、一级公路、二级公路隧道防排水应满足下列要求:

1 拱部、边墙、路面、设备箱洞不渗水。

2 有冻害地段的隧道衬砌背后不积水,排水沟不冻结。

3 车行横通道、人行横通道等服务通道拱部不滴水,边墙不淌水。

10.1.3 三级公路、四级公路隧道应做到:

1 拱部、边墙不滴水,路面不积水,设备箱洞不渗水。

2 有冻害地段的隧道衬砌背后不积水,排水沟不冻结。

10.1.4 当采取防排水工程措施时,应注意保护自然环境。当隧道内渗漏水引起地表水减少,影响居民生产、生活用水时,应对围岩采取堵水措施,减少地下水的渗漏。

10.2 防水

10.2.1 隧道地表沟谷、坑洼积水、渗水对隧道有影响时,宜采用疏导、勾补、铺砌和填平等处治措施。废弃的坑穴、钻孔等应填实封闭。隧道附近的水库、池沼、溪流、井泉水、地下水,当有可能渗入隧道时,应采取防止或减少其下渗的处理措施。

10.2.2 隧道采用复合式衬砌时,在初期支护与二次衬砌之间应设置防水板及无纺布。要求如下:

1 无纺布密度不小于300g/m^2。

2 防水板应采用易于焊接的防水卷材,厚度不小于1.0mm,接缝搭接长度不小于100mm。

10.2.3 隧道二次衬砌应满足抗渗要求。混凝土的抗渗等级,有冻害地段及最冷月份平均气温低于-15℃的地区不低于S8,其余地区不低于S6。

10.2.4 隧道二次衬砌的施工缝、沉降缝、伸缩缝应采取可靠的防水措施。

10.2.5 有侵蚀性地下水时,应针对侵蚀类型,采用抗侵蚀混凝土,压注抗侵蚀浆液,或铺设抗侵蚀防水层。

10.2.6 围岩破碎、涌水易坍塌地段,宜向围岩内预注浆。向衬砌背后压浆时,应防止因压浆而堵塞衬砌背后的排水管道。

10.2.7 当隧道位于常水位以下,又不宜排泄时,隧道衬砌应采用抗水压衬砌。

10.3 排水

10.3.1 隧道洞内宜按地下水和营运清洗污水、消防污水分离排放的原则设置纵向排水系统,应能保证排水畅通,避免洞内积水。

10.3.2 隧道内排水应符合下列规定:

1 路面两侧应设纵向排水沟,引排营运清洗水、消防水和其他废水。

2 隧道纵向排水坡宜与隧道纵坡一致。

3 路侧边沟可设置为开口式明沟或暗沟。当边沟为暗沟时,应设沉沙池、滤水篦,其间距宜为25~30m。

4 检修道或人行道的道面应考虑排水,可酌情设0.5%~1.5%的横坡,亦可在墙脚与检修道交角处设宽50mm、深30mm的纵向凹槽,以利道面清洁排水。

10.3.3 路面结构底部排水设施应符合下列规定:

1 路面结构下宜设纵向中心水沟(管),集中引排地下水。

2 中心水沟(管)断面积应根据隧道长度、纵坡、地下水渗流量,通过水力计算确定。

3 中心水沟(管)纵向应按间距50m设沉沙池,并根据需要设检查井。检查井的位置、构造不得影响行车安全,并应便于清理和检查。

4 隧底应设横向导水管,以连接中心水沟(管)与衬砌墙背排水盲管。横向导水管的直径不宜小于100mm,横向坡度不应小于2%,其纵向间距应根据地下水量确定,一般可按30~50m设置。当不设隧底中心水沟(管)时,横向导水管的纵向间距不宜小于10m。

5 路面底部应设不小于1.5%的横向排水坡度。

6 寒冷和严寒地区有地下水的隧道,最冷月份平均气温低于-10℃时,应采用深埋中心水沟;最冷月份平均气温低于-25℃时,应在隧道下设防寒泄水隧洞。

10.3.4 隧道衬砌外排水设施应符合下列规定:

1 在衬砌两侧边墙背后底部应设沿隧道的纵向排水盲管(沟),其孔径不应小于80mm。

2 沿衬砌背后环向应设置导水盲管,其纵向间距不应大于20m,遇水量较大时,环向盲管应加密。对有集中出水处,应单独设竖向盲管。环向盲管、竖向盲管的直径不应小于50mm。

3 环向盲管、竖向盲管应与边墙底部的纵向排水盲管(沟)连通;纵向排水盲管(沟)应与横向导水管连通,以形成完整的纵横向排水系统。环向盲管、竖向盲管、纵向排水盲管应用无纺布包裹。

10.3.5 当地下水发育,含水层明显,又有长期充分补给来源时,可利用辅助坑道排水或设置泄水洞等截、排水设施。

10.3.6 当洞内水质有侵蚀时,应采取适当措施,防止排水造成环境污染。

10.4 洞口与明洞防排水

10.4.1 隧道、辅助坑道的洞口及明洞应设置截水沟和排水沟,洞口边坡、仰坡应采取防护措施,防止地表水的下渗和冲刷。

10.4.2 为防止洞外水流入隧道内,可在洞口外设置反向排水边沟或采取截流措施。

10.4.3 明洞防排水要求如下:

1 明洞顶部应设置必要的截、排水系统。

2 回填土表面宜铺设隔水层,并与边坡搭接良好。

3 靠山侧边墙底或边墙后宜设置纵向和竖向盲沟,将水引至边墙泄水孔排出。

4 衬砌外缘应敷设外贴式防水层。

5 明洞与隧道接头处应做好防水处理。

12 辅助通道

12.1 一般规定

12.1.1 为满足营运通风、逃生救灾等要求或增加施工开挖面,应设置辅助通道。满足营运通风、救灾要求而设置的营运辅助通道为竖井、斜井、平行导坑、横通道、风道、地下风机房等;为增加施工开挖面而设置的施工辅助通道为竖井、斜井、平行导坑、横洞等。

12.1.2 应根据隧道长度、施工期限、地形、地质、水文等条件,结合通风、救灾、排水及弃渣的需要,通过技术经济比较,合理选设竖井、斜井、平行导坑、横洞及风道。

12.1.3 营运辅助通道的断面尺寸应根据通风需要、管路布置和逃生救灾要求确定;施工辅助通道的断面尺寸应根据施工要求、地质条件、支护类型、设备技术条件及工作环境要求等因素确定。

12.1.4 营运辅助通道一般应设模筑衬砌,并要求内壁面平滑;施工辅助通道根据情况可采用喷锚衬砌。辅助通道岔洞和正洞联结处应作加强设计。

12.1.5 施工辅助通道在隧道主体工程竣工后不予利用者,在保证隧道安全的条件下应作如下处理:

1 整理排水系统,使其畅通。

2 加强洞(井)口、软弱围岩段及辅助通道与正洞连接段的衬砌。

3 封闭洞(井)口时应设置安全检查设施。

12.1.6 辅助通道的洞(井)口位置选择、施工场地布置及弃渣处理等,应注意环境保护、少占耕地,防止弃渣堵塞河道、沟渠、道路交通,并应减少由于辅助通道的修建对农田、水利设施和生活用水的影响。

12.1.7 应根据地下水水量和施工组织安排,选择竖井、斜井井底的排水方式和相应的设施。应根据运量要求、提升方式、运输设备等因素,合理布置竖井、斜井井底的场地。

13 辅助工程措施

13.1 一般规定

13.1.1 当隧道通过浅埋、严重偏压、岩溶流泥地段、砂土层、砂卵(砾)石层、回填土、自稳性差的软弱破碎地层、断层破碎带以及大面积淋水或涌水地段时,应采用辅助工程措施。辅助工程措施有管棚、超前导管、超前钻孔注浆、超前锚杆、地表砂浆锚杆、地表注浆加固、护拱、井点降水、深井排水等。

13.1.2 隧道设计可根据不同地质条件、环境条件和施工条件采用相应的辅助工程措施。

13.2 地层稳定措施

13.2.1 管棚法设计应遵循下列原则：

1 管棚的形状和导管的布置方式应根据隧道开挖面的形状选择。

2 导管环向间距应根据地层性质、地层压力、导管设置部位、钻孔机具和隧道开挖方式等条件确定，一般为30～50cm，纵向两组管棚间应有不小于3.0m的水平搭接长度。

3 导管宜选用热轧无缝钢管，外径宜为80～180mm，长度为10～45m，分段安装，分段长4～6m。

4 导管上的注浆孔孔径宜为10～16mm，间距宜为15～20cm，呈梅花形布置。

5 当需增加管棚钢架支护的刚度时，可在钢管内注入水泥砂浆。

6 在护拱上沿隧道开挖轮廓线纵向钻设的管棚孔不得侵入隧道开挖轮廓线。孔深设计宜为10～45m。护拱的基础应放在稳定的基础上。

13.2.2 超前小导管设计应遵循下列原则：

1 小导管宜采用直径42～50mm的无缝钢管，长度宜为3～5m。

2 小导管前部注浆孔孔径宜为6～8mm，间距宜为10～20cm，呈梅花形布置，尾部长度不小于30cm。

3 小导管环向设置间距可为20～50cm，外插角10°～30°，两组小导管间纵向水平搭接长度不小于100cm。

4 小导管应与格栅钢架组成支护系统。

13.2.3 超前钻孔注浆设计应遵循下列原则：

1 根据地质状况，选用合理的计算方法确定注浆范围。

2 注浆孔应根据注浆范围、注浆长度、浆液材料、扩散半径以及工程要求等条件布置。

3 注浆孔径应不小于110mm，注浆压力应根据现场试验确定。

4 注浆材料根据地质条件及涌水情况确定。

13.3 涌水处理措施

13.3.1 注浆止水设计除应符合13.2.3条外，还应遵循下列原则：

1 注浆范围宜覆盖围岩松动圈。

2 注浆段的长度应根据地质条件、涌水量和水压力等因素确定。

3 注浆孔中心间距应根据注浆帷幕厚度、浆液扩散半径以及各孔扩散范围相互重叠等因素确定，可为浆液扩散半径的1.5～1.7倍；浆液扩散半径根据不同的地质条件、注浆压力、浆液种类等在现场试验确定，亦可按工程类比法选定，并在施工中不断修正。

13.3.2 超前钻孔排水设计应遵循下列原则：

1 采取排水措施，保证钻孔排出的水迅速排出洞外。

2 超前钻孔的孔底应超前开挖面 1～2 个循环进尺。

13.3.3 超前导洞排水设计应遵循下列原则：

1 导洞应和正洞平行或接近平行。

2 导洞底标高应低于正洞底标高。

3 导洞应超前正洞 10～20m，至少应超前 1～2 个循环进尺。

14 特殊地质地段

14.1 一般规定

14.1.1 当隧道通过膨胀岩层、黄土地层、含水未固结围岩、溶洞、破碎带、岩爆、流沙以及瓦斯溢出地层时，应根据具体情况采用相应辅助工程措施。

14.1.2 特殊地质地段的隧道，除采用特殊设计外，还应在施工中加强围岩和地下水位变化观察、支护和衬砌受力量测，如发现设计与实际情况不符，应及时修正设计。

14.2 膨胀性围岩

14.2.1 膨胀性围岩隧道支护衬砌形状宜采用圆形或接近圆形的断面。

14.2.2 膨胀性围岩隧道应采用先柔后刚、先让后顶、分层支护的设计方法。

14.2.3 膨胀性围岩隧道应采用复合式衬砌，初期支护喷射混凝土最大厚度不应超过 25cm。二次衬砌宜采用等厚、圆顺断面，宜采用钢筋混凝土衬砌，衬砌厚度不宜大于 50cm。

膨胀性围岩隧道支护衬砌均应设置仰拱。

14.2.4 当膨胀压力引起大变形时，初期支护宜采用预留纵向变形缝的喷混凝土支护，并采用可缩式钢架，同时加密高强度锚杆，以抵御膨胀压力。

14.2.5 膨胀性围岩隧道仰拱应及时施作，使支护衬砌尽早形成闭合结构，以增加衬砌的整体承载能力，控制边墙变形，防止底鼓现象。

14.2.6 膨胀性围岩隧道必须做好隧底的防水排水工作,防止水流浸泡基底。

14.3 溶洞与采空区

14.3.1 通过岩溶地区的隧道,可采用跨越、加固洞穴、引排截流岩溶水、清除或加固充填物、回填夯实、封闭地表塌陷、疏排地表水等综合治理设计方案。

14.3.2 对于规模较大溶洞、或暗河通道、或有松软充填物的溶洞、或基础处理工程修建困难的地段,应采用跨越通过。

14.3.3 对跨径较小、无水的溶洞,可根据其与隧道相交的位置及其充填情况,采用混凝土、浆砌片石予以回填封闭。

14.3.4 当隧道拱顶部有较大规模空溶洞时,可视溶洞洞壁的岩石稳定程度,在溶洞顶部采用喷锚加固,并采用隧道护拱及拱顶回填的办法处治。

14.3.5 当个别溶洞处理困难时,可采取迂回导坑绕过溶洞的方法。

14.3.6 对于隧道底部溶洞充填物应根据具体情况采取桩基、注浆、换填等措施进行加固。

14.3.7 对管道岩溶水应采取宜疏不宜堵的原则处理。对裂隙岩溶水应根据实际情况采用相应的处治措施。

14.3.8 对穿越采空区的隧道,应根据采空区的分布范围、大小、深度、积水及其上覆岩层稳定情况,采取加固、回填、封闭地表塌陷、疏排水等综合处治措施。

14.4 流沙

14.4.1 穿越流沙地段的隧道应根据流沙特性、规模,综合考虑物质组成、贯入度、相对密度、粒径分布、塑性指数、地层承载力、滞水层分布、地下水压力和渗透系数等因素确定设计方案。

14.4.2 通过流沙地段的隧道应遵循下列设计原则:

1 加强防排水设计,必要时可采取井点降水法。

2 衬砌可采用工字型钢支撑,设置底梁,支撑的上下、纵横均应连接牢固。

3 对于流沙逸出口附近较干燥围岩,应采用锚杆或混凝土层加固围岩。

14.5 瓦斯地层

14.5.1 通过瓦斯地层的隧道,衬砌断面宜采用带仰拱的封闭式衬砌或加厚铺底,并视地质情况向不含瓦斯地段延伸10~20m。

14.5.2 含瓦斯地层隧道应采用单层或多层全封闭结构,并提高混凝土的抗渗性。

14.5.3 含瓦斯地层的喷射混凝土厚度不应小于15cm,模筑混凝土二次衬砌厚度不应小于40cm。

14.5.4 瓦斯地层宜采用超前导坑法开挖,探查瓦斯种类和含量,并加强施工通风,以稀释瓦斯浓度。

14.5.5 隧道竣工后,应继续对瓦斯渗入及含量进行监测,当封堵等措施仍无法隔绝瓦斯渗漏时,应考虑增设营运期间机械通风。

14.5.6 通过瓦斯地层的隧道,钻爆设计应遵循《公路隧道施工技术规范》(JTJ 042)的相关规定。

14.6 黄土

14.6.1 黄土地区的隧道,应视黄土分类、物理力学性能和施工方法等确定衬砌结构。

14.6.2 黄土地区隧道应采用曲墙衬砌。

14.6.3 采用复合式衬砌时,开挖后宜以钢支撑、钢筋网喷射混凝土和锚杆作初期支护,必要时宜采用超前锚杆、管棚加固。

14.6.4 位于隧道附近地表的冲沟、陷穴、裂缝应回填、铺砌,并设置地表水的引排设施。

14.6.5 黄土地区的隧道,在因构造节理切割而形成的不稳定部位应加强支护。当隧道覆盖层浅、地层稳定性差时,可按本规范第13章中地层稳定方法的辅助工程措施设计。

14.6.6 黄土隧道洞门设计应遵循下列原则:

1 非湿陷性黄土地基上的隧道洞门设计应考虑地表水冲刷防护。

2　湿陷性黄土地基上的隧道洞门,应根据黄土的物理力学性质,对端、翼墙地基采取适当的换填夯实措施。

3　黄土隧道洞门墙背上的压力可按库仑理论计算,同时应考虑土壤黏聚力的作用。

14.7　岩爆

14.7.1　岩爆地段的隧道设计应根据岩爆烈度等级采取有效的防治措施。

14.7.2　岩爆地段隧道初期支护可采用喷射混凝土、系统锚杆和钢筋网,形成喷、锚、网的一体组合支护;岩爆烈度级别较高时,可以采取超前应力释放措施,并辅以超前锚杆、增设格栅钢架支撑等措施。

16　机电及其他设施

16.1　通风

16.1.1　公路隧道通风设计应综合考虑交通条件、地形、地物、地质条件、通风要求、环境保护要求、火灾时的通风控制、维护与管理水平、分期实施的可能性、建设与营运费用等因素。

16.1.2　隧道通风应符合以下要求:

1　单向交通的隧道设计风速不宜大于10m/s,特殊情况下可取12m/s;双向交通的隧道设计风速不应大于8m/s;人车混合通行的隧道设计风速不应大于7m/s。

2　风机产生的噪声及隧道中废气的集中排放均应符合环保的有关规定。

3　确定的通风方式在交通条件等发生变化时,应具有较高的稳定性,并能适应火灾工况下的通风要求。

4　隧道内营运通风的主流方向不应频繁变化。

16.2　照明

16.2.1　长度大于100m的隧道应设置照明。

16.2.2　照明设计应综合考虑环境条件、交通状况、土建结构设计、供电条件、建设与营运费用等因素。

16.2.3 照明设计路面亮度总均匀度(U_0)应不低于表 16.2.3-1 的要求,路面亮度纵向均匀度(U_1)应不低于表 16.2.3-2 的要求。

表 16.2.3-1 路面亮度总均匀度 U_0

设计交通量 N(辆/h)		U_0
双车道单向交通	双车道双向交通	
≥2 400	≥1 300	0.4
≤700	≤360	0.3

注:当交通量在其中间值时,可按插入法取值。

表 16.2.3-2 亮度纵向均匀度 U_1

设计交通量 N(辆/h)		U_1
双车道单向交通	双车道双向交通	
≥2 400	≥1 300	0.6~0.7
≤700	≤360	0.5

注:当交通量在其中间值时,可按插入法取值。

二十二、公路立体交叉设计细则

(JTG/T D21—2014)

3 功能与分类

3.1 一般规定

3.1.2 公路立体交叉的采用和类型选择,应根据节点在路网系统中的地位和功能确定,并应综合考虑交叉公路的等级、功能和接入控制要求等因素。

3.2 分类

3.2.1 公路立体交叉可分为分离式立体交叉和互通式立体交叉。

3.2.2 互通式立体交叉可分为一般互通式立体交叉和枢纽互通式立体交叉两种基本类型,并可根据交叉岔数、交叉形状、交叉方式和方向连通程度等按下列规定分类:

1 按交叉岔数可分为三岔交叉、四岔交叉和多岔交叉互通式立体交叉。

2 按互通式立体交叉的形状可分为喇叭形、苜蓿叶形、菱形、环形、涡轮形、T 形、Y 形和叶形互通式立体交叉等。

3 按交通流线的交叉方式,可分为完全立体交叉型和平面交叉型互通式立体交叉。

4 按方向连通程度可分为完全互通型和不完全互通型互通式立体交叉。

3.3 功能与类型选择

3.3.2 一般互通式立体交叉应为地方交通提供接入和交通转换功能。枢纽互通式立体交叉应满足交叉公路直行及转换交通连续、快速通行的需要。

3.3.3 互通式立体交叉类型的选择应符合下列规定:

1 被交叉公路为双车道公路或具集散功能的一级公路的互通式立体交叉,宜采用一般互通式立体交叉。

2 高速公路之间、高速公路与具干线功能的一级公路之间或具干线功能的一级公路之间相交叉的互通式立体交叉,宜采用枢纽互通式立体交叉。

3 设置匝道收费站的互通式立体交叉可按一般互通式立体交叉设计。

4 一般互通式立体交叉可采用平面交叉型。

5　枢纽互通式立体交叉宜采用完全立体交叉型。

6　当个别方向无交通转换需求，或虽存在少量交通转换需求但完全连通特别困难时，可采用不完全互通型，未连通方向的交通转换功能应通过路网交通组织由邻近节点承担，并应与完全互通型综合比较论证后确定。

3.3.4　当节点存在交通转换需求，但由于间距控制或现场条件限制等原因采用分离式立体交叉时，其转弯交通应通过路网交通组织由邻近节点承担，并应与互通式立体交叉或互通式立体交叉分期修建方案比较论证后确定。

4　控制要素

4.5　交通量与服务水平

4.5.1　在工程可行性研究阶段，公路立体交叉方案设计可采用年平均日交通量。年平均日交通量应采用主线交通量预测年限或立体交叉建成通车后第20年的预测交通量。

4.5.2　在设计阶段，公路立体交叉设计应采用设计小时交通量，并应符合下列规定：

1　设计小时交通量宜采用年第30位小时交通量，也可根据立体交叉功能和当地小时交通量的变化特征采用20～40位小时之间最为经济合理时位的小时交通量。设计小时交通量应按式(4.5.2)换算：

$$DDHV = AADT \cdot K \cdot D \tag{4.5.2}$$

式中：$DDHV$——设计小时交通量(pcu/h)；

$AADT$——年平均日交通量(pcu/d)；

K——设计小时交通量系数，根据交叉公路功能、交通量、地区气候和地形等条件确定；

D——方向不均匀系数，根据当地交通量观测资料确定，当资料缺乏时，可在50%～60%范围内选取。

2　互通式立体交叉设计应提供节点交通量分布图，明确各方向和各路段的设计小时交通量。

4.5.3　公路立体交叉范围内的交叉公路、匝道、分流区、合流区、交织区和集散道的服务水平分为六级。交叉公路设计服务水平应按相应公路功能及等级选取；匝道、分流区、合流区、交织区和集散道的设计服务水平可比主线低一级，但不应低于四级。

4.5.4 当设计服务水平采用四级时,匝道基本路段单车道和双车道的设计通行能力可由表4.5.4取值。

表4.5.4 匝道基本路段的设计通行能力

匝道设计速度(km/h)		80	70	60	50	40	35	30
设计通行能力(pcu/h)	单车道	1 500	1 400	1 300	1 200	1 000	900	800
	双车道	2 900	2 600	2 300	2 000	1 700	1 500	1 300

5 总体设计

5.4 间距控制

5.4.3 互通式立体交叉之间、互通式立体交叉与其他设施之间的距离不宜小于表5.4.3的规定值。

表5.4.3 互通式立体交叉及其他设施的最小间距

相邻设施种类	最小间距(km)
一般互通式立体交叉与枢纽互通式立体交叉之间	4.5
一般互通式立体交叉之间	4.0
互通式立体交叉与服务区、停车区、U形转弯设施之间	

5.6 出口形式

5.6.1 高速公路宜采用相对一致的出口形式。有条件时,分流端部宜统一设置于交叉点之前,并宜采用单一的出口方式(图5.6.1)。

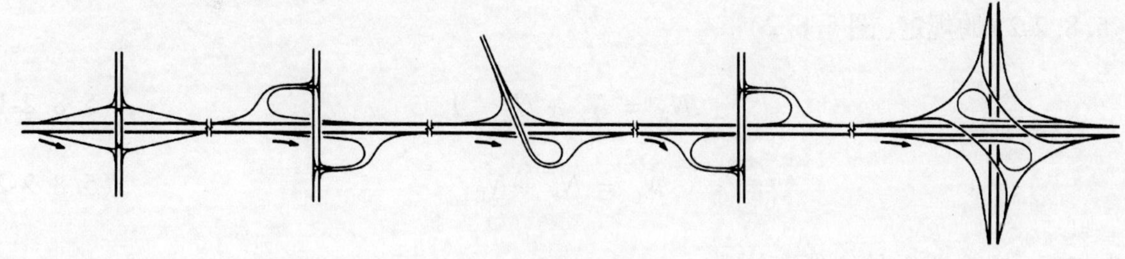

a)一致的出口形式

图 5.6.1

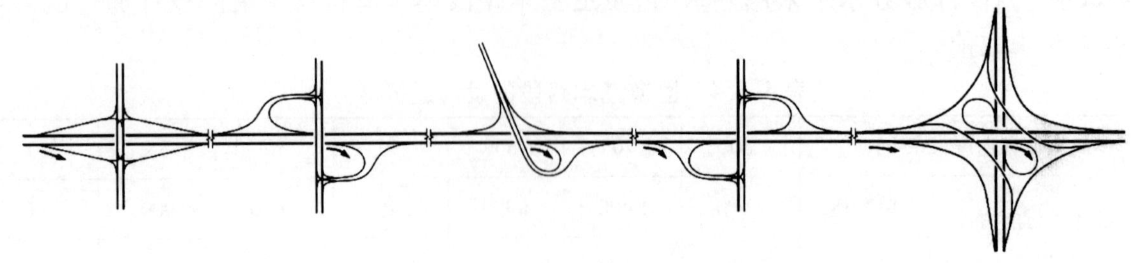

b) 不一致的出口形式

图 5.6.1 出口形式的一致性示意图

5.6.2 当分流交通量主次分明时，次交通流应采用一致的分流方向。次交通流宜统一于主交通流的右侧分流，不应采用左、右侧交替分流的方式(图 5.6.2)。

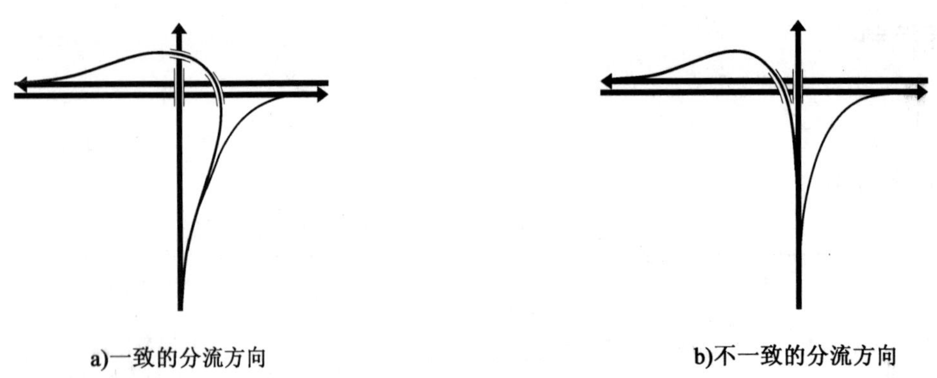

a)一致的分流方向　　b)不一致的分流方向

图 5.6.2 分流方向的一致性示意图

5.8 车道平衡

5.8.1 分、合流连接部应保持车道平衡，分、合流前后的车道数应连续或变化最小，主线每次增减的车道数不应超过一条。

5.8.2 在合流连接部，合流后与合流前车道数之间的关系应符合式(5.8.2-1)或式(5.8.2-2)的规定(图 5.8.2)。

$$N_C = N_F + N_E - 1 \tag{5.8.2-1}$$

$$N_C = N_F + N_E \tag{5.8.2-2}$$

式中：N_C——合流后的主线车道数；

N_F——合流前的主线车道数；

N_E——匝道车道数。

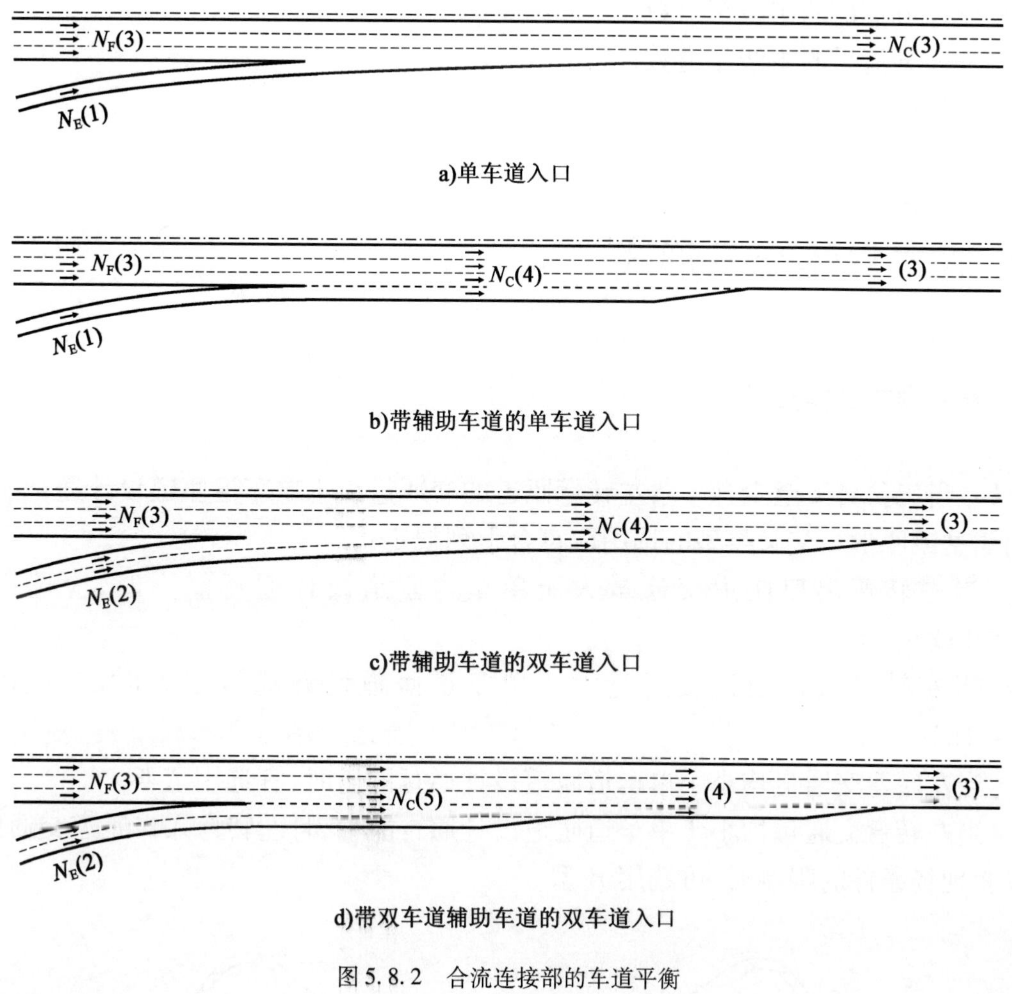

a)单车道入口

b)带辅助车道的单车道入口

c)带辅助车道的双车道入口

d)带双车道辅助车道的双车道入口

图 5.8.2 合流连接部的车道平衡

5.8.3 在分流连接部,分流前与分流后车道数之间的关系应符合式(5.8.3)的规定(图 5.8.3)。

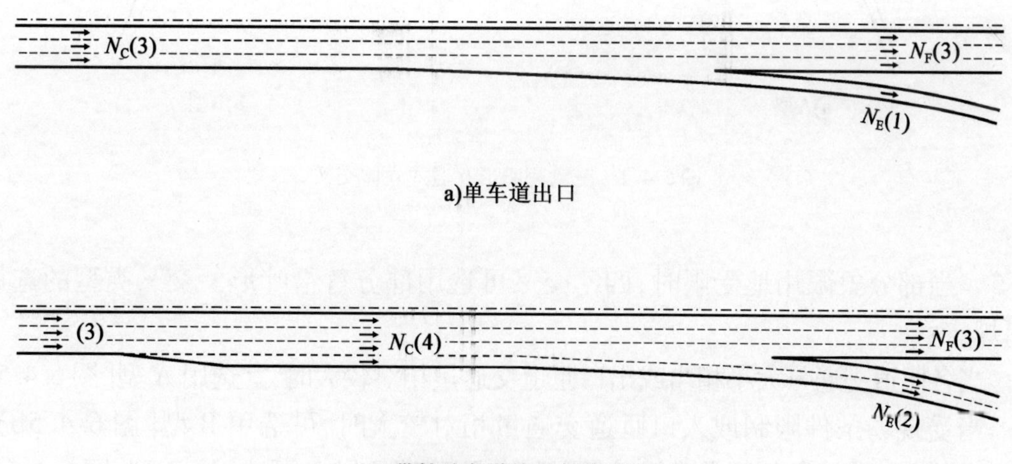

a)单车道出口

b)带辅助车道的双车道出口

图 5.8.3 分流连接部的车道平衡

$$N_C = N_F + N_E - 1 \tag{5.8.3}$$

式中：N_C——分流前的主线车道数；

N_F——分流后的主线车道数；

N_E——匝道车道数。

6 互通式立体交叉

6.4 一般互通式立体交叉

6.4.1 当三岔交叉至少有一条左转弯匝道的交通量小于单车道匝道设计通行能力时，可选用三岔喇叭形。交叉类型的选用应符合下列规定：

1 当左转弯出口匝道交通量大于单车道匝道设计通行能力时，应选用A型［图6.4.1a)］。

2 当左转弯入口匝道交通量大于单车道匝道设计通行能力时，宜选用B型［图6.4.1b)］。

3 当左转弯交通量均小于单车道匝道设计通行能力时，宜选用A型。

4 当左转弯交通量均小于单车道匝道设计通行能力，且左转弯入口匝道交通量相对较大或受现场条件的限制时，可选用B型。

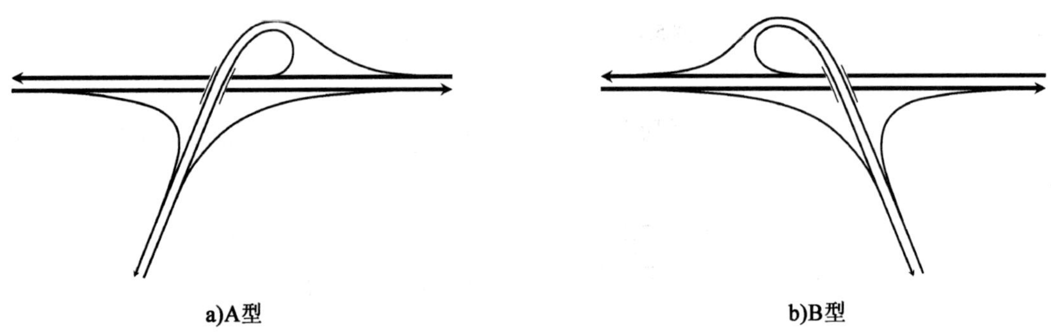

图6.4.1 三岔喇叭形互通式立体交叉

6.4.5 当部分象限用地受限时，四岔交叉可选用部分苜蓿叶形。交叉类型的选用应符合下列规定：

1 当各匝道交通量大小相当或出口匝道交通量相对较大时，宜选用A型［图6.4.5a)］。

2 当受现场条件限制或入口匝道交通量相对较大时，可选用B型［图6.4.5b)］。

3 当被交叉公路单侧因受现场条件限制设置匝道困难时，可选用AB型［图6.4.5c)］。

4 交叉类型的选用应同时考虑平面交叉的交通量分布和设计通行能力要求等因素。

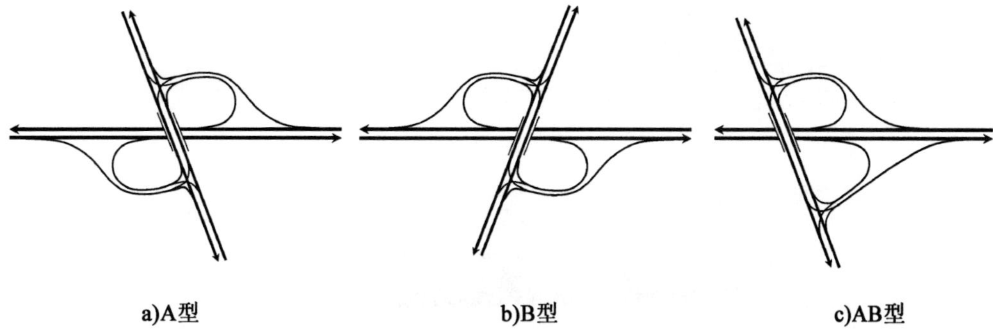

a)A型　　b)B型　　c)AB型

图 6.4.5　部分苜蓿叶形互通式立体交叉

7　匝道横断面

7.2　横断面组成与类型

7.2.2　匝道横断面基本类型的划分应符合下列规定：

1　Ⅰ型——单向单车道匝道[图 7.2.2a)]。

2　Ⅱ型——无紧急停车带的单向双车道匝道，可用作对向非分隔双车道匝道[图 7.2.2b)]。

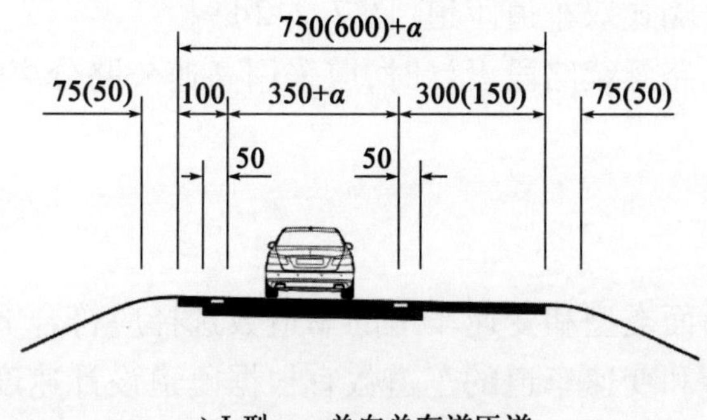

a) Ⅰ型——单向单车道匝道

900+α
75(50)　100　700+α　100　75(50)
50　50

b) Ⅱ型——无紧急停车带的单向双车道匝道

图　7.2.2

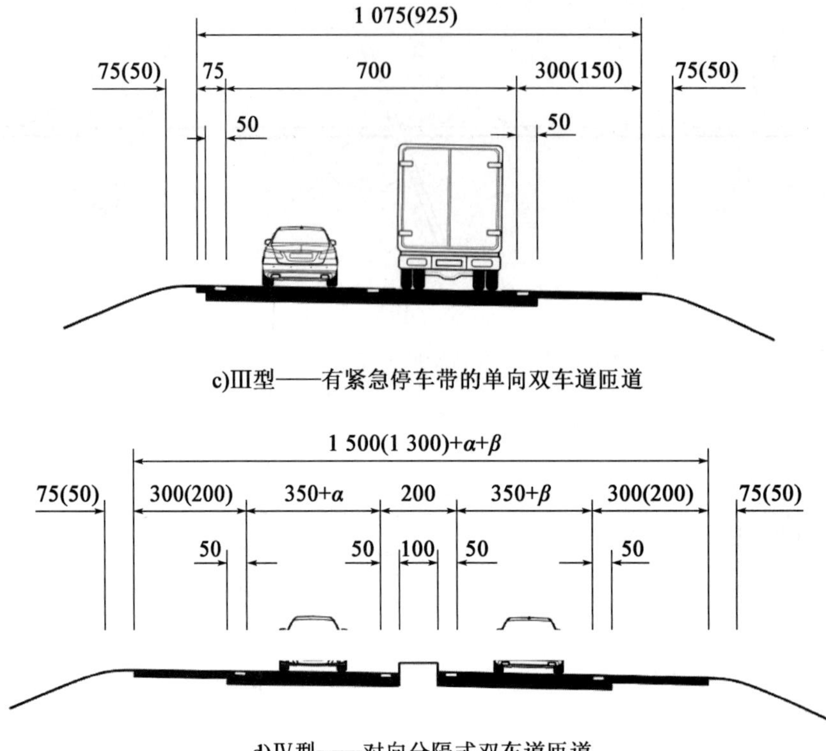

c)Ⅲ型——有紧急停车带的单向双车道匝道

d)Ⅳ型——对向分隔式双车道匝道

图 7.2.2　匝道横断面的基本类型(尺寸单位:cm)

注:α、β 为圆曲线路段加宽值。

3　Ⅲ型——有紧急停车带的单向双车道匝道[图 7.2.2c)]。

4　Ⅳ型——对向分隔式双车道匝道[图 7.2.2d)]。

5　当匝道按高速公路延续路段设计时,应采用高速公路分离式断面。

7.3　横断面类型的选用

7.3.1　单向匝道横断面类型和变速车道的车道数选择应符合下列规定:

1　匝道横断面类型和变速车道的车道数宜根据匝道设计速度、设计小时交通量和匝道长度由表 7.3.1 选取。

表 7.3.1　单向匝道横断面类型和变速车道的车道数选择条件

匝道设计速度(km/h)	80	70	60	50	40	35	30	匝道长度(m)	匝道横断面类型	变速车道的车道数
匝道设计小时交通量 *DDHV*(pcu/h)	*DDHV* <400	*DDHV* <400	*DDHV* <400	*DDHV* <400	*DDHV* <400	*DDHV* <400	*DDHV* <400	≤500	Ⅰ	单车道
								>500	Ⅱ	单车道
	400≤ *DDHV* <1 500	400≤ *DDHV* <1 400	400≤ *DDHV* <1 300	400≤ *DDHV* <1 200	400≤ *DDHV* <1 100	400≤ *DDHV* <900	400≤ *DDHV* <800	≤350	Ⅰ	单车道
								>350	Ⅱ	单车道

续上表

匝道设计速度(km/h)	80	70	60	50	40	35	30	匝道长度(m)	匝道横断面类型	变速车道的车道数
匝道设计小时交通量*DDHV*(pcu/h)	1 500≤*DDHV*<1 800	1 400≤*DDHV*<1 700	1 300≤*DDHV*<1 600	1 200≤*DDHV*<1 500	1 000≤*DDHV*<1 400	900≤*DDHV*<1 350	800≤*DDHV*<1 300	不限	Ⅱ	双车道
	1 800≤*DDHV*≤2 900	1 700≤*DDHV*≤2 600	1 600≤*DDHV*≤2 300	1 500≤*DDHV*≤2 000	1 400≤*DDHV*≤1 700	1 350≤*DDHV*≤1 500	—	不限	Ⅲ	双车道

注:匝道长度指分、合流鼻端之间的长度。

2　当匝道设计小时交通量小于单车道设计通行能力,但匝道采用双车道时,变速车道宜取单车道。

3　当匝道设计小时交通量大于或等于单车道设计通行能力时,变速车道应取双车道。

4　当减速车道上游或加速车道下游的主线设计小时交通量接近主线设计通行能力时,应对分、合流区通行能力进行验算,当不能满足设计通行能力要求时,宜增加变速车道长度或车道数,必要时,可调整匝道横断面类型。

7.3.2　对向匝道横断面类型的选用应符合下列规定:

1　对向匝道各单向车道数及横断面类型宜符合表7.3.1的有关规定。

2　当对向双车道匝道连接多车道公路时,宜采用Ⅳ型。

3　当对向双车道匝道连接双车道公路时,可采用Ⅱ型。

二十三、公路工程基本建设项目概算预算编制办法

(JTG B06—2007)

1 总则

3. 概算或修正概算是初步设计文件或技术设计文件的重要组成部分。概算应控制在批准的建设项目可行性研究报告投资估算允许浮动幅度范围内。概算经批准后是基本建设项目投资最高限额,是编制建设项目投资计划、确定和控制建设项目投资的依据,是控制施工图设计和施工图预算的依据,是衡量设计方案经济合理性和选择最佳设计方案的依据,是考核建设项目投资效果的依据。设计单位应按不同的设计阶段编制概算和修正概算。编制概算或修正概算,应全面了解工程所在地的建设条件,掌握各项基础资料,正确引用规定的定额、取费标准、工资单价和材料设备价格,按本办法的规定进行编制,使概算能完整、准确地反映设计内容。

以批准的初步设计进行设计施工总承包招标的工程,其标底或造价控制值应在批准的总概算范围内。

4. 预算是施工图设计文件的重要组成部分,是设计阶段控制工程造价的主要指标。预算经审定后,是确定工程造价、编制或调整固定资产投资计划和考核工程成本的依据。预算应根据施工图设计的工程量和施工方法,按照规定的定额、取费标准、工资单价、材料设备预算价格依本办法在开工前编制并报请批准。

以施工图设计进行施工招标的工程,经审定后的施工图预算是编制标段清单预算、工程标底或造价控制值的依据,也是分析、考核施工企业投标报价合理性的参考;对不宜实行招标而采用施工图预算加调整价结算的工程,经审定后的施工图预算可作为确定合同价款的基础或作为审查施工企业提出的施工预算的依据。

施工图预算是考核施工图设计经济合理性的依据。施工图设计应控制在批准的初步设计及其概算范围之内。如单位工程预算突破相应概算时,应分析原因,对施工图设计中不合理部分进行修改,对其合理部分应在总概算投资范围内调整解决。

2 概、预算编制方法

公路工程基本建设项目概算、预算应分别以《公路工程概算定额》(JTG/T B60-1—2007)、《公路工程预算定额》(JTG/T B60-2—2007)为依据。编制概、预算时应根据概、预算定额规定的各工程项目的人工、材料、机械台班消耗量和按本办法第三章规定的概、预算编制时根据工程所在地的人工费工日单价、材料预算单价和机械台班单价计算出各工程项目的工、料、机费用,并按本办法的规定计算各项费用。概、预算的材料、机械台班单

价及各项费用的计算都应通过规定的表格反映。

2.1 概、预算编制依据

2.1.1 概算(或修正概算)编制依据

1. 国家发布的有关法律、法规、规章、规程等。
2. 现行的《公路工程概算定额》(JTG/T B06-01)、《公路工程预算定额》(JTG/T B06-02)、《公路工程机械台班费用定额》(JTG/T B06-03)及本办法。
3. 工程所在地省级交通主管部门发布的补充计价依据。
4. 批准的可行性研究报告(修正概算时为初步设计文件)等有关资料。
5. 初步设计(或技术设计)图纸等设计文件。
6. 工程所在地的人工、材料、机械及设备预算价格等。
7. 工程所在地的自然、技术、经济条件等资料。
8. 工程施工方案。
9. 有关合同、协议等。
10. 其他有关资料。

2.1.2 预算编制依据

1. 国家发布的有关法律、法规、规章、规程等。
2. 现行的《公路工程预算定额》(JTG/T B06-02)、《公路工程机械台班费用定额》(JTG/T B06-03)及本办法。
3. 工程所在地省级交通主管部门发布的补充计价依据。
4. 批准的初步设计文件(或技术设计文件,若有)等有关资料。
5. 施工图纸等设计文件。
6. 工程所在地的人工、材料、机械及设备预算价格等。
7. 工程所在地的自然、技术、经济条件等资料。
8. 工程施工组织设计或施工方案。
9. 有关合同、协议等。
10. 其他有关资料。

2.2 概、预算文件组成

概、预算文件由封面及目录,概、预算编制说明及全部概、预算计算表格组成。

2.2.4 甲组文件与乙组文件

概、预算文件是设计文件的组成部分,按不同的需要分为两组,甲组文件为各项费用计算表,乙组文件为建筑安装工程费各项基础数据计算表(只供审批使用)。甲、乙组文件应按《公路工程基本建设项目设计文件编制办法》关于设计文件报送份数的要求,随设计文件一并报送。报送乙组文件时,还应提供"建筑安装工程费各项基础数据计算表"的电子文档和编制补充定额的详细资料,并随同概、预算文件一并报送。

2.4 概、预算费用组成

概、预算费用的组成见图2-3。

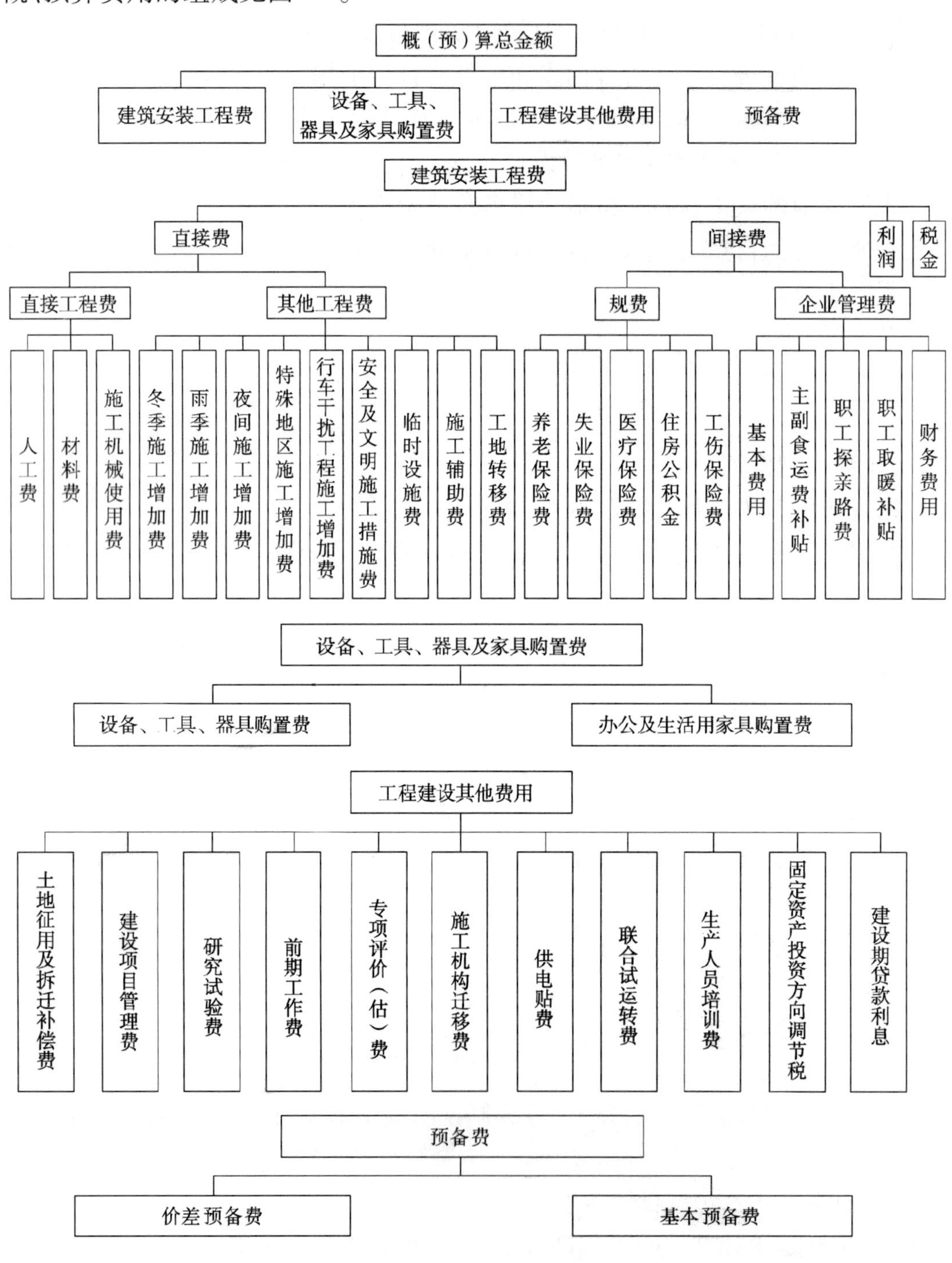

图2-3 概、预算费用的组成

3 概、预算费用标准和计算方法

3.1 建筑安装工程费

建筑安装工程费包括直接费、间接费、利润及税金。

3.1.1 直接费

直接费由直接工程费和其他工程费组成。

(一)直接工程费

直接工程费是指施工过程中耗费的构成工程实体和有助于工程形成的各项费用,包括人工费、材料费、施工机械使用费。

1. 人工费

人工费系指列入概、预算定额的直接从事建筑安装工程施工的生产工人开支的各项费用。

人工费以概、预算定额人工工日数乘以每工日人工费计算。

2. 材料费

材料费系指施工过程中耗用的构成工程实体的原材料、辅助材料、构(配)件、零件、半成品、成品的用量和周转材料的摊销量,按工程所在地的材料预算价格计算的费用。

材料预算价格由材料原价、运杂费、场外运输损耗、采购及仓库保管费组成。

3. 施工机械使用费

施工机械使用费系指列入概、预算定额的施工机械台班数量,按相应的机械台班费用定额计算的施工机械使用费和小型机具使用费。

(二)其他工程费

其他工程费系指直接工程费以外施工过程中发生的直接用于工程的费用。内容包括冬季施工增加费、雨季施工增加费、夜间施工增加费、特殊地区施工增加费、行车干扰工程施工增加费、安全及文明施工措施费、临时设施费、施工辅助费、工地转移费等九项。公路工程中的水、电费及因场地狭小等特殊情况而发生的材料二次搬运等其他工程费已包括在概、预算定额中,不再另计。

1. 冬季施工增加费

冬季施工增加费以各类工程的直接工程费之和为基数,按工程所在地的气温区选用表3-3的费率计算。

2. 雨季施工增加费

雨季施工增加费以各类工程的直接工程费之和为基数,按工程所在地的雨量区、雨季期选用表3-4的费率计算。

3. 夜间施工增加费

夜间施工增加费按夜间施工工程项目(如桥梁工程项目包括上、下部构造全部工程)的直接工程费之和为基数,按表3-5的费率计算。

4.特殊地区施工增加费

特殊地区施工增加费包括高原地区施工增加费、风沙地区施工增加费和沿海地区施工增加费三项。

高原地区施工增加费以各类工程人工费和机械使用费之和为基数,按表3-6的费率计算。

风沙地区施工增加费以各类工程的人工费和机械使用费之和为基数,根据工程所在地的风沙区划及类别,按表3-7的费率计算。

沿海地区工程施工增加费以各类工程的直接工程费之和为基数,按表3-8的费率计算。

5.行车干扰工程施工增加费

行车干扰工程施工增加费以受行车影响部分的工程项目的人工费和机械使用费之和为基数,按表3－9的费率计算。

6.安全及文明施工措施费

安全及文明施工措施费以各类工程的直接工程费之和为基数,按表3-10的费率计算。

7.临时设施费

临时设施费以各类工程的直接工程费之和为基数,按表3-11的费率计算。

8.施工辅助费

施工辅助费包括生产工具用具使用费、检验试验费和工程定位复测、工程点交、场地清理等费用。

施工辅助费以各类工程的直接工程费之和为基数,按表3-12的费率计算。

9.工地转移费

工地转移费以各类工程的直接工程费之和为基数,按表3-13的费率计算。

3.1.2 间接费

间接费由规费和企业管理费两项组成。

(一)规费

规费系指法律、法规、规章、规程规定的施工企业必须缴纳的费用(简称规费),包括:养老保险费、失业保险费、医疗保险费、住房公积金、工伤保险费。

各项规费以各类工程的人工费之和为基数,按国家或工程所在地法律、法规、规章、规程规定的标准计算。

(二)企业管理费

企业管理费由基本费用、主副食运费补贴、职工探亲路费、职工取暖补贴和财务费用五项组成。均以各类工程的直接费之和为基数,按规定的费率计算。

3.1.3 利润

利润系指施工企业完成所承包工程应取得的盈利。利润按直接费与间接费之和扣除规费的7%计算。

3.1.4 税金

税金系指按国家税法规定应计入建筑安装工程造价内的营业税、城市维护建设税及教育费附加等。

计算公式:

$$综合税金额=(直接费+间接费+利润)\times综合税率$$

3.2 设备、工具、器具及家具购置费

3.2.1 设备购置费

设备购置费系指为满足公路的营运、管理、养护需要,购置的构成固定资产标准的设备和虽低于固定资产标准但属于设计明确列入设备清单的设备的费用。包括渡口设备;隧道照明、消防、通风的动力设备;高等级公路的收费、监控、通信、供电设备,养护用的机械、设备和工具、器具等的购置费用。

需要安装的设备,应在第一部分建筑安装工程费的有关项目内另计设备的安装工程费。

3.2.2 工器具及生产家具(简称工器具)购置费

工器具购置费系指建设项目交付使用后为满足初期正常营运必须购置的第一套不构成固定资产的设备、仪器、仪表、工卡模具、器具、工作台(框、架、柜)等的费用。不包括:构成固定资产的设备、工器具和备品、备件;已列入设备购置费中的专用工具和备品、备件。

3.2.3 办公和生活用家具购置费

办公和生活用家具购置费系指为保证新建、改建项目初期正常生产、使用和管理所必须购置的办公和生活用家具、用具的费用。

3.3 工程建设其他费用

3.3.1 土地征用及拆迁补偿费

土地征用及拆迁补偿费系指按照《中华人民共和国土地管理法》及《中华人民共和国土地管理法实施条例》、《中华人民共和国基本农田保护条例》等法律、法规的规定,为进行公路建设需征用土地所支付的土地征用及拆迁补偿费等费用。

1. 费用内容

(1)土地补偿费。

(2)征用耕地安置补助费。

(3)拆迁补偿费。

(4)复耕费。

(5)耕地开垦费。

(6)森林植被恢复费。

2. 计算方法

土地征用及拆迁补偿费应根据审批单位批准的建设工程用地和临时用地面积及其附着物的情况,以及实际发生的费用项目,按国家有关规定及工程所在地的省(自治区、直辖市)人民政府颁发的有关规定和标准计算。

森林植被恢复费应根据审批单位批准的建设工程占用林地的类型及面积,按国家有关规定及工程所在地的省(自治区、直辖市)人民政府颁发的有关规定和标准计算。

当与原有的电力电讯设施、水利工程、铁路及铁路设施互相干扰时,应与有关部门联系,商定合理的解决方案和补偿金额,也可由这些部门按规定编制费用以确定补偿金额。

3.3.2 建设项目管理费

建设项目管理费包括建设单位(业主)管理费、工程质量监督费、工程监理费、工程定额测定费、设计文件审查费和竣(交)工验收试验检测费。

除竣(交)工验收试验检测费按规定的费用标准计算外,其他均以建筑安装工程费总额为基数,按规定的费率计算。

3.3.3 研究试验费

研究试验费系指为本建设项目提供或验证设计数据、资料进行必要的研究试验和按照设计规定在施工过程中必须进行试验、验证所需的费用,以及支付科技成果、先进技术的一次性技术转让费。

3.3.4 建设项目前期工作费

建设项目前期工作费系指委托勘察设计、咨询单位对建设项目进行可行性研究、工程勘察设计,以及设计、监理、施工招标文件及招标标底或造价控制值文件编制时,按规定应支付的费用。

计算方法:依据委托合同计列,或按国家颁发的收费标准和有关规定进行编制。

3.3.5 专项评价(估)费

专项评价(估)费系指依据国家法律、法规规定须进行评价(评估)、咨询,按规定应支付的费用。包括环境影响评价费、水土保持评估费、地震安全性评价费、地质灾害危险性评价费、压覆重要矿床评估费、文物勘察费、通航论证费、行洪论证(评估)费、使用林地可行性研究报告编制费、用地预审报告编制费等费用。

3.3.8 联合试运转费

联合试运转费系指新建、改(扩)建工程项目,在竣工验收前按照设计规定的工程质量标准,进行动(静)载荷载实验所需的费用,或进行整套设备带负荷联合试运转期间所需的全部费用抵扣试车期间收入的差额。不包括应由设备安装工程项下开支的调试费的费用。

3.3.9 生产人员培训费

生产人员培训费系指新建、改(扩)建公路工程项目,为保证生产的正常运行,在工程竣工验收交付使用前对运营部门生产人员和管理人员进行培训所必需的费用。

3.3.11 建设期贷款利息

建设期贷款利息系指建设项目中分年度使用国内贷款或国外贷款部分,在建设期内应归还的贷款利息。费用内容包括各种金融机构贷款、企业集资、建设债券和外汇贷款等利息。

3.4 预备费

预备费由价差预备费及基本预备费两部分组成。

3.4.1 价差预备费

价差预备费系指设计文件编制年至工程竣工年期间,第一部分费用的人工费、材料费、机械使用费、其他工程费、间接费等以及第二、三部分费用由于政策、价格变化可能发生上浮而预留的费用及外资贷款汇率变动部分的费用。

3.4.2 基本预备费

基本预备费系指在初步设计和概算中难以预料的工程和费用。

计算方法:以第一、二、三部分费用之和(扣除固定资产投资方向调节税和建设期贷款利息两项费用)为基数按下列费率计算:

设计概算按5%计列;

修正概算按4%计列;

施工图预算按3%计列。

二十四、公路工程地质勘察规范

（JTG C20—2011）

3 公路工程地质勘察的技术要求

3.1 一般规定

3.1.1 公路工程地质勘察可分为预可行性研究阶段工程地质勘察（简称预可勘察）、工程可行性研究阶段工程地质勘察（简称工可勘察）、初步设计阶段工程地质勘察（简称初步勘察）和施工图设计阶段工程地质勘察（简称详细勘察）四个阶段。

3.3 土的分类

3.3.1 土可根据其地质成因分为残积土、坡积土、崩积土、冲积土、洪积土、风积土、湖积土、海积土和冰积土等。

3.3.2 土可根据其所具有的工程地质特性分为黄土、冻土、膨胀土、盐渍土、软土、红黏土和填土等。

3.3.3 土可根据颗粒成分分为碎石土、砂土、粉土和黏性土，其划分应符合以下规定：

1 粒径大于2mm的颗粒质量超过总质量50%的土，应定名为碎石土，并按表3.3.3-1进一步分类。

表3.3.3-1 碎石土分类

土的名称	颗粒形状	颗粒级配
漂石	圆形及亚圆形为主	粒径大于200mm的颗粒质量超过总质量的50%
块石	棱角形为主	
卵石	圆形及亚圆形为主	粒径大于20mm的颗粒质量超过总质量的50%
碎石	棱角形为主	
圆砾	圆形及亚圆形为主	粒径大于2mm的颗粒质量超过总质量的50%
角砾	棱角形为主	

注：定名时，应根据颗粒级配由大到小以最先符合者确定。

2 粒径大于2mm的颗粒质量不超过总质量的50%，且粒径大于0.075mm的颗粒质量超过总质量50%的土，应定名为砂土，并按表3.3.3-2进一步分类。

表 3.3.3-2 砂土分类

土的名称	颗粒级配
砾砂	粒径大于 2mm 的颗粒质量占总质量的 25% ~50%
粗砂	粒径大于 0.5mm 的颗粒质量超过总质量的 50%
中砂	粒径大于 0.25mm 的颗粒质量超过总质量的 50%
细砂	粒径大于 0.075mm 的颗粒质量超过总质量的 85%
粉砂	粒径大于 0.075mm 的颗粒质量超过总质量的 50%

注:定名时,应根据颗粒级配由大到小以最先符合者确定。

3 塑性指数 $I_P \leqslant 10$,且粒径大于 0.075mm 的颗粒质量不超过总质量 50% 的土,应定名为粉土。

4 塑性指数 $I_P > 10$,且粒径大于 0.075mm 的颗粒质量不超过总质量 50% 的土,应定名为黏性土,并按表 3.3.3-3 进一步分类。

表 3.3.3-3 黏性土分类

土的名称	粉质黏土	黏土
塑性指数 I_P	$10 < I_P \leqslant 17$	$I_P > 17$

注:液限、塑限分别采用 76g 锥试验确定。

3.3.6 砂土的密实度应按表 3.3.6 划分。

表 3.3.6 砂土密实度划分

标准贯入试验锤击数实测值 N	$N > 30$	$15 < N \leqslant 30$	$10 < N \leqslant 15$	$N \leqslant 10$
密实度	密实	中密	稍密	松散

4 可行性研究阶段工程地质勘察

4.1 预可勘察

4.1.1 预可勘察应了解公路建设项目所处区域的工程地质条件及存在的工程地质问题,为编制预可行性研究报告提供工程地质资料。

4.1.2 预可勘察应充分收集区域地质、地震、气象、水文、采矿、灾害防治与评估等资料,采用资料分析、遥感工程地质解译、现场踏勘调查等方法,对各路线走廊带或通道的工程地质条件进行研究,完成下列各项工作内容:

1 了解各路线走廊带或通道的地形地貌、地层岩性、地质构造、水文地质条件、地震动参数、不良地质和特殊性岩土的类型、分布范围、发育规律。

2 了解当地建筑材料的分布状况和采购运输条件。

3 评估各路线走廊带或通道的工程地质条件及主要工程地质问题。

4 编制预可行性研究阶段工程地质勘察报告。

4.1.4 跨江、海独立公路工程建设项目应进行工程地质勘探,并符合下列要求:

1 应通过资料分析、遥感工程地质解译、现场踏勘调查等明确勘探的重点及问题。

2 应沿拟定的通道布设纵向物探断面,数量不宜少于2条。当存在可能影响工程方案的区域性活动断裂等重大地质问题时,应根据实际情况增加物探断面的数量。

3 区域性断裂异常点、桥梁深水基础、水下隧道,应进行钻探,取样和测试应符合第5章的规定。

4.2 工可勘察

4.2.1 工可勘察应初步查明公路沿线的工程地质条件和对公路建设规模有影响的工程地质问题,为编制工程可行性研究报告提供工程地质资料。

4.2.2 工可勘察应以资料收集和工程地质调绘为主,辅以必要的勘探手段,对项目建设各工程方案的工程地质条件进行研究,完成下列各项工作内容:

1 了解各路线走廊或通道的地形地貌、地层岩性、地质构造、水文地质条件、地震动参数、不良地质和特殊性岩土的类型、分布及发育规律。

2 初步查明沿线水库、矿区的分布情况及其与路线的关系。

3 初步查明控制路线及工程方案的不良地质和特殊性岩土的类型、性质、分布范围及发育规律。

4 初步查明技术复杂大桥桥位的地层岩性、地质构造、河床及岸坡的稳定性、不良地质和特殊性岩土的类型、性质、分布范围及发育规律。

5 初步查明长隧道及特长隧道隧址的地层岩性、地质构造、水文地质条件、隧道围岩分级、进出口地带斜坡的稳定性、不良地质和特殊性岩土的类型、性质、分布范围及发育规律。

6 对控制路线方案的越岭地段、区域性断裂通过的峡谷、区域性储水构造,初步查明其地层岩性、地质构造、水文地质条件及潜在不良地质的类型、规模、发育条件。

7 初步查明筑路材料的分布、开采、运输条件以及工程用水的水质、水源情况。

8 评价各路线走廊或通道的工程地质条件,分析存在的工程地质问题。

9 编制工程可行性研究阶段工程地质勘察报告。

4.2.4 遇有下列情况,当通过资料收集、工程地质调绘不能初步查明其工程地质条件时,应进行工程地质勘探:

1 控制路线及工程方案的不良地质和特殊性岩土路段;

2 特大桥、特长隧道、地质条件复杂的大桥及长隧道等控制性工程;

3 控制路线方案的越岭路段、区域性断裂通过的峡谷、区域性储水构造;

4 跨江、海独立公路工程建设项目。

5 初步勘察

5.1 一般规定

5.1.1 初步勘察应基本查明公路沿线及各类构筑物建设场地的工程地质条件,为工程方案比选及初步设计文件编制提供工程地质资料。

5.1.2 初步勘察应与路线和各类构筑物的方案设计相结合,根据现场地形地质条件,采用遥感解译、工程地质调绘、钻探、物探、原位测试等手段相结合的综合勘察方法,对路线及各类构筑物工程建设场地的工程地质条件进行勘察。

5.1.3 初步勘察应对工程项目建设可能诱发的地质灾害和环境工程地质问题进行分析、预测,评估其对公路工程和环境的影响。

5.2 路线

5.2.1 路线初勘应以工程地质调绘为主,勘探测试为辅,基本查明下列内容:

1 地形地貌、地层岩性、地质构造、水文地质条件;

2 不良地质和特殊性岩土的成因、类型、性质和分布范围;

3 区域性断裂、活动性断层、区域性储水构造、水库及河流等地表水体、可供开采和利用的矿体的发育情况;

4 斜坡或挖方路段的地质结构,有无控制边坡稳定的外倾结构面,工程项目实施有无诱发或加剧不良地质的可能性;

5 陡坡路堤、高填路段的地质结构,有无影响基底稳定的软弱地层;

6 大桥及特大桥、长隧道及特长隧道等控制性工程通过地段的工程地质条件和主要工程地质问题。

5.3 一般路基

5.3.1 一般路基初勘应根据现场地形地质条件,结合路线填挖设计,划分工程地质区

段,分段基本查明下列内容:

1 地形地貌的成因、类型、分布、形态特征和地表植被情况;

2 地层岩性、地质构造、岩石的风化程度、边坡的岩体类型和结构类型;

3 层理、节理、断裂、软弱夹层等结构面的产状、规模、倾向路基的情况;

4 覆盖层的厚度、土质类型、密实度、含水状态和物理力学性质;

5 不良地质和特殊性岩土的分布范围、性质;

6 地下水和地表水发育情况及腐蚀性。

5.4 高路堤

5.4.2 高路堤勘察应基本查明下列内容:

1 高填路段的地貌类型、地形的起伏变化情况及横向坡度;

2 地基的土层结构、厚度、状态、密实度及软弱地层的发育情况;

3 基岩的埋深和起伏变化情况;

4 岩层产状、岩石的风化程度和岩体的节理发育程度;

5 地基岩土的物理力学性质和地基承载力;

6 地表水的类型、埋深、分布和水质;

7 基底的稳定性。

5.6 深路堑

5.6.2 深路堑初勘应基本查明以下内容:

1 挖方路段的地貌类型、地形起伏变化情况及横向坡度、斜坡的自然稳定状况;

2 斜坡上覆盖层厚度、土质类型、地层结构、含水状态、胶结程度和密实度;

3 覆盖层与基岩接触面的形态特征及起伏变化情况;

4 基岩的岩性及其组合情况、岩石的风化程度和边坡岩体的结构类型;

5 层理、节理、断层、软弱夹层等结构面的产状、规模及其倾向路基的情况;

6 岩、土的物理力学性质,控制边坡稳定的结构面的抗剪强度;

7 地下水的出露位置、流量、动态特征及对边坡稳定的影响;

8 地表水的类型、分布、径流及对边坡稳定性的影响;

9 深路堑边坡的稳定性。

5.11 桥梁

5.11.1 桥梁初勘应根据现场地形地质条件,结合拟定的桥型、桥跨、基础形式和桥梁的建设规模等确定勘察方案,基本查明下列内容:

1 地貌的成因、类型、形态特征、河流及沟谷岸坡的稳定状况和地震动参数;

2 褶皱的类型、规模、形态特征、产状及其与桥位的关系;

3 断裂的类型、分布、规模、产状、活动性,破碎带宽度、物质组成及胶结程度;

4 覆盖层的厚度、土质类型、分布范围、地层结构、密实度和含水状态;

5 基岩的埋深、起伏形态,地层及其岩性组合,岩石的风化程度及节理发育程度;

6 地基岩土的物理力学性质及承载力;

7 特殊性岩土和不良地质的类型、分布及性质;

8 地下水的类型、分布、水质和环境水的腐蚀性;

9 水下地形的起伏形态、冲刷和淤积情况以及河床的稳定性;

10 深基坑开挖对周围环境可能产生的不利影响;

11 桥梁通过气田、煤层、采空区时,有害气体对工程建设的影响。

5.13 隧道

5.13.1 隧道初勘应根据现场地形地质条件,结合隧道的建设规模、标准和方案比选,确定勘察的范围、内容和重点,并应基本查明以下内容:

1 地形地貌、地层岩性、水文地质条件、地震动参数;

2 褶皱的类型、规模、形态特征;

3 断裂的类型、规模、产状,破碎带宽度、物质组成、胶结程度、活动性;

4 隧道围岩岩体的完整性、风化程度、围岩等级;

5 隧道进出口地带的地质结构、自然稳定状况、隧道施工诱发滑坡等地质灾害的可能性;

6 隧道浅埋段覆盖层的厚度、岩体的风化程度、含水状态及稳定性;

7 水库、河流、煤层、采空区、气田、含盐地层、膨胀性地层、有害矿体及富含放射性物质的地层的发育情况;

8 不良地质和特殊性岩土的类型、分布、性质;

9 深埋隧道及构造应力集中地段的地温、围岩产生岩爆或大变形的可能性;

10 岩溶、断裂、地表水体发育地段产生突水、突泥及塌方冒顶的可能性;

11 傍山隧道存在偏压的可能性及其危害;

12 洞门基底的地质条件、地基岩土的物理力学性质和承载力;

13 地下水的类型、分布、水质、涌水量;

14 平行导洞、斜井、竖井等辅助坑道的工程地质条件。

7 不良地质

7.1 岩溶

7.1.1 路线通过可溶岩地区,存在对公路工程的安全有影响或潜在影响的岩溶地质灾害时,应进行岩溶工程地质勘察。

7.1.3 根据埋藏条件,岩溶可按表7.1.3进行分类。

表7.1.3 岩溶按埋藏条件分类

类 型	主要特征
裸露型	可溶性岩层大部分出露地表,低洼地带分布有厚度一般不超过10m的第四纪覆盖层,地表岩溶景观显露,地表水与地下水连通密切
浅覆盖型	可溶性岩层大部分被第四系土层覆盖,厚度一般不超过30m,少部分岩溶景观显露地表,地表水与地下水连通较密切
深覆盖型	可溶性岩层基本被第四系土层覆盖,厚度一般超过30m,几乎没有岩溶景观显露地表,地表水与地下水连通不密切
埋藏型	可溶性岩层被非可溶性岩层(如泥岩、砂岩、页岩等)覆盖,没有岩溶景观显露地表,地表水与地下水连通不密切

7.1.4 根据形成的地质年代,岩溶可按表7.1.4进行分类。

表7.1.4 岩溶按地质年代分类

类 型	主要特征
古岩溶型	岩溶形成于新生代以前,溶蚀凹槽和溶洞中常见填充有新生代以前沉积的岩石
近代岩溶型	岩溶形成于新生代之后,溶蚀凹槽和洞隙呈空洞状或填充第三系、第四系沉积物

7.1.5 岩溶区根据地质条件选线应符合下列规定:

1 路线应避开岩溶强烈发育地带,选择在岩溶发育微弱、洞穴层数少、顶板稳固、受岩溶水影响小或非岩溶化地带通过。

2 路线应避免沿断裂带、可溶岩与非可溶岩的接触带、有利于岩溶发育的褶皱轴部布线,避开断裂的交汇处、岩溶水富集区及岩溶水排泄区。

3 路线通过孤峰平原区,应选择覆盖层较厚、地下水埋藏较深的地段通过,避开多元土层结构、地表水位与地下水位变化幅度较大、地下水埋藏较浅及抽取地下水后可能形成下降漏斗的地段。

4 路线通过峰林谷地、峰丛洼地及溶丘洼地地区,路线设计高程应高于岩溶水的最高洪水位,避开断裂通过的垭口。

5 路线通过河谷区,路线宜在岩溶发育较弱的一岸布设,避开谷坡上的岩溶负地形和无水溶洞群,避免路线设计高程处于岩溶发育强烈的水平径流带内。

6 越岭线应避开岩溶负地形和岩溶水排泄区。

7 路线应避开土洞、地面塌陷发育的不良地质地段。

7.2 滑坡

7.2.1 在公路路线及其附近存在对公路工程及其附属设施的安全有影响的滑坡或滑坡的可能时,应进行滑坡工程地质勘察。

7.2.3 根据滑坡体的体积,滑坡可按表7.2.3进行分类。

表7.2.3 滑坡按滑坡体的体积分类

滑坡类型	小型滑坡	中型滑坡	大型滑坡	巨型滑坡
滑坡体体积 $V(m^3)$	$V \leqslant 4\times10^4$	$4\times10^4 < V \leqslant 3\times10^5$	$3\times10^5 < V \leqslant 1\times10^6$	$V > 1\times10^6$

7.2.4 根据滑动方式,滑坡可按表7.2.4进行分类。

表7.2.4 滑坡按滑动方式分类

滑坡类型	滑动方式
推移式滑坡	中上部滑体挤压推动前缘段产生滑动形成的滑坡
牵引式滑坡	前缘段发生滑动后牵引后部滑体形成的滑坡

7.2.5 根据滑动面的埋藏深度,滑坡可按表7.2.5进行分类。

表7.2.5 滑坡按滑动面埋深分类

滑坡类型	浅层滑坡	中层滑坡	深层滑坡
滑动面埋深 H(m)	$H \leqslant 6$	$6 < H \leqslant 20$	$H > 20$

7.2.6 根据滑坡体的物质组成,滑坡可分为堆积层滑坡、基岩滑坡、黄土滑坡、破碎岩体滑坡和膨胀土滑坡等类型。

7.2.7 滑坡发育地段根据地质条件选线应符合下列原则:

1 路线应避开规模大、性质复杂、稳定性差、处治困难的滑坡及滑坡群地段。

2 当滑坡的规模较小,整治方案技术可行、经济合理时,路线应选择在有利于滑坡稳定的安全部位通过。

3 路线通过滑坡地段时,不得开挖坡脚,且不应在滑坡体的上方以填方形式通过。

7.3 危岩、崩塌与岩堆

7.3.1 路线通过斜坡地带,斜坡陡峭,构成斜坡的岩土体节理裂隙发育,呈张开状,坡脚有崩积物堆积或存在崩塌的可能时,应进行危岩、崩塌与岩堆工程地质勘察。

7.3.3 根据崩塌的规模，崩塌可按表 7.3.3 进行分类。

表 7.3.3 崩塌按规模分类

类型	小型崩塌	中型崩塌	大型崩塌
崩塌体体积 V(m^3)	$V \leqslant 500$	$500 < V \leqslant 5\,000$	$V > 5\,000$

7.3.4 根据崩塌产生的机理，崩塌可按表 7.3.4 进行分类。

表 7.3.4 崩塌按形成机理分类

类型	倾倒式崩塌	滑移式崩塌	膨胀式崩塌	拉裂式崩塌	错断式崩塌
形成机理	倾倒	滑移	膨胀、下沉	拉裂	错断

7.3.5 根据发生崩塌的地层，崩塌可分为岩石崩塌、黄土崩塌和黏性土崩塌等。

7.3.6 危岩、崩塌与岩堆地段根据地质条件选线应符合下列规定：

1 路线应避开斜坡高陡，节理裂隙切割严重，危岩、崩塌发育地段。

2 路线应避开结构松散、稳定性差、补给源丰富、正处于发展阶段的大型岩堆。

3 当崩塌的规模小，危岩、落石的边界条件或个体清楚，防治方案技术、经济可行时，路线可选择在有利部位通过。

4 路线通过规模小、趋于稳定或停止发展的古岩堆时，应结合岩堆的地质结构，采取适当的工程措施后通过。

7.4 泥石流

7.4.1 路线通过沟谷，当沟口或沟谷中存在大量无分选的堆积物，且在沟谷两侧或源头坡面有较厚的松散堆积层，并存在崩塌、滑坡等不良地质现象时，应进行泥石流工程地质勘察。

7.4.3 根据泥石流的固体物质组成，泥石流可按表 7.4.3 进行分类。

表 7.4.3 泥石流按固体物质组成分类

类　型	流体中固体物质成分
泥流	固体物质以黏粒、粉粒为主，含有少量砂砾、碎石
泥石流	固体物质由黏粒、粉粒、砂粒、碎石、块石、漂石等组成
水石流	固体物质以碎石、块石为主，含少量黏粒、粉粒

7.4.5 根据泥石流的规模，泥石流可按表 7.4.5 进行分类。

表 7.4.5　泥石流按规模分类

类　型	固体物质储量 V_V (m^3/km^2)	固体物质一次最大冲出量 V_c (m^3)
小型	$V_V \leqslant 5\times10^4$	$V_c \leqslant 1\times10^4$
中型	$5\times10^4 < V_V \leqslant 1\times10^5$	$1\times10^4 < V_c \leqslant 5\times10^4$
大型	$1\times10^5 < V_V \leqslant 1\times10^6$	$5\times10^4 < V_c \leqslant 1\times10^5$
特大型	$V_V > 1\times10^6$	$V_c > 1\times10^5$

7.4.8　泥石流地区根据地质条件选线应符合下列规定:

1　路线应避开处于发育旺盛期的特大型、大型泥石流、泥石流群和大面积分布的山坡型泥石流地段。

2　路线通过泥石流沟时,应避开沟谷纵坡由陡变缓和沟谷急弯部位,避免压缩沟谷断面,并应依据设计年限内泥石流的淤积高度留足净空,在有利位置以桥梁通过。

3　路线通过泥石流堆积区,应避开淤积严重的堆积扇区,远离泥石流堵河范围内的河段。无法避开时,不得在泥石流扇上挖沟设桥或做路堑,并应依据堆积作用的强烈程度确定路线设计高程。

8　特殊性岩土

8.1　黄土

8.1.1　第四纪以来在干旱和半干旱地区形成,具有以下特征的土,应定名为黄土:

1　颜色为淡黄、灰黄、黄褐、棕褐或棕红色。

2　颗粒组成以粉粒(0.075~0.005mm)为主,一般不含粗颗粒,富含碳酸钙,常形成钙质结核。

3　具多孔性,一般肉眼可见大孔隙、虫孔等。孔隙比一般为0.7~1.2。

4　土质均匀、无层理,有堆积间断的剥蚀面和埋藏的古土壤层。

5　具垂直节理,边坡在天然状态下能保持直立。

6　表层多具湿陷性,易产生潜蚀形成陷穴或落水洞。

具有上述大部分特征,含层理、颗粒组成比较复杂(含砾石、砂等)的土,应定名为黄土状土。

8.1.3　黄土按地层的地质年代划分应符合表8.1.3的规定。

表 8.1.3 黄土地层按地质年代划分

<table>
<tr><th colspan="2">地质年代</th><th colspan="3">地层名称</th><th>湿陷性特征</th></tr>
<tr><td rowspan="2">全新世 Q_4</td><td>近期 Q_4^2</td><td>—</td><td rowspan="3">新黄土</td><td>新近堆积黄土</td><td>具有湿陷性，常具有高压缩性</td></tr>
<tr><td>早期 Q_4^1</td><td>—</td><td rowspan="2">湿陷性黄土</td><td rowspan="2">一般具有湿陷性</td></tr>
<tr><td colspan="2">晚更新世 Q_3</td><td>马兰黄土</td></tr>
<tr><td colspan="2">中更新世 Q_2</td><td>离石黄土</td><td rowspan="2">老黄土</td><td>—</td><td>上部部分土层具有湿陷性</td></tr>
<tr><td colspan="2">早更新世 Q_1</td><td>午城黄土</td><td>—</td><td>不具有湿陷性</td></tr>
</table>

8.1.4 黄土地区根据地质条件选线应符合下列规定：

1 路线应避开湿陷性黄土强烈发育地带。无法避开时，应选择地表排水条件好、地层单一、土质均匀、湿陷性黄土厚度较小的位置通过。

2 黄土塬、梁、峁和丘陵地区的路线，宜选择地形完整、山坡稳定的位置布线，避开地形零乱、沟谷深切、冲沟发育等侵蚀强烈地带。

3 黄土沟、梁相间地带，应结合填挖高度进行桥梁与高填路堤、隧道与深路堑方案比选。

4 沿溪线应利用宽谷阶地，且应远离河岸或阶地缺失的高陡岸坡。

5 路线应避开滑坡、崩塌、陷穴、泥流、人为坑洞等不良地质发育地段。

6 桥位应避开谷坡零乱、河岸不稳及山坡变形较多的地段。

7 隧道应选择在塬、梁顶面平整或地形突起，地表排水条件好，地层单一、土质均匀的位置通过，避开陷穴、落水洞发育，地表和地下水丰富的部位。隧道的进出口应选择在山体稳定，无滑坡、崩塌等不良地质发育的位置。

8.3 膨胀性岩土

8.3.1 含有大量亲水矿物，具有吸水显著膨胀、软化，失水急剧收缩、开裂，强度可大幅衰减的岩土应定为膨胀性岩土。

8.3.3 膨胀土应按表 8.3.3 进行初步判定。

表 8.3.3 膨胀土的初判标准

项目	特征	项目	特征
地层	以第四系中、上更新统为主，少量为全新统及新第三系	结构	结构致密，易风化成碎块状，更细小的呈鳞片状
地貌	地形平缓开阔，具垄岗式地貌，垄岗与沟谷相间，无明显的天然陡坎，自然坡度平缓，坡面沟槽发育	裂隙	裂隙发育，呈网纹状，裂面光滑，具蜡状光泽，或有擦痕，或有铁锰质薄膜覆盖。常有灰白、灰绿色黏土充填
颜色	以褐黄、棕黄、棕红色为主，间夹灰白、灰绿色条带或薄膜，灰白、灰绿色多呈透镜体或夹层出现	崩解性	遇水易沿裂隙崩解成碎块状
黏性	土质细腻，手触摸有滑感，旱季呈坚硬状，雨季黏滑，液限大于40%	不良地质	常见浅层溜塌、滑坡、地裂，新开挖的路堑、边坡、基坑易产生坍塌
含有物	含有较多的钙质结核，并有豆状铁锰质结核	自由膨胀率	$F_s \geq 40\%$

8.3.4 膨胀土应按表8.3.4进行分级。

表8.3.4 膨胀土分级

分级指标＼级别	非膨胀土	弱膨胀土	中等膨胀土	强膨胀土
自由膨胀率 F_s(%)	$F_s<40$	$40\leqslant F_s<60$	$60\leqslant F_s<90$	$F_s\geqslant 90$
塑性指数 I_P	$I_P<15$	$15\leqslant I_P<28$	$28\leqslant I_P<40$	$I_P\geqslant 40$
标准吸湿含水率 w_f(%)	$w_f<2.5$	$2.5\leqslant w_f<4.8$	$4.8\leqslant w_f<6.8$	$w_f\geqslant 6.8$

注:标准吸湿含水率指在标准温度下(通常为25℃)和标准相对湿度下(通常为60%),膨胀土试样恒重后的含水率。

8.3.5 膨胀岩应按表8.3.5-1和表8.3.5-2进行综合判定。

表8.3.5-1 膨胀岩的野外地质特征

地貌	一般为波状起伏的低缓丘陵,相对高度20~30m,丘顶多浑圆,坡面圆顺,山坡坡度缓于40°,岗丘之间多为宽阔的U形谷地;当具有砂岩夹层时,常形成陡坎
地质年代	以石炭系、二叠系、三叠系、侏罗系、白垩系和第三系地层为主
岩性	主要为灰白、灰绿、灰黄、紫红和灰色的泥岩、泥质粉砂岩、页岩、风化的泥灰岩、风化的基性岩浆岩、蒙脱石化的凝灰岩以及含硬石膏、芒硝的岩石等。岩石由细颗粒组成,遇水时多有滑腻感
结构构造	岩层多为薄层和中、厚层状,裂隙发育,裂隙多为灰白、灰绿等富含蒙脱石的物质充填
风化情况	风化裂隙多沿构造面、层理面进一步发展,使已被结构面切割的岩块更加破碎;地表岩石风化后呈碎块状或含碎屑的土状,剥离现象明显;天然含水状态的岩石在暴晒时多沿层理方向产生微裂隙;干燥的岩块泡水后易崩解成碎块、碎片和土状

表8.3.5-2 膨胀岩室内试验判定指标

试验项目		判定指标
自由膨胀率 F_s(%)	不易崩解岩石	$F_s\geqslant 3$
	易崩解的岩石	$F_s\geqslant 30$
膨胀力 P_p(kPa)		$P_p\geqslant 100$
饱和吸水率 w_{sr}(%)		$w_{sr}\geqslant 10$

注:1. 对于不宜崩解的岩石,应取轴向或径向自由膨胀率的大值进行判定。

2. 对于易崩解岩石应将其粉碎,过0.5mm的筛,去除粗颗粒后,比照土的自由膨胀率试验方法进行试验。

3. 当有2项及以上符合表中所列指标时,在室内可判定为膨胀岩。

8.3.7 膨胀性岩土地区根据地质条件选线应符合下列规定:

1 路线应选择地形平缓、坡面完整、植被良好的地带通过,避免平行坡面或沿山前斜坡地带布线,并宜垂直垄岗轴线。

2 路线应以浅挖、低填的方式通过。

3 路线应避开中、强膨胀土地带。必须通过时,应避开土层结构复杂或有软弱夹层发育的地带,并以最短距离通过。

4 路线应避开裂隙发育、地表冲蚀严重或有滑坡、溜塌、地裂等不良地质发育的地段。

5　路线应远离地表水体或地下水发育的膨胀性岩土地段。

8.4　盐渍土

8.4.1　地表以下1m深度范围内的土层,当其易溶盐的平均含量大于0.3%,具有融陷、盐胀等特性时,应判定为盐渍土。

8.4.3　根据含盐化学成分,盐渍土应按表8.4.3进行分类。

表8.4.3　盐渍土按含盐化学成分分类

盐渍土名称	离子含量比值	
	Cl^-/SO_4^{2-}	$CO_3^{2-}+HCO_3^-/Cl^-+SO_4^{2-}$
氯盐渍土	>2	—
亚氯盐渍土	1~2	—
亚硫酸盐渍土	0.3~1.0	—
硫酸盐渍土	<0.3	—
碱性盐渍土	—	>0.3

注:离子含量以1kg土中离子的毫摩尔数计(mmol/kg)。

8.4.4　根据含盐量,盐渍土应按表8.4.4进行分类。

表8.4.4　盐渍土按含盐量分类

盐渍土名称	细粒土土层的平均含盐量(以质量的百分数计)		粗粒土通过10mm筛孔土的平均含盐量(以质量的百分数计)	
	氯盐渍土、亚氯盐渍土	硫酸盐渍土、亚硫酸盐渍土	氯盐渍土、亚氯盐渍土	硫酸盐渍土、亚硫酸盐渍土
弱盐渍土	0.3~1.0	0.3~0.5	2.0~5.0	0.5~1.5
中盐渍土	1.0~5.0	0.5~2.0	5.0~8.0	1.5~3.0
强盐渍土	5.0~8.0	2.0~5.0	8.0~10.0	3.0~6.0
过盐渍土	>8.0	>5.0	>10.0	>6.0

注:离子含量以100g干土内的含盐总量计。

8.4.5　盐渍土地区根据地质条件选线应符合下列规定:

1　路线应避开盐渍土强烈发育地带。无法避开时,应选择在地表排水条件好、地势较高、土中含盐程度较低的部位,以最短距离通过。

2　路线应避开低洼潮湿、水质矿化度高的盐沼地带。

3 路线应以路堤形式通过,避免挖方,并结合地表积水情况、地下水位埋深、填土毛细水作用高度、冻胀深度以及公路等级等因素合理确定路堤最小填土高度。

8.5 软土

8.5.1 在静水或缓慢流水环境中沉积,具有以下工程地质特性的土,应判定为软土:

天然含水率 w　　$\geqslant w_L$

天然孔隙比 e　　$\geqslant 1.0$

压缩系数 $a_{0.1\text{-}0.2}$　　$>0.5\text{MPa}^{-1}$

标准贯入试验锤击数 N　　<3 击

静力触探比贯入阻力 p_s　　$\leqslant 750\text{kPa}$

十字板抗剪强度 C_u　　$<35\text{kPa}$

具有以上多数特性,呈软塑~流塑状,具有压缩性高、强度低、透水性差、灵敏度高等特点的黏性土,宜按软土进行工程地质勘察。

8.5.3 根据天然孔隙比和有机质含量,软土可按表8.5.3进行分类。

表8.5.3 软土按天然孔隙比和有机质含量分类

指标＼土类	淤泥质土	淤泥	泥炭质土	泥炭
天然孔隙比 e	$1.0\leqslant e\leqslant 1.5$	$e>1.5$	$e>3$	$e>10$
有机质含量(%)	3~10	3~10	10~60	>60

8.5.5 软土地区根据地质条件选线应符合下列原则:

1 路线应避开软土分布广、厚度大、处治困难的地带。无法避开时,应选择软土厚度较小、下卧硬层横坡较缓的地带以最短的距离通过。

2 在平原区选线,路线宜远离湖塘,避免近距离平行河流、水渠等布线;应避开古牛轭湖、古湖盆等有软土分布的地带,避免从其中部通过。

3 在丘陵和山间谷地选线,路线宜选择在地势较高、硬壳层较厚的地带,避开有软土分布的沟谷、洼地或下卧硬层横坡较陡的地带。

4 软土地区的路堤高度宜控制在设计临界高度以内。

5 桥位选择应避开软土厚度大、土层结构复杂、岸坡稳定存在隐患的部位。

二十五、公路勘测规范

（JTG C10—2007）

4 控制测量

4.1 平面控制测量

4.1.1 一般规定

1 平面控制测量应采用 GPS 测量、导线测量、三角测量或三边测量方法进行。

2 各等级平面控制测量，其最弱点点位中误差不得大于 ±5cm，最弱相邻点相对点位中误差不得大于 ±3cm，最弱相邻点边长相对中误差不得大于表 4.1.1-1 的规定。

表 4.1.1-1 平面控制测量精度要求

测量等级	最弱相邻点边长相对中误差	测量等级	最弱相邻点边长相对中误差
二等	1/100 000	一级	1/20 000
三等	1/70 000	二级	1/10 000
四等	1/35 000		

3 各级公路和桥梁、隧道平面控制测量的等级不得低于表 4.1.1-2 的规定。

表 4.1.1-2 平面控制测量等级选用

高架桥、路线控制测量	多跨桥梁总长 L(m)	单跨桥梁 L_K(m)	隧道贯通长度 L_G(m)	测量等级
—	$L \geqslant 3\ 000$	$L_K \geqslant 500$	$L_G \geqslant 6\ 000$	二等
—	$2\ 000 \leqslant L < 3\ 000$	$300 \leqslant L_K < 500$	$3\ 000 \leqslant L_G < 6\ 000$	三等
高架桥	$1\ 000 \leqslant L < 2\ 000$	$150 \leqslant L_K < 300$	$1\ 000 \leqslant L_G < 3\ 000$	四等
高速、一级公路	$L < 1\ 000$	$L_K < 150$	$L_G < 1\ 000$	一级
二、三、四级公路	—	—	—	二级

4 选择路线平面控制测量坐标系时，应使测区内投影长度变形值不大于 2.5cm/km；大型构造物平面控制测量坐标系，其投影长度变形值不应大于 1cm/km。投影分带位置不应选择在大型构造物处。

4.1.2 平面控制点布设要求

1 平面控制点相邻点间平均边长应参照表 4.1.2 执行。四等及以上平面控制网中相邻点之间的距离不得小于 500m，一、二级平面控制网中相邻点之间的距离在平原、微丘区不得小于 200m，重丘、山岭区不得小于 100m，最大距离不应大于平均边长的 2 倍。

表 4.1.2 相邻点间平均边长参照值

测量等级	平均边长(km)	测量等级	平均边长(km)
二等	3.0	一级	0.5
三等	2.0	二级	0.3
四等	1.0		

2 路线平面控制点距路线中心线的距离应大于50m,宜小于300m,每一点至少应有一相邻点通视。特大型构造物每一端应埋设2个以上平面控制点。

4.2 高程控制测量

4.2.1 一般规定

1 高程控制测量应采用水准测量或三角高程测量的方法进行。

2 同一个公路项目应采用同一个高程系统,并应与相邻项目高程系统相衔接。

3 各等级公路高程控制网最弱点高程中误差不得大于±25mm;用于跨越水域和深谷的大桥、特大桥的高程控制网最弱点高程中误差不得大于±10mm;每公里观测高差中误差和附合(环线)水准路线长度应小于表4.2.1-1的规定。当附合(环线)水准路线长度超过规定时,可采用双摆站的方法进行测量,其长度不得大于表4.2.1-1中水准路线长度的2倍。

表 4.2.1-1 高程控制测量的技术要求

测量等级	每公里高差中数中误差(mm)		附合或环线水准路线长度(km)	
	偶然中误差 M_{Δ}	全中误差 M_W	路线、隧道	桥梁
二等	±1	±2	600	100
三等	±3	±6	60	10
四等	±5	±10	25	4
五等	±8	±16	10	1.6

注:控制网节点间的长度不应大于表中长度的0.7倍。

4 各级公路及构造物的高程控制测量等级不得低于表4.2.1-2规定。

表 4.2.1-2 高程控制测量等级选用

高架桥、路线控制测量	多跨桥梁总长 L(m)	单跨桥梁 L_K(m)	隧道贯通长度 L_G(m)	测量等级
—	$L \geqslant 3\,000$	$L_K \geqslant 500$	$L_G \geqslant 6\,000$	二等
—	$1\,000 \leqslant L < 3\,000$	$150 \leqslant L_K < 500$	$3\,000 \leqslant L_G < 6\,000$	三等
高架桥,高速、一级公路	$L < 1\,000$	$L_K < 150$	$L_G < 3\,000$	四等
二、三、四级公路	—	—	—	五等

4.2.2 高程控制点布设要求

1 路线高程控制点相邻点间的距离以 1 ~ 1.5km 为宜，特大型构造物每一端应埋设 2 个(含 2 个)以上高程控制点。

2 高程控制点距路线中心线的距离应大于 50m，宜小于 300m。

4.3 资料提交

控制测量应提交以下测量及计算资料：

1 技术设计书。

2 点之记(含固定桩志表)。

3 仪器检验报告。

4 原始记录手簿。

5 控制测量计算书。

6 平面控制网联测及布网略图。

7 高程控制测量联测及路线示意图。

8 作业自检报告。

9 检查验收意见。

10 技术总结。

11 所有资料的电子文档。

5 地形图测绘

5.1 一般规定

5.1.1 测图比例尺应根据设计阶段、工程性质及地形、地貌等因素按表 5.1.1 选用。

表 5.1.1 地形图比例尺的选用

设计阶段或工程性质	比 例 尺	设计阶段或工程性质	比 例 尺
工程可行性研究	1:10 000	施工图设计	1:1 000、1:2 000、1:5 000
初步设计、技术设计	1:2 000、1:5 000	重要工点	1:500

5.1.3 地形图的图式应采用国家测绘局制定的现行地形图图式。对图式中没有规定符号的地物、地貌，应制定补充规定，并应在技术报告中注明。

5.2 图根控制测量

5.2.1 图根导线测量应闭合或附合于路线控制点上，当需要加密时，图根控制不宜超过两次附合;条件受限制时,可布设支导线,但支导线的边数不得超过3条。

5.2.2 图根点的点位中误差应不大于所测比例尺图上0.1mm,高程中误差应不大于测图基本等高距的1/10。

5.2.6 图根点高程可采用水准测量、光电测距三角高程测量或GPS RTK测量等满足精度要求的各种方法。当基本等高距为0.5m时,应采用图根水准测量。图根水准测量主要技术要求应符合表5.2.6的规定。

表5.2.6 图根水准测量的主要技术要求

每公里观测高差全中误差(mm)	水准路线长度(km)		视线长度(m)	观测次数		往返较差、附合或环线闭合差(mm)	
	附合路线或环线	支线长度		附合或闭合路线	支线或与已知点联测	平原、微丘	重丘、山岭
≤±20	≤6	≤3	≤100	往一次	往返各一次	$\leqslant 40\sqrt{L}$	$\leqslant 12\sqrt{n}$

注:1. L为水准路线长度,以km计;n为测站数。

2. 组成节点后,节点间或节点与高级点间的长度不得大于表中规定的0.7倍。

5.3 地形图测绘

5.3.1 实测地形图可选用测记法或测绘法。采用测记法时应绘制草图,并对各种地物、地貌特征赋予唯一代码。

5.3.2 距离测量可采用视距法或光电测距法。采用视距法时,最大测距长度应符合表5.3.2-1的规定;采用光电测距法时,测距最大长度应符合表5.3.2-2的规定。

表5.3.2-1 视距法测距最大长度

比例尺	测距最大长度(m)	比例尺	测距最大长度(m)
1:500	≤80	1:2 000	≤200
1:1 000	≤120	1:5 000	≤300

注:1. 垂直角超过±10°时,测距长度应适当缩短。

2. 1:500、1:1 000比例尺施测主要地物时,测距读数应读至0.1m。

表5.3.2-2 光电测距法测距最大长度

比例尺	测距最大长度(m)	比例尺	测距最大长度(m)
1:500	≤240	1:2 000	≤600
1:1 000	≤360	1:5 000	≤900

5.3.7 地形图应标示建筑物、独立地物、水系及水工设施、管线、交通设施、境界、植被等各类地物、地貌要素以及各类控制点、地理名称等。地物、地貌各项要素的标示方法和

取舍原则应符合国家测绘局制定的现行图式的规定，还应充分考虑公路工程的专业特点，满足设计及施工对于地形图的要求。

5.6 资料提交

地形图测绘应提交下列资料：

1 技术设计书。

2 图根控制测量记录手簿。

3 图根控制测量计算书。

4 地形图。

5 地形图分幅图。

6 地形图测量自检报告。

7 地形图检查验收报告。

8 技术总结。

6 航空摄影测量

6.4 资料提交

6.4.4 航测内业应提交下列资料：

1 像片类：控制刺点片、野外调绘片、作业涤纶正片或扫描像片数据。

2 资料类：航测外业控制测量及像片联测成果、加密成果、图幅设计资料、路线方案资料、图历簿、检查记录、技术设计书、数据电子文档、检测成果及技术总结等。

3 图纸类：地形图、影像图、路线方案及控制导线图、加密点位略图、分幅略图等。

7 数字地面模型

7.1 一般规定

7.1.1 公路数字地面模型应能满足任意点或断面的地面高程插值计算，等高线生成，距离、坡度、面积、体积的量算以及路线平面图、地形透视图的制图等要求。

7.1.4 DTM 产品的属性质量和数据处理精度应按随机抽样法进行评定。

7.5 DTM 成果应用

7.5.1 数字地面模型应用于施工图测设阶段时,原始三维地面数据必须野外实测采集。DTM 高程插值中误差应不大于 ±0.2m。

7.5.3 等高线可通过三角网模型或矩形格网与三角网的混合模型进行等值线自动追踪生成。

7.6 资料提交

数字地面模型及应用应提交下列资料:

1 技术设计书。
2 原始采样资料。
3 记录及检查手簿。
4 采集数据说明文件。
5 属性数据的分类编码。
6 DTM 产品成果及记录格式说明。
7 产品检查报告。
8 技术总结。

8 初测

8.1 准备工作

8.1.1 应根据初测需要,搜集与项目相关的技术、经济、社会、自然条件以及测绘等资料。

8.1.2 应根据批复的工程可行性研究初步拟定的路线起终点、中间控制点及路线基本走向,在地形图、数字地面模型或航测像片上进行研究,拟定勘测方案。

8.1.3 应根据初步确定的勘测方案编写工作大纲和技术设计书。

8.2 现场踏勘

8.2.1 应根据准备阶段确定的初拟勘测方案,对工程现场进行踏勘。

8.2.2 现场踏勘过程中,应根据项目特点及自然、地理、社会环境调整并确定勘测方法与勘测方案。

8.3 控制测量

8.3.1 各级公路的平面与高程控制测量等级选定、精度指标应按第4章规定执行。

8.3.2 应根据公路等级、路线所在地区的地形和作业条件、拟投入的仪器设备、高级控制点的数量和分布位置等,确定测量控制网的布网方式和作业方式。

8.3.3 二级及二级以上公路必须进行平面与高程控制测量;三、四级公路应进行平面控制测量,应进行高程控制测量。

8.4 地形图测绘

8.4.1 各等级公路均应根据需要进行地形图测绘。地形图比例尺、等高距的选择、精度要求应按第5章规定执行。测图方式应根据所在地区的地形、地物和植被覆盖情况、公路等级及所具备的经济、技术条件等因素综合确定。

8.4.2 地形图测绘范围应根据公路等级、地形条件及设计需要合理确定,应能满足方案比选及构造物布置的需要。

8.5 路线勘测与调查

8.5.1 路线定线时,应充分了解并掌握沿线规划以及地形、地貌、地质、水文、气候、地下埋藏、地面建筑设施等情况。

8.5.2 纸上定线时,应首先将具有特殊要求的位置和设施标注于地形图上。一般位置的平面和高程可从图上判读,对需要特殊控制的地段应进行实地放桩,根据需要进行纵、横断面测量,绘制纵、横断面图。越岭路线需进行纵坡控制的地段,应在地形图上进行放坡,并将放坡点标示于图上。

8.5.3 现场定线一般只适用于三、四级公路的线路选取。现场定线前应在地形图上确定控制点、绕避点,选择路线通过的最佳位置。选设的交点和转点应进行护桩并按照二级平面控制测量的要求测定角度和长度。越岭路线或受纵坡控制的路段,应进行放坡试线。

8.5.4 应根据专业调查的需要进行中桩放样,并对初步确定的人工构造物的位置、交角、类型及尺寸进行现场核查。

8.6 路基、路面及排水勘测与调查

8.6.1 应对影响路基、路面及排水设计的相关因素和条件进行调查,内容包括沿线的气象、水文、水系、地质、土质、植被、水利设施的现状与规划等。

8.6.2 应对沿线地质情况以及特殊地质、不良地质的位置、特征,地形地貌的成因、性质、发展规律,对路基、路面的影响进行调查。

8.6.3 应对附近既有工程路基路面材料、结构形式及使用情况进行调查。

8.6.4 应对取弃土场的位置与条件进行勘测与调查。

8.6.5 应对防护工程的设置位置及条件进行勘测与调查,地质条件特别复杂、防护工程规模较大的工点,应进行控制测量并测绘 1:500 ~ 1:2 000 的地形图。

8.7 小桥涵勘测与调查

8.7.1 小桥、漫水桥以及复杂涵洞、改沟工程、人工排灌渠道等,应放桩并实测高程与断面。当地形及水文条件简单时,可在 1:2 000 地形图上查取或采用数字地面模型内插获取,但应进行现场校对。

8.7.2 小桥涵(漫水桥、过水路面、倒虹吸、渡槽)的勘测,应实地调查小桥涵区域的自然条件、桥涵位上游汇水区地表特征,现场核对拟定小桥涵的设计参数。

8.7.3 调查拟建小桥涵址的上、下游附近原有小桥涵的设计和使用情况。

8.7.4 改建工程的小桥涵,应查明原有桥涵现状及可利用程度。

8.8 大、中桥勘测与调查

8.8.1 应搜集与大、中桥测设相关的水文、地质、气象、流冰、流木、通航要求等资料。

8.8.2 现场踏勘及调查

1 应现场核查研究工程可行性研究所推荐的桥位方案。

2 应调查桥位所在区域的农田水利、地形、地质、地貌、生态环境、地物分布等情况。

3 应调查河流的形态特征、地质、通航要求、施工条件以及地方工农业发展规划等。

8.8.3 桥梁控制测量

初测阶段可不专门布设桥梁平面和高程控制网，但在布设路线控制网时每岸应各布设必要的控制点，布设的控制点应纳入路线控制测量进行施测。

8.8.4 桥位地形图、水下地形图测绘

1 桥位地形图、水下地形图测绘范围应能满足方案比较和桥梁布孔的需要，桥位地形图还应满足桥头引道和调治构造物布置的需要。

2 桥位地形图、水下地形图的测绘应符合第5章的规定，并包含河流形态、航标和船筏走行线等内容。

8.8.5 应实地放出桥梁轴线、引道位置，并进行纵、横断面测量。

8.8.6 桥位方案确定后应进行水文调查、测量、分析和论证。

8.8.7 跨河位置、布孔方案等应征求水利、航运等部门的意见。

8.9 隧道勘测与调查

8.9.1 隧道控制测量

初测阶段可不专门布设隧道平面和高程控制网，但在布设路线控制网时每端应各布设必要的控制点，并纳入路线控制测量进行施测。

8.9.2 隧道地形图测绘

隧道地形图测绘范围应满足隧道洞口选择和设置的需要，并应考虑辅助工程需要，洞口地形图比例尺宜为1:500。

8.9.3 隧道定线及放桩

1 应在拟定的概略隧址范围内，对初拟隧道轴线、洞口位置及相应连接线进行勘测与调查。

2 应实地放出洞口附近的中线，并现场核查和测绘洞口纵、横断面。

3 隧道洞身段应根据地质勘察及钻探需要现场放桩。

8.9.4 应搜集与调查隧址自然地理、环境状态、地形、地质、水文、气象、地震等资料。

8.9.5 应对弃渣场地的条件和安全情况进行调查。

8.10 路线交叉勘测与调查

8.10.1 大型或复杂的交叉应进行平面和高程控制测量,并根据需要测绘比例尺为 1:500～1: 5 000 的地形图。

8.10.2 公路与公路交叉应进行以下勘测与调查:

1 调查相交公路的名称、相关区域的路网规划、交叉位置、地名及里程、修建时间、公路等级、技术标准、路面结构类型、排水和防护工程情况及其在路网中的作用。

2 补充调查相交公路的交通量、交通组成。

3 测量交叉角度、交叉点高程、纵坡坡度、路基宽度、路面宽度及厚度。

8.10.3 公路与铁路交叉应进行以下勘测与调查:

1 调查铁路名称、等级、轨道数、运行情况、交叉位置地名、与铁路交叉处里程、铁路路侧附属设施、排水条件以及铁路的技术标准、规划等。

2 测量交叉点铁路轨顶高程、交叉角度及路基宽度。

8.10.4 公路与乡村道路交叉应调查相交道路的性质、路面结构、排水条件、交通量及规划。测量路基宽度、路面宽度及路面高程。

8.10.5 公路与管线交叉应进行以下勘测与调查:

1 测量公路与管线交叉的位置、交叉角度、交叉点悬高或埋置深度、杆塔高度以及受影响的长度。

2 调查管线的种类、技术标准、型号、规格、用途、编号、敷设时间等。

8.10.6 互通式立体交叉、分离式立体交叉、复杂的平面交叉应实地放出交叉桩,测量交叉桩号、交叉角度和地面高程。

8.10.7 各种交叉的位置、交叉形式、相交道路改移方案等,均应征求地方政府或主管部门的意见。

8.11 沿线设施勘测与调查

8.11.1 应现场调查拟建沿线设施位置的地形、地貌、地物、植被、水文、地质等自然条件及与各类设施设置相关的技术条件。

8.11.2 重要的沿线设施场地应测绘比例尺为 1:500～1:2 000 的地形图。

8.12 环境保护调查

环境保护应进行以下调查：

1 当地园林工程和适种植被情况。

2 沿线既有道路环保工程实际情况。

3 沿线国家生态保护区、野生动物保护区的情况。

4 沿线水源保护区和湿地的情况。

5 拟建公路可能对当地的生态环境造成的影响。

8.13 临时工程勘测与调查

8.13.1 应对可利用的临时工程进行勘测与调查，包括可供利用的道路、供电、供水、电信等设施的状况。

8.13.2 应对为满足工程需要需修建或架设的临时工程进行勘测与调查。

8.13.3 应调查沿线施工场地的位置及条件。

8.14 工程经济调查

8.14.1 应对沿线筑路材料的供应状况、性质等进行调查，拟定料场采集后的复垦措施，大型自采料场应测绘 1:1 000 ~ 1:5 000 地形图及纵、横断面图。

8.14.2 应对占用土地数量、性质和种类进行调查。

8.14.3 应对各种拆迁建筑物数量、性质、归属、拆迁费用、到路线的距离进行勘测调查，必要时会同主管部门现场勘察，协商处理方案。

8.14.4 应对沿线伐树、挖根、除草的位置、数量、疏密程度等进行调查。

8.14.5 概算资料调查应符合《公路基本建设工程概算、预算编制办法》的有关规定，满足初步设计概算编制的需要，包括概算编制的原则及依据、材料价格、有关税额、相关费用等。

8.15 内业工作

8.15.1 应对各项外业资料进行检查、复核和签署，对测绘资料进行限差检查并按规定进行计算,对测绘成果进行精度分析和评价。

8.15.2 应对勘测成果进行内部自检和验收。

8.15.3 应按专业分类编绘(制)外业勘测成果图表并编制勘测报告。

8.15.4 当方案调整时,应补充相应各项勘测调查资料。

8.16 资料提交

初测应提交的资料:

1 测量成果及计算等资料。

2 各种调查、勘测原始记录及检验资料。

3 勘测报告及有关协议、纪要文件。

4 根据设计需要编制的各种图表、说明资料。

9 定测

9.1 准备工作

9.1.1 应搜集工程可行性研究、初设阶段勘测、设计的有关资料以及审查、批复意见。

9.1.2 应根据任务的内容、规模和仪器设备情况,拟定勘测方案。

9.1.3 应对初步设计所搜集的资料进行现场核查。

9.1.4 应对沿线地形、地貌及地物的变化情况进行核查。

9.1.5 应对初测阶段施测的路线平面、高程控制测量进行全面检查,当检测成果与初测成果的较差符合限差要求,并且控制点分布可以满足设计要求时,应采用原成果,否则应对整个控制网进行复测或重测,并应重新进行平差计算。

9.2 路线中线敷设

9.2.1 路线中线敷设位置的要求如下:

1 路线中桩间距不应大于表9.2.1的规定。

表9.2.1 中 桩 间 距

直线(m)		曲线(m)			
平原、微丘	重丘、山岭	不设超高的曲线	$R>60$	$30<R<60$	$R<30$
50	25	25	20	10	5

注:表中 R 为平曲线半径(m)。

2 在各类特殊地点应设加桩,加桩的位置和数量必须满足路线、构造物、沿线设施等专业勘测调查的需要。

9.2.2 中桩平面桩位精度应符合表9.2.2的规定。

表9.2.2 中桩平面桩位精度

公路等级	中桩位置中误差(cm)		桩位检测之差(cm)	
	平原、微丘	重丘、山岭	平原、微丘	重丘、山岭
高速公路,一、二级公路	≤±5	≤±10	≤10	≤20
三级及以下公路	≤±10	≤±15	≤20	≤30

9.3 中桩高程测量

9.3.1 中桩高程测量应起闭于路线高程控制点上,高程测至桩志处的地面,其测量误差应符合表9.3.1的规定。中桩高程应取位至厘米。

表9.3.1 中桩高程测量精度

公路等级	闭合差(mm)	两次测量之差(cm)
高速公路,一、二级公路	$\leqslant 30\sqrt{L}$	≤5
三级及三级以下公路	$\leqslant 50\sqrt{L}$	≤10

注:L 为高程测量的路线长度(km)。

9.3.2 沿线需要特殊控制的建筑物、管线、铁路轨顶等,应按规定测出其高程,其2次测量之差不应超过2cm。

9.4 横断面测量

9.4.1 横断面测量的宽度应满足路基及排水设计、附属物设置等需要。

9.4.2 横断面方向应与路线中线切线垂直,横断面中的距离、高差的读数应取位至0.1m,检测互差限差应符合表9.4.2的规定。

表9.4.2 横断面检测互差限差

公路等级	距离(m)	高差(m)
高速公路,一、二级公路	≤L/100+0.1	≤h/100+L/200+0.1
三级及以下公路	≤L/50+0.1	≤h/50+L/100+0.1

注:1. L 为测点至中桩的水平距离(m)。

2. h 为测点至中桩的高差(m)。

9.5 地形图测绘

9.5.1 应对地形图进行现场核对。地形、地物发生变化的路段,应予修测;地形图范围不能满足设计要求时,应进行补测;变化较大时,应予重测。

9.5.2 修测或补测地形图的技术要求应符合第5章的规定。

9.6 路基、路面及排水勘测与调查

9.6.1 应对初测收集的资料实地进行核查,并进行补充和完善。

9.6.2 应调查沿线筑路材料的种类、产地、储量、运距、采运条件及其有关的物理力学性质。

9.6.3 应调查沿线农田水利设施的现状、特点、发展规划,农田耕地表土的性质及厚度等对路基、路面的影响。

9.6.4 应调查沿线水系的分布及相互关系,地表水、地下水、裂隙水等的位置、流量、流向和流速,泉眼的位置和流量。公路通过农田、洼地时,应调查地表水的积水深度、积水时间。

9.6.5 应对路段所经过地区水文、地质、气象、自然条件、土质的适种性等进行勘测调查。

9.6.6 应现场确定路基边坡防护工程的位置、起讫桩号、防护长度和形式。设置防护工程的路段,应实地放出构造物轴线,进行高程测量和横断面测量。

9.6.7 应实地确定改移工程的起讫桩号,敷设改移工程的轴线桩,并进行纵、横断面测量。改移工程的轴线应与路线控制测量联测。改移河道、主干沟渠及等级公路工程,应测绘比例尺为1:500~1:2 000的地形图,测绘范围应满足设计要求。

9.6.8 应对该地区既有路面或相似路面的施工技术、施工控制、面层构造和材料、路面现状等进行调查。

9.6.9 应对该地区已有的排水设施工作情况进行实地调查。确定排水设施的形式、横断面尺寸、加固措施,并测量起讫桩号、长度、进出口位置。需进行特殊设计的集水、排水、输水工程设施,应实地放出轴线,进行纵、横断面测量,并根据需要,测绘比例尺为1:500～1:2 000 的地形图。

9.7 小桥涵勘测与调查

9.7.1 应对初测调查的各项内容进行核实并进一步补充。

9.7.2 应实地进行形态断面、河床比降、特征水位和汇水面积等测量工作。

9.7.3 应实地放出小桥涵中桩,并实测沟渠与路线的交角及桥涵纵断面。地形复杂的小桥涵,应在路线中线两侧或河床两侧各施测一个或几个断面,其测量范围应能满足涵底纵坡和进出水口设计、布置桥孔、调治防护工程、计算开挖土石方数量等的需要。

9.8 大、中桥勘测与调查

9.8.1 应根据批准的初步设计方案和审批意见,在初测的基础上进行详细的调查、测量和水文计算,对初步设计的有关资料进行核查和补充。

9.8.2 应根据第 4 章的规定和表 9.8.2 的要求,建立满足大桥、特大桥设计精度要求的平面和高程控制网。

表 9.8.2 桥轴线相对中误差

测量等级	桥轴线相对中误差	测量等级	桥轴线相对中误差
二等	≤1/150 000	一级	≤1/40 000
三等	≤1/100 000	二级	≤1/20 000
四等	≤1/60 000		

9.8.3 应对初测时测绘的地形图进行核查和完善,地形图测绘范围、内容和精度应满足施工图设计需要。

9.8.4 应进行桥轴线纵断面和引道测量,测量范围应能满足设计桥梁孔径、桥头引道和调治构造物布置的需要,测量精度按第 5.4 节的要求执行。

9.8.5 宜在桥位上、下游各选一个断面进行形态断面测量,测量要求与桥轴线测量的要求相同。

9.9 隧道勘测与调查

9.9.1 应对隧道所在位置的地形、工程地质、水文地质、环境等内容进行核实和补充调查。

9.9.2 应根据第4章的规定,建立满足隧道设计的平面和高程控制网。

9.9.3 应在洞口位置前后各50m实放中桩,并根据地形变化情况进行加桩,桩距不应大于10m。

9.9.4 所有中桩均应进行横断面测量。

9.9.5 分离隧道连接线起讫点宜测至分离式路基与整体式路基汇合处以外100m。

9.9.6 应对初测地形图进行现场核对和必要的修测和补测,地形图的范围应能满足地质调绘和其他设计需要。

9.9.7 应根据设计需要,对通风、照明、供电、通信、信号、标志、运营管理设施、环保、弃渣场地等进行相应的工程调查。

9.10 路线交叉勘测与调查

9.10.1 应对初测所调查的内容进行核实并进一步补充调查。

9.10.2 互通式立体交叉除应进行主线勘测外,还应进行匝道和连接线测量,其技术要求应与路线测量的要求相同。

9.10.3 不管初测的详细情况如何,定测阶段均应按照第8.10节的内容和要求,对交叉道路、管线的交叉角度、交叉点高程、纵坡坡度等要素重新进行测量。

9.10.4 各种交叉的位置、形式、相交道路改移方案等均应与相关部门签订协议。

9.11 沿线设施勘测与调查

9.11.1 应对初测调查的内容进行核查和补充,管理设施、服务设施处的地形、地物如有变化,应修测或补测地形图。

9.11.2 应实地核实沿线设施的总体布局、项目、形式、规模、用地及设置的位置。

9.11.3 应对管理设施、服务设施的连接路线、加减速车道的中线进行实地放样，并进行纵、横断面测量。

9.11.4 应对沿线安全设施设置的位置、类型、起讫桩号或长度进行调查。

9.12 环境保护调查

应对初测阶段调查的有关环境保护的内容进行核实并进一步补充。

9.13 临时工程勘测与调查

9.13.1 应对初测阶段调查的有关临时工程勘测调查的内容进行核实并进一步补充。

9.13.2 对需要修建的施工便桥、便道应进行放样，进行纵、横断面测量并进行相关内容的勘测调查。

9.13.3 当需要架设公路临时电力、电信线路时，应调查相适应的规格种类，并实测其长度。

9.13.4 进一步落实施工场地的位置并签订相应的协议。

9.14 工程经济调查

9.14.1 沿线筑路材料的调查

1 对初步设计确定的料场应逐一核查，并进行进一步的勘测及补充调查。

2 对所有调查的料场应进行比较，根据材料需要量确定采用料场。

3 对大型料场进行必要的勘探与试验。

9.14.2 占地勘测与调查

1 沿线应编绘用地图。

2 应调查各类土地常种作物和近三年平均产量，调查统计独立果树和价值较高树木的株数、直径、数量及产量。

9.14.3 拆迁建筑物以及砍树、挖根、除草等的调查

1 应调查拆迁建筑物位置、范围尺寸、结构类型。

2　应调查需拆迁的建筑设施、重要管线、铁路、水利等工程,当与文物古迹等发生干扰时应与其主管部门协商,落实处理方案和工程措施。

3　调查沿线砍树、挖根、除草的路段长度,并结合工程设计的需要确定工程数量。

9.14.4　应在初测调查的基础上对预算资料进行核实和补充调查。

9.15　内业工作

9.15.1　应对各项外业资料进行检查、复核和签署,检查、复核内容包括测量方法的正确性、野外计算的正确性、记录的完整性等,检查各项勘测调查项目、内容及详细程度是否满足施工图设计的要求。

9.15.2　对于向有关部门搜集的资料,应检查、分析其是否齐全、可靠、适用、正确。

9.15.3　对地形复杂的路线、不良地质地段、大型桥隧、立体交叉等地段的勘测调查资料,必须进行现场核对。

9.16　资料提交

定测阶段勘测应完成和提交的资料如下:

1　控制测量检测、补测或复测记录、计算和成果资料,地形图补充测量资料。

2　各种调查、勘测原始记录、图纸及资料。

3　各专业勘测调查的质量检查及分析评定资料。

4　外业勘测说明书及有关协议和文件。

5　根据设计需要编制的各种图表、说明资料。

10　一次定测

10.0.1　一次定测仅适用于方案明确、地形地质条件比较简单的二、三、四级公路的勘测。

10.0.2　一次定测勘测调查的内容应包含第9章定测的所有内容。

10.0.3　一次定测各项工作应符合相应等级公路的测量要求,各项测量精度指标按第8章、第9章的相关规定执行。